常德市鼎城区
人力资源和社会保障志

常德市鼎城区人力资源和社会保障局　编

方志出版社
Publishing House of Local Records

图书在版编目（C I P）数据

常德市鼎城区人力资源和社会保障志.1949—2018年
常德市鼎城区人力资源和社会保障局编. -- 北京：方志出版社. 2019.1

ISBN 978-7-5144-3627-3

Ⅰ.①常… Ⅱ. ①常… Ⅲ.①人力资源管理—概况—常德—1949-2018②社会保障—概况—常德—1949-2018
Ⅳ. ①F240.276.43②0632.1

中国版本图书馆CIP数据核字（2019）第027177号

常德市鼎城区人力资源和社会保障志（1949—2018）

编　　者：常德市鼎城区人力资源和社会保障局
责任编辑：李志瑜

出 版 人：冀祥德
出 版 者：方志出版社
　　　　　地址　北京市朝阳区潘家园东里9号（国家方志馆4层）
　　　　　邮编　100021
　　　　　网址　http://www.fzph.com
发　　行：方志出版社图书经销中心
　　　　　电话（010）67110500
经　　销：各地新华书店
印　　刷：常德市鼎城区草坪印刷厂

开　　本：889×1194　1/16
印　　张：49.125
字　　数：979千字
版　　次：2019年1月第1版　2019年1月第1次印刷
印　　数：0001~1000册

ISBN 978-7-5144-3627-3　　定价：580.00元

《常德市鼎城区人力资源和社会保障志》
编纂委员会

2015 年 6 月—2016 年 5 月

主　任	刘志平
副主任	袁利民　高友才　毛跃莉　雷菊初　徐厚彩　吴弟友　李海宗　杨家军　何咏岚　李向远　李爱琼　罗龙阳　黄用高　杨双清　黄柏华　龙国安
委　员	黄道广　刘　奕　熊柏松　谢秀波　赵伯平　游益坪　熊文捷　闵译漫　谭国华　皮菊英　喻楠萍　欧阳章俊　彭咏波　宋才云　张绪敏　熊明星　陈　华　袁保春　杨丽华　梁　斌　肖　敏

2016 年 6 月—2019 年 3 月

主　任	刘志平（2016 年 6 月—2019 年 2 月） 肖仁华（2019 年 2 月—　　　　　）
副主任	袁利民　高友才　吴弟友　杨家军　何咏岚　邹　威　黄柏华　龙国安
委　员	李向远　滕衍钧　皮健夫　徐厚彩　黄道广　李爱琼　刘　奕　欧阳章俊　熊柏松　谢秀波　游益坪　杨碧勇　熊文捷　熊智丹　唐　成　谭国华　周　文　喻楠萍　彭咏波　焦海波　张绪敏　熊明星　陈　华　闵译漫　杨丽华　梁　斌　肖　敏　樊红丽

《常德市鼎城区人力资源和社会保障志》
编纂办公室

主　任　吴弟友　何咏岚

副主任　黄柏华　龙国安　熊文捷

成　员　李友成　胡晓平　钟志锋　张　纯　刘冰清

高　珊　肖　黎　周跃勇　熊凌颖

《常德市鼎城区人力资源和社会保障志》
编　辑　部

主　　编　刘志平

执行主编　黄柏华

总　　纂　余昭绪

编　　辑　余昭绪　丁恩臻　邹光胜　黄柏华　龙国安

卢文爱

《常德市鼎城区人力资源和社会保障志》
评审人员

曾世平　官姿伶　叶荣开　邓声斌

序

刘志平

恰逢中华人民共和国成立70周年，改革开放40周年之际，《常德市鼎城区人力资源和社会保障志（1949—2018）》经过编纂人员3年多的艰辛努力，终于于2019年2月定稿付梓了。这既是我们人社系统献给建国70周年的一份厚礼，也是点赞改革开放的一份深情。

修史志，旨在资治益世。70年风雨征程，70年沧桑巨变。而人力资源和社会保障工作（过去俗称劳动人事工作）随着时代前进的步伐，积极服务全区（县）政治、经济、文化等事业的建设和发展。20世纪50年代，我们唱着《东方红》、在《社会主义好》的主旋律下，当时的人事科、劳动科从实际出发，为全县的机构配置、干部的教育、管理、发展，为私营企业和工商业者的社会主义改造以及地方工业体系建设，职工队伍的管理乃至稳定物价，统一财经，恢复国民经济做出了积极贡献。六七十年代，我们虽然经历过“文化大革命”的干扰，但社会前进的步伐没有停顿，至1978年年底止，全县党政机关配备完善，干部队伍人数由1950年的429人增至3948人。干部的教育、调动、任免、考核、培训基本规范。县办工业企业由1953年的5家发展到13家，职工总数由560人增至3336人。工业体系基本完善。商贸企业服务网点遍布城乡。具有特色的部门企业也相继发展。职工的工资、福利待遇不断提高。这一切都倾注了劳动人事部门的辛勤汗水和不懈努力。进入80年代后，我们讲着《春天的故事》，迈入了改革开放的伟大历史征程。随着计划经济向市场经济的转变，劳动人事工作的对象、方式、内涵都发生了巨大变化。干部队伍的建设过渡到了依法管理的公务员制度，“招、转、调、训、引”等工作由行政计划转变为“公开、平等、竞争、择优”的市场调节模式，人事工作由过去的常规管理提升到了人才战略的高度。劳动就业完成了由政府统包到市场调节、城乡统筹的转变；劳动用工从“铁饭碗”过渡为全员劳动合同制；劳动工资由“行政指令”转变为“市场指导、企业自主”；企业国有资产及职工身份实现了“国退民进”的调整。然而这一切转变、调整均得益于社会保障的托举。从1986年至2011年，我区城镇企业职工养老保险、失业保险、机关事业单位养老保险、城镇职工医疗保险、生育保险、工伤保险、城乡居民养老保险、失地农民的社会保障等险种覆盖全区各个领域，书写了“劳有所得、病有所医、伤有所治、老有所养”的民生新篇章。中共十八大的召开，我们追求着“国家富强、民族振兴、人民幸福”的中国梦。在习近平新时代中国特色社会主义思想指引下，不忘初心，牢记使命，继续争创人社工作的新成就。2012年9月，我区被国务院授予“全国新型农村和城镇居民养老保险工作先进单位”。2016年10月，我区城乡居民医疗保险管理服务中心的建立，标志着事关国计民生、事关改革发展、事关和谐稳定、事关每个家庭成员利益的社会保障网已覆盖全区各个阶层，每个家庭。2012年至2018年，我局连续7年获全市人社系统红旗和先进单位，连续7年获全区绩效考核红旗单位。人社部门这份丰富且厚重的历史，让我们尤觉珍贵。把这段历史记录下来，既为当代提供资政辅治之参考，又为后世留下堪存堪鉴之记述，使其发挥存史、资政、育人的作用。这是我们义不容辞的责任！

读史使人明智，知史可以鉴今。《常德市鼎城区人力资源和社会保障志》翔尽真实地记录了人社部门职能的变迁和整合，几代人社人的奋斗成就。这是我区人社事业的创业史、奋斗史、发展史。也是我区人社人最好的历史教材。我们要珍惜这一宝贵的精神财富，用心读志，潜心研究，不断从中吸取智慧和力量。

这次修志得到了全局干部职工的大力支持。很多退休的老同志热心参与，主动撰写史料，丰富了志书的内容。全局相关处、股（室）的负责人密切配合，积极参与，为志书的编纂做了大量工作。特别是修志办的几位老同志，历时3年多，多方查找资料，多地走访调查，穷尽一切办法搜集历史资料，为志书的编纂作出了贡献。在此，向所有为志书编纂工作给予支持和付出了努力的同志，致以衷心的感谢！

述往事，思来者。这既是一本志书，更是人社人自己沉甸甸的历史。只有牢记历史，不忘初心，我们和我们后面的人社人才会不断超越，更加卓越。

是为序。

2019年2月

[作者系中共常德市鼎城区委组织部副部长（兼）、常德市鼎城区人力资源和社会保障局党组书记、局长]

凡　例

一、《常德市鼎城区人力资源和社会保障志（1949—2018）》以马克思列宁主义、毛泽东思想、邓小平理论、“三个代表”重要思想、科学发展观、习近平新时代中国特色社会主义思想为指导，坚持辩证唯物主义和历史唯物主义的立场、观点和方法，遵循志书编纂原则和体例，力求全面、客观、真实、系统地记载和反映鼎城区范围内70年的劳动人事及社会保障工作的历史与现状。

二、该志书属于首修，记述尽量上溯到事物发端。根据查阅到的资料，书中部分内容上溯到清朝晚期。大事记只记载1949—2018年内容。

三、本志包括概述、大事记、专志、人物、附录等部分，述、记、志、传、图、表、录诸体完备。概述和大事记总揽全书，专志以时为序，横分门类，纵述史事。专志设篇、章、节、目等层次。

四、“人物篇”中“人物传略”和“人物简介”分别收录已故和健在的曾任、现任人社各局党组书记、局长职务者；“人物表”收录人社系统工作人员历年所获区（县）以上各种荣誉者（因资料缺乏，收录不完整），历任党组书记、局长已作简介，不重复收录。

五、书中地名、组织机构名称、领导职务等均采用当时的称谓。如书中对常德市鼎城区1988年前用原名“常德县”，1988年后称“常德市鼎城区”等；机构名称在书中第一次出现用全称，之后用简称。如“中共常德市鼎城区委员会”（以下简称“区委”）、“常德市鼎城区人民政府”（以下简称“区政府”）、“常德市鼎城区人力资源和社会保障局”（以下简称“区人社局”）等。

六、本志资料来源于区（县）委、区（县）政府、区（县）委组织部、区（县）计划委员会、区（县）劳动局、区（县）人事局、区人社局及其他相关部门的档案资料，书中概不交代出处。

七、《常德市鼎城区人力资源和社会保障志（1949—2018）》质量标准、行文规则，遵从国务院《地方志工作条例》和常德市人民政府办公室《常德市志书编纂工作细则》《常德市第二轮部门志书出版格式规范》。

2004 年 12 月竣工并投入使用的区人力资源和社会保障局办公大楼

2015 年 12 月，区人力资源和社会保障局班子成员合影，左起：罗龙阳、徐厚彩、李向远、杨家军、李海宗、毛跃莉、袁利民、刘志平、高友才、雷菊初、何咏岚、李爱琼、吴弟友、杨双清、黄用高

2015年12月，区人力资源和社会保障局领导班子及中层骨干合影

1993年，全国人大常委会副委员长李沛瑶（前左）视察鼎城并出席鼎城区改革企业职工基本养老金计发办法实施大会，右为市委副书记彭孟芝

图为大会会场

省人大常委会副主任李友志（左 4）调研常德高新区科技孵化器有限公司

1999 年 6 月 16 日，省人事厅常务副厅长王文涛、市人事局局长吴承云、区委副书记李巨开、常务副区长朱国模等领导参加区人才服务中心大楼落成庆典

2015 年 5 月，省人社厅副厅长，省公务员管理局局长孟祥利（右 3）在鼎城区召开全省事业单位参照公务员管理工作座谈会

市人社局领导到鼎城区人社局调研工作，前排左起为市委组织部副部长、市人社局局长张运华，区人社局局长刘志平，后排右起为鼎城区委常委、常务副区长邓碧波，市人社局副局长罗尚杰、副局长张柏枝，区人社局副局长袁利民

2010年12月，区委副书记、区长董岚（左1）在灌溪镇兴发垸村为农民发放养老金

2015年，区委副书记、区长杨易（左2）调研企业孵化基地

2010年12月，鼎城区人力资源和社会保障局举行揭牌仪式。左起：区人社局局长涂国祥、常务副区长杨君、市人社局副局长罗尚杰和副局长罗平波、区人社局党组书记袁利民

2018年3月30日，由常德市人社局主办，鼎城区人社局承办的“2018常德市12333全国统一咨询日暨常德高新区企业专场招聘会”在鼎城举行。图为招聘会会场。左起鼎城区人社局局长刘志平，市就业处主任潘平，机关养老保险处主任杨为明，鼎城区常务副区长李卫民，市人社局局长马业文，副局长刘政华、向君承，市人社局工会主席夏吉军，市社保处主任龙伟

1989 年，鼎城区劳动人事局干部职工合影

1993 年，区劳动局部分班子成员（左起：卢文爱、梁辉湘、邓继明、蒋春诚、张国芳、郑圣祥及区社保站站长卜东升）合影

1992年春节，区劳动局及区劳动服务公司、区社保站全体干部职工与其家属合影

2003年，区人事局领导班子成员合影，左起：杨元、熊伯顺、丁恩臻、龙国安、孙启林、张全新、毛跃莉、朱泽生

2010年，区人事局全体干部职工合影

2007 年，区劳动和社会保障局班子成员研究工作

2010 年，区劳动保障局班子成员研究工作

2014年，区委常委、区委组织部部长李宏秋（正面左2）参加人社局召开的群众路线教育实践活动专题民主生活会

2015年，区人社局开展"学习党章党规、学习习近平系列讲话，做合格党员"专题教育活动

2018 年，区人社局党组召开会议研究工作

2018 年 10 月 12 日，区人社局召开全体党员大会，选举产生了区人社局机关第一届中共总支部委员会。图为大会会场，主席台左起副局长杨家军，局党组书记、局长刘志平，局机关党总支部书记、副局长袁利民，副局长何咏岚

2015年，区人社局到许家桥乡民族村开展走访慰问活动。前排左起为人社局局长刘志平，区政协副主席罗旺甫

2015年，区人社局到斗姆湖参加义务植树活动

1991 年，区劳动局参加全区“庆七一歌咏比赛”获一等奖。图为合唱队队员合影

2014 年，区人社局参加全市首届“人社杯”篮球比赛获第四名。图为篮球代表队队员合影

2013 年，区关心下一代工作委员会领导到人社局参加局关工委举办的“青年才艺比赛”活动。第一排左起：梁新权、张传德、陈正思、刘志平

2017 年，区人社局老干党支部在汉寿县帅孟奇故居举行“党日”活动

鼎城区（常德县）劳动、人事局历任局长等人员参加审稿会后合影，前排左起：黎建华、邬吉湘、孙启林、贾菊初、张国芳、郑圣祥、卜梅生；后排左起：熊文捷、丁恩臻、涂国祥、刘志平、龙国安、黄柏华、余昭绪、邹光胜、袁利民

2018 年 3 月 13 日，参加专家评审会全体人员合影。前排左起曾世平、余昭绪、邓声斌、叶荣开、刘志平、黄柏华，后排左起：官姿伶、卢文爱、丁恩臻、杨家军、龙国安、邹光胜、何咏岚、熊文捷

全国新型农村和城镇居民社会养老保险
工 作 先 进 单 位
中华人民共和国国务院
二〇一二年九月

全省社会保险经办机构
三优文明窗口
湖南省劳动和社会保障厅颁
二〇〇五年

2010-2011年度全省新农保经办管理服务工作
先进单位
湖南省人力资源和社会保障厅
二〇一一年十二月

2006年度湖南省劳动和社会保障系统
优质服务窗口
湖南省劳动和社会保障厅
二〇〇六年十二月

全省首批城乡居民社会养老保险经办管理服务
示 范 县
湖南省人力资源和社会保障厅
二〇一四年十二月

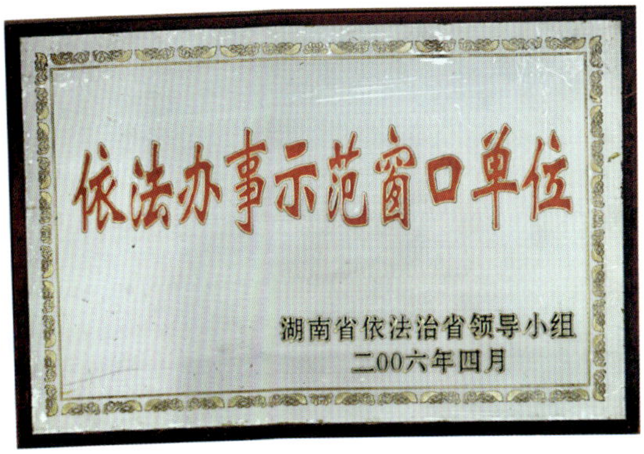
依法办事示范窗口单位
湖南省依法治省领导小组
二00六年四月

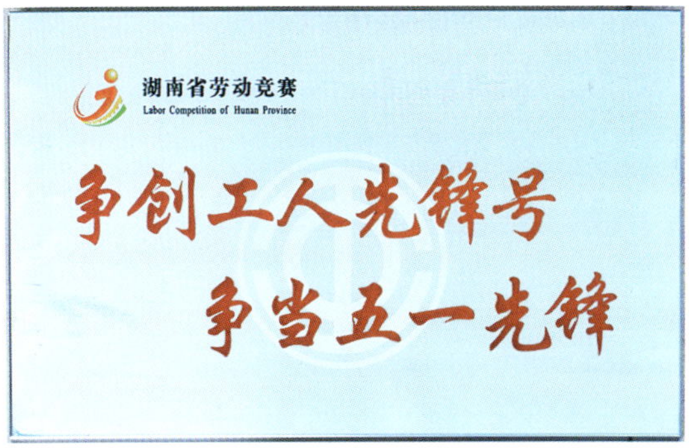
湖南省劳动竞赛
Labor Competition of Hunan Province
争创工人先锋号
争当五一先锋

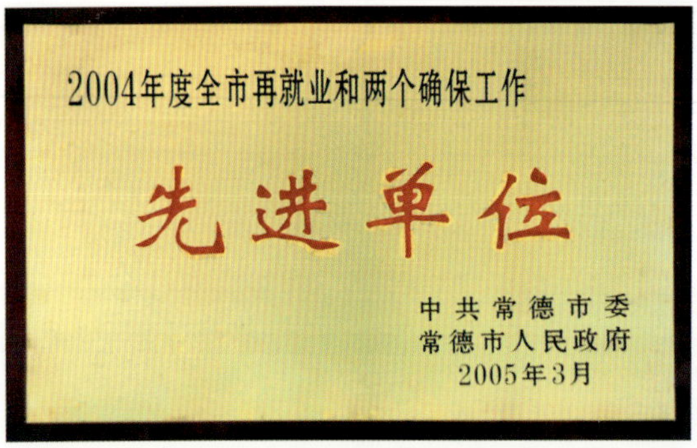
2004年度全市再就业和两个确保工作
先进单位
中共常德市委
常德市人民政府
2005年3月

鼎城区劳动和社会保障局
2003-2005常德市为民办实事
先进集体
中共常德市委
常德市人民政府
二00六年三月

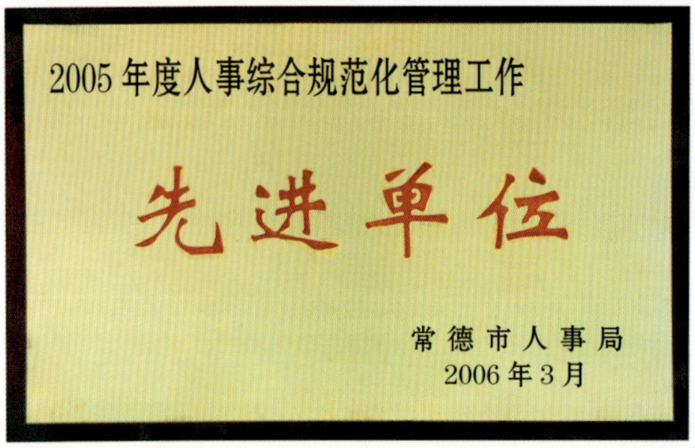
2005年度人事综合规范化管理工作
先进单位
常德市人事局
2006年3月

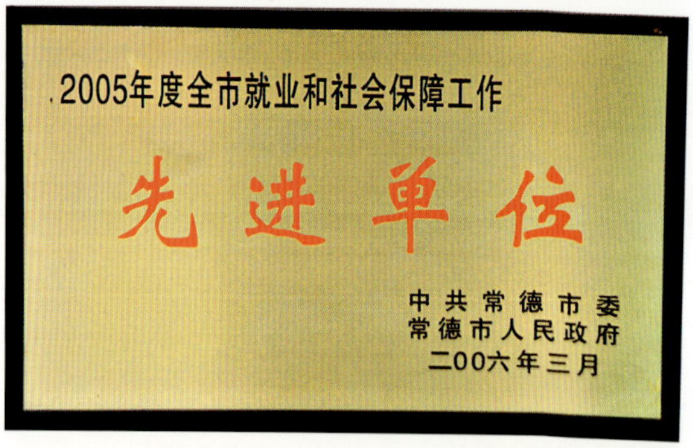
2005年度全市就业和社会保障工作
先进单位
中共常德市委
常德市人民政府
二00六年三月

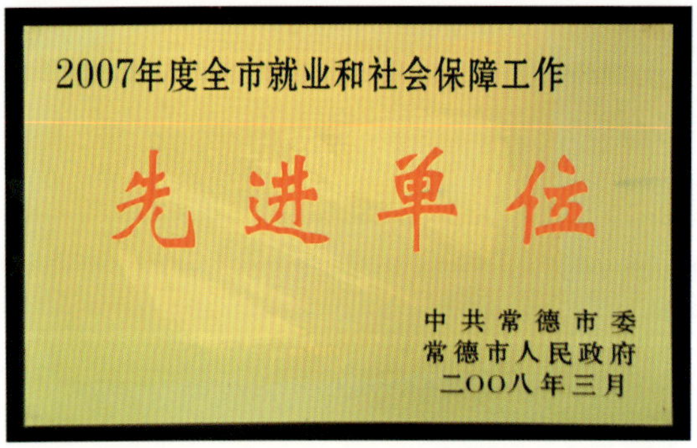
2007年度全市就业和社会保障工作
先进单位
中共常德市委
常德市人民政府
二00八年三月

2009年度全市人事工作
先进单位
常德市人事局
2010年3月

深入学习实践科学发展观活动
先进集体
中共常德市委
二0一0年三月

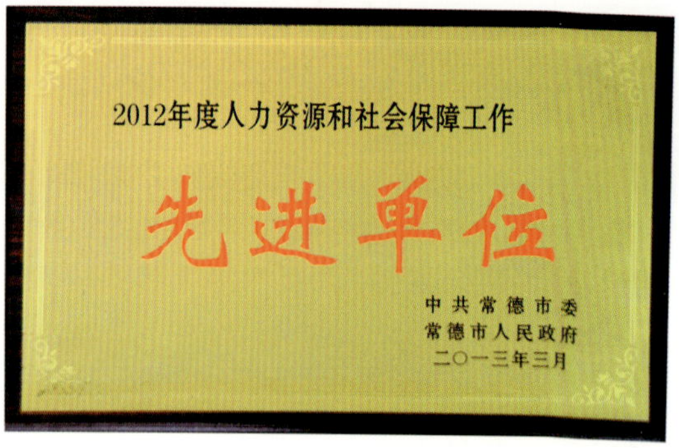
2012年度人力资源和社会保障工作
先进单位
中共常德市委
常德市人民政府
二0一三年三月

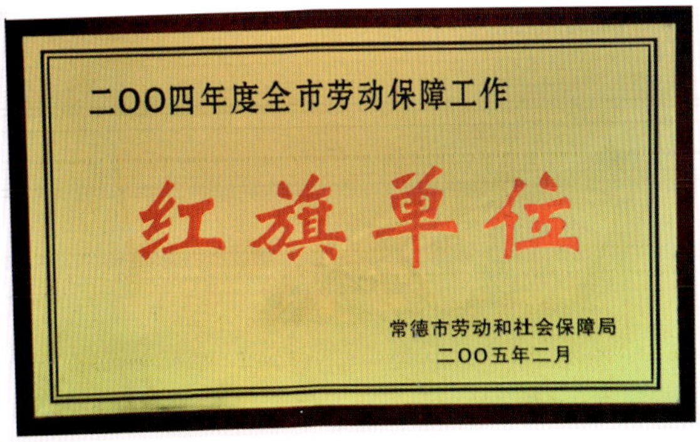
二OO四年度全市劳动保障工作
红旗单位
常德市劳动和社会保障局
二OO五年二月

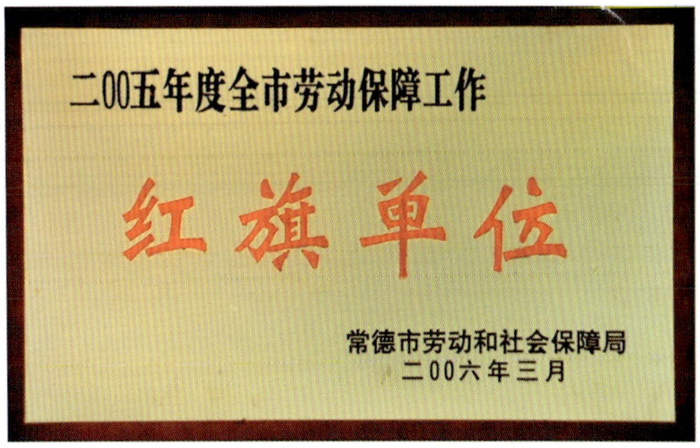
二OO五年度全市劳动保障工作
红旗单位
常德市劳动和社会保障局
二OO六年三月

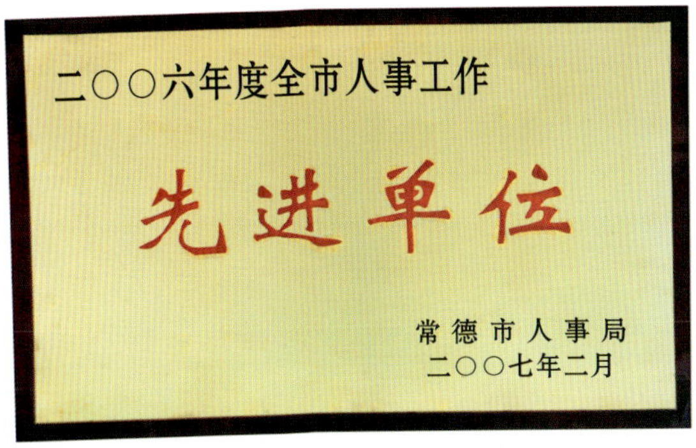
二○○六年度全市人事工作
先进单位
常德市人事局
二○○七年二月

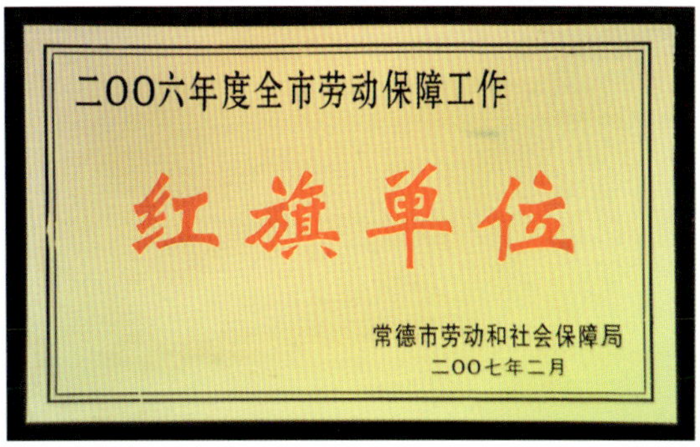
二OO六年度全市劳动保障工作
红旗单位
常德市劳动和社会保障局
二OO七年二月

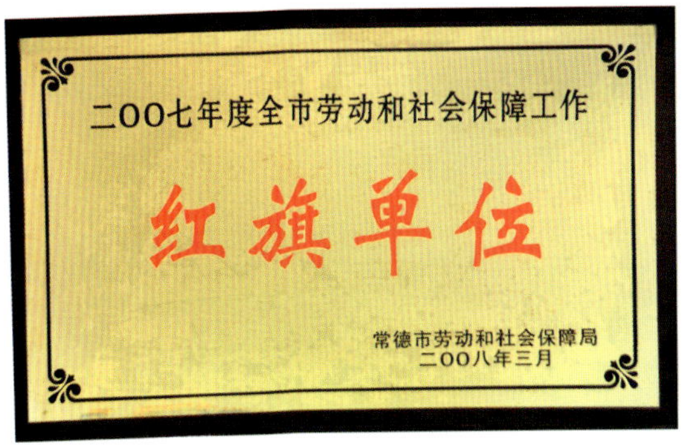
二OO七年度全市劳动和社会保障工作
红旗单位
常德市劳动和社会保障局
二OO八年三月

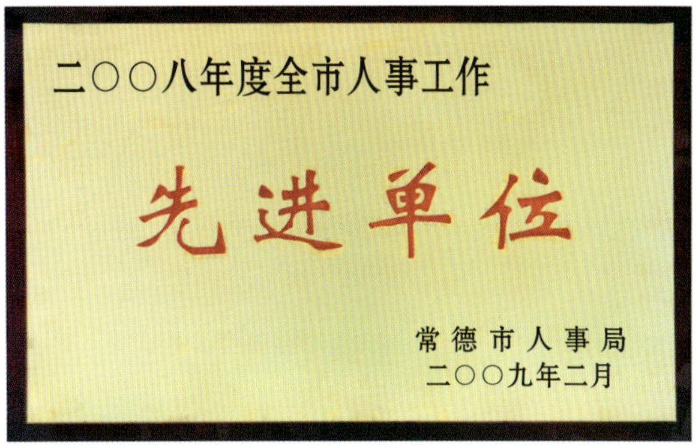
二○○八年度全市人事工作
先进单位
常德市人事局
二○○九年二月

二OO八年度全市劳动和社会保障工作
红旗单位
常德市劳动和社会保障局
二OO九年三月

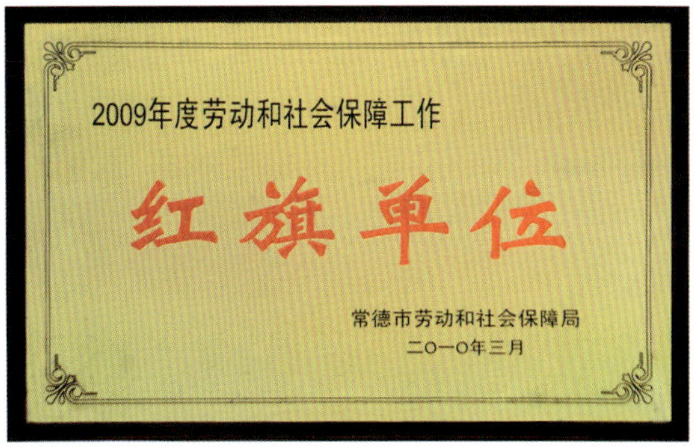
2009年度劳动和社会保障工作
红旗单位
常德市劳动和社会保障局
二一O年三月

2007年度全区目标管理
红旗单位
中共常德市鼎城区委员会
常德市鼎城区人民政府
二○○八年元月

2008年度全区目标管理
红旗单位
中共常德市鼎城区委员会
常德市鼎城区人民政府
二○○九年元月

2009年度全区目标管理
红旗单位
中共常德市鼎城区委员会
常德市鼎城区人民政府
二○一○年元月

2010—2012年度创先争优活动
先进党组织
中共常德市鼎城区委员会
二○一二年六月

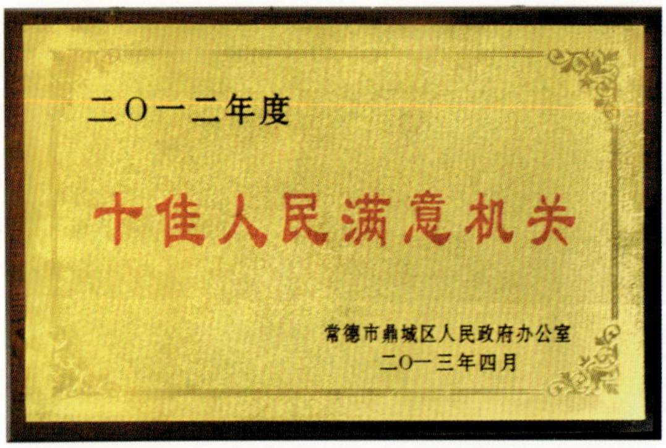
二○一二年度
十佳人民满意机关
常德市鼎城区人民政府办公室
二○一三年四月

2013年度绩效评估
红旗单位
中共常德市鼎城区委员会
常德市鼎城区人民政府
二○一四年元月

2014年度绩效评估
红旗单位
中共常德市鼎城区委员会
常德市鼎城区人民政府
二○一五年三月

2015年度绩效评估
红旗单位
中共常德市鼎城区委员会
常德市鼎城区人民政府
二○一六年三月

目　录

第二篇 人事与人才

第三篇 劳动管理

第四篇 社会保障

人 物

附 录

概　述

常德市鼎城区位于湖南省北部，洞庭湖西滨，沅水尾闾。地处北纬 28° 35'5"~29° 23'37"，东经 111° 27'10"~112° 11'。区境北有武陵山系余脉太阳山呈南北向延伸；南有雪峰山系余脉九龙山向西横亘。沅水横贯其中，澧水流经区境东北角。常德市鼎城区东邻汉寿县，南抵桃江县、安化县，西邻桃源县，西北接临澧县，东北隔澧水与安乡县相望。中共常德市委、常德市人民政府及其直属机关和常德市武陵区位于区境中心。区境东西宽 69 公里，南北长 85 公里。

常德市鼎城区历史悠久。自秦以来，先后有临沅、沅南、索县、汉寿、吴寿、监沅、武陵、常德县等名称，为历代郡、州、路、军、府、道、署、市和县的治所，长达 2000 余年。其中，曾为湘、鄂两省或湖南全省的政治中心 175 年，其历史地位非同一般。1988 年 1 月，国务院批准撤销常德地区，建立省辖常德市，是年 4 月，常德县改名为常德市鼎城区（以下简称鼎城区）。

1949 年 7 月 29 日，常德县解放。8 月 7 日，成立中共常德县委员会（以下简称县委）和常德县人民政府（以下简称县政府）。1953 年 3 月 27 日，成立县政府人事科（1954 年 7 月，县政府人事科改名常德县人民委员会人事科）。1958 年 3 月 12 日，将人事科与监察室（1957 年 6 月建立）合并为人监科，1959 年 3 月 23 日，人监科分为人事科和监察室。1968 年 2 月，人事科并入常德县革命委员会政治部组织组。1973 年 6 月，人事工作任务由县委组织部承担。1980 年 1 月 20 日，成立常德县人事局。

1960 年 6 月 24 日，成立常德县劳动科。1968 年 2 月，劳动科并入常德县革命委员会生产指挥部计划组（1971 年 2 月计划组更名为计划科，1973 年 7 月更名为常德县计划委员会）。1978 年 8 月 20 日，成立常德县革命委员会劳动局（1980 年 3 月 8 日更名为常德县劳动局）。

1984 年 1 月 13 日，常德县劳动局、常德县人事局合并，成立常德县劳动人事局。1989 年 1 月 21 日，鼎城区劳动人事局撤销，分设鼎城区劳动局和鼎城区人事局。2000 年 4 月 24 日，鼎城区劳动局更名鼎城区劳动和社会保障局。2010 年 10 月，撤销鼎城区人事局、鼎城区劳动和社会保障局，成立鼎城区人力资源和社会保障局（以下简称区人社局）。

鼎城区（常德县）人事局、鼎城区（常德县）劳动局（劳动和社会保障局）、鼎城区（常德县）劳动人事局及鼎城区人力资源和社会保障局均属鼎城区（常德县）人民政府的工作部门，为正科级单位，其局长由鼎城区（常德县）人大常委会任命；局所设中共党组织机构的领导成员由中共鼎城区（常德县）委任命。

鼎城区人力资源和社会保障机构虽几经分合，但工作职责依然按照人力资源和社会保障所包含的内容进行分工和承担。尽管局级机构合并，均在其内部分别设立承担各项职责的股（室）、处等职能机构。鼎城区（常德县）人力资源和社会保障部门历届工作人员兢兢业业，全心全意为广大人民群众、为社会和谐稳定，为物质和政治、精神文明建设作出应有的贡献！

二

清朝末年和民国时期，县政府公职人员均按规定设置。民国36年（1947），常德县及乡镇公职人员561人（其中县政府113人）。1950年，湖南省人民政府核定常德县为甲等县，定员711人。1958年定员1613人（其中行政988人、事业290人、企业335人）。1959年精简下放441人。1960年，常德县启动工资基金管理工作。1980年1月20日，成立常德县人事局，承担干部人事管理工作的职责与任务。主要是负责国家干部（公务员）的录用、调配，专业技术职称评、聘，干部（公务员）任免、考核、奖惩，军队转业干部安置、培训等。常德县的工资基金管理工作取得显著成绩。1986年，常德地区推广常德县的做法；省劳动人事厅全文转发《常德县关于第二季度工资基金检查情况的通报》；省政府机关刊物《快讯》予以刊登；《中国劳动人事报》在头版作详细介绍。在人员计划方面，按照市（地）相关部门和区（县）委、区（县）政府要求，作好精简裁员、控编压编、定岗分流等工作，配合区（县）委、区（县）政府的部署，圆满完成历次机构改革工作任务。如：2002年，鼎城区机构改革，行政机关由29个减少到24个，具有行政职能的事业单位由19个减为16个，各乡镇的站所设置均由21个减少到7个。机关事业单位人员定岗815人，分流355人。鼎城区的人才资源总量从1999年的2.1万人增加到2018年6月的8.5万人。鼎城区人事工作部门2000年编制《鼎城区“十一五”人事人才规则》，相继于2005年、2010年、2015年分别编制全区“十一五”“十二五”“十三五”人才规划，为全区人才发展绘制蓝图。

1949年8月2日，96名南下干部到县任职。此后，相继从本地思想进步的知识分子、有文化的青年农民、在岗的雇员积极分子中录用干部。1970—1978年，从上山下乡知识青年、农民、工人、复员军人中录用1200名。1979年8月，进行职工转干工作。以后，每年有计划地从城镇待业人员、在职“五大”毕业生、“民办教师”、优秀工人、农民企业家、优秀村干部、农村自学成才人员、“以工代干”等人员中开展国家干部录用工作。为干部队伍补充新鲜血液，吐故纳新，保持干部队伍数量与质量。同时，为了使干部队伍与时俱进，适应工作需要，并在保证有利工作的前提下，适当照顾干部家庭情况，人事部门在调配干部方面做了大量工作，如区内各单位之间的调动，跨县、市、省的调动，解决夫妻两地分居调动等。这都为促进工作的有序进行，促进家庭与社会的和谐发展作出了应有的贡献。1994年，鼎城区开始实施公务员制度。1996年，全区有39个行政及部分具有行政管理职能的事业单位、33个乡镇人民政府机关过渡为公务员管理单位，有22个区直党群系列机关及33个乡镇党委、人大主席团、政协联络组及妇女、青年、老干、综治、办公室等第一批实行参照公务员管理。全区第一批过渡（含参管单位）为国家公务员的有1889人。1997年，鼎城区对4个乡、3个区直单位10个公务员空缺职位公开招考公务员，从报名的69人中经严格考试、考察、面试、体检等，录取10名公务员。自此，公务员招录制度，真正实行“公开、公平、公正”，做到考生满意、用人单位满意、社会满意。公务员制度实施后，不但实现“凡进必考”的原则，而且在单位内部也实行“竞岗”“轮岗”“竞争上岗”的制度和“公开、平等、竞争、择优”的原则。使德才兼备、实绩突出、群众公认的优秀人才脱颖而出，促进“能者上、平者让、庸者下”选人、用人机制的形成。2017年年底，全区有公务员2456人（含参管单位345人）。

1996年，鼎城区启动事业单位人事制度改革。10月28日，区人事局印发《鼎城区事业单位改革试点工作方案》，选定4个单位作为试点。1997年9月，鼎城区人民政府发布《鼎城区事业单位新进人员实行聘用制管理暂行办法》，从1998年1月1日起，全区事业单位新进人员实行公开招聘，并逐步实行全员聘用制。1997年11月，区政府印发《鼎城区事业单位公开招聘人员实施办法（试行）》。到2015年，全区完成144个事业单位的岗位设置，设置岗位387个，所有人员岗位异动全部按照设置的岗位进行。到2018年6月共完成232个事业单位的岗位设置。鼎城区高校毕业生“三支一扶”（支教、支医、支农，扶贫）工作通过加强管理、热情服务、落实待遇、妥善安置等措施，收到好的效果，取得很好的成绩。从2007年到2018年6月，共招募“三支一扶”高校毕业生53名，其中服务期满的43名全部安置到乡镇事业单位（其中6名考取公务员，且有3人成为副科级干部）。2015年11月5日，全国人才流动中心负责人、省人社厅相关领导和常德市委组织部、市人力资源和社会保障局领导及全省各市州人社部门负责人到鼎城区草坪镇检查验收，对鼎城区的“三支一扶”工作给予高度评价，鼎城区“三支一扶”工作被人社部评为先进单位。

军队转业干部的安置，大致分为三个阶段：中华人民共和国成立至“文化大革命”之前（即1965年），这一时期基本上是就地转业，统一分配；1966年（“文化大革命”开始）至2000年为第二阶段，基本上是回原籍或入伍前所在地安置；自2001—2018年为第三阶段，对军队转业干部实行计划分配和自主择业相结合安置方式。军队转业干部一般由其原籍或入伍前所在地进行安置，也可到配偶随军前或者结婚时户口所在地安置。对随调家属、子女，原则上本着性质不变、尽量照顾专业、就地就近、同时安排的精神搞好安排。1950—2017年，鼎城区共接收安置军队转业干部1744名（其中团级36名、营级273、连级以下1435名）。2001—2015年，接收自主择业军转干部15名（团级1名、营及以下级别14名）。鼎城区的军转干部安置工作按照“妥善安置、合理使用、人尽其才、各得其所”的原则，把军转干部和随军家属安置工作作为促进军队建设和社会稳定的重要工作来抓，基本上做到部队、接收单位、转业干部、上级军转干部安置部门“四满意”。2000年起，鼎城区有386名军转干部随企业改制而解除劳动关系。为了帮助这些军转干部解决生活困难，维护社会稳定，鼎城区委、区政府成立企业军转干部解困和维稳工作领导小组，区人事局成立企业军转干部信访维稳领导小组，并分别建立工作班子，处理改制企业下岗军转干部的信访接待、解困、再就业及维稳等工作。

1980年，常德县成立科学技术干部职称评定委员会，各战线亦先后成立初级技术职称评定委员会。1986年，常德县改革职称评定制度，实行专业技术职务聘任制度和以职务工资为主要内容的结构工资制度。1980—1985年，常德县的专业技术职务评定经历了“套改”与“内定”的过渡阶段，从1986年起进入经常化、正规化评聘时期。到2017年，鼎城区有获得高级职称的1757人、中级职称8701人、初级职称16512人。2018年，鼎城区有享受国务院特殊津贴的专业人才3名。2005—2010年，鼎城区进入常德市“十百千”人才工程计划有42人。1990—1997年，鼎城区为高、中级专业技术人员的家属子女由农村户口转为城镇非农业户口（简称“农转非”）437人；1995—2001年，有21名专家、劳模子女被录用为国家干部。一系列党的知识分子政策全面落实，调动和激发广大知识分子为社会主义建设事业努力奉献的积极性和创造性！

清代，县内公职人员按吏部规定，从“廉”“平”“贫”的标准二年一总考。由吏房定评语，分别实行升降，对问题严重者交刑部惩办。民国时期，对犯错的县政府科长级人员由县署呈报省政府惩戒。一般公职人员由县吏房奖惩。新中国成立后，对干部按“人民公仆”要求实行奖惩。1979年起，对干部按德、能、勤、绩四个方面进行考核。1982年，常德县开始干部岗位责任制试点，7名正副县长带头为自己定岗定责。7月底，全县392名部（委办）、科（局）级干部有320名建立岗位责任，3900名一般干部有3720名建立岗位责任。同年，在常德地区干部任免、调配、奖惩工作经验会上，县人事局作《我们是怎样抓干部岗位责任制落实的》经验介绍。干部岗位责任制建立以后，区委、区政府成立岗位责任制考核委员会、区岗位责任制目标管理量化考核委员会，对干部的德、能、勤、绩、廉进行半年、年终考核，根据考核结果分别定为优岗、合格岗（称职）、不合格岗（不称职），给予其奖励或处分。2009年，根据省政府《关于开展政府绩效评估工作的意见》精神，鼎城区启动绩效评估工作，将目标管理岗位责任制量化考核改变为政府绩效评估。区委、区政府成立绩效评估委员会，考核政策措施、考核指标体系、考核结果运用等，与省、市各项要求全面对接。区委、区政府奖励，对集体的有“目标管理（绩效评估）先进单位”“文明机关”等，对个人的有“先进个人”“先进工作者”“立功”或报市委、市政府批准的“二等功”“一等功”。1994—2017年，鼎城区有376人（次）通过年终岗位责任职考核（绩效评估）被定为不称职（不合格），对这些人给予适当惩处。

清、民时代，常德公职人员待遇按官品级（职务高低）定等。清乾隆年间（1736—1795），知县年薪俸银40—50两；民国16年（1927），县内行政公职人员薪俸分12级：县长月薪180银圆，以下月薪为90—10银圆不等。民国37年（1948），全县俸额调整，略有增加。新中国建立初期，县内党政机关、人民团体工作人员实行供给制。1951年，改供给制为包干制。1952年，实行工资改制，由供给制改为薪金制，统一实行等级薪金加津贴，县长级干部14—16级、科长级干部17—19级、一般干部20—24级，其他（含专业技术）人员实行职务等级工资制。此后，鼎城区（常德县）经历1956年、1985年、1993年、2006年共4次工资改革。1978年，常德县由二类工资区调为三类、1979年调为四类、1985年调升为五类、1987年调升为六类。1993年起，按照职务工资、级别工资、基础工资和工龄工资进行套改。2006—2018年，机关事业单位工作人员的工资通过考核晋升工资档次。2014年10月1日，调整公务员基本工资和机关工人技术等级（岗位）工资标准，将部分津贴补贴纳入基本工资和技术等级（岗位）工资；调整事业单位工作人员基本工资标准，将部分绩效工资纳入基本工资。按照国家、省、市、区政策规定，对机关事业单位的工作人员给予津贴、补贴及其他福利待遇；对受到表彰奖励的优秀工作人员按政策颁发适当奖金。机关事业单位工作人员因工（公）负伤或因公牺牲、病故（含离退休人员）均按规定享受相关待遇。对离退休人员按政策落实政治待遇与经济待遇。

1990年，鼎城区启动人才开发、研究、培训等工作，开展人才智力交流活动，建立行政、事业、企业人才开发服务网点，建立“五大”毕业生和高、中级专业技术人员信息库，发布人才招聘信息，开展人才引进、输出工作。1993年，组建鼎城区人才市场。为拓宽人力资源开发交流服务工作，鼎城区1998年开始人事代理工作，到2015年，委托人事代理的单位有44个，委托代理人员1878人，个人委托人事代理3679人次，流动党员托管 16 人，户籍托管 7 人；办理大中专毕业生转正定级 195 人，预备党员转正 6 人，职称评定 60 人。2018 年，办理人事代理 670 人 / 次，委托代管档案 352 份，办理托管人员职称评定 32 人。

新中国建立初期，常德县设干部文化班、工农速成中学、文化干校对干部进行政治、文化教育培训。1961—1966 年，县委党校对机关各级干部和农村基层干部进行轮训。“文化大革命”（1966—1972 年）期间，干部轮训教育中断。1973 年起，陆续恢复各种形式的干部教育培训。1986 年起，常德县人事管理部门开展对军转干部、专业技术人员、公务员、“创学”人员、事业单位招聘人员培训，对事业单位工人技术等级培训，并通过各种考试开展公务员招录、专业技术人员任职资格和职业资格、事业单位人员招聘转正定级等工作。一系列的培训考试工作，对新型人才分类管理的人事制度改革起到很好的促进作用。2018 年 4 月 8—13 日，组织 2017 年考录的 67 名公务员参加市人社局举办的公务员初任培训。

二

清朝末年，常德县城镇人员各自谋生，以摆摊设店、开办各类私营小型企业等维持生活。较大企业所有职员、店员、工人均系雇佣性质。规模较大的吉泰城锅厂、华晶玻璃厂等技术性较强行业，强调聘约守信。部分私营工厂招收 10—16 岁童工。民国时期，县内工商企业逐渐兴起，民国 18 年（1929），有工人、店员 2743 人。民国 26 年（1937）上半年，县内有各类工人、店员 37181 人。但抗日战争爆发后，县城遭受严重破坏，大批工人、店员失业。抗日战争胜利后，到民国 36 年（1947），全县工人、店员仅恢复到 20856。

新中国成立后，鼎城区（常德县）的劳动工作先后由县政府劳动科、县计划委员会、县（区）劳动局（区劳动和社会保障局）及区人社局等单位负责。20 世纪 50—80 年代初，国家实行计划经济体制，劳动用工亦实行计划管理。常德县严格执行常德地区劳动部门或计划部门下达的招工计划招收工人，充实到县内各个企业。劳动计划分为全民所有制计划、集体所有制计划及临时工计划。这一时期，常德县的用工制度主要有固定工、临时工（计划内、计划外）、轮换工等。改革开放以后，特别是企业“两个置换”以后，企业计划用工制度被取消。1996 年，取消对企业用工实行计划管理。

1950 年开始，全县兴办国营企业和集体企业。是年，县内有全民职工和集体职工。1952 年，全县有全民职工 1241 人、集体职工 474 人。1969 年，全县有全民职工 10413 人、集体职工 18857 人。1978 年，按照国务院通知精神，实行退休、退职及死亡职工子女顶替。凡工人退休、退职或死亡后，家庭生活确实困难的，或多子女上山下乡就业少的，原则上招收一名符合条件的子女参加工作，招录此类人员的计划俗称特殊计划。另外，农、林、牧、副、渔场（厂）及航运系统职工的自然增长也纳入计划管理范畴。2018年，鼎城区加大城镇新增就业贫困劳动力就业信息采集核实，落实就业扶贫政策；鼓励支持创新创业，以创业带动就业。推选5个优秀项目参加市级竞赛和总决赛，分别获得二、三等奖和优胜奖。全年实现城镇就业5908人。

1982年，劳动部提出劳动制度改革的初步设想，开始改变用人单位单一的固定工制度，逐步推行劳动合同制度。1986年7月，国务院发布《国营企业实行劳动合同制暂行规定》《国营企业招用工人暂行规定》等4个关于改革劳动制度的规定（简称“四项暂行规定”）。是年11月，省政府发布执行国务院“四项规定”的“四个实施细则”。从此，常德县凡新招工人均实行劳动合同制度。1994年，《中华人民共和国劳动法》明确，依法订立的劳动合同具有法律约束力，从法律上取消了固定工制度。1996年，鼎城区企业用工实行全员劳动合同制。全民、集体固定工全部与企业签订劳动合同，全民固定工只在人事档案中保留身份。劳动用工计划管理这一制度从是年起逐步取消。

就业是民生之本，解决城镇待业人员劳动就业问题是政府赋予劳动部门的重要职责。鼎城区的劳动就业经历了由政府统包统配到企业自主用人及由劳动者自主择业的发展变化过程。在计划经济年代，劳动力的招收和调配实行政府“统一管理、分工负责”的政策，即在政府劳动部门统一管理之下，由企业主管部门统一负责。鼎城区劳动部门为妥善解决城镇待业人员的就业问题，除利用市（地区）下达的用人计划为企业招收工人外，还采取全民带集体、县镇联营、帮助乡镇办企业、靠山吃山发展企业等“三结合”的方针，扩大就业面。这一方针的实施，不仅最大限度地减少待业、失业人员，而且还使企业和乡镇提高经济效益，帮助从业人员增加收入。如1985年，全县5个知青工厂完成产值457.5万元，创利润140万元；县劳动服务公司的2个自办企业创造营业额275.1万元，利润5.6万元。20世纪70年代末到80年代初，常德县2448名上山下乡知识青年陆续回城就业。2000年，鼎城区委、区政府对全区全民和集体所有制工商企业（除供电、供水、金融等外）实行转换产权和置换职工身份的企业改革。当年，全区4175名国有企业职工下岗。2000—2005年，安排企业买断下岗职工再就业6284人。企业用工制度改革造成大量的下岗失业职工，帮助他们实现再就业成为摆在政府面前的重大民生难题。鼎城区委、区政府及区劳动和社会保障局均成立相关组织机构，设立24个再就业服务中心，对下岗人员免费开展再就业培训，千方百计扩大再就业面。为买断人员发放再就业优惠证8698本，为下岗人员申报小额创业贷款。同时，加强与沿海发达地区联系与合作，如与广东、福建等省20多个县、市劳动保障部门，100多家用人单位建立劳务协作关系，帮助下岗职工提供再就业信息。全区仅利用钟点工、送气、送水、维修等工种在社区内再就业的下岗人员有4857名。在帮助下岗职工实现再就业工作中，重点扶助年龄偏大（4050人员）的下岗职工就业，援助“零就业”家庭实现1个就业等。20世纪80年代中期开始，鼎城区劳动管理部门为统筹农村剩余劳动力转移就业，开启组织外出务工和进入本地劳动力市场就业两扇大门。县劳动局成立劳务输出工作领导小组，县劳动服务公司开始劳务输出工作。1985年，常德县向广州、深圳、武汉等城市输送农村富余劳动力3749名。到2015年，鼎城区农村劳动力转移就业人数15万人。区人社局为疏通劳务输出渠道，规范职业介绍工作，深入用工单位进行用工登记，搜集劳动力需求信息，并利用广播、电视等媒体以及市场广告信息窗口向社会发布劳务信息，定期召开企业用工招聘会，做好劳务输出服务管理工作，对务工人员做好早期培训等。对农民劳务输出实行网络管理，设立“一条龙”服务窗口，并在全区各乡镇及城镇社区设立劳动保障管理服务站，为广大劳动者就业提供便捷服务。帮助和解决复员退伍军人和转业士官、伤残军人安置就业，也是鼎城区劳动保障部门的职责之一。2018年，全区城镇新增就业5908人，其中失业人员再就业3000人，就业困难人员再就业1000人，城镇登记失业率控制3.2%。

鼎城区劳动部门按政策对各企业用工进行管理。在计划经济时代主要有定员定额、清退计划外用工。改革开放以后主要是对外出务工人员进行管理。2012年，成立鼎城区人力资源和社会保障协会参与对外出务工人员管理，帮助他们作好权益维护和保障工作。鼎城区（常德县）劳动部门在计划管理时期合理调动企业职工，解决他们夫妻分居等实际问题，加强技术工人的交流与引进，更好地发挥技术工人专业特长，做到人尽其才，才尽其用。1978—1992年，鼎城区劳动局为9581名职工办理调动手续（其中包括省内省外的调入、调出及区内调动）。

加强劳动力培训，是提高企业职工技能与素质的必要措施。培训的形式有企业在招工以后进行自主培训、企业委托培训等，这两种培训方式中，有同时进行文化和技术培训（简称“双补”培训）。劳动部门对城镇待业青年、农村劳动力等进行就业前培训，对下岗职工进行再就业培训，对已就业人员进行职业技能培训与考核鉴定。20世纪90年代，启动SYB工程，实施企业全民创业培训。2000年，推行“劳动预备制度”，以市场需求为导向开设培训专业。严把培训质量关，加强社会培训办班管理，禁止乱办学、乱办班，全区就业培训工作朝着健康方向发展。2002年，推行培训、就业、维权“三位一体”工作模式，以培训促进就业，就业引导培训，维权稳定就业，开展诚信服务。在培训活动中，对参加培训的人员给予适当生活补贴。2013—2016年，全区对参加培训的各类人员给予生活补贴1145.126万元。劳动部门还承担着对职工进行职业技术能力进行鉴定的职责。至2018年，鼎城区开展创业培训、就业培训、技能培训等。2016年，入驻创业孵化基地的企业从2015年的23家增加到52家。全年培训劳动力2683人（包括扶贫培训、养老护理和月嫂培训、创业培训、“两后生”培训等），并对92名大学毕业生实施创业引领。29

个项目参加全市创业大赛，有 8 名选手获赞，2 名选手被市人社局、团市委评为“青年创业榜样”。2017 年，培训各类人员 5442 人，对 80 名大学毕业生进行创业引领，入驻创业孵化基地的企业有 34 家。2018 年，举办自主创业先进典型暨“常德工匠”巡回报告会和年度创新创业大赛，培训各类人员 2902 人。创业孵化基地入驻企业 19 家。

民国 37 年（1948），常德县工人、店员分月薪、年薪，由工厂、商店老板自定，月薪一般 12—16 银圆。1950 年，除发放工资外，对超额完成任务的职工实行少量物质奖励。1952 年，企业职工实行八级工资制。1955 年 6 月，按照国务院规定，“今后工资工作除武装部队外，均由劳动部门统一管理”。1956 年，实行第二次工资改革，实行等级工资制。全县 6278 名干部职工人均月工资 37.51 元，较改革前人均月增 6.29 元。20 世纪 80 年代，对企业职工的工资实行计划控制管理，按国家、省的政策进行调整或增加，每次对调整比例、增幅和行业、工种等均有明确规定，并在企业中推广计时工资加奖励工资制。1980 年，全县实行经常性奖励的单位有 65 个，职工 8267 人，全年发奖金 43.2 万元，人平 52.23 元，另给表现突出的职工发奖金人平 13.70 元。1987 年，开始推行企业职工工资总额与企业经济效益挂钩制度。这是搞活企业内部分配，更好地贯彻按劳分配原则，促进生产发展和职工生活水平提高的又一举措。这一做法，首先在县昌明锅厂、县机械厂、县水泥厂试点。在其他工商企业分别实行基本工资与经济效益挂钩、岗位工资、全额计件、销售额百元工资含量包干等分配形式，30%以上基本工资纳入奖金分配，调动职工的积极性。全县工业总产值 33009 万元，同比增长 34.4%。1996 年，鼎城区 45 家全民企业和 36 家集体企业实行工资总额与经济效益挂钩。1998 年，对全区全民所有制企业试行弹性劳动工资制度，采取“职工人数同生产增长挂钩”的办法。1999 年，开展企业工资改革，对 97 家企业的 12243 名职工年增工资总额 1232.8 万元，当年，全区企业职工人均月工资 437.25 元。由于市场经济的激烈竞争，加之企业改制，鼎城区国营、集体企业绝大部分处于停产或半停产状态，职工工资总额与企业效益挂钩被迫停止。企业改制后，企业职工工资制度打破“大锅饭”“铁饭碗”，真正实现由市场调节的重大转变。1995 年，对所有工商企业用工实行最低工资标准。当年 8 月 8 日，常德市首次发布鼎城区的最低工资标准 175 元 / 月，以后逐年增加，2011 年 930 元 / 月，2015 年 1250 元 / 月，2017 年 1430 元 / 月，2018 年执行 2017 年标准。

新中国成立后，鼎城区按照国务院规定，男职工满 60 周岁、女职工满 50 周岁，或连续工龄（或革命工作）满 10 年以上者即可办理退休手续；工残退休、特殊工种退休、职业病退休、病残退休等均按相应规定执行。2005—2018 年，鼎城区企事业单位职工有 40104 人办理退休手续。退休、退职职工按规定享受相应待遇。2005—2018 年，鼎城区企业退休职工连续 14 次调升退休待遇，人均月工资从 505 元增加到 1600 元，增长 3.17 倍。

民国时期，县内企业对工人的劳动保护措施很少，生产中经常出现伤亡事故。工人每天工作10多个小时，没有正常的节假日休息，仅春节放假6天。新中国成立后，人民政府十分重视企业职工劳动保护，除加强检查，完善各项安全防护措施外，还发放必要的劳保用品，对工人进行身体检查，及时治疗各种职业疾病。鼎城区（常德县）劳动部门肩负着全区劳动保护与安全生产监督管理的神圣使命。由于这是涉及人命关天的大事，区（县）委、区（县）政府对此十分重视，经常发布加强劳动保护与安全生产管理的文件、经常召开大小会议、经常开展宣传教育、经常组织检查评比，使党和国家、各级政府关于劳动保护与安全生产的法规、政策家喻户晓、深入人心、落到实处。安全监察包括对域内各单位、各公共环境、各生产场地各种安全的综合监察、矿山安全监察以及锅炉、压力容器的安全监察。劳动部门的这项职能于2000年分别移交给鼎城区质量技术监督局和鼎城区安全生产监督局。

1996年，鼎城区劳动局建立劳动监察大队，对全区用人单位和劳动者遵守法律法规情况进行监督检查，对违反劳动法规者进行制止、教育与处理；并负责全区合同鉴证、劳动信访等工作，规范市场用工秩序和企业内部劳动报酬协商机制。2016—2017年，农民工保证金存量5766万元，支付农民工工资5206万元。2018年，保证金存量2900万元。监察大队建立前，合同鉴证、劳动信访等劳动保护监察工作由区劳动局仲裁股负责。区人力资源和社会保障部门设立劳动争议仲裁机构，实行劳动争议庭审办案模式，劳动争议仲裁走上实体化道路。1986—2015年，经区（县）劳动争议仲裁机构调解成功劳动争议纠纷2112起、仲裁劳动争议203起。2018年，处理劳动人事争议86件，其中非立案调解14件，立案调解58件，仲裁裁决结案28件，调解率67%，案件到期结案率100%。为劳动者挽回经济损失1217.5万元。区劳动监察大队和区仲裁机构为维护鼎城区社会和谐稳定，促进全区社会经济发展作出贡献！

三

从1986年开始，鼎城区（常德县）先后建立起以城镇企业职工基本养老保险、失业保险、机关事业单位养老保险、城镇职工基本医疗保险、工伤保险、城乡居民基本养老保险、城乡居民基本医疗保险为主要内容的社会保障制度。这一涉及党政机关、事业单位、企业单位及城乡居民“老有所养、病有所医、伤有所治、失业期间有生活保障”的民生工程，给全区广大干部、职工、城乡居民群众带来极大的幸福感、满足感。

1986年，常德县开始建立适应社会主义市场经济体系的城镇职工社会养老保险制度。在30多年养老保险实践征程中，鼎城区相关部门及其工作人员，既付出了辛劳与汗水，又收获了欢乐与喜悦，创造了在全省乃至全国有重大影响的成果与辉煌。2018年，全区企业职工参保人数有59022人，新增4341人，当年征缴基金44739万元。

1987年7月10日，常德县劳动人事局印发《关于实施待业职工登记、管理试行办法》，对待业保险工作的管理、待业保险基金的筹集和发放作出规定。1999年，按照国务院《失业保险条例》，将“待业保险”改为“失业保险”、将“待业保险救济金”改为“失业保险金”。失业保险缴费和待遇政策按照国家、省的相关规定作出调整。1988年，鼎城区103个全民所有制单位都参加待业保险，实现扣缴单位、参加待业保险人数、扣缴率3个100%。2018年，全区参加失业保险的人数31050人，收缴基金690万元。失业保险制度的实施，解决了失业人员的后顾之忧。

1996年1月1日起，鼎城区在全区机关及全额拨款事业单位的全民合同制工人，自收自支、差额拨款事业单位启动社会养老保险制度改革。区政府出台《常德市鼎城区机关事业单位养老保险制度改革暂行办法》和《常德市鼎城区人民政府关于全面实行机关事业单位养老保险制度改革的通知》，从1998年1月1日起，在全区尚未开展养老保险的机关公务员、干部、固定职工和全额拨款事业单位的全部人员中全面实行社会养老保险。从2014年10月1日起，执行《湖南省人民政府关于机关事业单位工作人员养老保险制度改革的实施意见》的精神，对机关事业单位养老保险工作进行统一与规范。2018年，全区参保人数13511人，实际缴费人数13087人。收缴养老金1.94亿元，支付养老金3.82亿元。是年底，全部清退1996年1月1日—2014年9月30日鼎城区改革试点期间个人缴纳的养老保险金。

2000年2月21日，区政府印发《常德市鼎城区城镇职工基本医疗保险试行办法》，同时印发《常德市鼎城区城镇职工大病医疗互助暂行办法》和《鼎城区离休干部、伤残军人基本医疗管理暂行办法》，启动城镇职工基本医疗保险。从当年1月1日起，区直机关、事业单位、社会团体、民办非企业单位和有条件参保的企业必须参加基本医疗保险。同时，启动对离休干部、伤残军人的医疗管理。1996年，市劳动保障局在鼎城区试点，开展生育保险制度改革。2003年，开始对城镇职工医疗保险参保者特殊病种门诊医疗和家庭病床的管理。2006年，启动城镇居民医疗保险。区医疗保险处负责对医疗保险基金的征缴、发放与管理，并对医保定点医疗机构、定点零售药店进行管理。2018年，全区职工医疗保险参保单位681家，参保人数39360人。

2004年，鼎城区开始工伤保险制度改革，开启“伤有所医、残有所养”和“因工而亡对亲属有所供”的时代，充分体现党和国家爱民、惠民的社会主义人性化制度与政策。2018年，全区工伤保险覆盖各个领域，参加工伤保险缴费的用人单位710家，参保人数47990人，征缴基金2864万元；享受伤残待遇的人数累计2042人；支付基金1592万元。

2009年9月，按照国务院《关于开展新型农村社会养老保险试点的指导意见》，鼎城区启动新型农村养老保险试点工作。2011 年 9 月，全区开始实施城镇居民养老保险。2014 年 10 月，区政府印发贯彻落实国务院、人社部及省人社厅、省财政厅等政府和相关部门关于建立统一城乡居民基本养老保险制度的《实施办法》，部署和全面启动统一城乡居民基本养老保险。2015 年，全区城乡居民参保人数 26.93 万人，征缴基金 3086.68 万元；领取养老待遇的人数 13.86 万人，发放养老金 1.3 亿元，社会化发放率为 100%。从 2011 年开始，鼎城区启动对征地农民社会保障工作的宣传发动及调查摸底工作。2012 年 6 月，区政府印发《鼎城区城市规划区被征地农民就业培训和社会保障工作暂行办法》。当年办理被征地农民参保手续 579 人，征收养老保险费 4123.6 万元；办理退休手续 445 人，人均月养老金 1004.3 元。2015 年，被征地农民参保 6510 人，参保率 26.2%；办理退休手续 4445 人，月人均养老金 1271 元。被征地农民缴纳养老保险金 52736 万元，其中财政补贴 28027 万元。2018 年，全区符合参保资格的被征地农民 30659 人，参保 15407 人，新增参保 3894 人。征缴基金 19218 万元，其中财政补贴 8941 万元。

2016 年 10 月，城乡居民医疗保险中心成立后，当年年底参保人数 660744 人，征缴基金 35590.58 万元，政府资助“五保”及特困人员医保资金 444.5 万元。2018 年，全区参保人数 701035 人，基金收入 47288 万元，基金支出 44939 万元。

鼎城区按照党和国家的政策法规，将社会保障的触角从城镇延伸到乡村，从国有企业扩展到各类企业，从就业群体扩大到非就业群体，实实在在为群众解难题，为群众争福祉，让群众享公平，实现老有所养、病有所医、住有所居。一步步改革的推进，一份份百姓心中沉甸甸的获得感，成为最温暖的民生成就。保障和改善民生没有止点，只有连续不断的新起点。鼎城区人力资源和社会保障部门全体人员将在习近平新时代中国特色社会主义思想指引下，不忘初心，牢记使命，践行社会主义核心价值观，为实现中华民族伟大复兴的中国梦而不懈奋斗！

大事记

1949—2018

1949 年

7 月 29 日 中国人民解放军第 49 军 147 师 439 团攻进县城，全县解放。

8 月 2 日 南下工作团首批干部进入县城。

8 月 4 日 全县组织 4 个青年工作队，协助解放军筹粮支前、剿匪安民。继之，县内连续举办两期革命知识青年训练班。学员结业后，与南下干部组成工作队，分赴各区工作。

1950 年

7 月 常德县根据国家政策，实行政府法定假日放假，假日期澡工资照发。

1951 年

10 月 22 日 召开全县第一次劳动模范会议，有特等劳模 1 人、甲等劳模 25 人、乙等劳模 43 人、丙等劳模 210 人参加。

1952 年

是年 第一次进行工资制度改革，工人实行八级工资制。

1953 年

1 月 企业女职工有 4 周岁以内子女的人数达到 20 人以上的，单独设立托儿所，婴儿有 5 个以上时设哺乳室。

3 月 27 日 常德地区行政公署人干字第 362 号文件通知，成立常德县人民政府人事科，负责全县非党干部管理工作。

4 月 26 日 县政府召开会议，成立常德县公费医疗预防实施管理委员会。

同年 常德县实行国家计划经济体制，将全县劳动资源，包括职工人数、招工、调配、劳动工资等纳入国家计划。

1954 年

4 月 11 日 县委印发《关于管理干部的职务范围的规定及关于贯彻“中央关于加强干部管理工作的决议”的意见》。

1955 年

6 月 遵照国务院的指示精神，常德县工资工作除武装部队外、均由劳动部门统一管理。

1956 年

4 月 县委印发《贯彻中央加强干部管理工作决议的意见》，对干部的培养教育、考核奖惩等要求作出明确规定。

5 月 实行政府法定假日加班的，发给 200%本人标准工资。

8 月 4 日 县委印发《关于分级管理干部的初步意见》。

8 月 常德县进行第二次工资制度改革，常德实行二类工资区的工资标准。

9—10 月 在全县干部、职工中进行工资改革，人均月工资增长 20.1%。

1957 年

6 月 12 日 县委印发《常德县各直属机关若干制度规定的意见》。

1958 年

3 月 12 日 常德县人委会秘字 6 号文件，将人事科与监察室合并为人监科。

是年 常德县开始从农村招收亦工亦农轮换工。

1959 年

3 月 22 日 县人委会秘字 2 号文件，将人监科分为人事科和监察室。

是年 精简下放国家工作人员 441 人。

1960 年

1 月 4—7 日 县委召开全县社会主义建设群英大会，96 个先进集体、128 名先进个人受到表彰。

2 月 常德县启动工资基金管理工作，并对人员实施调整。

6 月 24 日 中共常德县编制委员会通知成立常德县劳动科。主管全县劳动工资，劳动保护、劳动就业等工作。

12 月 13 日 县委整风办公室制定《关于下放干部在劳动锻炼中的若干制度规定》。

是年 实行机构编制调整和人员分流，到 1963 年，国家工作人员减至 1082 人。

1962 年

11 月 23—26 日 召开全县先进单位、先进工作者和劳动模范表彰大会。302 个先进单位、200 名先进工作者、350 名劳动模范受到表彰。

1963 年

4 月 26 日 县委印发《关于恢复鉴定干部制度的意见》。

8 月 18 日 县委印发《关于成立工资调整领导小组的通知》。

1964 年

4 月 常德县开始动员城镇知识青年“上山下乡”“接受贫下中农再教育”。

1965 年

12月 28 日 常德县人民委员会印发《常德县公费医疗管理办法》（〔1965〕会卫字第447 号）。

1968 年

2 月 人事科并入常德县革命委员会政治部组织组。

同月 劳动科并入常德县革命委员会生产指挥部计划组。

1969 年

8 月 31 日 县委制定《关于坚持干部参加集体生产劳动制度的意见》。

1973 年

6 月 人事科并入县委组织部（人事工作任务由县委组织部承担）。

1978 年

6 月 15 日 对全县锅炉进行普查登记，全县有 25 台锅炉，对合格的 20 台颁发使用证书；对不合格的 5 台锅炉责令停止生产。

8 月 20 日 常德县革命委员会常革发〔1978〕39 号文通知，成立常德县革命委员会劳动局。1980 年 3 月 8 日，更名常德县劳动局。

9 月 11 日 常德县劳动局制定《常德县职工调配管理办法》。

12 月 12 日 中共中央下发关于安置上山下乡知识青年的通知。常德县时有上山下乡知识青年 2448 人，按照中央文件精神，当年收回安置下乡知识青年 1169 人。

是年 安置摘掉右派帽子人员 100 人。

1979 年

1 月　贾景栋任常德县劳动局局长。

2 月 15 日　县委制定《关于先进集体、劳动模范、先进个人的评选条件和奖励办法的规定》。

3 月 25 日　县政府同意，在全县凡有条件的全民单位创办独立核算、自负盈亏的集体所有制企业和建立健全“五七工厂”（即厂中厂），缓解就业压力。

12 月 6 日　县渔场 1 台 0.5 吨水管炉锅，因锅炉材质低劣和操作不当发生爆炸，炸坏房屋一间，锅炉工外出磨刀未造成人员伤亡。

1980 年

1 月 11 日　县委制定《关于区社干部评奖的意见》。

1 月 20 日　按照中共常德地委编委通知精神，成立常德县人事局。

1 月　刘本仲任常德县人事局局长。

3 月　县政府印发《常德县干部奖惩办法》。

5 月 19 日　成立常德县安全生产委员会。

5 月　县委组织部、县老干办、县人事局与地区人事局在常德县石门桥公社进行退休退职人员综合管理服务试点。9 月，常德县的综合管理服务经验在全地区推广。

6 月 16 日　成立常德县科学技术干部技术职称评定委员会。

6 月 27 日　按湖南省技工学校招生办公室关于技工学校招生工作实施细则，技校招生实行全省统一招生录取，由各地、县统一分配安排工作。

8 月 6 日　县政府决定，在全县开始实行劳动部门介绍就业、自愿组织起来就业和自谋职业“三结合”的就业方针。

9 月　开展全县科技干部职称套改评定工作，到 1983 年 9 月，为 910 人评定技术职称，其中中级职称 58 人、初级职称 852 人。

12 月 5 日　成立常德县劳动服务公司，为县劳动局二级机构。1986 年 10 月升格为副科级单位。1996 年 5 月 27 日更名为常德市鼎城区劳动就业服务管理处。

1981 年

1 月　徐文汉任常德县劳动局局长。

3 月 30 日　成立常德县退休退职人员管理工作领导小组。

12 月 刘本仲任常德县人事局党组书记。

是年 常德县安置下乡知识青年的工作全部结束，从 1978 年起共安置下乡知青 2448 人（不包括收回安置的其他下放人员）。

1982 年

2 月 1 日 县政府印发《常德县国家行政工作人员奖惩暂行办法》。

3 月 常德地委、常德行署派员到常德县开展党政机关、事业单位岗位责任制试点工作。

5 月 28—30 日 县委、县政府召开全县退休干部工作“双先”表彰大会，表彰 1980—1982 年离休退休退职人员安置管理工作先进单位和离休退休退职人员先进个人。会上有 39 个先进单位、114 名先进个人受到表彰。

6 月 15 日 县劳动局会同县教委等部门，开始对企业职工进行文化、技术培训考试（简称“双补”培训考试）。

8 月 县人事局在地区人事局召开的干部任免、调配、奖惩工作经验交流会上介绍《我们是怎样抓干部岗位责任制落实的》经验。

9 月 12 日 县委组织部、县人事局联合印发《关于进一步加强退休退职人员管理服务工作的意见》。

1983 年

2 月 20 日 雷公庙公社石灰三场李某成，违反放炮规定，不等炮响走出安全棚被飞石打死。

3 月 8 日 开始为农村富余劳动力在本地大型企业中介绍就业。

3 月 26 日 雷公庙公社石灰三场蒋氏兄弟 2 人挖“神仙土”垮塌，两人同时被压死。

6 月 8 日 县政府印发《常德县农民技术人员技术职称暂行规定》。

7 月 21 日 县氮肥厂一台卧式快装锅炉运行不到一个月，发生锅炉缺水干烧事故，烧坏 6 根火管，造成松动漏水而报废。

8 月 5 日 石板滩公社金刚煤矿违反规定，挖“神仙土”塌方压死 1 人。

11 月 5 日 南坪公社石煤场发生特大片帮塌方事故，崩垮石方 3.6 万余立方米，当场压死 15 人，重伤 3 人，轻伤 6 人。

1984 年

1 月 13 日 常德县劳动局、常德县人事局合并，组建常德县劳动人事局。1988 年更名为鼎城区劳动人事局。

1月27日 设立县直机关幼儿园，为县劳动人事局二级机构。1986年9月1日划归县妇联管理。

1月 刘本仲任常德县劳动人事局局长。

3月 成立常德县党政机关岗位责任制考核委员会。

5月6日 开始对全县锅炉进行安全大检查。发现土锅炉12台，这些土锅炉无技术资料、材质不清、焊接质量低劣、结构不合理，有很大的安全隐患，责令停止运行并作报废处理。

5月19日 黄土店金矿仙良洞坑口发生2万立方米大塌方事故，致使青龙村8队采井全部塌毁，因作业人员离井吃饭避免人员伤亡。

9月24日 成立常德县科技干部管理局（副科级机构），县劳动人事局管理的科技干部工作和工作人员全部移交县科技干部管理局。1989年6月，区科技干部管理局又并入区人事局。

12月13日 成立常德县公费医疗领导小组办公室。

12月24日 县委组织部、县老干局、县人事局联合召开全县离退休（退职）干部、工人先进代表大会。38个先进集体、127名先进个人受到表彰。

1985年

4月22日 成立常德县职称评定领导小组。

4月 县劳动人事局在省劳动人事厅召开的全省退休人员综合管理工作经验交流会上介绍工作经验。

5月21日 成立常德县工资制度改革领导小组。

6月26日 港二口乡跃进水库发生特大恶性沉船事故，船上61人全部落水，28人获救，33人遇难。

6月30日 县政府印发《关于沧山乡沧浪坪村采金人员进入县乡联办金矿采金严重危及双方安全、必须立即停止采金并撤出的通知》。

10月 进行工资制度改革，到年底，为全县3581名干部职工、3677名教师套改工资，人均月增工资21.08元；为155名离休干部调升工资；为3500名退休退职人员调升工资补助。

10月 贾菊初任常德县劳动人事局局长。

12月 刘本仲任县劳动人事局党组书记。

12月 常德县在常德地区岗位责任制检查评比中，获得第二名。

1986年

5月10日 成立常德县职称改革工作领导小组。常德县职称评定领导小组即行撤销。

5月15日—8月15日 县委组织部、县劳动人事局在县委党校举办首次军转干部培训班。1985年军队转业的75名干部参加学习。

5月20日 县政府召开就业工作会议，贯彻执行国务院《国营企业实行劳动合同制暂行规定》，劳动就业不再由政府包揽，企业与劳动者采取“双向选择”（即企业选择用工、劳动者选择就业）的就业方针。

6月27日 成立中共常德县委老干部工作领导小组。

6月27日 成立常德县老龄工作委员会。该委员会办公室设县劳动人事局内。

8月 常德地区在常德县召开工资基金管理工作经验交流会，推广常德县工资基金管理的做法。

9月22日 县化工厂锅炉工周显福认真负责，在即将投进锅炉的煤中发现800公斤电雷管9个，当即进行处理，避免一场厂毁人亡的恶性事故。

10月11日 成立常德县社会劳动保险事业管理站，为县劳动人事局的直属独立事业单位。1996年12月4日更名常德市鼎城区劳动保险事业管理局。2005年3月更名为常德市鼎城区社会劳动保险处。

10月 县劳动人事局在省劳动人事厅召开的全省干部调配、人才交流工作会上作《发挥离退休专业技术人员的作用，振兴乡镇企业》的典型发言。

12月11日 县政府印发《鼓励专业技术人员支持发展乡镇企业的暂行规定》。

12月17日 县政府印发常政发〔1986〕89号文件，恢复常德县公费医疗领导小组。

12月30日 县劳动人事局投资修建的总面积4000平方米的培训大楼竣工投入使用。

12月 常德地区劳动人事局授予常德县劳动人事局“干部统计工作先进单位”称号。干部调配股干部龚纯武被评为地区“全能第一名”。

是年 在湘西召开的全省干部调配、人才交流会上，县劳动人事局介绍干部调配、人才交流工作的经验。国家科委主办的《科技与人才信息》杂志刊登常德县开展人才交流的做法。

1987年

2月 成立常德县劳动争议仲裁委员会。

3月1日 县劳动人事局开始在企业中推行职工工资与企业工效挂钩办法。

3月 成立常德县退休基金社会统筹工作管理委员会。3月，县劳动人事局、财政局和工商、农业、建设3家银行常德县支行联合发文，对全县劳动合同制工人实行社会养老保险作出规定，全县劳动合同制工人养老保险工作全面启动。

4月5日 县劳动人事局、县经委召开企业负责人会议，推广县昌明锅厂、氮肥厂、机械厂、水泥厂劳动用工制度改革的经验与作法。

5月30日 县劳动人事局建立就业培训中心。

5月 县政府召开全县全民企事业单位退休基金社会统筹实施动员大会，并以常政发〔1987〕37号文下发社会统筹实施方案。

6月 在肖伍铺乡进行乡镇聘用干部“三过半”（聘用干部在乡主管领导成员中过半、在党委成员中过半、在干部总数中过半）试点。

7月 全县开始对各类专业技术人员进行职称评聘工作，到1989年年底，参加职称评聘的专业技术人员12299人，确认具备各类专业技术职务任职资格10065人，其中高级131人、中级1936人、助级4880人、员级3118人。

8月3日 县政府批转《县劳动人事局〈关于工资基金管理情况和今后工作意见报告〉的通知》。

10月4日 县委、县政府印发《关于制止机构编制和干部队伍膨胀的规定》。

10月6日 县委、县政府印发《关于实行干部任职试用期的通知》。

1988年

1月9日 成立常德县劳动制度改革领导小组。

3月12日 县政府转发县劳动人事局、县财政局、县卫生局《常德县国营企业医疗制度改革实施细则》。

3月16日 县劳动人事局派出3个小组深入企业指导开展搞活固定工制度改革，首先在氮肥厂、锅厂、饮食服务公司试点。

3月23日 成立常德县技师考评聘任工作领导小组。

3月 全县改革招工办法，变内招顶替为公开招收，择优录用；开办首届劳务市场，实现就业双向选择，增强招工的透明度。

6月5日 县劳动人事局制定《常德县技术工人交流暂行办法》。

6月21日 成立常德县职业介绍所，并首次打开珠海、东莞等沿海发达地区的劳动力输出渠道，当年输出农村及城镇劳动力5082人。

7 月 15 日 县劳动人事局制定《简化工人调配、招工手续办法》。

12 月 5 日 经省劳动厅批准，将 1971 年年底以前进企业的 260 名计划外农民工，招收为全民合同制工人。

12 月 区劳动人事局被市劳动人事局评为“全市人事统计工作第一名”。

1989 年

1 月 21 日 鼎城区劳动人事局撤销，分设区劳动局、区人事局。

3 月 贾菊初任鼎城区劳动局党组书记、局长。

3 月 陈孝定任鼎城区人事局党组书记、局长。

3 月 区政府批转区劳动局关于企业单位临时工实行社会劳动保险的试行办法，在全省率先扩大企业职工养老保险覆盖面。

5 月 10 日 区政府印发《常德市鼎城区公费医疗管理办法》。

6 月 区科技干部管理局并入区人事局，成立专业技术人员管理股，负责全区专业技术人员的管理工作。

7 月 20 日 成立鼎城区退休职工管理服务工作领导小组。

12 月 6 日 成立鼎城区矿山监察检测所，属区劳动局二级独立事业单位。2002 年，该所被划归区安全生产管理办公室。

1990 年

3 月 20 日 区政府发出《关于落实发展集体经济优惠政策，进一步做好城镇就业安置工作》的通知，从税收政策、计划物资供应、生产资金、就业安置等方面出台一系列优惠措施。

3 月 28 日 区劳动局制订指导企业搞活内部分配的措施与办法，主要有联产计酬、承包经营、全额计件、超额计奖等形式。

3 月 汪涛浦任鼎城区人事局局长。

3 月 张国芳任鼎城区劳动局局长。

4 月 3 日 开始调整全区党政机关、事业单位在职干部职工工资。到 9 月 30 日止，有 13330 人参加调资，调资金额 173177.00 元。

4 月 15 日 成立鼎城区就业安置清退农临工工作领导小组。

4 月 为增强企业职工个人参保缴费意识，规定在职职工每人每月按 1 元标准缴纳养老金，开全省固定职工个人缴费先河。

4 月 区人事局对城镇待业和在职“五大”毕业生录干支援乡镇企业工作的情况进行清理整顿，对 5 名长期不到岗的人员，作出取消干部身份和调整工作的处理决定。

5 月 12 日 区委、区政府印发《关于选拔区级拔尖人才试行办法》和《关于加强对拔尖人才管理的试行办法》。

5 月 经层层推荐、组织考核、区委人才工作领导小组研究，确定区农机管理站高级工程师黄世凤等 28 人为鼎城区区级专家，并建立《专家联系制度》。

7 月 6 日 成立鼎城区党政机关、事业单位退休人员管理工作委员会。

8 月 13 日 成立鼎城区人才开发交流服务中心，为区人事局二级独立事业单位，2007 年 3 月升格为副科级事业单位，2010 年 10 月更名为区人力资源开发交流服务中心。

12 月 24—28 日 市人事局对区县市和市直单位的专技人员业务档案建设进行全面检查验收，鼎城区获得 94 分，在区县市中位列第一名，受到市人事局通报表彰。

12 月 区人事局分别被市人事局、省人事厅评为工资基金管理先进单位。

1991 年

1 月 15 日 通过考试、体检、公开录取等程序，在全区 1324 名报考人员中录取 435 名合同制工人。

3 月 30 日 区委组织部、区人事局印发《关于组织全区党政群机关工作人员学习〈公务员行为规范教程〉意见的通知》。

5 月 21 日 区委、区政府印发《关于调整区直党政群机关人员编制的通知》。

5 月 成立鼎城区工人技术考核委员会。

7 月 全区机关、事业单位全部使用国家统一颁布的《工资基金管理手册》。

8 月 1 日 成立鼎城区养老保险基金委员会。

10 月 8 日 区委、区政府印发《关于冻结机关、事业单位机构编制的通知》。

10 月 区社保局参加全省社会养老保险文艺会演，区社保局自编自演的宣传爱老敬老的常德丝弦《喜笑颜开》获一等奖。该节目多次在省市电视台展播。

11 月 18 日 区政府印发常鼎政发〔1991〕70 号文件，完善公费医疗管理办法。

12 月 劳动部对鼎城区进行实地考察后，确定鼎城区为全国企业职工基本养老金计发办法改革的试点单位。

1992 年

1 月 1 日 自即日起，国家不再负责分配和安排技校毕业生的工作，技校生毕业后进入劳动力市场自主择业。

1月14日 成立鼎城区城镇企业职工个人缴纳养老保险费试点领导小组。

2月 鼎城区劳动局与区乡镇企业经济委员会联合发文，规定乡镇企业管理站的工作人员均按全民合同制工人的标准参加社会养老保险。

3月15日 区人事局组织晋升中、高级专业技术职务的220人，参加首次全省统一的外语水平考试。

4月 区劳动局与区计生委发文，规定乡镇计划生育工作站的工作人员按全民劳动合同制工人标准参加养老保险。乡镇站所工作人员参加企业职工基本养老保险系全省先例。

7月3日 区委组织部、区人事局印发《关于办理停薪留职、辞职手续的实施细则》。

11月20日 区政府常鼎政报〔1992〕60号文件，向省劳动厅、劳动部请示《常德市鼎城区改革企业职工基本养老金计发办法的意见》。

12月4日 省劳动厅湘劳险字〔1992〕530号，对鼎城区的改革意见作出批复，认为改革意见符合劳动部的总体思路，表示完全赞同和支持。12月10日，劳动部保险福利司对省劳动厅的请示给予复函，完全赞同鼎城区的改革意见。

1993年

1月1日 鼎城区工业企业实行全员劳动合同制管理。

3月2日 区委、区政府召开鼎城区改革企业职工基本养老金计发办法实施动员大会，全国人大常委会副委员长李沛瑶及劳动部、省人大常委会、省政府、省劳动厅及常德市委、市人大常委会、市政府、市政协、常德军分区和全省各地市州劳动局、社保局负责人参加会议。

3月 组建鼎城区人才市场。

3月 郑圣祥任鼎城区劳动局局长。

3月 马培全任区劳动局党组书记。

5月15日 区人事局印发《关于进一步加强工资基金管理及时审批工资基金的通知》，对不按规定审批工资基金的单位，财政、银行部门不得拨发工资；采取坐支、套支等办法发工资的单位，按照违反《工资基金管理条例》和违反财经纪律的有关规定处以违纪金额10%~50%的罚款。

5月 汪涛浦任区人事局党组书记。

7月 区人事局总结推广河洑办事处半年岗位责任制检查“五个一”（即每人一个总结、查一次出勤、看一次记事本、发一次言、谈一次下步工作打算）的经验。

8月 区人事局印发《关于实施1993—1994年经济专业技术资格考试有关事项的通知》。从1993年起，经济专业技术资格实行全国统一考试制度，鼎城区不再进行经济专业中、初级职务任职资格的评审工作。

1994年

1月26日 区委印发《关于进一步加强干部管理工作的通知》，对干部管理范围、审批任免权限、任免程序和干部人事调配纪律以及加强对干部的宏观管理作出明确规定。

3月5日 区安全生产委员会开始对全区矿山企业的矿长、副矿长及管理者进行安全技术审查。

3月14—16日 区委、区政府召开全区行政、事业单位工资制度改革工作会议。到年底，为机关事业单位19837人调整工资，其中在职人员15621人、离退休人员4216人。

4月27日 区政府制定《鼎城区劳动力市场管理暂行办法》《鼎城区各类临时工管理暂行规定》《鼎城区劳务输出管理规定》，规范全区劳动力管理工作。

6月 鼎城区提出城镇企业固定职工按照全民劳动合同制工人的规定办法实行社会养老保险的意见。

7月1日 鼎城区企业开始实行最低工资保障制度，各单位用工每月工资最少不得低于175元。

7月25日 在全区各个企业成立劳动争议调解组织。

9月26日 成立鼎城区企业工资改革领导小组。

同日 成立鼎城区机关事业单位社会保险站，为区人事局二级独立事业单位。1997年10月20日更名区机关事业单位社会保险局，升格为副科级事业管理机构。2001年9月，该局成建制移交区劳动局管理。2005年3月，更名为区机关事业单位社会保险处。

9月16日 区委办、区政府办转发《区人事局〈关于机构改革中人员分流工作有关问题的实施意见〉的通知》。

1995年

1月 张世界任区人事局局长。

1月 唐生贵任区人事局党组书记。

1月 郑圣祥任区劳动局党组书记。

3月8日 成立鼎城区社会保障委员会。

3月 为庆祝社会养老保险改革10周年，区委、区政府召开社会保险工作总结表彰大会，全面总结社保 10 周年工作成绩，20 个先进单位、50 名先进个人获奖。

4 月中旬—11 月中旬 区人事局开展“我为鼎城添光彩”活动。成立活动领导小组，制定实施方案。通过活动，提高干部职工的政策水平和工作能力，树立人事工作者的良好形象。

6 月 16 日 全省社会养老保险工作会议在株洲市召开，副区长刘云迪、区劳动局局长郑圣祥、副局长黄柏华、区社保局局长卜东生参加会议，并接受省长杨正午亲自授锦旗表彰。

7 月 劳动部社会保险工作管理局、中华全国总工会保险工作部、中国老年报社联合举办的全国离退休人员管理服务工作先进表彰大会在大连召开，鼎城区社保站作为先进单位参加会议。负责离退休人员管理服务工作的副站长明善成被评为“敬老模范”。

9 月 5 日 鼎城区河洑乡、南坪岗乡、丹洲乡、芦荻山乡、河洑镇和区渔场及所属 1800 名行政事业单位工作人员分别划归武陵区、柳叶湖旅游度假区管理。

10 月 区人事局在区委党校首次举办实施公务员制度辅导员培训班，各乡镇党委组织委员、区直单位人事股股长等 120 人参加。

12 月 6 日 区人事局印发《常德市鼎城区国家公务员过渡实施意见》，明确国家公务员过渡的原则、范围、对象、程序、方法和要求。

12 月 15 日 区政府印发《常德市鼎城区国家公务员制度实施意见》，明确实施公务员制度的指导思想、基本原则、范围对象、程序方法和要求。

12 月 29 日 区人事局印发《常德市鼎城区国家公务员职位设置办法》和《常德市鼎城区国家公务员非领导职务设置办法》。

1996 年

1 月 1 日 即日起，在全区机关及全额拨款事业单位的全民合同制工人，自收自支、差额拨款事业单位的全部工作人员中，实施社会养老保险制度改革。

1 月 21 日 在武陵镇设 5 个考点，举办全区机关事业单位工人技术等级岗位理论考试，5700 人参加考试。

1 月 31 日 全区 81 个区直机关和 33 个乡镇机关的干部 2256 人参加公务员过渡考试，其中 1889 人经市人事局审批过渡为公务员。

3 月 22 日 成立鼎城区机关事业单位社会保险基金监督委员会，该委员会办公室设区人事局内。

3 月 区人事局在区委接待处举办首次机关事业单位工人技术等级岗位实际操作（应会）定级考核，参加考核的有 110 人。

3月 鼎城区出台《私营企业主及雇工、个体工商户及帮工的养老保险办法》，在全省率先推行个体和私营企业人员养老保险。

6月18日 区委编制办、区人事局印发《关于乡镇企业管理站人员编制定员的实施意见》，明确乡镇企业管理站人员编制配备的原则、定编人员的条件、编制定员中几个具体问题的处理办法。

6月 区劳动局投资250万元修建的社保中心大楼竣工落成。

7月2日 区委组织部、区人事局印发《关于区直机关工作人员过渡国家公务员年龄界定的通知》。

7月 全区对年度考核一年不称职和连续两年不称职人员分别作出降薪（职）和辞退处理。这一举措受到省人事厅的充分肯定，并被录制成电视节目，在省电视台《焦点“96”》中播出。

8月23日 成立鼎城区工人技术等级考核委员会。

10月5日 成立鼎城区事业单位人事制度改革试点工作领导小组及工作小组。

10月17日 成立鼎城区劳动监察大队，为区劳动局二级独立事业单位。2013年1月23日，区监察大队大队长高配为副科级。

10月28日 区人事局印发《鼎城区事业单位改革试点工作方案》，明确事业单位改革试点工作的指导思想、工作步骤、领导班子和工作班子与要求。

11月27日 区政府印发《加强机关事业单位社会养老保险基金的征集与管理工作的通知》。

是年 区政府印发《常德市鼎城区机关事业单位养老保险制度改革暂行办法》。

是年 市劳动局确定鼎城区为生育保险改革工作的试点单位。

1997年

1月 区公安局在全区率先开展公务员竞争上岗。

2月19日 成立鼎城区企业解困领导小组。

3月 鼎城区岗位责任制考核委员会更名为鼎城区岗位责任制目标管理量化考核委员会。区委、区政府印发《鼎城区推行目标管理责任制量化考核实施意见》。

3月10日 在全区15家企业中实行工资总额包干制。

3月 省劳动厅在鼎城区召开现场会，推介鼎城区推行私营企业、个体工商户参加社会养老保险的经验。年底，区政府在全省社保工作会议上作经验介绍。

5月16日 区职业介绍所首次打开广东省家具行业的就业渠道，当年输出农村劳动力 3448 人。

7 月 黎建华任鼎城区人事局局长。

9 月 26 日 区政府印发《鼎城区事业单位新进人员实行聘任制管理暂行办法》，规定从 1998 年 1 月 1 日起，全区事业单位新调入人员、国家不包分配的大中专毕业生以及从社会上招收的其他择业人员均首先实行聘用制，并决定根据机构改革的进度逐步实行全员聘用制。

同日 鼎城区老科学技术工作者协会成立，是全市各区县市中的首家县级老科协组织。区人事局举行第一次会员代表大会，选举产生常德市鼎城区老科学技术工作者协会第一届委员会。

11 月 区政府印发《鼎城区事业单位公开招聘人员实施办法（试行）》。

12 月 区委、区政府评选表彰“十佳”科技工作者。

是年 市人事局召开全市专业技术人员管理工作经验交流会，区人事局在会上介绍《加强聘后管理，抓好专业技术人员考核工作》的经验。

是年 鼎城区面向社会实行首次公务员公开考录，对 8 个公务员空缺职位，从报名的 169 人中，经考试、考察、面试、体检等，最后录取 8 名，做到公开、公平、公正。

1998 年

1 月 1 日 鼎城区机关事业单位参保单位养老保险金的缴费标准按在职人员上年度工资总额的 27%计算，其中单位负担 24%，个人负担 3%。

同日 鼎城区将全员劳动合同制范围扩大到”三资”企业、私营和乡镇企业以及机关事业单位的工勤人员。

1 月 龙国安任鼎城区人事局党组书记。

1 月 开始对全区事业单位新进人员推行聘用制。

2 月 15 日 成立鼎城区职业技能鉴定指导站，负责全区职业技能鉴定站的资格审查、对全区职业技能鉴定考评员的培训与管理、按劳动部规定统一办理国家“职业资格证书”。

3 月 10 日 成立鼎城区私营企业从业人员、个体工商户社会养老保险工作协调领导小组。

3 月 12 日 区政府印发《常德市鼎城区人民政府关于全面实行机关事业单位养老保险制度改革的通知》。

5 月 7 日 区委、区政府发出冻结全区机关事业单位机构编制及停止调入（录用）人员的紧急通知。

5月8日 区政府成立企业职工解困工作领导小组。

5月14日 区委、区政府印发《鼎城区科级干部管理办法》和《鼎城区机关事业单位一般工作人员管理办法》。

6月23日 成立鼎城区再就业工作领导小组。

7月7日 区政府办印发《关于确保行政事业单位工资发放建立工资基金专户的通知》。

7月 省劳动厅、省总工会、省妇联派员到鼎城区调查开展生育保险改革试点情况，区劳动局副局长黄柏华向他们汇报。

10月15日 区劳动局制定《鼎城区劳动预备制实施方案》，在全区范围内开始实行劳动预备制。

是年 根据国务院关于补发企业拖欠退休人员养老金的文件精神，经过宣传、测算，423.3486万元调标补欠款全部发放到退休人员手中。

1999年

3月6日 区劳动局制定3项措施，确保下岗职工的基本生活：(1)建立下岗职工服务中心。(2)对下岗职工进行免费转岗培训。(3)加大筹资力度，确保下岗职工基本生活费发放到位。

3月25日 区委组织部、区人事局印发《关于在党政机关、事业单位推行竞争上岗的实施意见》，明确党政机关、事业单位推行竞争上岗的指导思想、适用范围、基本原则、基本条件与资格、程序与方法、组织领导。

3月28日 区委组织部、区人事局印发《常德市鼎城区国家公务员（含参照管理机关工作者）职位轮换（换岗）暂行规定》。

3月30日 区政府办印发《关于认真做好个体私营企业从业人员和农民技术员的职称评定工作的实施意见》。

5月4日 区委、区政府印发《关于下达1999年全区事业单位人员编制计划的通知》。规定：计划服从编制、增人服从计划、配员服从结构；单位进人必须在年度下达的计划总数之内进行，不准擅自突破年度计划。

5月15日 成立鼎城区乡镇机关事业单位人员分流协调领导小组。

5月16日 区委、区政府印发《关于清退全区机关事业单位临时雇请人员的通知》，明确清退原则、清退范围、清退时间、组织领导与要求。

5月17日 区委印发《关于加强干部学习考试考核工作的通知》。成立干部学习考试考核委员会，建立干部学习考试考核制度，完善干部学习激励约束机制。

6月16日 区人事局投资100多万元建成的人才开发交流服务中心综合大楼落成，投资3万元的人才信息网同时启动，实现鼎城区人才库与国内部分人才市场的联网。

8月10日 市老科协在鼎城区花岩溪召开全市首次老科协工作经验交流会。会上，推广鼎城区老科协工作经验。

10月28日 区委组织部、区人事局印发《关于加强机关事业单位中层骨干任职管理的意见》。

2000年

1月1日 鼎城区将离休人员、伤残军人（市政府规定六级以上，鼎城区自2008年起放宽到八级以上）（统称“特殊人群”），列入基本医疗保险对象。

1月 全区企业离退休人员养老金全部实现社会化发放

2月21日 区政府印发《常德市鼎城区城镇职工基本医疗保险试行办法》《常德市鼎城区离休人员、伤残军人基本医疗管理暂行办法》《常德市鼎城区城镇职工大病医疗互助暂行办法》。

同日 区政府印发《常德市鼎城区城镇职工大病医疗互助暂行办法》。

3月28日 区政府办印发《关于实施医疗保险制度改革的通知》，自2000年1月1日起，区直机关、事业单位、社会团体、民办非企业单位和有条件参保的企业，均参加基本医疗保险。市属以上驻区单位一并纳入鼎城区基本医疗保险范围。

4月24日 鼎城区劳动局更名为鼎城区劳动和社会保障局。

同日 将区财政局管理的“常德市鼎城区公费医疗管理委员会办公室”划归区劳动和社会保障局管理，为二级独立事业单位。2005年3月更名为常德市鼎城区医疗保险处，2016年10月更名鼎城区城镇职工基本医疗保险管理服务中心。

4月26日 区劳动和社会保障局和区财政局联合印发《关于贯彻执行〈常德市鼎城区城镇职工基本医疗保险试行办法〉若干问题的意见》；区劳动和社会保障局和区卫生局联合印发《常德市鼎城区城镇职工基本医疗保险参保职工就医管理履行规定》。

4月26日 区劳动和社会保障局、区卫生局联合印发《常德市鼎城区城镇职工基本医疗保险定点医疗机构管理暂行办法》；区劳动和社会保障局、区医药管理局印发《常德市鼎城区城镇职工医疗保险定点零售药店管理暂行办法》。

5月 区委、区政府出台《国有企业转换职工身份实施办法》，区中兴机械厂先行试点。

6月12日 区委办、区政府办印发《关于乡镇机关事业单位人员分流工作的有关规定》，明确人员分流工作的成效与财政拨款、岗位责任制考核、责任人评先等实行挂钩。

7月　区人事局根据省、市人才工作会议精神和《常德市鼎城区国民经济和社会发展“十五”纲要》的要求，编制《常德市鼎城区人事人才“十五”发展规划》。此后，每隔5年分别编制“十一五”“十二五”“十三五”人才发展规划。

8月31日　区委组织部、区人事局印发《鼎城区试行聘用（任）制实施意见》，明确事业单位实行聘用（任）制的范围、原则、聘用（任）期限、表册填报与审批程序、聘用（任）程序与要求等。

10月　区人事局计算机培训基地（教室），由市人事局挂牌确定为全市人事系统计算机培训基地。

2001年

1月1日　鼎城区对退伍军人安置工作开始实行货币安置政策。

3月13日　区委、区政府印发《鼎城区各项奖励规定》，规范全区各项评先奖励的项目、条件、标准与要求。

4月11日　区劳动和社会保障局（以下简称劳动保障局）贯彻实施劳动和社会保障部《第二期“三年千万”再就业培训计划》。

5月8日　区劳动保障局、区卫生局向医疗保险定点医疗机构发出《关于简化基本医疗保险参保患者就医手续有关问题的通知》，要求简化对参保患者的就医、结算手续。

5月　区委、区政府印发《区直工交企业两个置换有关问题的补充意见》。全区工商企业相继开始实行破产清算。

6月　杨仕准任区劳动保障局党组书记。

9月30日　区政府办印发《关于规范医疗保险基金和稽核管理的通知》。

10月　卜梅生任区劳动保障局局长。

11月　孙启林任区人事局局长。

12月14日　区政府办印发《关于城镇用人单位限期参加基本医疗保险的通知》。

2002年

1月21日　市人事局授予鼎城区人事局2001年度“全市人事统计工作先进单位”称号。

1月23日　成立鼎城区社会保障监督委员会。

1月　区人事局机关大院获得“省级园林式单位”称号。

2月28日　区委、区政府印发《常德市鼎城区机关事业单位机构改革人员分流实施方案》《常德市鼎城区机关事业单位机构改革人员选配定岗实施方案》《常德市鼎城区乡镇站办所及区属水利工程等事业单位人员分流实施方案》。

8月7日 区老科协在区委接待处召开第二届换届选举大会。

9月9日 成立鼎城区再就业工作领导小组。

11月 启动乡镇事业站办所人事制度改革工作，周家店镇等3个乡镇的站办所成为率先解除人事关系的试点。

12月 黄柏华任区劳动保障局党组书记。

2003年

1月21日 区政府授予周文学等17人“劳动模范”称号。

3月 邬吉湘任鼎城区人事局局长。

3月 乡镇事业站办所新一轮机构改革人员分流工作全面启动。

6月10日 成立鼎城区事业单位人事制度改革领导小组。

6月17日 省老科协第一会长熊清泉、第一副会长朱冬阳、常德市市长陈君文、常德市老科协会长钦时中及常务副会长张仁实等，在区委、区政府相关领导陪同下考察鼎城区老科协雷竹开发中心。

6月 区人事局筹资10万元，建成可容纳1万册档案的人事人才档案库，随即入库档案3000册。

9月27日 区直单位1038名公务员在区第九中学参加依法行政考试。

10月30日 区委组织部、区人事局印发《常德市鼎城区事业单位补充工作人员实行公开招聘实施意见》，明确公开招聘的范围与对象、招聘人员应具备的基本条件、招聘时间安排、招聘方式与程序、组织与监督。

10月 区劳动保障局启动工伤保险制度改革筹备工作。

11月 区人事局组织区肿瘤医院、肉机厂、天美乐冷饮公司等民营企业到长沙参加湖南省首届民营企业大型人才交流会，招聘和引进各类专业人才16名。

12月12日 成立鼎城区工伤保险制度改革工作领导小组。

12月18日 设立鼎城区职业技能鉴定所。

是年 启动城镇职工医疗保险特殊病种门诊医疗。

是年 区劳动保障局被市劳动保障局评为全市劳动和社会保障工作先进单位。

2004年

2月21日 市人事局授予鼎城区2003年度“全市引进国外智力工作先进单位”称号。

2月 区政府把社保扩面任务与财税工作任务一同下达、一同考核、一同奖罚，促进社保扩面工作的开展。

3月31日 成立鼎城区人事争议仲裁委员会。

6月18日 区政府区长车德斌主持召开区长办公会议，决定全区工伤保险基金从6月份开始征缴，7月1日开始支付。

8月27日 区长车德斌主持召开区长办公会议，决定下岗失业伤残军人医疗保险缴费个人部分由个人承担，单位部分由财政兜底。

9月 经区人事局同意，深圳市龙腾人力资源有限公司在鼎城区武陵镇设立办事处，开展人才交流中介服务业务。

10月26日 常鼎编〔2004〕24号文件批复，成立常德市鼎城区工伤保险处，为区劳动和社会保障局管理的二级独立事业单位。2006年1月批准为具有行政职能的副科级事业单位。

10月 区委办、区政府办印发《鼎城区事业单位人事制度改革的实施意见》，明确事业单位推行聘用制的范围和对象、规范改革的程序与要求。

是年 区劳动保障局被市委、市政府评为再就业、两个确保工作先进单位。被市劳动保障局评为全市劳动保障工作先进单位。

2005年

1月1日 鼎城区停止执行职工工资与企业工效挂钩办法。

3月18日 区委办、区政府办印发《关于表彰鼎城区十佳青年民营企业家的通报》，授予毛明星等10人鼎城区“十佳青年民营企业家”称号。

9月28日 区人事局组织常德云港生物科技公司、常德市佳诚机械公司、常德水表总厂等3家企业参加常德市首届民营企业人才交流会，招聘各类人才15人。

12月 成立鼎城区自主择业军转干部安置服务管理办公室，与区人事局军转干部安置股合署办公，配备专职人员负责日常工作。

是年 区劳动保障局被市委、市政府评为就业和社会保险工作、为民办实事先进单位和平安单位奖。

2006年

2月20日 区委组织部、区人事局印发《关于认真做好〈中华人民共和国公务员法〉培训工作的通知》，对培训工作的指导思想和目标、时间安排、方式与教材、考试考核及要求等作出明确规定。

2月23日 市人事局授予鼎城区人事局2005年度“全市人事综合规划管理工作先进单位”称号。

5月16日 区委办、区政府办印发《关于进一步完善离退休干部服务管理办法》。

9月 区劳动保障局成立由局长卜梅生、局党组书记黄柏华分别任正副组长的城镇居民基本医疗保险筹备工作领导小组。

11月30日 区委组织部、区人事局召开全区公务员登记动员大会，部署公务员登记工作。

12月28日，区政府系列机关单位1306人予以公务员登记；乡镇机关697人予以公务员登记；区党群系列机关单位422人予以公务员登记。

是年 区劳动保障局被市委、市政府评为全市劳动就业社会保障工作先进单位。

2007年

1月 区政府对企业下岗职工和涉军再就业援助对象续保实行补贴。

1月 鼎城区进行工资制度改革，到10月底全部完成。全区19555人调整工资，其中机关在职人员3395人，人均月增资380元；事业单位在职人员11667人，人均月增资350元；为4493名离退休、退职人员调升离退休费和退职生活费，人均月增资270元。

2月 邬吉湘任区人事局党组书记。

2月 卜梅生任区劳动保障局党组书记。

3月2日 市人事局授予鼎城区人事局2006年度“全市人才培训工作先进单位”称号。

3月21日 区委、区政府在天利宾馆召开全区科技工作表彰大会，对云港生物科技有限公司、东风纺织服务有限公司2家民营高新技术企业，10个科技示范户、18名先进科技工作者进行表彰。

3月 区人才服务中心升格为副科级事业单位，核定副科级领导职数1名。

8月30日 区劳动保障局按照科学化、现代化、规范化（新三化）的要求建成劳动力市场，建筑总面积5500平方米。

9月1日 为帮助农村劳动力转移就业，区就业培训机构开始在乡镇实行流动培训，把培训点办在农民家门口。

10月19日 区委书记王昌义主持召开区委常委扩大会议，听取区劳动保障局关于实施城镇居民基本医疗保险方案的汇报。原则通过“实施方案”并成立实施城镇居民基本医疗保险工作领导小组。

10月25日 区委组织部、区编办、区人事局印发《关于进一步严肃编制人事纪律的通知》，规定：严禁机关事业单位随意调动人员；停止办理编制人事手续；严禁各部门、各单位擅自调整系统内人员；严禁各机关事业单位编外借调人员、编外临时雇请人员等。

10月 鼎城区农村退役军人被纳入城镇企业职工参保范围。

11月13日 召开全区城镇居民医疗保险启动动员大会，副区长李传荣做动员报告。

12月 涂国祥任鼎城区劳动保障局局长。

12月 区政府办印发《关于事业单位、民间组织工作人员参加工伤保险有关问题的通知》。至2008年年底，全区50家事业单位和民间组织共5000多人参加工伤保险。

是年 区劳动保障局被市委、市政府、市劳动保障局评为就业和社会保障工作先进单位。

2008年

3月6日 市人事局授予鼎城区人事局2007年度“全市机关事业单位收入分配制度改革工作先进单位”称号。

4月15日 区人事局印发《鼎城区引进急需各类专业技术人才实施方案》，明确引进人才的指导思想、工作目标、主要措施、组织领导与要求等。

4月30日 区政府印发《鼎城区城镇职工生育保险试行办法》，对生育保险费的征缴、生育保险的待遇及支付、生育保险基金的监督管理、法律责任等作出规定。

7月8日 省委常委、副省长余来山率省劳动和社会保障厅厅长赵湘平等一行10余人，在中共中央候补委员、常德市委书记武吉海和市长卿渐伟陪同下，到鼎城区劳动保障局考察。

7月9日 常德市城镇居民医保试点工作领导小组办公室主办的《常德城镇居民医疗保险》简报第8期，为鼎城区的城镇居民医疗保险工作发专辑，号召全市学习与借鉴鼎城区的做法。

10月11日 鼎城区就业服务处与鼎城电视台联合制作《创业扬帆正当时》电视宣传片，以创业、创新带就业，每周播出一期，集中宣传大学生的创业事迹。

10月20日 区就业服务处在《常德日报》集中报道一批各类创业典型人物，并编印《创业典型人物汇编》宣传册，鼓舞创业士气，营造创业氛围。

10月23日 成立鼎城区劳动争议仲裁院，是区劳动保障局具有行政职能的副科级事业单位。

10月30日 区政府印发《常德市鼎城区城镇居民基本医疗保险暂行办法》，上调居民医疗保险待遇。

11月1日 鼎城区开始实行扶贫免费培训。

11月21日 区人事局获省军转干部自主择业管理办公室授予的“自主择业军转干部管理与服务工作先进单位”称号。

11月 区政府召开第12次常务会议，专题研究转换产权的国有、集体企业中的老工伤人员（含因工染血吸虫病人员）老伤治疗待遇问题，并形成专题纪要。区劳动保障局、区财政局联合下发《关于老工伤人员旧伤复发医疗待遇的实施细则》，对1228名老工伤人员全部纳入工伤保险统筹管理，其待遇经费纳入财政预算。

12月17日 区人事局、区财政局、区劳动保障局、区农村工作领导小组办公室、区人口和计划生育局联合印发《关于进一步加强乡镇事业站所工作人员管理的意见》，对乡镇事业站所聘用人员的政治、经济待遇等作出明确规定。

12月20日 区劳动保障局投入80万元对培训基地进行建设，满足下岗职工再就业培训需要。

12月31日 区劳动保障局投入20多万元，对服务大厅进行降噪改造，增添绿色植物，设置休闲椅；大厅工作人员统一着装、统一工牌，营造良好的服务环境。

12月 市人事局召开全市自主择业军转干部创业经验交流会，区人事局在会上介绍《创新方法、关注细节、促自主择业转业干部管理服务工作健康发展》的经验。

是年 全面启动参照公务员管理事业单位人员的审核和申报工作，到2012年，省公务员主管部门分3次批准鼎城区参管事业单位54个，其中政府系列48个、党群系列6个。

是年 区劳动保障局被市劳动保障局评为全市劳动和社会保障工作、技能鉴定工作红旗单位及全市文明服务窗口。

2009年

2月27日 市人事局授予鼎城区人事局2008年度“全市军队转业干部管理服务工作先进单位”称号。

3月 成立鼎城区绩效评估委员会。

3月 对上岸渔民进行再就业培训。

4月1日 生育保险费的征缴率由原来的1%调整为0.7%，并对生育保险待遇进行调整。

6月1日 调整城镇职工基本医疗保险有关政策：扩大报销范围、提高大病互助费支付标准、下降非定点医院医疗费报销自付比例，特殊病种范围由10种扩大到20种，完善转诊转院制度等。

10月6日 区劳动保障局实施“两网化”建设，制定鼎城区“两网化”建设工作方案，以乡、镇为框架，全区分为32个网格区，劳动保障监察管理平台延伸到乡镇。

是年 区人事局牵头，与区教育局、区财政局联合制定《鼎城区义务教育学校绩效工资实施办法》，区委、区政府同意予以实施。

是年 区劳动保障局被市劳动局评为全市劳动保障工作红旗单位及其他6项工作先进单位，被市精神文明指导委员会评为全市文明窗口。

2010年

1月20日 区人事局启动2010年“十场招聘会”活动。全年围绕“就业援助周”“春风行动”“民营企业招聘周”“高校毕业生就业服务月”四大主题帮助各类群体实现就业。

3月4日 市人事局授予鼎城区人事局2009年度“全市人事工作先进单位”称号。

10月 成立鼎城区人力资源和社会保障局，鼎城区劳动和社会保障局、鼎城区人事局同时撤销。

10月 袁利民任区人力资源和社会保障局党组书记。

10月 全区开展“十佳党委（党组）”评选表彰活动。评选出的10个“十佳党委（党组）”，分别获得人民币5万元的奖励。

11月 区政府印发《常德市鼎城区新型农村社会养老保险暂行办法》。12月9日，区政府召开全区新农保试点动员大会。

12月 全区开展“十佳领导干部”评选表彰活动，评选出的10名优秀领导干部，每人奖金1万元。

12月 鼎城区获全市绩效评估红旗单位称号。

是年 区委召开一次常委会、区政府召开两次常务会，专题研究克服财政困难，提高城镇职工医疗保险待遇问题。

是年 区人社局（劳动保障局）被市人社局（劳动保障局）评为基金专项工作等4项工作先进单位。

是年 区劳动保障局被中共常德市委评为实践科学发展观教育先进单位。

2011年

5月1日 调整生育保险政策，提高生育保险待遇。

7月1日 即日起，鼎城区按照《中华人民共和国社会保险法》规定，取消退职。未达到法定退休年龄而因病或非因工致残丧失劳动能力的职工，可领取病残津贴，到法定退休年龄正式办理退休手续。

9 月 7 日 区政府召开全区城镇居民养老保险试点启动大会。

10 月 17 日 区人社局、区编办、区卫生局联合印发《鼎城区乡镇卫生院招聘医疗等专业技术人员实施方案》，启动面向全区乡镇卫生院落聘、临聘及其他医疗等专业技术人员的招聘工作。

12 月 全区开展“十佳诚信机关”和“十佳领导干部”评选表彰活动。当选的单位和个人分别获得人民币 2 万元和 1 万元的奖励。

是年 区人社局与区卫生局等单位制定《常德市鼎城区公共卫生与基层医疗卫生事业单位绩效工资实施方案》，经区委、区政府同意予以实施。

是年 医疗保险特殊病种由 20 种扩大到 26 种。

是年 区人社局被市人社局评为社会保障等 8 项工作先进单位。

2012 年

2 月 7 日 区人社局在区人力资源市场举办以“同谋企业发展，共促城乡就业”为主题的 2012 年新春大型招聘会。

3 月 区政府印发《关于将国有企业老工伤人员等纳入工伤保险统筹管理的通知》。区人力资源和社会保障局、区财政局联合下发《关于老工伤人员等纳入工伤保险统筹管理的实施办法》，辖区内未改制的国有、集体企业的老工伤人员全部纳入工伤保险统筹管理，并对治疗标准作出规定。

8 月 8 日 鼎城区民政局下发《关于同意成立常德市鼎城区人力资源和社会保障协会的行政许可决定书》，同意成立鼎城区人社协会。9 月 19 日，召开区人社协会第一届会员代表大会，选举产生区人社协会第一届委员会。

9 月 30 日 成立由区委副书记、区长董岚任组长，区委常委、常务副区长庞波任副组长的鼎城区城镇基本医疗保险和生育保险市级统筹领导小组。

10 月 1 日 鼎城区基本医疗和生育保险实行市级统筹。实行市级统筹后，鼎城区对基本医疗保险的基金征缴和支付等相关政策做出相应调整，与市级配套。

12 月 25 日 省政府绩效评估和为民办实事年终评估验收组到鼎城区检查验收绩效评估和为民办实事工作。鼎城区的相关工作受到省验收组的好评。

12 月 刘志平任鼎城区人力资源和社会保障局局长。

同月 鼎城区被国务院授予“全国新型农村和城镇居民社会养老保险工作先进单位”

称号。

是年 区委、区政府邀请4名享受国务院津贴的专家参加2013年元旦、春节团拜会。

是年 区人社局被市委、市政府授予全市人力资源和社会保障工作先进单位称号。

2013年

1月1日 调整城镇职工医疗保险相关政策，包括大病互助费、参保职工门诊特殊检查项目的调整等。

同日 即日起，对参保公务员实行医疗补助。补助对象、补助标准、审核结算、缴费标准、经费管理与监督，按2013年12月31日区人社局、区财政局联合印发的《关于实施公务员医疗补助的操作办法》执行。

1月 区政府出台城镇小集体职工参加养老保险工作方案，全区3767名小集体职工全部参加养老保险。

4月1日 鼎城区启动常德市城镇居民大病保险试点工作，对当年1月1日至4月1日符合规定的医疗费用进行相应追补和累计。

5月 区人社局印发《关于加快推进事业单位岗位设置管理工作的通知》，全面启动事业单位岗位设置工作。

6月 刘志平任区人力资源和社会保障局党组书记。

7月29日 区委办、区政府办印发《关于规范在职人员退出机关事业单位审批程序的通知》。

8月30日 区“三支一扶”工作协调管理办公室印发《常德市鼎城区“三支一扶”人员管理办法》，对“三支一扶”人员管理目标与要求、政策待遇、请销假制度、慰问制度、安全管理、考核奖惩等作出规定。

10月1日 执行《湖南省人民政府关于机关事业单位工作人员养老保险制度改革的实施意见》，对参保单位和个人缴费标准进行调整，单位缴费为参保人员工资基数总额的20%，个人按本人缴费工资基数的8%缴纳。

12月27日 区政府召开全区事业单位实施绩效工资大会。区委副书记、区长杨易出席会议并讲话。

是年 完成新一轮乡镇机构改革、人员竞聘上岗工作，涉及31个乡镇124个内设机构、186个事业站所，1033人通过竞聘上岗走上工作岗位。

是年 区人社局被市人社局评为全市人社工作目标管理红旗单位。

2014 年

1 月 26 日 区政府召开“吃空响”问题专项治理工作推进会。

3 月 退伍军人安置实行“亮化评分、阳光安置、择优选岗”的政策。

8 月 6 日 “鼎城区职业培训园”挂牌成立。

10 月 区政府印发《关于建立统一的城乡居民基本养老保险制度实施办法》，全区农村、城镇居民养老保险制度统一并轨。

是年 区城乡居民养老保险机构获全省城乡居民养老保险经办管理服务工作先进单位称号。

是年 鼎城区查处违规停薪留职、在编不在岗等“吃空响”的人员 109 人，追缴“吃空响”资金 62.22 万元。

是年 区人社局被市人社局评为抗洪抢险先进单位。

2015 年

3 月 区人社局编制《常德市鼎城区“十二五”人才总结报告和“十三五”人才工作规划》。

4 月 鼎城区工伤保险处开展“建筑业工伤保险专项扩面行——同舟计划”，全区 90 家建筑企业 3558 名农民工全部参加工伤保险。

10 月 1 日 调整生育保险参保人员生育医疗待遇。

11 月 5 日 全国人才流动中心副主任李建敏、省人社厅副厅长刘学群、市人社局局长张运华等到草坪镇考察高校毕业生“三支一扶”工作，对鼎城区的“三支一扶”工作给予充分肯定。

12 月 24 日 鼎城区“三支一扶”工作协调管理办公室被省“三支一扶”工作协调管理办公室评为先进单位。

12 月 区城乡居民养老保险机构获全省城乡居民养老保险经办管理服务工作优秀单位称号。

是年 落实职工医保大病互助二次报销政策。

是年 区人社局被市人社局评为目标管理红旗单位。

2016 年

1月 8 日 区委组织部、区人社局、区编办联合印发《鼎城区乡镇直属事业单位站所工作人员管理办法的通知》，规范事业单位流动调配程序。

9月 全市城乡居民养老保险示范点现场会在鼎城区黄土店镇召开。市和区县市社保处主任，城乡居民基本养老保险处主任70余人现场观摩示范点建设成果。

10月13日 鼎城区机构编制委员会印发《关于整合城乡居民基本医疗保险制度有关机构编制事项的通知》，设立区城乡居民医疗保险管理服务中心，为区人社局管理的公益一类副科级事业单位。

10月 全区工伤保险行业风险分类由一类至三类调整为一类至八类，费率分别有所下调，平均降幅20%，从2017年1月1日起实施。

2017年

4月 区人社局、区财政局、区卫计局联合印发《鼎城区城乡居民基本医疗保险特殊病种门诊医疗管理实行办法》，对已享受特殊病种的所有人员实施动态管理，经过重新审核鉴定，全区10611名对象合格者6814人，清退3797人，特殊病种“终身制”得以破除。

5月23日 区人社局、区交通局、区水利局、区安监局、区总工会联合发文，对交通水利建设项目务工人员参加工伤保险作出规定。是年全区有11家单位参加，成为全市工伤保险工作的亮点并受到表彰。

6月21日 区委组织部、区监察局、区人社局、区编办、区财政局联合印发《关于建立鼎城区机关事业单位防治“吃空饷”问题长效机制的实施意见》。

6月 湖南省城乡居民社会养老保险管理中心转发了《常德市鼎城区全力推进城乡居民养老保险基金征缴工作的通知》，充分肯定了鼎城区的经验并在全省推广。

7月12日 区政府下发《关于建立鼎城区被征地农民社会保障工作联席会议制度的通知》，强化了相关单位工作责任，理顺了工作联动机制。

7月27日 成立鼎城区自主择业军转干部党支部。

8月 区城乡居民医疗保险中心对全区88家协议医疗机构的资格重新进行了评估和审核，对22家不合格者全部依规退出，淘汰率达25%。

9月11日 全市开展“社保忠诚为人民，砥砺奋进十五年”社保政策宣传活动，区社保处自编自演的展现社保人风采的常德丝弦《有了社保日子甜》获最佳创作奖。

9月 新华网、中国医疗保险网报道和推介鼎城区城乡居民医疗保险中心强化基层医疗协议机构监管力控违规态势的经验与做法。

10月 中共鼎城区离退休干部工作委员会挂牌成立。

2018 年

3 月 30 日 开展常德市人社局举办、鼎城区人社局承办，以“全民参保”为主题，2018 常德市 12333 全国统一咨询日暨常德高新区企业专场招聘会活动，发放宣传资料 7500 份，活动现场接受咨询 300 多人次，为 158 名征地拆迁人员办理社会保险登记手续。

4 月 17 日 区委办、区政府办印发《关于抽借调人员管理办法（试行）的通知》，规范机关事业单位抽借调人员管理。

8 月 1 日 区健康扶贫“一站式”结算工作全面启动，全区建档立卡的贫困人口全部纳入“一站式”结算平台，至 11 月 18 日止，有村贫困人口住院进入“一站式”结算 13076 人次，住院总费用 4430.22 万元，“一站式”系统报销 4039.04 万元，实际报销比例 91.17%。

10 月 12 日 按照区直机关工委批准区人社局建立机关党总支的通知，区人社局召开党员大会，选举产生中共区人社局总支委员会。该委员会由袁利民任书记，熊智丹任副书记。

12 月 5 日 省城乡居民养老保险管理中心在郴州举办全省城乡居民保险业务培训，区城乡居民保险中心代表常德市作《多措并举谋发展，共筑居保新蓝图》的经验交流发言。

12 月 9—21 日 人社部在北京召开修订全国城乡居民养老保险经办流程研讨会。全国抽选 14 名代表参加，区城乡居民保险负责人曾桢作为全省两名代表之一参加会议。

是年 区机关事业单位社会保险处实际支付方式改革，90%以上按新系统发放。这项改革措施在全省领先，受到省、市相关部门表彰。

是年 区人社局对省委第五巡视组交办的全区工作人员中存在的上自由班、到龄不退休、在编不在岗和待岗等问题，均澄清底子，采取措施，彻底整改到位。

是年 区人社局实行以“只进一扇门，最多跑一次”为切入点的便民惠企“最后一公里”服务改革，推进“一站式服务”工作，全面“最多跑一次”事项达到 98 项。人社部门办理量大的 10 个商频事项全部实现最多跑一次。

第一篇 《

机构与职能

1949—2018

第一章 行政管理机构

第一节 局级机构

一、常德县人事科

1953年3月27日，常德地区行政公署人干字第362号文件通知，成立常德县人民政府人事科，主管全县非党干部管理工作。至“文化大革命”，先后由王建阁、雷平、陈代振任科长。1954年7月，县政府人事科改为常德县人民委员会人事科。1958年3月12日，常德县人委会秘字6号文件，将人事科与监察室（1957年6月建立）合并为人监科。1959年3月23日，县人委会秘字2号文件，将人监科分为人事科和监察室。1968年2月，人事科并入常德县革命委员会政治部组织组。1973年6月起，人事工作任务由县委组织部承担。

二、常德县劳动科

1960年6月24日，中共常德县委编制委员会通知成立常德县劳动科，主管全县劳动工资、劳动保护、平衡计划、工资基金等工作。建立初期仅有副科长，1963年6月由李德清任科长。1968年2月，劳动科并入常德县革命委员会生产指挥部计划组。1971年2月，计划组更名计划科，1973年7月更名常德县计划委员会。

三、常德县劳动局

1978年8月20日，常德县革命委员会常革发〔1978〕39号文件通知，成立常德县革命委员会劳动局。1980年3月8日，常德县人民政府常政发〔1980〕22号文件，将常德县革命委员会劳动局更名为常德县劳动局。常德县劳动局历任领导成员见下表：

常德县劳动局历任领导成员名录表

(1978.7—1984.1)

表 1-1-1

职务	姓名	籍 贯	出生年月	任职时间	备 注
局长	贾景栋	河北省宁南县	1927.1	1979.1—1981.10	县计委副主任兼
	徐文汉	常德市鼎城区	—	1981.10—1984.1	
副局长	雷湘秋	常德市鼎城区	1926.12	1978.8—1984.1	
	马保林	常德市鼎城区	—	1980.9—1982.7	

四、常德县人事局

1980 年 1 月 20 日，中共常德地委编委常编发〔1980〕2 号文件，通知成立常德县人事局。常德县人事局历任领导成员见下表：

常德县人事局历任领导成员名录表

(1980.1—1984.1)

表 1-1-2

职务	姓名	籍 贯	出生年月	任职时间	备 注
局长	刘本仲	常德市鼎城区	1934.3	1980.1—1984.1	
副局长	蒋春成	常德市鼎城区	1934.3	1980.1—1984.1	
	吴其福	常德市鼎城区	1946.12	1982.12—1984.1	

五、鼎城区（常德县）劳动人事局

1984 年 1 月 13 日，中共常德县委、常德县人民政府常发〔1984〕3 号文件，将常德县劳动局、常德县人事局合并为常德县劳动人事局。1988 年 6 月，随着常德地改市，常德县更名为常德市鼎城区，常德县劳动人事局亦更名为常德市鼎城区劳动人事局。1989 年 1 月 21 日，常鼎发〔1989〕05 号《关于区直有关机构调整设置的通知》，鼎城区劳动人事局撤销，分设为区劳动局、区人事局。常德县劳动人事局历任领导成员见下表：

鼎城区（常德县）劳动人事局历任领导成员名录表

（1984.1—1989.3）

表 1-1-3

职务	姓名	籍　贯	出生年月	任职时间	备　注
局长	刘本仲	常德市鼎城区	1934.3	1984.1—1985.12	
	贾菊初	常德市鼎城区	1938.12	1985.12—1989.3	
副局长	贾菊初	常德市鼎城区	1938.12	1984.1—1985.12	
	蒋春诚	常德市鼎城区	1934.3	1984.1—1989.5	
	王泽华	常德市鼎城区	1941.1	1984.1—1986.6	1985.2 兼工会主席
	张国芳	常德市鼎城区	1950.10	1986.1—	
	邓继明	常德市鼎城区	1951.7	1986.7—1989.6	

六、鼎城区劳动和社会保障局

2000 年 4 月 24 日，区委机构编制委员会常鼎编〔2000〕6 号发出《关于调整区社会保障、医疗保险机构人员编制的通知》，根据党中央、国务院关于地方政府机构改革的要求，以及湘编〔1999〕1 号《关于调整我省社会保障、药品监督管理和外国政府贷款工作职能及有关机构与人员编制的通知》和常编发〔1999〕9 号《关于调整我市社会保障、药品监督管理工作职能及有关机构与人员编制的通知》和常编办〔2000〕15 号《关于成立常德市鼎城区医疗保险基金管理服务中心和常德市鼎城区养老保险基金管理服务中心的批复》的文件精神，为加强鼎城区社会保障工作的集中管理，将常德市鼎城区劳动局更名为常德市鼎城区劳动和社会保障局，由区劳动和社会保障局统一管理全区社会保障工作。

鼎城区劳动和社会保障局（以下简称区劳动保障局）历任领导成员见下表：

鼎城区劳动局、区劳动保障局领导成员名录表

（1989.03—2010.10）

表 1-1-4

职务	姓名	籍　贯	出生年月	任职时间	备　注
局长	贾菊初	常德市鼎城区	1938.12	1989.3—1989.12	
	张国芳	常德市鼎城区	1950.10	1990.3—1993.2	
	郑圣祥	常德市鼎城区	1947.3	1993.2—2001.11	

续表 1-1-4

职务	姓名	籍　贯	出生年月	任职时间	备　注
局长	卜梅生	常德市鼎城区	1955.1	2001.11—2007.12	
	涂国祥	常德市鼎城区	1962.7	2007.12—2010.10	
副局长	王家新	常德市鼎城区	1943.12	1989.3—1993.8	
	蒋春诚	常德市鼎城区	1934.3	1989.6—1993.2	
	邓继明	常德市鼎城区	1951.7	1989.6—1993.2	
	梁辉湘	常德市鼎城区	1947.8	1992.7-2001.10	
	唐建国	常德市鼎城区	1954.4	1991.3—2007.11	
	黄柏华	常德市鼎城区	1954.11	1994.12—2002.12 2007.2—2008.1	
	尹汉军	常德市鼎城区	1951.12	1993.11—2003.12	
	唐少华	常德市鼎城区	1961.10	1998.1—2007.10	民盟鼎城区主委
	樊友成	常德市鼎城区	1956.11	2002.2—2007.11	
	黄弟华	常德市鼎城区	1960.2	2003.3—2010.4	
	廖爱民	常德市鼎城区	1962.10	1998.8—2001.5	
	华安甫	常德市鼎城区	1956.10	2001.10—2007.11	
	袁利民	常德市鼎城区	1967.10	2007.11—2010.10	
	李晓清	常德市武陵区	1960.7	2003.3—2010.10	
	雷菊初	常德市鼎城区	1963.12	2007.11—2010.10	
	李海宗	常德市鼎城区	1962.9	2008.1	
	徐厚彩	常德市鼎城区	1964.9	2007.11—2010.10	
	胡晓芳	常德市鼎城区	1970.9	2007.1—2012.12	党外
	涂国祥	常德市鼎城区	1962.7	2006.12—2007.12	
纪检组组长	卢文爱	常德市鼎城区	1955.1	1989.6—2003.3	
	唐万福	常德市鼎城区	1950.10	1994.3—2002.4	监察员
	李海宗	常德市鼎城区	1962.9	2003.3—2007.12	
	罗龙阳	常德市鼎城区	1962.9	2007.12	

续表 1-1-4

职务	姓名	籍贯	出生年月	任职时间	备注
工会主席	邓继明	常德市鼎城区	1951.7	1989.7—	
	方英	常德市鼎城区	1963.9	1995.1—1998.1	
	顾建平	常德市鼎城区	1954.8	—1995.1	
	李海宗	常德市鼎城区	1962.9	1998.1—2003.3	
	罗龙阳	常德市鼎城区	1962.9	2003.3—2007.12	
	鲁光贵	常德市鼎城区	1967.12	2007.12—	

七、鼎城区人事局

1989 年 1 月，鼎城区劳动人事局撤销，分设鼎城区人事局、鼎城区劳动局。鼎城区人事局历任领导成员见下表：

鼎城区人事局历任领导成员名录表

表 1-1-5

职务	姓名	籍贯	出生年月	任职时间	备注
局长	陈孝定	常德市鼎城区	1943.3	1989.3—1991.8	
	汪涛浦	常德市鼎城区	1944.4	1990.3—1995.1	组织部副部长兼
	张世界	常德市武陵区	1952.11	1995.1—1997.7	
	黎建华	常德市鼎城区	1958.10	1997.7—2001.11	
	孙启林	常德市鼎城区	1950.2	2001.10—2002.12	
	郇吉湘	常德市鼎城区	1963.5	2003.3—2010.10	
副局长	张国芳	常德市鼎城区	1950.10	1989.6—1990.3	
	罗碧阶	常德市鼎城区	1948.5	1989.6—1991.3	
	夏建和	常德市鼎城区	1943.1	1990.4—1995.1	
	刘作福	常德市鼎城区	1945.11	1990.4—1995.2	
	朱锦荣	常德市鼎城区	1941.5	1991.8—1995.2	
	唐生贵	常德市鼎城区	1954.11	1993.3—1997.7	

续表 1-1-5

职务	姓名	籍　贯	出生年月	任职时间	备　注
副局长	张全新	常德市鼎城区	1955.3	1995.1—2006.3	
	李佳玲	常德市鼎城区	1956.1	1995.1—1996.6	
	丁恩臻	常德市汉寿县	1961.4	1996.7—2007.11	
	龙国安	常德市鼎城区	1956.3	1998.1—2009.11	
	毛跃莉	常德市鼎城区	1961.5	1998.1—2010.10	
	朱泽生	常德市鼎城区	1959.9	2001.10—2003.3	
	吴弟友	常德市鼎城区	1964.1	2007.11—2010.10	
	杨　元	常德市鼎城区	1965.8	2002.4—2010.10	区政协副主席兼
	陈贻军	常德市鼎城区	1964.9	2002.12—2007.11	
	高友才	常德市鼎城区	1972.2	2008.8—2010.10	
纪检组组长	肖昌盛	常德市鼎城区	1945.10	1989.8—1999.1	
	熊伯顺	常德市鼎城区	1957.1	1999.2—2007.11	
	杨家军	常德市鼎城区	1968.4	2007.11—2010.10	
监察员	孙冬香	常德市鼎城区	1993.12	1996.6—1996.6	
	华安甫	常德市鼎城区	1956.10	1997.3—2001.10	
工会主席	韩秋林	常德市益阳区	1935.8	1989.8—1990.4	
	毛跃莉	常德市鼎城区	1961.5	1999.2—2007.11	
	夏建和	常德市鼎城区	1943.1	1990.8—1995.1	
	刘西兆	常德市鼎城区		—1999.2	
	杨家军	常德市鼎城区	1968.4	2007.11—2010.10	

八、鼎城区人力资源和社会保障局

2010年10月，区委、区政府《关于印发〈常德市鼎城区人民政府机构改革方案实施意见〉的通知》（常鼎发〔2010〕10号）和区委办公室、区政府办公室《关于常德市鼎城区人民政府机构设置的通知》（常鼎办通〔2010〕61号），设立常德市鼎城区人力资源和社会保障局（简称区人社局），正科级，为区人民政府工作部门。区劳动和社会保障局、区人事局同时撤销。区人社局历任领导成员名录见下表：

鼎城区人社局历任领导成员名录表

表 1-1-6

职务	姓名	籍　贯	出生年月	任职时间	备　注
局长	涂国祥	常德市鼎城区	1962.7	2010.10—2012.12	
	刘志平	常德市鼎城区	1964.5	2012.12—	
副局长	袁利民	常德市鼎城区	1967.10	2010.10—	
	杨家军	常德市鼎城区	1968.4	2010.10—	
	李晓清	常德市武陵区	1960.7	2010.10—2013.6	
	徐厚彩	常德市武陵区	1964.9	2010.10—2016.5	
	高友才	常德市鼎城区	1972.2	2010.10—	
	吴弟友	常德市鼎城区	1964.1	2010.10—	
	何咏岚	常德市武陵区	1977.10	2012.9—	
	杨　元	常德市鼎城区	1965.8	2010.10—2012.9	区政协副主席兼
	李爱琼	常德市鼎城区	1971.5	2012.12—2016.5	
	雷菊初	常德市鼎城区	1963.12	2010.10—2015.12	
	毛跃莉	常德市鼎城区	1961.5	2010.10—2015.12	
	李向远	常德市鼎城区	1965.3	2012.12—2016.5	
纪检组组长	罗龙阳	常德市鼎城区	1962.2	2010.10—2015.12	
派驻区人社局纪检监察组组长	邹　威	常德市鼎城区	1978.7	2017.9—	

第二节　局级机构职能

一、区（县）劳动人事局职能

1984 年 1 月 13 日，县委、县政府常发〔1984〕3 号文件，明确县劳动人事局主要任务和职责：（1）对城镇待业青年建档建卡和发待业证。（2）指导就业前培训，统筹劳动就业，负责招工、招生和城镇复员退伍兵、志愿兵及转业干部家属的安置。（3）编制下达工资计划、职工计划、管理企事业单位工资基金、做好劳动工资统计和干部的调查统计。（4）按照管理权限和范围，做好行政干部和专业技术干部、工人和技术工人的调配、调整、培训、考核和晋级工作。（5）负责高等学校和中等专业学校毕业生的分配、派遣吸收录用干部工作。（6）宣传贯彻上级有关劳动法规，做好合同制工人的鉴证及劳动争议仲裁、接待处理人民群众有关劳动人事工作方面的来信来访。（7）搞活企业内部分配，做好职工的升级、调资、承办国家机关、事业单位工作人员的工资福利工作。（8）承办、管理干部、工人的退休、退职的职工的福利、保险工作。（9）劳动保护、安全监察及安全技术培训工作。（10）军队转业干部的接收安置工作。（11）承办各级人民政府任免干部的有关工作。（12）承办国家行政机关工作人员奖惩方面的具体工作。（13）对下级劳动人事部门的业务指导，（14）领导管理好劳动服务公司和培训中心的各项工作。（15）承办党委和政府交办的其他事项。

二、区劳动局职能

1996 年 3 月 8 日，区委机构编制委员会、区机构改革领导小组印发《常德市鼎城区劳动局职能配置、内设机构和人员编制方案的通知》（常鼎编〔1996〕29 号）。通知说：根据常鼎发〔1994〕15 号和常鼎办通〔1995〕63 号文件精神，按照精简、统一、效能的原则，对鼎城区劳动局的职能配置作出如下规定：

（一）职能转变

1.转移的职能：（1）由侧重管理国有企业的劳动工作，转向综合管理全社会的劳动事业，建立统一、开放、有序的劳动力市场。（2）由主要运用计划指标，行政审批手段管理劳动力转向主要运用经济与法律手段，通过市场机制和必要的行政干预，实现劳动资源的合理配置。（3）由直接对企业的劳动工作实施微观管理，转向以宏观预测、规划、调控为主的管理，加强协调指导、监督检查和社会服务。

2.弱化的职能：改对企业直接下达指令性劳动工资计划为由企业按劳动工效自己确定工资计划（报劳动局备案）。

（二）主要职责

区劳动局是区人民政府综合管理全区劳动工作的职能部门，主要职责：（1）研究制订全区劳动工作总体规划、方针、政策和法规、规章、劳动制度改革方案，并组织实施和监督检查。（2）统筹管理全区劳动力资源开发利用和劳动就业工作，规划和指导劳动力市场的发展，制订市场规则并实施监督；指导劳动就业服务事业的发展；协调指导区域性劳动力流动和农村剩余劳动力转移。（3）负责全区劳动关系协调，劳动监察和劳动争议仲裁工作，配合有关部门处理与劳动争议有关集体上访和罢工问题；指导全区企业劳动管理工作，推行劳动合同制；综合管理企业富余职工安置工作；指导企业职工奖惩工作，会同有关部门管理企业职工劳动模范和评审工作。（4）对全区职工工资及其他劳动报酬进行宏观管理，制订企业工资及其他劳动报酬制度和管理体制总体改革方案，协调各类人员工资及其他劳动报酬关系，执行国有企业经营者收入分配政策以及全区企业职工最低工资标准和国有企业经营者年薪制管理办法，并监督实施。（5）综合管理全区职业分析和职业分类，职业技能标准、职业技能鉴定、职业技能开发工作，在国家教育方针、政策指导下，管理全区技术工人和社会失业人员、企业富余人员的培训，组织企业职工和学徒培训工作。（6）综合管理全区城镇企业社会保险工作（包括养老、失业、工伤、医疗和生育等）和社会保险事业机构，制订全区企业社会保险制度改革的规划；负责全区企业社会保险基金统筹和养老保险费用的使用管理工作；指导全区企业离退休职工的管理、服务工作；管理企业职工福利政策及标准，并监督实施。（7）管理全区劳动统计信息工作，定期分类发布统计信息和劳动事业发展预测报告。（8）综合管理全区企业职工的宏观调控管理，合理科学调配各企业职工。（9）综合管理全区安全生产和职业安全卫生监察工作，行使国家监察职权，协调指导部门、行业安全生产的政策、措施的制订，参与重点工程有关职业安全卫生审查和验收，参加重特大事故的调查处理；负责在用特种设备的安全监察；负责企业技术干部、特种作业人员，职业安全卫生监察人员的培训，制订女职工、未成年工的特种保护制度、规章；负责危害岗位劳动条件的规定和各类事故处理；职业病的统计、分析、提出预防和控制对策，管理全区劳动技术保护措施项目和安全卫生检查及伤残病鉴定工作。（10）综合管理全区矿山安全监察工作，依法履行监督职责；参加并监督重大矿山事故的调查处理，检查处理审批矿山安全事故和安全报告的调查，研究分析全区矿山安全和职业危害情况，制订预防和控制尘饭涂羹审批和管理国家矿山安全监察员；指导矿山安全卫生检测检验工作，组织推动矿山安全卫生科研与技术开发工作，负责矿山企业的伤残和职业病鉴定工作。（11）综合管理全区锅炉和压力容器安全工作，行使国家监察职权；制订地方性锅炉容器的安全管理办法，并组织实施和监督检查，负责锅炉压力容器设计安装、使用、改造、检验；负责锅炉检验等环节的监察管理，负责锅炉压力容器安全人员的培训。组织参加有关事故的调查处理，并提出预防措施，对锅炉压力容器等特种设备的进出口进行监督检查。（12）承办区人民政府授权区劳动局对全区劳动领域的劳工交流和业务技术合作及参加境外劳工组织活动的有关工作。（13）组织推动有关劳动领域的科学研究成果推广应用工作。（14）指导全区劳动行政工作以及全区劳动系统和企业劳资干部的有关专业知识培训工作。（15）管理局机关和局属事业单位的机构编制工作和其他有关工作；指导乡镇劳务站的有关业务工作。（16）承办区委、区人民政府和其他业务部门交给的其他事项。

三、区劳动和社会保障局职能

2000年4月24日，区委机构编制委员会常鼎编〔2000〕6号对区劳动局更名为区劳动社保局后的工作职能进行调整：

1.增强的职能：将原由财政局承担的医疗保险的职能，由区劳动社保局承担。

2.削弱的职能：将矿山安全生产和职业卫生监察、卫生保护、锅炉容器压力职能分别划归区经委、区卫生局和区质量技术监督局，同时，撤销常德市鼎城区矿山安全检测站。

2002年4月20日，区政府办印发区劳动社保局《职能配置、内设机构和人员编制规定的通知》（常鼎政办发〔2002〕58号）：根据区委、区政府《关于区委、区政府机构设置的通知》（常鼎通〔2002〕1号）和《关于印发〈常德市鼎城区区直机关和乡镇改革方案实施意见〉的通知》（常鼎通〔2002〕2号）精神，明确区劳动社保局是区人民政府主管劳动和社会保障行政事务的工作部门，并对区劳动社保局的职能作出规定：

（一）职能调整

1.划入的职能：（1）国务院下划实行省级养老保险统筹的11个行业（铁道、交通、邮电、煤炭、银行、民航、石油、有色金属、水利、建筑工程、电力）的养老保险的部分管理职能。（2）原由区人事局承担的机关、事业单位工作人员社会养老保险管理职能。（3）原由区财政局承担的公费医疗管理职能。（4）原由区经济体制改革办公室承担的医疗保险制度改革职能。（5）原由区民政局承担的农村社会保险管理职能。（6）原由区统计局承担的国有企业下岗职工统计。

2.划出的职能：（1）安全生产综合管理、职业安全监察、矿山安全监察职能由区安全生产管理办公室承担。（2）职业卫生监察（包括矿山卫生监察）职能交由区卫生局承担。（3）锅炉、压力容器和特种设备安全监察交由区质量技术监督局承担。

3.转变的职能：（1）不再对企业招用职工进行审批，改为依照劳动力市场管理法规和实行劳动合同制度进行管理。（2）不再审核中央、省、市在鼎城区及区属新建国有企业编制定员，改为重点调控其工资总额及工资水平。（3）不再制订企业职工奖惩方面的规范性文件，改为制订适用于各类企业的惩处职工的基本准则，作为企业制订内部规章制度和处理劳动关系的依据。（4）职业技能鉴定、职业技能竞赛、职业技能培训质量评估的组织实施，地方性职业技能标准的具体实施，职业技能培训教材的组织选编工作交由事业单位负责。（5）地方性劳动定员定额标准的拟定工作由社会中介组织承担。

（二）主要职责

根据以上职能调整，区劳动社保局的主要职责：（1）贯彻执行国家劳动和社会保险工作基本方针、政策及改革总体方案，结合全区实际，拟定相应办法和具体改革议案；编制全区劳动和社会保险事业规划和年度工作计划并组织实施。（2）组织实施国家劳动和社会保险法律、法规，起草全区劳动和社会保险地方性实施办法、行政规范性文件和基本标准，依法行使国家劳动和社会保险监督检查职权，制订劳动和社会保险监察工作规范，指导和监督全区劳动和社会保险监察机构工作；管理劳动和社会保险政策服务咨询机构。（3）拟定促进全区城乡就业的基本政策和措施；规划、指导劳动力市场发展，组织建立、健全就业服务体系；制订职业介绍机构管理规则；负责对劳动服务企业、再就业基地和承担就业安置任务的中小企业提供政策指导和服务。制订国有企业下岗职工基本保障和再就业的政策措施，组织实施再就业工程；制订全区农村剩余劳动力开发就业和跨地区政策措施并组织实施；按分工对本区公民国（境）外就业和国（境）外人员到鼎城区就业进行管理；负责全区就业和再就业经费管理。（4）贯彻执行职业分类、职业技能国家标准和相关行业标准，组织拟定全区职业技能培训、鉴定、竞赛等的具体办法并指导实施；建立职业资格证书制度，指导和监管职业技能鉴定机构；负责特种职业（工种）资格认定工作；推行劳动预备制度；指导全区就业训练中心、再就业培训基地和全区社会力量举办的职业技能为主的职能培训机构的工作；制订企业职工、社会失业人员和国有企业下岗职工以及农村剩余劳动力职业技能培训的发展规划及政策；指导全区职业培训机构的师资队伍建设；规范全区职业技能培训的教材使用，组织开展督导评估。（5）撰写全区劳动关系调整的基本规划；组织劳动合同、集体合同制度的实施，负责劳动合同鉴证、集体合同审核工作；负责全区劳动争议处理和劳动仲裁工作；负责全区劳动和社会保险信访工作；负责劳动管理工作，审核、发布地方性劳动定员定额标准；监督实施企业职工工作的时间、休息休假制度和女工、未成年工特殊劳动保障政策；负责归口管理政策性安置及调配工作；参与评审国家、省和市级企业劳动模范。（6）组织拟定企业工资制度改革方案和政策、措施并指导实施；参与协调各类人员工资及其他劳动报酬分配关系；拟定企业工资指导线，发布劳动力市场工资指导价位；拟定国有企业经营者收入分配政策。监督实施全市最低工资标准；审核企业工资总额和区属企业工资内外收入的监督检查，拟定企业福利政策并监督实施。（7）贯彻和拟定养老、失业、医疗、工伤、生育社会保险的基本政策及标准并组织实施和监督检查；拟定全区保险基金的稽核、征缴、支付、运营和管理的办法并组织实施；管理全区企业职工退休审批工作，指导养老保险社会化管理服务工作；管理国务院统一下划的原由中央相关行业统筹的养老保险部分工作和区政府授权的各项社会保险工作；按分工承办职工工伤认定和劳动能力鉴定工作。（8）制订全区农村养老保险社会化、规范化管理服务的规划和政策并组织实施，负责农村养老基金的短信和养老保险关系的转移；负责拟定全区农村养老保险基金管理规划；指导、监督、检查全区农村养老保险经办机构业务工作。（9）组织建立全区社会保险服务体系；编制全区社会保险基金预决算；对社会保险基金管理实施行政监督和内部审计，并认证内部审计人员资格；制订全区社会保险经办机构的管理规则，审定基金运营机构的资格并实施监督。（10）组织执行机关、事业、企业单位和社会团体的补充养老保险、补充医疗保险政策，审定有关机构承办补充保险业务的资格。（11）负责全区劳动和社会保险信息网络的管理；承担全区劳动和社会保险统计和信息工作，定期发布劳动和社会保险事业统计公报。（12）负责制订全区劳动和社会保险社区服务工作规划、制度并组织实施，监督、管理全区劳动和社会保险社区服务网点。（13）归口管理区劳动就业服务管理处、机关事业单位社会保险局、社会劳动保险局、医疗保险基金管理服务中心。（14）承办区委、区人民政府和上级业务主管部门交办的其他事项。

四、区人事局职能

1996 年 6 月 4 日，区委机构编制委员会、区机构改革领导小组对区人事局的职能作出规定，明确区人事局是区人民政府综合管理全区人事工作的职能部门，其主要职能是：（1）贯彻执行党和国家的人事政策、法规；积极推行全区人事制度改革，制订鼎城区人事工作管理办法，并组织实施；对全区人事工作进行宏观规划、综合管理、屠管理服务。（2）根据《国家公务员暂行条例》和人事部及省、市制订的推行国家公务员制度的各项配套改革法规与实施办法；综合管理、指导和协调机关各部门、乡镇实施国家公务员制度的工作。（3）负责全区国家公务员、国家干部录用工作的考察与呈报以及机关事业单位招收合同制工人的计划与管理。（4）负责机关、事业单位管理人员和技术人员的流动调配工作；加强人才市场建设，发展培育人才市场；负责全区人事争议仲裁工作。（5）研究制订全区机关、事业单位的人员计划、工资计划和干部计划；管理工资基金；负责全区国家公务员、干部、机关事业单位人员和工资统计工作。（6）贯彻执行机关事业单位工作人员工资政策和法规；坚持各项工资制度，组织实施机关事业单位工人技术等级考核工作。（7）综合管理全区机关事业单位的养老、失业、工伤等社会保险工作和工作人员的福利、退休、退职工作。（8）贯彻执行国家军转安置政策，研究制订军官转业及随军家属安置计划、培训计划并组织实施。（9）负责全区国家公务员有关人员的培训；综合管理专业技术人员继续教育工作。（10）综合管理全区国家行政机关、事业单位考核与行政奖惩、表彰工作；组织实施行政奖励，负责全区机关事业单位有关辞退、惩戒与申诉控告工作，管理落实“三错”人员政策。（11）办理以区人民政府名义任免工作人员的有关工作；负责区委、区政府授权管理的全区目标管理岗位责任制工作。（12）综合管理全区专业技术人员工作。负责贯彻执行上级关于职称改革和专业技术人员队伍建设的政策规定，研究制订全区专业技术职务任职资格的评定进行初审和呈报，对初级专业技术职务聘任和专业技术人员年度考核的指导和管理服务。（13）协调、指导全区企、事业单位人事制度改革和人事管理工作。（14）承办区委、区政府和上级人事部门交办的其他工作事项。

2002年3月30日，区政府办常鼎政办发〔2002〕43号发出关于印发《常德市鼎城区人事局职能配置、内设机构和人员编制规定》的通知：根据区委、区政府《关于区委、区政府机构设置的通知》（常鼎通〔2002〕1号）和《关于印发〈常德市鼎城区区直和乡镇机构改革方案实施意见〉的通知》（常鼎通〔2002〕2号）精神，明确区人事局是主管全区人事工作和推行人事制度改革的区政府工作部门。并对区人事局的职能作出规定：

（一）职能调整

1.划入的职能：（1）从区人民政府外事侨务办公室划入智力引进、到鼎城工作外国专家及国家机关和企事业单位人员出国（境）培训工作的管理职能。（2）新增企业经营管理人才评价、推荐工作的管理职能和自主择业军队转业干部的管理服务职能。（3）增加全区机关事业单位工作人员（科级领导干部除外）人事档案管理职能。

2.划出的职能：非教育系统出国留学人员的选派和留学回国人员的管理协调工作交给区教育局。

3.转变的职能：（1）加强宏观管理和调查研究，减少具体审批事项，加大依法行政力度。（2）将机关辅助性、技术性、服务性工作交给直属事业单位。

（二）主要职责

根据以上职能调整，区人事局的主要职责：（1）贯彻执行党和国家人事工作方针、政策和法律、法规，研究拟定全区人事制度改革方案以及机构改革人员定岗、分流的政策规定；对全区人事工作进行宏观规划、综合管理、监督指导、协调服务。（2）综合管理全区国家公务员和公务员队伍建设工作。指导协调各级各部门实施国家公务员制度。（3）综合管理全区专业技术人员和专业技术队伍建设工作。负责专业技术人才规划、培养工作；研究拟定全区专业技术人员队伍建设的政策规定并组织实话组织有突出贡献专家、享受政府特殊津贴专家及其他有关专家的选拔工作；管理协调博士后工作站工作；负责留学回国人员的管理协调和有关科研启动经费资助工作；归口管理专业技术人员的职称评审工作，完善专业技术职务聘任制度，建立专业技术资格制度，推行专业技术执业资格制度，并进行监督、指导和协调；指导和归口管理人事考试工作；负责管理全区专业技术骨干人才出入国（境）和国外机构在鼎城区招聘专业技术骨干人才工作；负责管理全区离退休老科学技术工作者。（4）组织实施全区目标管理岗位责任制工作；指导协调全区国家行政奖励表彰和惩戒工作，研究拟定行政奖励制度并组织实施；审核以区政府名义奖励表彰的人员和以区政府名义实施的奖励表彰活动；承办以区政府名义任免工作人员的有关工作。（5）负责全区人才市场建设和人才资源规划、开发工作；拟定全区人才市场与人才流动发展规划及政策规定，规范人才市场；负责管理范围的企业经营管理人才的评价推荐工作，参与高校毕业生就业制度改革和高校毕业生就业政策的拟定；承办全区特殊需要人员的引进、交流选调及政策性安置工作；负责优秀人才的录用工作；建立和完善人事争议仲裁制度。（6）综合管理全区机关事业单位工作人员（科级领导干部除外）和流动人员的人事档案。（7）负责全区事业单位人事制度改革和人事管理工作。研究拟定事业单位职员、专业技术人员和工勤人员管理的办法并组织实施；指导企业人事制度改革工作。（8）拟定全区机关、事业单位工作人员的总体规划，编制全区机关、事业单位人员计划、工资计划；负责人事统计工作。（9）制订全区军队转业干部安置和培训计划，并组织实施；研究建立与社会主义市场经济体制相适应的军队转业干部安置办法；负责自主择业军队转业干部的管理和服务工作。（10）落实机关、事业单位工作人员的工资、福利制度和政策；会同有关部门完善机关、事业单位工作人员离休、退休政策的实施办法，并组织实施。（11）综合管理全区国家公务员、专业技术人员和机关、事业单位工勤人员的培训和继续教育工作；负责人事系统宣传、调研和休息工作。（12）管理全区引进国外智力工作和来鼎城工作的外国专家（包括经济技术管理领域、教科文卫系统、“三资”企业、随引进项目合同和重点建设工程来鼎城等外国专家）与中国香港、澳门特别行政区及台湾地区专家；管理机关和企事业单位人员出国（境）培训工作；指导协调有关人事与人才方面的国际交流与合作。（13）承办区委、区人民政府交办的其他事项。

五、区人力资源和社会保障局职能

2011 年 4 月 12 日，区政府办印发《常德市鼎城区人力资源和社会保障局主要职责，内设机构和人员编制规定》的通知，对区人社局的职能作出规定：

（一）职责调整

1.划入的职责：将原区人事局、原区劳动社保局的职责整合，划入区人力资源和社会保障局。

2.取消的职责：已由区人民政府公布取消的行政审批事项。

3.加强的职责：（1）加强统筹机关企事业单位人员管理职责，完善劳动收入分配制度，充分发挥人力资源优势。（2）加强统筹城乡就业和社会保障政策职责，建立健全从就业到养老的服务和社会保障体系。（3）加强统筹人才市场与劳动力市场整合职责，加快建立全区统一规范的人力资源市场，促进人力资源有效配置、合理流动。（4）加强统筹机关企事业单位基本养老保险职责，推进基本养老制度改革。（5）加强就业职责，健全公共就业服务体系，落实城乡劳动者平等就业制度，促进社会就业更加充分。（6）加强组织实施劳动监察和协调农民工工作职责，切实维护劳动者合法权益。

（二）主要职责

（1）贯彻执行国家、省、市人力资源和社会保障方针政策和法律法规，拟订并组织实施全区人力资源和社会保障事业发展规划、年度工作计划。对全区人力资源和社会保障工作进行综合管理、监督指导、协调服务。（2）拟订并组织实施全区人力资源市场发展规划和人力资源流动政策，指导全区建立统一规范的人力资源市场，促进人力资源合理流动、有效配置。（3）负责全区促进就业工作，拟订和组织落实统筹城乡的就业发展规划和政策、就业援助制度、就业与失业登记制度，完善公共就业服务体系，统筹建立面向城乡劳动者的职业培训制度，会同有关部门拟定全区高技能人才、农村实用人才培养和激励政策。（4）统筹建立覆盖城乡的社会保障体系。完善并实施城乡社会保险及其补充保险政策和标准，统筹实施机关企事业单位基本养老保险、医疗生育保险、工伤保险、失业保险政策。会同有关部门拟订社会保险及其补充保险基金管理和监督管理制度并实施监督，编制全区社会保险基金预决算草案。（5）负责全区就业、失业、社会保险基金预测预警和信息引导，拟订应对预案，实施预防、调节和控制，保持就业形势稳定和社会保险基金总体收支平衡。（6）贯彻落实国家、省、市有关机关事业单位人员工资收入分配、人员福利、离退休政策，建立机关企事业单位人员工资正常增长和支付保障机制，拟定国有企业经营者收入分配政策，配合相关部门审核纳入区级财政统一发放工资范围的同级党政机关、事业单位及人员的工资、奖金、津补贴标准和离退休费，拟定机关企事业单位人员福利和离退休办法并组织实施。（7）会同有关部门指导事业单位人事制度改革，拟订事业单位人员和机关工勤人员管理政策，参与人才管理工作，综合管理全区专业技术人员和专业技术队伍建设工作，综合管理全区专业技术人员和机关事业单位工勤人员的培训和继续教育工作，归口管理全区专业技术人员的职称工作，牵头推进深化职称制度改革，归口管理全区引进国（境）外智力工作，负责高层次专业技术人才选拔、培养和引进工作。（8）会同有关部门落实全区军队转业干部安置政策和安置计划，负责军队转业干部教育培训工作，落实部分企业军队转业干部解困政策，配合有关部门做好维稳工作，负责自主择业军队转业干部管理服务工作。（9）负责行政机关公务员综合管理，拟订落实有关人员调配政策和特殊人员安置办法，会同有关部门拟订并实施政策奖励制度。（10）会同有关部门拟订农民工工作综合性措施和规划，推动农民工相关政策的落实，协调解决重点难点问题，维护农民工合法权益。（11）统筹实施劳动、人事争议调解仲裁制度，拟订劳动关系配套政策，完善劳动关系协调机制，监督落实消除非法使用童工政策和女工、未成年工的特殊劳动保护政策。组织实施劳动监察，协调劳动者维权工作，依法查处重大案件。（12）承办区委、区人民政府交办的其他事项。

第三节　人员编制与岗位结构

鼎城区（常德县）劳动局、人事局、劳动人事局、劳动和社会保障局、人力资源和社会保障局的人员编制、领导职数等，由区（县）委、区（县）政府根据不同时期的工作需要进行研究，决定人员编制的增减和领导职数的配置，由区（县）机构编制委员会发文明确。

一、区劳动局人员编制与岗位结构

1996年3月8日，区委机构编制委员会、区机构改革领导小组常鼎编〔1996〕29号，下发关于区劳动局人员编制、领导职数和岗位结构的方案：

区劳动局定行政编制18名，其中正副局长3名，纪检（监察）组组长1名，股级干部职数7名，其他工作人员7名。按有关规定核定机关后勤服务人员事业编制1名。岗位结构是：局长1名，副局长2名，纪检（监察）组组长1名。不含超职数配备的局级领导和非领导职务人员。

办公室3名（含事业编制1名）：其中主任1名，负责全面工作，兼管机关日常行政事务和行政复议应诉工作，机构编制、人事、党纪政纪工作，文字综合、信息、新闻宣传、提案办理等工作；负责机关后勤财务管理及各项业务经费管理使用监督、综合治理、计划生育、打字收发、文书档案、信访、文电处理、报刊发行等项工作1名；司机1名（事业编制）。

综合计划工资股2名：其中股长1名，负责全面工作，兼管企业工资制度改革、企业工效挂钩的有关管理工作；负责指导企业推行岗位技能工资制以及企业内部分配，贯彻执行企业最低工资标准，企业工资基金计划审批、农村临时工计划审批和劳动工资统计等工作1名。

社会保险福利股2名：其中股长1名，负责全面工作，兼管全区城镇企业保险福利制度改革工作，监督执行有关社会保险的法规、政策；负责指导企业劳动鉴定、伤残评定，管理企业职工福利等工作1名。

社会劳动力管理股2名：其中股长1名，负责全面工作，兼管劳动力市场的统筹管理、就业、职业介绍、办理有关招工手续、农村剩余劳动力的转移、就业服务体系建设，监督执行失业保险、法规，管理政策性人员安置和调配，办理各类自然减员补充的招收手续，办理招用工人交流手续，农林牧渔增长等安置工作；负责技校招生、考试、录取、学籍管理等工作，负责技校毕业生分配、工人技术等级考核、技师评聘技工的教育、培训、考核发证以及职业技能开发管理等工作1名。

劳动争议仲裁股2名：其中股长1名，负责劳动争议仲裁、综合管理，负责受理、调查、处理劳动争议案件，培训专（兼）职仲裁员，资格认证工作；负责劳动合同鉴证，无效劳动合同鉴证，无效劳动合同确认，劳动争议处理以及有关的信访接待等工作1名。

劳动关系及劳动监督股2名：其中股长1名，负责全面工作和监察队伍建设，劳动合同制的推行，企业富余人员及破产、特困企业职工安置等工作；负责招工、用工、合同订立履行全责监察，监督执行奖惩、政策、法规、集体合同的鉴定和备案1名。

安全监察股2名：其中股长1名，负责全面工作，兼管安全办劳动生产安全，组织现场安全技术监察，负责劳动保护，负责特种作业人员，安全干部的培训、考核，劳保用品审批，非矿山企业安全、消防安全等工作；负责矿山安全监察检测、工程安全设施设计、审查、验收，矿山施工单位安全考核发证、矿山安全事故的调查处理，审批结案，对矿山企业的伤残和职业病鉴定发证工作和负责锅断压力容器安全监察，制订地方性锅炉压力容器的安全管理办法，锅炉压力容器安装、使用、改造检验等环节的监察管理和锅炉压力容器安全人员的培训等工作1名。

二、区劳动和社会保障局人员编制和岗位结构

2002年4月20日，区政府办常鼎政办发〔2002〕58号对区劳动社保局的人员编制和岗位设置作出规定：区劳动社保局行政编制为14名。其中，局长1名，副局长3名，纪检组组长1名，工会主席1名，股级职数5名，工作人员3名。离退休人员管理服务编制1名，实行单列，属于行政性质，管理人员实行公务员过渡。机关后勤服务事业编制1名。执法机构常德市鼎城区劳动监察大队，属股级事业单位，由区劳动社保局管理，负责全区劳动保障监察执法工作，负责对全区用人单位遵守劳动保障法规情况进行监督检查，查处违法行为，受理劳动者投诉举报，对用人单位社会保险费进行执法征缴，查处全区范

围内重大劳动保障违法案件。核定事业编制 5 名，其中大队长 1 名，副大队长 1 名，工作人员 3 名，管理人员实行公务员制度。

三、区人事局人员编制和岗位结构

1996 年 6 月 4 日，区委机构编制委员会和区机构改革领导小组发出通知（常鼎编〔1996〕43 号），对区人事局的人员编制、领导职数和岗位结构进行明确：

区人事局行政编制 17 名，其中正副局长 3 名，纪检组组长 1 名，股级职数 5 名，其他工作人员 8 名。

按有关规定核定机关后勤服务人员事业编制 2 名。

岗位结构核定如下：局长 1 名，副局长 2 名，纪检组长 1 名。

不含超职数配备的局级领导和非领导职务人员。

办公室 5 名（含事业编制 2 名）：其中主任 1 名，负责全面工作兼机构编制、党支部、工青妇工作；负责情况综合、文件起草、信息调研、机要保密、办理人大、政协的建议和提案等项工作 1 名；出纳 1 名；司机 1 名（事业编制）；档案管理兼打字员 1 名（事业编制）。

计划录用调配股 2 名：其中股长 1 名，负责全面工作，兼录用调配；综合计划兼会计 1 名。

任免考核奖惩（军转安置培训）2 名：其中股长 1 名，负责全面工作兼管军转安置培训；任免和考核奖惩 1 名。

工资福利股 3 名：其中股长 1 名，负责全面工作；负责工资工作 1 名；负责保险福利和退管工作 1 名。

专业技术人员管理股 3 名：其中股长 1 名，负责全面工作；负责任职资格评审和年度考核，继续教育和管理服务 1 名；技术档案管理 1 名。

2002 年 3 月 20 日，区政府办常鼎政办发〔2002〕43 号对区人事局的人员编制、领导职数及岗位结构等作出规定：

区人事局机关行政编制为 14 名，其中：局长 1 名、副局长 3 名、纪检组长 1 名、工会主席 1 名、股级职数 4 名。其他工作人员 4 名。

机关事业单位人事档案管理编制 2 名，实行单列，属于行政性质，管理人员实行公务员制度。

机关后勤服务人员事业编制 2 名。

办公室 6 名（含事业编制 2 名），其中主任 1 名，负责全面工作兼机构编制、党支部工作；负责情况综合、法制宣传、文件起草、信息调研、机要保密、工青妇、办理人大、政协的建议和提案等项工作1名；档案管理2名；司机1名（事业编制）；打字员1名（事业编制）。

公务员管理股（综合规划与人事仲裁股）2名：其中股长1名，负责全面工作，兼录用调配、考核奖惩；综合计划兼仲裁1名。

工资福利股（军转安置培训股）2名：其中股长1名，负责全面工作，兼军转安置；负责工资、退管、培训工作1名。

专业技术人员管理股（外国专家管理股）2名：其中股长1名，负责全面工作；负责任职资格评审、智力引进和专家管理服务1名。

四、区人力资源和社会保障局人员编制和岗位结构

2011年4月12日，区政府办常鼎政办发〔2011〕15号，对区人社局的人员编制和领导职数作出规定：

区人社局机关行政编制31名，其中局长1名、副局长4名、纪检组组长1名、工会主席1名、总会计师1名、正股级领导职数11名、其他工作人员12名。

机关后勤服务全额拨款事业编制3名。

第四节 二级机构与职责

（按设立时间排序）

一、区劳动就业服务管理处

1980年12月5日，中共常德县编制委员会常编发〔1980〕83号通知，成立常德县劳动服务公司，为二级机构，定事业编制5名。1986年10月，常编〔1986〕25号通知，县劳动服务公司由股级事业单位升格为副科级，定事业编制15名。1986年12月28日，常编〔1986〕32号通知，县劳动服务公司设办公室、就业培训股、城乡社劳管理股、财务统计股、待业职工保险股、企业经营信息股。1987年年底，有工作人员20名。1996年5月27日，常鼎编〔1996〕38号通知，常德市鼎城区劳动服务公司更名为常德市鼎城区劳动就业服务管理处（以下简称区就业服务处）。更名后，单位性质、机构级别、隶属关系、人员编制不变。

2002年3月15日，常鼎政办发〔2002〕25号，印发《区劳动就业服务管理处职能配置、内设机构和人员编制的规定》。区就业服务处为区劳动社保局管理的具有行政职能的

副科级事业单位，受区人民政府委托，主管全区劳动就业服务工作。其主要职责：（1）负责全区就业和再就业服务工作；负责拟定全市就业和再就业服务工作方案，承办就业和再就业目标管理考核工作。（2）指导全区就业服务工作；负责城镇街道和乡镇劳动保障管理站的组织建设和业务指导工作。（3）指导劳动保障部门举办的就业训练中心和企事业单位举办的职工培训中心工作；承办劳动预备制培训机构的资格认定工作，承办劳动保障部门举办的就业训练中心的资格核准和年检工作，负责就业训练单位在新闻媒体刊播招生广告审批，组织城乡初次求职的劳动者就业前培训、劳动预备制培训、下岗失业人员转业转岗培训，负责“职业培训证书”核发工作。（4）指导全区社区就业服务工作，负责区管社区就业服务组织登记、年检、审批工作，负责“社区就业服务证书”核发工作。（5）指导全区劳服企业工作，组织劳服企业的年度资格审查、产权界定工作，负责劳服企业实行股份合作制审核工作，对区直及中央、省驻区单位劳服企业进行政策指导、管理服务和登记年检工作。（6）负责编制全区就业和再就业经费的预算、决算工作；承办全区就业服务、就业训练、失业保险、下岗失业人员再就业信息统计及上报工作。（7）指导全区职业介绍机构的业务工作和就业服务信息网络建设；负责全区农村就业和劳动力流动管理服务工作，承办劳务输出输入、失业登记、出省务工卡、外来人员就业证核发工作。（8）受区劳动和社会保障局委托指导全区劳动保障事务代理工作，办理企事业单位、个体经济组织以及国家机关、社会团体等各类用人单位和达到法定劳动年龄的城乡劳动者劳动保障事务代理；承办区直“两个置换”企业职工档案托管工作。（9）指导全区失业保险经办机构工作，负责全区企事业单位失业保险征缴管理工作，承办全区失业保险调剂金使用审批、企事业单位失业保险征缴比例和基数的审定、失业保险七项待遇的认定，汇总编制全区失业保险基金预决算、财务报表工作。（10）承办区委、区人民政府和区劳动和社会保障局交办的其他事项。

2018 年，区就业服务管理处负责人合影

（一）区就业服务处内设股室及职责：

综合办公室 负责拟定全区劳动就业服务事业发展规划和年度工作计划，编制就业经费的预算、决算，负责就业服务政策调研和信息综合工作；负责承办会议、文秘综合、机要档案、后勤服务、安全保卫和来信来访工作；负责机关财务管理；负责本处机关计划生育工作。

城镇社区就业服务股 负责拟定社区就业和劳服企业发展规划并组织实施，对劳服企业和社区就业劳动组织进行指导和政策服务。负责城镇街道劳动保障管理机构的组织建设和业务指导工作；负责区直及中央、省、市驻区单位申请新办劳服企业和社区就业劳动组织的资格认定、审批、发证工作；负责区劳服企业的工资管理，工资总额使用审核；编制财务报表和信息统计工作；负责劳服企业、就业型小企业、社区就业劳动组织、再就业基地的资格认定、资产认定和产权界定会同税务部门管理《常德市社会劳动用工专用发票》，负责税费代征工作。

农村就业和劳动力流动服务股（加挂常德市鼎城区职业介绍服务中心牌子） 负责拟定农村就业规划、政策及就业制度改革方案并组织实施，负责对乡镇劳动保障管理机构的组织建设和业务指导工作；拟定农村劳动力合理流动与回乡创业规范性文件，负责农村劳动力开发、就业、有序流动、回乡创业的服务工作；指导全区职业介绍机构的业务工作。办理供求职登记、组织招聘录用手续，组织开展跨地区的劳务协作工作，办理劳动保障事务代理业务。

培训服务股（加挂常德市鼎城区就业培训中心牌子） 负责城乡就业前培训、劳动预备制培训、下岗失业人员转业转岗培训及特殊群体人员就业训练的指导和服务工作，承办就业训练统计信息工作；统筹规划全区就业培训中心和企事业职工培训中心的布局和规模，指导教学实习等业务工作，负责教师上岗资格的认定报批和师资培训、表彰奖励等工作；负责全区劳动预备制度的实施工作和推行就业准入制度，负责就业培训中心和劳动预备制培训机构的资格认定和年检；负责劳动保障部门举办的就业训练单位在新闻媒体刊播招生广告的审批；负责本区培训中心学员技能鉴定、考核和批准工种的技能鉴定工作。

失业保险服务股 指导全区失业保险经办机构业务工作；监督检查失业保险业务的操作规程；拟定失业保险费申报、申领、发放和缴费记录管理的工作规范并指导实施，管理失业保险调剂金，负责全区失业保险基金内部审计；指导全区失业保险经办机构执行失业保险享受条件、待遇项目和给付标准政策；负责区再就业工作领导小组办公室的日常工作和全区再就业信息统计工作；负责全区失业保险基金预决算、财务报表，承担失业保险信息统计工作；负责区属及中央、省、市属驻区参保单位失业职工申领和发放失业救济金经办工作。

失业保险基金征缴股 负责全区失业保险基金征缴工作；负责本区失业保险基金征缴基数、比例核定，拟定全区年度失业保险费征缴方案，参保单位人员增减方案；负责检查、稽核失业保险缴费单位履行登记、缴费情况；负责全区失业保险个人缴费记录事务；负责区直破产、转换企业的失业保险基金清欠、偿还、追缴工作。

（二）人员编制和领导职数 区劳动就业处全额拨款事业编制为17名，其中：主任1名（副科级），副主任3名（股级）；股级职数6名，其他工作人员7名。管理人员实行公务员制度。

区劳动就业管理服务处历任负责人名单见下表：

劳动就业服务管理处历任负责人名录表

表1-1-7

姓名	性别	职 务	任职起止时间	备 注
何圣荣	男	经 理	1981.6—1983.7	
梅正国	男	书 记	1983.7—1984.4	
龙占华	男	经理兼书记	1986.4—1989.11	
汪丕超	男	经理兼书记	1989.12—1991.5	
王家新	男	经理兼书记	1991.6—1993.7	
梁辉湘	男	主任兼书记	1993.9—1999.1	
李晓清	男	主 任	1999.10—2008.1	
杨双清	男	主 任	2012.3—2015.12	
李向远	男	主 任	2016.5—	
陈清华	男	党支部书记	1986.3—1992.5	
李晓清	男	党支部书记	1999.2—1999.10	
周显德	男	党支部书记	1999.11—2002.2	
杨双清	男	党支部书记	2002.3—2012.3	
谢秀波	女	党支部书记	2012.12—	
施国贤	男	副经理	1981.6—1994.8	
余东彩	男	副经理	1981.6—1985.10	
姚桂云	女	副经理	1983.3—1993.12	

续表 1-1-7

姓名	性别	职　务	任职起止时间	备　注
陈清华	男	副经理	1984.5—1986.3	
王　英	男	副经理	1989.10—1991.3	
罗平舫	男	副主任	1991.1—2017.4	
李晓清	男	副主任	1992.3—1999.1	
段永湘	男	副主任	1992.12—2008.8	
吴　伟	男	副主任	2000.5—2017.4	
李　俊	男	副主任	2004.6—	
王天平	男	工会主席	2000.5—2005.1	
李友成	男	工会主席	2008.3—2016.5	
周　丽	女	工会主席	2017.2—	

二、县直机关幼儿园

1984 年 1 月 27 日，县委组织部、县委编制办常组〔1984〕11 号通知，县劳动人事局设立县直机关幼儿园，为该局二层机构。1986 年 9 月 1 日，县委编制办常编〔1986〕23 号，将县直机关幼儿园划归县妇联管理。姚先芝任主任。

三、区社会劳动保险处

1986 年 10 月 11 日，县委编制委员会办公室常编〔1986〕25 号文件，成立常德县社会劳动保险事业管理站，为县劳动人事局直属独立事业单位，定事业编制 5 名，人员经费从退休统筹基金和合同制工人保险基金的管理费中列支。

县社会劳动保险事业管理站的主要职责是：负责全县新招全民合同制工人养老保险基金的征缴与管理；负责全县企事业单位职工养老保险的社会统筹；负责全县养老保险社会统筹单位退休职工的管理与服务。

1996 年 12 月 4 日，区委机编常鼎编〔1996〕84 号通知，区社保站更名为区社会劳动保险事业管理局，并印发区社会劳动保险事业管理局职能配置、内设机构和人员编制方案。

（一）主要职责　区社会劳动保险事业局（以下简称社保局）是负责全区城镇企业社

会保险工作的事业机构，主要职责：（1）认真贯彻落实上级有关城镇企业社会保险工作总体规划政策和法规、保险制度改革方案，并组织实施和监督检查。（2）负责全区城镇国有、集体、私营企业职工及个体工商户养老保险基金的征集和养老保险费用的使用管理。（3）负责全区企业及驻区内市属以上企业女职工生育保险基金的征集和生育费用的使用管理。（4）负责全区保险基金的保值、增值、调剂使用和安排运作。（5）负责全区企业离退休职工的管理、服务工作；组织开展各项大型比赛活动。（6）负责全区企业社会保险动态统计工作，定期发布统计信息和社会保险发展预测报告。（7）负责全区企业劳资干部及有关单位人员的社会保险业务知识的培训工作。（8）承办区委、区政府、区劳动局和上级业务部门交给的其他事宜。

（二）内设机构

办公室　负责综合管理、内外协调和本局的思想政治工作；拟写本局工作计划、总结、报告、文件；负责文电、信访的分理和档案管理；负责本局车辆管理和后勤工作；负责计算机系统管理。

业务股　综合管理全区国有、集体企业、私营企业、个体工商户、养老保险工作和全区企业、驻区内市属以上企业女职工生育保险工作；负责收集、整理、录入、修改、审核所管单位职工的基本资料，缴费工资基数和测算缴费金额；负责审核私营企业主及其职工、个体工商户退休条件的认定和退休费用的拨付；负责建立其投保档案和其他工作。

财审股　负责办理基金的收款、支付、存储手续并登记入账，审核各种结算凭证；负责审计企业工资总额、职工缴费基数、基金收缴额度、离退休费用及调剂金收、发标准；负责本局各项经费的预、决算及收支管理和国有资产的管理；负责定期向本级领导及有关部门提供财务分析，及时向上级主管部门报送报表。

（三）人员编制、领导职数和岗位结构

区社保局核定事业编制 11 名，其中：正副局长 3 名，股级职数 4 名，其他工作人员 4 名。

岗位结构：局长 1 名、副局长 2 名。

办公室 2 名。其中，主任 1 名，负责全面工作兼管情况综合，上传下达，文电信访及精神文明建设；负责离退休职工管理服务和本局会议的组织、本局人员的业务培训、职称的评聘及后勤管理工作。

业务股 4 名。其中，股长 1 名，负责全面工作，兼国有企业、集体企业养老保险基金的征集、职工缴费基数审核、职工退休条件的认定审核、退休费用的计发拨付等工作；副股长 1 名；协助股长工作，负责审核私营企业主及其职工、个体工商户退休条件、计发拨

2018 年，区社保处负责人研究业务工作

付退休费用，负责女职工生育费用的审核拨付等工作；负责收集、整理、录入、修改单位和职工的基本资料、职工异动处理和基金的缴拨测算，负责填制、打印托收凭证和收缴通知单等项工作 1 名；负责收集、整理、登记私营企业主及其职工、个体工商户基本情况，建立其投保养老档案，负责建立女职工生育保险费用支付档案，负责审核缴费基数等工作 1 名。

财审股 2 名。其中，股长 1 名，负责全面工作，兼管保险基金的保值、增值、安全运转、各种结算凭证的审核、保管和各项经费的预、决算及国有资产管理等工作；负责保险金的收、支、存手续并登记入账，负责整理、录入各种结算凭证、负责定期与银行及各个环节基金收支记录的核对，并及时反馈信息，负责银行托收，协助基金收缴工作 1 名。

2005 年 3 月，区社保局更名为区社会劳动保险处。

区社会劳动保险处历任负责人名录见下表：

区社会劳动保险处历任负责人名录表

表 1-1-8

姓名	性别	职　务	任职起止时间	备　注
刘西兆	男	负责人	1986.10—1998.12	
熊翠轩	男	站　长	1988.7—1988.12	
卜东升	男	站长、局长	1989.1—1998.1	
廖爱民	男	局　长	1998.2—2001.6	
杨仕准	男	局　长	2001.7—2002.12	
袁利民	男	局长、主任	2002.12—	
滕衍钧	男	主　任	2016.6—	
聂其发	男	党支部书记	1999.2—2007.12	

续表 1-1-8

姓名	性别	职　　务	任职起止时间	备　注
黄用高	男	党支部书记	2007.12—	主持工作
卜东升	男	副站长	1986.12—1988.12	
明善成	男	副站长、副局长、副主任	1989.1—2005.9	
华安甫	男	副站长	1991.8—1995.11	
丁耀辉	女	副站长、副局长	1995.11—2001.2	
张冬初	男	副局长	1998.11—2002.11	
蒋仿民	女	副局长	2001.2—2010.7	
裴浪涛	男	副局长、副主任	2003.6—	
尹剑锋	男	副主任	2005.9—2016	
彭　广	男	副主任	2005.9—	
刘　洋	男	副主任	2010.7—	
胡丽玲	女	工会主席	2001.2—2006.5	
刘　洋	男	工会主席	2006.5—2010.3	
李　莉	女	工会主席	2010.3—	

四、区矿山监察检测所

1989 年 12 月 6 日，常鼎编〔1989〕6 号通知，区劳动局成立二级独立事业单位常德市鼎城区矿山监察检测所。2002 年，该机构划归区安全生产管理办公室。

五、区人力资源开发交流服务中心

1990 年 8 月 13 日，区机构编制委员会印发《关于成立常德市鼎城区人才开发交流服务中心的通知》（常鼎编〔1990〕7 号），成立常德市鼎城区人才开发交流服务中心，定编两名（其中：主任一名、办事员一名，2004 年 6 月 1 日增编一名），为区人事局二级独立事业单位。其主要任务是：从事人才的开发、研究、教育培训工作；适时引进和举荐有用之才，保证全区人尽其才，合理流动。中心所需人员从区直超编单位的人员中择优选调，所需费用由区财政事业经费统筹安排。

2007年3月，常鼎编办〔2007〕4号文通知：区人才开发交流服务中心升格为副科级事业单位，核定副科级领导职数一名。

2018年，区人力资源开发交流中心成员合影

2010年10月，区人力资源和社会保障局成立后，区人才开发交流服务中心更名为区人力资源开发交流服务中心。

该中心历任负责人名单如下：

区人力资源开发交流服务中心历任负责人一览表

表1-1-9

姓名	性别	职　务	任职起止时间	备　注
向忠权	男	站　长	1990.8—1998.3	
丁恩臻	男	主　任	1998.3—2000.3	
熊伯顺	男	主　任	2000.3—2001.12	
黄道广	男	主　任	2001.12—2016.2	
欧阳章俊	男	主　任	2018.5—	
喻楠萍	女	党支部书记	2010.10—	
毛美媛	女	副主任	1999.3—2003.12	
易　敏	女	副主任	2015.2—2016.12	
高兴国	男	副主任	2017.2—	

六、区机关事业单位社会保险处

1994年9月26日，常鼎编〔1994〕09号，成立常德市鼎城区机关事业单位社会保险站，为二级独立事业单位，归口区人事局管理，核定事业编制3名。1997年10月20日，常鼎编〔1997〕37号通知，区机关事业单位社会保险站更名为区机关事业单位社会保险局，升格为副科级事业管理机构。2001年9月，该局成建制移交区劳动局管理。2005年

2015年，区机关事业单位社会保险处负责人

3月3日，区机关事业单位社会保险局更名为区机关事业单位社会保险处。

区机关事业单位社会保险站的职责：（1）贯彻、实施国家、省、市关于机关事业单位工作人员养老、工伤、失业保险制度的政策、法规。（2）做好全区机关、事业单位干部职工的社会保险工作和离退休人员的管理服务工作。（3）推动鼎城区机关事业单位保险制度的改革。

区机关事业单位社会保险处历任负责人名单见下表：

区机关事业单位社会保险处历任负责人名录表

表1-1-10

姓名	性别	职　　务	任职起止时间	备　注
华安甫	男	站长、局长、主任	1996.1—2007.10	
雷菊初	男	主　任	2007.11—2016.2	
黄道广	男	主　任	2016.2—	
卢文爱	男	党支部书记	2002.8—2004.6	
彭华清	男	党支部书记	2004.7—2007.10	
赵伯平	男	党支部书记	2007.11—	
袁利平	男	副局长	1998.1—2002.7	
赵伯平	男	副主任	2002.8—2007.10	
邹春仙	女	副主任	2002.8—2018	
周伟武	男	副主任	2008.3—	
贺　琴	女	工会主席	2004.7—2011.6	
尹征艳	女	工会主席	2011.7—	
易　敏	女	工会主席	2017.1—	

七、区劳动保障监察大队

1996年10月17日，常鼎编〔1996〕72号，对区劳动局《关于申请成立常德市鼎城区劳动监察大队的报告》作出批复：同意成立常德市鼎城区劳动监察大队（以下简称区监察大队），为二级独立事业单位，隶属劳动局领导。区监察大队设队长1名、劳动监察2名、财务人员1名。2013年1月23日，常鼎编办〔2013〕5号《关于鼎城区劳动保障监察大队大队长高配的通知》，区监察大队大队长高配为副科级。

区监察大队的主要职责是：贯彻实施《中华人民共和国劳动法》，维护正常的劳动秩序和劳动者的合法权益；对全区国家机关、事业单位、社会团体及各类企业（含中央、省、城区各类单位）及个体工商户实行劳动监察；依法监察、严格执法，对违反劳动法律、法规、规章及有关政策的国家机关、企事业单位或个人，及时查处，坚决制止。

2015年，区劳动保障监察大队成员

2002年4月20日，区政府办常鼎政办发〔2002〕58号《关于印发〈常德市鼎城区劳动和社会保障局职能配置、内设机构和人员编制规定〉的通知》，对区监察大队的职责、编制及人员配置作出规定：常德市鼎城区劳动监察大队，股级事业单位，由区劳动社保局管理，负责全区劳动保障监察执法工作，负责对全区用人单位遵守劳动保障法规情况进行监督检查，查处违法行为，受理劳动者投诉举报，对用人单位社会保险费进行执法征缴，查处全区范围内重大劳动保障违法案件。区监察大队核定事业编制5名，其中大队长1名，副大队长1名，工作人员3名，管理人员实行公务员制度。

区监察大队历任负责人名录见下表：

劳动保障监察大队历任负责人名录表

表 1-1-11

姓名	性别	职　务	任职起止时间	备　注
邓友华	男	大队长	1989.1—1994.4	
张爱萍	男	大队长	1994.5—2001.8	
袁保春	男	大队长	2001.9—2008.11	
熊柏松	男	大队长	2008.12—	
梁　斌	男	副大队长	2000.1—2001.12	
陈　波	男	副大队长	2002.1—2003.2	
熊柏松	男	副大队长	2003.3—2008.11	
周　文	男	副大队长	2008.12—2017.2	

八、区城镇职工基本医疗保险管理服务中心

2000 年 4 月 24 日，常鼎编〔2000〕6 号，将由区财政局管理的常德市鼎城区公共医疗管理委员会办公室划归区劳动保障局管理，并明确其人员编制和岗位结构：区医保中心核定编制 15 名（控制人数 16 人）。其岗位结构：主任一名，负责医疗保险服务中心的全面工作。副主任二名，分管业务工作及办公室一名，分管征缴及结算稽查工作一名。办公室三名：其中主任一名，负责办公室全面工作；负责情况综合、上传下达、来电信访、人事、劳资一名；负责微机系统管理一名。业务股三名：其中股长一名，负责业务股全面工作；负责医院住院病人（含离休人员、伤残军人、武警官兵）的住院、转诊的审批，及生育保险、工伤保险工作；负责“两证一卡”的发放、登记等基础业务工作一名。征缴股二名：其中股长一名，负责全面工作；协助股长搞好全区参保单位医疗保险金和生育保险金的征缴工作一名。财务审计股二名：其中股长一名，负责财务审计股的全面工作，兼主管会计；出纳一名。结算稽查股二名：其中股长一名，负责结算稽查股的全面工作；协助股长搞好结算稽查工作一名。

2005 年 3 月，区医保中心更名为区医疗保险处（以下简称区医保处）。

按照 2016 年 10 月 13 日常鼎编〔2016〕4 号文件精神，区医疗保险处更名为鼎城区城镇职工基本医疗保险管理服务中心。原医保处管理的城镇居民基本医疗保险股析出。

2015 年年底，区医保处内设 8 股（室）、中心，其名称和职责：

办公室　负责组织协调处理日常工作；负责文字、综合、机要、保密、信访负工作；

负责组织政治、业务学习和培训工作；负责计算机网络的综合管理，硬件的保养和维护工作；负责医保处的文件档案管理；负责上级来客的接待工作；负责后勤保障、考勤登记，以及全处机构编制、人事、干部档案、退休人员管理服务，计划生育和党务、群团工作；负责办公用品的采购和管理、登记；负责公务车辆的统一管理和调度；负责做好各项医疗保险制度的综合宣传工作；负责各项医疗保险基金综合统计报表的上报。

财务结算股　负责编制城镇职工、城镇居民、生育保险、特殊人群医疗保险基金和管理经费的年度财务预、决算；负责各项医疗保险基金的日常财务管理、结算和兑付工作；负责各类资金的收支审核和会计核算工作；搞好与有关职能部门的衔接工作；负责与会计核算中心协调、联络，按核算中心和管理制度，规范各项费用的支出；负责固定资产的管理；负责各类会计报表的编制、上报和账、表册的编制工作；负责各类医疗保险基金报表的编制、上报工作。

征缴股　负责搞好特殊人群、生育保险、城镇职工（含灵活就业人员）医疗保险年度基金征缴及停保、续保工作；负责办理城镇职工医疗保险参保人员的异动；负责与财政部门衔接，做好医疗保险费代扣代缴工作。

个人账户和特殊病种管理股　负责个人账户的管理、查询、对账、审核；负责对定点药店的协议管理工作；负责“两证一卡”的发放、维护和年检；负责协助劳动局社会保险股做好家庭病床的年检年审及审批工作。负责家庭病床的报销审核工作。

稽查审核股　负责对城镇职工、城镇居民、生育保险、特殊人群医疗保险的稽查工作；负责城镇职工医疗保险的审核工作；负责定点医院的协议管理工作；负责对非定点医疗住院资料的接收、审核及门诊特治特检申请的审批和审核；负责全区实际医疗水平调研的工作，掌握各项医疗费用标准，为审批标准的制定和协议指标的控制提供依据。

特殊人群管理股　负责做好离休人员、三等以上伤残军人（以下简称特殊人员）的住院、特治、特检、转诊转院的管理审核工作；负责医疗服务队的管理工作；负责特殊人群的防病治病、送医送药、上门服务等巡诊工作，有针对性地开展保健知识宣传，提高特殊人群预防、保健知识水平；负责接待来访的特殊人群的咨询；负责特殊人员定点医疗机构的协议管理工作；负责协助稽查领导小组搞好特殊人群各项医疗费用的稽查工作。

城镇居民医疗保险中心　负责城镇居民医疗保险基金的征缴扩面工作；负责对各代办机构参保、缴费工作的监督管理；负责首诊医疗机构的协议管理工作；负责本辖区包括各农林厂及大中小公、私企业在内的全体居民及城区在校学生的参保信息审核录入，手册发放。保费征缴和参保对象首诊医院的确定；负责作好各代办机构的任务考核、评定工作及代办费的核算；负责协助同稽查领导小组做好住院病人的稽查工作；负责对所有居民参保对象的住院费用和门诊费用的审核工作；负责城镇居民医保特殊病种的鉴定、审批、审核。

生育保险股 负责生育保险的管理审核工作；负责协助稽查领导小组做好各项生育医疗费用的稽查工作；负责生育保险定点医院的协议管理工作。

审计监督股 负责医疗生育保险基金收、支、存的业务管理和会计管理的内部审计，实行事前审计和事后审计，主要内容包括：基本医疗保险、生育保险参保单位缴费工资基数和参保人员年龄、人数等情况；基本医疗保险费、大病医疗互助费、生育保险费、特殊人员医疗费的征缴；基本医疗保险定点医疗机构住医院疗费、门诊特检特治费的审核支付；基本医疗保险定点零售药店费的审核支付；基本医疗保险特殊病种门诊医疗的审核支付；参保人员外地就医医疗费的审核支付；生育保险定点医疗生育医疗费的审核支付；生育保险生育津贴、一次性生育补助金的审核支付；生育保险计生手术费等门诊费用及外地生育医疗费的审核支付；特殊人员定点的医疗机构医疗费的审核支付；特殊人员门诊和异地医疗费的审核支付。

2018 年，区医疗保险处负责人

区医疗保险处历任负责人名单见下表：

区城镇职工医保中心历任负责人名录表

表 1-1-12

姓名	性别	职　务	任职起止时间	备　注
陈祖儒	男	主　任	1999.7—2002.3	
唐建国	男	主　任	2002.4—2007.10	
徐厚彩	男	主　任	2007.11—2016.10	
皮健夫	男	主　任	2016.11—	
游益坪	男	副主任	2005.5—2007.7	
		党支部书记	2007.8—	

续表 1-1-12

姓名	性别	职　　务	任职起止时间	备　注
陈昱兰	女	副主任	1999.7—	
张冬初	男	副主任	2000.11—2006.12	
贺进新	男	副主任	2007.3—2016.10	
袁保春	男	副主任	2016.10—	
傅　芳	女	副主任、工会主席	2016.12—	
欧有国	男	工会主席	2001.1—2007.11	
丁南贵	男	工会主席	2007.12—2017.3	

九、区工伤保险处

2004 年 10 月 26 日，根据常鼎编〔2004〕24 号《关于设置常德市鼎城区工伤保险和生育保险机构的通知》精神，区劳动和社会保障局建立常德市鼎城区工伤保险处。

2006 年 1 月 5 日，区委机构编制委员会常鼎编〔2006〕1 号通知，明确成立常德市鼎城区工伤保险处（以下简称区工伤保险处）。为具有行政职能的副科级事业单位，具体承办全区工伤保险事务。内设综合股、征缴稽核股、事故调查与待遇股、基金管理股。

2018 年，区工伤保险处负责人

2006 年 4 月 16 日，常鼎编发〔2006〕4 号印发《常德市鼎城区工伤保险处机构设置、职能配置和人员编制规定》的通知，其主要职责：（1）依法征收规定范围用人单位工伤保险费，定期公布全区工伤保险基金收支情况。（2）核查规定范围用人单位的工资总额和职工人数，办理工伤保险登记，负责保存用人单位缴费和职工个人基本情况及其工伤保险待遇情况的记录。（3）进行工伤保险的调查、统计和信息系统管理。（4）按规定管理工伤保险基金支出，负责工伤保险基金的预决算工作。（5）按规定核定规定范围用人单位参保职工工伤保险待遇。(6) 为工伤职工或直系亲属负责提供咨询服务。(7) 根据工伤保险基金收支情况，向区劳动保障行政部门提出调整单位缴费费率的建议。(8) 完成区委、区政府及区劳动和社会保障局交办的其他事项。

核定区工伤保险处全额拨款事业编制6名、其中主任1名，副主任1名（正股级），其他工作人员4名。

区工伤保险处历任负责人名录见下表：

区工伤保险处历任负责人名录表

表 1-1-13

姓名	性别	职　务	任职起止时间	备　注
李海宗	女	主　任	2005.1—2016.5	
李爱琼	女	党支部书记、主任	2016.5—	
张亚琴	女	党支部书记	2008.7—2012.9	
贺进新	男	副主任	2005.1—2005.12	
白　煜	男	副主任	2006.1—	
欧有国	男	副主任	2008.5—2010.5	
邓爱莉	女	副主任	2012.11—	
姚　峰	男	副主任	2012.11—	
刘　菁	女	工会主席	2008.9—	

十、常德市兴隆劳务有限责任公司

2005年5月26日，应常德市卷烟厂的要求，鼎城区政府区长车德斌就配合常德卷烟厂劳务用工改革的有关问题召开专题会议。参加会议的单位有：区政府办、区财政局、区劳动局、区工商局、区国税局、区地税局、区劳动就业管理处。区人大常委会副主任尹茂林应邀参加。会议议定了以下事项：(1) 石板滩镇政府、谢家铺镇政府及向家巷村要积极争取常德烟厂的支持和相关部门的配合，督促和抓紧做好原所属劳务公司或搬运队的清算终结，妥善处理相关遗留问题。(2) 新公司由区政府控股，所需的最低注册资金10万元由区政府出资，并委托区劳动就业管理处代表区政府筹建新公司，并与控股方参与新公司管理。石板滩镇、谢家铺镇及向家巷村分别以近年在烟厂所享有的用工量等情况协商确认股份，由此依法组建劳务派遣有限责任公司。新公司的组建要尊重历史，面对现实，着眼长远，按市场规则运作。（3）新公司的工商注册、税务登记、社保征缴关系必须在鼎城区，所需注册资金由区财政解决。新公司的收益分配，要在确保农民工正当利益和公司发展所需费用足额提取后方可向股东分配红利，控股方所分红利以不少于50%的部分用于公司发展或农民工的福利。（4）成立由韩才渊任组长，尹茂林为顾问，黄爱清、卜梅生为副组长，区劳动就业处、石板滩镇、谢家铺镇、谢家铺镇向家巷村主要负责人为成员的专门班子，负责协调与常德卷烟厂的有关事宜、处理老公司的清算终结以及新公司的筹建工作，并迅速拿出实施方案，提交区政府审定后报区委常委批准。稍后，筹备组组长改由卜梅生担任，副组长涂国祥，成员李晓清、陈子平等。筹备小组抓紧进行学习考察、办理税务、工商登记及相关手续、组建工作班子等工作。

2005年11月26日，常德市兴隆劳务有限责任公司成立，区政府控股40%，由区就业服务管理处垫资，石板滩镇政府、谢家铺镇政府及该镇向家巷村各控股20%。区政府授权区劳动局为该公司主管单位。该公司成立时，董事会成员卜梅生、李晓清、赵长胜、匡云爱、华学兵等5人，卜梅生任董事长兼总经理，2006年3月，涂国祥任总经理。2007年11月，涂国祥任董事长，侯西德任总经理，李晓清、粟绍平、宁艳春、李勇任副总经理。罗平舫长期担任该公司监事，史子华、李子平曾担任过公司监事。2007年12月，该公司成立党委和工会组织，党委书记由副总经理李晓清担任。

该公司设办公室、财务部、人力资源部、保安部及第一至第五现场管理部。公司主要负责劳务派遣、职业介绍和对员工进行全方位管理，公司员工主要承担装卸搬运、打叶复烤、选叶选筋、保安防卫、机械维护及各生产车间辅助工等工作。根据不同工种对员工分设若干班组。

公司成立初期有员工2150人，2007年11月，员工增加到5000多人。公司创年产值5000多万元，实现利税500万元。

2006年上半年，公司争取，常德卷烟厂支援资金1000万元，由鼎城区政府划拨土地，修建两栋各六层约6000平方米的员工宿舍。

公司成立后，与员工签订劳动合同，并为每名员工办理养老、失业、医疗、工伤、生育等保险，使其享有安全可靠的社会保障；员工的工作、生活条件得到改善与提高，工资待遇平均提高15%，并建立工资正常调整机制。对员工的管理逐步走上制度化、规范化的轨道。

2008年3月，常德市兴隆劳务有限责任公司收归鼎城区人民政府管理。

十一、区劳动人事争议仲裁院

2008年10月23日，常鼎编办〔2008〕11号文，设立常德市鼎城区劳动争议仲裁院（以下简称区仲裁院），为区劳动和社会保障局管理的具有行政职能的副科级事业单位，具体承办全区范围内的劳动争议调解、仲裁工作。

2011年4月12日，区政府办印发《常德市鼎城区劳动人事争议仲裁院主要职责、内设机构和人员编制规定的通知》，明确区劳动人事仲裁院为副科级机构，属区人力资源和社会保障局管理的具有行政职能的事业单位。其职责为：

职责调整　将区人事局负责的有关人事争议仲裁职责划入区劳动人事争议仲裁院。

主要职责　(1) 负责贯彻执行国家和省、市劳动人事关系和劳动保障的有关方针、政策、法规和规章，拟订鼎城区劳动人事争议仲裁事业中长期发展规划，并组织实施。(2) 负责承办驻区中央、省属、外资企业，区属企业、区直机关事业单位劳动和人事争议案件。(3) 参与全区重大涉稳劳动人事争议案件的调查处理工作。(4) 负责全区劳动人事争议仲裁员队伍建设工作，培训专、兼职劳动人事争议调解员。(5) 承担区劳动人事争议仲裁委员会日常工作。(6) 承办区委、区政府以及区人力资源和社会保障局交界的其他事项。

2015年，区劳动人事争议仲裁院成员

区仲裁院设3个内设机构（均为副股级）：

办公室　负责机关日常工作的协调和督办；负责文电、档案、后勤、机要、政工、财务、接待等工作；负责来信来访、综合治理、维护稳定等工作。

仲裁一庭　负责劳动合同类纠纷的调解、立案、审理、裁决工作。

仲裁二庭　负责社会保险类纠纷的调解、立案、审理、裁决工作；负责人事争议仲裁工作。

区仲裁院定全额拨款事业编制7名，其中院长（副科级）1名、副院长（正股级）1名、其他工作人员5名。

区仲裁院负责人名录见下表：

区劳动人事争议仲裁院负责人名录表

表 1-1-14

姓名	性别	职　　务	任职起止时间	备　注
刘　奕	男	院　长	2012.6—	
彭　华	女	副院长	2011.5—	

十二、区城乡居民医疗保险管理服务中心

2016 年 10 月 13 日，中共常德市鼎城区委机构编制委员会发出《关于整合城乡居民基本医疗保险制度有关机构编制事项的通知》（常鼎编〔2016〕4 号），设立区城乡居民医疗保险管理服务中心（简称区居民医保中心），将区医疗保险处城镇居民医保中心承担的经办职责与区农村合作医疗管理办公室承担的经办职责整合。

区居民医保中心，副科级，为区人社局管理的公益一类事业单位。

（一）主要职责

2018 年，区城乡居民医疗保险管理服务中心成员

（1）负责辖区内城乡居民医保的业务管理和经办服务，执行城乡居民医保实施办法和相关政策；（2）负责确认辖区内协议医疗机构，并按协议实施管理；（3）负责城乡居民参保信息管理、医疗证（卡）发放和相关信息统计上报；参与城乡居民医保网络系统管理；（4）负责对乡镇（场、街道）城乡居民医保管理服务进行业务指导；（5）承办区委、区政府以及区人社局交办的其他工作。

（二）内设机构及其职责

办公室　负责本单位文电、会务、机要、档案等日常运作工作协调督办；负责综治维稳和创建工作；负责政工人事、后勤服务、纪检监察以及党务工作；负责城乡居民医保综合统计报表的工作。

财务股　负责编制城乡居民医保基金和行政经费的管理服务工作；负责中心固定资产的管理；承担与上级医保财务部门和本级财政、税务、审计、物价、银行等部门的协调与联络工作；参与协议医疗机构的考评工作；负责指导和监督各协议医疗机构的财务管理工作。

信息股　负责全区城乡居民医疗保险计算机网络系统建设和应用软件管理；负责本单位信息网络系统及数据库的维护与管理；协助审核、财务进行基金运行情况分析；负责城乡居民医保的筹资工作；负责指导各乡镇（场、街道）及相关单位的参保人员信息管理工作。

审核股　负责全区城乡居民参保对象所发生的医疗费用的审核工作；负责全区参保人员转诊院监管和相关审批工作；负责组织对协议医疗机构相关工作人员的业务培训工作；负责制定协议医疗机构医疗服务协议及组织签订工作；负责协议医疗机构预留金的审核结算工作；负责协助开展医疗保险基金运行监测、预警分析工作；协助相关部门对后台、网上审核发现的违规医疗行为处理。

稽查股　负责对协议医疗机构执行医保政策及协议的监督检查工作；负责指导乡镇（场、街道）居民医保管理服务机构对辖区内协议医疗机构医疗服务行为进行监督检查；负责对意外伤害承办机构的监督检查工作。

普通门诊、特殊病种管理股　负责城乡居民医疗保险特殊病种的管理及费用报销工作；负责城乡居民医保普通门诊的管理工作；负责对城乡居民大病医疗保险经办机构的管理监督工作。

审计监督股　负责中心内部业务办理的审计监督工作；负责协议医疗机构的准入、退出工作以及组织协议医疗机构的考评工作；负责信访、社会投诉的调查处理工作；参与城乡居民医保基金的监督检查工作；负责人大代表和政协委员议案、提案及批评意见和建议的办理工作。

（三）人员编制和领导职数

区城乡居民医保中心核定全额拨款事业编制为23名。其中，主任（副科级）1名，副主任3名；内设机构负责人7名；其他工作人员12名。

常德市鼎城区城乡居民医疗保险管理服务中心负责人名录表

表1-1-15

姓　名	性别	职　　务	任职时间
徐厚彩	男	主　任	2016年10月
杨碧勇	男	副主任、党支部书记	2016年10月

续表 1-1-15

姓　名	性别	职　　务	任职时间
李和平	女	副主任	2016 年 10 月
贺进新	男	副主任	2016 年 10 月
郑碧湘	男	副主任	2017 年 1 月
杨里程	男	工会主席	2016 年 10 月

第五节　内设机构与职责

一、区（县）劳动局内设机构与职责

1982 年 2 月 19 日，常德县劳动局常劳字〔1982〕6 号向县编委报告，设立常德县劳动局办公室，其职责为负责上下联系、文件收发、文书档案、接待来信来访、劳动保险、劳动保护及日常工作，定员 3 人。

1989 年 3 月 9 日，常鼎编办〔1989〕9 号通知，区劳动局内设机构为：办公室、计划调配股、劳动争议仲裁股、工资福利股、劳动保护监察股、就业安置股。1990 年 8 月 13 日，成立区劳动局职业技能鉴定指导站。1992 年 10 月 19 日，成立鼎城区就业培训中心。1998 年 2 月，区劳动局向区编委报告，设立职业技能鉴定指导站。

1996 年 3 月 8 日，区委机构编制委员会、区机构改革领导小组常鼎编〔1996〕29 号对区劳动局的内设机构及其职能作出规定。区劳动局内设机构：办公室、综合计划工资股、社会保险福利股、劳动争议仲裁股、劳动关系及劳动监察股、社会劳动力管理股（加挂职业技能管理股牌子）。各股（室）工作职责：

办公室　负责机关工作计划、总结、劳动工作信息、新闻宣传、报刊、资料、文件收发。综合性文件和综合档案管理、报告拟写、文电处理，联络接待等工作和行政经费、业务费、预算外资金、专项经费的管理、国有资产的管理，后勤行政事务、综合治理、计划生育、车辆管理；负责局机关和局属事业单位的机构编制、人事、党群、纪检、监察；负责本单位政治思想工作和离退休人员管理服务工作。

综合计划工资股　制定全区劳动事业发展规划并组织实施，监测劳动经济运行状况，提出宏观调控并组织实施；指导企业内部分配，制定企业经营者年薪制管理办法；指导企业工资制度改革，负责办理企业工效挂钩、工资总额包干，完善工效挂钩办法和宏观调控方式，抓好企业岗位技能工资制的推行和企业最低工资规定的贯彻执行，工资基金使用计划的审核，农村临时工计划审批和劳动工资统计，弹性工资计划的宏观指导和新扩建企业审批企业产权转让，破产企业的认定，企业职工人事档案保管等。

社会保险福利股 综合管理全区城镇企业社会保险福利（包括养老、工伤、医疗、生育等）制度改革工作，制定发展规划和配套方法并组织实施，监督执行有关社会保险的法规、政策。负责企业职工福利工作，退（离）休手续审批，工龄计算和指导伤残病鉴定工作及保险福利政策的解释、信访，企业保险福利人员的业务培训。

劳动争议仲裁股 负责劳动争议案件的管理、调查、处理和罢工问题的处理工作；负责仲裁方面行政复议和仲裁工作；负责专职或兼职仲裁员的培训，资格认证及企业调解委员会、劳动争议仲裁机构与人民法院之间的协调工作；负责劳动合同签证，无效劳动合同的确认和劳动争议信访档案，统计报表资料的上报工作。

劳动关系及劳动监察股 综合管理劳动关系协调工作，负责劳动合同制的推行，劳动监察队伍的建设，指导用人单位与劳动者鉴定、劳动合同和重大投诉案件的处理，突发事件的处置；指导企业富余职工及破产、特困企业的职工的安置工作及档案管理工作；负责劳动法规执行室及劳动监察大队的管理工作；负责招工、用工、劳动合同订立履行方面的劳动监察，指导企业集体合同的订立和备案，定员定额标准，监督执行企业职工奖惩的政策、法规，会同有关部门管理全区企业劳动模范的评审工作。

社会劳动力管理股（加挂职业技能管理股的牌子） 负责劳动力市场的统筹管理。指导就业基金制度的建立，综合管理职业介绍，开展劳务交流活动，负责招收工作，办理招工手续，指导农村剩余劳动力的转移；指导驻外劳务管理机构的业务工作；负责指导就业服务体系建设，监督执行失业保险政策、法规；负责“三资”企业的劳动管理，农林牧渔场职工自然增长的管理，安置城镇退伍义务兵和按政策规定需要安置的“农转非”退伍军人，对城乡社会劳动统筹管理和全区劳动力市场体系机制运行情况进行调查研究，信息综合，办理各类自然减员补员的招收手续和对各种特殊情况遗留问题的信访接待，调查处理工作，对各种自然减员补充招收、就业安置、工人流动情况进行统计上报、负责办理工人调配流动手续。负责技校招生、考试、录取和毕业生分配、工人技术等级考核、技师评聘、发证工作；负责技工教育培训、管理全区职业分析和分类，职业技能标准，职业技能鉴定和职业技能竞赛等职业技能开发工作。

安全监察股 负责全区现场安全技术监察，督促企业事故隐患整改，组织开展劳动安全卫生监察和调查，抓好劳动保护工作：一是非矿山企业伤亡事故调查、分析、处理、结案、上报工作；二是非矿山企业工伤事故的鉴定审批，职工因工伤残和职业病的鉴定，工伤证的发放；三是女职工未成年工的劳动保护，工休假制度的管理；抓好安全办的日常工作，组织开展重大事故调查，隐患评估，技术咨询活动；参加全区范围内新建、改建、扩建工程项目的“三同时”审查、验收工作；组织开展特种设备的安全监察及安全检验工作。负责电工、普通焊工、起重工、架子工等特种作业人员的培训、考核发证，负责安全技术干部的培训、考核；负责劳动保护用品、保健用品的审批；负责非矿山伤亡事故的现场勘察、摄像、摄影、调查取证工作。负责检查监督矿山企业，矿山主管部门贯彻执行矿山法律法规，对全区乡镇安全监督站业务指导，负责矿山安全生产条件审查，负责新建、扩建、改建矿山工程安全设施的设计审查，竣工验收，矿山施工单位安全考核、发证、检查监督矿山企业职工、作业人员安全技术培训、教育工作，监督检查矿山职业病防治工作，组织全区矿山安全生产现场监督、检查活动。负责矿山企业矿长、副矿长、特种作业人员安全技术业务考核、发证，定期对全区矿山企业的粉尘、有毒、有害作业环境，特殊安全设备、器材、安全检测仪器进行检测、检验，负责矿山事故统计上报工作；参加监督矿山企业伤亡事故，乡镇个体矿山单位重大事故调查处理、审批结案、对违反《两法》有关法律规定依法进行经济处罚和行政处罚；负责矿山企业的工伤鉴定、发证；负责锅炉房、气体充装站的选址定点，气瓶检验站、气体充装站的资格审查，检验、充装质量的安全监察；锅炉压力容器和气瓶检验员的资格审查、申报；锅炉压力容器设计、制造、安装、化学清洗单位的资格审查；对锅炉水处理、操作人员培训、考核、复审验证；负责锅炉房，气体充装站设计图纸的审批与登记，锅炉、气体充装站的安装、修理、改造单位的资格审查和施工方案、开工报告的审批，对锅炉施工现场进行抽查和对安装单位施工人员进行资格审查培训，考核发证工作。负责锅炉压力容器无损检测。组织气体充装站的年度安全检查，参与锅炉压力容器事故的处理结案，对在用和停用锅炉拆迁过户或报废进行审批；对气体充装站安装竣工资料进行审查和验收，负责锅炉压力容器焊工的培训、考试、发证工作。

二、区劳动人事局内设机构

1984年1月13日，中共常德县委常发〔1984〕03号通知，将县安全生产委员会办公室、县就业领导小组办公室并入县劳动人事局。

1984年12月30日，县委编委〔1984〕27号通知，县劳动人事局内设机构为：办公室、干部调配股、计划调配股、社劳股、工资福利股、安全劳动保险股、军转奖惩股。

1986年10月11日，县编委常编〔1986〕25号文件，增设县劳动人事局劳动争议仲裁股，增加行政编制3名。

1987年3月16日，县编委常编7号文件，将安全劳保股更名为劳动保护监察股。

三、区劳动和保障局内设机构与职责

2000年4月24日，常鼎编〔2000〕6号，撤销区公费医疗管理办公室，成立区医疗保险基金管理服务中心（以下简称医保中心），为副科级全额拨款事业单位，归口区劳动社保局管理。医保中心内部股室及职能分别是：

办公室　负责综合管理内外协调和医疗保险服务中心的思想、政治工作；拟定本局工作计划、报告、文件，负责来电、来信的处理和档案处理，负责本中心后勤工作，负责计算机系统管理。

业务股　负责全区机关、事业单位及线管驻区单位的医疗保险管理工作；负责将参保单位、参保人员的基本情况录入微机，负责“两证一卡”的发放、年检工作，负责基金的测算工作，负责个人账户的登录工作，住院、转诊的审批工作。

征缴股　负责全区的参保单位的医疗保险基金、生育保险基金和工伤基金的收缴参保扩面工作。

结算稽查股　负责全区参保人员在定点医院住院、定点药店购药、转诊等医药费开支情况施行全方位的监督和稽查。检查有无人情处方等违反规定的行为。

财务审计股　负责办理基金的收缴、支付、存储和登记工作，审核各种结算凭证，负责审计参保单位工资总额、职工缴费基数，基金收缴额，和医疗保险金、生育保险金和工伤保险金的发放。负责医疗保险服务中心的各项基金、费用的预决算及收支管理，国有资产的管理，负责本级领导及上级有关部门提供财务分析，及时向上级主管部门报送报表。

2002年4月20日，区政府办常鼎政办发〔2002〕58号通知，区劳动社保局的内设机构为办公室、就业与失业保险股、培训股（加挂鼎城区职业技能鉴定站牌子）、劳动争议仲裁股（加挂鼎城区劳动争议仲裁委员会办公室牌子）、社会保险股（加挂鼎城区劳动鉴定委员会办公室牌子）。其职责分别是：

办公室　负责组织协调和综合处理政务、行政后勤等工作，以及管理局机关和直属单位人事教育工作；起草领导报告、讲话及综合性材料工作；负责局机关的综合协调和政务运转工作，拟定工作计划、制度并负责监督落实；负责公文审核、文电处理、新闻宣传、机要档案、建议和提案办理、会议组织、接待联络等工作；负责局机关的行政、后勤、保卫、综合治理、城市创建等日常工作；负责局机关和直属单位干部职工的考核、任免、调配、奖惩和干部职工人事档案管理、干部统计工作；负责局机关及直属单位的机构设置、人员编制、工资福利、社会保险、计划生育以及党群、纪检、监察、思想政治工作，离退休人员管理服务工作；综合协调各项社会保险基金管理工作；拟定社会保险基金监督制度和社会保险经办机构的管理规则，对各项社会保险实施监督；负责社会保险内部审计和内部审计人员资格认证，管理社会保险基金监督举报系统，管理投诉举报、查处基金管理的重大违纪案件；认定投资机构劳动社会保险基金的资格，并对其营运情况进行监督；认定有关机构承办补充养老保险、补充医疗保险业务的资格，并对其承办情况实施监督；负责局机关财务、会计事务和局属国有资产的管理；负责局机关及所属单位财务、基本建设审计和监督工作。

就业与失业保险股 负责拟定全区城乡劳动者就业的基本政策和措施；负责拟定全区劳动力市场的管理规则，规划、指导劳动力市场的发展，建立健全就业服务体系。负责拟定全区国有企业解困、下岗职工基本生活保障和再就业的政策，组织实施再就业工程；负责拟定基本生活保障中央、省、市补助资金和区直国有企业下岗职工基本生活保障资金的分配方案。负责劳动就业服务企业的规划和发展；负责职业介绍机构管理规划，指导职业介绍机构实行就业准入制度，对国家规定的持证上岗的工种（职业）凭证推荐就业；负责全区和区域性劳动力流动、农村剩余劳动力开发、就业和跨地区有序流动的管理和服务工作；按分工对本区公民境（省）外就业和境（省）外人员来到鼎城区就业进行管理；负责归口管理全区政策性安置和职工调配工作；监督落实失业保险基金征缴政策、待遇项目和给付标准；负责拟定失业人员职业培训和职业介绍补贴标准及失业人员疾病、生育、死亡的有关待遇政策和管理办法。负责审定全区失业保险制度改革方案并监督实施，指导、监督、检查区失业保险经办机构业务工作；拟定劳动关系调整的基本规则，负责劳动合同管理，鉴证和集体合同审核登记工作；监督企业实施职工工作时间、休息休假制度、职工福利制度和女工、未成年工及特殊工种的劳动保护政策；拟定全区企业职工惩处的基本准则；参与国家、省、高，市级劳动模范的评审；制定企业工资指导线。监督企业实施全市最低工资标准；综合协调全区外资企业劳动工资政策；审核区属企业工资总额和企业主要负责人的工资标准；承担全区劳动和社会保险统计和信息工作，并定期上报或发布劳动和社会保险事业统计公报。

培训股（加挂鼎城区职业技能鉴定站牌子） 负责执行职业分类、职业技能国家标准和行业标准，拟定全区职业技能培训、鉴定、竞赛等具体办法并指导实施；拟定劳动预备制度实施办法，指导全区社会力量举办的以职业技能为主的职业培训机构的工作，并对其资格进行认定和年审；指导技工学校招生和技工学校毕业生就业的有关工作；负责管理全区工人技术等级考核工作；负责推行职业资格证书制度，指导监管技能鉴定机构，核发《职业资格证书》；负责特种职业的资格认定工作；拟定企业职工和社会失业人员，国有企业下岗职工以及农村剩余劳动力的职业技能培训规划及政策；评审“鼎城区技术能手”

劳动争议仲裁股（加挂鼎城区劳动争议仲裁委员会办公室牌子）　负责做好全区劳动争议处理、集体合同争议处理工作；负责承办驻区中央、省、市单位和外资企业的劳动争议案件；负责全区劳动争议仲裁员队伍建设；会同有关部门协调企业调解委、劳动争议仲裁机构与人民法院的关系；负责承担区劳动争议仲裁委员会办公室日常工作；拟定申报全荷尔蒙埃社会保险规范性文件草案，初审局发规范性文件；监督检查用人单位执行劳动和社会保险法律法规情况，并组织查处重大违纪案件；监督区劳动和社会保障部门及委托的事业组织行政执法情况；承担局机关法律事务、负责劳动和社会保障行政复议和行政应诉工作；负责普法工作及劳动和社会保险法律、法规咨询工作；管理全区劳动和社会保险政策服务咨询机构及资格认证。

社会保险股（加挂常德市鼎城区劳动鉴定委员会办公室牌子）　负责拟定全区基本养老保险政策、改革方案和发展规划并组织实施；拟定基本养老保险基金征缴、社会统筹和个人账户管理政策；拟定基本养老保险待遇项目、领取条件、给付标准；拟定企业职工退休审批制度和审批办法，负责全区企业职工退休审批工作；负责企业养老保险统筹单位离退休人员基本养老金调整和核准工作；负责拟定全区医疗、工伤、生育保险制度改革方案、发展规划、基本政策并组织实施；负责拟定医疗、工伤、生育保险基金征缴政策，待遇项目和给付标准；负责拟定全区定点医疗机构，定点药店以及劳动能力鉴定定点医疗机构的管理办法；负责职工工伤认定和待遇给予标准的审批工作，负责区劳动能力鉴定委员会办公室日常工作。

四、区人事局内设机构与职责

1989年3月9日，常鼎编办〔1989〕8号通知，区人事局内部机构设置：办公室、干部计划调配股、公务员管理股、工资福利股、军官转业安置培训股和考核奖惩股（两块牌子一套人马）、专业技术人员管理股。

1991年6月18日，常鼎编办〔1991〕11号，撤销公务员管理股，成立综合计划股，干部计划调配股更名为干部录用调配股，考核奖惩股更名为干部任免考核奖惩股。

1996年6月4日，区委机构编制委员会和区机构改革领导小组常鼎编〔1996〕43号印发区人事局内设机构及工作职责。

区人事局内设机构有办公室、计划录用调配股、任免考核奖惩（军转安置培训）股、工资福利股、专业技术人员管理股。其工作职责：

办公室　协助局领导对全局工作进行综合协调和督促检查；负责有关政策法规性文件

的拟制、审核和文书档案、信访、接待、机要、保密、保卫工作；开展人事调研、宣传、信息和文字材料的综合及其管理工作；进行综合性会议的会务和机关行政、财务、后勤服务管理工作；综合办理区人大代表建议和政协委员提案；制订并实施机关行政管理规章制度；统一管理人事书刊、资料的征订发行工作；负责本局人事岗位责任制的管理和全局政治思想、作风纪律、廉政勤政教育；负责本局机构编制、工资、党员统计及机关工会、共青团、妇女工作和计划生育工作。

计划录用调配股 负责全区推行国家公务员制度的实施和综合协调管理工作；负责拟制全区干部计划、机关事业单位人员计划和工资总额计划，并组织实施和监督检查；负责全区企事业单位人事制度改革和人事工作的综合管理、指导和协调服务；负责全区机关事业单位工资基金管理和审批；承担全区干部、国家公务员、机关事业单位人员和工资统计工作；负责全区国家公务员、国家干部（职员）公开考试，择优录用工作，并组织实施和呈报；综合管理乡镇聘用制干部；贯彻执行《国家公务员暂行条例》有关调任、交流、回避的规定及实施办法；指导制定区人才流动办法，培育发展人才市场，积极开展人才交流服务；负责全区公务员、干部（职员）的调配和人才流动争议仲裁工作。

任免考核奖惩（军转安置培训）**股** 执行市制订的国家公务员职务分类实施办法和职位设置办法及非领导职务设置、职数审批的呈报工作；组织实施国家公务员、事业单位工作人员的考核、奖励、惩戒、职务任免（聘任），辞职辞退、申诉控告等行政规定；审核全区行政机关、事业单位年度考核等次比例，并检查落实使用情况；研究制订全区目标管理岗位责任制管理办法，并组织考核、评先表彰等工作；负责区人民政府任免工作人员的有关工作；办理“三错”人员落实政策工作；研究制订全区军官转业安置工作原则、办法和措施，编制转业军官及其随军家属分配方案，并组织实施；负责转业军官的信访、接待和建房补助，培训等经费的划拨；负责制订全区国家公务员、人事部门工作人员、专业技术人员和新录公务员（干部）、新分配的大中专毕业生及军转干部培训计划，并组织实施。

工资福利股 综合管理全区机关事业单位的工资、保险福利工作；贯彻执行上级有关机关事业单位工作人员的工资、社会保险政策和制度；对全区机关事业单位工资实行分类管理；负责全区机关、事业单位的工资调整、审批和津、补贴工作；组织机关、事业单位工人的技术等级岗位考核和工资晋升工作；负责全区机关、事业单位一般干部退休（职）的审批和因工（公）伤致残人员退休手续的呈报工作；办理全区机关、事业单位人员的各项工资异动手续和工龄认定工作；负责退休（退职）人员的综合管理服务。

专业技术人员管理股 综合管理全区专业技术人员队伍建设和职称改革工作，贯彻执行各项职改政策、规定和办法；对高、中级专业技术人员任职资格的评审进行初审和呈报；组织全区初级专业技术职务任职资格的评审；审定和下文确认专业技术人员的初级专业技术职务任职资格，并填发专业技术职务资格证书；下文转发省、市确认的高、中级专业技术人员的任职资格；组织各有关单位对专业技术人员进行年度考核；会同有关部门做好培养跨世纪学术和技术带头人工作；选拔呈报国家有突出贡献专家和享受政策特殊津贴专家并做好管理服务工作；负责专业技术人员家属“农转非”的呈报和专家、劳模子女的劳动就业工作；参与选拔科技副乡（镇）长、优秀中青年专家的有关工作；综合管理专业技术人员继续教育工作；负责全区专业技术人员技术档案的整理和管理。

1998 年 4 月 24 日，常鼎编办〔1998〕5 号通知，区人事局设人事争议仲裁公正股。

2002 年 3 月 20 日，区政府办常鼎政办发〔2002〕43 号通知，对区人事局内设机构及职能作出规定：

办公室（政策法规调研股，监察室与其合署办公，加挂区人事档案管理中心牌子）协助局领导对政务、业务等有关工作进行综合协调和督促检查；负责机关重要会议的组织服务工作；负责机关文电处理、档案管理、机要保密、来信来访等工作；负责人事工作的综合调研；负责人事政策法规的宣传，并监督检查执行情况；负责人事工作重要文件的起草及局机关文字综合工作；组织办理区人大代表建议和区政协委员提案；负责指导、协调全区人事工作办事公开和依法行政工作；负责全区人事法规、政策执行情况的检查和人事系统依法行政和督察、督办工作；负责机关各股室、直属事业单位及全区人事系统年度目标考核、奖惩工作；负责机关和直属事业单位的财务管理工作；负责机关及直属事业单位的机构编制、人员配备和工作人员的考核、培训、任免、交流、晋升、保险福利、奖惩、退休等有关工作；负责干部职工的教育工作；负责全区机关事业单位工作人员（科级领导干部除外）的人事档案管理工作；个体承办机关的纪检、监察和党务工作；负责承办机关工会等群团工作；负责机关建设、后勤服务、对外接待、综合治理、安全保卫、老干服务和计划生育工作。

公务员管理股（综合规划与人事仲裁股，加挂区岗位责任制考核委员会办公室牌子）指导协调全区实施国家公务员制度；负责全区国家公务员的职位分类及录用、考核、职务升降、职务任免、轮岗、竞争上岗、回避、纪律、奖惩、申诉控告、辞职辞退等政策法规的组织实施；负责全区国家公务员主任科员、副主任科员非领导职务的设置及职数的审核、审批工作；负责全区国家公务员考试录用的管理和国家公务员考试录用的审批；承办区政府任免工作人员的有关工作；参与科级领导干部经济责任审计的有关工作；综合管理全区行政机关、事业单位奖励、考核、惩戒和辞职辞退工作，负责区岗位责任制考核委员会办公室的日常工作；负责全区优秀人才的录用工作，协同有关部门选拔优秀大学毕业生到基层锻炼；负责机关、事业单位工作人员落实政策工作；负责机关、事业单位有关人员的调配工作。研究拟定人事与人才事业中长期规划和年度计划；研究拟定机关、事业单位的人员计划；负责人才资源规划、预测工作；负责企事业单位人事制度改革和人事管理工作的综合、指导、协调、服务、研究建立符合不责骂类型事业单位特点的人事制度；承办全区急需人才的引进、交流选拔工作；承办优秀退役运动员等国家政策性安置人员的安置工作；负责管理范围内的企业经营管理人才评价、推荐的管理工作；指导全区人才流动与人才市场建设工作，拟定全区人才市场与人才流动发展规划及政策并督促实施；承办人事争议仲裁工作；组织指导全区人事信息系统建设和人事统计工作。

工资福利股（军转安置培训股，加挂区军队转业干部安置领导小组办公室牌子）　综合管理全区机关、事业单位工作人员工资、福利工作；负责区直机关、事业单位工作人员工资调整的审批工作；负责机关、事业单位工资计划、工资基金管理并指导工资统计工作；拟定机关、事业单位工勤人员岗位等级规范并组织实施；组织指导机关、事业单位工人的技术等级审定和岗位考核；组织落实国家机关、事业单位工作时间、休假制度及工作人员的疾病、工（公）伤、生育停工期间待遇的政策法规；负责区直机关、事业单位工作人员的退休（退职）、优异退休待遇、异地安置、高级专家延长退休年龄、工龄更改、因工（公）伤致残的认定及待遇确定的审批和管理工作。负责拟定军队转业干部安置工作的原则、办法和措施，编制军队转业干部及随迁家属的安置方案并组织实施；负责做好军队转业干部的思想稳定工作；负责国家公务员、专业技术人员和机关、事业单位工勤人员的继续教育管理工作；拟定国家公务员、专业技术人员、军队转业干部和机关、事业单位工勤人员的培训计划并组织实施；负责管理人事部门工作人员的业务培训；负责全区新录用的国家公务员、大中专毕业生初任培训的组织、指导工作；综合指导企业单位管理人员、专业技术人员的培训和人事考试工作，办理军队转业干部安置工作小组交办的事项。

专业技术人员管理股（外国专家管理股）　负责中高级专门人才的规划、培养工作；承办国家有突出贡献和享受政府特殊津贴专家及其他有关专家的选拔管理工作；负责专业技术人员职称评审工作，完善专业技术职务聘任制度负责专业技术人员职业资格制度的组织实施，推行专业技术人员从业、执业资格制度；指导全区专业技术人员的聘（任）用、考核、辞职辞退等工作。负责在全区实施“县乡村实用人才工程”等工作；承办全区专家、劳模待业子女首次择业的资格认定工作。管理全区智力引进，到鼎城工作的外国专家、国家机关和企事业单位人员出国（境）培训工作；指导协调有关人事与人才方面的国际交流与合作；负责对聘请外国专家、承办出国（境）培训业务的单位及社会中介机构进行资格认可并提供有关服务；负责博士后工作站和留学回国人员的管理、协调工作及有关科研经费的资助工作；管理智力引进经费；拟定全区专业技术骨干人才出入国（境）和国外机构在全区招聘专业技术骨干人才管理政策并组织实施；管理全区离退休老科学技术工作者。

五、区人社局内设机构与职责

2011年4月12日，区政府办常鼎政办发〔2011〕15号，确定区人社局内设机构为办公室、政工人事股、财审股、公务员管理股、事业单位人事管理股、工资福利股（区军队转业干部安置领导小组办公室）、专业技术人员管理股、就业促进与失业保险股（基层管理股）、职业能力建设股、养老和医疗生育保险股（农村社会保险股）、工伤保险股等11个股（室），并对各股（室）的职责于以明确：

办公室 协助局领导对政务、业务工作进行综合协调和督促检查；负责起草领导报告、讲话及综合性材料工作；负责文稿审核、文电处理、新闻宣传、设备网络维护、机要档案、会议组织、综合治理、计划生育及接待联络、机关院落建设与管理等后勤服务工作；负责一般信访事项的交办和督促检查；负责督促协调人大代表建议、政协委员提案办理；负责法制工作；承办市社会保障协会和市人才研究会交界的事项。

政工人事股 负责局机关和局属单位的机构编制、干部队伍建设、人事管理、劳动工资、教育培训等有关工作；负责局机关和局属单位纪检、监察工作；负责局机关和局属单位的党群工作；负责局机关离退休人员管理、服务工作；指导局属单位离退休人员管理、服务工作。

财审股（社会保险基金监督股） 负责局机关财务和局属单位有国资产的管理；负责局机关和局属单位财务、基本建设和审计和监督工作；拟订社会保障基金监督管理工作、目标管理考核办法、基金管理实施办法，并组织实施；综合协调各项社会保险基金监督管理工作；对各项社会保险基金的预决算、收支、管理、调剂、运营、结存情况和社会保险基金管理经办机构实施监督，指导监督社会保险经办机构完善内部控制制度；参与审核各项社会保险调剂金分配方案；参与基金预算执行情况的监督工作；管理社会保险基金监督举报系统，承办、交办、督办的社保基金投诉举报案件，查处重大违规案件；协助上级部门认定有关机构承办补充养老保险、补充医疗保险业务的资格，并对其承办情况实施监督。

公务员管理股 组织实施公务员分类、录用、登记、职务任免、职务升降、奖惩、培训、交流回避、辞职辞退、申诉控告等方面的政策规定以及事业单位工作人员参照公务员法管理办法和聘任公务员管理办法，并加强监督检查；负责组织实施公务员行为规范、职业道德建设、能力建设和作风建设的政策，按照公务员职位分类标准和管理办法，依法对公务员实施监督；实施公务员考试录用制度，负责组织全区公务员（参照公务员法管理单位工作人员）的职位申报、考试录用等相关工作；负责组织实施公务员交流制度，公务员调任、转任、挂职锻炼有关政策，办理行政机关公务员及相关参照公务员法管理事业单位工作人员的调配、调任工作；拟定公务员考核和培训制度；承办区人民政府任免工作人员的有关工作；会同有关部门组织实施国家、省、市荣誉制度和拟订区级荣誉制度、奖励制度，审核上报国家、省、市表彰奖励和以区委、区政府名义表彰奖励的集体和个人，指导和协调全区奖励工作，审核以区委、区政府名义实施的奖励项目，组织实施公务员惩戒政策。

事业单位人事管理股　指导全区事业单位人事制度改革和人事管理工作；拟定并组织实施全区事业单位各类人员管理、续聘、辞聘、评聘制度；拟定全区事业单位人员和机关工勤人员管理政策并组织实施，指导全区事业单位公开招聘工作；拟定全区事业单位人员调配的有关规定，负责事业单位人员的流动调配工作，承办国家政策性安置人员的安置工作；负责全区事业单位各类人员岗位等级规范及技术等级岗位考核工作；拟定绩效评估制度，指导协调全区绩效评估工作；负责全区机关事业单位的人事统计工作；指导事业单位管理人员、工勤技能人员的继续教育管理工作。

工资福利股（区军队转业干部安置领导小组办公室）　负责管理全区机关事业单位工作人员工资福利和离退休人员工作；承担全区机关事业单位工资管理工作和工资统计工作；负责全区机关事业单位工作人员工资、奖金管理工作，配合有关部门进行津贴补贴管理工作；负责全区机关事业单位工作人员的退休（退职）优异退休待遇、异地安置、高级专家延长退休年龄、副科级以下工作人员工龄更改、因工（公）伤致残的认定及待遇确定的审批和管理工作；负责落实国家、省、市有关机关事业单位工作时间、休假制度、工龄计算及工作人员的疾病、工伤、生育停工期间待遇、死亡抚恤等政策；负责区直机关福利费的管理；承担全区机关事业单位退休人员管理服务的有关工作；参与拟定全区机关事业单位有关养老、医疗、生育、工伤、失业保险待遇等政策。负责按政策拟定军队转业干部安置工作的原则、办法和措施，编制军队转业干部及随迁家属的安置方案并组织实施；负责做好企业军转干部解困维稳的有关工作；指导自主择业军队转业干部管理服务工作；承担区军队转业干部安置领导小组日常工作。

专业技术人员管理股（外国专家管理股）　负责全区中高级专门人才的规划、引进、培养工作；承办国家有突出贡献专家和享受政府特殊津贴专家及其他有关专家的选拔管理工作；负责专业技术人员职称改革工作，参与全区事业单位专业技术人员岗位设置管理工作，完善专业技术职务聘任制度；负责专业技术人员职业资格制度的组织实施，推行专业技术人员从业、执业资格制度；指导全区专业技术人员的聘（任）用、考核、辞职辞退和继续再教育等工作；负责实施“县乡村实用人才工程”等工作；负责全区国（境）外人才、智力项目计划和引进并组织实施；负责全区引进国外智力成果示范推广基地的建设与评估工作；负责全区引进国（境）外技术、专家经费的核拨并监督经费的使用；指导协调有关人事与人才方面的国际交流与合作；负责全区教育机构聘请国（境）外文教专家资格认可单位的管理；管理全区离退休老科学技术工作者。

就业促进与失业保险股（基层管理股） 拟订促进全区城乡统筹就业的发展规划和年度计划并组织实施，拟订全区人力资源市场发展政策和规划，指导全区人力资源市场建设工作；组织指导劳动者平等就业、流动就业、农村劳动力转移就业政策实施，健全公共就业服务体系；指导和规范公共就业服务信息管理，指导和监督人力资源中介机构业务工作；牵头组织实施高校毕业生就业政策；拟订促进特殊群体统筹就业和就业援助实施办法；参与拟订就业专项资金和扶持公共就业服务资金使用管理办法，并组织实施；拟订全区失业保险实施办法、改革方案和发展规划，建立健全失业预警制度，指导监督失业保险经办机构业务工作；拟订失业保险基金稽核规则、待遇项目和给付标准并监督实施；乞讨定劳动关系调整的基本原则，负责劳动合同管理，鉴证和劳动合同审批工作；监督企业实施职工工作时间、休息休假制度、职工福利制度和女工、未成年工及特殊工种的劳动保护政策；拟定全区企业职工惩处的基本准则；制定企业工资指导线，监督企业实施全市最低工资标准；综合协调全区外资企业劳动工资政策；审核区属企业工资总额和企业主要负责人的工资标准；承担全区社会保障统计和信息工作，定期上报或发布社会保障统计公报；负责全区人力资源和社会保障服务站（中心）平台建设工作，做好基层人力资源和社会保障工作人员的培训、业务指导和日常考核管理工作。

职业能力建设股 拟订全区城乡劳动者职业培训政策、计划，并组织实施；拟订并实施高技能人才、农村实用人才培养和激励办法；贯彻执行国家、省、市职业教育相关政策，拟订和完善全区职业技能培训、鉴定、竞赛的具体办法并指导实施；指导全区各类技工学校、民办职业教育培训机构的培训工作，会同有关部门组织实施技工学校学生资助工作；完善职业资格证书制度，负责职业技能鉴定机构的审批工作，核发《职业资格证书》。

养老和医疗生育保险股（农村社会保险股） 负责全区机关企事业单位基本养老保险及其补充养老保险政策执行的宏观指导和监督检查；完善和落实城镇居民养老保险政策；拟订养老保险基金预测预警制度；完善和落实基本养老保险基金征缴、个人账户管理和养老保险关系转移接续政策；完善和落实基本养老保险待遇项目、领取条件、给付标准，指导落实基本养老金调整政策；负责落实城镇企业职工退休、工龄与缴费年限计算政策、城镇死亡职工遗嘱待遇与非因工伤残人员待遇政策及给付标准；负责养老保险关系在区本级的企业职工退休审批和全区企业职工提前退休特殊工种的认定工作，依据权限办理提前退休；指导监督保险经办机构业务工作。拟订全区农村养老保险和被征地农民社会保障政策、实施办法并组织实施；拟订农村养老保险基金筹集、给付条件、给付标准和养老保险关系转移办法；会同有关部门拟订农村社会保险基金管理制度；拟订征地方案中有关被征地农民社会保障措施的审核办法并组织实施；指导监督农村养老保险和被征地农民社会保障经办机构业务工作；拟订全区医疗保险、生育保险实施办法；拟订医疗保险、生育保险基金管理办法；会同有关部门组织拟订基本医疗保险药品目录、诊疗项目、医疗服务设施支付标准；拟订全区定点医疗机构医疗保险服务管理办法，负责区本级医疗保险定点医疗机构的资格认定和年检年审工作；负责区本级城镇职工基本医疗保险特殊病种鉴定工作；拟订机关企事业单位补充医疗保险政策和管理办法；负责区本级医疗保险、生育保险、公务员医疗补助、离退休干部医疗保障的政策调整和监督检查；指导监督医疗、生育保险经办机构业务工作。

工伤保险股　负责工伤保险政策的落实和完善；负责全区工伤认定；负责工伤保险协议医疗机构、康复机构、辅助器具安装机构等的资格审查；指导监督全区工伤保险经办机构的业务工作；指导全区工伤预防的宣传教育。

2015 年年底，区人社局内设机构为：办公室、政工人事股、财审股、公务员管理股、事业单位人事管理股（含考试院）、绩效股、工资福利股、军官转业安置股、专业技术人员管理股、就业和职业能力建设股、养老保险股、医疗生育保险股、工伤保险股、信息管理股。

2018 年年度，区人社局内设机构及负责人见下表：

2018 年区人社局各股室负责人名录表

表 1-1-16

机构名称	股长（主任）	副股长（副主任）	任职时间
办公室	熊文捷	—	2013.3—
		梅戈蓝	2017.2—
财审股	谭国华	—	2013.3—
基金监督股	樊红丽	—	2018.3—
军转安置股	焦海波	—	2017.2—
政工人事股	熊智丹	—	2017.2—

续表 1-1-16

机构名称	股长（主任）	副股长（副主任）	任职时间
事业单位人事管理股	喻楠萍	—	2015.5—
人力资源考试院	喻楠萍（院长）	—	2014.4—
	—	伍　琳	2017.2—
绩效股	唐　成	—	2018.2—
就业和职业能力建设股	熊明星	—	2013.3—
	刘力萍	—	2013.3—
管理信息股	杨丽华	—	2014.4—
管理公务员股	周　文	—	2017.2—
工资福利股	彭咏波	—	2013.3—
	—	刘　勇	2017.2—
养老保险股	陈　华	—	2013.3—
	—	吕列军	2018.3—
医疗生育保险股	闵译漫	—	2017.2—
工伤保险股	梁　斌	—	2013.3—
专业技术人员管理股	张绪敏	—	2015.2—
	—	黄琳娜	2017.12—
社会保险基金征缴管理处	肖　敏	—	2015.2—
	—	刘永强	2017.2—
	—	梁宋云	2015.2—
	—	陈　静	2018.3—

第二章　党派群团组织机构

第一节　中共组织机构

一、党　　组

中共常德县人事局党组

1981年12月7日，中共常德县委常干〔1981〕97号，建立中共常德县人事局党组(以下简称县人事局党组)：刘本仲任党组书记。

中共常德市鼎城区人事局党组

1989年6月17日，中共常德市鼎城区委常鼎干〔1989〕47号通知，建立中共常德市鼎城区人事局党组，刘本仲任党组书记，陈孝定任党组副书记。

以下是区人事局党组历任书记、副书记名录：

中共区人事局党组历任书记、副书记名录表

表1-2-1

职务	姓名	籍　贯	出生年月	任职时间	备注
书记	刘本仲	常德市鼎城区	1934.3	1985.12—1993.2	
	陈孝定	常德市鼎城区	1943.3	1989.3—1991.8	
	汪涛浦	常德市鼎城区	1944.4	1993.3—1995.1	
	唐生贵	常德市鼎城区	1954.11	1995.1—1997.7	
	黎建华	常德市鼎城区	1958.10	1997.7—1998.1	
	龙国安	常德市鼎城区	1956.3	1998.1—2007.2	
	邬吉湘	常德市鼎城区	1963.5	2007.2—2010.10	
副书记	龙国安	常德市鼎城区	1956.3	2007.2—2009.11	
	高友才	常德市鼎城区	1972.2	2008.8—2010.10	
	汪涛浦	常德市鼎城区	1944.4	1990.03—1993.5	
	刘本仲	常德市鼎城区	1934.3	1993.3—1994.10	

续表 1-2-1

职务	姓名	籍　贯	出生年月	任职时间	备注
副书记	夏建和	常德市鼎城区	1943.1	1993.03—1995.1	
	张世界	常德市武陵区	1952.11	1995.01—1997.8	
	黎建华	常德市鼎城区	1958.10	1998.1—2001.10	
	张全新	常德市鼎城区	1955.3	1995.1—2006.3	
	孙启林	常德市鼎城区	1950.2	2001.10—2002.12	

中共常德县（常德市鼎城区）劳动人事局党组

1985 年 12 月 27 日，中共常德县委常干〔1985〕96 号通知，建立中共常德县劳动人事局党组，由刘本仲、贾菊初、王泽华、蒋春诚等 4 人组成，刘本仲任党组书记、贾菊初任党组副书记。1988 年 4 月，更名为中共常德市鼎城区劳动人事局党组。

中共常德市鼎城区劳动局党组

1989 年 6 月 17 日，中共鼎城区委常鼎干〔1989〕49 号，建立中共常德市鼎城区劳动局党组，贾菊初任党组书记，王家新任党组副书记。

2000 年 4 月，区劳动局党组更名为中共常德市鼎城区劳动和社会保障局党组，历任党组书记、副书记名录见下表：

中共区劳动局党组历任书记、副书记名录表

（含区劳动保障局党组）

表 1-2-2

职务	姓名	籍　贯	出生年月	任职时间	备注
书记	贾菊初	常德市鼎城区	1938.12	1989.6—1993.3	
	马培全	常德市鼎城区	1939.7	1993.3—1995.1	
	郑圣祥	常德市鼎城区	1947.3	1995.1—1998.8	
	廖爱民	常德市鼎城区	1962.10	1998.8—2001.6	
	杨仕准	常德市鼎城区	1953.11	2001.6—2002.12	
	黄柏华	常德市鼎城区	1954.11	2002.12—2007.2	
	卜梅生	常德市鼎城区	1955.1	2007.2—2007.12	
	涂国祥	常德市鼎城区	1962.7	2007.12—2010.10	

续表 1-2-2

职务	姓名	籍　　贯	出生年月	任职时间	备注
副书记	王家新	常德市鼎城区	1943.12	1989.3—1990.3	
	张国芳	常德市鼎城区	1950.10	1990.3—1993.2	
	郑圣祥	常德市鼎城区	1947.3	1993.3—1995.1	
	廖爱民	常德市鼎城区	1962.10	1998.8—	
	唐建国	常德市鼎城区	1954.4	1993.3—2007.11	
	卜梅生	常德市鼎城区	1955.1	2001.10—2007.2	
	黄柏华	常德市鼎城区	1954.11	2007.2—2007.12	
	袁利民	常德市鼎城区	1967.10	2007.11—2010.10	

中共区人社局党组历任书记、副书记名录表

表 1-2-3

职务	姓名	籍　　贯	出生年月	任职时间	备注
书记	袁利民	常德市鼎城区	1967.10	2010.10-2013.6	
	刘志平	常德市鼎城区	1964.5	2013.6—	
副书记	袁利民	常德市鼎城区	1967.10	2013.6—	
	涂国祥	常德市鼎城区	1962.7	2010.10—2012.12	
	刘志平	常德市鼎城区	1964.5	2012.12—2013.6	
	高友才	常德市鼎城区	1972.2	2010.10—	

二、机关党总支

区人社局机关党总支

2018 年 8 月，区直机关工委批准，区人力资源和社会保障局设立中共鼎城区人力资源和社会保障局总支部委员会。10 月 12 日，召开全局党员大会，选举产生人力资源和社会保障局党总支委员会：

总支书记：袁利民

副 书 记：熊智丹

委　　员：李爱琼、谢秀波、赵伯平、裴浪涛、熊柏松。

三、机关党支部

区劳动局机关党支部

1982年5月，县劳动局机关党支部书记：徐文汉。1989年6月23日，中共常德市鼎城区直属机关委员会常鼎直干16号作出《关于建立区劳动局机关党支部委员会的批复》，党支部书记卢文爱，副书记卜东生，委员何圣荣、唐万福、欧阳胜利。

区（县）劳动服务公司党支部

1982年6月7日，中共常德县委组织部常组〔1982〕77号通知，建立县劳动服务公司党支部，梅正国任支部书记；10月，陈清华任支部书记；1987年12月，龙占华任支部书记。

1989年10月5日，改选鼎城区劳动服务公司党支部，由汪培超、姚桂云、陈清华等3人组成，汪培超任支部书记。

区人事局机关党支部

1993年4月6日，调整区人事局机关党支部成员，支书：肖昌盛，支委：戴正新。免去赵家宏支部书记、龚群武委员职务。

1995年4月5日，区直机关工委常鼎直干字〔1995〕8号通知，改选后的区人事局机关党支部，支部副书记孙冬香，委员：戴正新、袁先明。

1998年7月20日，改选区人事局机关党支部，支部书记：张全新，副书记：熊伯顺，委员：袁利民、丁维平、龚跃武。2000年12月29日，伍伟任党支部书记。

2007年12月12日，常鼎直〔2007〕8号作出中共鼎城区机关支部委员会调整的批复，喻楠萍任支部书记，张绪敏、陈华任支部委员。

区劳动人事局机关党支部

1984年5月5日，中共常德县直属机关委员会常直〔1984〕8号，同意成立常德县劳动人事局机关党支部。书记：王泽华，副书记：徐文汉，委员：韩秋林、黄兆喜、邓继明、龙占华、姚先芝。1985年3月，陈清华、肖昌盛增补为支部委员。

1986年4月10日改选县劳动人事局机关党支部，书记：韩秋林，副书记：刘作福，委员：易振华、熊翠宣、邓继明。

1988年4月16日，改选县劳动人事局机关党支部，书记：韩秋林，副书记：卜东生，委员：汪丕超、赵家宏、刘西兆。

县直机关幼儿园党支部

1986 年 3 月，常直〔1986〕12 号通知，赵伟任县直机关幼儿园党支部书记。支部有党员 4 名。

区人社局机关党支部及二级机构党支部（委员名字按姓氏笔画排序）

区人社局机关党支部委员会委员：刘奕、陈华、肖敏、张绪敏、熊柏松，张绪敏任党支部书记。

社会劳动保险处党支部委员会委员：贺用烈、黄用高、龚宏伟，黄用高任党支部书记。

劳动就业服务管理处党支部委员会委员：王伟榆、李友成、谢秀波，谢秀波任党支部书记。

医疗保险处党支部委员会委员：王美清、吕佳娥、陈昱兰、游益平，游益平任党支部书记。

机关事业单位社保处党支部委员会委员：尹征艳、张纯、赵伯平，赵伯平任党支部书记。

工伤保险处党支部委员会委员：刘丹、邓爱莉、李爱琼，李爱琼任党支部书记。

人力资源开发交流服务中心党支部委员会委员：易敏、高兴国、喻楠萍，喻楠萍任党支部书记。

机关老干党支部委员会委员：丁维平、邓友华、尹汉军、胡云庭、梁辉湘，尹汉军任党支部书记。

第二节　机关工会

县劳动人事局机关工会

1985 年 3 月 8 日，常德县总工会常工〔1985〕15 号通知，县劳动人事局工会组成人员：主席王泽华（副局长兼），副主席韩秋林，委员何胜荣、邹福珍、丁富远、杨生协、伍三多。

1987 年 1 月，由张国芳任工会主席（副局长兼）。

区劳动局机关工会

1989 年 6 月 24 日，常德市鼎城区总工会发出《关于同意鼎城区劳动局建立工会组织的通知》（常鼎工〔1989〕28 号），同意鼎城区劳动局与鼎城区劳动服务公司合并建立工会委员会（工会主席享受同级党政副职待遇）。

1989 年 7 月 16 日，选举产生区劳动局工会委员会：主席邓继明，副主席明善成，委员邓友华、陈清华、刘志祥、邹福珍（女）、汤六零。后由顾建平任主席，1995 年 1 月至 1998 年 1 月由方英任主席，1998 年 1 月至 2003 年 3 月由李海宗任主席，2007 年 12 起由鲁光贵任主席。

区人事局机关工会

区人事局机关工会，1989 年 9 月—1990 年 8 月由韩秋林任主席。后相继由夏建和、刘西兆、毛跃莉、杨家军任主席。

区人社局工会

区人社局联合工会主席：张绪敏，区机关事业单位社会保险处工会主席：尹征艳，区社会劳动保险处工会主席：李莉，区医疗保险处工会主席：丁南贵，区工伤保险处工会主席：李菁。

第三节　共青团机关支部

共青团常德县劳动人事局支部

1984 年 5 月 2 日，共青团常德县委员会作出《关于建立共青团常德县劳动人事局支部委员会的批复》（常团组〔1984〕8 号），支部委员会由樊宁、张明明、张亚琴、杨赤龙、罗惠等 5 人组成，樊宁任团支部书记，张明明任支部副书记。有共青团员 19 名，分为 4 个小组。

1985 年 4 月 20 日，改选共青团县劳动人事局支部委员会，龚群武任团支部书记，樊宁任副支部书记，张亚琴、罗惠、杨次农为支部委员。

第四节　群众组织机构

一、区老科学工作者协会

1997 年 9 月 26 日，举行第一次会员代表大会，选举产生鼎城区老科学技术协会（以下简称老科协）第一届委员会：理事 19 名、常务理事 12 名，选举孙子平为会长（区政府顾问兼），副会长丁恩臻（常务）、张莎、姚子彦、胡云廷、陶昌鉴、彭家棋，秘书长彭家棋（兼），副秘书长万志祥、胡云廷。聘请张传德、万光进、郑弟祥、敖建斌、黎建华为顾问。

1998 年 2 月 26 日，选举毛跃莉为副会长（常务）。

2002 年 8 月 7 日，召开有 112 名代表参加的第二届代表大会，选举产生老科协第二届组成人员：理事 39 名、常务理事 23 人；会长孙子平，副会长毛跃莉（常务）、陶昌鉴、刘仪友、彭家棋、龚志权、张振明、胡云廷、徐蔚鸿、武令如、黄孟初、陈建国，秘书长龚跃武。聘请李秋葆（区委副书记）、向绪彦（区委组织部部长）为名誉会长；聘请张传德、朱昌远、陈正思、吴春阶、郭松权、万光进、李育智、孙启林为顾问。

2003年5月16日，选举熊伯顺为副会长（常务）。

2004年9月7日，接受会长孙子平因身体原因的请辞要求，由范源湘任老科协会长。

2006年8月，选举龙国安为副会长（常务）。

2006年上半年，该协会交由区委组织部管理。

2006年8月2日，召开第三次会员代表大会，选举产生区老科协组成成员，理事会理事39名，常务理事13名，会长范源湘，副会长袁秋月（常务），秘书长袁秋月（兼）。

二、区人社局关心下一代工作委员会

2012年，区人社局成立关心下一代工作委员会，成员：主任高友才，常务副主任尹汉军，成员梁辉湘、胡云廷、邹光胜、邓友华、张绪敏、谢秀波、李友成、李莉、陈昱兰、周伟武、刘冰清，专干谢秀波。

区人社局关心下一代工作委员会成立后，认真履行职责，热情开展关心下一代各项帮扶活动，各项工作取得显著成绩。2013—2018年，连续评为鼎城区先进单位，集体和个人均受到区委、区政府表彰。2013年7月30日，《常德日报》以"'小莉莉'进城记"为题图文并茂全彩印整版介绍区人社局"关工委"开展活动的典型经验与做法。

2015年，区人社局关工委部分成员

三、区人力资源和社会保障协会

2012年8月8日，区民政局下发《关于同意成立常德市鼎城区人力资源和社会保障协会的行政许可决定书》，同意成立常德市鼎城区人力资源和社会保障协会（以下简称区人社协会）。9月19日，召开区人社协会第一届会员代表大会，选举产生区人社协会第一届委员会，有理事109名，常务理事51名；选出会长卜梅生，副会长黄柏华、张全新等19人，秘书长熊柏松，副秘书长张绪敏、周文等13名。会员代表大会和理事会每届任期5年。区人社协会设立秘书处、学术部、培训部、组织联络部、法律服务部、劳动关系指导部、财务部；协会内部设立就业服务管理、医疗生育保险、企业养老保险、机关事业单位养老保险、工伤保险、劳动保障维权、劳动人事争议仲裁、人力资源管理、职业技能培训鉴定等9个专业委员会以及外出务工人员劳动保障维权服务中心办公室。区人社协会由区人社局直接领导，区社团登记管理机关监督管理，并按照章程开展活动。是学术性、行业性、自律性非营利性独立法人资格的全区性社会团体。区人社协会的业务范围：组织人力资源和社会保障理论研究，开展人力资源和社会保障学术交流，发挥科研理论的支撑和先导作用；开展人力资源和社会保障法律、法规、政策宣传，提高全社会人力资源和社会保障意识；组织参与对鼎城区人力资源和社会保障政策、决策和建立人力资源和社会保障事业发展长效机制进行论证，提出建议；发展同市、区内外人力资源和社会保障部门、团体和个人友好往来，进行学术交流与合作，组织学术考察和课题攻关活动；编辑出版人力资源和社会保障学术刊物、书籍和音像制品，接受委托进行科研项目论证、科技成果鉴定及开展人力资源和社会保障信息交流咨询等中介服务；组织人力资源和社会保障政策辅导、业务培训，提高人力资源和社会保障工作者的政策业务水平。积极发现人力、培养人才，向有关部门和单位举荐人力资源和社会保障人才；评选、奖励优秀学术论文和有关科研成果，加强科研成果的开发、转化和利用；完成区人力资源和社会保障局委托和交办的事项。2015年年底，发展团体会员112个、个人会员128名，需要提供劳动维权服务并在区外务工的个人会员1万余名。

2015年，区人社协会负责人

2016年9月29日，举行区人社协会换届选举大会。常务副会长黄柏华以《努力开创鼎城区人力资源和社会保障协会工作新局面》为题，代表该协会第一届理事会向大会报告工作。他从“抓管理，强化自身建设；抓活动，促进事业发展；抓重点，主动为民维权”三个方面总结协会第一届理事会的工作情况。区人社局副局长、人社协会换届工作领导小组组长何咏岚出席会议并讲话。大会选举区人社协会第二届理事会组成人员，选举产生理事 76 名、常务理事 21 名。第二届人社协会会长黄弟华，副会长罗龙阳、李晓清、尹国良、欧阳章鹏；秘书长熊柏松，副秘书长熊文捷、张绪敏、周文。新任会长黄弟华讲话表示，新一届协会要组织学术研究，狠抓政策法律知识的普及；组织调查研究，切实为企业搞好服务；组织专业队伍，狠抓维权工作；开展交流合作，加强培训服务。至 2018 年，协会认真履行职责，园满完成各项工作任务。

第三章 区委、区政府有关人力资源与社会保障的非常设机构

第一节 人力资源类机构

一、鼎城区职称改革工作领导小组

1980年6月16日，常政发〔1980〕68号通知，成立常德县科学技术干部职称评定委员会，朱凤江任主任，黄吉玉任副主任，吴烈夫、赵新民、刘巨甫、刘文舫、盛仲成、姜钦道、胡运林、朱月生、刘述堂、陈正思、王文苑、蒋春成、胡培廷、孙子平、梁俊铭、刘作庸、余中英等17人为委员。

1985年4月22日，常办发〔1985〕7号成立常德县职称评定领导小组，刘岳汉任组长，邓炳华、马培全任副组长，陈子球、周勋、黑和清、刘代长、李书建、彭家祺等6人为成员。彭家祺兼任办公室主任，罗碧阶任办公室副主任。

1986年5月10日，中共常德县委办公室、常德县人民政府办公室，常办发〔1986〕22号，决定成立常德县职称改革工作领导小组，组长刘岳汉，副组长张莎、邓炳华、张国芳、罗碧阶，成员陈子球、周大进、黑和清、刘崇岳、代之松、娄长富、马培全、李书建、蒋祥政、赵玉鹏。领导小组办公室设县科技干部管理局，由罗碧阶兼任办公室主任，彭友年任副主任。各战线及有关单位抽调一定数量的人员到办公室办公，具体负责本战线、本单位职称改革的日常工作。

1989年4月25日，鼎城区委办公室、区政府办公室常鼎办发〔1989〕17号，调整区职称改革工作领导小组成员，组长：刘岳汉，副组长：张莎、邓炳华、罗碧阶，成员：邱建英、黑和清、陈子球、田又云、周帮兴、李德才、董铁安、马培全、杨成凯、蒋祥政、鄢杏初、钱正新、丁冬初。罗碧阶兼任领导小组办公室主任。

1991年4月22日，常鼎办通〔1991〕2号，调整区职称改革领导小组成员，组长：窦长清，副组长：邱建英、汪涛浦、陈孝定，成员：王泽华、彭合群、丁为泉、龙占林、董铁安、邓德华、鲍学孝、苏世华、李德川、田又云、袁秀明、康棣球、贺德翘。陈孝定兼任职称改革领导小组办公室主任。

1995年5月8日，常鼎办通〔1995〕37号，调整区职称改革工作领导小组成员，组长：刘云迪，副组长：张传发、张世界、李佳玲，成员：杜德斌、帅泽鹏、黄志华、毛华

建、高德华、汪涛浦、田又云、梁久明、熊新军、李方全、颜复国、尹国章、陆伯章、牟利民，李佳玲兼任领导小组办公室主任。

1998年9月28日，常鼎办通〔1998〕82号，调整区职称改革工作领导小组成员，组长：李巨开，副组长：龚玉喜、黎建华、毛跃利，成员：杜德斌、朱金球、黄志华、毛华建、吴其福、黄益兆、张传洪、汪涛浦、陈大明、谈法学、严复国、陆伯章、高世开、周秋林，领导小组办公室主任由毛跃利兼任。

二、鼎城区（常德县）老龄工作委员会

1986年6月27日，县政府常政发〔1986〕50号通知，成立常德县老龄工作委员会。张家仁任主任，蒋春诚、姜钦道、喻少林、焦盛堂、卢绍华任副主任；胡运林、黄兆喜、刘佳训、沈菊初、马先利、丁福华、赵建强、田世德、徐政清、马先满、易振华为成员，蒋春诚兼任秘书长。县老龄委办公室设县劳动人事局内。

1990年8月22日，区委办、区政府办常鼎办发〔1990〕32号通知，经区委、区政府，对鼎城区老龄委领导成员进行调整，顾问：张传德、胡友成、蒋栋山、孙子平；主任：卜功富；副主任：张家仁、窦长清、罗宏全、夏建和；秘书长：夏建和（兼）；委员：杨代珍、何圣祥、蒋春诚、焦贵富、田又云、周望德、唐棣球、曾银贵、丁福华、曾德志、代运友、董梅初、廖长清、易振华。

1991年7月15日，区委办、区政府办常鼎办通〔1991〕5号对区老龄工作委员会成员进行调整，顾问：张传德、胡友成、蒋栋山、孙子平；主任：卜功富；副主任：张家仁、李建新、罗宏全、殷宗德、夏建和；委员由周望德等13人组成。老龄工作委员会下设办公室，彭友年任办公室主任，办公地点在区人事局内。

1993年6月15日，常鼎办通〔1993〕17号，调整区老龄工作委员会领导成员。主任：罗宏全，副主任：胡宗清、敖建斌、孙子平、陈正思、熊国清、曾志德，委员：夏建和、唐建国、杨代珍、何圣祥、郭述政、彭友年。

1995年5月2日，常鼎办通〔1995〕31号，调整区老龄委领导成员，主任：敖建斌，副主任：刘云迪、李巨开、孙子平、陈正思、熊国清、张传发，委员：李佳伶、赵先海、何圣祥、黄建平、马培全、彭友年。

三、鼎城区岗位责任制领导小组

1988年3月4日，常德县委、县政府常干〔1988〕13号充实调整岗责领导小组成员，组长：熊绍斌，副组长：孔繁松、胡友成，成员：邓炳华、邱建英、廖友道、鲁光伟、张

国芳。办公室设县劳动人事局，张国芳兼任主任。

1989年1月23日，常鼎发〔1989〕21号，调整充实区岗责领导小组成员，组长：胡友成，副组长：孔繁松，成员：邓炳华、邱建英、万光进、廖友道、鲁光伟、张国芳、顾孔杰。岗责领导小组办公室主任由张国芳兼任。

1990年4月14日，常鼎发〔1990〕19号，对区岗责领导小组成员进行充实调整，组长：胡友成，副组长：窦长清、罗宏全，成员：郑盛轩、郑弟祥、邱建英、黄爱卿、罗尚杰、鲁光伟、顾孔杰、刘作福、刘文信。区岗责领导小组办公室设区人事局，刘作福兼任办公室主任。

1994年5月20日，常鼎通〔1994〕22号通知，调整区岗责领导小组成员，组长：罗宏全，副组长：刘云迪、敖建斌、郑弟祥，成员：胡振宇、皇甫泽华、康存波、周望德、周则强、向文华、苏世华、毛华建、丁为泉、杨四军、王泽华、汪涛浦、贺定初、郭述政、唐生贵。

1995年3月30日，鼎城区委办公室、区政府办公室常鼎办通〔1995〕29号，调整充实区岗责领导小组成员，组长：敖建斌，副组长：刘云迪、郑弟祥、李巨开，成员：杜德斌、皇甫泽华、康存波、周望德、葛桃林、向文华、汪涛浦、田又云、苏世华、毛华建、黄志华、杨四军、高德华、张世界、高绪业、黄国平、张传洪、马本慧、杨腊梅、张全新。

1996年3月12日，常鼎办通〔1996〕23号文，调整充实区岗责领导小组成员，组长：敖建斌，副组长：郑弟祥、李巨开、朱国模，成员：杜德斌、皇甫泽华、康存波、马本慧、朱金球、邱建英、葛桃林、杨腊梅、毛华建、黄志华、高德华、杨四军、苏世华、田又云、汪涛浦、张世界、李湘建、高绪业、张传洪、黄建平、张全新，区岗责领导小组办公室由张全新兼任主任。

1998年3月26日，常鼎办通〔1998〕27号调整区岗责领导小组成员，组长：肖正汉，副组长：李巨开、刘锦秀、车向东、胡振荣、朱国模、龚玉喜，成员：皇甫泽华、杜德斌、康存波、周宪仲、刘正华、朱金球、刘文信、徐亚丽、王义成、毛华建、黄志华、高德华、杨四军、王爱民、葛良模、卜梅生、高绪业、杨成凯、黄建平、潘世祥、张全新。张全新兼任区岗责领导小组办公室主任。

1999年5月27日，常鼎办通〔1999〕41号，调整区岗责领导小组成员，组长：李巨开，副组长：朱国模、刘锦秀、车向东、胡振荣、向绪彦、龚玉喜，成员：皇甫泽华、杜德斌、彭久媛、周宪仲、刘正华、杨成凯、刘文信、徐亚丽、王冬久、毛华建、黄志华、吴其福、杨四军、王爱民、葛良模、黎建华、卜梅生、高绪业、郭建保、陈大明、黄建平、张全新。区岗责领导小组办公室主任由张全新兼任。

2004年4月12日，常鼎办通〔2004〕17号，调整区岗责领导小组成员，组长：李秋葆，副组长：向绪彦、李育智、胡振宇、周兴国，成员：鲁爱政、熊以富、丁福华、康存波、宋道利、李湘建、黎建华、顾孔扬、朱金球、秦华清、沈国华、邵建国、胡文、葛良模、邬吉湘、王爱民、杨成凯、朱芳源、郭述政、蔡龙惠、杨元。领导小组办公室设区人事局，杨元兼任办公室主任。

四、常德县技师考评聘任工作领导小组

1988年3月23日，县政府办常政办〔1988〕26号通知，成立常德县技师考评聘任工作领导小组，贾菊初任组长，王泽华、邓继明任副组长，罗丕显、周大进、卢绍华、刘正梁、汪培超、朱先娥为领导小组成员。领导小组下设办公室，汪培超兼任办公室主任，办公室设县劳动人事局。

五、鼎城区退休、退职管理工作领导小组

1989年7月20日，鼎城区政府常鼎政发〔1989〕53号通知，成立常德市鼎城区退休职工管理工作领导小组，孔繁松、邓炳华、陈孝定、贾菊初、娄长福、刘崇岳、罗丕显、王泽华、刘建忠、蒋春诚、赵玉鹏、龙胜秋、曾银贵、左官清14人组成，孔繁松任组长，邓炳华、陈孝定、贾菊初任副组长，办公室设在区人事局内，蒋春诚兼任办公室主任。

六、区就业安置清退农临工工作领导小组

1990年4月15日，区政府常鼎政发〔1990〕35号通知，成立常德市鼎城区就业安置清退农临工工作领导小组，组长窦长清，副组长陈正思、彭运梅、张国芳、邓继明，委员彭合群、王泽华、苏世华、黄荣清、田又云、陈善保、曹锦友、蒋祥政、娄信均、刘霞林。领导小组办公室设区劳动局，邓继明兼任办公室主任。

七、区行政机关、事业单位退休人员管理工作领导小组

1990年7月6日，区政府办印发《关于成立常德市鼎城区党政机关、事业单位退休人员管理工作委员会的通知》（常鼎政办发〔1990〕73号），窦长清任主任，汪涛浦、蒋祥政、朱金球任副主任，田又云、丁维泉、夏建和为成员，下设办公室，由夏建和兼任办公室主任，刘西兆、麻建国任副主任。办公室设区人事局。通知还要求各办事处、乡（镇）、区下各单位完善相应机构和配备必要的工作人员，负责做好退休管理工作。

1997年8月28日，区政府办常鼎政办函〔1997〕40号，对区行政机关、事业单位退

休人员管理工作领导小组成员进行调整：郑弟祥任组长，秦华清、黎建华、郭述政、张全洪任副组长，张全新、潘端明、陈大明为成员。下设办公室，黄道广任办公室主任，龙祥云、袁先明任副主任，办公室设在区人事局内。

八、鼎城区工人技术考核委员会

1991 年 5 月，成立鼎城区工人技术考核委员会，由李建新任主任，彭合群、张国芳任副主任。办公室设区劳动局。

1996 年 6 月 17 日，区政府办常鼎政办函〔1996〕38 号通知对区工人技术考核委员会成员进行调整，郑弟祥、罗忠义、郑圣祥、彭合群、许忠诚、郭述政、田又云、苏世华、高德华、黄志华、唐建国、曾银贵、唐万福 13 人组成，郑弟祥任主任，罗忠义、郑圣祥任副主任。区工人技术考核委员会办公室设区劳动局，唐万福任办公室主任。

九、区机关事业单位社会保险基金监督委员会

1996 年 3 月 22 日，区政府办常鼎政办函〔1996〕10 号通知，成立常德市鼎城区机关事业单位社会保险基金监督委员会，主任：刘云迪，副主任：陈正思、郭松权，成员：汪友志、康存波、郭述政、陈孝定、梁冬舫、张世界等，张世界兼任办公室主任。

十、鼎城区事业单位人事制度改革试点工作领导小组

1996 年 10 月 5 日，成立鼎城区事业单位人事制度改革试点工作领导小组和工作小组。领导小组由敖建斌任组长，李巨开、郑弟祥任副组长，成员由区委办、区政府办、区委组织部、区委宣传部、区委编制办、区人事局、区教育局、区卫生局、区建设局、区农业局、区财政局及有关乡镇等单位负责人组成。工作小组由张世界任组长，唐生贵、张全新、丁恩臻任副组长，成员由相关单位及人事局各股室负责人组成。

十一、鼎城区再就业工作领导小组

1998 年 6 月 23 日，区委办公室、区政府办公室常鼎办通〔1998〕59 号通知，成立鼎城区再就业工作领导小组。为进一步做好全区再就业工作，切实加强对再就业和解困工作的领导，决定成立鼎城区再就业工作领导小组。组长：郑弟祥，副组长：李巨开、张传发、陈安生、唐汇诰、郭松泉、龚玉喜，成员：陈爱习、郑圣祥、许道诚、贺用昌、徐泽庭、石瑞韬、彭合群、周国栋、刘生斌、帅泽鹏、郭述政、陈孝定、刘夏林、黎建华、冯泽祥、鲁四甫、江谓和、周诗秋、张世界、周大进、詹新友、刘望保、吴德云、唐性初、

邱建英、何学全、曾辉、刘保贵、罗功杰、王义成、丁福华、罗爱民、喻美珍，龚玉喜兼任领导小组办公室主任。

十二、区乡镇人员分流协调领导小组

1999年5月15日，区委办、区政府办常鼎办通〔1999〕39号文通知，成立鼎城区乡镇人员分流协调领导小组，其组成人员是：组长李巨开，副组长朱国模、车向东、许忠诚，成员杜德斌、刘正华、黎建华、丁冬初、陈爱习、黄志华、黄建平、陈大明、丁恩臻。协调领导小组办公室设在区人事局，黎建华兼任办公室主任。

十三、鼎城区国家公务员和机关工作人员考录工作领导小组

2002年6月25日，区委组织部、区人事局常鼎人发〔2002〕7号文通知，成立国家公务员和机关工作人员考录工作领导小组，李秋葆任组长，向绪彦、丁冬初、郭述政、朱方源为成员。领导小组办公室设区人事局，办公室主任由张全新担任，熊俊、杨元为副主任。

十四、鼎城区事业单位人事制度改革领导小组

2003年6月10日，区委办、区政府办常鼎办通〔2003〕48号通知，成立常德市鼎城区事业单位人事制度改革领导小组，组长李秋葆，副组长向绪彦、李育智，成员宋道利、陈顺来、徐维君、丁冬初、郭述政、邬吉湘、卜梅生、黎建华、胡文、朱方源、杨成凯、刘文炳、沈国华、秦华清、王义成。领导小组下设办公室，办公室设区人事局，邬吉湘兼任办公室主任。

十五、鼎城区人事争议仲裁委员会

2004年3月31日，区政府办常鼎政办函〔2004〕11号通知，成立鼎城区人事争议仲裁委员会，邬吉湘任主任，龙国安、高友才、张静慧、刘俊、蔡立龙任副主任，张全新、陈贻军、丁恩臻、毛跃利、吴弟友为成员。仲裁委员会下设办公室，陈贻军兼任办公室主任，吴弟友兼任办公室副主任。

第二节 劳动和社会保障类机构

一、鼎城区（常德县）安全生产委员会

1980 年 5 月 19 日，常德县人民政府常政发〔1980〕54 号通知，建立常德县安全生产委员会（以下简称县安委会），由黄吉玉、熊仕前、刘巨甫、贾景栋、盛仲成、王子钦、张开廷、彭运梅、徐文汉、田守保、易春林、沈菊初、陈云、陈惠枝、朱寿廷等 15 人组成。黄吉玉任主任，熊仕前、刘巨甫、张开廷、贾景栋、彭运梅任副主任。县安委会办公室设县劳动局，贾景栋兼任办公室主任。

1982 年 7 月 26 日，常政发〔1982〕91 号，调整县安委会领导成员，由朱全夫任主任，刘述堂、王子钦、贾景栋、沈仙泉、谭法柏、徐文汉任副主任，高再成、代修恒、王国寿、廖明久、聂远三、徐凤山、朱启信、朱寿廷、沈菊初、田守保、高俊为委员。徐文汉兼安委会办公室主任，龙占华任办公室副主任，办公室设县劳动局。

1984 年 4 月 27 日，常政发〔1984〕023 号文，调整县安委会成员，主任鲁代珍，副主任车裕祥、刘述堂，委员戴志松、王孝山、黑和清、王国寿、高文卿、贾菊初、殷忠德、王志发、鲍学孝、杨万发、向延森、李晓泉、王狄龙、张干成、刘代长、吴家驹。委员会下设办公室，贾菊初兼任主任，邓继民任副主任，办公地点设县劳动人事局。

1986 年 3 月 12 日，县政府办公室常政办〔1986〕17 号通知，调整县安委会成员：主任代之松，副主任蒋春成、崔一生，委员：李书见、王荻龙、吴建军、鄢杏初、邓继明、梁利。委员会下设办公室，邓继明兼任办公室主任。

1987 年 6 月 30 日，常政发〔1987〕57 号通知，调整县安委会成员：王泽华任主任，邓继明任副主任，董铁安、卢绍华、王荻龙、吴建军、文正达、唐仕良、刘光德、梁利、陈顺泉等为委员，委员会下设办公室，陈顺泉兼任办公室主任，增补邓继明为县安全工代和领导小组成员。

1988 年 11 月 12 日，区政府常鼎政发〔1988〕27 号通知，成立常德市鼎城区安全委员会，由孔繁松、邱建英、邓继明、王泽华、蒋中秋、石启顺、董铁安、李德才、肖官成、卢绍华、陈健、梁利、梁志明、黄新贵、任炎华、鄢杏初、蒋石云等 17 人组成。孔繁松任主任，邱健英、邓继明任副主任，下设办公室，办公地点设劳动人事局内，办公室主任由邓继明兼任，陈顺泉任办公室副主任。

1990 年 12 月 10 日，常鼎政发〔1990〕102 号文，对区安委会领导成员进行调整：李

建新任主任，邱建英、邓继明、王泽华任副主任，董铁安、彭合群、丁为泉、易春林、黑和清、高家凯、姚成虎、梁志明、石启顺、吴家驹、吴建军、曾银贵、李典孟等为成员，下设办公室，邓继明兼任办公室主任，尹汉军任副主任，办公室地点设区劳动局，涉及工业企业、矿山、建筑安全，水上安全，陆路安全，防火安全，易燃易爆和农机安全等方面的具体工作分别由劳动、交通、公安和农机等职能部门按其职责分工，各负其责。

1993 年 11 月 15 日，区政府办常鼎政办通〔1993〕32 号通知，对区安委会领导成员进行调整。李德才任主任，唐性初、郑圣祥任副主任，苏世华、李典孟、胡传来、卢文爱、袁先道、张承松、陈其中、高世开、黄佑如、曾银贵、梁志明、李才香、梅其国、吴家驹、吴建军、周大学、尹大连、欧阳胜利、曾纪清、刘金雄等为成员，下设办公室，欧阳胜利任办公室主任。

1995 年 2 月 15 日，常鼎政办通〔1995〕7 号文对区安委会成员进行调整：李德才任主任，秦华清、郑圣祥、卢文爱任副主任，苏世华、李典孟、高德华、陈启忠、张承松、陈其中、高世开、黄佑如、曾银贵、梁志明、李才湘、陈建安、吴家驹、欧阳聪、尹大连、欧阳胜利、曾纪清、刘金雄为成员，下设办公室，欧阳胜利任办公室主任。

1997 年 3 月 27 日，常鼎办函〔1997〕7 号通知，调整区安委会领导成员：罗忠义任主任，贺用昌、郑圣祥、高德华、尹汉军任副主任，帅泽鹏、李典孟、陈启忠、罗毅、邱本恒、高世开、黄佑如、曾银贵、李正金、李才湘、唐友德、杨积成、王新贵、王美蓉、曾纪清、刘金雄为成员。安委会下设办公室，曾纪清任办公室主任，刘金雄任副主任。办公室地点设区劳动局。

2002 年，安委会办公室改设于区工业发展局。

二、常德县工资制度改革领导小组

1985 年 5 月 21 日，县政府办常政办〔1985〕24 号通知，成立常德县工资改革领导小组，孔繁松任组长，刘本仲、李华章、刘述堂、周帮兴、蒋祥政任副组长，彭子荣、彭家祺、陈子球、罗丕显、刘代长、李建新、娄长富、崔一生、贾菊初为领导小组成员。领导小组下设办公室，贾菊初兼任办公室主任。办公室人员从下列单位抽调：组织部、教育局、财政局、税务局、农委、财办、宣传部各 1 名、经委 2 名、劳动人事局 3 名，共 12 人组成。办公室设县劳动人事局。

三、区劳动争议仲裁委员会

1987 年 2 月，成立常德县劳动争议仲裁委员会，副县长孔繁松任主任，贾菊初、伍育钧任副主任，邓建民、邹焕章、蒋中秋、王泽华、周大进、罗丕显、杨晓云、吴跃进为委员。

1990年4月27日，区政府常鼎政〔1990〕43号文，对区劳动争议仲裁委员会成员进行调整：主任张国芳，副主任伍育钧、邓继明，委员王泽华、彭合群、丁为泉、苏世华。劳动争议仲裁委员会办公室设区劳动局。

2010年10月，区人社局建立后，成立区劳动人事争议仲裁委员会，区人社局局长涂国祥任主任，区人社局纪检组长罗龙阳、区人武部政工科科长聂文锋、区总工会纪检组长蔡学选、区工信局工会副主席张长顺、区劳动人事争议仲裁院负责人刘奕为委员。日常工作由区劳动人事仲裁院负责。

四、常德县劳动制度改革领导小组

1988年1月9日，县政府办作出《关于成立常德县劳动制度改革领导小组的批复》，同意县劳动人事局《关于成立常德县劳动制度改革领导小组的请示报告》，该小组由孔繁松、彭子荣、贾菊初、邓继明、王泽华、周大进、杨晓云、肖关成、龙胜秋、熊翠宣、汪培超等11人组成，孔繁松任组长，彭子荣、贾菊初任副组长。小组下设办公室，办公地点设劳动人事局内，邓继明任办公室主任，熊翠轩任办公室副主任。

五、鼎城区养老保险基金委员会

1991年8月1日，区政府常鼎政发〔1991〕53号通知，成立区养老保险基金委员会，李建新任主任，苏世华、张国芳任副主任，伍育钧、鲍学孝、龙继尧、唐光远、聂绍荣、周大进、娄信均、蒋春诚为委员。委员会下设办公室，办公地点设在区劳动局，与区社会劳动保险事业管理站合署办公，蒋春诚任办公室主任，卜东升任副主任。

六、常德市鼎城区城镇企业职工个人缴纳养老保险费试点领导小组

1992年1月14日，区政府办常鼎政办发〔1992〕02号文通知，成立常德市鼎城区城镇企业职工个人缴纳养老保险费试点领导小组，李建新任组长，张国芳、张晓球、蒋春成任副组长，蒋智琴、卜东升、黄柏华为成员。领导小组下设办公室，蒋春成任办公室主任，蒋智琴、卜东升任办公室副主任，办公地点设区劳动局。

七、鼎城区企业工资改革领导小组

1994年9月26日，区政府办常鼎政办通〔1994〕50号通知，成立鼎城区企业工资改

革领导小组，刘云迪任组长，李德才、曾志德任副组长，唐性初、郑圣祥、郭述政、苏世华、高德华、毛华建、丁为泉、熊新军、娄信钧、曾银贵为成员。领导小组下设办公室，办公地点设区劳动局，郑圣祥兼办公室主任，尹汉军任办公室副主任。

八、鼎城区社会保障委员会

1995 年 3 月 8 日，区政府办常鼎政办通〔1995〕13 号通知，对原区社会保障委员会组成人员进行调整：刘云迪任主任，郑圣祥为副主任，康存波、徐泽庭、郭述政、陈孝定、黄伯祥、雷汉初、商艳琴、聂绍荣、周大进、黄柏华为成员。委员会下设办公室，黄柏华任办公室主任，卜东升任副主任，办公室设区劳动局。

九、鼎城区企业解困工作领导小组

1997 年 2 月 19 日，区委办、区政府办常鼎办通〔1997〕7 号通知，成立常德市鼎城区企业解困工作领导小组，周名权任组长，郑弟祥、曾志德、罗忠义任副组长，郑圣祥、徐泽庭、许忠诚、彭合群、周国栋、刘生斌、帅泽鹏、郭述政、冯泽祥、雷汉初、黄俊、周诗秋、唐性初、郭连初、刘保贵、何学全为成员。领导小组下设办公室，尹汉军任办公室主任，张爱萍任办公室副主任，办公地点设区劳动局。

十、区私营企业、个体工商户从业人员社会养老保险工作协调领导小组

1998 年 3 月 10 日，区政府办常鼎政办函〔1998〕11 号印发《关于成立区私营企业、个体工商户从业人员社会养老保险工作协调领导小组的通知》，李巨开任组长，曾辉、张世界、郑圣祥任副组长，王冬久、钱忠信、杨安全、周国政、黄建平、刘林生、高世开、姚珍桃、黄柏华、卜东升为成员。协调小组办公室设区劳动保障局，由丁耀辉任办公室主任，游益坪任副主任。

十一、鼎城区社会保障监督委员会

2002 年 1 月 23 日，区政府办常鼎政办函〔2002〕11 号通知，成立鼎城区社会保障监督委员会，组成人员是陈安生任主任，周志皓、卜梅生、黄国平、赵家宏任副主任，黄柏华、张国芳、伍孝恒、陈振模、罗明才、何东标、刘俊任委员。区社会保障监督委员会下设办公室，办公室设区劳动和社会保障局，由黄柏华兼任办公室主任。

十二、区再就业工作领导小组

2002 年 9 月 9 日，区委办、区政府办常鼎通办〔2002〕29 号，调整区再就业工作领导小组成员：组长李大平，副组长谭弘发、向绪彦、周兴国、谭延胜，成员何奕波、彭炳根、帅泽鹏、朱金球、郭述政、沈国华、卜梅生、刘文炳、康存波、晏丰儒、文贤斌、胡文、陈乾松、李晓清。领导小组办公室设区劳动就业服务管理处，卜梅生兼办公室主任，李晓清兼办公室副主任。

十三、鼎城区工伤保险制度改革工作领导小组

2003 年 12 月 12 日，区政府办常鼎政办函〔2003〕31 号通知，成立鼎城区工伤保险制度改革工作领导小组，向绪彦任组长，徐维君、卜梅生任副组长，黄柏华、丁冬初、黄国平、黄光明、陈晓林、贵体红、张爱萍、张冬初为成员。领导小组下设办公室，办公地点设区劳动和社会保障局，黄柏华兼任办公室主任。

第四章　基层管理机构

第一节　劳动和社会保障管理站

1980年12月，常德县劳动服务公司成立后，着手在基层建立劳动服务管理站。1981年上半年，在河洑镇、黄土店镇、斗姆湖镇、武陵镇及石门桥、镇德桥、周家店、蒿子港、洞庭、韩公渡、牛鼻滩公社等建立劳动服务管理站。劳动服务管理站属集体性质（自收自支）的事业单位，实行县劳动局和所属乡（镇）双重领导。其工作职责：负责就业安置的有关具体事宜，如介绍临时工、企事业单位招工的摸底建档等工作；执行劳动就业政策等；完成劳动局安排的其他工作。劳动服务站的经费靠收取劳务管理费解决。

1996年后，计划经济全面放开，市场经济日趋旺盛，劳动服务管理站的职能逐渐消失，活动经费渐显枯竭，处于名存实亡状态。1998年，在乡镇站所改革中基层劳动服务管理站被撤销。

2004年，在武陵镇及港二口、石门桥、蒿子港、牛鼻滩、灌溪、石公桥等乡（镇）建立劳动和社会保障管理站，经费由财政解决。2007年，全区33个乡镇均建立劳动和社会保障管理站。2007年起，国家对基层管理站建设的投入逐年增加。

2018年乡镇场（街道）劳动保障服务站负责人一览表

表1-4-1

单　位	站　长	单　位	站　长
玉霞街道	郝宏英	蔡家岗镇	周永辉
红云街道	卫　林	双桥坪镇	樊孝华
郭家铺街道	姚美容	许家桥乡	袁吉平
斗姆湖街道	岳诗友	花岩溪镇	吴仁艳
蒿子港镇	谈忠福	尧天坪镇	朱国舫
中河口镇	廖雪珍	草坪镇	胡丽萍
十美堂镇	皮泽民	谢家铺镇	刘淑君

续表 1-4-1

单　　位	站　长	单　　位	站　长
牛鼻滩镇	聂文能	黄土店镇	邹华麟
韩公渡镇	苏以平	花岩溪	陈德劲
石公桥镇	冀代国	园艺场	皮爱华
镇德桥镇	梅　霞	特养场	聂　琼
周家店镇	胡明文		
灌溪镇	刘雅兰		
石板滩镇	李　敏		

第二节　人才服务工作站

1999 年，区人事局在全区 33 个乡镇及农林场建立人才服务工作站，各乡镇等单位党委组织委员兼任站长。每个村（居委会）由党支部副书记任人才信息联络员，建成以区人事局人才交流服务中心为核心的，触角伸向全区各乡镇、村（居委会）的人才信息网络。2010 年 10 月，区人社局成立后，此项工作由基层劳动和社会保障管理站承担。

第二篇《

人事与人才

1949—2018

第一章 人事计划与人才规划

第一节 人事计划

一、人员计划与工资基金管理

清末，常德县府设知县1人，为正七品；县丞1人，为正八品；主簿1人，为正九品；典史1人，未定品级；教谕1人，为正八品；中导1人，县吏员30~40人，差役102人。

民国21年（1932），国民政府颁布《县政府组织法》，常德县定为一等甲级县，设县长1人，秘书1人。县府内设1科、2科，各设科长1人、科员4人、事务员5人、书记主任1人、书记5人，并设财政、教育、警察3个局，各设局长1人，教育局设课长1人、课员2人；财政局设课长1人、课员3人；警察局设课长3人、课员7人、勤务警长1人、卫生员1人。下设10个区，每个区定员6~8人。民国24年（1935），实行保甲制，县府内定员104人，县属59个乡镇，乡镇政府共定员412人。民国36年（1947），县乡镇公职人员增到561，其中县政府定员113人。

新中国成立后，1949年年末，常德县在岗公职人员480人。1950年9月，省人民政府核定常德县为甲等县，定员711人，其中县直党政群机关定员284人、农村基层党政机关定员427人。年末实有730人，超员19人。1951年建立乡级政权，共定员845人，年末实有976人，超员131人。之后，随着各项事业的不断发展，机构逐渐增多，到1955年全县共定员1303人，年末实有1299人，空编4人。1956年撤区并乡后，定员1232人，年末实有1187人，空编45人。1958年，全县定员1613人，其中行政定员988人、事业定员290人、企业定员335人。1959年，按照要求精简下放国家工作人员441人。1960年2月，为了加强人事计划管理，合理使用工资基金，根据中华人民共和国劳动部、国家计划委员会、财政部、人民银行总行等四个部门《关于工资基金管理试行办法》和省人委《工资基金管理试行办法的实施细则》规定，常德县启动工资基金管理工作，并实行人员调整。1963年，在岗人员减至1082人。1968年后，人员逐渐增多，到1977年年底，在岗人员达到2040人。

1978年起，根据上级要求，先后增设、恢复一些机构，全县党政群机关工作人员也相应增加。1980 年 1 月 20 日，成立常德县人事局，按照“党管干部”的原则，开展干部录用调配、接受安置大中专毕业生和军转干部、专业技术干部职称评定、落实干部政策以及办理干部离休退休退职手续等工作。1980 年年底，全县共有干部 3948 人，其中行政 1774 人、事业 1414 人、企业 760 人。

1981 年，严格按人事计划办事，完成大中专毕业生分配计划 399 人、军队转业干部安置计划 124 人、各类人员的干部录用计划 109 人。

1982 年，由分管局长带队对农业战线的干部队伍状况进行调查，把年纪大、身体弱、不适应继续做农村工作的 24 人，根据其专业特长调到其他战线，从机关和其他战线挑选年轻有为、懂农业的 58 人，充实到农村第一线。全年完成大中专毕业生分配计划 406 人。

1983 年，县委、县政府规定：严格执行人员编制计划，下达的人员编制计划，县属各单位必须无条件执行，不得超编。因情况变化、任务增加需要增加人员编制计划的，报县委、县政府批准。缺编的，按干部管理权限报批，由组织人事部门调配。超编的提出调整意见报组织人事部门。对擅自增加人员编制的，人事部门有权拒拨工资指标，财政部门有权拒绝拨款，银行有权拒绝付款。

1984 年，县劳动人事局、县计委、县财政局、县编委、人民银行常德县支行、农业银行常德县支行联合转发《湖南省工资基金管理试行办法》，并规定：全县劳动工资计划，由县计委、县劳动人事局根据地区计委下达的计划统一编制下达，各单位认真贯彻执行；从当年第三季度起，党政群机关和事业单位的工资基金由县编制委员会审批。是年，县属各单位的劳动工资计划均按上级要求办理。

1985 年，县劳动人事局按照市劳动人事局下达的录用干部指标数和规定的办法，共录用干部 94 名。针对乡镇企业干部年龄偏大、文化偏低等状况，把从工人中录用的干部派去乡镇企业，充实乡镇企业的技术力量。

1986 年，县劳动人事局与县委组织部、县委编委共同制定全县干部职工调配的规定，明确责任，严明纪律，严格控制党政群机关、事业单位无编制计划增人。对各战线从基层单位调入武陵镇和常德市区的干部职工坚持从严把关，控制县直机关、事业单位的人员膨胀。同时，配合区编办加强对工资基金的管理，严格控制消费基金无计划增长。是年，全县未突破国家下达的工资基金计划。常德地区在常德县召开经验交流会，推广常德县工资基金管理的做法。省劳动人事厅以湘劳人计〔1986〕308 号文件全文转发常德县《关于二季度工资基金检查情况的通报》，省政府办公厅 226 期《快讯》予以刊登，《中国劳动人事报》12 月 3 日在一版显著位置介绍常德县加强工资基金管理的经验。

1987 年，在县属机关事业单位（包括企业）中开展清退计划外用工的工作，全年共清退计划外用工 616 人，占计划外用工总数的 20%。建立劳动工资统计台账，并由分管局长带队进行督导检查，全年工资基金控制在计划指标之内。

1988 年，区劳动人事局与区计委、区财政局、区编办等部门在 7 月和 12 月对各单位执行人事计划和工资基金管理的情况进行检查，并分别编发《通报》，对执行得好的给予表扬；对执行得差的进行批评，并跟踪督促整改。是年，全县工资基金审批走向制度化。

1989 年 3 月，鼎城区人事局对机关事业单位执行人事计划情况进行调查摸底，加强机关事业单位的人事计划管理。县直党政群机关共有工作部门 65 个，定员 2262 人，其中县直机关 1150 人，农村区、乡、镇 112 人。年末实有在岗人员 2391 人。

1990 年，按照省、市人事计划会议要求，在全区机关事业单位内开展清退农村临时工的工作，到年底，共清退 587 人。建立工资基金审批台账，掌握各单位工资基金情况，严格监督各单位执行市人事局下达的工资总额计划；禁止挪用公款给干部职工发放实物，禁止乱发劳保用品。相关职能部门进行 2 次全面检查，全区机关、事业单位都按要求报审工资基金计划，没有发现突破计划指标的情况。是年，鼎城区被省、市评为工资基金管理先进单位。

1991 年，区委、区政府进一步明确区人事局的职责和权限：区人事局负责编制全区行政机关、事业单位劳动工资的建议计划和计划的组织实施。主要做好“三个计划、三个统计、一个管理”，即：负责编制和管理行政机关、事业单位的劳动工资计划（含招工计划）、干部计划、人员计划；干部统计、人员统计、劳动工资统计；工资基金管理。5 月，区人事局成立综合计划股，配置工作人员 2 人，负责全区人事计划管理工作。综合计划股成立后，主要做了 3 件事：一是摸清底数，明确管理范围。全区纳入计划管理的机关、事业单位有 205 个，其中行政机关 111 个、事业单位 94 个。二是明确职能（即“三个计划、三个统计、一个管理”的基本要求），组织实施。同时，规范行政机关、事业单位的工资基金［共九个部分：基础工资、职务（岗位）工资、工龄工资、浮动工资、粮食补贴、物价补贴、教龄护龄津贴、其他津贴和补贴等］。三是搞好监控，确立管理基本原则。主要包括：编制管理的原则，人员计划和工资基金管理以编制部门核定的编制数和控制数为准；单位上报的原则，人员计划和工资基金管理必须严格按照规定的内容上报区人事局；人事部门审批的原则；银行把关的原则，未经人事部门审批，银行有权拒绝拨款。6 月上旬，鼎城区机关、事业单位的工资基金管理工作由区机构编制办移交区人事局负责。区人事局常鼎人〔1991〕5 号印发《关于做好行政机关、事业单位工资基金管理的实施意见》，对机关事业单位工资基金管理提出明确要求。从 7 月起，全区各机关、事业单位全部使用国家统一颁发的《工资基金管理手册》。9 月 11 日，区人事局、区计委常鼎人〔1991〕11

号印发《常德市鼎城区1991年行政机关、事业单位职工人数和工资总额计划》。要求区直行政、事业单位严格按计划调入人员。在编制内调入，需报经区人事局同意并开具人员计划通知。未按规定办理人员计划和核增工资基金手续的人员，区人事局一律不审批工资基金。同时，按25%的比例清退计划外用工；按4%的比例压缩临时工人数。到年底，各项工作均得到落实。

1992年，全区机关、事业单位人员膨胀势头得到控制。在人员计划制定上，坚持控制总量、调整结构、保证重点、充实基层、计划导向的原则；在计划执行上，采取控制调配、确保统分、余缺调剂、先出后进、满编不补、自然减员编内进人等措施，做到有计划的增人增资。全年机关、事业单位人员增长速度控制在2.5%以内。针对机关、事业单位雇请借用临时工和计划外用工比较普遍的情况，采取压缩计划、编内雇请、超编清退的办法，全年共清退压缩临时工和计划外用工200人。工资总额保持合理的增长速度。工资基金进一步完善管理制度，规范管理秩序，理顺管理关系，建立管理、审批、监督、支付、结账等一条龙的服务体系。审批过程中，一年核减不合理的奖金9万多元、不合理的津补贴2万多元，维护了工资政策的严肃性和发放标准的统一性。同时，区人事局与有关部门对部分机关事业单位执行工资基金管理的情况进行了检查，对问题严重的单位和个人，按照有关规定，给予了经济处罚和纪律处分。

1993年4月，开展人事计划与工资基金审批现状调查摸底，并写出专题调查报告《关于鼎城区机关事业单位人事计划和工资基金审批的现状与建议》。5月15日，区人事局常鼎人〔1993〕03号印发《关于进一步加强工资基金管理及时审批工资基金的通知》，要求各行政机关、事业单位对前段工资基金管理情况进行自清自查，发现问题及时纠正；没有审批工资基金的单位要及时补办审批手续；对不按规定审批工资基金的单位，财政、银行部门不得拨发工资，而采取坐支、套支等办法发工资的单位要按照违反《工资基金管理条例》和违反财经纪律的有关规定处以违纪金额10%~50%的罚款，并追究有关负责人和经办人的责任。下半年，组织相关部门对部分机关、事业单位执行工资基金管理的情况进行了检查验收。是年，全区行政机关、事业单位人员增长得到进一步控制，工资基金实现合理的增长。根据国家工资政策和市人事局下达的工资总额计划，剔除政策性增资因素，实际工资总额控制在计划之内。

1994年，配合机构改革和国家公务员制度的实施，区人事局贯彻落实省、市人事计划管理工作会议精神，按照管住吃“皇粮”的，放开吃“民粮”的原则，坚持对全额拨款单位从严、经费自筹单位从宽，建立健全定期检查、申报审批、季度报表等制度，人事计划管理体系日趋完善，保持人员计划和工资基金合理的增长速度。

1995 年，全区纳入人事计划综合管理的独立核算机关、事业单位有 213 个，全部实现劳动工资、干部和职工增减管理计划化。一季度对各计划单位上年度干部职工工资情况进行统计结账，按其年初下达的计划汇总审核，并下达本年度人员和工资总额计划。第二季度下达军转干部安置计划，对当年军转干部全部安置到位。

1996 年，党政机关除领导干部调动、军转干部安置以外，一律关闭入口。机关单位缺额补员一律实行“凡进必考”，事业单位进人在编制内从紧控制。根据市编委、市体改委、市乡镇企业局常乡企〔1996〕11 号文件精神，在乡镇企业管理站开展人员编制定员的实施工作，清退雇请临时工，并进行人员分流。区人事局干部吴定友撰写的《鼎城区勒住机关事业单位人员膨胀的野马》的做法获得人事部的肯定。

1997 年，鼎城区落实增人计划卡的管理办法，实行增人申报计划、凭卡办理增人手续制度，加强对机关事业单位干部计划和职工计划的管理。在工资基金管理方面，与区财政局、工商银行鼎城区支行、农业银行鼎城区支行、建设银行鼎城区支行等单位联合印发《鼎城区关于工资基金管理处罚暂行规定》，明确处罚实施对象，处罚原则、标准、程序等。区人事局、区财政局、各银行联合印发《关于组建机关、事业单位工资基金监察员队伍，开展工资基金监察的通知》，开展工资基金监察工作，控制了工资总额的不合理增长。

1998 年，按照省、市要求，全区党政群机关、财政全额拨款的事业单位的机构编制全部冻结，停止调入、录用人员。区人事局从人事、财政、审计、监察和银行等单位聘请 10 个工资基金监察员（分为专职监察员和兼职监察员），分 3 个组对 26 个区直机关、事业单位 1997 年 10 月至 1998 年 8 月的工资基金执行情况进行检查，并以区政府名义印发《关于工资基金检查情况的通报》（常鼎政发〔1998〕59 号）。从检查的情况来看，全区机关事业单位工资基金管理工作基本步入正轨，统一使用了《工资基金管理手册》，基本上能按区人事局核定的标准发放工资，会计账目和工资明细比较清楚。根据检查的情况，对问题严重的单位和个人给予了经济处罚和纪律处分；对各单位提出了整改要求：统一使用人事部、中国人民银行颁布的《工资基金管理手册》，明确专人负责，坚持按季分月申报，审批工资基金使用计划；清理银行账户，开立工资基金专户，没有开立工资基金专户的单位，要开立专户，在基本账户行以外开立的户头要清理；清理计划外人员，没有纳入人事计划管理的计划外人员一律清退，确因工作需要的按程序办理申报审批手续；取消没有政策依据的奖金、福利以及超过标准的工资；杜绝坐支和套支现象，切实加强现金管理；今后凡有违反工资基金管理规定的单位，将严格按照《常德市国家机关、事业单位违反工资基金管理规定处罚暂行办法》进行处罚，并追究有关负责人的责任。

1999 年，进一步健全人事计划管理体系，编制详细的人事计划，与组织、编制、计划、教育、民政等部门配合做好统配人员的分配、安置工作。把各个渠道进入机关、事业单位的人员，统一纳入人事计划的轨道，保证了人事计划的落实。全区机关事业单位的人员增长幅度控制在上级规定的比例之内，党政群机关人员实现了零增长，事业单位人员的年度编制人事计划564人主要用于大中专毕业生分配。根据省委、省政府的要求，当年建立工资电脑管理体系。区人事局配合区财政局实行了区直单位人员由财政统发工资的新办法，保证了工资的及时足额发放，减少了工资发放的中间环节，统一工资政策标准，堵塞支出漏洞。

2000年，坚持机关事业单位进人既要有编制计划又要有人事计划的原则，当年的进人计划指标全部用于政策性分配安置人员。强化工资基金管理，控制人员增长，同时，杜绝滥发“奖金”、补贴等行为。11月，与区纪委、区财政局、区审计局一起，历时15天，抽查了22个单位的人员计划和工资基金的执行情况，查处违纪违规金额197.3万元，并按规定对有关单位和人员进行了处理。12月，组织有关单位征订、学习由市人事局编印的《事业单位人事制度改革文件资料汇编》，书中收集事业单位改革的文件、领导讲话及省内外事业单位改革的经验，为全区事业单位人事制度改革提供指南。

2001年，按照分类管理的原则，鼎城区启动事业单位内部分配机制改革。区教育、卫生系统的事业单位基本实行了绩酬挂钩，打破了干多干少一个样的分配格局。根据市人事局下达的鼎城区机关、事业单位人员计划和工资总额使用计划，制定本年度机关、事业单位人员计划和工资总额使用计划，并加强督促检查。

2002年，对机关、事业单位人员人事计划进行调整。根据人才来源情况和事业发展需要，分别编制年度全区机关、事业单位人员使用计划。本着从严控制机关和全额拨款单位、从紧控制差额拨款单位的指导思想，行政机关和全额及差额拨款事业单位按照零增长或负增长安排年度计划。

2003年，成立鼎城区机关、事业单位人事管理工作领导小组，严格进人程序，所有机关事业单位进人只能在既有编制计划又有人事计划的前提下，由区委组织部（负责党群系统单位）、区人事局（负责政府系统单位）办理任用或聘用手续，杜绝无计划进人。

2004年，从严控制全额拨款和差额拨款单位进人，进一步完善人员计划管理台账。12月份，对各单位进人用人情况进行调查摸底，对不符合规定的进行整改。

2005年，严把财政拨款单位进人关，明确规定党政群机关单位进人严格执行公务员录用有关规定，除领导干部调整、军转干部安置外，一律关闭机关公务员的入口。缺额需要补充的，实行“凡进必考”。是年，区人事局被市人事局评为“全市人事综合规划管理工作先进单位”。

2007年，根据省、市关于冻结机构编制的精神，区人事局与区委组织部、区编办联合印发《关于进一步严肃编制人事纪律的通知》（常鼎组通〔2007〕25号）。明确规定：停止办理编制人事手续；严禁各部门、各单位擅自调整系统内人员；严禁编外借调人员、临时雇请人员。对违反机构编制人事管理法规政策的严肃查处，追究有关领导和当事人的责任。2008年，严格遵守编制人事纪律，由分管局长带队对财政拨款单位执行人事纪律的情况进行检查，对存在问题的单位督促整改。2009年，区人事局被市人事局评为“全市人事工作先进单位”。

2010—2011年，严格控制机关和事业拨款单位人员增长，对进人程序严格把关，对进人计划加强核准、备案。

2012年，对计划安置人员，如军转干部，采取“指令计划、考试考核、双向选择、保底安置”相结合的办法。

2013年，区委办、区政府办出台《关于规范在职人员退出机关事业单位审批程序的通知》和《关于严肃人事纪律，坚决整治“吃空饷”行为的通知》，清查全区机关、事业单位人、财、编不一致、吃空饷、雇请临时人员等各类不规范的人事管理行为，得到省委督查组的充分肯定。同时，成立鼎城区人事管理联动办公室，及时掌握全区机关事业单位人员、编制等异动情况，真正实现了人、财、编的一致。

2014年，进一步规范机关事业单位一般工作人员调配交流管理工作，坚持空编进人原则，在核定的编制数内实行无编受控，严禁超编进人，逆向流动坚持“凡进必考”的管理方式；人事调配坚持集体会审制度，严格执行空编进人程序，杜绝随意进人、乱进人的现象发生，营造良好的选人用人环境。配合“三超两乱”专项治理工作，清理清退事业单位“吃空响”人员109人，清理违规借调人员57人。办理机关工作人员辞职辞退7人，事业单位人员辞职辞退86人。

2015年，完善机关事业单位人事计划管理，一是从严把关，监控人员编制。二是配合有关部门做好机构设置、人员编制等方面的调整。三是在编制人事计划内做好公务员的考试录用和事业单位各类人员的考试聘用工作。四是进一步修改完善公务员信息库，不断提高信息完整性、规范性、准确性，为推动公务员管理信息系统应用奠定了坚实基础。

2016年1月8日，区委组织部、区人社局、区编办出台《鼎城区乡镇直属事业站所工作人员管理办法》（常鼎人社发〔2016〕1号），规范事业单位人员流动调配程序。按照湘组发〔2015〕26号文件精神，对拟调配人员的“三龄两历一身份”、德能勤绩廉及其近三年的年度考核等情况以走访、座谈的形式逐一进行考察和公示，并写出书面考察报告。对竞聘激烈的岗位，以考试的形式进行选拔。是年，共递交考察报告59份。配合有关乡镇完成事业站所的撤并及人员的选聘；配合相关部门完成区食品药品监督管理局组建及人员的选聘、征收办组建及人员的划转、不动产职能整合及人员的划转、乡镇国土规划建设管理所人员的划转、扶贫移民局职能整合及人员的划转、区交通局原县乡公路处人员的划转。按区人事管理联动办公室要求，进行全区机关事业单位人员计划异动情况汇总，并每月及时报告有关领导。截至12月底，全年共为事业单位办理新聘人员手续113人、异动人员手续263人、退役士兵安置手续42人、辞职（辞退）人员手续21人、退休人员登记手续324人、在职死亡人员登记3人、借调人员手续14人。

2017年，与区委组织部、区监察局、区编办、区财政局一起开展治理“吃空饷”、清理在编不在岗和违规长期借调人员的工作，共检查148个机关事业单位，查出各类问题241人次，并按规定进行处理，出台《关于建立鼎城区机关事业单位防治“吃空饷”问题长效机制的实施意见》（常鼎人社发〔2017〕33号），杜绝“吃空饷”行为。对区园艺场、特养场机构和人事制度改革进行调研，向区委、区政府呈报改革的初步方案。顺利完成区农产品质量检验检测中心、跃进水库管理处、沧山水库管理处、区公共资源交易中心、区不动产登记中心、市卫生职工中等专业学校等事业单位职能职责弱化后富余人员的划转工作。严把人员流动调配关，为事业单位办理新聘人员手续420人、区外调入手续11人、区内调出手续20人、退役士兵安置手续40人、安置免费师范生40人、辞职（辞退）人员手续42人、退休人员登记手续420人、在职死亡人员登记手续7人、借调人员手续4人。

2018年，按照区人事管理联动办公室的要求，做好机关事业单位人事计划异动情况汇总，并每月上报有关领导。对省委第五巡视组巡视反馈的“吃空饷”等问题进行调查处理，对85人上“自由班”、10人到龄未退休、15人在编不在岗和93人待岗问题，按要求全部整改到位。对机关事业单位抽借调人员进行规范化管理，区委办、区政府办出台《关于抽借调人员管理办法（试行）》（常鼎办〔2018〕8号），规定凡抽借调人员，须由抽借调单位书面申报、人事编制所在单位同意、区人社局初审、区委常委开会研究批准后，由区人社局开具《鼎城区机关事业单位抽借调工作人员通知单》方可。全年为公务员（参管人员）办理退休备案65人、区内调出9人、辞职3人、开除1人、为事业单位办理新聘人员手续471人、区外调入手续43人、区内调出手续14人、退役士兵安置手续71人、免费师范生安置手续41人、“三支一扶”高校毕业生安置手续5人、退休人员登记手续338人、在职死亡人员登记手续12人、辞职（辞退）人员手续66人、抽借调人员手续105人次。

二、人员分流

1959年，县委、县政府按照精简要求下放国家工作人员441人。1960年，实行机构编制调整和人员分流，到1963年，国家工作人员减至1082人。1968年后，编制逐渐扩大，人数逐步增多，虽然进行了几次机构编制调整和人员分流，但没有从根本上解决人员“精简—膨胀—再精简—再膨胀”的问题。

1994年，区人事局出台《鼎城区机关事业单位转体分流实施意见》，鼓励机关事业单位工作人员到基层去、到企业去、到社会最需要的地方去。是年，共分流人员760人。

1998年，区委、区政府相继出台《鼎城区科级干部管理办法》和《机关事业单位一般工作人员管理办法》（以下简称《管理办法》）。《管理办法》明确指导思想、管理范围、原则、程序等，并就机关事业单位人员分流问题提出具体要求，使机构改革、人员分流工作初见成效。到年底，全区裁减合并机构69个，通过各种方式分流人员1748人，减轻财政负担1048万元。

1999年，在进一步摸清全区机关事业单位工作人员底子的基础上，开展乡镇机关事业单位临时雇请人员清退和正式人员分流工作。区委、区政府成立以区委副书记李巨开为组长，区委常委、政府副区长朱国模、区委常委组织部部长车向东、区政府副区长许忠诚为副组长，组织、人事、编制、纪检监察、农委、政研室、财政、教育等职能部门负责人为成员的乡镇人员分流协调领导小组，同时成立以区人事局局长黎建华任办公室主任的工作班子。区委、区政府先后下发《关于清退全区机关事业单位临时雇请人员的通知》《鼎城区乡镇机关事业单位人员分流的试行办法》等文件，提出临时雇请人员彻底清退、超编人员无条件分流、编内人员分流20%以上的工作目标，并进行了4次督导检查，确保乡镇机关事业单位临时雇请人员清退和正式人员分流工作的正常进行。至12月15日，乡镇机关事业单位的911名临时雇请人员清退498名，占总数的54.7%。乡镇机关事业单位（除区教育系统外）分流1449人（其中分流超编人员613人，编内分流836人），编内分流人员占编制数的8.6%。在组织人员分流工作中，区人事局与区委组织部、区编办等单位先在周家店镇办点，以点带面，全面推进。此外，区直有关单位，如区水电系统的修防会、电排站也分流310人。

2000年，区委、区政府印发《关于乡镇机关事业单位人员分流工作的有关规定》（常鼎办发〔2000〕2号），明确人员分流工作的成效与财政拨款、岗位责任制考核、责任人评先等实行挂钩。并印发《竞争上岗程序》等文件，指导人员分流工作。乡镇机关事业单位人员清退分流工作坚持以下原则：一是班子不散，经费不减。从有关单位抽调工作人员8名充实人员分流办公室，区财政解决办公经费4万多元。二是制定方案，严格制度。三是认真督查，狠抓落实。7月上旬，区委、区政府召开全区各单位党政一把手会议，采取领导督查、分片包干督查、坐镇督查等形式督导分流工作落实。9月，组成4个检查验收小组，对每个乡镇的清退分流工作进行验收。全区33个乡镇、1231个机关事业单位共分流2900人（不含教育系统和公安派出所），占实有工作人员总数的51%。其中，乡镇机关分流人员234人，占乡镇机关人员总数1078人的22%；事业单位分流人员2666人，占事业单位工作人员4610人的58%；清退临时雇请人员1029人，占应清退人数的100%。此外，狠抓乡镇机关事业单位人员分流的煞尾工作，全力清退区直机关事业单位的临时工。10月下旬发动，到年底，共清退143人。

2002年，市委、市政府批准《鼎城区区直机关和乡镇机构改革方案》。2月28日，区委、区政府出台《鼎城区区直机关事业单位机构改革中人员分流实施意见》《鼎城区机关事业单位机构改革中人员选配定岗实施意见》和《鼎城区乡镇站办所及区属水利工程等事业单位人员分流实施意见》（常鼎发〔2002〕3号）。主要目标：一是精简机构。区直政府机关列入此次机构改革的单位有48个，通过撤并精简到40个，精简比例达16.7%。其中机关单位设置24个，比改革前减少5个；承担行政职能的事业单位设置16个，比改革前减少3个。33个乡镇，改革前每个乡镇设置事业站办所21个（不包括工商所、税务所、交管所），改革后，每个乡镇的事业站办所，除中小学、卫生院和财政所外，均设为7个，精简比例达57.1%。二是精简编制和领导职数。区政府机关行政编制精简25%；区党群（含人大、政协）机关行政编制精简20%；政法部门机关专项编制精简10%；具有行政职能的事业单位编制精简20%；乡镇机关行政编制精简20%；乡镇事业站办所编制精简50%；区属水利工程单位人员精简40%。各单位领导职数一般为2~3名，任务繁重、编制数较多的单位增加1名副职。乡镇机关领导职数的配备，一类乡镇不超过11名，二、三类乡镇不超过9名。三是定岗分流人员。列入此次机构改革范围的政府单位原有编制545人，新定编制460人，实有人员815人，应分流355人；副科级以上具有行政职能的事业单位原有编制231人，新定编制190人，实有人员304人，应分流114人；乡镇机关原有编制1033人，新定编制837人，实有人员1088人，应分流251人；乡镇事业站办所原有编制2441人，新定编制1132人，实有人员2867人，应分流1735人。为了确保此次机构改革、人员定岗分流工作的顺利进行，对区直机关事业单位制订了清退、清理、到龄退休、提前退休、提前离岗、内退、学习培训、充实到企事业单位、自谋职业等9条分流措施，并对每种分流形式规定了相应的条件、待遇等；对乡镇站办所和区属水利工程等事业单位制定了6条分流措施以及相应的条件与待遇。同时，对人员选配定岗制定了详细的实施意见，贯彻“公开、平等、竞争、择优”的原则，着眼于“优化结构、改善素质、提高效率”，严格按照程序和方法进行，确保人员定岗分流的稳妥实施。区委、区政府成立了机构改革、人员定岗分流工作领导小组和工作小组，并从区直机关抽调82名骨干组成41

个工作组，分别派驻33个乡镇和8个区属水利工程单位指导和督导。各单位也成立了由“一把手”负责的领导班子和工作班子，精心拟订方案，严密组织实施，既讲政策，又讲方法，广泛开展交心谈心活动，使人员定岗分流工作做到了“无情分流、有情操作”。到9月月底，本次机构改革、人员定岗分流工作基本完成。

2003—2018年，全区机关事业单位新录用人员与自然减员（指退休退职以及辞职辞退、在职死亡等）基本平衡，除个别单位外，没有再进行人员分流工作。

三、人员统计

据1950年7月15日统计，常德县共有干部600人，其中南下干部和1949年10月1日以前参加地下党活动的本地干部111人、常德县解放后提拔的知识分子和工农干部454人、从旧政府接收的职员35人。

1952年，干部统计按照人事部颁发的《国家机关干部定期统计报表制度》的规定进行统计。

1954年起，干部统计按照国务院人事局、国家统计局颁发的《国家机关干部定期统计报表实施办法》的规定进行统计。主要统计干部的数量、质量、提拔、增减、调训等情况。统计对象为国家机关及其所属企业、事业机构的干部。统计数字截止时间根据工作需要与实际情况进行。

1959年，常德县采取三项措施搞好干部统计：一是布置早。9月份常德专署人事工作会议后，立即成立干部年终统计办公室，由组织部、人事科、工交部、财贸部各抽调1人组成，人事科与组织部联合印发《关于对1959年干部年终统计准备工作的意见》，召开全县人事统计会议，规定各单位所有人员均按卡片内容编造花名册，开展“五查”：查现有卡片，一人一卡，一人一档是否齐全；查卡片内中的职务、年龄、文化程度、政治面貌与本人是否相符；查军队转业干部、右派、长期休养干部、工人、雇员（长期、临时）、过渡人员、勤杂人员、试用人员、工作队队员是否按干部卡片内容进行了登记；查下放干部是否有卡片、有登记；查干部参加体力劳动、训练、提拔、增加、死亡、退职、开除是否进行过登记。通过“五查”，共新建卡片1100多张，修改卡片内容815张，原有18个资料登记不健全的单位全部健全，如县商业局、县人民医院新建卡片400多张。二是督促检查。11月下旬，对各系统、各单位进行检查验收活动，发现50多个问题，对每个问题进行处理和纠正。三是集中统计。12月中旬，各单位资料准备工作完成之后，及时召开人事干部会议，将所有统计资料集中到县统计，在方法上根据各单位的具体情况，采取先易后难、先草表后正表、先试统后正统的方法进行，做好汇总上报。是年，常德县被评为全地区“干部统计工作先进单位”。

1965 年，常德县成立干部年终统计办公室。10 月 12—13 日，召开全县干部统计工作会议。针对新手多、时间紧、任务重的特点，在总结上年干部统计工作的基础上，开展经验交流；会上学习了报表，解答了有关干部统计工作的疑难问题。

1966—1979 年，每年干部统计任务下达后，及时向县级分管领导汇报，与组织部联系，成立领导班子和工作班子，联合印发《实施方案》，专题召开干部统计工作会议，明确任务与要求，同时开展业务培训。在统计阶段，一般组织 2 次小评，1 次大评。评选出先进单位和个人，在干部统计工作总结会上进行表彰。这一时期的干部统计工作呈现“多”（资料准备多）、“快”（按时完成任务）、“好”（无差错）、“省”（省财、省力）等特点。常德县多次被省、地人事部门评为“干部统计工作先进单位”。

1980 年，沿袭以前干部统计工作的方法，由中央组织部、人事部统一印制统计报表、统一部署，由地方各级组织、人事部门逐级汇总上报。人事部门负责国家行政机关干部统计汇总，组织部门负责党群系统干部统计汇总，统计数字截止时间为每年的 12 月 31 日。统计范围为乡镇以上各级党委、国家机关、人民团体的办事机构及其所属全民所有制的企业、事业单位。

1981—1984 年，每年与县委组织部一起联合布置、分工实施，坚持分层负责、统一审核、汇总上报的工作机制。每年上级安排统计任务后，均按时召开各单位组织人事干部参加的工作会议，明确统计任务、目标、范围和要求，并进行业务培训。在统计中加强指导和督导，确保统计数据的准确性和及时性。统计工作结束后，每年都撰写干部统计分析报告并上报有关部门。

1985 年，在前两年实行直接统计的基础上，县劳动人事局探索出了“简、准、快”的干部统计新方法，既简化了统计手续，又保证了准确程度，减少了人力、物力和财力，受到地区劳动人事局的肯定。11 月，在地区干部统计工作总结表彰会上，县劳动人事局在会上介绍了经验。

1986 年，采取优化统计队伍、注重统计质量、规范统计业务管理等措施，较好地完成了全县干部统计工作任务。县劳动人事局被地区劳动人事局评为“干部统计工作先进单位”，干部调配股统计干部龚纯武被评为地区“全能第一名”。在全省干部统计工作会上，县劳动人事局在会上介绍了经验。

1987—1988 年，注重加强统计人员队伍建设，举办统计人员业务培训班，提高统计人员的业务素质，保证了统计数据资料的准确性和及时性。1988 年，鼎城区劳动人事局被市劳动人事局评为“全市人事统计工作第一名”。

1989—2003年，区人事局把干部统计工作作为人事人才工作的一项重要内容，由分管副局长具体抓，落实专（兼）职工作人员，并从物力、财力给予保障，建立干部统计目标责任制。每年干部统计任务下达后，都要安排1~2天左右的时间，对各乡镇、区直各单位从事干部统计工作的人员进行培训，既对他们进行责任心的教育，也讲解干部统计报表设计的指标含义等内容。每年要求各单位认真抓好原始记录和台账登记制度，建立健全干部名册或卡片、干部增加减少登记册、干部调进调出登记册、退（离）休干部登记册等干部统计基础资料。每年对管理基础工作进行1~2次不定期的检查，使干部统计数据资料的搜集、审核、整理、汇总制度化、规范化。每年都撰写干部统计分析报告，为有关部门决策提供依据。每年都对上一年度的统计工作进行总结，对于报送及时、报表规范、数据准确的单位和个人进行表彰，对于工作落后的进行督促鞭策，保证了每年干部统计任务的顺利完成，多次被市人事局评为人事统计先进单位。

2004—2006年，鼎城区根据中央组织部、人事部、劳动和社会保障部、农业部、国家统计局《关于做好全国人才资源统计调查工作的通知》精神，按照新的统计指标体系开展全区人才资源统计调查工作，改干部统计为人才资源统计。人事部门负责事业单位管理人才、公有制经济领域的企业管理人才、公有制经济领域的企业和事业单位专业技术人才统计调查工作。

2007—2015年，主要统计公务员分布、数量变化、基本情况和参照管理人员（事业单位）基本情况、数量变化等数据。每年全市人事统计工作会议后，局党组都及时开会研究，落实人员、经费、办公场地。召开全区人事统计工作会议，培训人事统计人员，克服时间紧、任务重、要求高等困难，扎实工作，较好地完成了每年的人事统计工作任务。2009年4月，区人事局统计人员高兴国被市人事局评为2008年度“全市人事统计先进个人”。

工作人员在进行人事统计

2016—2018年，按要求开展公务员和参照管理人员统计年报与信息采集工作。在公务员统计年报布置会上，为了让参与统计的人员掌握工作方法和要求，均详细解释公务员统计系统的操作方法、统计报表的工作流程、报送要求等，并发放相关材料。在统计过程中，对一些不明确的问题及时进行解释和指导。严把审核关，确保数据真实、准确。统计年报汇总之后，及时做好统计资料的整理、归档。2018 年统计年报结果：鼎城区政府序列 33 个区直单位和 39 个参管单位共有公务员 1975 名，其中公务员 1637 名、参照管理人员 338 名。

第二节 人才规划

一、人才状况

1949 年 7 月 29 日，常德县获得解放。8 月 7 日，组建中共常德县委和县人民政府，面对复杂的政治、经济形势，县委、县政府采取多种措施，大量启用和培训人才。到年底，共有党政人才 429 人，1953 年，党政人才 904 人。到 1958 年，有各类人才 2485 人，其中行政 983 人、事业 985 人、企业 517 人。1969 年，各类人才 2669 人，其中行政 851 人、事业 1184 人、企业 634 人。1973 年，各类人才 3126 人，其中行政 1383 人、事业 1274 人、企业 469 人。1980 年，各类人才 6248 人，其中行政 1774 人、事业 1414 人、企业 760 人、农村实用人才 2300 人。1985 年，各类人才 8578 人，其中行政 2184 人、事业 1384 人、企业 1510 人、非公有制企业人才和农村实用人才 3500 人。1987 年，有各类人才 9824 人，其中行政 2267 人、事业 1401 人、企业 1656 人、非公有制企业人才和农村实用人才 4500 人。

1988 年起，随着改革开放的不断深入发展，鼎城区的人事人才工作进入了一个新的时期。到 1999 年年底，全区人才资源总量约 2.1 万人，占总人口 88.3 万的 2.5%，与 1995 年的 12500 人相比，增长了 59.5%，其中党政群机关、国有企事业单位在职具有中专以上学历和初级以上职称的各类人才达到 14607 人，占总人数的 1.7%，占人才资源总量的 69.5%；非公有制企业人才和农村实用人才约 6300 人。鼎城区人才资源呈现以下特点：学历层次逐步提高。1999 年年底，在职人才（以下均指党政群人才和国有企事业单位人才）具有大学本科以上学历的 904 人，占在职人才的 6.2%；大专学历的 4539 人，占 31.1%；中专文化的 7029 人，占 48.1%；高中及以下文化的 2135 人，占 14.6%。在职各类人才中，具有高级职称（技术职务）的专业技术人员 193 人，占 1.3%；具有中级职称的专技人员 4385 人，占 30%。与 1995 年比，分别增长 94 人和 1576 人，增长率分别为 94.9% 和 56.2%。按人才行业结构分，在职人才中，教育、卫生、机关团体的专技人员占绝大多数：

教育47.7%、卫生15.8%、机关团体18%，交通、信息、旅游、城市公共事业的人才也有了起步。在职专业技术人员队伍年轻化，45岁以下的10713人，占73.3%。“九五”期间产业结构的调整，一、二、三产业的人才比例由1995年的1：2.5：7.3，上升为1999年的1：3.1：10，分别为1534人、4680人、15371人。在职人才的分布状况，主要以武陵镇城区为主，人数为5440人，占37.2%，乡镇（含农林场）9169人，占62.8%。按单位分：机关团体事业单位12563人，占86%，企业单位2044人，占14%。

2004年，全区人才资源总量22118人，占总人口数的2.6%，其中党政人才2600人、国有企事业单位管理和专业技术人才12010人、非公有制企业人才6000人、农村实用人才1508人。这期间，鼎城区人才结构变化较大，素质明显提高。主要表现：党政机关、国有企事业单位在职具有中专以上学历和初级以上职称的各类人才达到14610人，占人才资源总量的66%；民营经济和农村人才比例增大，人才资源由以前主要集中在国营和集体单位延伸到民营、个体私营经济和农村。民营经济和农村等非国有单位在职人才有7508人，占人才总量的34%，其中农村实用人才1508人，占人才总量的6.9%，是增长最快的一类人才。学历层次大幅度提高。党政机关和国有企事业单位在职具有大学本科以上学历的1572人，占在职人才的10.8%；大专学历的6012人，占41.1%；中专文化的5577人，占38.2%；高中及以下文化的1446人，占9.9%。专技人员中大专以上学历为5792人，占48.2%。职称结构有较大改善。国有企事业单位在职管理人员和专技人员总数12010人，具有高级职称的专业技术人员229人，占1.9%；具有中级职称的专技人员4010人，占33.4%。从人才分布看，产业结构的一、二、三产业的人才分别为1560人、4836人、15600人。在职人才中，各战线所占比例：教育46.6%、卫生8.9%、农业7.2%、工业7.2%、党政机关团体17.8%，其他事业的人才也有了发展。涌现出具有一定研发水平的人才队伍以及成绩突出的人才和成果。“十五”期间，人才资源的合理开发与利用，虽然对鼎城区经济社会发展产生了很大效益，但也存在一些突出的问题。（1）人才存量的结构不合理。全区国有企事业单位在职12010名管理和专技人员，具有高级职称的专技人员仅占1.9%、中级占33.4%，其余64.7%是初级以下人员。本科以上仅占10.8%、专科占41.1%、中专及高中以下占48.1%。45岁以上的占32%。文教卫生类占68%，面向经济建设主战场的占22.9%。总体来看，高中级人才、直接服务经济工作的人才、年纪较轻的人才不足。（2）分布不平衡。武陵镇城区人口7.5万人，占全区总人口的8.9%，却有在职人才5440人，占在职人才的37.2%，其他36个乡镇、农林场只有9169人，占62.8%。在职管理和专技人员4217人，分布在武陵镇城区，占城区人口的5.6%，占在职管理和专技人员总数的35.1%。其他乡镇及农林场人口76.6万人，占总人口的92.2%，在职管理和专技人员仅有7793人，只占其人口的1%。在职管理和专技人员主要集中在事业单位，为10966人，占管理和专技人员总数的91.3%，企业单位1044人，仅占8.7%。（3）人才流失严重。由于经济发展不平衡，有些企业不景气，待遇差，建立不起合理的激励机制，导致大量的优秀人才外流。仅2003年全区流出人才113人（其中本科以上11人、中级职级以上38人），而同期引进人才仅9人（其中本科1人、中级职称2人），流出是流入的12倍。（4）人才闲置浪费与相对短缺并存。一方面，相当部分人才用非所学，用非所长，甚至下岗待业，无法发挥专长，部分大中专毕业生找不到工作，安置困难。另一方面，科技创新、经营管理、市场开拓等方面的人才严重缺乏，农业产业化缺乏相应的人才支撑，企业找不出合适的技术带头人和经营管理者。（5）非公有制企业人才和农村实用人才整体素质偏低。全区共有民营企业2.1万家，涉及机械、纺织、食品、贸易等13个领域，从业人员9万余人，创总产值77亿元。全区民营企业员工初中及以下文化程度的占66%、高中文化程度的占30%、中专文化程度的占3%、大专以上文化程度的不足1%。具有初级技术职称的518人、中级职称的128人、高级技术职称的38人。技能型人才中企业技师仅5人，与企业高级工加在一起不足100人。农村实用人才评定职称的仅有205人，全部为初级职称中的技术员。（6）人才总量的增长速度缓慢，远小于计划的增长。由于机构改革和事业单位人事制度改革，分流了大量人员，党政机关和国有企事业单位人才增长缓慢，导致人才总量的增长速度远低于“十五”人才发展计划。

2006—2010年，鼎城区人才规模不断扩大。2010年8月，全区人才资源总量为70605人，占总人口82.9270万的8.51%，其中，党政人才数量控制在核定编制数内，有2499人，经营管理人才、专技人才数量持续增长，分别达到8064人、8417人；高技能人才和农村实用人才队伍不断壮大，分别达到2125人、4.95万人，其中农村实用人才队伍增长速度最快，占农业人口的7.1%。社会工作人才队伍达到600人。人才队伍素质提高、结构改善。2009年年底，研究生、本科、大专学历人才分别占人才总量的3.02%、37.5%、32。33%，大专以上文化程度的人才由2005年的45.7%上升到72.85%。专技人才队伍中，高、中级职称人才比重逐年稳步上升，其中高级职称人才的比重由2005年的3.97%增长到2009年的6.2%，中级职称人才由45.09%增长到60.04%。建立起了以公务员、专业技术人员、企业经营管理人员为主体的分类管理的人事人才制度体系。鼎城区将传统的人才管理体制调整到整体性人才资源开发上来，以市场为主体，搞好人才资源的配置，人才资源与产业结构调整相结合，数量和质量有了较大提高，开发与利用成绩显著。经济结构的变化，使一、二、三产业的人才比例从2005年的1：3.1：10调整到2010年8月的1：4.2：12。但是，有些单位还存在对人才和人才工作的重要性认识不深，人才优先发展的地位尚未确立，人才资源开发投入不足，人才总量相对不足，整体素质不高，结构不够合理，高层次人才较为匮乏，人才工作制度和机制不够健全，人才配置的市场机制不够完善等问题。

2011—2015 年，鼎城区初步形成了一支与经济社会发展相适应的人才队伍。到 2015 年，全区人才总量达到 8 万人，占总人口数 76.4710 万的 10.5%。其中，党政人才总量控制在核定编制数内，党政领导人才形成合理的梯次结构，党政人才的知识水平和能力素质有较大提高，具有本科学历以上的达 75%以上。专业技术人才队伍总量达到 13000 人；大学本科及以上文化程度的比例由 2009 年的 23%提高到 65%；高、中、初级专业技术人员比例由 2009 年的 13∶52∶35 上升为 2015 年的 15∶50∶35。非公有制企业经营管理人才达到 8500 人，且人员整体素质有较大提高，本科以上学历达到 1500 人、专科以上学历 5000 人；高级职称人员从 2009 年的 300 人增加到 500 人、中级职称从 580 人增加到 800 人、初级职称从 600 人增加到 1500 人。企业生产技师和高级工达到 1600 人。农村实用人才（含种植、养殖、加工、营销人才和有一技之长的能工巧匠等）不断壮大，农民评定职称的人数达到 2000 人，其中中级职称 100 人、初级职称 1900 人。高技能人才增长较快，到 2015 年，高级工、技师、高级技师达到 1500 人。社会工作人才队伍迅速壮大，到 2015 年，社会工作人才总量达到 1500 人以上。但是，存在人才年龄结构不合理，高级人才年龄老化等问题。

2018 年，全区人才总量 8.5 万人，其中党政群人才 2500 人（在核定编制数内），事业单位专业技术人才 12000 人，企业经营管理人才、技术人才 16000 人，农村实用人才 55000 人。

二、人才规划编制

2000 年，区人事局召开人事人才编制工作会议，成立以局长为组长、分管副局长及有关股室负责人为成员的工作班子。在调查研究的基础上，编制了《常德市鼎城区“十五”人事人才规划》。到 2005 年，全区具有中专以上学历和具有初级以上职称的人才总量达到 3.1 万人，其中专业技术人员 1.9 万人，分别比 1999 年增长 9000 人和 5000 人。主要措施：一是重视教育培训，实现人才质量的提高；二是重视人才引进，实现人才总量的增加；三是重视机制与配置，实现人才存量的盘活；四是重视市场导向，实现人才流量的调控。

2005 年，区人事局对全区“十五”期间的人事人才工作情况进行总结，对全区人才队伍建设现状进行全面调查。在此基础上，按照“人才总量的增加与地方经济发展速度相适应、人才结构的调整与经济结构的调整相适应、人才素质的提高与经济增长方式的转变相适应”的原则，编制《常德市鼎城区“十一五”人才工作发展规划》，明确了“十一五”期间全区人才工作发展目标和主要措施。

2010年，区人事局编制《常德市鼎城区“十二五”人才发展规划》。到2015年，全区人才总量达到8万人左右，占总人口的9.7%左右。具体目标：全区党政人才队伍稳定在2500人左右，其中具有大学本科及以上学历的达到80%；专业技术人才总量达到13000人；企业经营管理人才总量达到8000人（其中本科及以上学历达到1000人、专科以上学历达到4000人）；农村实用人才总量达到53000人；高技能人才总量达到1500人；社会工作人才总量达到1500人，社会工作覆盖面达90%以上。主要措施：一是围绕产业发展，抓好招才引智；二是创新工作机制，盘活人才存量；三是加强人才培养，提高人才素质；四是重视市场导向，促进人才有序、合理流动；五是落实优惠政策，优化人才环境。

2015年，区人社局编制《常德市鼎城区“十三五”人才工作发展规划》。该规划的指导思想：以习近平总书记关于人才工作的系列重要讲话精神为指导，树立尊重知识、尊重人才、尊重创新的意识，坚信知识就是力量、人才就是未来的理念，不拘一格吸引汇聚人才、以德为先培养造就人才、人尽其能放手使用人才，进一步确立人才优先发展的战略，大力加强人力资源能力建设，改善和优化人才成长发展环境，统筹推进各类人才队伍建设，为鼎城区经济社会发展提供坚强的人才保证和广泛的智力支持。基本原则：坚特“党管人才”“市场配置”“统筹兼顾”“以用为本”的原则。发展目标：到2020年，全区各类人才总量达到9万人左右，其中党政管理人才总量达到2600人左右（严格控制在核定编制之内）；专业技术人才总量达到15000人；企业经营管理人才总量达到9000人；高技能人才总量达到2000人；旅游管理服务人才达到200人；文化艺术人才总量达到300人；社会工作专业人才达到2000人；农村实用人才总量达到60000人。

第二章　干部与公务员管理

第一节　干部录用与调配

一、干部录用

1949年7月29日，常德县获得解放，96名南下干部到县任职。8月7日，建立常德县人民政府，接管国民党县政权，留用旧职人员27名，录用本地思想进步的青年知识分子175人，筹粮工作队骨干121人。1950年，从农村有文化的青年农民中录用243名。1951—1956年，从在岗的雇员积极分子中录用410名。1970—1978年，从上山下乡知识青年、农民、工人、复员军人中录用1200名。1979年8月开始进行职工转干工作。是年，司法战线27名“以工代警”人员转为国家干部。此后，按照上级要求，每年有计划地从城镇待业和在职“五大”毕业生、“民办教师”、优秀工人、农民企业家、村干部、农村自学成才人员、“以工代干”等人员中开展干部录用工作。

（一）录用城镇待业和在职“五大”毕业生

1983年，国务院办公厅国办发〔1983〕7号《转发教育部关于职工大学、职工业余大学、高等学校举办的函授和夜大学的毕业生若干问题的请示的通知》和教育部、劳动人事部〔1983〕教计字112号《关于广播电视大学毕业生若干问题的通知》规定：“五大”（函大、夜大、刊大、电大、职大）毕业生，原是在职职工的，毕业后原则上回原单位工作，可以当干部，也可以当工人，由单位本着用其所学、发挥所长的原则，根据工作需要，逐步调整到合适的岗位。1984年，县劳动人事局同意区财委、区经委等单位的10名“五大”毕业生由工人录用为干部。此后，又陆续办理部分“五大”毕业生的录干手续。

1987年，县劳动人事局启动从城镇待业和在职“五大”毕业生中录用干部支援乡镇企业的工作。到1989年年底，共录用50名城镇待业人员和在职“五大”毕业生到乡镇企业工作。

1990年，区人事局对城镇待业和在职“五大”毕业生录用干部支援乡镇企业工作的情况进行清理整顿。录用“五大”生支援乡镇企业，帮助乡镇企业引进急需人才，促进乡镇企业的发展。为防止把“五大”生录用演变成工人转干、待业人员录干的“跳板”，按省人事厅决定，对过去为支援乡镇企业录用的干部进行清理整顿。对录用后没有到岗或到岗不久又离开的，限期到岗，拒不到岗的，取消其干部身份；对在乡镇企业难以发挥作用的，或所在乡镇企业已经倒闭的，在全区范围内的乡镇之间调整使用，但5年内不得离开乡镇。对在乡镇企业工作的干部，除加强对他们的教育外，还帮助他们解决工作和生活中的实际问题，如调资、晋级、晋职、奖惩和评聘专业技术职务等。按政策规定，与其他国家干部一视同仁，他们在乡镇企业取得的成绩，载入本人档案，作为组织考察和使用的依据。为做好管理服务工作，区人事局建立以区乡镇企业管理委员会管理为主、乡镇配合管理、区人事局综合管理的管理办法，明确责任与任务，建立各项制度，改变了过去录用到乡镇企业工作的干部干好干坏无人管，政治学习、党团生活、评先评奖、生活福利无人问的状况。用半个月时间，对全区50名录用到乡镇企业工作的干部进行逐岗逐人考察，并对他们发挥作用的情况进行分类。考察结果，好的有20人、比较好的16人、一般的9人、差的5人。6月，对7名未到岗人员发出3封督促到岗信。11月，对5名仍然未到岗的人员，作出取消干部身份和调整工作的处理决定。区人事局为他们建立了工资档案，还为12名因工厂倒闭或不景气，发不出工资的人员调整了单位，给2名没有住房的干部解决了住房问题。总结了湘北水泥厂厂长、录用干部高明清《扎根乡镇企业，争创名优产品》，精细化工厂副厂长、录用干部张正波《把知识奉献给乡镇企业》，蔡家岗乡政府《为到乡镇企业的录用干部创造施展才华的环境》的典型经验，在全市先进个人和管理先进单位经验交流会上受到表彰，经验材料被收录入专辑在全市宣传推介。

1992年，鼎城区开始从高级知识分子和有突出贡献专业技术人员的待业子女中考试录用国家干部。考试录用的对象为年龄在30周岁以下的“五大”毕业生。考试录用干部的分配，主要面向基层、面向企业，不能安排在县以上党政群机关，事业单位也要在编制和增人计划内从严控制。是年，录用1名。

1995年，从城镇待业和在职“五大”毕业生中录用3人到企业工作。

1997年，从城镇待业和在职“五大”毕业生中录用46人到企业工作。

1998年，从城镇待业和在职“五大”毕业生中录用51人到企业工作。

1999年，从城镇待业和在职“五大”毕业生中录用56人到企业工作。

2000年，从城镇待业和在职“五大”毕业生中录用58人到企业工作。

2001年，从城镇待业和在职“五大”毕业生中录用60人到企业工作。

2002年起，随着公务员考试录用制度的全面推行和企事业单位人事制度改革的不断推进，鼎城区从城镇待业和在职“五大”毕业生中的录干工作全部停止。

（二）录用“以工代教”“民办教师”

1980年3月，根据省教育局、省人事局、省劳动局1979年9月13日《关于从民办教师中录用公办教师的通知》精神，经学校提名，区（区公所）社（人民公社）推荐、县文教局初审、常德地区文教局复审、常德地区人事局批准，常德县从民办教师中录用54名公办教师。10月，根据省教育局湘教政字〔1980〕08号、省人事局湘人字〔1980〕07号、省劳动局湘劳计字〔1980〕041号文件精神，按照相同程序，常德县从农村户口的民办教师中择优录用2名公办教师。

1981年，根据常德地区人事局的安排，常德县从幼儿园民办教师中择优录用1名公办教师。

1983年，根据国务院国发〔1978〕1号文件和省教育局、省人事局、省劳动局、省粮食局、省公安局1979年2月7日《关于加强中小学公办教师管理的补充规定》以及省教育厅湘教人字〔1982〕42号文件《关于做好公办教师自然减员补充工作的通知》精神，常德县从中小学民办（代课）教员中录用132名公办教师。

1984年，常德县从中小学民办（代课）教师中录用84名公办教师。

1985年，常德县从中小学民办教师中录取164名公办教师。

1987年，从中小学民办教师中录用282名公办教师。

1988—1990年，从中小学民办教师中录用185名公办教师。

1991年10月，根据市委组织部、市人事局、市教委印发《关于认真做好1991年从民办教师中择用国家教师工作的通知》精神，区委组织部、区人事局、区教委出台相关文件，明确从民办教师中择优录用国家教师工作的指导思想、对象、条件、办法和要求。此后，按照市人事局的统一安排，区人事局每年开展从中小学民办教师中录用公办教师的工作，且相关政策没有大的变化。1993—1999年，共有1418名民办教师录用为公办教师，其中1993年42人、1994—1995年306人、1996年115人、1997年63人、1998年892人。到1999年，全区民办教师转公办教师的工作全部完成。

（三）乡镇聘用干部的录用、解聘与补充

1984年，中共湖南省委湘〔1984〕5号文件规定，乡镇机关及乡镇全民事业单位补充干部，除从现有干部中调剂和从大中专毕业生、军队转业干部中分配解决外，还可以从农村优秀知识青年、复员退伍军人、乡镇企业职工中招收，一律实行聘用合同制。具体办法：乡镇领导干部实行选举，一般干部实行聘用。当选和聘用后，享受同级国家干部相等的工资福利待遇；不当干部后，从哪里来仍回哪里去，不搞终身制、“铁饭碗”。是年，常德县选聘录用86名乡镇干部。

1986年，从农村优秀知识青年、复员退伍军人、乡镇企业职工中录用25名为乡镇聘用干部。根据省劳动人事厅湘劳人干（二）〔1986〕157号和湘劳人干（二）〔1986〕

239号文件精神，从1984年5月20日以前由组织人事部门选聘到乡镇政府机关工作的聘用干部中择优录用3名为国家干部。

1987年，地、县联合在常德县肖伍铺乡进行以聘用干部为主体结构的第二步试点。经过文化考试、政治考核、身体检查，择优录用聘用干部15名，占该乡干部总数的83.3%，其中正乡级1名、副乡级8名、一般干部6名。年底，全县乡镇聘用干部共有221人，分别在乡镇担任正副乡镇长和组织、宣传、妇女、青年、计划生育、财会等工作。

1988年，经文化考试、政治考核、身体检查，招聘25名为乡镇聘用干部。6月，为了加强对城乡建设和国有土地管理，选聘54名为区、乡镇城乡建设、国土管理专干；7月，在肖伍铺乡进行以聘用干部为主体结构的“三过半”（即聘用干部在乡主管领导成员中过半、在党委成员中过半、在干部总数中过半）试点工作，招聘5人为肖伍铺乡聘用干部。

1990年，省委组织部、省人事厅《关于加强乡镇聘用干部工作的通知》规定，乡镇聘用干部自然减员指标，由省人事厅集中掌握使用。乡镇机关及在乡镇的全民事业单位的干部缺额，主要通过接收国家统分统配人员和从在职干部中调整解决。通过上述途径解决不了而又确需补充的，经省人事厅批准下达专项计划后，可从农村聘用补充。全省每年安排一定计划，从聘用干部中择优录用一部分为国家干部。乡镇聘用干部档案，由区县（市）组织人事部门统一管理，集中使用。聘用对象及条件：任职满2年以上的村级主要骨干；乡镇企事业单位任职满2年以上的主要负责人；农村“五大”毕业生；从事农技、农经（包括村专业会计）工作3年以上的专业技术人员。补充乡镇聘用干部全市统一命题制卷，统一笔试时间，各区县（市）组织实施。是年，鼎城区从乡镇聘用干部中录用15人为国家干部。同时，对全区54个办事处、乡镇272名聘用干部，从政治表现、知识水平、工作作风、廉政建设、生活作风、群众观念、工作政绩等7个方面进行全面考核，对其中工作不称职，有经济、作风等问题的14名聘用干部予以解聘、中止合同。对有突出政绩的158名聘用干部办理续聘手续。

1991年，从乡镇聘用干部中择优录用国家干部10人，对工作不称职的2名乡镇聘用干部予以解聘。

1992年，通过考试、考察补充乡镇聘用干部43人，解聘乡镇聘用干部3人。根据湘人计〔1992〕141号文件《关于下达常德市1992年度从农村录用国家干部计划的通知》精神，从乡镇聘用干部中择优录用39人为国家干部。

1993年，鼎城区从乡镇机关聘用干部中择优录用国家干部18人，为69名聘用干部办理续聘手续；从乡镇财政所聘用干部中录用干部2人；解聘聘用干部1人。

1994年7月，省委组织部、省人事厅相关文件规定，对担任县级以上领导职务的聘用干部，在办理任职手续的同时办理录用国家干部（公务员）手续；经选举产生的乡镇党委成员、乡镇长、副乡镇长，如属非国家干部，经区县市以上组织、人事部门考核确定德才优秀者，任期满 3 年后可有计划地录用为国家干部。是年，鼎城区推荐表彰 2 名乡镇聘用干部先进个人，选拔 2 名到省委党校大专班脱产学习，为 46 名乡镇聘用干部办理续聘手续。

1995 年，从乡镇聘用干部中录用国家干部 17 人。全区乡镇聘用干部报考省行政学院、省直机关党校 10 人，录取 3 人。

1996 年，鼎城区开展从乡镇聘用干部中考试录用国家公务员和机关工作人员的工作。1997 年 1 月，组织符合条件的乡镇聘用干部参加市人事局在市一中举行的全市录用考试。是年，鼎城区从乡镇聘用干部中考试录用国家公务员和机关工作人员 60 人。

1998 年，鼎城区从乡镇聘用干部中录用国家公务员 20 人、机关工作人员 10 人、国家干部 30 人。

1999 年，鼎城区按照省、市组织人事部门的统一安排，完成对符合条件的乡镇聘用干部录用为公务员和机关工作人员的工作，对不符合录用条件的乡镇聘用干部进行妥善安置。

（四）录用优秀工人、农民企业家、村干部、农村自学成才人员

1980 年，常德县人事局经文化考试、身体检查、政治审查，从工人中择优录用干部 4 名。

1981 年，从工人中择优录用干部 29 名，充实农业第一线；从农民企业家、村干部中择优录用干部 6 名；为 60 名担任副科级以上职务的“以工代干”人员办理转干手续。经文化考试和德、智、体全面考核，从农村自学成才人员中择优录取 2 人为国家干部。

1983 年 2 月至 1984 年 7 月，全县从 1204 名“以工代干”人员中，经文化考试、全面考核，有 932 人转为国家干部（其中属于技术职称转干的 105 人）。

1984 年，根据省劳动人事厅湘劳人发〔1984〕302 号《关于 1984 年招收录用干部的通知》文件精神，从优秀工人、农民企业家、村干部中择优录取 50 名国家干部。

1985 年，根据省劳动人事厅、省计委、省财政厅、省编委、省文化厅湘劳人干〔1984〕368 号文件精神，经文化考试、身体检查、业务考核和政治审查，从乡镇文化站辅导员中择优录用 13 名国家干部。另外，根据上级文件精神，从工人中择优录取 23 名国家干部。

1986 年，根据省劳动人事厅劳人干（二）〔1986〕157 号文件精神，经文化考试、政治考核、身体检查，择优录用 10 名国家干部。

1987 年，根据常德地区劳动人事局的文件精神，通过全面审查，择优录用 6 人为专业技术干部。

1988 年，按照“公开、平等、竞争、择优”的原则，采取面向社会、公开报名、统一考试、德智体全面考核、择优录用的办法，录用 18 人为国家干部。

1990 年，从有突出贡献的优秀工人中录用国家干部 3 名。

1991 年起，每年安排一定计划从优秀工人农民中录用部分国家干部。录用年度计划由省委组织部、省人事厅统一下达。是年，鼎城区从优秀工人和农民企业家中录用国家干部 20 人。

1992 年，从机关在职工人中录干 1 人，从优秀工人中录干 1 人。

1993 年，根据省人事厅湘人计〔1993〕74 号、湘人录〔1993〕137 号文件精神，从农村中录用 20 名国家干部，从乡镇民营企业家中录用 1 名国家干部，从优秀工人中录用 12 名国家干部。

1994 年，从农民企业家中录干 35 人；从优秀工人中录干 15 人。

1995 年，从优秀工人中录用 20 名国家干部；从乡镇企业负责人中录干 10 人；从农村拔尖人才中录干 2 人。

1996 年，从优秀村干部中录用 12 人为国家干部。从优秀企业家、优秀工人中录干 15 人。

1997 年，通过层层推荐、全面审查，从优秀工人中录用 9 人为国家干部。

1998 年，根据省委组织部、省人事厅《关于 1997 年度从优秀工人中录用国家干部的通知》精神，经考试考核合格，从优秀工人中录干 50 人。

1999 年，鼎城区从优秀工人、农民企业家、村干部和农村自学成才人员中的录干工作全部停止。

（五）录用银行、税务系统人员

1980 年，协助银行系统录用 9 名国家干部。

1981 年，根据省人事厅和省农业银行招干的文件精神，经文化考试、工作考核，为银行系统录用 13 名国家干部。

1984 年，根据省劳动人事厅、人民银行湖南省分行、农业银行湖南省分行、省物价局、省工商行政管理局湘劳人发〔1983〕123 号文件精神，从城镇高中毕业的待业青年中录用干部 17 名，其中工商部门 12 名、人民银行 2 名、农业银行 2 名、物价部门 1 名；根据省劳动人事厅湘劳人发〔1984〕802 号文件精神，招录干部 22 人，其中人民银行 3 人、税务系统 2 人、农业银行 17 人（其中城镇待业青年 1 人、信用社职工 2 人、国营农场职工 14 人）。

1985年，根据省劳动人事厅湘劳人干251号文件《关于1985年政法财贸系统招收录用干部的通知》精神，录用干部9名（其中税务系统5名、工商银行3名、农业银行1名）；根据省劳动人事厅、工商银行湖南省分行11月9日传真电报通知，又从报考财贸部门的考生中按考分由高到低录取5人。

1989年，根据省人事厅、省财政厅在株洲市攸县召开的全省招收农业税征收干部的会议精神，市人事局、市财政局在全市开展公开招考农业税征收干部的工作。经笔试、体检、考核，鼎城区共录用20人。同时办理了16名农业税代收员录用为国家干部的手续。

1991年8月，省委组织部、省人事厅、中国银行湖南分行印发《关于全省中国银行系统考试录用国家干部的通知》，从经县（区、市）税务部门批准聘用，连续工作满2年以上，年龄在35周岁以下，文化程度高中毕业（少数民族地区可放宽到初中毕业）以上的税务代征员和年龄在30周岁以下非在职的“五大”毕业生中，全省统一招考，择优录用，全部补充到县（市、区）以下的基层税务所，从事乡镇和集贸市场第一线的税收征管工作。按照这一精神，鼎城区税务系统录干13人。

1992年，按照省委组织部、省人事厅、中国银行湖南分行印发《关于全省中国银行系统考试录用国家干部的通知》精神，从持有城镇户口、年龄在30周岁以下、经中国银行地市分（支）行以上人事部门批准聘用、具有高中毕业（少数民族地区可放宽到初中毕业）以上文化程度、在岗在册的储蓄代办员和中国银行县（市、区）支行以上机构所在地城镇待业“五大”毕业生中，考试录用国家干部。鼎城区银行系统招录国家干部10人。

1993年，为银行系统考录干部9人。

1994年，根据省委组织部、省人事厅、中国农业银行湖南省分行、中国银行湖南省分行印发《关于全省农业银行和中国银行系统考试录用国家干部的通知》精神。鼎城区农业银行考试录干12人。

1995年起，银行系统进行人事制度改革，区人事局不再负责其录干工作。

（六）为政法系统录用干警

1980年，常德县从“以工代警”人员中择优录干11名。

1981年，从“以工代警”人员中择优录干14名。

1984年，根据有关文件精神，为法院系统、检察院系统录用干部14名，其中法院系统8名、检察院系统6名。

1985年，根据省劳动人事厅湘劳人发〔1984〕302号文件精神，从公安系统“以工代警”人员中录用干部6名。

1991年5月，依照省委组织部、省人事厅、省林业厅《关于考试录用林业公安、法庭干警的通知》精神。鼎城区录用林业公安干警 2 人。

1993 年 6 月 29 日，省委组织部、省人事厅、省公安厅、省高级人民法院、省司法厅印发《关于从全省政法系统“以工代警”人员中考试录用人民警察的通知》，决定全省从警察编制内的“以工代警”人员中考试录用人民警察 2045 名。报考对象要求具有高中毕业以上文化程度、年龄在 40 周岁以下（符合特殊规定条件的，文化程度可放宽到初中毕业，年龄可放宽到 45 周岁）。鼎城区从政法系统“以工代警”人员中考试录用人民警察 43 人，其中公安系统 31 人、检察院系统 4 人、法院系统 8 人。

1994 年 5 月 17 日，省人事厅、省公安厅印发《关于切实做好公安系统补充公安干警工作有关问题的通知》，决定加强乡镇派出所、大中城市巡警和基层交警队伍，主要从机构改革分流人员、军队转业干部和公安警察院校毕业生以及公安机关所需其他大专以上院校毕业的专门人才中选拔。7 月 19 日，省委组织部、省人事厅、省公安厅、省人民检察院、省高级人民法院、省司法厅印发《关于进一步做好从“以工代警”人员中录用人民警察工作的通知》，决定进一步解决“以工代警”人员录用人民警察的问题。7 月 25 日，省委组织部、省人事厅、高级人民法院、人民检察院印发《关于全省法院、检察院系统考试录用干部的通知》，计划为全省法院、检察院系统考试录用干部 1500 名。是年，鼎城区从政法系统“以工代警”人员中考试录用公安干警 15 名；法院、检察院系统录用干部 19 名，其中法院 11 名、检察院 8 名。

1996 年起，随着公务员考试录用制度的全面推行，鼎城区从“以工代警”等人员中录用人民警察的工作全部停止。

（七）其他

1993 年，根据省委组织部、省人事厅湘人计〔1993〕74 号文件精神，鼎城区经全面考察审核，从国有农林渔场人员中择优录用 2 人为国家干部。1995—1996 年，全区从农林渔场人员中录用干部 8 人。从水库领导骨干和专业技术人员中录用干部 3 人。

1980—2001 年，鼎城区根据省、市关于退役运动员就业安置办法和有关规定，从退役优秀运动员中录用干部 7 人。

随着改革的不断深入，特别是公务员考试录用制度的推行和企事业单位人事制度的改革，鼎城区录干工作从 2002 年起全部停止。

二、干部调配

新中国建立后，按照“党管干部”的原则，建立干部调配制度，实行省、地、县分级管理。县委、县人民政府主要从监督、了解、教育、鉴定等方面协助管理。县委、县人民政府管理的干部，由组织、人事部门负责调配具体事务。按照“工作需要”和“学有所用”的原则。1956—1969年，干部调动的重点是充实基层，加强农、林、水战线，共调动2080人次。1965年，响应“农业学大寨”号召，抽调69名机关干部充实基层。1966—1968年，共调配干部513人次。1980年起，干部调动的重点是解决夫妻长期分居和合理使用专业技术人才。

1980年，县人事局为全县农业和其他战线调配各类干部131名；为153名干部解决夫妻长期两地分居问题。

1981年，调整、调配各类干部205名，其中为农业战线调整干部82名、为财贸战线调整干部53名、为其他战线调整干部70名。同时，为235名干部解决夫妻两地分居问题。

1982年，调整、调配各类干部267人，其中跨县调出30人、县外调入32人、县内调整205人。

1983年，调整、调配各类干部232人，其中县内调出32人，县外调入30人，县内调整170人。

1984年，调整、调配各类干部215人，其中县内调出31人，县外调入26人，县内调整158人。

1985年，从县外调进干部81名，其中专业技术干部49名。解决夫妻分居32名。县内调整干部53名，其中专业对口调整8名，教师归队5名，工作需要调整40名。

1986年，调整、调配各类干部260名，其中解决夫妻分居调整干部97名。

1987年，调整、调配各类干部209名，其中县内调整干部73名，为乡镇企业引进技术干部25名。

1988年，调整、调配干部120名，其中区外调入35名（其中技术干部27人），区内调出44名，区内调整41名。解决夫妻分居20名。

1989年，调整、调配各类干部185名。

1990年，区外调入干部16人，区内调出干部56人，区内调整223人。其中解决夫妻分居6对；家庭困难就近安排9人；不胜任乡镇工作调整到业务部门工作8人；选派大中专毕业生到办事处、乡镇工作21人；调整乡镇企业干部17人；办理6名出国人员的审批手续。

1991年，为196名干部办理调动手续，其中工作需要调动150人，解决夫妻分居30人，家庭困难就近安排16人。

1992年，按照“行政机关从严，事业单位从紧，企业单位搞活”的原则，为干部办理调动手续163人，其中因工作需要调动135人、解决夫妻分居17人、家庭困难就近安排11人。

1993年，办理干部调配手续184人，其中因工作需要调动132人，解决夫妻两地分居35人，照顾家庭困难17人。对超编的党政机关进人一律实行冻结，全年党政机关无一例超编进人。10月，还从区直机关和全额拨款的事业单位中选拔18名政治素质好、文化层次高的年轻干部充实到交警队工作。

1994年，按照“强化干部调配职能，促进干部合理流动”的要求，办理干部调配手续142人，其中“顺向流动”（由全额拨款单位向差额拨款或自筹自支单位调动）130人，占干部调配人员总数的92%。积极为机关人员分流搞好服务，严格按照“按编定员，唯才是用”的原则，一方面继续对超编的党政群机关进人实行“冻结”，另一方面对差编的机关进人一律实行机关内部调整，调整干部34人。

1995年，调配各类干部151名。

1996年，贯彻“公务员录用”的有关规定，党政机关除领导职位任命、军转干部安置以外，一律关闭入口，缺额需要补员的一律实行“凡进必考”。为区委组织部面向社会公开考录2名机关工作人员。事业单位进人开始实行面向社会公开招聘，为区教委公开招聘中小学教师60名；为区花鼓戏剧团公开招聘演员3名。

1997年，首次在全额拨款事业单位实行公开考试，择优分配大中专毕业生10人。

1998年，区委、区政府发文通知，全区党政群机关的机构编制冻结，一律停止从党政群机关以外调入、录用人员；需要财政拨款（含收取规费）的事业单位，以及从同一经费渠道以外的单位调入、录用人员的工作也一律停止。

1999年起，鼎城区机关事业单位缺额补员，除政策性安置人员外，不再进行调配，一律按照有关规定，实行“凡进必考”。

第二节 推行公务员制度

1993年8月14日，国务院发布《国家公务员暂行条例》（自1993年10月1日起施行）。鼎城区人事局根据省、市人事部门要求在政府系统推行国家公务员制度。2005年4月27日，第十届全国人民代表大会常务委员会第十五次会议通过《中华人民共和国公务员法》（2006年1月1日施行）。鼎城区人事局按照省、市人事部门要求组织实施，公务员管理逐步迈入正规。

一、公务员制度实施

1994 年，鼎城区人事局选派 3 人参加市人事局 8 月 11–17 日首次举办的推行国家公务员制度骨干培训班。11 月，鼎城区在区委党校分期分批组织全区行政机关工作人员学习国家公务员制度基本知识和《国家公务员暂行条例》。每期培训时间 5~7 天，不少于 40 学时。

1995 年，区人事局局长、干部调配股股长参加市人事局 9 月 6—8 日举办的推行国家公务员制度操作骨干培训班。10 月，区人事局举办全区实施公务员制度骨干培训班。各乡镇党委组织委员、区直各单位人事股长等 120 人参加。12 月 6 日，区人事局印发《常德市鼎城区国家公务员过渡实施意见》（常鼎人〔1995〕12 号）。其主要内容：（1）过渡的原则：现有国家行政机关工作人员过渡为国家公务员，必须在机构改革已经完成，“三定”方案正式确定，职能分解、职位设置结束，经检查验收合格后，按照职位所需的资格条件，采取考试与考核相结合，以考核为主的方法进行。（2）过渡的对象：区直国家行政机关和其他行使国家行政职能，从事行政管理活动列入实施国家公务员制度范围的单位中，除工勤人员以外的工作人员；1995 年 3 月 1 日之前进入国家行政机关，在干部岗位上的具有国家干部身份的人员，经考试、考核合格，符合职位任职条件的，参与公务员过渡；经地、市以上政府人事部门审批同意的乡镇聘用制干部，可参与国家公务员过渡；下列人员不列入过渡对象：受过刑事处罚的、按照《国家公务员暂行条例》第十四章的规定应予辞退的、截至本单位实施国家公务员制度时到达离退休年龄的、在年度考核中被确定为不称职的、过渡培训考试不合格的、本人自愿要求不过渡为国家公务员的。下列人员暂缓过渡：已由县级以上检察、纪检、监察机关立案审查，尚未结论的人员；因健康原因，连续一年或两年内累计一年未上班的人员；非因派离职学习或因私出国一年以上未归的。在机关干部岗位上工作的工人，参加全省统一考试，考试考核合格，单位有职位空缺，且符合职位任职条件的，可择优录用为国家公务员；考试考核合格，但单位无职位空缺的，可择优录用为国家干部后分流出机关；对其他人员，除按“三定”方案核定的工勤事业编制数额保留工勤人员外，一律分流出机关，不允许搞新的“以工代公（干）”。12 月 15 日，区政府印发《常德市鼎城区国家公务员制度实施意见》（常鼎政通〔1995〕43 号），其主要内容：（1）以建设有中国特色社会主义理论为指导，以经济建设为中心，紧密结合机构改革、工资制度改革，积极稳妥、统筹规划、分步实施、逐步完善，力争 1996 年年底前在全区范围内基本建立起国家公务员制度。（2）区直国家行政机关、乡镇人民政府和其他行使国家职能、从事行政管理活动的单位中除工勤人员以外的工作人员均转为公务员。凡实行国家公务员制度的单位，不得实行企业、事业单位的职称、工资及奖金等人事管理制度。（3）依据区委、区政府审定的“三定”方案，进行职位分类，合理设置职位；在合理设置职位的基础上，搞好现有机关工作人员向国家公务员过渡；在人员过渡完成之后，按照《国家公务员暂行条例》进行管理，并相应建立规章制度。根据市人事局《关于常德市鼎城区国家公务员职位设置办法及非领导职位设置办法的批复》，12月19日，区人事局印发《常德市鼎城区国家公务员职位设置办法》和《常德市鼎城区国家公务员非领导职务设置办法》（常鼎人发〔1995〕15号）。《鼎城区国家公务员职位设置办法》规定：职位设置必须在本单位机构改革“三定”方案已经批准，职能、机构、人员编制正式确定后进行；职位设置必须在各级政府批准的职能范围内，在职能分解的基础上进行，从上而下、从部门至内设各机构，直到每一个职位，层层明确其职责；职位设置数量应遵循严格、高效、精干的原则，严格按批准的“三定”方案确定的职数、编制和《湖南省国家公务员非领导职务设置办法》执行；职位名称必须简明、规范，体现出该职位的工作特点和所处的层次。并对职位设置的审批权限作出规定，区直各主管局所属独立二级单位的职位设置方案，经主管局审批后，报委、办备案。区直各工作部门和乡镇人民政府的职位设置方案，经区人事局审批后，报市人事局备案。要求对职位写出说明书，说明书的内容包括职位名称、职位代码、工作项目、工作概述、所需知识能力、工作标准6个方面。各层次非领导职位、区人民政府各工作部门行政领导副职及其以下职位均需编写职位说明书。《鼎城区国家公务员非领导职务设置办法》明确：国家公务员非领导职务的设置，必须在机构改革的基础上，按照国家公务员制度实施的有关规定进行；必须根据各级领导职务设置情况确定适当比例限额，不得突破规定的比例限额超职数设置；非领导职务根据工作需要设置，是实职，但不具有行政领导职责；各工作部门及其内设机构非领导职务设置的具体职数，应根据工作需要确定，不搞平均配置；非领导职务的设置职数，上级机关应多于下级机关、综合部门应多于专业部门。非领导职务的设置范围为区直国家行政机关；具有国家行政职能，从事行政管理活动，经批准实行国家公务员制度的其他区直单位。其设置规格：区人民政府设调研员、助理调研员；区直国家行政机关设主任科员、副主任科员。非领导职务设置的职数与比例：区人民政府设置的调研员、助理调研员，不得超过处（县）级领导职数的三分之一，其中调研员不得超过调研员、助理调研员总数的30%；区级国家行政机关设置的主任科员、副主任科员职数不得超过科级领导职务职数的50%；首次任命非领导职务时，职数应从严掌握，不一次配满。各级国家行政机关设置非领导职务，必须坚持德才兼备的原则，其政治素质、业务水平、工作能力应达到相应的任职标准，身体健康，能坚持正常工作，并且具备下列条件：调研员应具备大学专科以上文化程度，任副处级职务 4 年以上；助理调研员应具备大学专科以上文化程度，任正科级职务 4 年以上；主任科员应具备中专、高中以上文化程度，任副科级职务 3 年以上；副主任科员应具备中专、高中以上文化程度，任科员级职务 3 年以上；科员应具备中专、高中以上文化程度，任办事员 3 年以上；办事员应具备高中以上文化程度；国家机关新录用人员初定职务按有关规定办理；对德才表现突出及少数民族地区和边远山区的国家公务员担任非领导职务，其文化程度与任职时间的要求，经过上级政府人事部门批准，可适当放宽；由领导职务改任同级非领导职务的，可不受上述资格条件的限制。12 月下旬，区人事局组织第一次公务员过渡考试，参加考试人员 2256 人，及格人数占 85%。

1996 年 1 月，鼎城区召开区直机关、乡镇机关实施公务员制度动员大会，安排实施公务员制度的工作。成立鼎城区推行公务员制度领导小组，负责领导全区公务员制度的实施工作。各有关单位也相继成立由主要负责人挂帅的领导小组。整个工作分三步进行：第一步调查摸底，制定方案。按照湖南省人事厅关于《湖南省国家公务员职务设置办法》《湖南省国家公务员非领导职务设置办法》和《湖南省国家行政机关工作人员向国家公务员过渡实施办法》的通知精神，对全区 81 个区直机关和 33 个乡镇机关的职位、人员情况进行全面调查摸底。第二步组织过渡培训和考试。对符合过渡国家公务员条件的人员，进行过渡前的培训。第三步确定拟任公务员的名单，进行公示。经市人事局审批，鼎城区政府系列第一批过渡为国家公务员的单位：区农业局、区水电局、区工商局、区文化局、区血防办、区外经贸办、区农机局、区国土局、区环保局、区体育局、区审计局、区信访办、区民政局、区乡企局、区科技局、区司法局、区计生委、区技术监督局、区交通局、区林业局、区财政局、区国资局、区档案局、区经委、区地矿局、区卫生局、区粮食局、区广播电视局、区政府办、区统计局、区财办、区教育局、区建设局、区人事局、区劳动局、区农办、区计划局、区物价局、区公安局 39 个区直行政单位（含部分具有行政管理职能的事业单位）和武陵镇、蒿子港镇、中河口镇、十美堂镇、牛鼻滩镇、雷公庙镇、斗姆湖镇、草坪镇、港二口镇、尧天坪镇、韩公渡镇、石公桥镇、周家店镇、镇德桥镇、大龙站镇、双桥坪镇、灌溪镇、蔡家岗镇、石板滩镇、黄土店镇、石门桥镇、谢家铺镇、黄珠洲乡、黑山嘴乡、白鹤山乡、长岭岗乡、丁家港乡、长茅岭乡、逆江坪乡、唐家铺乡、钱家坪乡、沧山乡、许家桥回维乡 33 个乡镇人民政府机关。鼎城区党群系列第一批实行参照公务员管理的单位：区委办、区保密局、区委党史办、区委组织部、区机关工委、区总工会、区共青团、区妇联、区科协、区老干局、区委政法委、区检察院、区法院、区残联、区委宣传部、区文联、区纪委、区委统战部、区工商联、区编办、区人大、区政协 22 个区直党群机关和 33 个乡镇党委、人大主席团、政协联络组及妇女、青年、老干、综治、办公室等单位。全区第一批过渡为国家公务员的有1889人（包括参管）。1998年，第二批国家公务员的过渡工作在全区具有行政管理职能的部分事业单位中展开。

二、公务员录用

1996年，鼎城区区直机关停止从企事业单位中直接调入担任副主任科员以下非领导职务的工作人员，党政群、人大、政协、法院、检察院等机关补充担任副主任科员以下非领导职务的工作人员，采取公开考试、严格考核的办法，按照德才兼备的标准择优录用。凡未经考试考核进入机关担任副主任科员以下非领导职务的人员，不承认其公务员身份，并限期予以清退。

1997年，区人事局与区委组织部等相关单位，面向社会，为港二口镇、唐家铺乡、钱家坪乡、长茅岭乡、区文联、团区委、区教育局等7个单位的10个空缺公务员（机关工作人员）职位实行公开考试录用。参考者的条件是区内年龄35岁以下、学历大专以上的企事业单位工作人员。从报名的69人中，经过严格考试、考察、面试、体检等，录取10人为公务员（机关工作人员）。实现了“公开、公平、公正”，考生满意，用人单位满意，社会影响很好。

1999年，区人事局通过公开考试考核，选派10名优秀村党支部书记（村主任）到省行政管理学院学习两年，毕业后充实到乡镇机关工作，通过录用考试合格的过渡为公务员，不合格的安排到乡镇事业站（办、所）工作。

1999—2001年，根据省委组织部、省人事厅有关精神，从应届大中专毕业生中考录28人到农村基层工作，经过2–3年的基层锻炼，考核合格的直接录用为国家公务员。

2002—2003年，区人事局共考录国家公务员（含机关工作人员）16名。

2004年，从126名报名人员中，考录公务员10人。

2005年，按照省、市部署，面向社会考录乡镇司法助理员2名；面向应届高校毕业生考录4名到乡镇进行锻炼。

2006年，39人报名，考录公务员2人。

2007年，53人报名，考录公务员5人。

2008年，147人报名，考录公务员12人。

2009年，161人报名，考录公务员7人。

2010年，170人报名，考录公务员12人。

2011年，87人报名，考录公务员4人。

2012年，156人报名，考录公务员7人，其中乡镇机关文秘3人、乡镇机关综合治理专干2人、乡镇机关专职武装干事2人。

2013年，273人报名，考录公务员38人，其中区公安局12人、区林业局森林公安1人、区防汛抗旱办公室2人、区司法局乡镇司法所3人、区财政局乡镇财政所11人、乡镇机关9人。

2014年，223人报名，考录公务员21人，其中区公安局9人、区司法局乡镇司法所3人、乡镇专职武装干事2人、乡镇机关7人。

2015年，741人报名，考录公务员65人，其中区公安局14人、区经济开发区管委会7人、财政局7人、乡镇机关34人、乡镇专职武装干事3人。

工作人员拟订2015年公务员考录申报计划

2016年，从468名报名人员中，考录公务员39名，其中区司法局系统录用4人、乡镇专职武装干事2人、乡镇机关33人。

2017年，从报名的737人中，考录公务员67人，其中区工商局系统5人、区质监局系统1人、区城市管理和行政执法局5人、区司法局4人、区机关事业单位社会保险处1人、区劳动监察大队1人、区防汛抗旱指挥部办公室1人、乡镇财政所7人、乡镇专职武装干事2人、乡镇机关工作人员40人。

2018年，从参加考试的1529人中，录用公务员139人，其中区价格监督检查局1人、区食品药品监督管理局基层所1人、区工商局基层所10人、区城市管理和行政执法局9人、区质监局3人、区司法局基层所4人、区委党校1人、区委党史办3人、区档案局1人、区地震局1人、区农开办1人、区国库支付局3人、区社会保险处2人、区农机局3人、区畜牧水产局2人、区安监执法大队1人、区防汛抗旱指挥部办公室1人、区供销社1人、乡镇财政所3人、郭家铺街道办事处4人、红云街道办事处2人、斗姆湖街道办事处3人、乡镇机关79人。

三、高校毕业生选拔

1999 年，区人事局和区委组织部联合开展选拔应届高校毕业生到农村基层锻炼的工作。选拔范围及对象：当年应届高等院校毕业生（不含委培、定向及成教类毕业生），专业不限。选拔条件：热爱祖国，热爱社会主义，拥护党的领导；热心农村基层工作，作风正派，具有较强的组织能力；身体健康，学习成绩优异；具备全日制大学专科以上学历。选拔程序及方法：选拔工作坚持公开、平等、竞争、择优的原则，采取自愿报名、笔试与考核相结合的办法进行。使用与管理：被选拔对象，安排到乡镇政府、村委会、乡村中小学、乡村医院、乡镇企业或其他岗位工作。通过 2~3 年锻炼，经考核合格者录用为国家公务员，充实到乡镇机关工作，特别优秀的选拔进乡镇领导班子。考核不合格者，进入人才市场自主择业。锻炼期间，选拔对象的档案、户口、工资由区人事局的人才交流服务中心实行代理，享受当地行政机关同类人员工资福利待遇。1999—2012 年，鼎城区共选拔 66 名优秀毕业生到农村基层锻炼。

1999—2012 年选拔生统计表

表 2-2-1　　　　单位：人

年　份	人数	年　份	人数
1999	9	2008	4
2000	8	2009	4
2001	14	2010	10
2003	3	2011	4
2005	4	2012	1
2007	5	合计	66

四、公务员竞岗与轮岗

1997 年，鼎城区启动公务员竞争上岗试点。年初，区公安局改革管理体制，在全区设立 7 个警署，对署长这一职位，决定实行公正、公平、公开，面向全区干警开展竞争上岗。经过个人报名或组织推荐，确定 15 人参加竞选。在竞选大会上，候选人发表施政演说，区公安局近 100 名领导骨干和群众代表担任评委，当场公布评分结果。此次公开竞选职位，社会影响很好。通过竞选上任的镇德桥警署署长欧阳仁义说：“这次不干好，愧对的不只是领导，还有全区所有的同仁和自己当初的铮铮誓言！”

1999年3月，区委组织部、区人事局联合印发《关于在党政机关、事业单位推行竞争上岗的实施意见》（常鼎组〔1999〕2号）、《常德市鼎城区国家公务员（含参照管理机关工作者）职位轮换（换岗）暂行规定》（常鼎组通〔1999〕2号）。《竞争上岗的实施意见》明确规定：以《党政领导干部选拔任用工作暂行条例》和《国家公务员暂行条例》为依据，认真贯彻执行干部队伍“四化”方针，坚持公开、平等、竞争、择优的原则，在机关干部人事工作中引入竞争机制，促使德才兼备、实绩突出、群众公认的优秀人才脱颖而出，促进“能者上、平者让、庸者下”选人用人机制的形成，激励广大工作人员爱岗敬业、恪尽职守、开拓进取、奋发向上，努力建设高素质的干部队伍，增强机关活力，提高机关工作效率。实施范围：全区机关事业单位和机关内设机构的领导职位和非领导职位，出现人员空缺的；机构调整、重组或现有人员超出职数限额，需要进行人员调整或分流的；按规定进行职位轮换，有必要通过竞争确定有关职位人选的；其他需要实行竞争上岗的。竞争上岗原则上在机关事业单位内部实施。涉及党和国家重要机密的职位，法律、法规规定不宜公开竞争的职位，不列为竞争上岗范围。基本条件和资格：机关内部参加竞争上岗的人员，须具有国家公务员或机关工作人员身份。企业、事业单位人员参加党政机关竞争上岗，须符合调任（选调）条件。国家公务员或机关工作人员跨部门竞争上岗，须符合转任条件。参加党政机关竞争上岗的人员，应具备《党政领导干部选拔任用工作暂行条例》和《国家公务员暂行条例》规定的基本条件。参加事业单位竞争上岗的人员，应具备国家对该行业任职所规定的基本条件。所有参加竞争上岗的人员，必须具有拟竞争职位所要求的文化程度、专业知识、工作经历、工作能力以及年龄和身体健康等具体条件。程序和方法：拟订方案、公布职位和任职条件、公开报名、资格审查、考试、演讲答辩、民主测评、组织考察、决定任命等。实行竞争上岗，由各单位党委（党组、工委）组织实施；区委组织部、区人事局负责对推动竞争上岗工作的指导、检查和监督。《公务员职位轮换暂行规定》要求：凡是按实施公务员制度的要求已实行人员过渡的单位的国家公务员实行职位轮换制度；公务员轮换职位必须符合拟任职务所要求的任职条件，并坚持个人服从组织的原则；公务员在同一职位工作3~5年，应实行轮岗；担任正副股长的公务员在同一机关内不同股室之间轮岗；担任非领导职务的公务员轮岗通过调整分工进行；公务员轮岗离职前，应当办理公务交接手续，从事与财务、物资等有关工作的在轮岗离职时，应进行离岗审计；对无正当理由拒不服从轮岗决定的，给予批评教育，并按轮岗决定直接办理任免手续，经批评教育并办理轮岗手续后1个月仍不到职的，免去现职，并相应降低职务工资；未实行轮岗，或者未在两个以上职位任职的公务员，不得晋升上一级领导职务；公务员职位轮换，由各公务员单位组织实施，区委组织部、区人事局负责国家公务员轮岗工作的综合管理和监督检查。是年，鼎城区实施竞争上岗的单位 62 个，其中行政机关单位 11 个、事业单位 51 个；实行轮岗单位 25 个、轮岗人数 156 人。

2000 年，鼎城区实行国家公务员制度（含参照管理）的 94 个单位中，有 22 个单位实行了竞争上岗，72 个单位实行了轮岗；竞争上岗人数 189 人，轮岗 345 人。

2002 年，鼎城区所有机关事业单位的二层骨干全部实行竞争上岗，90%以上的机关事业单位的二层骨干实行了职位轮换。

2003 年起，全区行政机关工作人员的岗位轮换一律按《公务员职位轮换暂行规定》办理。

五、公务员登记

2006 年，根据《中华人民共和国公务员法》的规定，中共鼎城区委各级机关、鼎城区人民代表大会常务委员会机关、鼎城区各级行政机关、人民政治协商会议鼎城区委员会机关、鼎城区审判机关、鼎城区检察机关、鼎城区工商联机关等 7 类机关中列入公务员范围的工作人员进入公务员法实施范围。区人事局负责全区行政机关的公务员登记，其他部门由区委组织部负责登记。区委、区政府成立实施公务员法工作领导小组，负责全区实施公务员法的统筹规划和组织协调工作。各单位也相应成立实施公务员法工作领导小组和工作班子，负责本单位的公务员法实施工作。11 月 30 日，召开全区公务员登记工作动员大会，传达上级精神，对全区公务员登记工作进行部署。区人事局对各单位上报登记的人员进行严格的审核，报市委组织部、市人事局审批。

2006 年 12 月 28 日，经市人事局审批，同意鼎城区政府机关 1306 人予以公务员登记。

鼎城区政府机关公务员登记人数表

表 2–2–2　　　　单位：人

序号	单位名称	登记人数	序号	单位名称	登记人数
1	区政府办公室	38	6	区发改局	47
2	区信访局	9	7	区物价所	3
3	区人事局	20	8	区统计局	11
4	区审计局	26	9	区环保局	11
5	区国土局	36	10	区科技局	15

续表 2-2-2

序号	单位名称	登记人数	序号	单位名称	登记人数
11	区劳动和社会保障局	24	21	区卫生局	37
12	区粮食局	34	22	区计生局	33
13	区公安局	448	23	区工发局	38
14	区教育局	25	24	区交通局	21
15	区文化局	14	25	区建设局	22
16	区农办	33	26	区商务局	54
17	区农业局	28	27	区财政局	38
18	区林业局	44	28	乡镇财政所	152
19	区林业公安分局	9	—	合　计	1306
20	区水利局	36	—	—	—

2006 年 12 月 28 日，经中共常德市委组织部、市人事局审批，同意鼎城区乡镇机关 697 人予以公务员登记。

鼎城区乡镇机关公务员登记人数表

表 2-2-3　　单位：人

序号	单位名称	登记人数	序号	单位名称	登记人数
1	武陵镇	33	11	韩公渡镇	20
2	蒿子港镇	24	12	石公桥镇	24
3	中河口镇	20	13	周家店镇	29
4	十美堂镇	16	14	镇德桥镇	22
5	牛鼻滩镇	21	15	大龙站镇	23
6	雷公庙镇	22	16	双桥坪镇	17
7	斗姆湖镇	23	17	灌溪镇	24
8	草坪镇	26	18	蔡家岗镇	25
9	港二口镇	17	19	石板滩镇	21
10	尧天坪镇	15	20	黄土店镇	22

续表 2-2-3

序号	单位名称	登记人数	序号	单位名称	登记人数
21	石门桥镇	25	28	长茅岭乡	16
22	谢家铺镇	28	29	逆江坪乡	18
23	黄珠洲乡	13	30	唐家铺乡	11
24	黑山嘴乡	20	31	钱家坪乡	17
25	白鹤山乡	27	32	沧山乡	21
26	长岭岗乡	15	33	许家桥回维乡	20
27	丁家港乡	22	—	合计	697

2006 年 12 月 28 日，经中共常德市委组织部审批，同意鼎城区党群机关 422 人予以公务员登记。

鼎城区党群机关公务员登记人数表

表 2-2-4　　单位：人

序号	单位名称	登记人数	序号	单位名称	登记人数
1	区人大	30	13	区政法委	10
2	区政协	17	14	区 610 办	2
3	区委办	27	15	区检察院	74
4	区纪委	28	16	区法院	124
5	区委组织部	23	17	区委宣传部	10
6	区编委办	8	18	区文联	4
7	区妇联	5	19	区统战部	9
8	区共青团	4	20	区工商联	8
9	区总工会	9	21	区台办	2
10	区科协	10	22	区计生协会	1
11	区残联	8	23	区红十字协会	4
12	区老干局	5	—	合计	422

六、参照公务员法管理单位

自2007年开始，鼎城区按照省、市要求，对实行参照管理的事业单位进行全面摸底调查和审核，并报上级公务员主管部门审批。

2008年11月18日，经省公务员主管部门批准（湘实发〔2008〕15号），同意鼎城区农业综合开发办公室等13个单位参照公务员法管理，其中政府系列11个、党群系列2个。

2010年7月28日，经省公务员主管部门批准（湘实发〔2010〕6号），同意鼎城区安全生产监察执法大队等40家单位参照公务员法管理，其中政府系列37个、党群系列3个。

2012年11月20日，经省公务员主管部门批准（湘组〔2012〕119号），同意鼎城区网络新闻管理办公室参照公务员法管理（属党群系列）。

2008—2012年，省公务员主管部门分3次批准鼎城区参照公务员法管理事业单位共计54个，其中政府系列48个、党群系列6个。

到2018年12月，区人社局完成政府系列参照管理事业单位登记41个，登记人数263人。尚未登记单位5个，即：区地震局、区社会救助管理局、区老龄工作委员会办公室、区革命老区扶贫开发办公室、区以工代赈办公室；暂未列入登记单位1个：区文化稽查大队（因机构改革更名，单位性质尚未确定）；没有列入登记单位1个：区广播电视局（因政制行政职能发生变化，属于纯事业单位，不属于参照公务员法管理单位）。详情见下表：

鼎城区政府系列参照管理事业单位公务员登记情况统计表

表2-2-5　　　　单位：人

序号	单位名称	登记人数	序号	单位名称	登记人数
1	区非税收入征收管理局	10	9	区散装水泥和墙体材料革新管理办公室	4
2	区国库集中支付局	35			
3	区契税耕地占用税征收局	13	10	区食品安全委员会办公室	4
4	区工资发放管理办公室	2	11	鼎城经济开发区管理委员会（机关）	2
5	区政府采购管理办公室	3			
6	区人民防空办公室	6	12	区人民政府教育督导室	2
7	区卫生监督所	18	13	区酒类产销管理办公室	2
8	区安全生产监察执法大队	3	14	区防汛抗旱指挥部办公室	2

续表 2–2–5

序号	单位名称	登记人数	序号	单位名称	登记人数
15	区林业执法大队	2	30	区社会劳动保险处	16
16	区绿化委员会办公室	3	31	区劳动争议仲裁院	6
17	区农业机械化管理局	11	32	区劳动监察大队	4
18	区农机监理大队	5	33	区农业行政执法监察大队	10
19	区农业综合开发办公室	7	34	区档案局	3
20	区农村经营管理局	5	35	区移民开发局	4
21	区农村能源领导小组办公室	4	36	区畜牧水产局	3
22	区体育局	3	37	区人民政府政务服务中心	4
23	区农村社会经济调查队	4	38	区供销合作社联合社	8
24	区普查中心	2	39	区文物管理处	1
25	区安全生产监督管理局	7	40	区国土资源局执法监察大队	3
26	区劳动就业服务管理处	7	41	区重点建设项目与稽查特派员办公室	2
27	区工伤保险处	8			
28	区医疗保险处	14	—	合计	263
29	区机关社保处	11	—	—	—

到 2015 年，区委组织部完成党群系列参照管理事业单位登记 6 个，登记人数 25 人。详情见下表：

鼎城区党群系列参照管理事业单位公务员登记情况统计表

表 2-2-6　　单位：人

序号	单位名称	登记人数	序号	单位名称	登记人数
1	中共鼎城区委党校	10	4	中共鼎城区委鼎城区人民政府接待处	4
2	中共鼎城区委党史资料征集研究办公室	6	5	鼎城区网络安全管理办公室	1
3	鼎城区事业单位登记管理局	3	6	中共鼎城区委农村党员干部现代远程教育管理中心	1
—	—	—	合计	—	25

2017 年年底，鼎城区有国家公务员 2456 人，其中政府党群机关公务员 2111 人、参照管理事业单位公务员 345 人。政府系列国家公务员 1870 人，其中政府机关公务员 1544 人、参照管理事业单位公务员 326 人。党群系列国家机关公务员 586 人，其中党群机关公务员 567 人、参照管理事业单位公务员 19 人。

2018 年年底，鼎城区有国家公务员 2567 人，其中政府党群机关公务员 2171 人、参照管理事业单位公务员 396 人。政府系列国家公务员 1975 人，其中政府机关公务员 1637 人、参照管理事业单位公务员 338 人。党群系列国家机关公务员 592 人，其中党群机关公务员 534 人、参照管理事业单位公务员 58 人。

第三章 事业单位人事管理

第一节 事业单位人事制度改革

一、推行聘用制

1996年，根据省、市有关文件精神，鼎城区启动事业单位人事制度改革。10月初，成立鼎城区事业单位人事制度改革试点工作领导小组和工作小组。10月28日，区人事局常鼎人〔1996〕14号印发《鼎城区事业单位改革试点工作方案》，选择常德肿瘤医院、市第四人民医院、区规划局、石门桥镇水电站等4个单位为试点单位，针对其各自的具体特点，有侧重地展开改革。到12月15日，对以上单位的人才配置、合理流动、职称评聘、“活工资”分配、考核奖惩、辞职辞退、保金收取等方面进行了调研和探索，形成了调研报告和经验材料，受到市人事局的表彰，为全区事业单位人事制度改革的全面铺开打下了基础。

1997年4月，区人事局召开事业单位人事制度改革经验交流会，交流事业单位推行聘任制的经验及一些难点问题，探索解决问题的办法。9月，根据市政府常政发〔1996〕12号文件《关于印发（常德市事业单位新进人员实行聘用制管理暂行办法）的通知》精神，鼎城区政府出台《鼎城区事业单位新进人员实行聘用制管理暂行办法》，规定从1998年1月1日起，全区事业单位新调入人员、国家不包分配的大中专毕业生及从社会上招收的其他择业人员首先实行聘用制，并决定根据机构改革的进度逐步实行全员聘用制。

1998年，全区所属事业单位新进人员除政策性安置人员外，一律实行聘用制，并将这项工作纳入区政府目标管理量化考核体系。到年底，全区事业单位有82人签订了聘用合同，确定了单位与员工之间的人事关系，明确了双方的权利与义务。

1999年，鼎城区对事业单位推行全员聘用制，具体办法是先办好试点，后条块结合稳步推进。是年，在区卫生局、区教育局、区环卫处等单位全面推行全员聘用制。在部分事业单位专业技术人员中，实行公开竞争，择优上岗，采取低职高聘、高职低聘、缓聘、解聘等办法，使职称评聘工作更加公开、合理。

2000年，根据中组部、人事部及省、市相关文件精神，8月31日，鼎城区委组织部、区人事局印发《鼎城区试行聘用（任）制实施意见》（常鼎人发〔2000〕5号），规定实行聘用（任）制的范围：全额拨款、差额拨款、自收自支事业单位（不含推行公务员制度和参照实行公务员制度的事业单位）和推行公务员制度及参照实行公务员制度的机关事业单位中的工勤岗位。实施聘用（任）制的原则：事业单位聘用（任）人员和机关单位聘用工勤人员，应在核定的编制数额和职务数内进行；乡镇事业站办所负责人和区直事业单位中层骨干的聘任，应采取公开竞聘的方式；遵循“公开、平等、择优”的原则和坚持回避、交流的制度。聘用（任）的期限：机构改革期间，原则上签订1年，最长不超过3年；可以约定试用期，一般不超过6个月。审批权限：政府系列的单位报区人事局审核；党群系列的单位报区委组织部审核。聘用（任）程序：拟定实施方案；公布聘用（任）岗位；产生拟聘人选；确定聘用（任）人选（对中层骨干和特殊岗位，采取公开竞聘的方式产生）；办理聘用（任）手续；按照聘用（任）岗位核准工资；对落聘、解聘和终止聘用（任）合同人员按有关规定处理。是年，乡镇事业站办所人员的全员聘用工作与乡镇事业站办所机构改革、人员分流工作同步进行。年底，全区33个乡镇事业站办所的1944名留岗人员全部实行聘用制，聘期3年，每个上岗人员都与单位签订了聘用协议。区教育系统通过竞聘上岗的6065名中小学教职员工也实行了全员聘用制。至此，全区事业单位实行聘用制的人数达到67%以上。

2001年，加大推行全员聘用（任）制的力度，选择常德市第四人民医院、常德市第六人民医院、常德肿瘤医院3个区属医院进行用人制度、内部分配制度、职称评聘制度和考核奖惩制度等方面的改革，取得了经验。通过改革，三个医院均建立起自主用人、绩效挂钩、按劳分配的新型管理机制，如市第四人民医院取消了医院行政级别，公开竞聘院长和副院长，每届任期4年，按照分级管理原则，实行层层聘用，职责奖罚明确；在工资分配制度上摆脱了传统的分配模式，院长实行3倍档案工资，而且可以依据工作实绩，按一定比例提取奖励基金。是年，全区实行全员聘用制改革的事业单位达到90%以上。

2002年，加强事业单位人事制度改革工作的宣传力度，区委、区政府成立事业单位人事制度改革领导小组。办公室设在区人事局内。采取开会、在区电视台、电台举办专题、办宣传橱窗、张挂标语等形式宣传事业单位人事制度改革。确定斗姆湖镇、白合山乡、红旗水库、蒿子港联校、唐家铺卫生院为第一批基层改革单位。改革内容为全员聘用制、职称评聘、绩效挂钩、考核奖惩等方面。到年底，基本完成了这些单位的改革任务。

2003年，区委、区政府把事业单位人事制度改革列为全区干部人事制度改革的中心，并纳入乡镇（农林场）、区直单位目标管理量化考核指标体系。从3月起，在33个乡镇的事业站（办、所）启动新一轮机构改革、人员分流工作。乡镇“七站八所”在新定职能、编制、岗位的基础上，全部实行竞争上岗、下岗分流的政策。上岗人员签订聘用合同，任期3年。落岗分流人员给予适当的再就业补偿金，真正实施了“能进能出”的用人机制。6月底，全区乡镇事业站办所的2484人中，通过竞聘上岗738人、分流1846人。上岗人员全部签订了聘用合同，分流人员签订了解除人事关系协议书。

2004年，按照市政府的文件精神，借鉴外地经验，区委办、区政府办出台《鼎城区事业单位人事制度改革的实施意见》，明确事业单位推行人事制度改革的指导思想、目标任务及要求，规定事业单位推行聘用制的范围和对象，规范改革的程序和要求。对未完成改革的事业单位，加大指导、督促力度。3月，区人事局用半个月时间，分3个组对区直事业单位及乡镇（场）事业站办所的改革情况逐个进行全面检查验收，对个别改革迟缓或不符合要求的单位，限期整改到位。到年底，全区872家事业单位（含乡镇事业站所和科局有独立法人资格的二级机构，其中全额拨款事业单位226个、差额拨款事业单位268个、自收自支事业单位378个）全部完成聘用制改革，17277人均与用人单位签订了聘用合同。

2005年，区人事局对全区事业单位进一步完善聘用合同签证、解聘和相关配套措施，重点加强对聘用人员的聘后考核与管理。重点推进事业单位分配制度改革，打破档案工资，实行岗位工资。到年底，完成分配制度改革的单位有乡镇事业站办所、卫生系统事业单位、水利系统事业单位共1474人。此外，在区教育系统开展了新一轮的竞聘上岗工作，通过竞聘，上岗6113人，分流659人。上岗人员全部签订了聘用协议书。

2006年，开展对聘用人员聘后管理的调研，完善有关管理办法；在区教育系统实施分配制度改革。到年底，全区事业单位分配制度改革面达到92%以上。

2007年，按照“增强社会管理和公共服务功能、整合事业站所、降低行政成本、提高工作效率”的原则，从4月下旬开始至5月月底，在乡镇事业站办所中开展新一轮的竞聘上岗、人员分流工作。规定事业站办所的设置每个乡镇不得超过6个（不含国土所、财政所），全区共定编制数746名。通过竞聘，上岗738人，所有上岗人员实行聘用制，聘任期3年。上岗人员实行岗位工资制，其工资结构：基础工资十职务（职称、岗位）津贴。是年，区人事局出台《常德特种养殖总场、区园艺示范场体制改革方案》，在区特种养殖总场和园艺示范场进行人事和分配制度改革，规定单位所有人员，除班子成员和享受副科级以上待遇人员外，首先全部解除与单位的人事关系，给予一次性再就业补偿金，再进行竞争上岗，上岗人员实行聘用制。常德特种养殖总场核定5个领导职位，下属事业机构核定7个职位，除党委书记兼场长由区委、区政府任命外，其余领导成员一律实行竞聘上岗，其聘用期间享受原有副科级干部的政治待遇。所有上岗人员打破原有档案工资，实行岗位工资制，其工资结构为：岗位工资十浮动工资。当年，还进一步完善区水利系统、血防系统和乡镇卫生院、国土所等单位的人事管理制度。

2008年，在全区水利系统进行新一轮竞争上岗、人员分流工作，上岗人员实行全员聘用制，并对分流人员进行合理安排。10月，区委、区政府出台《关于进一步加强乡镇事业站所工作人员管理的意见》，本着“在政治上关心、待遇上提高、管理上加强”的原则，对乡镇事业站办所聘用人员的政治、经济待遇等方面作出了明确规定。

2009年，区人事局制定《鼎城区义务教育学校绩效工资实施办法》，全区4993名义务教育教师的绩效工资全部兑现到位。

2010年，开展乡镇事业站办所人员新一轮竞聘上岗、落岗分流工作，成立领导小组和工作小组，制定工作方案。从5月中旬开始到6月底结束，通过竞聘，上岗750人。上岗人员聘任期3年，实行档案工资制，由区财政局打卡发放到人。对分流人员进行了妥善安置。

2011年，对全区事业单位工作人员的人事信息进行信息化管理，将其工资、考核、社保、异动等各项数据信息进行全面对接。出台《鼎城区公共卫生与基层医疗卫生事业单位绩效工资实施方案》。到学校、乡镇站办所就落实教师绩效工资、站办所人员解困金等问题进行调研，并向区政府有关领导汇报，部分问题得到解决。

2012年，根据国家、省人社部门文件精神和市人社局的安排，重点进行事业单位岗位设置与管理工作，并在区卫生局、区教育局等单位进行试点。落实乡镇事业站办所工作人员的社保待遇；兑现公共卫生与基层医疗卫生事业单位工作人员的绩效工资。

2013年5月，对全区事业单位推行聘用制的情况进行摸底和上报。全区共有事业单位489个，工作人员10854人，其中已推行聘用制的单位403个，占82%；8003人签订了聘用合同，占74%。对还没有很好实行聘用制和没有签订聘用合同的单位进行了通报批评，督促整改到位。同时，大力开展事业单位岗位设置与管理工作，区人社局出台《关于加快推进事业单位岗位设置管理工作的通知》（常鼎人社发〔2013〕11号），召开全区事业单位岗位设置实施工作动员大会，统一思想，明确目标，对不按文件规定进行岗位设置和岗位聘用的单位，不予确认岗位等级。年底，区直33个事业单位岗位设置方案上报市人社局备案，完善大部分单位岗位设置实施方案，办理部分人员的聘用手续。区直医院共计1322人，聘用人员按岗位兑现待遇，启用人员岗位异动动态管理模式；乡镇卫生院完成方案审批，开始办理人员的聘用手续。区教育系统各学校全部完成岗位设置，共计6531人，聘用人员均按岗位兑现了待遇，人员岗位异动启用了动态管理模式；区教育局启动了下属7个二级独立事业单位的岗位设置。31个乡镇的事业站（办、所）岗位设置全面启动。

2014年，进一步加强事业单位岗位设置实施工作，注重政策宣传，针对个别单位存在的疑难问题进行交流座谈，确保岗位设置的结构、比例科学合理。全年完成24个事业单位的岗位设置。

2015年，完成144个事业单位的岗位设置。到年底，全区完成387个事业单位的岗位设置实施方案的申报审核、聘用合同审核认定、工资审批的工作，所有人员岗位异动全部按照设置的岗位要求进行，岗位异动管理手册同步登记备案。

2016年，完成事业单位岗位设置46个。由于部分乡镇撤并，对108个事业站办所重新进行岗位设置，对相关人员重新办理聘用手续。区教育系统按照省教育厅文件规定对岗位结构比例作了调整，对55个事业单位重新进行岗位设置，给有关人员办理了手续。是年，全区共完成事业单位岗位设置433个，所有人员岗位异动全部按照所设置的岗位要求进行，岗位异动管理手册也同步登记备案。同时，加强事业单位人员科学化管理，建立事业单位岗位设置及人员聘用信息台账，打开电脑，就能查到每个单位的编制数、岗位数、管理人员数、专技人员数、工勤技能人员数以及每个人的聘用情况、享受待遇的级别、退休时间等。

2017年，完成13个事业单位的岗位设置。全区事业单位岗位设置和人员聘用完成90%以上，对尚未完成岗位设置的事业单位进行了督办。

2018年，围绕“流程规范”，完善岗位管理。在岗位设置与岗位聘任中，健全电子台账，做实基层数据，严格按单位岗位空缺、结构比例和人员现状等情况做好日常人员岗位调整及聘用。全年完成59个事业单位的岗位设置和人员聘任。年底，全区完成岗位设置和人员聘任的事业单位98%以上。

二、新进人员公开考录

1997年，区政府出台《鼎城区事业单位公开招聘人员实施办法（试行）》，对事业单位新进人员作出规定：各类事业单位需要补充工作人员，都要按照“公开、平等、竞争、择优”的原则，面向社会公开招考，采取考试与考核相结合的方法进行。全额和差额及靠收取行政性管理规费或由各种项目费列支的自收自支事业单位补充人员，必须在区编制部门核定的编制内，根据其内部人员结构或岗位要求，有计划地进行；企业化管理的事业单位补充人员，可根据实际需要和有关规定参照执行。招聘工作人员的对象一般为本区在职和非在职人员，具体对象及其条件由用人单位根据实际需要提出书面意见，报区人事局审批。各用人单位根据人员结构、岗位空缺情况和实际工作需要，可在每年1月或6月提出本年度的招聘计划，经区人事局审核批准并取得增人计划卡后下达执行，每年一般集中组织一至两次招考，对新建新增编制或特殊需求的单位，视实际情况及时组织招考。用人单位研究制定招考简章，其内容包括招考单位、人数、岗位或职务、对象、资格条件、考试范围及方法、报名及考试时间与地点、所需证件等，经区人事局审核同意后，在报名前5至7天，通过各种形式向社会公布。区人事局会同用人单位在规定的时间和地点组织报名，并对报名者进行资格审查，合格者发给准考证。笔试由区人事局统一组织、统一命题、统一评分标准、统一阅卷评分，并会同用人单位实施，从高分到低分，按照与招聘计划1∶3的比例确定笔试合格人员。由区人事局会同用人单位对笔试合格人员组织体检，对合格者由区人事局会同用人单位组织考核，再由区人事局会同用人单位对笔试、体检和考核合格人员进行面试。经考试、体检、考核合格的对象，由区人事局会同用人单位和有关部门审定，按笔试和面试的综合成绩择优录用。确定录用的对象，属在职人员，由区人事局按照有关规定办理调动手续；非在职人员，由用人单位报区人事局办理聘用或招工审批手续。如需招聘特殊专业或特殊岗位工作人员，经区人事局同意，可以简化程序或采用其他考试测评办法；对国家统配人员，如军转干部及其家属、符合安置条件的复退军人、大中专毕业生等，根据国家有关政策规定予以接收或采取有限竞争考试的方法进行。区内同性质事业单位之间的人员补充，仍按有关规定办理。

1998年8月，区人事局按照区政府文件规定，采取考试与考核相结合的办法，为常德肿瘤医院面向社会公开招聘医护人员5名。

1999—2000年，事业单位新进人员的计划指标全部用于大中专毕业生等人员的安置，未进行人员招聘工作。

2001—2004年，事业单位新进人员的公开招聘工作主要在有空编且专业性强的学校、医院等单位进行，共招聘210人。

2005年，区教育系统公开招聘中小学教师50名；按照省、市部署，向社会公开考录乡镇司法助理员2名；面向应届高校毕业生公开考录4名到乡镇进行锻炼。

2006年，区教育系统公开招聘中小学教师60名；区花鼓戏剧团公开招聘演员3名。

2007年，公开招聘事业单位工作人员79名。其中区教育系统中小学教师50名、区长热线办公室工作人员4名、常德市第四人民医院医护人员25名。

2008年，公开招聘事业单位工作人员81名。其中区教育系统中小学教师44名、常德市第四人民医院医护人员29名、蒿子港镇事业站所2名、区委党校2名、区文化局系统4名。

2009年，公开招聘事业单位工作人员69名。其中区教育系统中小学教师45名、妇幼保健院医护人员9名、花鼓戏剧团演员12名、国土局信息中心工作人员1名、区政府门户网站技术服务中心工作人员1名、乡镇计划生育服务站工作人员1名。

2010年，公开招聘事业单位工作人员36名，其中乡镇事业站所1名、中小学教师20名、区经济开发区咨询服务中心5名、区社会养老保险处新农保中心6名、财政局系统4名。

2011年，公开招聘事业单位工作人员81名，其中区教育系统中小学教师75名、疾控中心2名、电子政务办公室2名、新农保中心2名。

进行事业单位招聘人员面试

2012年，区教育、卫生系统等事业单位公开招聘工作人员79名。

2013年，从1500多名报考人员中，公开招聘各类事业单位工作人员108名。

2014年，公开招聘事业单位工作人员56名，其中区教育系统中小学教师52名、投资审计专业处1名、街道办事处3名。

2015年，公开考录事业单位工作人员235名，其中区教育系统中小学教师84名（公招47名、免费师范生37名）、乡镇卫生院医务人员111名、市第四人民医院医护人员16名（人才引进10名、遴选1名、公招5名）、鼎城人民医院医务人员15名、区花鼓戏保护中心演职人员3名、征收办工作人员6名。

2016年，共举办事业单位招聘考试9场，其中公招考试6场、选调考试3场。通过制定招聘方案、方案报批、发布招聘简章、公开报名、确定开考比例、考试、体检、考核等程序，从1085名应聘者中招录88人，其中区教育系统63人、区工信局下属事业单位5人、区住建局下属事业单位5人、市第四人民医院8人、区血吸虫专科医院7人。为区教育系统从区外报考的164人中考录有经验的教师35人、为区食品药品监督管理局从划转的122人中考调94人、为区财政局下属事业单位从报考的12中考调4人。

2017年，共举办招聘考试14次。按照招聘考试程序，从2057名应聘者中，为区教育系统、区卫计系统、乡镇事业站办所等单位考录工作人员317人。

2018年，在招聘中，坚持大事决策集体化、组织操作程序化、考务确定随机化、严格监督全程化。招聘在阳光下进行，考生在公平中竞争。全年举办招聘考试7场，为区教育系统、区卫计系统等事业单位招录 371 人。

第二节　人事争议仲裁

2004 年，鼎城区成立区机关事业单位人事争议仲裁委员会，由邬吉湘任主任，龙国安、高友才、张静慧、刘俊、蔡立龙任副主任，张全新、陈贻军、丁恩臻、毛跃莉、吴弟友为成员。仲裁委员会下设办公室，办公室设在区人事局内。陈贻军兼任办公室主任，吴弟友兼任办公室副主任。是年，受理人事争议仲裁案件 3 起，均以调解的方式处理结案。

2005 年，受理人事争议仲裁案件 5 起，本着说理有据、态度热情的原则，全部以调解的方式处理结案。

2006 年，受理人事争议仲裁案件 6 起，按法规、按程序、按时限，全部以调解的方式处理结案。

2007 年，受理人事争议仲裁案件 4 起，均以调解的方式处理结案。

2008 年，受理人事争议仲裁案件 5 起，全部以调解的方式处理结案。

2009 年，受理人事争议仲裁案件 6 起，全部以调解的方式处理结案。

2010 年，受理人事争议仲裁案件 3 起，均以调解的方式处理结案。

2011 年，按照机构改革的要求，区人事争议仲裁与区劳动争议仲裁职能整合，成立鼎城区劳动人事争议仲裁委员会，调整领导班子和工作班子，组建“鼎城区劳动人事争议仲裁院”。2011—2018 年，共受理机关事业单位人事争议仲裁案件 11 起，均以调解方式处理结案。

第三节　普通高校毕业生“三支一扶”

一、管　理

2007 年，根据省、市关于高校毕业生“三支一扶”（支教、支医、支农，扶贫）工作安排，鼎城区开展高校毕业生“三支一扶”工作。成立由区委常委、副区长任组长，组织、人事、编制、财政、教育、卫生、农业、扶贫等部门负责人为成员的高校毕业生“三支一扶”工作领导小组，由区人事局牵头，相关部门依据职责协同配合。在招募工作开始之前，认真进行用人需求摸底，哪里需要人，需要多少人，需要什么人，做到心中有数，确保按需招募、人岗匹配，使其工作有舞台、经费有保障、期满有出路。招募条件，包括政治素质、道德修养、学业成绩、专业要求、身体状况等，注重招募农村基层急需的农业、师范、医学、水利、经济类等专业的毕业生。招募工作坚持“公开、平等、竞争、择优”的原则，参照机关公务员考录和事业单位人员招聘的工作流程。通过公开报名、资格审查、考试（笔试与面试）、考核、体检、公示等程序，把符合农村基层需要又愿意奉献基层的优秀高校毕业生选拔出来。每次选拔工作，区人大常委会、区纪委（监察局）、区编办、区保密局全程参与监督。到2018年年底，鼎城区招募“三支一扶”高校毕业生53名。

二、服　务

2007—2015年，鼎城区贯彻执行省、市高校毕业生“三支一扶”工作的各项政策与规定，建好工作平台、创新管理方式、落实优惠政策，助推“三支一扶”高校毕业生健康成才，使其留得住、干得好、进步快，成为服务农村的一支生力军。主要措施：一是开展岗前培训。在派遣到服务单位之前，区人事局会同组织、教育、农业、卫生、扶贫、共青团等部门组织选拔对象，就有关政策规定、专门业务和如何适应农村基层工作等方面进行培训，使他们尽快进入工作状态，完成角色的转变。二是开展亲情服务。帮助他们解决好人事代理、户口和党团组织关系接转等问题，督促服务单位在住宿、就餐、人身安全和健康、办公设施等提供帮助，让他们感受到组织的温暖。三是抓好培养锻炼。要求服务单位安排骨干对“三支一扶”大学生采取一对一的“传、帮、带”。同时，将“三支一扶”大学生的培训教育纳入组织部门干部教育培训、农教部门农村实用人才培训、人社部门就业创业培训等计划，有针对性地组织他们参加各种业务培训，让他们了解鼎城区农村卫生、教育、农业等现状，掌握政策法规，提高工作能力与水平。四是严格考核考察。采取日常考核、年度考核和期满全面考核相结合的方法。日常考核采取不定期查岗和走访座谈的方式进行；年度考核采取自我总结、岗位述职、服务单位鉴定、区“三支一扶”协调管理办公室现场考核验收的方式进行；期满全面考核主要采取到服务单位现场座谈考察、群众满意度测评计分、查阅历次《考核纪实手册》等方式进行，全面了解“三支一扶”大学毕业生的德、能、勤、绩、廉等方面的现实表现。区“三支一扶”协调管理办公室根据日常考核结果、年度考核结果、服务单位及其主管部门的意见确定最终的考核等次，考核结果及时在区人社局网站公开。五是开展多种活动。建立“三支一扶”大学毕业生QQ交流群（微信交流群），每年开展春节走访慰问、座谈联谊会、演讲比赛、征文比赛及其他文体活动，丰富他们的精神生活，扩大视野，增进友谊。2011年，在省“三支一扶”协调管理办公室举办的征文比赛中，鼎城区钱家坪乡中学支教毕业生刘思静撰写的《我和我的孩子们》、港二口镇支农毕业生莫超婕的《我的青春在基层闪耀》、黑山嘴乡支农毕业生张芳的

《我的“三支一扶”生活》等7篇文章获奖，并入选征文集。2015年11月5日，全国人才流动中心副主任李建敏、省人社厅副厅长刘学群及市委组织部副部长、市人社局局长张运华等及省内其他市州负责人到草坪镇现场验收“三支一扶”工作，对鼎城区“三支一扶”工作给予充分肯定和高度评价。是年，区“三支一扶”协调管理办公室被人力资源和社会保障部评为全国“三支一扶”工作先进单位。

2016年年初，区人社局召开相关部门负责人座谈会，制订全年“三支一扶”高校毕业生服务管理工作计划。11月，选派2人参加省“三支一扶”协调管理办公室举办的“三支一扶”高校毕业生培训班，参训人员获得演讲比赛二等奖。

2017年，对在服务期内的“三支一扶”高校毕业生进行年终考核。选派2人参加省高校毕业生“三支一扶”协调管理办公室举办的培训班。是年，“三支一扶”高校毕业生有2人考取公务员。

2018年1月，拟订全年“三支一扶”高校毕业生服务管理工作规划。7月，安置5名服务期满、考核合格的“三支一扶”高校毕业生到基层事业单位工作。11月，选派1名“三支一扶”高校毕业生到省参加培训学习。12月，与有关单位一起采取走访座谈等形式对在服务期内的10名“三支一扶”高校毕业生进行年度考核和慰问。是年，有1名“三支一扶”高校毕业生考取公务员。

三、待　遇

根据国家和省、市文件精神，“三支一扶”大学毕业生在服务期间，参照本地乡镇事业单位从高校毕业生中新聘用工作人员试用期满后工资收入水平的标准，确定工作生活补贴标准的规定，由区“三支一扶”办公室按月足额发放到个人手中。“三支一扶”大学毕业生在服务期间，按照当地规定，参加相应的社会保险。社会保险的单位缴纳部分，由区“三支一扶”协调管理办公室缴纳；个人缴纳部分，由区“三支一扶”协调管理办公室在个人补贴中代扣，并到当地社会保险经办机构办理缴纳，相关费用纳入财政给予的工作生活补贴范围。工作生活补贴和参加社会保险这两项政策所需经费，主要由中央和地方财政共同负担。2011—2015年，中央财政、省级财政、区级财政分别拨款51万元、15.12万元、14.46万元，用于按政策标准发放“三支一扶”大学毕业生生活补贴和各项社会保险费的缴纳。2014—2015年，鼎城区招募的12名“三支一扶”大学生月生活费为1756元/人。2016年、2017年，中央财政、省级财政、区级财政拨款总额分别为48.45万元、57.83万元。2017—2018年，服务期内的大学生每月工资和补助平均为3613元/人（含未扣除应缴纳的社会保险费）。

四、安 置

按照政策规定，对服务期满，考核合格，自愿留在服务地工作的，在乡镇基层事业单位编制内安置，所涉及的编制由区编制办统筹协调，编制部门也可通过编制调剂或调整的办法解决，接收安置手续由区人社部门会同有关部门办理。2017—2018 年，鼎城区共招募“三支一扶”大学毕业生 53 名，其中服务期满的有 43 名，尚在服务期内的 10 名。对服务期满，考核合格，自愿留在服务地工作的 43 名大学生全部安置到乡镇事业单位，他们当中有 7 人已经考取公务员，其中 3 人被提拔为副科级干部。

2007—2018 年鼎城区招募“三支一扶”高校毕业生统计表

表 2-3-1　　单位：人

年份	合计	支教	支医	支农	扶贫
2007	2	0	0	2	0
2008	0	0	0	0	0
2009	5	2	0	3	0
2010	4	1	1	2	0
2011	6	3	1	2	0
2012	2	0	0	0	2
2013	6	6	0	0	0
2014	5	0	0	0	5
2015	7	0	1	2	4
2016	6	0	2	0	4
2017	5	0	2	0	3
2018	5	1	0	0	4
合计	53	13	7	11	22

第四章　军队转业干部安置与管理

第一节　军队转业干部及随军家属安置

新中国建立后，军队转业干部的安置分为三个阶段，第一阶段是新中国建立至“文化大革命”之前，基本上是就地转业，统一分配。当时回原籍安置需具备一定的条件：一是家中有配偶，子女不能参加劳动生产，生活确有困难，长期分居两地，根据本人经济条件也不可能将家属接出，必须本人调回原籍工作就近予以照顾的；二是经过卫生机关证明，身体条件确定不适宜所在地区工作的；三是有其他特殊困难，经省、市研究，认为需要予以照顾的。第二阶段是“文化大革命”开始至2000年，国家恢复军队干部转业制度，实行回本人原籍或入伍时所在地接受安置。对随调家属、子女的安排工作，原则上本着性质不变、尽量照顾专业、就地就近、同时安排的精神，分配相应的工作。第三阶段是2001年之后，国家对军队转业干部实行计划分配和自主择业相结合的方式安置。军队转业干部一般由其原籍或者入伍时所在省（自治区、直辖市）安置，也可以到配偶随军前或者结婚时常住户口所在地安置。

1950—1959年，常德县接受安置军队转业干部159名。1962—1966年，常德县接受安置支商军队转业干部153名

1976—1978年，常德县接受安置军队转业干部270名。1979年，常德县接收安置军队转业干部146名，其中营级23名、连排级123名。安置随调家属42名。

1980年，常德县人事局为1969年1月1日至1975年7月31日复员的289名军队干部（均为连排级干部）办理改办转业手续。在深入发动，摸清底子、层层审核、集体审批的基础上，对他们逐人逐项落实有关政策，恢复其在部队时的工资级别，享受地方同等级别干部的待遇。

1981—1982年，全县接收安置军队转业干部124名，其中团级干部2名、营级干部34名、连排级干部86名、技术干部2名。接收安置随调家属75名（其中干部1名、教师4名、全民职工11名、集体职工49名、其他10名）。

1983年，安置军队转业干部31名，其中营级干部6名、连排级干部19名、技术干部6名。安置随调家属16名。

1984年，安置军队转业干部34名，其中团级干部2名、营级干部18名、连排级干部14名。安置随调家属26名。

1985年，为落实中共中央减少兵员100万的战略决策，全县首批安置军队转业干部85名，其中团级干部7名、营级干部39名、连排级干部29名、技术干部10名。安置随调家属67名。

1986年，接收安置军队转业干部100名，其中团级干部5名、营级干部22名、连排级干部56名、技术干部17名。安置随调家属29名（其中干部1名、集体职工25名、合同制工人3名）。

1987年，接收安置军队转业干部71名，其中团级干部5名、营级干部12名、连排级干部44名、技术干部10名。安置随调家属22名（其中干部2名、全民职工3名、集体职工15名、合同制工人2名）。

1988年，接收安置军队转业干部18名，其中团级干部2名、营级干部3名、连排级干部10名、技术干部3名。安置随调家属7名（其中干部2名、集体职工4名、合同制工人1名）。同时，为了总结精简整编3年期间军队转业干部安置工作的经验，8月份，常德县召开总结表彰大会，表彰和奖励了区财委、区经委等49个先进单位。

1989年，安置军队转业干部10名，其中团级干部1名、营级干部2名、连排级干部6名、技术干部1名。安置随调家属4名（其中教师1名、集体职工2名、合同制工人1名）。

1990年，安置军队转业干部7名，其中团级干部1名、营级干部1名、连排级干部4名、技术干部1名。安置随调家属4名。

1991年，安置军队转业干部7名，其中团级干部1名、连排级干部4名、技术干部2名。安置随调家属2名（均为全民职工）。

1992年，安置军队转业干部10名，其中团级干部2名、营级干部2名、连排级干部4名、技术干部2名。安置随调家属3名（其中干部1名、全民职工2名）。

1993年，安置军队转业干部12名，其中营级干部5名、连排级干部5名、技术干部2名。安置随调家属4名。

1994年，安置军队转业干部12名，其中团级干部1名、营级干部5名、连排级干部5名、技术干部1名。安置随调家属8名。

1995年，安置军队转业干部14名，其中营级干部7名、连排级干部6名、技术干部1名。安置随调家属8名。

1996年，安置军队转业干部8名，其中营级干部5名、连排级干部3名。安置随调家属2名。

1997年，安置军队转业干部18名，其中团级干部1名、营级干部5名、连排级干部7名、技术干部5名。安置随调家属2名。

1998年，安置军队转业干部14名，其中团级干部3名、营级干部2名、连排级干部6名、技术干部3名。安置随调家属3名（其中全民职工1人、集体职工2人）。

1999年，安置军队转业干部19名，其中营级干部2名、连排级干部17名。安置随调家属11名。

2000年，接收安置军队转业干部17名，其中营级干部5名、连排级干部9名、技术干部3名。安置随调家属8人。是年，鼎城区军队转业干部安置工作被市人事局评为先进单位。

2001年，安置军队转业干部14名，均为连排级干部。安置随调家属3名。

2002年，安置军队转业干部5名，其中营级干部2名、连排级干部3名。安置随调家属4名。

2003年，安置军队转业干部3名，其中营级干部1名、连排级干部2名。安置随调家属2名。

2004年，安置军队转业干部17名，其中营级干部5名、连排级干部10名、技术干部2名。安置随调家属4名。

2005年，安置军队转业干部8名，其中营级干部1名、连排级干部6名、技术干部1名。安置随调家属2名。

2006年，安置军队转业干部13名，其中团级干部1名、营级干部5名、连排级干部7名。安置随调家属4名。

2007年，安置军队转业干部7名，其中营级干部5名、连排级干部2名。

2008年，安置军队转业干部11名，其中营级干部6名、连排级干部5名。安置随调家属6名。

2009年，安置军队转业干部3名，其中营级干部1名、连排级干部2名。

2010年，安置军队转业干部4名，其中营级干部2名、连排级干部2名。安置随调家属2名。

2011年，安置军队转业干部5名，其中团级干部1名、营级干部2名、连排级干部2名。安置随调家属2名。

2012年，接收安置军队转业干部7名，其中营级干部6名、连级干部1名。安置随调家属6名。

2013年，安置军队转业干部4名，其中营级干部3名、连级干部1名。安置随调家属3名。

2014年，安置军队转业干部1名（营级）。安置随调家属2名。

2015年，接收安置军队转业干部8名，其中营级干部5名、连级干部3名。安置随调家属2名。

2016年，鼎城区接受安置军队转业干部3名，其中副营级干部1名、连级干部2名。安置随调家属1名。

2017年，鼎城区接受安置军队转业干部3名，其中营级干部2名、连级干部1名。

2018年，接受安置军队转业干部1名（副营级）。安置随调家属2名。

1950—2018年，鼎城区（常德县）共接收安置军队转业干部1745名（不含复员改转业的人数），其中团级干部36名、营级干部274名、连排级干部1435名（含技术干部）；1981—2018年，接受安置随调家属348名。鼎城区（常德县）认真贯彻“妥善安置、合理使用、人尽其才、各得其所”的原则，把军队转业干部和随军家属的安置作为促进军队建设和社会稳定的重要工作来抓，基本上做到了部队、接受单位、转业干部、上级军转干部安置部门“四个满意”。县委、县政府成立了军转干部安置工作领导小组和工作小组。凡机构变化和人员异动，都及时调整领导小组和工作小组，保证工作有人抓、有人做。区委、区政府领导每次专门听取汇报，安置方案经区委常委会议研究通过后，组织、编办、人事部门迅速办理相关手续，由区委分管副书记主持召开由接受单位主要负责人参加的安置会议，公布安置方案。接收单位直接领取档案和相关手续，在规定的时间内落实到位。安置工作做得好的单位有区公安局、区工信局、区商务局、区计委等。对不顾大局、不讲政治、推诿接受军转干部、不按时办理接转手续，造成负面影响的单位，追究主要领导责任。经常利用开会、在区电视台举办专题节目等形式，宣传军转干部政策，营造军转安置工作的良好社会氛围。1995年之后，随着党政群机关机构改革、乡镇综合配套改革以及事业单位人事制度改革的深入，机关事业单位的编制大幅度减少，多数单位接收军转干部有难度。针对这种情况，采取预留单列编制、职数、先进后出等办法，保障接受安置落实到位。在军转干部安置方案拟定之前，安置部门深入到各单位调查，及时了解单位需求情况，掌握军转安置干部的分配意愿，对全区缺编单位及用人情况进行充分调研，了解其德才表现和特长，力求人尽其用。各相关部门充分发挥职能作用，热心为军转干部服务。在为军转干部落实单位的同时，还为随军家属安置、住房、子女上学等方面提供服务，帮助解决后顾之忧。区人事局与组织、编制、财政等部门加强协调，紧密配合，保证了每年安置工作任务的完成。20世纪90年代中期以后，把军转干部安置在党政群机关和参照公务员管理的单位，并对有特殊贡献的军转干部给予照顾安排。每年八一建军节和春节前夕，区人事局都召开军转干部代表座谈会，邀请区委、区政府领导出席讲话。2011—2018 年，区人社局在编制紧、任务重、要求高的情况下，及时向区委、区政府领导汇报，与组织、编制部门衔接，全面了解转业干部对安置的思想动态等，每年都按时按要求完成市下达的军转干部安置任务。

工作人员研究军转干部管理服务工作

鼎城区对军队转业干部随调家属工作安置的做法：实行公务员制度之前，军队转业干部随调家属的工作安排，本着性质不变、尽量照顾专业、就地就近、与军转干部同时安排的精神，分配相应的工作。公务员制度实施之后，鼎城区随军家属属公务员的，且符合公务员有关转任规定的，参照职务等级和从事的职业进行安置；属事业单位工作人员和企业职工的，主要在事业单位和企业进行安置；对安排到实行劳动合同和聘任制企事业单位的随军家属，给予 3 年的适应期，在适应期内，非本人原因单位不得解除劳动和聘用合同。

1981—2018 年鼎城区军转干部、随军家属安置人数统计表

表 2-4-1　　　　单位：人

名称 / 数量 / 时间	转业干部				随调家属
	团级（人）	营级（人）	连排级（人）	小计	
1981—1982	2	34	88	124	75
1983	0	6	25	31	16
1984	2	18	14	34	26
1985	7	39	39	85	67
1986	5	22	73	100	29
1987	5	12	54	71	24
1988	2	3	13	18	7
1989	1	2	7	10	4

续表 2-4-1

名称 数量 时间	转业干部				随调家属
	团级（人）	营级（人）	连排级（人）	小计	
1990	1	1	5	7	4
1991	1	0	6	7	2
1992	2	2	6	10	3
1993	0	5	7	12	4
1994	1	5	6	12	8
1995	0	7	7	14	8
1996	0	5	3	8	2
1997	1	5	12	18	2
1998	3	2	9	14	3
1999	0	2	17	19	11
2000	0	5	12	17	8
2001	0	0	14	14	3
2002	0	2	3	5	4
2003	0	1	2	3	2
2004	0	5	12	17	4
2005	0	1	7	8	2
2006	1	5	7	13	4
2007	0	5	2	7	0
2008	0	6	5	11	6
2009	0	1	2	3	0
2010	0	2	2	4	2
2011	1	2	2	5	2
2012	0	6	1	7	6
2013	0	4	0	4	3

续表 2-4-1

数量＼名称 时间	转业干部				随调家属
	团级（人）	营级（人）	连排级（人）	小计	
2014	0	1	0	1	2
2015	0	5	3	8	2
2016	0	1	2	3	1
2017	0	2	1	3	0
2018	0	1	0	1	2
合　计	35	225	468	728	348

第二节　自主择业军转干部管理

2001 年，国家实行军队转业干部计划分配和自主择业相结合的安置政策。到 2018 年，鼎城区共接收自主择业军转干部 19 人，其中团级干部 2 人、营级干部 17 人，均为男性。

鼎城区人社局（人事局）对做好自主择业军转干部管理服务工作高度重视。2001 年，成立了由局长任组长的工作班子，明确分管领导和具体工作人员，街道、社区明确兼职负责人，各项工作落实到人。2005 年，成立鼎城区自主择业军转干部安置服务管理办公室，与区人事局军转干部安置股合署办公，明确人员负责日常工作，先后建立和完善服务管理情况登记、就业动向登记、电话联系、定期走访以及工作人员的考核奖惩、责任追究等制度。2007 年，建立自主择业军转干部服务管理台账，由每个自主择业军转干部填写《鼎城区自主择业军转干部情况登记表》，全面了解自主择业军转干部的家庭、婚姻、就业、身体等情况。针对部分自主择业军转干部存在的“有劲使不出”、情绪低落等情况，进行军转安置政策的宣传，引导他们认清自身优势和不足，克服“官本位”和求稳怕变的思想，放下架子，树立信心，合理择业。区人事局开通电话服务热线，要求工作人员做到接待热心、耐心解答，如果一时解答不了，就做到限期回复；每年都组织 3 至 4 次不定期走访、聚会或参观学习。自主择业军转干部刘某与妻子离婚后心情一直很低落，无心择业，区人事局获悉后多次派人与其好友一道上门做思想工作，帮助他树立积极面对生活的信心，后来应聘到一家公司上班。每逢八一和春节期间。区人事局都要召开自主择业军转干部座谈会，邀请区领导、市人社局领导参加，了解他们的思想状态、生活情况，听取他们的意见，帮助解决实际困难，并安排资金对自主择业军转干部进行慰问。随着管理网络的建立与完善，区相关管理部门发挥基层联系方便、好办事的优势，让每名自主择业军转干部感到“冷暖有人知、困难有人问、遇事有人帮”。对在社区落户的，积极协调公安等部门帮助办理落户手续；对有随调家属安置的，除向区领导汇报外，还主动为他们联系接收单位，优先安排到全额拨款事业单位。同时，认真开展跟踪服务。2008 年 1 月，在走访中了解到自主择业军转干部余某的妻子谭某所在单位，因企业改制，她既没有上班，又没有发工资。区人事局及时派人与其单位联系，协商解决办法。针对自主择业军转干部初来乍到对环境不熟悉、信息不灵通等实际，建立自主择业军转干部信息库，通过区人事局的人才网站积极向用人单位推荐；每次市、区举办人才市场交流会，都及时告诉他们，鼓励其参加竞聘。同时为他们免费提供人事代理服务，鼓励他们从事个体经营或创办经济实体。2008 年 12 月，区人事局在常德市自主择业军转干部创业典型经验交流会上，介绍了《创新方法，关注细节，促自主择业军转干部管理服务工作健康发展》的经验，并被常德市军转干部自主择业办公室、湖南省军转干部自主择业办公室评为“自主择业军转干部服务管理先进单位”。

2011 年，区人社局加强自主择业军转干部服务管理工作，以后每年组织参加省里或市里军转办组织的培训学习，做好每个人的工作生活信息的采集，力所能及地帮助解决问题，组织开展一些活动，如七一、八一、春节座谈会、扶贫帮困献爱心等。2017 年 7 月 27 日，成立鼎城区自主择业军转干部党支部。2017 年 11 月 6 日，区自主择业转业干部党支部 15 名党员前往谢家铺镇匡家桥村，与 15 个贫困户结成帮扶对子，并实地了解致贫原因，寻找脱贫路子，同时为他们送去了慰问金。2018 年 1 月 29 日，全体自主择业军转干部党支部党员在区人社局副局长兼区自主择业军转干部党支部书记吴弟友带领下，来到桥南市场东大门，开展义务铲雪活动。到 2018 年 12 月，全区 19 名自主择业军转干部有 9 人实现再就业，其中 1 人自己创办经济实体、8 人在企业工作。

2017 年自主择业军转干部座谈会

2001—2018 年鼎城区自主择业军转干部情况统计表

表 2-4-2 单位：人

年份	自主择业军转干部(人)	年份	自主择业军转干部(人)
2001	2	2011	0
2002	1	2012	1
2003	0	2013	0
2004	1	2014	2
2005	2	2015	4
2006	1	2016	0
2007	0	2017	0
2008	1	2018	4
2009	0	合计	19
2010	0	—	—

第三节 企业军转干部解困与信访接待

2000 年，鼎城区委、区政府常鼎通〔2000〕25 号印发《国有企业转换职工身份实施办法》，开始对区属企业进行“置换国有企业产权、置换国有企业职工身份”为主要内容的“两个置换”改革，区属企业相继进入清算破产阶段，经过改革的企业员工随之解除劳动关系。此次改革的区属企业共有 87 个，这些企业有军转干部 386 人，其中区工业系统 99 人、贸易系统 65 人、供销社系统 97 人、部门企业 102 人、乡镇肉食站 23 人。另有改制的事业单位（区玉园宾馆、区种子公司）3 人。企业改制、破产后，下岗、失业的企业军转干部生活困难，来信来访问题日益突出，仅 2003 年，企业军转干部到区人事局上访的就有 279 人次，其中 10 人以上群（集）访 22 次。2008 年，市政府按照“属地管理，分级负责”的原则，把中央、省属 4 家企业（工商银行鼎城支行、建设银行鼎城支行、农业银行鼎城支行、中国石油公司鼎城分公司）的 13 名军转干部，划归鼎城区负责管理。2012 年，又把“601”矿社区、常德欣运集团公司、常德市保险公司等单位的 85 名军转干部，划归鼎城区负责管理。

一、加强解困工作的领导

2002 年，区人事局成立企业军转干部信访接待领导小组和工作小组，由局长任组长，分管副局长为副组长，军转干部安置办公室及干调股、工资股等股室负责人为成员。主要负责全区企业军转干部信访接待工作，做好政策解释，对企业军转干部的工资、社保、医保等情况进行调查摸底，建立企业军转干部信息档案。

2003 年，鼎城区委、区政府成立企业军转干部解困和维稳工作领导小组，并成立由区委组织部、区人事局、区劳动和社会保障局、区财政局、区民政局、区工业发展局、区贸易发展局、区商业局、区粮食局、区供销联社等单位负责人组成的工作班子，召开相关部门负责人会议，宣传贯彻企业军转干部政策，制定落实企业军转干部政策责任制，明确责任分工，制定工作程序。7 月 21 日，根据省、市企业军转干部摸底统计工作会议精神，对企业军转干部摸底统计。鼎城区成立企业军转干部摸底统计工作领导小组。区属相关单位组建相应工作组，按照省、市要求，对企业军转干部的构成、年龄、职级以及退休、在职在岗、下岗失业等情况逐单位、逐人核实登记。统计工作于 8 月 10 日前完成。

2006 年 3 月，区委、区政府成立鼎城区解决企业军转干部生活困难问题领导小组，办公室设在区人事局，负责全区企业军转干部信访接待和个别生活困难军转干部的个案解困工作。

2007 年 8 月，区委、区政府成立鼎城区涉军信访维稳办公室（下设企业军转干部问题信访接待工作组），从区委办、区委组织部、区人事局、区劳动和社会保障局、区民政局各抽调 1 人集中在区信访局办公，负责全区涉军群体的解困维稳工作。

二、解困措施

2003 年，鼎城区根据市人事局、市委组织部、市民政局、市劳动和社会保障局、常德军分区政治部联合印发的《常德市关于解决部分企业军转干部生活困难的实施意见》的精神，保障企业军转干部的基本生活。解决好拖欠军转干部工资问题：未改制企业的军转干部工资，所在企业均筹措资金保证到位；在改制中的企业，按区政府出台的“两个置换”政策，由企业改制工作组在资产变现收入中优先清偿；企业军转干部下岗后未再就业的，由区政府发放和代缴“一费三金”（基本生活费 100 元 / 月，并代缴养老保险金、失业保险金和医疗保险金）。企业军转干部家庭人均收入低于城市居民最低生活保障线的，纳入最低生活保障范围（按政策发给伤残军人的伤残保健金不计入家庭收入）。同时，解决养老问题、落实基本医疗保障待遇、提供再就业帮助和服务、解决个案特殊困难。是年，区政府落实解困资金 159.52 万元，其中解决“三拖欠”121.2 万元、社保养老金 6 万元、医保 22.8 万元、生活困难补助 9.52 万元。

2004 年，鼎城区根据市政府办《关于切实解决部分企业军转干部生活困难的补充通知》文件精神，加大对企业军转干部解困力度，落实解困资金 382 万元，其中解决“三拖欠”29 万元、社保养老金 100 万元、医保 150 万元、生活困难补助 103 万元

2005 年，为企业军转干部落实解困资金 383 万元，其中解决“三拖欠”25 万元、社保养老金 52 万元、医保 53 万元、生活困难补助 253 万元。

2007—2015 年，解决企业军转干部个人生活困难个案累计 2247 人次，其中 2007 年 229 人次、2008 年 221 人次、2009 年 215 人次、2010 年 213 人次、2011 年 210 人次、2012 年 227 人次、2013 年 229 人次、2014 年 265 人次、2015 年 338 人次。

从 2009 年开始，每年组织身体差、经济困难的企业军转干部进行身体检查，每年参加体检的企业军转干部 150 人次左右。2012 年起，每年组织企业军转干部体检一次。

2004—2009 年，每年八一建军节、春节对部分生活困难的企业军转干部开展走访慰问活动。从 2010 年开始，在建军节、春节期间对企业军转干部采取重点慰问和普遍慰问的方式进行慰问。重点慰问由区委、区政府领导带领相关部门负责人上门走访。

2016—2018 年，针对企业军转干部人数较多，困难群体、困难家庭、困难人数较多的情况，人事部门想办法、出主意，做好企业军转干部的解困工作。一是定期与不定期地通过主管部门和企业军转干部代表，了解企业军转干部个人及家庭困难等情况。二是坚持每年上门走访至少 20 多人次。三是按照解困政策，拟订解困方案，为领导决策提供依据。每年在建军节、重阳节、春节对企业军转干部实行普遍慰问；在建军节、春节前夕实行重点解困。每年在 5 月或 10 月组织企业军转干部进行身体检查。

三、再就业

2004 年 5 月，鼎城区安置企业军转干部年龄 55 岁以下（即 1949 年 6 月 30 日以后出生的）下岗和置换人员 40 人，其中再就业岗位安排 35 人（均为全额拨款机关事业单位），自愿申请自谋职业 5 人。2007 年 7 月，安排企业军转干部再就业 5 人。并规定：接收单位与分配的军转干部签订聘用合同，合同签至国家法定的退休年龄止（男满 60 周岁、女满 55 周岁）。企业军转干部在再就业期间的劳动报酬不低于上年度常德市职工月平均工资。自 2007 年 4 月起每月 1295 元，其中区财政为每名军转干部每月补贴聘用单位 657 元，以后每年随着上年度全市职工平均工资调整；鼓励企业军转干部自谋职业，对自谋职业的企业军转干部，按不低于上年度全市职工平均工资水平的 50%发放生活费。

四、信访接待

2001—2003 年，区人事局采取多项措施，积极做好企业下岗军转干部的信访接待工作。主要是召集企业军转干部进行座谈，耐心宣传解释政策，对他们提出的问题现场答疑；与企业军转干部共同学习相关文件，进行宣传解释；并对信访件做到及时回复。2002-2003 年，区人事局接访企业军转干部 400 多人次，其中 10 人以上群（集）访 27 次；回复信访件 20 多件。

2004—2007 年，区人事局配合有关部门围绕落实中央、省、市、区企业军转干部解困政策开展工作，依据政策法规接待上访、处理诉求等。4 年时间共接待企业军转干部上访 1565 人次，其中 10 人以上群（集）访 83 次。

工作人员正在与企业军转干部电话联系

2008—2015 年，鼎城区认真贯彻上级文件精神，不断总结企业军转干部信访工作经验，建立和完善各项制度，如《企业军转干部八一、春节走访慰问制度》《企业军转干部身体检查制度》《企业军转干部生活困难个案解困制度》《工作组例会制度》以及《企业军转干部联系制度》等。8 年共接访 2080 人次，其中 10 人以上群（集）访 123 余次。2013 年起，企业军转干部上访人次逐年减少，特别是到市赴省进京越级上访、群（集）访重大事件明显减少。

2016—2018 年，鼎城区坚持按政策法规接待企业军转干部上访、处理诉求，确保社会稳定。每年接待来访 120 人次左右，通过协调处理，先后解决并落实企业改制期间拖欠企业军转干部门诊医药费、区粮食部门企业军转干部慰问管理、困难企业军转干部住院医疗费解困等问题；有些因个人困难医、社保缴费不及时需要补缴的，按照有关政策得到妥善解决。对一些没有政策依据的诉求，给予耐心解释。3 年期间，没有发生到市赴省进京越级上访、群（集）访等重大事件。

2003—2018 年鼎城区部分企业军转干部信访接待工作统计表

表 2-4-3　　　　单位：人

项目 年份	接待上访人次	接待 10 人以上群（集）访次	处理上级交办的信访案件（件）	项目 年份	接待上访人次	接待 10 人以上群（集）访次	处理上级交办的信访案件（件）
2003	279	22	3	2012	220	14	0
2004	389	17	5	2013	216	12	0
2005	425	19	5	2014	186	10	0
2006	430	22	4	2015	158	6	0
2007	321	25	3	2016	126	5	0
2008	382	23	2	2017	119	4	1
2009	315	27	1	2018	109	1	1
2010	332	16	1	合计	4278	238	26
2011	271	15	0	—	—	—	—

第四节　优秀军转干部表彰

1988 年 2 月 26 日，常德地区行政公署常署通〔1988〕3 号文件授予常德县河洑区司法助理员雷尧初、常德县税务局干部黄明近“优秀军队转业干部”称号。

2008 年 12 月 25 日，在全市自主择业军转干部就业和管理服务表彰会上，鼎城区自主择业军转干部邵云峰作了《转变观念，适应社会，做一名诚实的“打工”人》的典型发言，被市人事局授予“自主择业军转干部创业（就业）先进个人”称号。

2011 年 1 月 4 日，市人社局常人社通字〔2011〕1 号文件授予鼎城区自主择业军转干部龙丕业“就业创业先进个人”称号。7 月，在全市军队转业干部表彰会上，市委、市政府、常德军分区授予区人社局军转干部任子昂“全市优秀军队转业干部”称号，并奖励 1000 元。

2013 年 7 月，在全区“双促双带”工作表彰会上，自主择业军转干部余友刚被区委、区政府授予“鼎城区双促双带工作先进个人”称号，并奖励 5000 元。

第五章 专业技术人员管理

第一节 专业技术职务评聘与管理

1978年，国家建立技术职称评定制度。1980年，成立常德县科学技术职称评定委员会。此后，各战线先后成立相应的职称评定委员会。1986年，常德县改革职称评定制度，实行专业技术职务聘任制度和以职务工资为主要内容的结构工资制度。1990年以后，专业技术职称评聘工作步入正常化、制度化。

一、职称评定与管理

（一）职称评审机构

1980年6月，成立常德县科学技术干部技术职称评定委员会，由朱凤江任主任，黄吉玉任副主任，委员由吴烈夫等17人组成。评定委员会按工程、农业、教育、卫生、科学研究等专业分别建立考核评定小组，负责对本专业的技术干部技术职称的考核评定工作。

1981年11月—1985年4月，根据省、市文件精神，先后成立常德县会计干部技术职称评定委员会、卫生技术人员技术职称评定委员会、统计干部技术职称评定委员会、科研单位干部技术职称评定委员会、农业技术干部技术职称评定委员会、工程技术干部技术职称评定委员会、农民技术员技术职称评定委员会、土木建筑工程技术员技术职称评定委员会、乡镇企业技术职称评定委员会等。详情见下表。

常德县科技干部技术职称评定委员会首次建立成员表

表2-5-1

发文时间	县政府文号	评委会名称	主任	副主任	评委会人数
1981年11月	常政发〔1981〕145号	会计干部技术职称评定委员会	刘建忠	蒋春成、邱良庆、成子馨、范开智	10人
1981年11月	常政发〔1981〕147号	卫生技术人员技术职称评定委员会	陶昌鉴	吴烈夫、杨　良、谭俊臣、周明清、肖建国	14人

续表 2-5-1

发文时间	县政府文号	评委会名称	主任	副主任	评委会人数
1982 年 7 月	常政办〔1982〕31 号	统计干部技术职称评定委员会	贾景栋	易春林、蒋祥政	6 人
1982 年 9 月	常政办〔1982〕41 号	科研单位技术干部职称评定委员会	陈代振	孙子平	3 人
1983 年 4 月	常政办〔1983〕13号	农业技术干部技术职称评定委员会	沈仙全	孙子平	4 人
1983 年 4 月	常政办〔1983〕17 号	农民技术员技术职称评定委员会	陈代振	孙子平	11 人
1983 年 4 月	常政办〔1983〕22 号	工程技术干部技术职称评定委员会	陈开初	胡传来、胡作镛	10 人
1983 年 10 月	常政办〔1983〕39 号	土木建筑工程技术人员技术职称评定委员会	周冬轩	丁为泉、段经尧	6 人
1985 年 4 月	常政办〔1985〕19 号	乡镇企业技术职称评定委员会	鄢杏初	董铁安、宁志鹏	6 人

（二）职称套改与评定

1980 年，县人事局开展全县科技干部职称的套改评定工作。根据国务院颁发的工程、农业等技术干部技术职称评定的暂行规定，通过宣传发动、摸清底子、自我鉴定、考核、考试、评定，共套改评定科技干部技术职称 91 名，其中套改评定助理工程师 26 名、助理农艺师 1 名、技术员 37 名；复查评定助理工程师 10 名、技术员 17 名。

1981 年，通过业务考核、各主管部门审核、工程和农业技术干部技术职称评定委员会评定、科技干部技术职称评定工作领导小组审查同意，为 339 名技术干部评定了职称，其中工程师 1 名、助理工程师 65 名、技术员 91 名；助理农艺师 69 名、农业技术员 113 名。

1982 年 1 月—1983 年 9 月，常德县共为工程、农业、卫生、会计、统计、图书等系列科技干部评定职称 480 人。详情见附表：

1980年9月至1983年9月常德县取得技术职称各系列人数统计表

表2-5-2 单位：人

系列职称	总数	工程	农业	卫生	会计	统计	图书
合　计	910	230	221	188	218	50	3
工程师级	58	25	19	10	4	0	0
技　师	1	1	0	0	0	0	0
助师级	305	72	79	116	30	8	0
员　级	546	132	123	62	184	42	3

这次专业技术职称套改评定，在一定程度上继承了学衔制度和称号制度，存在着职称与职责分离，但又作为工资晋级的依据，且没有数量限制，一旦授予终身享有等弊端，不利于实行专业技术人员的岗位责任制，不利于贯彻按劳分配的原则，也不利于充分调动专业技术人员的积极性。根据中共中央办公厅、国务院办公厅〔1983〕63号文件规定，职称评定工作于1983年9月停止。

（三）“内定”职称

1983年9月，职称评定工作停止后，全县科技工作人员对恢复职称评定工作的呼声很高，希望组织上对自己的技术业务水平有一个正确评价，并通过职称评定解决有关待遇问题。1984年9月，县委、县政府根据常德地区行政公署常署发〔1984〕57号文件精神，成立常德县科学技术干部管理局，原属县劳动人事局管理的科技干部工作和工作人员全部移交县科技干部管理局。1985年4月22日，成立常德县职称评定领导小组。评定职称的日常工作由县科技干部管理局负责，县直有关单位各明确1名人事或科技干部兼管职称工作。

1985年7月，常德地区内部行文，决定在全国专业职务聘任制未推行之前，对职称评定工作采取过渡性措施，其职称通过相应的评委复议评定，享受本地区本单位内部规定的相应待遇（当时称这一作法叫“内定”）。这次评定职称的范围、对象是1983年9月20日前，按原职称审批权限经过最后一级评委会讨论通过，而未正式行文的待批人员（评委会未讨论通过或因种种原因主管机关未予批准的对象不在此列）；1977年恢复高考制度后（包括教育部门承认的“五大”毕业生）大中专毕业生，从事本专业技术工作1年以上，仍在技术岗位的科技人员；卫生系统1966年年底以前毕业的大中专毕业生，仍在技术岗位的专业技术人员，其职称按省卫生厅、省科技干部管理局〔1984〕湘卫人字144号文件精神办理；党政部门的技术干部符合上述条件之一者，主要精力从事技术或技术管理工作的可以授予相应的职称。这次“内定”职称只搞评定，不搞晋升，也不套改。是年，常德县“内定”职称的各类专业技术人员共有1504人，其中中级27人、助理级224人、员级1253人。详情见下表。

1985年常德县“内定”职称人员统计表

表2-5-3　　单位：人

系列	合计	中级	助工级	员级
工程	182	11	40	131
农业	89	13	3	73
卫生	1033	1	145	887
会计	79	1	16	62
统计	86	0	0	86
图书	1	0	0	1
经济	20	1	11	8
新闻	10	0	7	3
科管	4	0	2	2
合计	1504	27	224	1253

二、职称评聘与管理

（一）职称评聘与复查

职称评聘　1986年1月，常德县按照中共中央、国务院转发的中央职称改革领导小组《关于改革职称评定，实行专业技术职务聘任制度的报告》的通知精神和省、地区劳动人事部门的要求，开展专业技术职务聘任工作，实行以职务工资为主要内容的结构工资制度。专业技术职务聘任制度的基本内容是根据实际工作需要设置有明确职责、任职条件和任期，并需要具备专门的业务知识和技术水平才能担负的工作岗位，不同于一次获得后而终身拥有的学位、学衔等各种学术、技术称号。建立专业技术职务聘任制度，根据实际需要设置专业技术工作岗位，明确职责和任职条件；在定编定员的基础上，确定高、中、初级专业技术职务的合理结构比例；由行政领导在经过评审委员会评定的、符合相应条件的专业技术人员中聘任；有一定的任期，在任职期间领取专业技术职务工资。企业单位参照上述规定，结合企业特点逐步实行专业技术职务聘任制度。

1987年，常德县在全民事业单位开展专业技术人员技术职称评聘工作。到1988年10

月，全民事业单位参加职称评聘的专业技术人员共6003人，分布在9个战线、252个独立的事业单位，分属于23个系列。经过深入宣传发动、层层民主推荐、评审和综合平衡，确认各级各类专业技术职务任职资格人员5297人，其中高级107人，中级1314人、助理级2491人、员级1385人。

1988年11月，鼎城区在全民企业、集体企事业单位开展职称评聘工作。到1989年12月，参加职称评聘的专业技术人员6296人，其中全民企业单位2110人、集体企业单位1904人、集体事业单位2282人，分布在9条战线，171个单位，其中全民企业单位67个、集体企业单位32个、集体事业单位72个，分属于12个系列。经过逐级推荐评审，确认具备各级各类专业技术职务任职资格人员4768人，其中高级24人、中级622人、助理级2389人、员级1733人。

1987年7月至1989年12月，鼎城区（常德县）参加职称评聘的专业技术人员12299人，确认具备各级各类专业技术职务任职资格的共有10065人，其中高级131人、中级1936人、助理级4880人、员级3118人。

复查　1990年，鼎城区对全区所属企事业单位首次职称评聘情况进行全面复查。清查出各种有问题人员488人（其中伪造学历证书5人、混岗14人、离退休人员255人、病休及离职进修学习人员48人、死亡及调离专技岗位128人、受党内严重警告或行政记大过处分的38人）。根据省、市有关复查处理意见，对376人进行了解聘（其中高级25人、中级156人、助级151人、员级44人）、取消任职资格40人（其中中级17人、助级15人、员级8人）、降级的2人、缓聘的70人（其中中级1人、助级45人、员级24人）。在复查的同时，还对全区5771名具备任职资格的专业技术人员正式行文，其中高级16人（全民11人、集体5人）、中级664人（全民314人、集体290人、乡镇集体60人）、助级2031人（全民1305人、集体726人）、员级2142人（全民1454人、集体688人）、乡镇集体初级918人。全区首次职称评聘工作基本完成。

（二）初级专业技术职务评审委员会

1989年6月，鼎城区科技干部管理局并入区人事局，区人事局设立专业技术人员管理股，负责全区专业技术人员综合管理工作，以职称改革为重点，组织开展专业技术职务评聘工作。是年，相继组建鼎城区卫生系列、档案系列、农业系列、统计系列、工程系列、经济系列、会计系列、艺术系列、财贸系统经济系列、中学教师系列、小学教师系列、群文系列、农村经济系列、乡镇事业林业工程系列等初级专业技术职务评审委员会。

1990—2001年，相继组建乡镇集体农机工程系列、中西药系列、乡土人才系列等初级专业技术职务评审委员会。详情见下表：

鼎城区初级专业技术职务评审委员会首次建立成员表

表 2-5-4

发文时间	区职改领导小组文号	评委会名称	主任	副主任	评委会人数
1989 年 3 月	常鼎职改〔1989〕1号	卫生系列初级专业技术职务评审委员会	杨成凯	杨启儒 杨舜贤	11 人
1989 年 3 月	常鼎职改〔1989〕2 号	档案系列初级专业技术职务评审委员会	刘作福	朱锦荣	9 人
1989 年 3 月	常鼎职改〔1989〕3 号	统计系列初级专业技术职务评审委员会	钱正新	蒋惠芝 罗宗武	11 人
1989 年 3 月	常鼎职改〔1989〕4 号	农业系列初级专业技术职务评审委员会	黑和清	贺德翘	11 人
1989 年 3 月	鼎职改〔1989〕5 号	工程系列初级专业技术职务评审委员会	王泽华	董铁安 黄孟初 王狄龙	13 人
1989 年 3 月	常鼎职改〔1989〕5 号	经济系列初级专业技术职务评审委员会	周帮兴	王文范 高德华	9 人
1989 年 3 月	常鼎职改〔1989〕6 号	会计系列初级专业技术职务评审委员会	蒋祥政	梅开清 龙胜秋	13 人
1989 年 3 月	常鼎职改〔1989〕6 号	艺术系列初级专业技术职务评审委员会	杨文庆	—	7 人
1989 年 4 月	常鼎职改〔1989〕7 号	财贸系统经济系列初级专业技术职务评审委员会	李德才	黄复初	9 人
1989 年 5 月	常鼎职改〔1989〕9 号	中学教师系列初级专业技术职务评审委员会	陈大明	聂仁福	7 人
1989 年 5 月	常鼎职改〔1989〕9 号	小学教师系列初级专业技术职务评审委员会	陈显银	宋道利	7 人
1989 年 8 月	常鼎职改〔1989〕12 号	群文系列初级专业技术职务评审委员会	杨文庆	—	7 人
1989 年 9 月	常鼎职改〔1989〕13 号	农村经济系列初级专业技术职务评审委员会	贺定初	刘志禹	7 人

续表 2-5-4

发文时间	区职改领导小组文号	评委会名称	主任	副主任	评委会人数
1989 年 10 月	常鼎职改〔1989〕15 号	乡镇事业林业工程系列初级专业技术职务评审委员会	任炎华	李丽媛 李瑞泽	9 人
1990 年 3 月	常鼎职改〔1990〕1 号	乡镇集体农机工程系列初级专业技术职务评审委员会	黄世凤	吴家驹	7 人
1999 年 3 月	常鼎职改〔1999〕1 号	乡土人才系列初级专业技术职务评审委员会	向中权	—	7 人
2001 年 6 月	常鼎职改〔2001〕4 号	中西药系列初级专业技术职务评审委员会	陈振模	雷洞庭	7 人

1991 年 4 月，区委、区政府调整区职称改革工作领导小组。领导小组办公室与区人事局专业技术人员管理股合署办公（一套班子，两块牌子）。10 月，召开全区职称改革工作会议，传达全市职称改革工作会议精神，安排全区专业技术职务评聘经常化工作。

（三）专业技术职务岗位设置

1991 年，鼎城区根据工作需要、岗位职数、岗位职责以及专业技术职务聘任制的规定和要求开展评聘工作。对全区全民事业和集体企业单位的评聘技术职务的指标使用情况进行认真清理，分别核发《全民事业单位专业技术职务评聘情况登记册》和《全民企业单位专业技术职务评聘情况登记册》。从 5 月开始，不定期核对指标使用情况，与工资调配部门密切配合，强化对专业技术岗位设置的管理。

1992 年，按照“因事设岗、因岗择人、有岗有责、职责相符”的原则进行设岗。下半年，根据市人事局《关于人事部门放权于企业的实施意见》，明确企业可以根据需要，在专业技术职务评聘中制定适合单位实际的评聘条件，单位自己评聘专业技术职务。

从 1996 年起，鼎城区高、中级专业技术职务，全额拨款的事业单位按下达岗位职数申报，差额拨款的事业单位按结构比例控制数额申报。从 2001 年起，全区中专、中小学教师系列仍然实行申报职数控制，其他系列凡符合参评条件的人员，经企事业单位推荐均可申报评审相应的职称。

鼎城区专业技术职务结构比例宏观控制方案表

表 2-5-5

序号	系列专业	单位层次	结构比例（100%）		
			高级	中级	初级
1	工程系列	区属单位	10~15	40~45	—
		乡镇单位	5~10	35~40	—
2	农业系列	区属单位	5~10	40~45	—
		乡镇单位		20	—
3	中等专业学校	区教师进修学校	18	45	—
		其他中等专业学校	8	40	—
4	医疗机构卫生技术	三甲医院	20~25	40~45	—
		三乙医院	15~20	40~45	—
		三丙医院	10~15	40~45	—
		二甲医院	5~15	35~40	—
		二乙医院	3~10	35~40	—
		二丙医院	3~8	25~35	—
		一级医院（乡镇卫生院、企事业单位医务所）	3	20~30	—
5	卫生防疫卫生技术	区卫生防疫站	12~15	35~40	—
6	药检机构卫生技术	区药品监督检验所	12~15	35~40	—
7	科研院所	区级研究所	10~15	35~40	—
8	新闻系列	区广播电视新闻单位	3~10	20~40	—
9	中、小学校	省重点高中	25~35	35~45	—
		市重点高中	20~28	35~50	—
		一般高中	10~20	35~50	—
		城市初级中学	8~15	40~50	—
		乡镇初级中学	3~8	30~45	—
		城市小学	—	30~50	—
		乡镇村小学	—	30~45	—
		幼儿园	—	5~20	—

续表 2-5-5

序号	系列专业	单位层次	结构比例（100%）		
			高级	中级	初级
10	图书资料、群文、文博、档案、党史系列	区属单位	5~10	30~35	—
11	文艺系列	区花鼓戏剧团	5	25~40	—
12	体育系列	区体育学校	15	50	—
13	财政、经济、审计、统计系列	区属单位	5~10	25~30	—
14	工艺美术系列	区属单位	20~25	40~45	—
15	律师系列	区属单位	10~15	40~45	—
16	公证系列	区属单位	10~15	40~45	—
17	各类培训、综合管理服务、咨询机构	区属单位	3~10	35~40	—

（四）专业技术职务任职资格评审

1991 年，根据市职改办对专业技术职务任职资格的申报规定，鼎城区评审工作的程序是：专业技术人员申请、单位申报、资格审查、专业评审、综合平衡、上报审批。具体作法：（1）申请人填写《专业技术职务呈报表》，提交反映其业务水平、工作成绩等资料，并在一定范围内进行报告。（2）由所在基层单位对申请人的政治条件、业务水平、工作能力、工作表现与成绩、健康状况进行评议，提出推荐意见。（3）评审委员会根据申请人提供的材料和所在单位的推荐意见进行评审，并写出评审结论。按照评审权限规定，属于上一级评审委员会评审的，应提出推荐意见，连同有关材料转送上一级评审委员会评审。（4）由本单位行政领导根据工作需要从经过评审符合相应职务条件的专业技术人员中聘任或任命。（5）专业技术职务有关评审材料，存入本人考绩档案。初级职务由县级评审委

工作人员在审查专技人员评审材料

员会评审确认，中级职务由地（市）级评审委员会评审确认，高级职务由省级评审委员会评审确认，并由相关机构发放专业技术资格证书。

1992—2017 年，鼎城区专业技术职务评审通过 26970 人，其中高级 1757 人、中级 8701 人、初级 16512 人。2018 年职称评审工作尚无结果。详情见下表：

鼎城区专业技术职务评审通过人员统计表
（1992—2017 年）

表 2-5-6　　　　单位：人

年份	高级	中级	初级	小计	年份	高级	中级	初级	小计
1992	26	228	1360	1614	2006	52	706	346	1104
1993	38	356	1626	2020	2007	63	423	275	761
1994	17	292	1498	1807	2008	77	198	192	467
1995	22	659	1992	2673	2009	83	224	243	550
1996	16	615	958	1589	2010	76	233	206	515
1997	25	662	1139	1826	2011	9	60	190	259
1998	30	575	785	1390	2012	181	125	141	447
1999	21	509	677	1207	2013	137	111	149	397
2000	18	295	1386	1699	2014	97	119	126	342
2001	30	208	760	998	2015	60	225	111	396
2002	36	227	548	811	2016	239	210	177	626
2003	47	423	545	1015	2017	263	225	180	668
2004	44	314	475	833	合计	1757	8701	16512	26970
2005	50	479	427	956	—	—	—	—	—

（五）专业技术职务任职资格认定

（1）外地调入、军队转业专业技术人员任职资格的认定。

根据规定，凡从外省、市、中央部属单位调入和从军队转业到鼎城区企事业单位仍从事本专业或相近专业工作的专技人员，经考察能够履行现专业岗位职责，单位拟按原专业技术职务任职资格进行聘任的，由具备资格确认权的职改办重新确认专业技术职务任职资格。1992 年至 2015 年，共办理外地调入、军队转业专业技术人员任职资格认定 17 人。

（2）正规全日制院校毕业生专业技术职务任职资格的认定

按照规定：正规全日制院校大中专毕业生在本专业或相近专业岗位上见习期满，经单位考核符合任职条件的，直接初定相应的专业技术任职资格，并根据需要予以聘任。不同学历初定不同的专业技术职务，具体规定：中专毕业，见习 1 年期满，初定聘任为“员”级职务；大学专科毕业，见习 1 年期满，再从事本专业技术工作 2 年，初定并聘任为“助师”级职务；大学本科毕业，见习 1 年期满，初定并聘任为“助师”级职务；硕士学位获得者，从事本专业工作 3 年，初定并聘任为中级职务；博士学位获得者从事本专业工作的，直接初定并聘任为中级职务。取得双学士学位或研究生班毕业人员，在取得最后一个学位或毕业后，从事本专业工作的，初定并聘任为“助师”级职务，再从事专业技术工作 3 年，可以根据岗位需要参加中级职务的评聘。

1991 年，根据湘人职〔1991〕81 号和常人职〔1991〕41 号文件精神，对企事业单位中正规全日制院校毕业生，经考核合格，初任专业技术职务 678 人，其中全民事业单位 574 人（助级 262 人、员级 312 人）、全民企业单位 60 人（助级 11 人、员级 49 人）、集体企业单位 44 人（助级 3 人、员级 41 人）。

1992 年，鼎城区初任正规全日制院校大中专毕业生专业技术职务 620 人，其中中级 1 人、助级 279 人、员级 340 人。

1994 年起，经成人教育取得大中专学历，从事本专业技术工作的，参照全日制大中专毕业人员初定专业技术职务的规定初定相应的专业技术职务任职资格。

2016 年，鼎城区大中专毕业生初定专业技术职务 159 人（助级）。2017 年，鼎城区大中专毕业生初定专业技术职务 129 人（助级）。2018 年尚未揭晓。

鼎城区大中专毕业生初任专业技术职务人数统计表

（2000—2017 年）

表 2-5-7　　　　单位：人

年份	助级	员级	小计	年份	助级	员级	小计
2000	145	181	326	2010	143	0	143
2001	96	28	124	2011	124	0	124
2002	42	0	42	2012	110	0	110
2003	59	17	76	2013	105	0	105
2004	94	3	97	2014	85	0	85

续表 2-5-7

年份	助级	员级	小计	年份	助级	员级	小计
2005	213	10	223	2015	90	0	90
2006	173	2	175	2016	159	0	159
2007	114	0	114	2017	129	0	129
2008	192	0	192	合计	2073	241	2314
2009	0	0	0	—	—	—	—

（六）乡镇企业内部职称转评

1992 年起，根据省、市文件精神和全省职改会议精神，为促进全区乡镇企业和个体私营企业的发展，组建乡镇企业专业技术人员初级资格评审委员会，负责全区乡镇企业初级职务的评审和中级职务的推荐工作。1995 年，全区获得乡镇企业内部职称的专业技术人员有 390 人，其中中级职称 172 人、初级职称 218 人。1996 年，获得乡镇企业内部职称的有 108 人，其中中级职称 64 人、初级职称 44 人。到 1999 年年底，全区共有 1360 人获得乡镇企业内部职称，其中中级职称 650 人、初级职称 710 人。

2000 年，按照省、市职改部门的要求，取消所有系列内部有效职称评审。乡镇企业内部有效的专业职务任职资格评审工作与全省专业技术职务经常化评审工作接轨，对已获得乡镇企业内部有效专业技术任职资格的人员，符合转评条件的，转评为经常化的职称。

2000—2001 年，按照省、市职改部门的统一部署，对全区乡镇企业内部有效专业技术职务任职资格的人员，按照考试、评审等程序进行转评。全区 1200 多名合格人员由市、区职改办下文确认，并颁发全省统一的专业技术职务任职资格证书。

（七）农村乡土人才职称评定

1993 年，区人事局启动农民技术员职称评定工作，为 47 名农民技术员申报和评定专业技术职称，其中中级职称 2 人、初级职称 25 人。

1999 年 3 月，区政府办常鼎办〔1999〕15 号印发《关于认真做好个体私营企业从业人员、农民技术人员的职称评定工作的意见》，明确评定范围和对象、职称等级、任职条件、评定程序、技术人员管理与要求。并成立由农业、工程等 11 名专家组成个体私营企业从业人员、农民专业技术人员职称评定委员会。是年，为 126 名农民技术人员评定初级专业技术职称。

2006 年，为 250 名农民技术人员评定初级职称。

2009 年，为 27 名农民技术人员和 16 名民营企业技术人员评定初级职称；为 19 名申报中级职称，有 6 人通过。

1993—2018 年，鼎城区共组织农村乡土人才职称评审 15 批次 2300 人次，为 1890 名农村技术人员评定初级职称，促进了农村科技事业的有序发展。

（八）专业技术人员年度考核

1991 年，鼎城区采取广泛宣传、精心组织、严格把关等措施，对全区专业技术人员在任期内的表现进行全面考核。区职称改革领导小组印发《关于对专业技术人员进行年度考核的通知》。考核的主要内容：（1）现实表现。包括政治思想、职业道德、工作态度、出勤上岗等情况。（2）业务能力。包括学识水平、履行职责、解决疑难复杂问题的能力，培养人才、继续教育等情况。（3）工作实绩。包括完成工作的数量和质量、工作成就、科研成果、学术论文及奖励等情况。考核办法：由专业技术人员提交个人总结，进行个人述职与群众评议，再由单位审议。考核分优秀、称职、基本称职、不称职四个等次。考核结果记入专业技术人员考绩档案，作为续聘、低聘、解聘或晋升、奖惩的依据。5 月中旬，区职改办从各战线抽调人员组成检查组，采取评分和评议相结合的方法，对全区专业技术人员考核工作进行检查验收。全区应参加首次考核的有 15117 人，其中获得各类专业技术任职资格的 12348 人、在专业技术岗位和管理岗位尚未获得各类职务资格的 2769 人。参加首次考核的专业技术人员有 14361 人，其中全民事业 7321 人、全民企业 2253 人、集体事业 1312 人、集体企业 699 人、民办教师 2776 人。通过考核，优秀的 2778 人，占应参加考核的 18.38%；称职的 11213，占应参加考核的 74.17%；基本称职的 329 人，占应参加考核的 2.18%；不称职的 41 人，占应参加考核的 0.27%；未参加考核的 756 人，占应参加考核的 5%。对于考核中有突出成绩评定为优秀的专业技术人员，采取多种形式进行大力宣传和表彰；对于考核中评定为不称职的 41 名专业技术人员，根据湘职改函〔1990〕2 号文件精神，取消任职资格 10 人，其中中级 3 人、助级 7 人；解聘 20 人，其中中级 3 人、助级 7 人、员级 10 人；其他人员进行批评教育。此次考核，社会反响很大，激发了专业技术人员争先创优的积极性。

1992 年，全区企事业单位专业技术人员的年度考核，纳入区目标管理岗位责任制考核评比和年终总结评奖范围，优岗指标不超过 20%。是年，考核专业技术人员 14408 人，其中优秀 2855 人、称职 11157 人、基本称职 341 人、不称职 55 人。

1996 年，年度考核等次调整为优秀、合格、不合格。优秀比例控制在 10%左右，最多不得超过 15%。

1998 年，年度考核结果按优秀、称职、基本称职、不称职划分。

2015 年，考核专业技术人员 11567 人，其中优秀 1619 人、称职 9926 人、基本称职 12 人、不称职 10 人。

2016 年，考核专业技术人员 11358 人，其中优秀 1735 人、称职 9607 人、基本称职 9 人、不称职 7 人。

2017 年，考核专业技术人员 11416 人，其中优秀 1712 人、称职 9693 人、基本称职 7 人、不称职 9 人。2018 年考核结果未出。

1991—2017 年鼎城区专业技术人员年度考核情况统计表

表 2-5-8 单位：人

年份	考核人数	优秀	称职	基本称职	不称职
1991	14361	2778	11213	329	41
1992	14408	2855	11157	341	55
1993	14212	2714	11250	213	35
1994	13966	2137	11808	129	12
1995	13964	1878	12082	113	9
1996	13960	2024	11923	—	13
1997	13892	2013	11862	—	17
1998	13791	1380	12315	89	7
1999	12619	1766	10752	93	8
2000	12768	1787	10871	99	11
2001	12090	1632	10385	60	13
2002	11716	1681	9958	71	6
2003	11400	1710	9631	55	4
2004	10967	1786	9114	57	10
2005	9760	1237	8447	61	15
2006	9671	1222	8398	42	9
2007	9753	1235	8460	46	12
2008	9897	1254	8603	35	5

续表 2-5-8

年份	考核人数	优秀	称职	基本称职	不称职
2009	9609	1213	9372	27	7
2010	9910	1244	7618	24	14
2011	9619	1348	8257	17	7
2012	10290	1440	8825	15	10
2013	11690	1578	10084	13	15
2014	11548	1616	9909	16	7
2015	11567	1619	9926	12	10
2016	11358	1735	9607	9	7
2017	11416	1712	9693	7	9

（九）专业技术人员档案管理

1982 年 6 月，常德县人事局建立专业技术人员业务考绩档案库。由所在单位将专技人员的科技新成果及有关资料，及时交县人事局集中管理，作为专技人员职务晋升、奖励表彰等的依据。

1989 年，区人事局整理全民事业单位高、中级专技人员报表 1200 份，逐人逐项填写登记卡，编写人名姓氏索引，并给 4300 名各类专业技术人员颁发资格证书。

1990 年，根据《常德市专业技术人员业务档案管理暂行规定》，对全区中、初级专业技术人员的业务档案进行全面整理。举办档案整理培训班 1 期，培训建档人员 54 名，邀请区档案局专业人员讲课。抽调 6 名人员整理全区中级人员业务档案和对初级人员的建卡、编号工作。各单位由 1~2 人整理初级人员的业务档案。在建档过程中，收集补充档案材料 2513 份。全区共建档 10962 份，其中中级 2049 份、初级 8913 份。全区中级人员业务档案全部入盒装柜，初级人员的业务档案全部建卡、编号。对档案管理制定了“三个制度”（安全保密制度、档案管理工作人员制度、查借阅档案制度），建立了“两个登记簿”（查借阅档案登记簿、档案转递登记簿），编排了查阅档案索引目录，形成了规范化的业务档案管理体系。12 月 24—28 日，市人事局组成 14 个检查组，对 9 个区县市和市直 79 个处级单位的专技人员业务档案建设进行全面检查验收，鼎城区获得 94 分，在 9 个区县市中位列第一名，受到市人事局的通报表彰。

2000 年，投资 2 万元维修专技人员业务档案室，添置档案柜，完善了各项档案管理制度。

2004年，投资30多万元对专技人员业务档案室进行升级改造，购置铁质档案柜，建立了可容纳2万多册的专技人员业务档案库。

2008年，省人事信息中心在常德市举办培训班，系统学习使用《湖南省职称管理系统》基本操作及常见问题的处理。区人事局派出1人参加学习培训。是年，将2000多份专业技术人员业务档案信息输入微机，实现专业技术人员档案管理信息化。

2015年，区人社局档案库有中、初级专业技术人员业务档案2万多份（高级专业技术人员业务档案由市人社局保存）。

2016年，按照有关规定，对区人社局档案库保存的中、初级专业技术人员业务档案进行清理，全部移交给专业技术人员所在单位管理，并办理了移交手续。

鼎城区基层单位专业技术人员统计表

（填报时间：2016年7月19日）

表2-5-9　　单位：人

行业分布		教育	医疗卫生	文化体育	农村牧渔	其他	合计
合　计		5493	2164	275	2656	770	11358
职称分布	高　级	976	135	7	16	27	1161
	中　级	2789	563	69	439	227	4087
	初　级	1728	1466	199	2201	516	6110
学历分布	研究生	24	19	2	17	9	71
	本　科	2939	707	107	1343	241	5337
	大　专	1840	646	95	1093	117	3791
	中专及以下	690	792	71	203	403	2159
年龄分布	35岁及以下	1833	389	154	558	68	3002
	36~45岁	1482	681	52	960	415	3590
	46岁及以上	2178	1094	69	1138	287	4766

第二节 优秀专业技术人员选拔与表彰

一、享受国务院特殊津贴专家

1991年，鼎城区开展享受国务院特殊津贴人员的选拔推荐工作，选拔推荐的对象是在科研、教育、卫生、工农业生产和科技推广第一线工作岗位上做出贡献的专家、学者和专业技术人员。1993年，区农业局高级农艺师陈嘉铭、区水电局高级工程师武令如、市第二中医院主任医师吴忠文被国务院批准享受国务院特殊津贴；2002年，区文化局图书馆一级编剧黄士元被国务院批准享受国务院特殊津贴。津贴费由市人事局按规定发放。“享受国务院特殊津贴人员”的选拔推荐工作，2002年前国家每年评选一次，以后每两年评选一次。2018年12月，鼎城区有3名享受国务院特殊津贴的专家。

1991—2015年鼎城区享受国务院特殊津贴人员名单

表2-5-10

姓名	性别	出生年月	工作单位	专技职务	批准年份
陈嘉铭	男	1936年2月	区农业局	高级农艺师	1993年
武令如	男	1940年1月	区水利局	高级工程师	1993年
吴忠文	男	1941年7月	市第二中医院	主任医师	1993年
黄士元	男	1943年1月	区图书馆	一级编剧	2002年

二、市级优秀专家表彰

1990年1月，常德市政府常政通〔1990〕1号文件对中共十一届三中全会以来表现突出的优秀专业技术人员进行表彰。鼎城区万志祥、邹琪（女）、杨进轩、钟凤亭、粟万珍（女）、屠宗世等6人被授予常德市“优秀专业技术人员”称号。

2008年3月，中共常德市委人才工作领导小组办公室、常德市人事局常人发〔2008〕11号文件对为新型工业化建设和社会主义新农村建设做出突出贡献的企业优秀专业技术人才和优秀农业技术推广服务人员进行表彰。鼎城区大龙站中心农科站高级农艺师刘建军被授予“常德市优秀农业技术推广服务人员”称号。

2010年，鼎城区农业局高级农艺师李向阳被市委、市政府授予“常德市优秀专家”

称号。

2013年，常德市第四人民医院（区属医院）副主任医师葛良清被市委、市政府授予“常德市优秀专家”称号。

三、区级优秀专技人员表彰

1986年1月30日，中共常德县委、县政府召开全县科技工作先进集体、先进个人表彰大会，授予黄大才等240人为“常德县优秀专业技术人员”称号，并颁发奖状、荣誉证书。

1990年5月，经层层推荐、组织考核、区委人才工作领导小组研究，确定黄世风、武令如、宁志鹏、陈嘉铭、刘正南、章伯先、黄士元、万隆惠、谢银阶、冯家强、张友文、潘钧辉、谭俊飞、粟万珍、吴忠文、顾国辉、沈占饶、王艺圃、余仟成、罗绵江、黄孟初、石柏林、成湘兰、杨舜贤、何德生、杨立平、高明清、胡诗礼28人为“鼎城区区级专家”。7月10日，中共鼎城区委、区政府召开专业技术人员表彰大会，授予吴文华、张友文、何德生、武令如、高明清、章伯先6人“鼎城区拔尖人才”称号。

1994年2月28日，鼎城区委、区政府召开专业技术人员表彰大会，授予吴忠文、张顺民、杨立平、杨朝富、胡宽永、段德全、黄士元、黄铁毛、蔡教春、魏新明10人“鼎城区拔尖人才”称号。

1997年1月20日，中共鼎城区委、区政府召开全区经济工作表彰大会，授予蔡教春、陶华君、张顺民、周定明、宋超华、张丕同、吴忠文、黄铁毛、黄爱芬、黄士元、刘青阳、刘建德、王有学、黄祖达14人为“鼎城区有突出贡献的专业技术人员”称号。

1999年1月27日，中共鼎城区委、区政府召开全区经济工作表彰大会，授予李华湘、陶锡新、尹国宝、吴忠文、石柏林、陈坚、徐跃华、陶华君、粟万珍、张丕同10人为“十佳科教工作者”称号。

四、入选常德市“十百千”人才工程人员

2004年6月，市委组织部、市人事局等9个单位印发《常德市“十百千”人才工程实施意见》（到2010年，全市培养10余名达到国家先进水平、在国内外有一定影响的专家；培养百余名具有较高学术技术造诣、在省内外有一定影响的学术技术带头人；培养千余名具有一定发展潜能，在全市各行各业发挥中坚作用的优秀中青年专业技术骨干）。选拔工作从2004年开始，每3年进行一次。鼎城区经层层推荐、考察、报市人事局批准，2005年7月首批入选10人；2008年6月第二批入选2人；2010年12月第三批入选30人。三批共入选42人，其中二层次4人；三层次38人。

鼎城区入选常德市“十百千”人才工程人员统计表

表 2-5-11

姓名	性别	技术职称	工作单位	评选年份	层　次
熊柯冰	女	二级演员	区文化局	2005	首批二层次
李向阳	男	高级农艺师	区农业局	2010	三批二层次
葛良清	男	副主任医师	市第四人民医院	2010	三批二层次
郭芝生	女	高级工程师	中联重科常德分公司	2010	三批二层次
唐新湘	男	中学高级教师	区第一中学	2005	首批三层次
王元清	男	中学一级教师	许家桥乡中学	2005	首批三层次
严玉兰	女	中学一级教师	景新实验中学	2005	首批三层次
王胜利	男	中学一级教师	景新实验中学	2005	首批三层次
徐跃华	男	小学一级教师	丁家港乡中学	2005	首批三层次
马大庆	男	中学一级教师	许家桥乡中学	2005	首批三层次
谭真勇	男	中学一级教师	区第九中学	2005	首批三层次
陈丽秀	女	小学高级教师	武陵镇中心小学	2005	首批三层次
张　玲	女	小学高级教师	武陵镇中心小学	2005	首批三层次
张孝珍	女	小学高级教师	武陵镇中心小学	2008	二批三层次
史启盛	男	中学高级教师	区第一中学	2008	二批三层次
聂　伟	男	副主任医师	市第二中医院	2010	三批三层次
尤先哲	男	中学高级教师	区第一中学	2010	三批三层次
陶锡新	男	高级农艺师	区农业技术推广中心	2010	三批三层次
涂建民	男	副主任医师	市第四人民医院	2010	三批三层次
杨赛华	女	副主任医师	区妇幼保健院	2010	三批三层次
曾　旭	男	副主任医师	市第六人民医院	2010	三批三层次
徐克锋	男	工程师	常德百佳园林建设有限公司	2010	三批三层次
吕成军	男	工程师	常德百佳园林建设有限公司	2010	三批三层次
罗明福	男	工程师	区水利局	2010	三批三层次
陈洪波	男	工程师	区农业机械化学校	2010	三批三层次

续表 2-5-11

姓名	性别	技术职称	工作单位	评选年份	层　次
李小霞	女	中学高级教师	武陵镇中心小学	2010	三批三层次
姚久经	男	工程师	区冲柳排水管理处	2010	三批三层次
沈成高	男	中学高级教师	景新实验中学	2010	三批三层次
江河清	男	中学高级教师	区第一中学	2010	三批三层次
周立泉	男	工程师	区林业局	2010	三批三层次
张爱群	女	工程师	区水利局	2010	三批三层次
陈定军	男	农艺师	区植保植检站	2010	三批三层次
周胜春	男	工程师	区三合垸水管会	2010	三批三层次
伍志明	男	农艺师	区粮油站	2010	三批三层次
袁终宏	男	工程师	区枉水管理处	2010	三批三层次
杨朝喜	男	农艺师	区经济作物工作站	2010	三批三层次
孙传华	男	高级农艺师	区棉花原种场	2010	三批三层次
彭芬	女	小学高级教师	武陵镇中心小学	2010	三批三层次
左光华	男	农艺师	区土肥站	2010	三批三层次
贵芳	女	农艺师	区土肥站	2010	三批三层次
罗功仪	男	农艺师	区粮油站	2010	三批三层次
龚启初	男	高级工程师	常德鑫富源环保能源有限公司	2010	三批三层次

五、区乡村实用人才工程

2002 年 11 月，鼎城区人事局根据市人事局等4 家单位印发《关于实施“县乡村实用人才工程”的意见》的精神，启动“区乡村实用人才工程”，对区乡村在农业和农村经济中掌握和运用一定科技知识和专业技能并取得明显成效的人员，每 3 年进行一次评选表彰活动。至 2017 年，鼎城区有 5 人获得“常德市农村优秀实用人才”称号（市第一届农村优秀实用人才表彰大会，牛鼻滩镇棉花种植大户李正球、十美堂镇珍珠大户李正军评为常德市农村优秀实用人才。2005 年，黄进社、宋仁君评为常德市农村优秀实用人才）。获得区委、区政府表彰的有 180 人。

第三节 高、中级专业技术人员优惠政策

一、健康检查

鼎城区从1988年开始，分别于1989年、1992年、1994年、1996年、1999年累计组织专业技术人员8000人次进行健康检查。参加体检的对象是全区企事业单位中的中级及以上专技人员和区级以上“优秀专业技术人员”称号获得者。2000年起，对企事业单位中级及以上专技人员的健康检查每2年进行一次、初级专技人员由各单位自行安排。

二、家属户口“农转非”

1990年，鼎城区人事局根据《常德市专业技术干部家属户口“农转非”工作实施办法》文件精神，对全区中级及以上和初级获市以上成果推广奖的专业技术干部家属在农村的情况进行全面摸底，全区有320名中级及以上专业技术人员的720名家属子女户口需要“农转非”（由农业户口转为吃统销粮的非农业户口）。市人事局分配给鼎城区30名“农转非”指标。据此，区人事局制定具体的实施细则，提出“五优先”（技术职务高的优先、贡献大的优先、资历长的优先、学历高的优先、困难大的优先）的原则，按指标首先解决30名家属的“农转非”问题。

1992年，为30名专技干部的45名家属子女户口解决“农转非”。

1993年，为32名专技干部的75名家属子女办理户口“农转非”。

1994年，为48名专技干部的85名家属子女户口解决“农转非”。

1995年，为38名专技干部的51名家属子女户口解决“农转非”；为17名乡镇企业专技人员的21名家属子女户口解决“农转非”。

1996年，为45名专技人员的45名家属子女户口解决“农转非”；为24名乡镇企业专技人员的25名家属子女户口解决“农转非”。

1997年，为60名专技人员的60名家属子女户口解决“农转非”。

1990年到1997年，为全区专业技术干部家属子女解决户口“农转非”共437人。

三、专家子女安置

1995年7月，鼎城区人事局根据市人事局、市劳动局《关于解决专家、劳动模范子女安置问题的实施意见》（常人专〔1995〕54号）精神，开展解决专家、劳模子女安置

问题的工作，将符合条件的专家、劳模子女录用为国家干部。从 1995 年开始，到 2001 年结束，为 33 名专家、劳模子女办理干部录用手续，其中 1995 年 3 人、1996 年 8 人、1997 年 4 人、1998 年 5 人、1999 年 2 人、2000 年 8 人、2001 年 3 人。

第六章 考核与奖惩

第一节 考 核

清代，县内公职人员奖惩，按吏部规定的“廉”“平”“贪”，实行二年一总考，由吏房定评语，分别实行升降，或交刑部惩办。

民国时期，县政府科长由县署呈报省政府惩戒。一般公职人员由县吏房奖惩。民国16年（1927），县内公职人员奖惩由铨叙机关通过一年一小考，三年一总考，按考核等级确定奖惩，对优秀者给予年功俸。

新中国建立后，常德县对干部按“人民公仆”的要求，有政绩者奖，违纪者惩。20世纪50年代，坚持每月小评、每季大评、年终总评的制度，对表现突出者，分别给予记功、记大功和通令嘉奖、授予荣誉称号等奖励。1979年起，考核干部的原则是：坚持德才兼备，从德（政治立场和思想品质）、能（业务、技术、管理水平、工作效率和文化程度）、勤（工作态度和事业心）、绩（工作成绩）四个方面进行考核。1981年，县人事局先后召开8次座谈会，征求区、社干部和区直机关干部意见，制订了《常德县干部奖惩办法》（草稿），经县人大常委会批准，由县政府公布施行。1982年，常德县借鉴农村家庭联产承包责任制的经验，开始在机关事业单位中推行目标管理岗位责任制，对单位和个人进行目标管理岗位责任制量化考核。

一、目标管理岗位责任制

1982年，县人事局在县税务局、县物资局、南坪岗公社等单位进行建立干部岗位责任制试点。县政府7名正副县长带头实践，为自己定岗位责任，带动全县各级干部，很快把岗位责任制建立起来。到7月月底，392名委办和科局级干部中，建立岗位责任制的有320名，占81%；3900名一般干部中，建立岗位责任制的有3720名，占84%。在建立干部岗位责任制的同时，县委、县政府根据《国务院关于国家行政机关工作人员的奖惩暂行规定》，结合本县实际情况，制定《常德县国家行政工作人员奖励暂行办法》。明确干部岗位责任制奖惩的基本原则、适用范围、政策规定、审批权限和工作程序以及要求。是年，在常德地区干部任免、调配、奖惩工作经验交流会上，常德县人事局以《我们是怎样抓干部岗位责任制落实的》为题作经验介绍。

1984年，县委、县政府把修订完善岗位责任制作为大事来抓。修改后的岗位责任制进一步明确了职责权限，将任务指标化。克服过去只规定干部应做的工作，没有明确应有的权力；条文繁杂、散乱、重点不突出、内容空洞；没有数量、质量、时限要求等问题。全县各级各单位都成立考核评比机构。县委、县政府成立党政机关实行岗位责任制考核委员会。县直委、办、科局都成立考评领导小组，其下属单位建立考评小组。区、乡镇的考评领导小组由党委书记负责，组织委员和秘书负责考评的具体组织工作。各级考核组织的主要任务是：考察了解机关工作人员德、能、勤、绩的情况，积累资料，组织季讲评、半年初评、年终总评，掌握实行岗位责任制过程中各类人员的思想情况，有针对性地做好思想政治工作，及时总结、推广典型经验，研究新情况，解决新问题。各级考核组织还负责考核单位领导班子成员执行岗位责任制的情况，定期公布，并向同级党委（党组、党支部）和上级考核组织汇报；还要根据考评情况，提出对机关工作人员使用、奖惩、升降的建议。在广泛征求意见的基础上，制定全县统一的考核标准，主要是对德、能、勤、绩四个方面进行考核。特别是对领导干部坚持高标准、严要求，制定了一些特殊考核标准，比如对正副县长进行考核时，要看思想是否解放，有没有改革、开拓的精神，取得了多大成效；能不能秉公办事，搞没搞以权谋私；深入基层是否达到了全年200天的要求。县委、县政府规定：当年评为优秀岗位的，可评为先进工作者，表现突出的可分别报请上级机关批准给予记功、记大功等奖励，连续两年被评为优秀岗位，并连续获两次记大功奖励的，县委、县政府加奖一级浮动工资，或报请上级给予升职、升级奖励。区、乡镇实行各种超产奖金和行政节支奖金的全额浮动，根据年终总评所获岗位种类，分等奖罚到人。县直机关也采取相似的办法，全额浮动行政节支奖金。为扩大奖罚效果，正副县长的奖金和政府机关工作人员的奖金集中浮动，统一评定。当年被评为较差岗位的，给予批评教育，本人要在组织生活会或行政生活会上作出检讨。连续两年被评为较差岗位的，一般工作人员要调整岗位，单位、部门领导干部要就地免职或降职，正、副县长则主动向县人代会提出辞呈，自动下岗，请求组织另行安排工作。对那些严重失职、渎职者，分别情节，予以惩处。是年，县委、县政府在全县总结推广了前两年“四个结合”（自我考核与互相考核、组织考核与群众评议、平时考核与定期考核、了解一般情况与查看原始依据相结合）的考核方法。

1985年，针对干部队伍中普遍存在的人员编制未定责任制不好定、经济奖罚受控制不愿定、年龄大的干部等交班不必定等思想障碍，县委、县政府及时召开全县干部大会、部办科局和区乡镇负责人会议，学习政策，统一思想。同时，11名县委常委、4名副县长及其他 19 名县级干部，都带头建立、修订各自的岗位责任制。到 4 月月底，全县 127 个副科级以上行政、事业单位全部修订完善了岗位责任制；4378 名工作人员中，建立或修订了岗位责任制的有 4042 名，占 92.3%，其中 34 名县级干部全部落实了岗位责任；490 名科级干部中，实行的有 451 名，占 92%。3854 名其他工作人员中，实行的有 3654 名，占 94.9%。没有修订、完善的是一些长期生病和长期不在本单位工作的人员以及少数协理员。一些部门和单位还建立专项工作的岗位责任制，如防汛抗旱、民兵工作、落实知识分子政策等。在建立、修订岗位责任制的工作中，尽量做到责任量化、指标化。凡有经济、任务数量的，都写清楚；没有数量的“软”任务，都要尽可能变成“硬”指标；实在无法确定的指标任务，也要规定质量、时限要求。要求各级各单位要赋予工作人员相应的权力，做到责权配套。是年，在全地区岗位责任制检查评比中，常德县获得第二名。

1986 年，各单位将岗位责任制实行“四定”：即定岗、定职、定责、定报酬，并把责任制、考核制、奖惩制紧密结合，全县岗位责任制出现了新的局面。年初，县委印发了县委常委的岗位责任制；县政府印发正副县长和顾问、调研员的岗位责任制。6 月月底，县岗位责任制领导小组召开各区和县直战线负责人会议，传达常德行署〔1986〕13 号文件精神，提出上半年考核初评的方法、内容和要求。7 月上旬，县岗位责任制领导小组先后对 11 个单位（4 个区、乡和 7 个委办、科局）半年初评的情况进行了调查。通过初评，全县共评出 26 个先进单位，其中乡镇 11 个、科局 15 个。12 月下旬，县劳动人事局与有关单位对全县 20 多个区、乡镇，部、委、办、局进行抽查，组织年终总评。是年，全县多数单位都建立考勤登记簿、请销假登记簿、考绩登记簿、好人好事登记簿、差错事故登记簿、学习会议记录簿。坚持日登记、月检查、季小结、半年初评，为年终总评积累资料，提供依据。在岗位责任制的考核内容上，从 1986 年开始，由过去考核“德、能、勤、绩”改为考核工作表现和工作实绩，将“德、勤”两个方面的内容归纳为工作表现，将“能”的内容综合到“绩”中考核。考核工作表现，主要采取“五考核五看”：即考核政治思想，看平时的言论行为是否符合四项基本原则，与党中央保持一致；考核是否遵纪守法，看有无违法乱纪行为；考核能否秉公办事，看搞没搞以权谋私；考核工作是否深入，看下基层天数和解决实际问题的情况；考核是否坚守岗位，看出勤率和有无擅离职守及超假现象。在考核工作实绩的内容上，根据不同部门、岗位工作特点和要求，把县直机关的工作实绩分解为本职工作、中心工作、临时工作三大项；把区、乡、镇的工作实绩分解为线上工作、点上工作、中心工作三大项。岗位责任制的考核方法，采取“三结合”“双百分”的定量考核办法：“三结合”即自我考核与互相考核相结合、组织考核与群众评议相结合、平时考核与定期考核相结合；“双百分”即工作表现和工作实绩总分各为一百分，按岗位责任制的定量标准逐项进行考核记分。

1987年，县岗位责任制领导小组根据地委办、行署办、地委组织部、地区劳动人事局的文件精神，制定各区、战线精神文明建设和工作任务“双百分”考核标准及奖惩规定。全县各级行政机关、事业单位及其工作人员在认真修订完善岗位责任制的基础上，按任务分层次制定月工作计划；坚持个人日记事、股室月检查、部办委局乡镇场季度小结、半年和年终总结评比，建立一整套能横到边、竖到底，按职责层层把关的管理办法，使机关干部形成了领导在与不在一个样、检查与不检查一个样、工作忙闲上班一个样的良好工作秩序，促进了目标管理岗位责任制任务的全面完成。

1988年，区岗位责任制领导小组制定《机关精神文明建设和业务工作“双百分”责任指标及考核办法》和《区乡镇两个文明建设“双百分”责任指标及考核办法》，完善了考核评比及奖惩细则。7月，对35个单位执行岗位责任制的情况进行抽查。12月下旬，对全区各单位执行岗位责任制的情况进行检查评比。

1989年，根据撤县建区后人员变动情况，及时充实和调整区岗位责任制考评领导小组成员。各办事处、乡镇、区直各单位，对考评领导小组也作适当调整，使岗位责任制考核奖惩工作得到加强。修订和完善各办事处、乡镇、区直各单位两个文明建设“双百分”责任指标和考核办法。是年年底，区岗位责任制考核领导小组派出10个考评小组对各办事处、区直各单位1989年目标管理岗位责任制和年终评奖工作进行了考核、验收；各办事处、区直各战线在此期间也对下属单位进行检查，并评出了岗位等次。

1990年，根据市委、市政府下达的两个文明建设责任指标，结合鼎城区实际，增加了部分考核指标，记分标准也作了适当调整。在物质文明建设指标中，对难度大的指标，记分标准也相对增大。如在产值与利润项目中，记分重点放在利润项目里，这样既要完成产值也要完成利润，避免了讲速度不讲效益的现象。在精神文明建设指标中，增加了社教工作、机关廉政建设、纠正行业不正之风等内容。

1991年，调整目标管理责任指标内容，对乡、镇两个文明建设的考核重点突出经济建设，加大对工业发展责任指标的考评；围绕“科技兴区”活动，突出科技工作重点，加大对企业新产品、农业技术的推广应用等内容；突出领导班子建设和党纪党风的考核。对计划生育的考评实行单列、对社会治安工作的考评实行单列。根据省、市文件精神，加强行政奖励的综合管理工作，明确行政奖励的政策规定、审批权限和工作程序。区直战线或部门自行开展的其他形式的评先与表彰活动，需事先与区人事局联系，共同研究制订奖励表彰方案，防止奖励工作政出多门、多头奖励、重复奖励等情况发生。

1993年，根据市委、市政府《关于下达1993年度区县（市）“双文明”建设目标管理责任指标的通知》精神，区委、区政府印发《关于下达1993年度各办事处、乡镇、区直机关“双文明”建设目标管理责任指标和考核办法的通知》（常鼎通〔1993〕23号），将河洑办事处和武陵镇作为当年目标管理岗位责任制工作的试点单位。7月份，区人事局总结推广了河洑办事处半年初评时要求每个干部做到“五个一”（即每人一个总结、查一次出勤、看一次记事本、发一次言、谈一次下步工作打算）的经验；总结推广了黄珠洲乡对村级干部管理的做法。

1994年，全区133个党政群机关、11083名机关事业单位工作人员都制订了年度工作目标和个人岗位责任制考核奖惩制度。在“三制”（责任制、考核制、奖惩制）的建立上，进一步摆脱了计划经济的模式，使其尽量符合市场经济形势的需要。如在基分设置上，乡镇企业责任制基分指标由原来的18分上升到34分；财政工作由原来的8分上升到16分，并实行一票否决。在项目设置上，删除报刊发行、城镇劳动力就业安置、粮食订购、鱼池开挖等12项指令性计划指标，为各单位充分发挥本地优势，狠抓经济建设，提供了宽松的环境。

1996年，为适应国家公务员制度推行，区人事局“干部任免考核奖惩培训股”取消“干部”二字，改称为“任免考核奖惩培训股”。负责全区机关事业单位及其工作人员的考核与奖惩工作。区人事局转发《国家公务员奖励暂行规定》，要求各单位认真组织干部职工学习、贯彻执行。12月下旬，分5个考评小组对各单位执行年初下达的岗位责任制的情况进行了考核评比。

1997年，鼎城区岗位责任制考核委员会更名为“区岗位责任制目标管理量化考核委员会”，区考核办印发《鼎城区推行目标管理责任制量化考核实施意见》。8月，区人事局转发人事部《关于国家公务员纪律惩戒有关问题的通知》，要求各单位认真组织学习、贯彻执行。是年，与有关单位一起对各单位执行岗位责任制的情况加强了检查督导和考核评比工作。

1998年，对乡镇精神文明建设主要考核计划生育、社会治安综合治理和城管创建；物质文明建设主要考核财税收入、农产品优质率、村级增收减债、农民增收减负、企业增收减亏和招商引资等。对区直单位的量化考核，重点是基础任务（包括党的建设和班子建设、社会稳定工作和政令畅通）；职能任务（根据各单位的不同职责，由区岗位责任制领导小组给每个单位确定3至5项易于考核的具体内容）；中心任务（主要包括城管创建、防汛抢险、建整扶贫、企业解困等）。

1999年，区委办、区政府办转发市委办、市政府办《关于加强机关事业单位行政奖励工作综合管理意见》，进一步明确依照奖励法规，加强统一管理，规范奖励名称，严格奖励标准和审批权限，制止重复奖励和多头奖励，按规定兑现奖励待遇。各单位实施的行政奖励，必须由区人事局按奖励法规统一受理，统一把关，综合平衡。未经区人事局办理的行政奖励一律无效。各单位自行开展的各种单项奖励、专项奖励不能与行政奖励套转。

2000 年，修订和完善“双文明”建设目标管理考核办法，增强考核内容的科学性。区委、区政府对各乡镇和区直机关事业单位减少考核内容，只将全区性工作列入考核的项目，进一步突出以经济建设为中心的指导思想，加大对财税工作等硬指标的考核；把全区副科级以上机关事业单位都列入目标管理考核范围，直接由区考核办进行考核；对区直单位的考核分类进一步细化，按类评比；加大奖惩兑现力度，对考核不称职（不合格）等需要降职降薪的人员，督促其所在单位到区岗位责任制考核办办理有关手续。

2001 年，区委、区政府印发《鼎城区各项奖励规定》（常鼎通〔2001〕16 号）。该《规定》对每年各项评先奖励作出明确要求：（1）设立乡镇两个文明建设先进单位奖，其中双文明建设先进单位 3 个、物质文明建设先进单位 3 个、精神文明建设先进单位 3 个，每个分别颁发奖金 5000 元、3000 元和 3000 元。（2）设立区直部、委、办、局（含科级事业单位）目标管理先进单位奖，每个颁发奖金 1000 元，奖励面控制在 25%以内。（3）设立计划生育工作红旗单位奖和先进单位奖，分别颁发奖金 1000 元和 500 元，奖励范围为乡镇、区属农林场、区直机关单位，奖励面乡镇控制在 25%以内，区直机关控制在 10%以内。同时，对一年内名次前进 10 位以上的乡镇、区属农林场设立进位奖，分别颁发奖金 500 元。本项奖励的奖金从计划生育事业费中列支。（4）设立社会治安综合治理工作红旗单位奖和先进单位奖，分别颁发奖金 1000 元和 500 元，奖励范围为乡镇、区属农林场、区直机关单位局以上单位和中央、省、市驻区单位，奖励面控制在 20%以内。（5）设立乡镇财税工作红旗单位奖和先进单位奖，分别颁发奖金 1000 元和 500 元，奖励面控制在 25%以内。（6）设立乡镇企业、个体私营企业目标管理红旗单位奖、先进单位奖，其中红旗单位奖 3 个、先进单位奖 5 个，分别颁发奖金 1000 元和 500 元。（7）设立第三产业红旗单位奖、先进单位奖，其中红旗单位奖 3 个、先进单位奖 5 个，分别颁发奖金 1000 元和 500 元。奖励范围为乡镇、区直机关局以上单位。（8）设立乡镇财政收入台阶奖。乡镇本级一般预算收入从 200 万元起始，以上年完成数为考核基数，每增加 100 万元为一个台阶，每登一个台阶且增幅达到当年区财政收入计划增长率的，一次性颁发奖金 3 万元。（9）设立减债消赤工作奖。对乡镇减债消赤工作考评为前三名的，奖党政主职各 1000 元；对区直单位减债消赤工作考评为前三名的，奖“一把手”1000 元。（10）对在全区两个文明建设中成绩显著、贡献突出的国家工作人员，分别给予记三等功、嘉奖和呈报记二等功的奖励，并按规定颁发荣誉证书和奖金。

2002 年，区岗位责任制考核委员会常鼎岗〔2002〕1 号印发《关于部署 2002 年全区目标管理考核考评、工作人员年度考核和年终总结评奖工作的通知》，对乡镇和区直单位目标管理考评、工作人员年度考核、年终奖励表彰、上报表册的填写等作出明确规定。规范岗责考核管理，印发《2002 年全区年度考核工作日程安排表》《2002 年机关、事业单位工作人员考核名册（样表）》《年度考核工作审核备案登记表（样表）》《各单位 2002 年度考核情况审核备案建卡时间安排》《2002 年度记功指标控制表》等。

2003 年，对乡、镇“双文明”建设考核进行改革，不再分“物质文明”和“精神文明”两块进行考核，而是从经济建设、社会事业发展、社会稳定工作、党建党务工作四个方面进行考核，只设 18 个考核项目，较过去的 25 个考核项目减少 7 个，而且每个考核项目只设 1~3 个结果性的考核指标，最多不超过 5 项。

2004 年，完善对各单位的目标管理考核工作，探索研究和推行不同职位公务员定性和定量相结合的考核办法，推行考核结果公示制度，强化群众对考核工作的参与和监督，严格兑现考核结果。

2005—2008 年，每年年初修订和完善岗位责任制考核指标和考核办法，从“德、能、勤、绩、廉”五个方面进行考核。在方法上，坚持平时考核与定期考核、领导评议与群众评议相结合。在程序上，按照个人总结、综合评价、确定等次、反馈结果、审核备案等进行。

2009 年，鼎城区根据省委、省政府《关于开展政府绩效评估工作的意见》（湘发〔2009〕10 号）和市委、市政府《2009 年常德市落实省绩效评估指标的评估办法》及《2009 年常德市落实省绩效评估指标任务分解表》等文件精神，启动绩效评估工作，将传统的目标管理岗位责任制量化考核开始转向现代政府绩效评估模式。区委、区政府成立鼎城区绩效评估委员会，下设办公室，办公室设在区人事局，将“为民办实事”作为绩效评估的重要内容。实现了考核政策措施、考核指标体系、考核结果运用等方面和省、市各项任务要求的全面对接，通过了市政府相关部门的检查验收。

2010 年，制定《2010 年度鼎城区绩效评估办法》，突出重点工作季度评估，引入民主测评机制，将省、市绩效评估指标分解到各责任单位，分季度组织重点工作季度评估，并及时将结果通报全区。是年，鼎城区被市委、市政府评为全市绩效评估工作“红旗单位”（第一名）称号。

2011 年，绩效评估工作职责划归区人社局新成立的事业单位管理股，加挂“鼎城区绩效评估委员会办公室”牌子。是年，修订完善全区绩效评估实施办法，区直单位评估指标由重点工作、经常性工作、效能与自身建设三部分组成；乡镇（场）统一设置一套评估指标（基分为 225 分），结合季度重点工作评估、涉农部门综合测评、“一票否决”等情况，对奖励工作和临时机构绩效评估予以规范，全面落实省、市下达的绩效评估指标任务。

2012年，区委、区政府出台《2012年度鼎城区绩效评估实施方案》（常鼎发〔2012〕11号），将省、市指标任务分解到相关责任单位，明确区级责任领导、责任单位、数据采集责任单位，分乡镇和区直单位两大块进行评估，分重点工作和经常性工作2类指标。12月13日，市政府检查组对鼎城区进行绩效评估和为民办实事情况进行验收，获得好评。

2013年，区人社局成立绩效评估股，加挂鼎城区绩效评估委员会办公室，两块牌子，一套人马，将绩效评估、为民办实事考核、机关事业单位工作人员年度考核等各类考评进行整合，基本形成分块分类个性化考评、重点工作和经常性工作两套指标并行、评估主体多方参与上下联动、单位评估与个人考核相结合的具有鼎城特色的绩效评估模式。

2014年，区委、区政府多次召开绩效评估工作调度会，以常鼎发〔2014〕6号文件出台区本级绩效评估方案，使考评体系重点更加突出、方法更加科学、指标更加合理、结果运用更加有力。突出创先争优、项目建设、“三大战役”等重点工作，采取指标评估、经常性工作等次评估、公众评估、领导评估等多种形式。取消区直单位职能工作考核以及多项不便操作的指标。评估结果与综合表彰奖励、党政主要负责人评岗、分配年度考核优秀指标、干部选拔任用等4个方面进行挂钩。开展各类评比达标表彰活动清理规范工作，对全区各级机关、群团组织、人民团体及社团组织举办的评比、达标、表彰活动项目进行了清理。

2015年，在落实省、市绩效评估工作任务的基础上，积极开创区本级绩效评估工作新局面。出台区本级绩效评估实施方案（常鼎发〔2015〕3号），建立严格的工作责任机制、经常性的调度机制、科学的结果运用机制。省、市绩效评估指标任务由相关责任单位一把手负总责。分乡镇和区直单位两大块，采取重点工作指标评估、经常性工作等次评估、满意度测评、内部评估相结合的方式进行。重点工作实行百分制评估，经常性工作评估指标按3∶6∶1比例确定A、B、C三个评估等次，鼓励单位在全市争先。全面小康考评工作效果纳入绩效评估体系，不设基分，实行加减分。评估结果作为区委、区政府综合奖励、单位领导班子成员评先评

工作人员在拟定年度全区绩效评估实施方案

优、发放工作人员绩效奖金、干部选拔任用的依据。区委、区政府每季度召开绩效评估调度会，表彰先进，督促后进。对区本级奖励工作等进行清理规范，明确奖励项目、奖励标准、数量、经费来源等。全区评比达标表彰项目由 57 项精简到 28 项，评比达标表彰活动走向规范化。

2016 年，按照评估指标要求，及时将省、市绩效评估指标任务分解到相关责任单位。年初出台 2016 年度区本级绩效评估实施方案，督导各单位制定考核细则。平时组织督促检查，年终开展单位和个人的年度考核。

2017 年，将市下达的绩效评估指标任务分解到各区级领导、区直责任单位；按时间节点分书记、区长、绩效领导小组、分管区级领导、科局长四个层面搞好指标调度；结合干部选拔任用、工作人员年度考核、表彰奖励等工作，落实奖惩兑现。

2018 年，对 2017 年度机关事业单位工作人员的考核结果进行清理并备案，审查受处分人员情况，拟定处理意见，发函给所在单位予以落实。拟定《鼎城区绩效考核评估实施方案及乡镇劳动保障服务站考核奖惩实施方案》，督促和指导各单位制定好对重点性工作和经常性工作的考核细则，并对部分单位工作开展情况进行督查。年终，组织开展单位和个人的年度考核，落实奖惩制度。

二、单位岗位责任制量化考核

鼎城区（常德县）目标管理岗位责任制量化考核办公室根据区直具有考核职能部门年终提供的各项数据（包括按照年初下达的目标管理岗位责任制量化考核办法计分排队的情况），并结合半年抽查、年终检查等情况综合分析后，经区考核委员会同意，报区委常委会议讨论审定。考核中对计划生育、综治维稳、财政工作等方面，如当年责任指标考核不达标，其精神文明和物质文明实行一票否决。

1981—1986 年，每年均对各单位进行岗位责任制执行情况进行检查评比，评出的目标管理先进单位，在次年 1 月或者 2 月的全县三级干部会上进行表彰。

1987 年，通过考核评比，全县评出红旗岗单位 46 个、优胜岗单位 56 个、县直扶持乡镇办企业先进单位 28 个。

1989 年，大龙站办事处等 47 个单位评为优秀岗、斗姆湖办事处等 60 个单位为良好岗、牛鼻滩办事处等 82 个单位为合格岗。

1990 年，评出先进单位 66 个，其中双文明建设先进单位 12 个、精神文明建设先进单位 2 个、物质文明建设先进单位 2 个、目标管理先进单位 50 个（其中乡镇场 19 个、区直单位 31 个）。

1991年，评出先进单位51个，其中双文明建设先进单位4个、物质文明建设先进单位1个、目标管理先进单位46个。

1992年，评出先进单位46个，其中双文明建设先进单位3个、物质文明建设先进单位2个、精神文明建设先进单位1个、目标管理先进单位40个。

1993年，评出先进单位65个，其中双文明建设先进单位3个、物质文明建设先进单位2个、精神文明建设先进单位2个、目标管理先进单位58个。

1994年，评出先进单位50个，其中双文明建设先进单位4个、物质文明建设先进单位2个、目标管理先进单位44个。

1995年，评出先进单位47个，其中双文明建设先进单位3个、精神文明建设先进单位2个、物质文明建设先进单位2个、财税贡献大户4个、目标管理先进单位36个。

1996年，评出先进单位54个，其中双文明建设先进单位3个、物质文明建设先进单位2个、精神文明建设先进单位2个、目标管理先进单位47个。

1997年，评出先进单位57个，其中双文明建设先进单位3个、物质文明先进单位2个、精神文明建设单位2个、目标管理先进单位50个。

1998年，评出先进单位57个，其中双文明建设先进单位3个、物质文明建设先进单位3个、精神文明建设单位3个、目标管理先进单位48个。

1999年，评出先进单位65个，其中双文明建设先进单位3个、物质文明建设先进单位3个、精神文明建设先进单位3个、目标管理先进单位56个。

2000年，共评出先进单位55个，其中双文明建设先进单位3个、物质文明建设先进单位3个、精神文明建设先进单位3个、目标管理先进单位46个。

2001年，评出先进单位54个，其中双文明建设先进单位4个、物质文明建设先进单位3个、精神文明建设先进单位3个、目标管理先进单位44个。

2002年，共评出先进单位58个。其中双文明建设先进单位3个、物质文明建设先进单位3个、精神文明建设先进单位3个、目标管理先进单位49个。

2003年，共评出先进单位57个。其中双文明建设先进单位3个、物质文明建设先进单位3个、精神文明建设先进单位3个、目标管理先进单位48个。

2004年，共评出先进单位58个。其中双文明建设先进单位3个、物质文明建设先进单位3个、精神文明建设先进单位3个、目标管理先进单位49个。

2005年，共评出先进单位56个。其中双文明建设先进单位3个、物质文明建设先进单位3个、精神文明建设先进单位3个、目标管理先进单位47个。

2006年，评出先进单位53个，其中目标管理红旗单位4个、目标管理先进单位49个。

2007年，评出目标管理红旗单位34个，其中区直单位27个、乡镇7个。

2008年，评出目标管理红旗单位59个，其中区直单位47个、乡镇12个。

2009年，评出目标管理红旗单位42个，其中区直单位35个、乡镇7个。

2010年，区直单位评出绩效评估先进单位44个；乡镇（场）评出绩效评估红旗单位4个、先进单位6个。

2011年，评定绩效评估红旗单位16个，其中区直单位10个、乡镇6个；绩效评估先进单位40个，其中区直单位33个、乡镇7个；

2012年，评定绩效评估红旗单位19个，其中区直单位12个、乡镇7个；绩效评估先进单位37个，其中区直单位30个、乡镇7个。

2013年，评定绩效评估红旗单位17个，其中区直单位11个、乡镇6个；绩效评估先进单位38个，其中区直单位31个、乡镇7个。

2014年，评定绩效评估红旗单位15个，其中区直单位10个、乡镇5个；绩效评估先进单位41个，其中区直单位33个、乡镇8个。

2015年，评定绩效评估红旗单位15个，其中区直单位10个、乡镇5个；绩效评估先进单位40个，其中区直单位32个、乡镇8个。

2016年，全区评定绩效评估红旗单位20个，其中区直单位15个、乡镇5个；绩效评估先进单位42个，其中区直单位35个、乡镇7个。

2017年，全区评定绩效评估红旗单位22个，其中区直单位15个、乡镇7个；绩效评估先进单位44个，其中区直单位37个、乡镇7个。

2018年，全区评定绩效评估红旗单位27个，其中区直单位21个、乡镇6个；绩效评估先进单位48个，其中区直单位42个、乡镇6个。

三、个人岗位责任制量化考核

鼎城区（常德县）对个人岗位责任制量化考核实行平时考核与定期考核相结合。定期考核即年度考核。年度考核内容包括德、能、勤、绩、廉五个方面，重点考核工作实绩和行为规范。年度考核，机关分为优秀、称职、基本称职和不称职四个等次（1994年至1997年国家公务员考核分为优秀、称职、不称职三个等次）。事业单位工作人员考核结果分为优秀、合格、基本合格和不合格四个等次。

1982年，常德县参加年度考核的干部有4292人，评定为优秀的859人，不称职（不合格）的23人。

1984年，共考核干部4360人，评定为优秀的880人，不称职（不合格）的7人。

1985 年，共考核 8232 人，评定为优秀的 1646 人，不称职（不合格）的 17 人。

1986 年，共考核 8300 人，不称职（不合格）的 35 人。

1988 年，考核 8460 人，评定为优秀的 1692 人，不称职（不合格）的 5 人。

1989 年，鼎城区参加年度考核的有 8481 人，其中评定为优秀等次的 1698 人，受到各种处理的干部 7 人。

1990 年，实行岗位责任制年度考核登记制度，《岗位责任制年度考核登记表》进入干部档案。是年，考核 8510 人，评定为优秀等次的 1702 人，不称职等次的 9 人。

1992 年，考核 9120 人，评定为优秀的 1456 人，不称职（不合格）的 34 人。

1993 年，考核 10606 人，评定为优秀的 1802 人，不称职（不合格）的 8 人。

1994 年，考核 11083 人，其中，优秀等次 1913 人，不称职等次 12 人。

1995 年，建立机关事业单位工作人员《年度考核登记卡》，并将近 3 年来的考核结果登记建卡，一式两份，装订成册，单位和备案机关分别保存。全区参加年度考核 11292 人，其中，优秀等次 1780 人，不称职等次 16 人。

1996 年，推行目标管理岗位责任制量化考核，对个人实行量化考核。全区考核 13461 人，评定为优秀的 1615 人，不称职（不合格）的 24 人。

1997 年，考核 15790 人，评定为优秀的 1894 人，不称职（不合格）的 21 人。

1998 年，考核 16269 人，评定为优秀的 1952 人，不称职（不合格）的 13 人。

1999 年，考核 17120 人，评定为优秀的 2077 人，不称职（不合格）的 25 人。

2000 年，考核 18280 人，评定为优秀的 2189 人，不称职（不合格）的 16 人。

2001 年，考核 17120 人，评定为优秀的 2054 人，不称职（不合格）的 17 人。

2002 年，考核 18280 人，评定为优秀的 2636 人，不称职（不合格）的 18 人。

2003 年，考核 17362 人，评定为优秀的 2183 人，不称职（不合格）的 30 人。

2004 年，考核 16696 人，评定为优秀的 2187 人，不称职（不合格）的 21 人。

2005 年，考核 18632 人，评定为优秀的 2025 人，不称职（不合格）的 20 人。

2006 年，考核 16610 人，评定为优秀的 2029 人，不称职（不合格）的 28 人。

2007 年，考核 16710 人，评定为优秀的 2569 人，不称职（不合格）的 2 人，基本称职 12 人，不定等次 16 人。

2008 年，考核 15976 人，评定为优秀的 2010 人、不称职（不合格）的 10 人、基本称职的 11 人，不定等次 59 人。

2009 年，考核 14518 人，评定为优秀的 2016 人，不称职（不合格）的 6 人。

2010 年，考核 14019 人，评定为优秀的 1962 人，不称职（不合格）的 7 人。

2011年，考核14098人，评定为优秀的1782人，不称职（不合格）的5人。

2012年，考核14259人，评定为优秀的1839人，不称职（不合格）的6人。

2013年，考核13786人，评定为优秀的1856人，不称职（不合格）的22人，称职（合格）的11801人。

2014年，考核14191人，评定为优秀的1931人，不称职（不合格）的12人，称职（合格）的12157人。

2015年，考核14188人，其中公务员2621人、事业单位11567人。评定优秀等次1900人，不称职12人，基本称职18人，不定等次73人。

2016年，全区考核12537人，其中公务员2402人、事业单位10135人。评定优秀等次1723人，不称职（不合格）20人，基本称职（基本合格）3人，不定等次27人。

2017年，全区考核12973人，其中公务员2402人、事业单位10571人。评定优秀等次1791人，不称职（不合格）18人，基本称职（基本合格）16人，不定等次55人。

2018年，全区考核13179人，其中公务员2721人、事业单位10458人。评定优秀等次1722人，不称职（不合格）6人，基本称职（基本合格）2人，不定等次37人。

第二节 奖 惩

一、行政奖励

1957年10月，按照《国务院关于国家行政机关工作人员的奖惩暂行规定》，常德县将行政机关工作人员的奖励分为：记功、记大功、授予奖品或者奖金、升级、升职、通令嘉奖6种。记功、记大功、授予奖品或者奖金、升级，由所在机关或者上级机关给予；升职，由任命其新职务的机关给予；通令嘉奖，由省人民委员会给予。1995年7月，对公务员的奖励，分为嘉奖，记三等功、二等功、一等功，授予荣誉称号。对在工作中表现突出，取得优良成绩的，应当给予嘉奖；嘉奖、记三等功，由县级以上人民政府或市（地）以上人民政府工作部门批准；记二等功，由市（地）以上人民政府或者省级以上人民政府工作部门批准；记一等功，由省、自治区、直辖市以上人民政府或者国务院工作部门批准；国务院授予荣誉称号，经国务院人事部门审核后，由国务院批准；省人民政府授予荣誉称号，经本级政府人事部门审核后，由省人民政府批准；国务院工作部门授予荣誉称号，经国务院人事部门审核后，由国务院工作部门批准。地方各级人民政府按照奖励权限的规定，给予本级人民政府领导人员奖励，应当报上一级人民政府批准；对政府工作部门领导人员的奖励，由本级人民政府批准。从 2008 年 1 月 4 日起，对公务员、公务员集体的奖励的审批权限：嘉奖、记三等功，由县级以上党委、政府或者市（地）级以上机关批准；记二等功，由市（地）级以上党委、政府或者省级以上机关批准；记一等功，由省级以上党委、政府或者中央机关批准；授予荣誉称号，由省级以上党委、政府或中央公务员主管部门批准。由市（地）级以上机关审批的奖励，事先应当将奖励实施方案报同级公务员主管部门审核。

1950—1958 年，全县评出各类劳动模范和先进工作者 798 名。1959 年，县直机关评“红旗”干部 138 名。1965 年 10 月，对在阶级斗争、生产斗争和科学试验三大革命运动中有突出贡献的 223 名干部给予奖励。

1982 年，全县岗位责任制考核评比，评出先进个人 213 人，其中 5 名成绩显著者被提拔。

1984 年 5 月，常德行署常署人〔1984〕34 号文件，给予潘端明等 11 人 1983 年度记大功一次。

1985 年，全县评选出记功 284 人，记大功 21 人，晋升一级浮动工资 2 人。

1986 年，全县评出先进工作者 1184 人、记功 380 人、记大功 28 人、晋升一级浮动工资 2 人。

1987 年，全县评为先进工作者 1019 人、记功 346 人，记大功 31 人、晋升一级浮动工资 11 人。

1989 年，全区受各种行政奖励的 1698 人，其中先进工作者 1272 人、记功 375 人、记大功 35 人、浮动升级奖励 16 人。此外还给予 1987 年以来获得浮动升级后，连续两年获得记功以上奖励的 8 人其浮动升级工资转为固定工资。

1990 年，全区评出先进工作者 1206 人，被推荐获记功及以上人员 414 人。

1991 年，全区评出先进工作者 1346 人，被推荐获记功及以上人员 409 人。

1992 年，受到各种行政奖励的 1913 人，其中先进工作者 1439 人、记功 420 人、记大功 36 人、浮动升级 18 人，共计发放奖金 15 万多元。同时，还对防汛抢险和社会综合治理中作出突出贡献的 6 名有功人员分别给予记功和报市政府批准记大功的奖励。

1993 年，全区评出先进工作者 1619 人，评选推荐记功及以上人员 580 人。

1994 年，评出先进工作者 1913 人、记二等功 35 人，记三等功 275 人。

1995 年，评选推荐获得嘉奖及以上奖励的人员 1780 人，其中呈报市、省记一等功 1 人、记二等功 37 人、记三等功 244 人，嘉奖 1498 人。

1996 年，在年度考核优秀等次人员中，评选推荐获嘉奖及以上奖励的人员 1615 人，其中呈报市政府记二等功 31 人，记三等功 241 人，嘉奖 1343 人。

1997 年，在年度考核优秀等次人员中，评选推荐获嘉奖及以上奖励的人员 1894 人，其中呈报市政府记二等功 28 人，被区政府记三等功 255 人，嘉奖 1611 人。

1998 年，在年度考核优秀等次人员中，评选推荐获嘉奖及以上奖励的人员 1962 人，其中呈报市政府记二等功 57 人，被区政府记三等功 361 人，嘉奖 1544 人。

1999 年，全区受奖人员 2077 人，其中给予 58 名呈报市政府记二等功，给予 262 名记三等功，嘉奖 1757 人。

2000 年，全区受奖人员 2189 人，其中呈报市政府记二等功 58 名，被区政府记三等功 262 名，嘉奖 1869 人。

2001 年，在年度考核优秀等次人员中，评选推荐获嘉奖及以上奖励的人员 2054 人，其中记二等功 59 人，记三等功 211 人，嘉奖 1784 人。

2002 年，在年度考核优秀等次人员中，评选推荐获嘉奖及以上奖励的人员 2636 人，其中记二等功 58 人，记三等功 247 人，嘉奖 2331 人。

2003 年，在年度考核优秀等次人员中，评选推荐获嘉奖及以上奖励的人员 2183 人，其中记二等功 58 人，记三等功 251 人，嘉奖 1874 人。

2004 年，在年度考核优秀等次人员中，评选推荐获嘉奖及以上奖励的人员 2187 人，其中记二等功 59 人，记三等功 186 人，嘉奖 1942 人。

2005 年，在年度考核优秀等次人员中，评选推荐获嘉奖及以上奖励的人员 2025 人，其中记二等功 59 人，记三等功 187 人，嘉奖 1779 人。

2006 年，在年度考核优秀等次人员中，评选推荐获嘉奖及以上奖励的人员 2029 人，其中呈报市政府记二等功 58 人，被区政府记三等功 221 人。

2007 年，在年度考核优秀等次人员中，评选推荐获嘉奖及以上奖励的人员 2010 人，其中呈报市政府记二等功 58 人，被区政府记三等功 308 人。

2008 年，在年度考核优秀等次人员中，评选推荐获嘉奖及以上奖励的人员 2003 人，其中被市政府记二等功 58 人，被区政府记三等功 266 人。

2009 年，在年度考核优秀等次人员中，评选推荐获嘉奖及以上奖励的人员 2016 人，其中记二等功 59 人，记三等功 265 人。

2010 年，在年度考核优秀等次人员中，评选推荐获嘉奖及以上奖励的人员 1962 人，其中记二等功 47 人，记三等功 367 人。

2011 年，在年度考核优秀等次人员中，评选推荐获嘉奖及以上奖励的人员 1782 人，其中记二等功 43 人，记三等功 234 人。

2012年，在年度考核优秀等次人员中，评选推荐获嘉奖及以上奖励的人员1839人，其中记二等功45人，记三等功445人。

2013年，在年度考核优秀等次人员中，评选推荐获嘉奖及以上奖励的人员1856人，其中记二等功40人，记三等功309人。

2014年，在年度考核优秀等次人员中，评选推荐出嘉奖及以上奖励的人员1931人，其中记二等功40人，记三等功436人。

2015年，在年度考核优秀等次人员中，评选推荐获嘉奖及以上奖励的人员1900人，其中记二等功40人，记三等功363人。

2016年，在年度考核优秀等次人员中，评定嘉奖及以上奖励的人员1723人，其中记二等功36人，记三等功338人。

2017年，在年度考核优秀等次人员中，评定嘉奖及以上奖励的人员1791人，其中记二等功36人，记三等功418人。

2018年，在年度考核优秀等次人员中，评定嘉奖及以上奖励的人员1722人，其中记二等功36人，记三等功273人。

二、不称职（不合格）人员惩戒

1950—1953年，因违纪违法受到惩戒的干部310名，其中开除公职109名、交司法部门法办21名、撤降职务的62名、记大过39名、记过51名、警告5名、通报批评12名、开除留用察看11名。

1954—1957年，查处腐化堕落案件104件，其中贪污盗窃案件34件。1958年后，干部惩戒多结合政治运动进行。中共十一届三中全会后，恢复了正常的惩戒制度，到1981年共处分国家机关工作人员21人，其中开除公职3人。

1982年，对不落实岗位责任制，给工作造成损失的23名干部进行处理，其中开除2人、开除留用1人、撤职1人、记过4人、行政警告4人、扣发奖金或补贴6人、批评教育5人。

1984年，因违法违纪被处理的干部7人，其中撤职1人，开除留用1人，开除5人。

1985年，因不执行岗位责任制、违法违纪、失职渎职受到处分17人，其中受刑事处分2人、开除党籍4人、留党察看4人、撤销党内职务2人、党内警告2人、撤销行政职务3人。

1986年，受到各种惩处的有35人，其中开除党籍1人、留党察看7人、党内严重警告2人、党内警告11人、行政记大过4人、撤职免职或降职降薪3人。

1988年，对5名干部分别给予开除、留用、撤职处分。

1989年，对7名违纪违规干部分别给予降职降薪等处理。

1992年，对执行目标管理岗位责任制未达标的18个单位的27名负责人和计划生育、社会治安综合治理未达到要求的5名分管负责人及2名主要负责人给予免职和降职使用的处罚。

1993年，对8名违纪违规干部分别给予降职降薪等处理。

1994年，对年度考核不称职的12人分别进行降职降薪等处理。

1995年，对年度考核不称职的16人分别进行降职降薪等处理。

1996年，对年度考核不称职（不合格）的24人分别进行降职降薪等处理。

1997年，对年度考核不称职（不合格）的21人分别进行降职降薪等处理。

1998年，对年度评为不称职的10名科级干部进行通报批评，并按规定给予降职降薪处理。

1999年，对年度考核不称职（不合格）的25人分别给予降职降薪等处理。

2000年，对年度考核不称职（不合格）的16人分别给予降职降薪等处理。

2001年，对年度考核不称职（不合格）的17人分别给予降职降薪等处理。

2002年，对年度考核不称职（不合格）的18人分别给予降职降薪等处理，其中有6名公务员（机关工作人员）。

2003年，对年度考核不称职（不合格）的30人分别给予降职降薪等处理。

2004年，对年度考核不称职（不合格）的21人分别给予降职降薪等处理。

2005年，对年度考核不称职（不合格）的20人分别给予降职降薪等处理。

2006年，对年度考核不称职（不合格）的28人分别进行降职或降薪等处理。

2007年，对年度考核不称职（不合格）的2人分别进行降职降薪等处理。

2008年，对年度考核不称职（不合格）的10人分别进行降职或降薪等处理。

2009年，对年度考核不称职（不合格）的6人分别进行降职或降薪等处理。

2010年，对年度考核不称职（不合格）的7人分别进行降职或降薪等处理。

2011年，对年度考核不称职（不合格）的5人分别进行降职或降薪等处理。

2011年，对年度考核不称职（不合格）的6人分别进行降职或降薪等处理。

2013年，对年度考核不称职（不合格）的22人分别进行降职或降薪等处理。

2014年，对年度考核不称职（不合格）的12人分别进行降职或降薪等处理。

2015年，对年度考核不称职（不合格）的12人分别进行降职或降薪等处理。

2016年，对年度考核不称职（不合格）的50人分别进行降职或降薪等处理。

2017年，对年度考核不称职（不合格）的89人分别进行降职或降薪等处理。

2018年，对年度考核不称职（不合格）的45人分别进行降职或降薪等处理。

第三节 “文明机关”和“人民满意公仆”评选、表彰

一、“文明机关”评选、表彰

2000年2月25日，市委、市政府发文授予鼎城区人民检察院、灌溪镇党委政府机关、蒿子港镇党委政府机关、丁家港乡党委政府机关、钱家坪乡党委政府机关等5个单位为全市“文明机关”。

2010年1月1日，区委、区政府常鼎通〔2010〕1号文件，授予区财政局、区劳动和社会保障局、区建设局、区民政局、区信访局、区工业局、武陵镇、灌溪镇、石板滩镇、唐家铺乡等10个单位为全区2009年度“十佳领导班子”荣誉称号。10月，按照年初区委经济工作会议要求，开展“十佳党委（党组）”的评选工作。通过采取组织考察、民主推荐、征求相关职能部门意见、评选领导小组研究、区委常委会表决等程序评选出区交通局、区政府办、区人口和计划生育局、区检察院、区审计局、区林业局、石门桥镇、逆江坪乡、谢家铺镇、双桥坪镇等10个“十佳党委（党组）”，区委分别给予5万元的奖励。

2011年12月，全区开展“十佳诚信机关”评选表彰活动，区财政局、区发展和改革局、区教育局、区交通运输局、区计生局、区地税局、区商务局、区工商局、区林业局、区水利局等10个单位被评为“十佳诚信机关”。

二、“人民满意公仆”评选、表彰

1990年，经各单位自下而上民主评选推荐，区劳模评选领导小组审查，区人民政府授予万志祥等50名“鼎城区劳动模范” 荣誉称号。

1996年，区委、区政府授予皇甫泽华、马本慧、樊志刚、尹梅芳、张诚、罗忠义、王楚文、彭炳根、杨代珍、丁大华、沈国华、谢真新、尹忠杰、谭坦平、杨君、孙启林、康翔、丁国华、蒋益太、潘军辉、胡其国、黄爱芬、贵华、张丕同、谭延胜、袁克宽、谈少明、王德勇、后祥寿、肖长清30名“鼎城区优秀模范人物”荣誉称号。

1998年，区委、区政府授予王业好、杨代珍、黄爱芬、杨君、李吉长、尹云华、胡光明、肖才枝、王建军、尹忠杰10人为“十佳公仆”。

2000年，市委、市政府授予鼎城区谭延胜、黄祖国、伍菊香（女）、彭炳根、刘邓军

5人“人民满意公仆”称号。10月，区委决定在全区范围内广泛开展评选表彰“十佳乡镇干部”和“十佳科局干部”的活动。

2001年，区委、区政府授予朱明、杨君、韩才渊、田大春、熊辉、吴敬梓、雷菊初、胡定祥、周诗安、陈宏10人“十佳乡镇干部”荣誉称号；授予帅泽鹏、丁福华、许道成、唐生贵、易建国、彭炳根、邬友元、陈显龙、高绪业、罗功杰10人“十佳科局干部”荣誉称号。

2003年，区政府授予周文学等17人“鼎城区劳动模范”荣誉称号；授予李富春等3人“鼎城区先进工作者”荣誉称号。

2009年，市委组织部、市人事局、共青团常德市委授予鼎城区黄永清、孙华伟2人为常德市“十佳青年公务员”荣誉称号。

2010年1月1日，区委、区政府授予李圣祝、钟科程、李南孝、罗旺甫、宋才林、张四平、刘旭东、杨鹰、李超选、陈吉伟10人2009年度“十佳领导干部”荣誉称号。12月，全区开展“十佳领导干部”评选活动，评选出周和生、葛辉琳、陈友志、涂华军、何奕波、陈宏、肖仁华、王成猛、陈小林、孙林10名优秀领导干部，每人得奖金1万元。

未查到2011—2018年相关资料。

第七章 工资与福利

第一节 工资

清代，县内官员薪俸按品级定等。乾隆年间，知县年薪俸银 40~50 两。典史、巡检、教谕、训导年俸银 35 两。膳夫、民壮年俸银 10 两以下。

民国时期，公职人员薪俸额按职务高低定级。民国 16 年（1927），县内行政系统薪俸分 12 级，县长月薪 180 银圆、科长 70~90 银圆、办事员 22~60 银圆、公丁 10 银圆。民国 37 年（1948），国民政府实行公务人员俸给制，分本俸、年功俸、优遇俸，全县俸额调整，县长月俸 140~200 银圆，科长 100~140 银圆，公务员 50~90 银圆。

新中国成立后常德县公职人员工资状况：

一、供给制与工资

新中国建立初期，国民经济处于恢复时期，常德县党政机关和事业单位工作人员的工资情况比较复杂，没有统一的工资制度。县内党政机关、人民团体工作人员实行供给制，供给伙食、服装、津贴。对留用的旧政府人员和留任原职职工及公教人员仍保留薪金制（即工资制）。1951 年改供给制为包干制，伙食、服装等折款包干供给，称“小包干”。同年几次提高工作人员津贴标准，扩大包干范围。除小孩保育费、保姆费外，一律包干，称“大包干”。1952 年，实行工资改制，由供给制改为薪金制，统一实行等级薪金制（加津贴），县长级干部 14~16 级，区科长级干部 17~19 级，一般干部 20~24 级。其他人员包括专业技术人员实行职务等级工资制。

二、1956 年工资制度改革

1956 年 6 月，中共中央、国务院根据国家的政治、经济状况，决定对机关事业单位的工资制度进行改革。国务院先后作出《关于工资改革的决定》和《关于工资改革中若干具体问题的规定》，规定进行工资改革的机关、事业单位（包括企业）一律从当年 4 月 1 日起实行新的工资标准。这次工资制度改革，取消了等级薪金制和物价津贴制度，实行直接用货币规定工资标准的制度，即职务等级工资制。这是中华人民共和国成立以来第一次全国性的重大改革，奠定了我国工资制度的基础。职务等级工资制的主要内容是行政管理人员的工资由高到低分为30个职务等级，330个工资标准。每一职务分为若干工资等级，职务工资等级间上下交叉。各级的工资标准根据各地的物价指数和生活水平确定。全国划分为十一类工资区，同一等级的工资标准，十一类地区比一类地区高出30%。常德县定为二类工资区。机关专业技术人员的工资标准根据不同情况划分为5类，18个工资等级，198个工资标准；其他人员如民警工资分为13个等级，143个工资标准；工人工资分为10个等级，110个工资标准。教育、科研、卫生、文化等事业单位都制定了本系统按职务或职称确定的工资标准。该项制度一直沿用到1985年工资制度改革为止。

该次工资制度改革，常德县统一了工作人员的工资标准。全县6278名干部职工，改革前月人均工资为31.22元，改革后月人均工资提高到37.51元，人均每月增加6.29元。

1956年工资制度改革后，常德县根据上级文件精神，多次进行工资调整。如：1971年，在党政机关、事业单位（包括企业）中进行工资调整，调资级差在5元以下的，按5元增资，升1级189人，升2级25人，增加同级级差的182人，人均月增工资6.74元。1978年，全县由二类工资区调升为三类工资区，对全县工作成绩突出、贡献大的职工进行考核升级，升级面2%，获准升级人数为445人。1979年，全县由三类工资区调升为四类工资区，按劳动态度、技术高低、贡献大小进行考核择优升级，升级机关、事业单位干部职工（包括企业职工）7341人，人均月增工资5.77元。1981年12月至1982年8月，根据国务院〔1981〕144号和省政府〔1982〕20号文件精神，为教育、卫生、体育系统部分干部职工调资，采取先补、后靠、再升级的办法进行，升一级的3046人（其中教育系统2579人、卫生系统464人、体育系统3人），升2级的638人（其中教育系统542人、卫生系统95人、体育系统1人）。1983年1月，根据国务院140号和劳动人事部58号文件精神，为党政机关和各事业单位工作人员调升工资，升级干部职工3414人，人均月增工资6.81元。

三、1985年工资制度改革

1985年，中共中央、国务院决定对原职务等级工资制进行改革：将企业的工资制度与机关事业单位的工资制度分离，企业工资与经济效益挂钩，内部分配自主。在机关事业单位建立以职务工资为主的结构工资制。以职务工资为主要内容的结构工资制，由基础工资、职务工资、工龄津贴、奖励工资四个部分组成。其中基础工资是国家对工作人员最低生活水平实施保障的部分，无论职务大小，标准相同。职务工资是结构工资制的主体，是体现按劳分配的主要部分，按工作人员的职务高低、责任大小和业务技术水平确定。它随职务的变动而变动，实行一职数级、上下交叉。工龄津贴是新增的部分，按工作人员工作年限计算，每工作一年每月为0.5元，最高限额为20元。奖励工资，用于奖励在工作中做出显著成绩的工作人员，当时按每人每月8元标准发放。这次工资制度改革，中小学校和幼儿园从1985年1月1日起执行，机关和事业单位从1985年7月1日起执行。

1985年7月，常德县成立工资制度改革领导小组，县长任组长，县委副书记任副组长，县劳动人事局局长任办公室主任。在县改革工资制度领导小组领导下，经过调查、测算、试点，10月份开始全面铺开，到年底审批工作基本结束。为全县3581名国家干部职工、3677名教师理顺工资关系，人均月增工资21.08元，为155名离休干部调升一级，为3500名退休退职人员增发工资补助。在工资制度改革的同时，常德县机关事业单位工作人员的工资标准由四类区调升为五类区。

1985年工资改革后，常德县根据省、市文件精神，又多次进行工资改革突出问题的微调、补调和工资普调工作。如：1986年，为全民所有制和集体所有制职工14846人调资，人均月增工资7.4元。1987年，全县由五类工资区调升为六类工资区，为工资偏低的职工和专业技术人员调升工资，升级干部职工14074人，人均月增工资5.03元；还给210名因冤、假、错案造成工资级别明显偏低的职工调升一级工资，人均月增工资6.96元。同年11月，按照国务院《关于提高中小学教师工资待遇的通知》的精神，从1987年10月1日起，将中小学教师和幼儿园教师的工资标准提高10%。1989年12月，依照国务院批转的人事部、国家计委、财政部《1989年调整国家机关、事业单位工作人员工资的实施方案》，鼎城区党政机关、民主党派、人民团体和教育、科研、卫生、文化等事业单位的国家正式职工13330人，在本人职务工资标准的基础上增加一级工资，并解决专业技术人员工资偏低问题，同时为离休退休退职人员调升了工资待遇。1991年，调整机关事业单位工作人员的奖励工资标准，人均月增资10元。1992年1月起，将机关事业单位工作人员的工龄津贴标准由每工作一年0.5元提高到1元，并按本人实际工龄计发。根据上级精神，为全区机关事业单位工作人员发放职务（岗位）补贴。

四、1993年工资制度改革

中共十四大提出“加快工资制度改革、逐步建立起符合企业、事业单位和机关各自特点的工资制度与正常的工资增长机制的要求”。按照省、市人事部门的部署，鼎城区从1993年10月1日起，对机关、事业单位的工资制度进行改革。改革的主要内容：机关公务员、工作人员（除工勤人员以外）实行职级工资制，按照工资的不同职能，将工资分为职务工资、级别工资、基础工资和工龄工资四个部分。其中，职务工资和级别工资是职级工资构成的主体和体现按劳分配的主要部分。职务工资按工作人员的职务高低、责任轻重和工作难易程度确定。在职务工资标准中，每一职务层次设置若干工资档次，最少为三档，最多为八档。工作人员按担任的职务确定相应的职务工资，并随职务及任职年限的变化而变动。级别工资按工作人员的资历和能力确定，主要依据职务和工作年限两个要素，级别共分为15级，一个职务对应若干个级别，上下交叉，一个级别设置一个工资标准。基础工资按大体维持工作人员本人基本生活费用确定，数额为每人每月90元。各职务人员均执行相同的基础工资标准。工龄工资按工作人员的工作年限确定，工作年限每增加一年，工龄工资增加1元，一直到离退休当年为止；机关工人，根据劳动特点，分为技术工人和普通工人两大类。技术工人实行岗位技术等级工资制，其工资由岗位工资、技术等级工资和奖金三部分组成。技术工人的岗位工资，根据工作难易程度和工作质量确定。岗位工资按初级工、中级工、高级工三个技术等级和技师、高级技师两个技术职务分别设置，各设置10个档次。技术等级（职务）工资根据技术工人的技术水平高低确定，共分5级，每级设1个工资标准。普通工人实行岗位工资制，其工资由岗位工资和奖金两部分组成。普通工人的岗位工资共设13个档次。机关工人的奖金，根据对工人劳动实绩、劳动态度、服务质量的考核确定。奖金在工人基本工资中的比例为30%；事业单位按岗位实行不同的工资制度，根据工作特点和岗位分工不同，分别实行专业技术人员、管理人员和工勤人员三种工资制度：专业技术人员，根据不同行业的工作性质和特点，分别实行不同的工资制度。管理人员，根据自身特点，在建立职员职务序列的基础上，实行职员职务等级工资制，包括职员职务工资和岗位目标管理津贴两部分。职员职务工资主要体现管理人员的工作能力高低和所负责任大小，是工资构成中的固定部分。职员职务工资标准按照职员职务序列设置为一、二、三、四、五、六级职员职务，分别设立若干工资档次。岗位目标管理津贴主要体现管理人员的工作责任大小和岗位目标任务完成情况，是工资构成中活的部分。工勤人员分为技术工人和普通工人两类。技术工人实行技术等级工资制，包括技术等级工资和岗位津贴两部分。技术等级工资主要体现技术工人的技术水平高低和工作能力大小，是工资构成中的固定部分。技术等级工资标准按照高级工、中级工、初级工三个技术等级设置，分别设立若干工资档次。高级技师、技师按照技术职务分别设立若干工资档次。岗位津贴主要体现技术工人实际工作量的大小和岗位的差别，是工资构成中活的部分。普通工人实行等级工资制，包括等级工资和津贴两部分。等级工资是工资构成中的固定部分，津贴主要体现普通工人实际工作量的大小和工作表现的差异，是工资构成中活的部分。根据事业单位特点和经费来源不同，基本工资中固定部分和活的部分的构成比例按照全额拨款、差额拨款、自收自支三种不同类型分别确定并实施管理。事业单位工资制度改革后，对在县以下基层单位工作的农林水系统科技人员，继续按《国务院批转劳动人事部、农牧渔业部、林业部、财政部关于加强农林第一线科技队伍的报告的通知》（国发〔1983〕74号）的规定，浮动一档专业技术职务工资，浮动满8年后予以固定，固定后继续浮动。

为了使机关、事业单位工作人员的工资有计划地增长，保证新工资制度正常运转，建立了相应的增资制度：（1）正常晋升职务（岗位）、级别工资档次，凡每两年考核优秀或称职的，可在本职务（岗位）工资标准内晋升一个工资档次；考核不称职的，不得晋升工资档次。公务员连续5年考核称职或连续3年考核优秀的，在本职务对应级别内晋升一个级别，并相应增加级别工资。（2）机关、事业单位工作人员职务（技术等级）晋升后，按新任职务（技术等级）工资标准执行。公务员晋升职务后，晋升一个以上级别，并相应增加级别工资。公务员随工作年限的增长，相应增加工龄工资。（3）根据国民经济发展和企业相应人员工资水平的增长及物价指数变动情况，定期调整职务（岗位）、技术等级、级别工资和工龄工资标准。

本次工资制度改革，鼎城区从1994年3月开始至当年年底审批结束。共为全区机关、事业单位19837人调整工资，其中，在职人员15621人，离退休、退职人员4216人。调资总额2551242元/月。为确保此次工资制度改革顺利进行，鼎城区共培训调资业务骨干387名，做到了每个独立核算单位和主管部门至少有2人懂政策、会核算。在调资过程中，严格按政策审核，做到分毫不走样。区工资改革小组办公室共接待来访咨询人员427人次，解答问题1587个，举办专题政策宣传活动4次。还组织开展了“回头看”活动，各个单位的工资调整方案与结果公布于众，与本人和单位领导“双见面”，在确定无误后，由经办人员和单位负责人签字盖章，再上报区人事局审核。本次工资制度改革后，机关、事业单位工作人员的工资开始走上正常增长的轨道。

1993年工资改革后，鼎城区还多次随国家出台的调资政策调整工资标准。如：1997年11月，机关、事业单位1997年10月1日前在职的正式工作人员中，1995年、1996年两年考核均为称职以上的人员，从1997年10月1日起，在本职务（技术等级）所对应的工资标准内晋升一个工资档次。同时提高机关、事业单位新参加工作人员学徒期、熟练期工资和民办教师工资。从1999年7月1日起，提高机关、事业单位工作人员工资标准。这次调整幅度较大，人均每月增加工资100元，相应提高机关、事业单位新进人员试用期的工资待遇。同时，离休人员的离休费每月增加120元，退休人员的退休费按不同退休时间每月增加90~110元，退职人员的生活费每月增加80元。从2001年1月1日起，调整机关、事业单位工作人员工资标准，增加离退休人员离退休费，实施对艰苦边远地区工作人员给予津贴。全区机关、事业单位在职工作人员每月人均增加工资 120 元，离退休人员每月人均增资约 100 元。年终一次性奖金的发放对象是年度考核为称职（合格）及以上的人员，奖金标准为当年 12 月份本人的基本工资。是年，鼎城区年终一次性奖金基本兑现。从 2001 年 10 月 1 日起，调整机关、事业单位工作人员工资标准并相应增加离退休人员的离退休费。全区在职人员每月人均增资约 100 元，离退休人员每月人均增资约 80 元，退职人员每人每月增加 50 元生活费。从 2003 年 7 月 1 日起，机关工作人员中办事员每月增资 30 元、科员 40 元、副科 52 元、正科 65 元、副处 85 元、正处 105 元、副厅 130 元、正厅 155 元。事业单位六级职员每月增资 30 元、五级职员 41 元、四级职员 61 元、三级职员 97 元。专业技术人员员级每月增资 31 元、助级 41 元、中级 61 元、副高 96 元、正高 136 元。退休人员按职务从科员到正厅增加档次为 35~120 元。离休人员按同职务同条件在职人员滚动晋档的职务档次增加离休费，不足 50 元的按 50 元增加。退职人员每人每月增 30 元。

五、2006 年工资制度改革

2006 年 12 月，鼎城区对全区机关公务员和事业单位工作人员工资制度进行改革。其原则是：贯彻按劳分配与按生产要素分配相结合的原则，建立与岗位职责、工作业绩、实际贡献紧密联系和鼓励创新的分配激励机制，合理拉开不同职务、级别之间的工资差距；坚持职务、级别相结合，增强级别的激励功能，实行级别与工资等待遇适当挂钩；按照事业单位聘用制改革和岗位管理要求，以岗定薪，岗变薪变；建立适应公务员和事业单位特点的工资正常调整机制，定期调整工资标准，使公务员的工资水平和事业单位工作人员收入与经济社会发展水平相适应；坚持搞活事业单位内部分配，进一步增强事业单位活力；加强工资宏观调控，规范分配秩序，有效调控地区工资差距，进一步理顺工资分配关系。

改革公务员职级工资制：公务员的基本工资构成由职务工资、级别工资、基础工资和工龄工资四项调整为职务工资和级别工资两项，取消基础工资和工龄工资。其级别由现行 15 个调整为 27 个，每一职务层次对应若干个级别，每一级别设若干个工资档次。公务员根据所任职务、德才表现、工作实绩和资历确定级别和级别工资档次，执行相应的级别工资标准；在清理规范津贴补贴的基础上，实施地区附加津贴制度、艰苦边远地区津贴制度和岗位津贴制度。地区、部门和单位自行建立的岗位津贴以及在国家规定之外自行扩大范围和提高标准的一律取消；机关技术工人仍实行岗位技术等级工资制，基本工资构成由岗位工资、技术等级（职务）工资和奖金三项调整为岗位工资和技术等级（职务）工资两项。普通工人仍实行岗位工资制，基本工资构成由岗位工资和奖金两项调整为岗位工资一项。

建立事业单位岗位绩效工资制：岗位绩效工资由岗位工资、薪级工资、绩效工资和津贴补贴四部分组成，其中岗位工资和薪级工资为基本工资。事业单位岗位分为专业技术岗位、管理岗位和工勤技能岗位。专业技术岗位设置13个等级、管理岗位设置10个等级，工勤技能岗位分为技术工岗位和普通工岗位，技术工岗位设置5个等级、普通工岗位不分等级。对专业技术人员和管理人员设置65个薪级，对工人设置40个薪级，每个薪级对应一个工资标准，对不同岗位规定不同的起点薪级。国家对事业单位绩效工资分配进行总量调控和政策指导，事业单位在上级主管部门核定的绩效工资总量内，按照规定的程序和要求，采取灵活多样的分配形式和办法，自主决定本单位绩效工资的分配。事业单位实行绩效工资后，取消年终一次性奖金，将一个月基本工资的额度以及地区附加津贴纳入绩效工资总量；事业单位津贴补贴，分为艰苦边远地区津贴和特殊岗位津贴补贴。艰苦边远地区的事业单位工作人员，执行国家统一规定的艰苦边远地区津贴制度。

鼎城区从五个方面建立健全工资正常增长机制：一是晋升职务增加工资。二是按年度考核结果增加工资。三是调整基本工资标准。四是实行公务员级别与工资等待遇适当挂钩。五是调整津贴补贴标准。

本次公务员工资制度改革和事业单位工作人员收入分配制度改革，区人事局从2006年12月开始准备，2007年1月召开全区机关、事业单位人事干部工资改革培训会议，部署工资改革工作。整个工作于当年10月份结束。全区共办理机关事业单位19555人的工资套改审批手续，其中，在职人员15062人、离退休退职人员4493人。机关工作人员参加工资制度改革的有3395人，人均月增资380元；事业单位工作人员参加收入分配制度改革的有11667人，人均月增资350元；为机关事业单位4493名离退休、退职人员提高离退休费和退职生活费，人均月增资270元。

2006年工资制度改革后，机关、事业单位工作人员的工资走向正常考核晋升工资档次的轨道。2007—2013年，国家未对机关事业单位工作人员出台新的工资调整政策。此期间，鼎城区机关事业单位工作人员的工资调升按2006年工资制度改革精神进行，一是晋升职务增加工资，即职务（技术等级）晋升后，按新职务（技术等级）工资标准调升工资；二是按年度考核结果增加工资，行政机关工作人员每两年考核优秀或称职的，在本职务（岗位）工资标准内晋升一个级别档次；事业单位工作人员每一年考核称职及以上的，从第二年1月起晋升一级薪级。考核不称职的，不得晋升工资档次。公务员连续5年称职的，在本职务对应级别内晋升一个级别档次。2015年，根据《湖南省人民政府办公厅转发省人力资源社会保障厅省财政厅关于调整机关事业单位工作人员基本工资标准和增加机关事业单位离退休人员离退休费三个实施意见的通知》（湘政办发〔2015〕79号）精神，从2014年10月1日起，调整机关事业单位工作人员基本工资标准，增加机关事业单位离退休人员离退休费。《湖南省调整机关工作人员基本工资标准的实施意见》规定：调整公务员基本工资标准和机关工人技术等级（岗位）工资标准，同时将部分规范津贴补贴纳入基本工资和技术等级（岗位）工资。公务员职务工资标准由340元~4000元分别提高到510元~5250元；级别工资各级别起点标准由290元~3020元分别提高到810元~6135元，其他各级别工资档次标准相应提高。部分规范津贴补贴纳入基本工资后，规范津贴补贴标准相应减少。适当提高直接从各类学校毕业生中录用的公务员试用期工资标准；适当提高新参加工作的工人学徒期、熟练期工资待遇；中小学教师、护士的岗位工资和薪级工资标准，按调整后的基本工资标准提高10%。建立基本工资标准正常调整机制。《湖南省增加机关事业单位离退休人员离退休费的实施意见》规定：机关事业单位2014年9月30日前已办理离退休手续和已达到离退休年龄的人员（按国家有关规定经批准留任的除外），从2014年10月1日起增加离退休费。2014年10月1日后办理离退休手续的人员，按湘政发〔2015〕38号《关于机关事业单位工作人员养老保险制度改革的实施意见》办理。此次工资调整工作，区人社局组建了由局长任组长的工作领导小组，负责全区工资调整的组织、协调、审核等工作。全区机关事业单位工作人员参加工资调整人数12842人，人均基本工资增加1200元/月，津贴补贴（绩效工资）减少300元/月。同时，为机关事业单位6682名离退休、退职人员提高离退休费和退职生活费，人均增加300元/月。2015年，根据省人社厅、省财政厅湘人社函〔2015〕132号文件精神，鼎城区为机关事业单位6682名离退休人员调升离退休（退职）费。2016年，为91个公务员实施单位符合工资晋升条件的881名工作人员办理工资调整手续。2017年，通过座谈、核查工资发放档案等，为乡镇卫生院43名工作人员2004—2015年间断工龄进行认定，完善其工资套改手续。为区农业局、区法院、区食品药品监督管理局等单位符合公务员职务与职级晋升人员7人，按程序审核，调整工资。为区交通局、区农机局、区公路局、

工作人员在审核工资

乡镇站办所等事业单位岗位重新设置后的700多名工作人员进行工资调整。按照《湖南省法官、检察官和司法辅助人员工资制度改革试点实施意见》文件精神，为54名员额法官、30名员额检察官、47名司法辅助人员进行工资套改。2018年，为机关事业单位2014年10月1日之后退休的2100人，逐一核实档案，进行社保缴费年限确认，由预发待遇转为正式待遇。为区纪委、区政务中心、区公安局等单位符合公务员职务与职级晋升条件的9人办理工资调升手续。为区药监局、区质监局等事业单位岗位重新设置后的210人，按新设定的岗位调整工资。为全区73个单位的7200人办理工资晋级晋档手续。根据国务院办公厅转发人力资源社会保障部、财政部《关于调整机关事业单位工作人员基本工资标准和增加机关事业单位离休人员离休费三个实施方案的通知》（国办发〔2018〕112号）文件精神，从2018年7月1日，调整机关事业单位工作人员基本工资标准，增加机关事业单位离休人员离休费。12月27日，根据省里要求，区财政局已将机关事业单位工作人员调标工资按半年人平1800元（每月人平300元）预发到单位。具体调标工作计划在2019年1月进行，对预发工资实行多退少补。

第二节 奖金 津贴 补贴 福利

一、奖 金

1980年，根据省、地文件精神，常德县对国家机关、人民团体、事业单位开始推行增收节支奖，人均年奖金60元。1986年，为促进两个文明建设，对国家机关、事业单位实行一事一奖。1987年实行岗位奖，人均年发奖金120元。是年，全县国家机关、事业单位和全民所有制企业共发奖金267.1万元，占工资总额的11.8%。

1993年，工资制度改革时，规定了国家机关奖金发放办法，但未实行。从2001年起，鼎城区执行发放年终一次性奖金的规定。年终一次性奖金的发放对象是年度考核为称职（合格）以上的人员，奖金标准为当年12月份本人的基本工资。年度考核为基本称职、不称职（不合格）的人员，不发放年终一次性奖金。2009年起，事业单位实行绩效工资，取消年终一次性奖金，将一个月基本工资的额度以及地区附加津贴纳入绩效工资。

二、津贴、补贴

机关事业单位的津贴、补贴按其性质不同分为两大类：一类是地区性津贴、补贴，凡机关事业单位的工作人员都享受；另一类是岗位性津贴、补贴，它只是在某些特殊行业或特殊岗位上的工作人员中执行。

（一）地区性津贴、补贴。根据省、地区文件精神，1965年起，常德县对干部、职工实行粮食价格补贴。相当行政17级以上人员，每人每月补贴1.5元；1966年8月1日以前参加工作，行政18级或相当18级以下的低收入职工和1965年4月1日以前参加工作的复员转业退伍的在职人员，每人每月补贴2.5元。“文化大革命”期间，津贴、补贴工作处于冻结状态。1979年，主要副食品销售价格提高后，每人每月发给副食品价格补贴5元，1987年增加到14元。1985年5月，给未参加工资改革的离退休人员每人每月生活补贴12~17元。

1993年10月，根据国家和省工资制度改革的有关规定，对原来已执行的各类地区性津贴、补贴进行清理和规范。全省统一规定予以保留的各种物价、福利性补贴和岗位目标考核等津贴、补贴，称为省保留津补贴。它由两部分组成：一部分是工改时统一保留的物价、福利性补贴；另一部分是工改保留的岗位目标考核等津贴，不分档次，所有机关事业单位工作人员均享有。同时，机关事业单位工作人员在工资套改时，原有的职务（岗位）津贴，其余部分即行取消。通过对原有各种地区性津贴、补贴的清理和规范，使原来的津贴补贴项目繁多、标准各一、操作复杂的现象得到改变。但是，随着经济发展，物价水平的提高，又逐步建立起各种地区性津贴、补贴。

2006年，根据中共中央、国务院的统一部署，以纪检、监察部门牵头，组织、人事、财政、审计等部门共同参与，对公务员原有津贴、补贴进行清理，并对公务员的津贴、补贴进行规范。经省政府批准，2007年起，鼎城区公务员实行规范后的津贴、补贴。

2009年，在职公务员的津贴补贴统一归并为生活性补贴和工作性补贴两部分，生活性补贴占60%，按本人职务工资相对应的标准执行，工作性津贴占40%；在公务员规范津贴补贴的同时，对机关离退休人员的津贴补贴进行规范，取消原有各种津贴补贴，统一归并为生活补贴一个项目，并对补贴标准进行调整。事业单位工作人员实施绩效工资，绩效工资分为基础性绩效工资和奖励性绩效工资两部分，全额拨款单位基础性绩效工资占70%，奖励性绩效工资占30%；差额拨款单位基础性绩效工资占60%，奖励性绩效工资占40%；自收自支单位基础性绩效工资占50%，奖励性绩效工资占50%。在事业单位工作人员实施绩效工资的同时，对事业单位退休人员的津贴补贴进行规范，取消原有各种津贴补贴，统一归并为生活补贴一个项目，并对补贴标准进行规范。2017年7月，调整机关事业单位在职人员的津补贴和绩效工资标准及离退休人员生活补贴标准。为12441名在职人员和52名离休人员从2016年7月1日起调整津补贴和绩效工资标准及生活补贴标准。为7435名退休人员从2014年9月1日起调整生活补贴标准。至2018年12月，仍按此标准执行。

（二）岗位性津贴、补贴。（1）中、小学班主任津贴。根据省、地文件精神，从

1979 年起，常德县中、小学实行班主任津贴，每人每月小学班主任补贴 4~6 元；中学班主任 5~7 元。2009 年 1 月起，根据义务教育学校绩效工资实施办法规定，中、小学班主任津贴并入奖励性绩效工资中，具体发放标准由学校制定。至 2018 年 12 月，继续按此规定执行。（2）环境保护监测津贴。1984 年 8 月，根据城乡建设环境保护部、劳动人事部、财政部《关于环境保护监测津贴试行办法的通知》规定，从当年 7 月起，各环境保护监测站中直接接触有毒有害物质的环境保护监测人员，根据工作量大小、时间长短、作业条件好坏、防护难易以及危害身体健康程度等情况享受监测津贴：一等每人每月 13 元、二等每人每月 10 元、三等每人每月 7 元、四等每人每月 4 元。1988 年 12 月起，分别调整为 16 元、13 元、10 元、7 元。1992 年 8 月起，分别调整为 25 元、20 元、15 元、10 元。1997 年 1 月起，调整为按天计算，一等每人每天 3.5 元、二等每人每天 3 元、三等每人每天 2.5 元，取消四等津贴标准。2015 年，鼎城区按照人社部、财政部《关于调整环境保护监测津贴的通知》（〔2015〕100 号）规定，从 2016 年 1 月起，环境保护事业单位直接接触有毒有害物质的环境监测、科研人员和有关辅助人员，根据工作量大小、时间长短、作业条件好坏、防护难易及危害身体健康程度等情况，分别享受一、二、三类环境保护监测津贴。一类津贴每人每月 450 元、二类津贴每人每月 350 元、三类津贴每人每月 260 元。至 2018 年 12 月，仍按此规定执行。（3）教（护）龄津贴。1985 年 12 月，根据国务院工资制度改革小组、劳动人事部《关于中小学教职工和医疗卫生事业单位工作人员工资制度改革问题的通知》规定，从当年 1 月起，分别对中小学、幼儿园的教师、教研员和医疗卫生单位中从事护理工作的护士实行教（护）龄津贴。教（护）龄不满 10 年，每人每月 3 元；满 10 年不满 15 年，每人每月 5 元；满 15 年不满 20 年，每人每月 7 元；满 20 年以上，每人每月 10 元。计发教（护）龄津贴的工作年限，按计算工龄津贴的办法和本人实际从事该专业工作的时间计算。2008 年 1 月 1 日起，中小学特级教师津贴标准由每人每月 80 元调整为每人每月 300 元。至 2018 年 12 月，继续按此规定执行。（4）公安干警值勤岗位津贴。1987 年 4 月，根据国务院工资制度改革小组、劳动人事部、财政部、公安部、安全部、司法部《关于公安干警实行值勤岗位津贴的通知》规定，从当年 1 月起，县级公安机关干警在值勤、办案时享受每人每天值勤岗位津贴 0.5 元。1989 年 10 月起，提高到每人每天 1 元。2006 年 7 月起，提高到每人每天 10 元。2017 年，按照人社部、财政部《关于执行人民警察值勤岗位津贴有关问题的通知》（人社部规〔2017〕10 号）规定，从 2016 年 7 月 1 日起，调整人民警察值勤岗位津贴。县级公安机关和直辖市公安分局，监所、监狱、强制隔离戒毒所监区(大队)以下单位的人民警察值勤时，值勤岗位津贴标准为：一类津贴每人每天 50 元、二类津贴每人每天 40 元。县级法院、检察院的司法警察值勤时，值勤岗位津贴标准为每人每天40元。至2018年12月，仍按此规定执行。（5）人民法院办案人员岗位津贴。1992年6月，根据人事部、财政部、最高人民法院《关于人民法院干警实行岗位津贴的通知》规定，从当年1月起，区人民法院干警外出办案的岗位津贴为每人每天0.6元，在院内办案时每人每天0.5元，按天计算，按月发放。节假日和病、事假或脱产学习等，不发岗位津贴。调离办案岗位，停发岗位津贴。1997年1月起，办案津贴调整为每人每天2.2元。2007年7月，根据人事部、财政部《关于实行法官审判津贴的通知》规定，人民法院中评定法官等级的在职法官实行法官审判津贴，首席大法官每月340元、一级大法官318元、二级大法官298元；一级高级法官278元、二级高级法官262元、三级高级法官246元、四级高级法官233元；一级法官220元、二级法官210元、三级法官200元、四级法官190元、五级法官180元。2017年起，鼎城区人民法院办案人员岗位津贴按《湖南省法官、检察官和司法辅助人员工资制度改革试点实施意见》办理。（6）人民检察院办案人员岗位津贴。1992年7月，根据人事部、财政部、最高人民检察院《关于人民检察院干警实行岗位津贴的通知》规定，从当年1月起，鼎城区人民检察院干警外出办案时的岗位津贴为每人每天0.6元，在院内办案时每人每天0.5元，按天计算，按月发放。节假日和病、事假或脱产学习等，不发岗位津贴。调离办案岗位，停发岗位津贴。1997年1月起，办案岗位津贴标准调整为每人每天2.2元。2007年1月，根据人事部、财政部《关于实行检察官检察津贴的通知》规定，检察院中评定检察官等级的在职检察官实行检察官检察津贴。首席大检察官每月340元、一级大检察官318元、二级大检察官298元；一级高级检察官278元、二级高级检察官262元、三级高级检察官246元、四级高级检察官233元；一级检察官220元、二级检察官210元、三级检察官200元、四级检察官190元、五级检察官180元。2017年起，鼎城区人民检察院办案人员岗位津贴按《湖南省法官、检察官和司法辅助人员工资制度改革试点实施意见》办理。（7）人民警察警衔津贴。1995年11月，根据人事部、财政部《关于人民警察实行警衔津贴问题的通知》规定，从当年1月起，公安机关和人民法院、人民检察院中评定授予警衔的在职人民警察（含林业警察），按月发放警衔津贴：一级警督95元、二级警督90元、三级警督85元；一级警司80元、二级警司76元、三级警司72元；一级警员68元、二级警员64元。正常晋升警衔、受晋衔奖励或受降衔处分人员，其警衔津贴从晋升或降低警衔的下一个月起计发。警衔津贴作为计发离退休费的基数。2006年11月，根据人事部、财政部《关于调整警衔津贴标准的通知》规定，从当年7月起，警衔津贴分别调整为：一级警督235元、二级警督223元、三级警督211元；一级警司199元、二级警司187元、三级警司175元；一级警员165元，二级警员155元。2016年1月27日，人社部、财政部《关于调整人民警察警衔津贴标准的通知》（〔2016〕11号）规定，从2015年1月起，各衔级警衔津贴标准每月分别为：总警监2250元、副总警监2000元、一级警监1800元、二级警监1600元、三级警监1400元、一级警督1250元、二级警督1100元、三级警督960元、一级警司860元、二级警司760元、三级警司660元、一级警员610元、二级警员560元。至2018年12月，仍按此规定执行。（8）纪检、监察办案人员津贴。1997年12月，根据人事部、财政部、中央纪委、监察部《关于调整纪检、监察办案人员补贴范围和标准的通知》规定，县、乡镇纪检、监察机关办案人员的办案补贴为每人每天2元，按实际出勤天数计算，按月发放。调离上述岗位的人员，停发岗位补贴。从2011年1月起，调整为每人每月220元。至2018年12月，仍按此规定执行。（9）审计工作人员补贴。1997年12月，根据人事部、财政部、审计署《关于调整审计机关审计人员工作补贴范围和标准的通知》规定，从当年1月起，县级审计机关审计工作人员工作补贴每人每天2元。按实际出勤天数计算，按月发放。调离审计工作岗位的人员，停发审计工作补贴。从2011年1月起，调整为每人每月220元。至2018年12月，仍按此规定执行。（10）乡镇机关事业单位工作人员乡镇工作补贴。2015年6月15日，省人社厅、省财政厅《湖南省乡镇机关事业单位工作人员乡镇工作补贴实施办法》（湘人社〔2015〕53号）规定，从当年1月起，乡镇工作时间不满10年为200元，满10年不满15年为260元，满15年不满20年为320元，满20年不满25年为380元，满25年不满30年为440元，满30年为500元。乡镇工作补贴自到乡镇工作之月起按月发放。乡镇机关和事业单位工作人员因脱产参加学历教育、借调等离开乡镇工作岗位1个月以上的时间，不发放乡镇工作补贴。调离乡镇工作岗位或退休的人员，从调离或退休的下个月起停发乡镇工作补贴。至2018年12月，仍按此规定执行。（11）政法委机关工作津贴。2017年6月22日。人社部、财政部《关于建立政法委机关工作津贴有关问题的通知》（人社部规〔2017〕12号）规定，从当年1月1日起，建立政法委机关工作津贴。实施范围为各级党委政法委机关中执行公务员工资制度的在编正式工作人员。津贴标准为每人每月1200元，列入工资统发，按月发放。调离政法委机关或退休的人员，从调离或退休的次月起停发。司法局机关中除人民警察以外其他执行公务员工资制度的在编正式工作人员，参照上述规定执行。至2018年12月，仍按此规定执行。

除上述所列岗位津贴以外，还有医疗卫生防疫津贴、福利事业单位工作人员岗位津贴、信访工作人员津贴、税务征收工作人员津贴、机要密码人员岗位津贴、司法助理员岗位津贴等。

2006年，机关事业单位工资制度改革后，根据中央、国务院的统一部署，由纪检、监察部门牵头，组织、人事、财政、审计等部门共同参与，对原有的岗位性津贴、补贴进行清理。规定除经国务院批准或国务院授权人事部、财政部批准建立的岗位津贴可以继续执行外，其他中央各部门和省及以下各部门各单位自行建立的岗位津贴一律取消。

三、福利性补贴

(1) 书报费补贴。1986年，根据省、地区有关文件精神，常德县给机关事业单位工作人员（含离退休人员）发放书报费，每人每月3.3元。1991年7月1日起，根据省人事厅、财政厅、机关事务管理局湘人薪〔1991〕44号和市人事局、财政局常人薪〔1991〕30号文件精神，书报费由每人每月4元调整为每人每月8元。1993年10月1日机关事业单位工资制度改革时，纳入上级统一规定的津补贴总额之内。(2) 卫生（洗理）费。1985年，常德县给机关事业单位工作人员（含离退休人员）发放卫生费每人每月4元，1991年7月1日起调整为每人每月8元。1993年10月1日机关事业单位工资制度改革时，纳入上级统一规定的津补贴总额之内。(3) 上下班交通补贴费。1978年起，常德县给自备自行车上下班的工作人员发放交通补贴费每月1.5元，之后调整为每月3元至5元。1993年10目1日机关事业单位工资制度改革时，纳入上级统一规定的津补贴总额之内。

四、抚恤政策

(1) 丧葬费。2005年9月，区人事局、区财政局转发省人事厅、财政厅《关于提高我省机关事业单位工作人员死亡后丧葬费标准和遗属生活困难补助费标准的通知》，从2005年7月1日起，凡病故的工作人员，其丧葬费由1500元调整为4000元。凡因工（公）死亡的工作人员，其丧葬费由2000元调整为5000元。2009年7月1日起，机关事业单位工作人员死亡丧葬费标准：凡病故的工作人员（含离退休人员），其丧葬费由4000元调整为5000元。凡因工（公）死亡的工作人员，其丧葬费由5000元调整为6500元。2013年12月，根据市人社局、市财政局常人社函〔2013〕118号文件精神，从2013年7月1日起，凡病故的工作人员（含离退休人员，下同），其丧葬费由5000元调整为7000元；凡因工（公）死亡的工作人员，其丧葬费由6500元调整为9000元；因道路交通事故死亡人员丧葬费如执行了省政府办公厅湘政办函〔1997〕257号文件规定标准（按省统计局公布的全省上年度职工平均工资6个月的标准确定）的，不再同时执行本文所规定的标准。至2018年12月，仍按此规定执行。(2) 一次性抚恤费。2006年12月30日，根据省人事厅、省财政厅印发《关于事业单位工作人员死亡一次性抚恤金计发问题的通知》，从2004年10月1日起，事业单位工作人员（含离休、退休、退职人员，简称工作人员，下同）死亡一次性抚恤金发放标准：批准为烈士的，为本人生前80个月工资；因工死亡的，为本人生前40个月工资。2005年12月29日劳动和社会保障部、人事部、民政部、财政部《关于事业单位、民间非营利组织工作人员工伤有关问题的通知》（劳社部发〔2005〕36号）下发之后事业单位工作人员中因工作遭受事故伤害或者患职业病死亡人员，按《工伤保险条例》和《湖南省实施〈工伤保险条例〉办法》执行；病故的为本人生前20个月工资。在职工作人员死亡一次性抚恤金计发基数为国家规定的本人生前最后一个月基本工资；离休、退休、退职人员死亡一次性抚恤金计发基数为国家规定的本人生前最后一个月基本离休退休退职费总额。到2018年12月，事业单位工作人员死亡一次性抚恤金发放标准仍按此规定执行。2012年1月10日，根据省民政厅、省人力资源和社会保障厅、省财政厅关于转发民政部、人力资源和社会保障部、财政部《关于国家机关工作人员及离退休人员死亡一次性抚恤金发放有关问题的通知》的通知精神（湘民发〔2012〕1号），自2011年8月1日起，国家机关工作人员及离退休人员死亡一次性抚恤金发放标准调整为：烈士和因公牺牲的，为上一年度全国城镇居民人均可支配收入的20倍加本人生前40个月基本工资或基本离退休费；病故的，为上一年度全国城镇居民人均可支配收入的2倍加本人生前40个月基本工资或基本离退休费。其计发办法仍按照民政部、人事部、财政部《关于国家机关工作人员及离退休人员死亡一次性抚恤发放办法的通知》（民发〔2007〕号）的有关规定执行。到2018年12月，国家机关工作人员及离退休人员死亡一次性抚恤金发放标准仍按此规定执行。（3）遗属生活困难补助。已故机关事业单位工作人员的遗属。系死者生前供养的直系亲属。自2005年7月1日起，遗属系非农业人口，居住城市1人者，每人每月补助费由180元调整为210元，2人或2人以上者，每人每月补助费由165元调整为190元；遗属系农业人口，1人者每人每月补助费标准由140元调整为170元，2人或2人以上者每人每月补助费由120元调整为150元。2009年7月1日起，遗属系非农业人口，居住城市1人者，每人每月补助费由210元调整为285元，2人或2人以上者，每人每月补助费由190元调整为260元；遗属系农业人口，1人者每人每月补助费标准由170元调整为225元，2人或2人以上者每人每月补助费由150元调整为190元。从2013年7月1日起，遗属系非农业人口，居住城市1人者，每人每月补助费由285元调整为425元，2人或2人以上者，每人每月补助费由260元调整为385元；遗属系农业人口，1人者每人每月补助费标准由225元调整为335元，2人或2人以上者每人每月补助费由190元调整为285元。上述对象中不论家住何处，对经组织确认因工（公）死亡工作人员的遗属，在前述标准的基础上每人每月由增发85元调整为125元。抗日战争时期参加革命工作的遗属（不含配偶）每人每月由增发100元调整为140元。红军遗属（不含配偶）每人每月由增发 120 元调整为 160 元。遗属系孤身一人，无直系亲属者每人每月由增发 90 元调整为 130 元。具备两项以上增发补助费条件的按其中金额较高的一项标准发给。红军时期、抗战时期、解放战争时期参加革命工作的离休干部遗孀生活补助标准按省委组织部、省委老干部局、省财政厅、省人事厅、省劳动和社会保障厅《关于调整离休干部无固定收入的遗孀、配偶及中华人民共和国成立前参加革命工作中华人民共和国成立后退职干部生活补助费标准的通知》（湘老干〔2009〕4 号）的规定办理。从 2015 年 1 月 1 日起，离休干部遗孀生活补助标准按省委组织部、省委老干部局、省财政厅、省人力资源和社会保障厅《关于调整离休干部无固定收入的遗孀、配偶及中华人民共和国成立前参加革命工作中华人民共和国成立后退职干部生活补助费标准的通知》（湘老干〔2015〕22 号）的规定办理。⑷ 工伤、职业病的鉴定及有关伤残待遇（伤残抚恤）。1987 年 3 月 9 日，湖南省卫生厅、劳动人事厅等五部门印发《湖南省干部、工人因工、因病致残完全丧失劳动能力暂行鉴定标准及实施办法》，共十大条五十二小项规定。常德县执行此《暂行鉴定标准及实施办法》。1993 年 3 月 30 日起，工伤、职业病的鉴定等级分四等六级。特等伤残人员，即完全丧失劳动（工作）能力，日常生活需要专人护理的，护理费标准为每月 110 元；一等伤残人员，即劳动能力基本丧失，日常生活大部分活动需要人扶助的，其护理费标准为每月 88 元。1994 年 8 月 3 日起，特等提高 15%的退休费比例；一等提高 5%的退休费比例。但提高退休费比例后，最高不得超过本人原工资额的 100%。

1996—2016 年，省人社厅、省财政厅对事业单位工作人员的伤残保健金标准多次发文进行调整。详细情况见下表。

鼎城区事业单位伤残保健金调整标准表

表 2-7-1　　　　单位：元 / 年

伤残等级	1996 年 6 月起	1999 年 1 月 1 日起	1999 年 7 月 1 日起	2000 年 1 月 1 日起	2001 年 1 月 1 日起	2002 年 1 月 1 日起
特　等	570	970	970	1150	1470	1770
一　等	450	760	760	940	1160	1400
二等甲级	360	360	435	495	580	670
二等乙级	280	280	340	400	480	560
三等甲级	200	200	240	300	360	420
三等乙级	160	160	195	255	310	360

续表 2-7-1

伤残等级	2003 年 7 月 1 日起	2004 年 10 月 1 日起	2006 年 1 月 1 日起	2007 年 8 月 1 日起	2008 年 10 月 1 日起	2009 年 10 月 1 日起
特　　等	2110	2480	3230	4210	5050	5810
一　　等	1680	1940	2530	3290	3950	4550
二等甲级	790	970	1260	1650	1980	2270
二等乙级	660	760	980	1280	1540	1770
三等甲级	490	650	840	1100	1320	1520
三等乙级	420	540	700	920	1100	1260

续表 2-7-1

伤残等级	2010 年 10 月 1 日起	2011 年 10 月 1 日起	2012 年 10 月 1 日起	2014 年 10 月 1 日起	2015 年 10 月 1 日起	2016 年 10 月 1 日起
特　　等	6390	7350	8450	11660	13410	14750
一　　等	5000	5750	6610	9130	10500	11550
二等甲级	2500	2880	3310	4560	5250	5770
二等乙级	1940	2240	2570	3550	4080	4490
三等甲级	1670	1920	2200	3040	3500	3850
三等乙级	1390	1600	1840	2540	2920	3210

鼎城区机关、事业单位退休、死亡、伤残、遗属人数统计表

(1990—2018 年)

表 2-7-2　　单位：人

年份	退休人数	死亡人数	伤残人数	遗属人数	年份	退休人数	死亡人数	伤残人数	遗属人数
1990	253	42	165	21	1994	221	38	55	21
1991	225	63	97	23	1995	293	83	51	37
1992	237	34	62	19	1996	265	91	53	22
1993	241	51	167	43	1997	211	57	31	29

续表 2-7-2

年份	退休人数	死亡人数	伤残人数	遗属人数	年份	退休人数	死亡人数	伤残人数	遗属人数
1998	238	49	29	15	2009	474	103	17	53
1999	232	28	33	24	2010	468	120	9	48
2000	273	106	44	13	2011	476	167	17	39
2001	240	79	12	39	2012	592	151	21	32
2002	259	93	16	12	2013	529	193	31	45
2003	274	76	19	43	2014	551	151	24	57
2004	404	94	21	57	2015	392	147	29	62
2005	317	105	24	45	2016	505	149	27	121
2006	382	94	13	41	2017	572	140	17	97
2007	505	65	11	32	2018	535	128	24	63
2008	424	140	15	57	合计	10588	2837	1134	1210

第八章　人力资源开发与交流

第一节　人才交流

一、人才开发交流服务中心及人才市场建设

1990 年 8 月，成立鼎城区人才开发交流服务中心（以下简称区人才服务中心），负责全区人才的开发、研究、教育培训工作，适时引进和举荐有用之才等。区人才服务中心与区人事局干部录用调配股合署办公，组织开展全区人才开发交流服务工作。

1993 年，区人事局组建鼎城区人才市场，投资 2 万多元装修 3 间门面、添置办公设备，作为区人才服务中心办公场所。同年，加强人才信息库建设，建立高、中级专业技术人员（以下简称专技人员）信息库，做到有数据、有表格、有名册。

1998 年，区人才服务中心工作人员由 2 人增加到 7 人，下设开发培训、人才交流、管理服务三个部，并实行微机管理；在每个乡镇（农林渔场）建立人才服务工作站（党委或党总支组织委员兼任站长），每个村（居委会）配备一名人才信息联络员（党支部副书记为联络员），形成了以区人才服务中心为核心，全区各乡镇（农林渔场）村（居委会）服务机构健全的人才信息网络。

人才服务中心办公大楼

1999 年，区人事局投资 200 万元，建成 2000 平方米功能齐全的人才开发交流服务中心综合大楼，添置了必要的办公设施，电脑人才库在全市率先实现与全国各人才市场联网。6 月 16 日举行大楼落成典礼，省人事厅常务副厅长王文涛、市人事局局长吴承云等到会祝贺。

2000 年，区人事局调整人才服务中心领导班子和工作班子，设立“四部一室”（人才交流部、开发培训部、网络信息部、管理服务

部，办公室）。投资20多万元，购置31台电脑，建立计算机知识培训基地（教室），并被市人事局挂牌确定为定点计算机培训基地。

2003年6月，投资10万元，建成可容纳1万多册的人事人才档案库，同时，建立健全了人事档案管理制度；7月，为搞好“五学一推广”（学政策理论、法律法规、业务技能、电脑、外语、推广普通话）培训活动，投资1万元，又建成一个可供60人培训学习的场所（教室）。

2004年9月，深圳市龙腾人力资源有限公司在鼎城区设立办事处，开展人才交流中介服务业务。其业务范围：人才信息咨询、各种人才推荐、外商企业人才资源开发。业务上接受区人才服务中心的指导，经营上接受区人才服务中心和区工商行政管理部门的监督和检查，办公地点设在鼎城区武陵镇玉霞大道。是年，区人事局投资80万元，添置铁质档案柜，建立可容纳2万余册人事档案的档案库；添置40台电脑，建成了拥有60台电脑的培训教室。

2006年，修订和完善《人事档案查阅制度》《人事档案借用制度》《人事档案保管制度》《人事档案转递制度》等，实现档案管理规范化、标准化。

2007年3月，区人才服务中心升格为副科级事业单位，核定副科级领导职数1名。当年，利用软、硬件设施，将2272册人事档案信息输入微机，初步实现人事档案管理信息化。

2008年，投资5万元，添置16台电脑，用于专技人员电脑培训。

2009年，经区直属机关党委批准，成立区人才服务中心党支部，对托管流动党员实行跟踪管理服务等。

2011年，区人力资源和社会保障局（以下简称区人社局）成立后，原区人事局的人才开发交流服务中心的人才交流工作和原区劳动和社会保障局的劳动力市场工作整合为区人力资源市场。

2015年，制定鼎城区人力资源开发交流服务中心工作权力监督与制约实施细则，完善人事档案查（借）阅工作制度。

2016年，组织全体工作人员学习人社部印发的（2016）44号文件，接受与管理流动人员人事档案，加强人力资源公共服务，并按照要求制定新的工作流程。对乡镇劳动保障服务站、村（社区）劳动保障服务中心进行督导检查，完善各项规章制度，优化人才信息网络服务平台，实现用人单位和求职者面对面沟通，促进城乡就业。

2017年，按照省、市统一部署，开展流动人员人事档案一体化服务平台建设。投资2万元，购置高性能计算机、身份证读卡器、标签打印机各一台，人事档案盒6000个。完成 5408 份人事档案信息录入工作，实现流动人员人事档案信息与全省联网。同时规范人事档案转递程序。

2018 年，进一步推进“两个市场”（人才市场、劳动力市场）整合。强化职能，配齐配强人员，保障经费。将职介中心整体划转到人才资源中心，落实招聘会专项工作经费 30 万元。完善企业用工和剩余劳动力两个信息数据库。通过《常德日报》、E 就业服务平台、鼎城广播电台、人社系统各种电子显示屏、鼎城区用工 QQ 群、微信群等各种媒体，按季度在区、乡镇（场）、村（社区）同时发布用工需求信息。对急需用工的企业，随时提供信息推送服务，及时匹配岗位信息，迅速对接劳务协作机构。依托“智慧党建”平台，将求职登记业务延伸到全区所有行政村（社区），在村级服务平台设立专门的“职业介绍”窗口，群众在家门口就可以找工作。建立绩效考核机制，以区政府名义出台《关于切实加强企业用工服务工作的通知》，将招聘和职介工作纳入全区人社工作绩效考核内容，权重占到总分值的 5%。凡举办大型现场招聘会均以区政府名义下达具体岗位的劳务输送指标任务，强化行政推动。

二、人才交流服务

（一）常规人才交流

1980—1989 年，鼎城区（常德县）采取多种措施，用好现有人才、引进短缺人才、起用闲散人才、开发潜在人才，取得良好效果。1985 年，把人才交流工作的重点摆在乡镇企业开发人才资源上，在为乡镇企业积极引进人才、培养人才的同时，立足开发本地人才资源，搞活县内人才流通，大力发掘内部人才潜力。主要采取 5 种形式：合理使用乡镇企业自身的“土专家”；大力启用社会闲散的能工巧匠；组织技术人员服务上门、协同攻关；鼓励专业技术人员到乡镇企业“安家落户”；组织离退休专业技术人员献“余热”。1986 年，通过采取多种形式和渠道，使 300 多名专业技术人员流向乡镇企业，促进了全县乡镇企业的快速发展。在湘西自治州召开的全省干部调配、人力交流会上，常德县作了经验介绍。国家科委主办的《科技与人才信息》杂志刊登了常德县开展人才交流、服务乡镇企业的经验材料。

1990 年，开展人才智力交流活动，建立行政、事业、企业几个人才开发交流服务网点，联络人才供求信息；加强对流动人员的档案管理，建立“五大”（广播电视大学、职工大学、职工业余大学、高等学校举办的函授大学和夜大学）毕业生和高、中级专技人员信息库。

1991 年，为乡镇企业引进专业技术人才 2 名，推荐待业“五大”毕业生等 5 人到区外工作。

1992年，为企事业单位引进专技人员5名，推荐3名待业“五大”毕业生到区外工作。

1993年，共为151名专技人员和13个用人单位提供人才交流服务，其中引进专技人员15名，输送待业“五大”毕业生和各类专业人员136名，为常德计算机学校引进1名具有高级专业技术职称的电子计算机专业课教师。是年，加大人才信息库建设力度，人才信息储量增加到1500名。

1994年，对897名农村“五大”毕业生登记造册；向省人才交流市场推荐3名专技人员和6名待业“五大”毕业生到沿海地区工作；为市第四建筑公司等单位引进人才42名，其中第四建筑公司5名、乡镇企业28名、个体私营企业9名。

1995年，引进各类专技人员10名，推荐7名专技人员和12名待业“五大”毕业生到区外工作。

1996年，引进各类专技人员12名，推荐6名专技人员和11名待业“五大”毕业生到区外工作。

1997年，引进各类专技人员8名，推荐4名专技人员和5名待业“五大”毕业生到区外工作。

1998年，为乡镇企业、民营企业引进各类专技人才78名。配合区政府支持下岗人员再就业，为下岗专技人员提供免费服务。是年，接待下岗求职专技人员210人次，向区外推荐专技人员134名。

1999年，网上推荐专技人才57名，发布人才信息2300余条。招聘和引进各类专业人才15人，输出送待业“五大”毕业生、下岗专技人员等50人到区外工作。

2000年，与沿海城市、西部开发地区、北京海淀区、湖北荆州市及本省麻阳县等56个人才开发交流服务中心取得联系，提供和接受人才引进、输出的信息，并利用这些窗口，为深圳、北京等地和常德市输送各类人才21名；选送17名高中、中专毕业生到北京大学、人民大学、北京师范大学等高等院校深造，并对他们实行跟踪管理服务，为鼎城区“两个文明”建设储备人才；每天利用微机向全国各大人才市场发布用人单位招聘信息，为各类人才免费上网190人次，求职登记55人次，利用板报发布用人单位招聘信息30条，为各类人才求职、就业提供机遇。

2001年，招聘和引进各类专技人员21名，推荐待业大中专毕业生、下岗专技人员等32人到区外工作。

2002年，招聘和引进各类专技人员27名，推荐待业大中专毕业生、下岗专技人员等19人到区外工作。

2003年，招聘和引进各类专技人员15名，推荐待业大中专毕业生、下岗专技人员等25人到区外工作。

2004年，招聘和引进各类专技人员9名，推荐待业大中专毕业生、下岗专技人员等21人到区外工作。

2005年，发布人才招聘信息1100条，通过深圳市龙腾人力资源有限公司驻鼎城区办事处，为鼎城区引进各类专业人才27人；向广州、深圳、珠海等地输送待业大中专毕业生、各类下岗专业人员170多人。

2006年，发布各类人才信息760条。为鼎城区企事业单位招聘和引进各类专业人才42人，其中为民办学校淮阳中学招聘和引进高级教师10名；向广州、深圳、珠海等地输送待业大中专毕业生和各类下岗专技人员150人。

2007年，为企事业单位引进各类专业人才165人（其中市第四人民医院84人、常德肿瘤医院23人、区教育系统50人、其他单位8人）。招聘31名高校毕业生到乡村工作。

2008年，为企事业单位引进各类专业人才251人，其中市第四人民医院29人、区教育系统47人、民营企业132人。

2009年，通过鼎城人才网与省内外高校毕业生就业处联系，向高校毕业生提供就业信息29条。招聘和引进各类专业人才15人，推荐待业大中专毕业生和各类专技人才等22人到区外工作。

2010年，与高校、企业以及周边人才市场联系，发布各类人才招聘信息21条。引进各类专业人才20人，推荐待业大中专毕业生和各类专业人员等33人到区外工作，人才交流业务拓展到北京、上海、广州等一线城市。

2011年，举办各类人才招聘活动4次，参与招聘的企事业单位112家，提供就业岗位417个，5000余名求职者进场求职，达成报名就业意向432人次。

2012年，举办各类人才招聘活动3次，有156家企事业单位进场招聘，提供就业岗位511个，6000余名求职者进场求职，达成报名就业意向535人次。

2013年，举办各类人才招聘活动4次，入场招聘的企事业单位198家，提供就业岗位692个，参会求职人数7500余名，达成报名就业意向721人次。

2014年，举办各类人才招聘活动4次，有201家企事业单位进场招聘，提供就业岗位763个，8000余名求职者进场求职，达成报名就业意向790人次。

2015年，举办各类人才招聘活动4次，有206家单位进场招聘，提供就业岗位879个，8500余名求职者进场求职，达成报名就业意向935人次。

2016年，举办各类人才招聘活动5次，有212家企事业单位进场招聘，提供就业岗位929个，近万名求职者进场求职，达成报名就业意向965人次。

2017年，与有关单位联合组织举办4场大型人才招聘活动，有225家用人单位进场招聘，发布招聘岗位13073个，进场求职人员10486人次，达成初步就业意向2389人次。实现E就业平台信息对接，全年有175家企业提供506个岗位，其中扶贫专岗7个。

2018年，单独或联合举办现场招聘会10场，邀请365家企业进场招聘，提供就业岗位19898个，现场求职登记15327人次，达成就业意向4110人。全年E就业平台发布岗位信息512条，招聘人数4649人，登记用人单位126个。区、乡镇、街道劳动保障服务窗口求职登记328人，成功就业300人。

（二）组团外出招聘和引进人才

1993年6月，组团参加常德市首届人才智力交流会。

1994—2002年，组团参加省、市大型人才交流会4次，为18家企事业单位引进各类专技人才46人。

2003年11月，组织区肿瘤医院、肉机厂、天美乐冷饮公司等3家民营企业到长沙参加湖南省首届民营企业大型人才交流会，招聘和引进各类专业人才16人。

2005年9月，组织常德水表总厂、常德云港生物科技公司、常德市佳诚机械公司等3家企业参加常德市首届民营企业人才交流会，招聘各类人员15人。

2006年9月，组织鼎星塑料厂、常德新顺杰包装公司、常德市湘维饮料厂等3家企业参加常德市第二届民营企业大型人才交流会，招聘和引进各类人才21人。

2007年4月，组织常德市联嘉机械公司、常德同达机械制造公司、金标粮油工业公司等3家企业参加常德市第三届民营企业人才暨新型工业化人才交流会，招聘和引进各类人员19人。

2008年4月，组织鼎城大能机械公司、常德金利源包装公司、福祥天茶业公司等3家企业参加常德市第四届民营企业人才暨县城经济人才交流会，招聘和引进各类人员26人。

2009年4月，组织鼎城区老夫子食品公司、常德市佳诚机械公司、常德市林宇汽车配件公司等3家企业参加常德市第五届民营企业人才及项目建设年人才交流会，招聘和引进各类人员22人。

2010年5月，组织常德市汇泉食品公司、常德德凯机械公司、金标粮油工业公司等3家企业参加常德市第六届民营企业人才暨项目建设年人才交流会，招聘和引进各类人员19人。

2011年5月，组织常德文福纸业公司、常德新顺杰包装公司、常德水表总厂、福祥天茶业公司等4家企业参加常德市第七届民营企业人才暨项目建设年人才交流会，招聘和引进各类人员 27 人。

2012 年 5 月，组织常德顺心饮料食品厂、常德金利源包装公司、鼎星塑料厂等 3 家企业参加常德市等八届民营企业人才暨项目建设年人才交流会，招聘和引进各类人员 23 人。

2013 年 5 月，组织质达电线电缆有限公司、常德顺心饮料食品厂、中凯机械有限公司等 3 家企业参加常德市第九届民营企业人才暨项目建设年人才交流会，招聘和引进各类人员 21 人。

2014 年 5 月，组织瑭桥科技发展有限公司、科箭机械制造有限公司、迪格机械制造有限公司等 3 家企业参加常德市第十届民营企业人才暨项目建设年人才交流会，招聘和引进各类人员 17 人。

2015 年 5 月，组织力欣电子厂、图资宏电子厂、中凯机械有限公司等企业参加常德市第十一届民营企业人才暨项目建设年人才交流会，招聘各类人才 16 人。

2016 年 4 月 23 日，组织常德中凯机械工业有限公司、湖南瑭桥科技发展有限公司、常德市佳鸿机械有限责任公司等 3 家企业参加常德市第十二届民营企业人才招聘会，招聘各类人才 31 人。

2017 年 4 月 22 日，组织湖南太阳山教育有限公司、方正证券常德营业部、湖南粤港模科实业有限公司等 3 家企业参加常德市第十三届民营企业人才招聘会，招聘各类人才 29 人。

2018 年 5 月 26 日，组织湖南中联重科、湖南粤港模科实业有限公司、常德中凯机械工业有限公司等 3 家企业参加常德市第十四届民营企业人才招聘会，招聘各类人才 35 人。

三、大中专毕业生就业服务

从新中国成立初期到 20 世纪 80 年代，大中专毕业生就业工作按国家指令性计划进行安排。1989 年，国家改革毕业生分配制度，逐步将毕业生计划分配就业制度改为“双向选择”就业制度，即在国家就业方针政策指导下，在一定范围内实行毕业生自主择业、用人单位择优录用。1993 年 2 月，《中国教育改革和发展纲要》进一步明确，实行少数毕业生由国家安排就业，大部分毕业生通过人才劳务市场，采取“自主择业”的办法就业。即在一定范围内，毕业生选报志愿或分配部门推荐，用人单位择优录用，并列入计划分配。1996 年起，区党政群机关原则上不直接接收应届大中专毕业生；全额、差额拨款的事业单位确因专业对口、工作急需、又有编制的，按规定程序报批后可办理派遣手续；1997 年，对国家任务计划招收的毕业生，原则上仍按计划切块在系统内安排就业。公安、司法、税务、财政、工商行政管理专业的毕业生，按有关规定就业。定向和委培生仍按招生协议合同就业。无委培单位的委培生、计划内自费生仍由学校向用人单位推荐或进入市场自主择业。区党政群机关接收大中专毕业生按照《国家公务员录用暂行规定》和《湖南省国家公务员录用实施办法》，实行公开招考。同年，出台《事业单位招聘工作人员实施办法》，事业单位招聘工作人员也实行公开招考，毕业生就业逐步转向公开招考与自主择业的市场就业模式。2000年起，实行大中专毕业生自主择业、用人单位择优录用的“双向选择”就业制度。

区人事部门促进高校毕业生就业，做了以下工作：1999年，根据市人才交流服务中心《关于大中专毕业生到非国有单位就业、自谋职业的试行意见》和《关于启用国家不包分配的大专以上毕业生的实施意见》，出台相关文件，为大中专毕业生就业牵线搭桥，免费提供就业信息。2001年，根据市委组织部、市人事局、市计委、市教委、市公安局联合印发《关于规范流动、待业大中专毕业生档案管理和户籍关系挂靠工作暂行办法》，制定相关规定，规范流动、待业大中专毕业生的档案管理，与公安等部门联系，启动大中专毕业生户籍关系挂靠服务工作。2009年，组织专人在常德同德职业技术学院等高校开展“七月校园行”活动，为大中专毕业生提供人事代理咨询服务。2014年，在湖南文理学院、常德同德职业技术学院、常德职业技术学院等院校开展“就业服务进校园”活动，发放宣传册子1500份。对全区683名应届高校毕业生进行实名制登记，组织16名高校毕业生参加座谈会，组织321名大中专毕业生在区职业培训园参加创业培训，为10名高校毕业生申领办理开办费补贴10万元，向60名大学毕业生发放小额担保贷款720万元。是年，以鼎城区高新技术产业园为幅射，创建一批高校毕业生创业孵化基地，比如：尧天坪李丹的湘北小蜜蜂农业开发有限公司、德安社区李纲文的幸福框业等，对这些基地，在政策扶持的同时，还进行基地授牌、创业事迹整理和媒体宣传打造。2015年，组织乡镇社区调查摸底，对全区352名应届高校毕业生进行实名制登记，对他们就业创业情况和意向需求等记录在册。对创业孵化基地升级改造，吸纳高校毕业生自主创业，有12名高校毕业生创业项目入驻孵化基地。是年，为173名创业人员发放小额担保贷款2190万元，投入创业孵化基地建设和设施配备110万元，安排扶持创业带就业资金59万元，帮助15名高校毕业生申请创业补贴。2016年，高校毕业生创业项目入驻孵化基地11家，为10名毕业生解决创业补贴10万元。2017年，入驻创业孵化基地13家，为3名毕业生解决创业补贴8.5万元。对250名离校未就业困难高校毕业生进行公益性岗位托底帮扶，时间3年，待遇为每人每月2000元，并缴纳社会保险。新增区血吸虫病专科医院、区妇幼保健院、湖南粤港模科实业有限公司等3个单位为高校毕业生见习基地，高校毕业生见习基地达到6个（以前审批3个，即小背篓家政有限公司、四医院、六医院），全年接受见习高校毕业生 76 人。2018 年，组织工业园区重点企业与常德技师学校、湖南应用技术学院、常德职业技术学院等市内高校进行对接，为高校毕业生提供就业见习、就业推荐、订单式培养等。全年接受高校毕业生就业见习 55 人。

第二节　人事代理

1998 年 3 月，区人才服务中心开展档案及人事关系托管业务，当年托管档案 16 册，服务对象主要是流动人员，包括企业和机关事业单位离职人员。服务内容主要是：为委托方提供人事政策咨询、协助委托方研究制定人才发展规划和人事管理方案等；为委托方代办人才招聘业务，提供人才供需信息，推荐所需专业技术人员和经营管理人员；为委托方管理人事关系、人事档案，按照有关规定办理大中专毕业生转正定级、工龄核定和档案工资调整手续；办理专技人员专技职务任职资格的申报；出具因公或因私出国、自费留学出国、报考研究生、婚姻登记和独生子女手续等与人事档案有关的证明材料；根据委托方要求，开展岗位培训，协助委托方制订培训计划；为委托方代办养老等社会保险业务；为委托方接转党团组织关系，建立流动人员党团组织，开展组织活动；根据委托方要求，开展人才测评业务；其他经核准的人事代理事项。

1999 年，建立流动人员档案库，接收下岗分流的专技人员、毕业分配未上岗的大中专毕业生人事档案 301 册。

2000 年，大中专毕业生进入人才市场自主择业，成为人事代理的主要群体，并逐年增加。当年申请人事代理的毕业生 26 人。

2001 年，根据市委组织部、市人事局、市计委、市教委、市公安局联合印发的《关于规范流动、待业大中专毕业生档案管理和户籍关系挂靠工作暂行办法》的精神，鼎城区启动毕业生户籍关系挂靠工作。是年，申请人事代理的毕业生 47 人。

2002 年，申请人事代理的大中专毕业生 54 人

2003 年 3 月，根据市委、市政府《常德市事业单位全面实行聘用制改革的实施意见》的精神，事业单位全员实行聘用制。事业单位的原工作人员逐步实行人事代理制度；新进人员全部实行人事代理。是年，全区 33 个乡镇的 1728 册事业站办所工作人员的人事档案统一接转至区人才服务中心管理，区人才服务中心与委托单位签订《人事代理协议书》，确立了人事代理关系。另外，办理个人委托人事代理 75 人，其中户籍托管 2 人。

2004 年，加强与各类企事业单位和高等院校的联系，延伸服务范围和领域，为各类企事业单位专技人员、企业管理人才、大中专毕业生等提供人事代理服务。共有个人委托

人事代理190人。

工作人员在为高校毕业生办理人事代理手续

2005年，个人委托人事代理125人。

2006年，个人委托人事代理256人。办理大中专毕业生转正定级12人、职称评定5人、户籍托管5人。是年，对托管的人事档案进行了规范化整理。

2007年，个人委托人事代理263人。办理大中专毕业生转正定级10人、职称评定3人。将2272册人事档案主要信息输入微机，初步实现了人才档案管理信息化。

2008年，区人才服务中心到区工业园内的中联重科特力液压有限公司、云港生物有限公司、佳诚机械厂等企业，摆摊设点，为专技人员提供人事代理咨询服务。全年办理个人委托人事代理251人、职称评定15人（特力液压有限公司专技人员申报中级职称15人）、大中专毕业生转正定级15人。

2009年，到湖南常德计算机专修学院、常德蓝天职业学校、常德淮阳中学等民办院校，开展“上门服务周”“七月校园行”等活动，为学校教师、应届毕业生提供人事代理咨询服务。全年，单位申请人事代理6家，委托代理人员80人；个人委托人事代理人员209人；办理社会养老保险8人、初中级职称评定各1人、大中专毕业生转正定级24人、流动党员托管1人。

2010年，个人委托人事代理120人。人才档案入库250册。办理大中专毕业生转正定级21人、流动党员托管2人、预备党员转正1人、职称评定2人、工资调整手续55人次。

2011年，单位申请人事代理5个，委托代理人员70人；个人委托人事代理139人。人才档案入库257册。办理大中专毕业生转正定级28人、养老保险30多人、流动党员托管5人、预备党员转正2人、职称评定3人。

2012年，个人委托人事代理422人，其中企事业单位新进人员287人、大中专毕业生124人、流动专技人员3人。高校毕业生托管档案14册。办理大中专毕业生转正定级17人、流动党员托管2人、预备党员转正1人、职称评定5人。

2013年，个人委托人事代理463人。办理大中专毕业生转正定级29人、流动党员托管1人、职称评定4人。

2014年，个人委托人事代理297人。办理大中专毕业生转正定级39人、流动党员组织关系托管2人、预备党员转正1人、职称评定13人。

2015年，开出档案接收商调函294份；接收大中专毕业生、机关事业单位新进人员、辞职人员人事档案428份；调出人事档案66份；办理档案借阅107人次。办理流动党员托管3人、预备党员转正1人、职称评定8人。

工作人员在查阅人事代理档案

1998—2015年，单位委托人事代理44个、委托代理人员1878人。个人委托人事代理3679人次。办理大中专毕业生转正定级195人、流动党员托管16人、预备党员转正6人、职称评定60人、户籍托管7人。

2016年，开出人事档案接收商调函352份。接收大中专毕业生、事业单位新进人员、辞职辞退人员等人事档案488份。调出人事档案65份。办理档案借阅92人次、档案查阅680人次。为10名托管人员申报副高级职称。按照人才服务中心不再管理与接收流动党员的要求，将6名流动党员的组织关系转到其户籍所在地或者工作所在地。

2017年，做好流动人员档案接收转递工作，共开出人事档案接收商调函402份。接收流动人员人事档案602份。调出人事档案117份。办理档案查阅、借阅510人次。为9名托管医护人员申报副高级职称。按照要求将16名挂靠在区人才服务中心的16名流动党员组织关系全部转往其户籍所在地或工作所在地。

2018年，办理人事代理670人次，为32名人事代理人员申报初、中级专业技术职称；做好流动人员档案管理和档案接收转递工作，开出人事档案接收商调函297份。接收流动人员人事档案356份。调出人事档案43份。办理档案查阅、借阅580人次。

第九章 培训与考试

第一节 培 训

新中国建立初期，常德县各区设区级干部文化班，另有一批干部被送往工农速成中学、文化干校培训学习。干部坚持每周学习日制度，学习时事政治，学习马克思、恩格斯、斯大林、毛泽东著作。1961—1966年，县党校举办包括科局级、股级干部以及农村生产大队党支部书记、大队长在内的干部轮训班23期，受训1850人次；办治保主任、妇女干部轮训班5期，受训490人次。1966—1972年，干部轮训教育中断。1973—1975年，县委党校开办夜校，到公社基层办学习班26期，参加学习的干部1715人。1976—1978年，办科级、股级干部学习班22期，参加学习1896人。1979—1984年，办干部轮训班28期，参加轮训2783人。1985—1986年，办科局级干部读书班4期，学习马克思主义哲学。

1986年起，常德县人事部门开始对军队转业干部、专业技术人员继续教育、大中专毕业生见习期满转正定级、新录用干部、公务员过渡、组织人事干部业务知识、公务员初任以及机关事业单位工勤人员素质教育等进行培训。

一、军转干部培训

1986年，根据国务院和中央军委关于对军转干部进行“先培训、后上岗”的精神，常德县劳动人事局于5月15日—8月15日在县委党校举办首次军转干部培训班。培训对象是1985年度军队转业干部，有75人参加学习，其中团职4人、营级及以下干部71人。培训时间90天，分形势政策教育、理论学习和业务学习三个阶段，其中集中学习时间40天，其余50天组织军转干部到上岗单位进行业务培训。县委、县政府领导和各部门对培训工作都很重视。县委、县政府成立军转干部培训领导小组，由县委组织部、县劳动人事局各派一名领导负责，明确具体抓培训工作的干部，制订详细的培训计划。县委党校克服自身住房紧张的困难，及时腾出房子，抽出得力的教员任教；县属各局抽出懂政策、业务熟、有实践经验的人员到培训班讲课。培训期间，县委、县政府领导到场，作动员、介绍全县形势等。培训班根据军转干部存在的“三个不够”（即对地方特别是对本县的经济现状了解不够、对地方具体政策掌握不够、地方工作经验与业务水平不够）的特点，对他们

1985 年军转干部培训班合影

进行形势政策教育、基础理论教育（政治经济学、政策法规）、专业知识教育，使他们认清形势，了解党的各项方针政策，熟悉与自己有关的专业知识。为了保证培训质量，始终坚持“四项制度”，即考勤制度：要求军转干部不迟到、不早退，逐天考勤；讲评制度：每学完一个阶段，培训领导小组对每个军转干部进行讲评，起到激励先进、推动后进的作用；请销假制度：做到不缺课，有事请假，无事不准外出；考核制度：培训领导小组对参训每个军转干部从德、勤、绩三个方面进行考核，看学习态度是否端正，学习天数是否保证，学习成绩是否优良，然后写出综合鉴定，交给所在单位，作为使用的依据。家住江北城区和武陵镇的军转干部，刮风下雨不迟到、不缺席，有的带病参加学习。结业考试，由地区统一命题。75 人参加考试，65 人及格，及格率 87%。

1987 年，对 1986 年度军转干部进行培训，100 人参加学习。结业考试，全部合格。

1988 年，对 1987 年度 71 名军转干部进行培训，考试合格率 100%。

1989 年起，全市军转干部的培训由市人事局军转办在每年的 4 月或 5 月统一集中组织。鼎城区人事局的职责是组织新安置的军转干部参加市军转办的培训。市军转办培训的主要内容：政治理论和时事、常德市国民经济和社会发展中长期规划、常德市城乡规划与建设、常德古城风情，还开设了公共管理、机关工作人员行为道德规范、机关公文写作、法律基本知识和市场经济概论等课程。从 2001 年开始，市军转办对自主择业的军队转业干部进行就业培训和职业技能培训。1989—2000 年，区人事局组织军转干部参加市军转办组织的培训 148 人；2001—2015 年，区人社局（区人事局）组织军转干部参加市军转办组织的培训 125 人，其中军转安置干部 110 人、自主择业军转干部 15 人。

2016—2018 年，区人社局组织军转干部参加市军转办举办的培训 11 人，其中军转安置干部 7 人，自主择业军转干部 4 人。同时，每年选派 1 名自主择业军转干部参加省军转办举办的培训班学习。

二、大中专毕业生转正定级培训

1991年6月10日，市人事局、市劳动局联合印发《关于大中专毕业生转正定级实行归口管理的通知》，规定凡国家统一分配到各级行政机关、企业、事业单位的大中专毕业生见习期满后，经考核符合干部条件的，按照先培训，再转正，后定级的程序，到人事部门办理转正手续，纳入正式国家干部管理。大中专毕业生见习期满后的转正定级按市、区县（市）归口管理范围组织或委托有关部门进行，经考核合格者发给“培训合格证书”。凡未进行转正定级前培训的，不办理转正定级手续，不纳入国家干部队伍管理，不认定专业技术职称。区县（市）各行政机关、企业、事业单位的大中专毕业生转正定级前的培训由区县（市）人事局组织实施。8月，区人事局以区直各战线为单位开展对1990年分配的大中专毕业生转正定级前的培训工作。培训内容：（1）政治理论教育。学习中宣部编写的《关于社会主义若干问题学习纲要》。（2）行为规范教育。学习人事部电教中心编写的《公务员行为规范教程》。（3）国情、省情教育。学习省委宣传部编写的《我们的中国——国情教育读本》。（4）法律知识教育。学习相关法律知识，如《企业法》《经济合同法》等。培训时间为10天。有286人参加培训，经考试全部取得及格以上成绩。

1992年6月，在区劳动服务公司对1991年分配到行政机关、企事业单位、厂矿的大中专毕业生进行转正定级前的培训，举办2期培训班，培训253人。分配到区教育系统的大中专毕业生，由区教委组织培训。

1993年6月，对1992年分配的413名大中专毕业生在区委党校举办转正定级培训。区教育系统的大中专毕业生由区教委组织培训。

1994年6月，在区委党校举办1993年毕业的大中专毕业生（含1994年度需要转正定级的行政事业单位的工人）转正定级培训班。培训内容采用全省统一教材：《公务员行为规范简编》《公务人员法制常识》《国情省情县情教育》《人事干部岗位实务知识》等。培训时间6天，培训人数628名。

1995年7月，在区委接待处举办1994年毕业的大中专毕业生（含1995年度需要转正定级的行政事业单位的工人）转正定级培训班，培训人数430名。

1996年7月，在区委党校举办1995年毕业的大中专毕业生（含1996年度需要转正定级的行政事业单位的工人）转正定级培训班，培训人数525名。

1997年7月，在区委接待处举办1996年毕业的大中专毕业生（含1997年度需要转正定级的行政事业单位的工人）转正定级培训班，培训人数460名。

1998年7月，在区委党校举办1997年毕业的大中专毕业生和1998年度需要转正定级的行政事业单位的工人转正定级培训班，共520人参加。

1999年7月，在区委接待处举办1998年毕业的大中专毕业生和1999年度需要转正定级的行政事业单位的工人转正定级培训班，共563人参加。

2000年6月，在区委接待处举办1999年毕业的大中专毕业生和2000年度需要转正定级的行政事业单位的工人转正定级培训班，培训571名。

2001年11月，在区委党校举办2000年毕业的大中专毕业生和2001年度需要转正定级的行政事业单位的工人转正定级培训班，有370人参加。

2001年起，国家对大中专毕业生不再实行统一分配和派遣安置工作单位，一律进入市场自主择业。2002年以后，区人事局不再组织实施大中专毕业生转正定级前的培训。

2003年，根据市人事局有关文件精神，区人事局决定继续开展大中专毕业生转正定级工作，规定大中专毕业生首次就业后一年的见习期满，经过培训和考核合格的，可办理转正手续，取消过去对干部身份的认定。属于公务员管理单位系列的大中专毕业生，由公务员管理股按公务员管理的有关规定办理；企事业单位和其他方面的大中专毕业生转正前的培训工作由区人才开发交流服务中心办理。2006—2015年，有209名大中专毕业生参加转正定级前的培训，其中2006年12人、2007年10人、2008年15人、2009年24人、2010年21人、2011年28人、2012年17人、2013年29人、2014年39人、2015年14人。2016年起，根据人社部〔2014〕90号文件精神，大中专毕业生转正定级培训工作停止。

三、专业技术人员继续教育培训

1997年以前，专业技术人员的继续教育培训工作，统一由常德市人事局组织实施。1997年，市人事局印发《关于加强专业技术人员继续教育的通知》，决定建立市、区县（市）两级专业技术人员继续教育体系，明确市人事局负责副高级职称及以上的专业技术人员的继续教育，中级职称及以下专技人员的继续教育工作由区县（市）人事局负责。

1998年，鼎城区人事局对中级职称及以下专技人员进行培训、辅导、考试，参加的人数共2800人。此后，要求中级专技人员继续教育学习每人每年累计不少于72学时、初级专技人员继续教育学习每人每年累计不少于42学时的要求。

1999—2000年，中级职称及以下专技人员参加培训、辅导、考试的有6800人次。

2001年，专技人员继续教育纳入专技职务评聘工作。是年，有3500人专技人员参加继续教育培训。

2002年起，继续教育内容分为公共科目和专业科目两大类。公共科目主要内容：《“三个代表”重要思想理论》《WTO知识》《知识产权法》《职业道德》及职称评聘规

专业技术人员继续教育培训考试

程等；专业科目为省人事厅主编的《继续教育科目指南》1~7部和有关教材。专技人员参加继续教育的学习情况、考试成绩和考核结果，由区人事局登记在继续教育证书上，作为专技人员考核、聘任、职称申报、职（执）业资格注册的依据之一。是年，区人事局举办专技人员继续教育培训班5期，共培训245人。

2003—2018年，共举办专业技术人员继续教育培训班55期，培训2925人，其中2003年举办1期，培训65人；2004年举办1期，培训80人；2005年举办1期，培训86人；2006年举办1期，培训63人；2007年举办26期，培训1281人。2008年举办4期，培训178人；2009年举办5期，培训257人；2010年举办2期，培训110人；2011年举办3期，培训186人；2012年举办2期，培训113人；2013年举办3期，培训130人；2014年举办1期，培训56人；2015年举办1期，培训39人。2016年举办2期，培训132人；2017年，举办1期，培训75人。2018年举办1期，培训74人。

四、公务员过渡培训

1994年10月，区人事局根据市人事局印发《关于在全市国家行政机关开展国家公务员过渡培训工作的意见》的精神，在区委党校分期分批开展公务员过渡培训工作。培训对象是区、乡镇政府工作机构、部门管理机构和一个机构同时挂党委和政府两块牌子的单位、政府议事协调机构及所设的办事机构和行使政府职能的事业单位除工勤人员以外的工作人员。培训内容是《国家公务员暂行条例》及其配套法规、人事部编写的《新编国家公务员制度教程》、省人事厅编写的《国家公务员制度知识》。培训时间为5~7天，不少于40学时。1995年12月，由市人事局统一命题，组织统一考试，鼎城区有2256人参加考试，及格率为85%。

五、公务员专项培训

1991年3月，区委组织部、区人事局对全区党、政、群机关及行政管理职能的企事业单位的在职工作人员采取集中辅导与自学相结合的办法，开展《公务员行为规范教程》的培训工作。全区参加培训学习的有3510人。8月6日，区委办、区政府办等21个单位的50名干部（其中处级干部5名、科级干部20名、一般干部25名）参加由市委组织部、市人事局组织的抽查闭卷考试。其他人员，分别在8月7日、8日由各办事处、乡（镇）、区直各战线统一组织闭卷考试，试卷由市委组织部、市人事局统一命题，统一制卷。区委组织部、区人事局派人监考。全区所有培训人员参加考试，合格率达100%。

2004年4月15日—6月23日，开展全区公务员行政许可法的专项培训。全区行政机关的公务员和依照公务员制度管理的单位中除工勤人员以外的工作人员都参加了培训。培训以人事部组织编写的《公务员行政许可法读本》为教材，内容包括：行政许可法的意义、立法宗旨和对政府管理的影响；行政许可设定的原则、事项范围、权限；行政许可的实施机关、实施程序；行政许可的费用管理、监督检查及法律责任等。4月15—17日，选派2人参加市人事局在培训中心举办的师资培训班。4月19日，举办全区辅导员培训班，全区108人参加辅导员培训，共有2770人参加行政许可法的培训。6月23日上午9：00—11：00，所有参训的公务员参加由省人事厅统一命题的培训考试。培训、考试结果，登记在“国家公务员培训证书”上，并作为公务员年度考核、定级和晋升职务的重要依据。考试不合格者进行补考。

2006—2008年，对全区公务员和事业单位中的管理人员进行“公共管理”课程的培训。培训内容包括：公务员通用能力、公共行政、公共政策、公共经济和依法行政。培训考试由区人事局组织实施。全区3000名公务员和事业单位管理人员参加了培训和考试。

2014年，对公务员开展以“培育和践行社会主义核心价值观”为主题的职业道德培训。举办骨干师资培训班，150人参加。全年2000多名公务员和参管公务员参加了公务员职业道德培训，进一步提高了公务员的职业道德素质与服务水平。

2015年，举办新录用公务员初任培训，全区65名新录用的公务员参加了为期五天的集中培训。区委组织部副部长、区人社局局长、党组书记刘志平作动员报告，区玉霞街道办事处党委书记林新忠、区委党校教研室主任段淑娟、区委组织部干部三组组长胡代彬、区委党校教务科科长魏涛、区委党校副校长湛玲琳、区委党校讲师徐咸昌、区纪委副书记尤明清分别讲授《怎样当好基层公务员》《加强党的建设、提高党员的科学文化水平》《国家公务员法》《公务员政务礼仪》《运用法制思维处理问题》《社会主义核心价值观》《党风廉政建设》等课程，并组织参观了区工业园、石板滩毛粟岗村、尧天坪小蜜蜂农场等亮点工程。

2017年，组织2016年考录的39名公务员参加市人社局统一举办的公务员初任培训。

2018年4月8—13日，组织2017年考录的67名公务员参加市人社局统一举办的公务员初任培训。

六、计算机知识普及培训

1996年12月，鼎城区人事局根据市人事局印发《关于计算机知识普及培训和考核工作的实施意见》的文件精神，决定从1997年开始，在全区干部职工中开展计算机知识普及培训和考核工作。1997年1月6—18日，安排刘宏参加市人事局举办的全市首届普及计算机知识师资及管理骨干培训班。1997—1999年，区人事局举办计算机知识培训班9期，参加培训人数460人。2000—2014年，举办培训班155期，参加培训人数7573人次，合格人数6013人（详情见附表）。2015年，鉴于计算机知识在机关事业单位工作人员中已普及，该项培训停止。

计算机知识培训场地

2000-2014年鼎城区计算机培训考试情况统计表

表2-9-1

年　份	地　点	举办期数	参训人数	合格人数	备　注
2000	人才中心	1	60	41	—
2001	人才中心	3	149	104	—
2002	人才中心	27	1310	945	—
2003	人才中心	11	533	416	—
2004	人才中心	26	1285	1028	—
2005	人才中心	17	875	710	—
2006	人才中心	16	821	674	—
2007	人才中心	8	349	297	—

续表 2-9-1

年　份	地　点	举办期数	参训人数	合格人数	备　注
2008	人才中心	12	560	492	—
2009	人才中心	9	426	341	—
2010	人才中心	8	380	301	—
2011	人才中心	7	351	315	—
2012	人才中心	4	175	123	—
2013	人才中心	4	204	159	—
2014	人才中心	2	95	67	—
合计	—	155	7573	6013	—

七、“创学”培训

2003 年，鼎城区在全区干部职工中开展“五学一推广”（学政策理论、法律法规、业务技能、电脑、外语、推广普通话）培训学习活动。其中学电脑、学外语的培训考核由区人才开发交流服务中心负责组织。全区机关事业单位所有工作人员必须参加计算机知识培训，通过考试考核获得合格证书。已参加人事部门组织的计算机培训考试，并获得有效等级证书的，可以不参加培训；1957 年 1 月 1 日以后出生的国家公务员，通过培训要学会 300 句左右的常用英语。已参加人事部门组织的英语培训考试，并且获得有效证书的，可以不参与培训。10 月，第一期“创学”计算机知识、英语培训班先后在区人才开发交流服务中心开班，直到 2008 年，历时 5 年，共举办计算机知识培训 90 期，培训人数 4423 人次；开设英语培训 19 期，培训人数 961 人（其中 2003 年举办 1 期 29 人、2004 年举办 14 期 760 人、2005 年举办 4 期 172 人），考试考核 1000 多人次。

八、其他培训

1981 年 3 月，举办全县人事干部岗位培训班，培训内容为政策法规和业务知识等，参训 115 人。1984 年 4 月，举办人事干部业务知识培训班，120 人参加。1993 年，举办全区人事干部岗位培训班 1 期，参训 140 人。1997 年，举办人事干部业务知识培训班 1 期，参训 130 人。2001 年，在区委党校举办人事干部业务知识培训班，为期 5 天，各乡镇（场）、区直各单位的人事干部共 125 人参加。

2006年，举办专业技术人员“权益保护”和“职业道德”培训考试，2647人参加。

2005—2007年，每年组织专家送科技下乡，举办农村实用人才培训班，举办10期，培训691人次，其中2005年举办3期，培训230人次。同时，在石板滩镇、石公桥镇、十美堂镇创办花卉、水产养殖、珍珠养殖3个农村实用技术培训基地，培训农村实用人才300人。

2008—2010年，举办公务员、机关工人素质教育培训7期，培训627人。举办人事干部业务知识培训班2期，培训242人次。

2011—2018年，举办人事干部业务知识培训班6期，培训696人次。

第二节 考 试

实行公务员制度以前，鼎城区的人事考试主要是选拔录用国家干部和机关、企事业单位工作人员。实行公务员制度以后，人事考试主要是选拔录用国家公务员、选聘事业单位工作人员、专业技术人员取得任职资格和职业资格以及机关事业单位工勤人员评定技术等级等。2014年2月，区人社局成立人力资源考试院，组织实施和承办全区人力资源考试考务工作以及企业和社会团体委托的人才选拔考务工作；承办全区晋升专业技术职称（职务）资格和水平的考试工作；承办全区工勤技能人员等级的考试考务工作；负责抓好考务队伍和面试考官队伍建设以及试题库的管理工作等。

一、专业技术人员任职资格和职业资格考试

（一）任职资格考试

专业技术资格是专业技术人员专业技术水平和能力的体现，它不受岗位、数量、单位性质的限制，没有职责的要求，考试合格后，专业技术资格在全国范围内有效，也是专业技术人员和其他社会人员应聘专业技术职务的重要依据。

1990年，职称改革开始“以考代评”。鼎城区开展统计员资格考试工作，各机关、企事业单位有100人参加全国统一的统计员资格考试，有80人考试合格取得统计员资格证书。

1991年，根据人职发〔1991〕5号文件精神，鼎城区启动经济员资格考试工作，组织全区289名专业技术人员参加全国统一的经济员资格考试，有100多人考试合格取得经济员资格证书。

1993年，“以考代评”的专业技术任职资格考试，增加到会计、审计、计算机软件、

卫生、法律顾问等专业。开考级别由初级资格水平考试上升到中级资格水平考试。1990—2015 年，鼎城区人事部门组织专业技术人员参加各类专业技术任职资格考试累计6000 人次。2016—2018 年，累计参考人员 480 人次。

1998—2017 年鼎城区参加全国专业技术资格考试合格人员统计表

表 2-9-2　　单位：人

年　份	合格人数	年　份	合格人数
1998	169	2009	183
1999	271	2010	214
2000	151	2011	201
2001	108	2012	171
2002	126	2013	179
2003	181	2014	162
2004	221	2015	143
2005	215	2016	152
2006	261	2017	138
2007	102	合计	3590
2008	242	—	—

（二）职业资格考试

1995 年 1 月，人事部颁布《职业资格证书制度暂行办法》，专技人员的执业资格通过国家统一考试的方法取得，由国家定期举行，考点设省会城市，考务由省职改办负责组织实施。执业资格考试合格者，由国家授予相应的“执业资格证书”，作为专业水平能力的证明和从事特定专业的法定注册凭证。

1998 年起，鼎城区相继组织专业技术人员参加执业药师、执业中药师、企业法律顾问、注册建筑师、造价工程师、价格鉴证师、注册税务师、注册资产评估师、房地产估价师、房地产经纪人、监理工程师、珠宝玉石质量检验师、假肢矫形器制作师等 35 个系列（专业）的全国资格统考。至 2018 年，全区有 1713 人次取得相应资格证书。

1998-2017年鼎城区参加全国职业资格考试合格人员统计表

表 2-9-3　　单位：人

年　份	合格人数	年　份	合格人数
1998	21	2009	139
1999	25	2010	101
2000	22	2011	110
2001	18	2012	103
2002	23	2013	98
2003	52	2014	81
2004	87	2015	92
2005	159	2016	72
2006	179	2017	66
2007	115	合计	1713
2008	150	—	—

二、职称外语考试

1992年1月，鼎城区启动职称外语水平（等级）考试。凡1991年度具有评聘中、高级专业技术职务申报资格、考核中评为优岗、又不符合免试外语条件的人员，在单位岗位职数和增资额允许的情况下，可报名参加相应的专业技术职务的外语（含古汉语、医古文）水平考试。考试时间全省统一为1992年3月15日上午。鼎城区参加全省首次晋升中、高级专业技术职称外语水平统一考试的有220人，及格65人。

1991—1994年，区人事局组织4次晋升中、高级职务参评资格外语水平考试，参考900人，及格380人。

1999年起，职称外语统一考试由人事部统筹规划、指导并确定合格标准。至2016年，鼎城区报名参加人事部组织的职称外语考试的人数，累计4100人次。

2017年起，取消职称外语考试，职称外语不再作为申报职称评审的必备条件。

三、机关事业单位工人技术等级考试

1995年9月，区人事局根据市人事局印发《关于组织1995年全市机关事业单位工人技术等级岗位理论考试工作的实施意见》精神，成立鼎城区机关事业单位工人技术等级岗位（职务）考核办公室，具体负责全区机关事业单位工人技术等级岗位考核的组织实施工作。当年开考的行业 21 个、工种 137 个，每个工种分初级工、中级工、高级工三个等级。考试科目为“技术业务理论”。内容以《湖南省机关事业单位工人技术等级岗位考核复习资料》为准，各等级试题满分为 100 分。考试后，全省统一划定合格分数线。1996 年 1 月 21 日上午 9：00—10：30 为民政、物资、农业、林业、机械、水电、建设、交通、文化、广电等 10 个行业考试；下午 14：30—16：00 为体育、测绘、出版、技监、环保、电子、综合、地震、卫生、计生、特殊 11 个行业考试。在鼎城区武陵镇设有 5 个考点。全区共有 5700 人参加。1997 年 1 月，市人事局统一组织全市机关事业单位工人技术等级理论补考。全区 500 余人参加。

1996 年 12 月，市人事局通知，全市机关事业单位工人技术等级岗位正常考核定级工作每两年进行一次，统一在第二年的第四季度进行理论（应知）和实际操作（应会）考试。

工作人员在巡查考场纪律

1999 年，鼎城区参加机关事业单位工人技术等级岗位升级理论考试有 1206 人。

2001 年，鼎城区参加机关事业单位工人技术等级岗位升级理论考试有 1249 人。

2003 年，机关事业单位工人技术等级岗位升级考核科目为《技术业务理论》《实际操作》和《职业道德》。《职业道德》和《技术业务理论》全省统一命题，12 月 7 日为统一考试时间，其中《职业道德》实行开卷考试。12 月 7 日，全区参加《技术业务理论》和《职业道德》考试有 1012 人。

2005 年，工人技术等级岗位升级理论考试的时间是 2006 年 5 月 28 日上午。开考的行业 25 个、工种 745 个，归并后工种 204 个。考试科目为《公共基础知识》和《技术业务理论》。在鼎城区武陵镇设有考点。全区 769 人参加考试。

2007 年，机关事业单位工人技术等级岗位升级理论考试时间为 5 月 25 日上午，全区有 725 人参加考试。

2009 年，机关事业单位工人技术等级岗位升级理论考试在 11 月 15 日上午进行，全区参加考试 623 人。

2010 年，全区机关事业单位工人参加技术等级岗位升级理论考试 77 人。

2012 年，全区机关事业单位工人参加技术等级岗位升级理论考试 691 人。

2013 年，全区机关事业单位工人参加技术等级岗位升级理论考试 154 人。

1995 年、1996 年、1997 年、2002 年、2003 年、2004 年，区人事局聘请行业专家组成考核组，对部分技术等级岗位升级进行实际操作考核。

2016 年，按照省、市精神，组织机关事业单位工勤人员参加技术等级岗位升级理论考试（考核），经资格审查，有 504 人参考，其中参考高级技师（一级）2 人、参考技师（二级）201 人、参考高技工（三级）261 人、参考中级工（四级）40 人。

第十章 离休 退休 退职

第一节 制 度

退休制度，是国家安置机关、事业单位老弱病残工作人员的基本方法。机关、事业单位的工作人员，在达到规定工作年限和年龄，或因公（工）致残丧失工作能力后，可以依法办理退休手续，按照国家规定，按月领取退休费或养老金。制度上将退休分为离休、退休、退职三种。

一、离 休

1978 年 6 月，《国务院关于安置老弱病残干部的暂行办法》第三条规定：对于丧失工作能力，1949 年 9 月 30 日（含 30）前参加革命工作的地委正副书记、行政公署正副专员及相当职务以上的干部；1942 年年底以前参加革命工作的县委正副书记、革命委员会正副主任及相当职务的干部；1937 年 7 月 7 日以前参加革命工作的干部，可以离职休养，工资照发。1980 年 10 月，国务院《关于老干部离职休养的暂行规定》和 1982 年 2 月《中共中央关于建立老干部退休制度的决定》；同年 4 月，《国务院关于发布老干部离职休养制度的几项规定的通知》；以及同年 12 月，《劳动人事部关于发布〈贯彻国务院关于老干部离职休养规定中具体问题的处理意见〉的通知》，均对离休条件作了规定。

1978 年，常德县对新中国建立前参加革命工作，男年满 60 周岁、女年满 55 周岁的干部，实行离职休养。对已于 1959 年、1963 年、1970 年作退休处理的 54 名老干部改为离休。1983 年 6 月，全县有离休干部 107 人，县委、县政府为他们发给“老干部离休荣誉证”。1985 年，有离休干部 155 人。到 1987 年年底，全县办理离休的有 234 人，其中抗日战争时期参加工作的 12 人、解放战争时期参加工作的 222 人。离休干部中，正县级 1 人，副县级 1 人，享受县级待遇的 48 人，易地到常德县安置的 7 人。到 2011 年 10 月，全区有离休干部 454 人（不含划归武陵区、德山经济技术开发区管辖乡镇的离休干部）。2018 年 12 月，全区尚有离休干部 57 人。

1982 年 4 月，《国务院关于发布老干部离职休养制度的几项规定的通知》规定，老干部离休后基本政治待遇不变，生活待遇略为从优。1921 年 7 月 1 日到 1949 年 9 月 30

日，各个革命时期参加革命工作的老干部，离休后原工资照发。2015 年 9 月 16 日，省政府湘政发〔2015〕38 号《关于机关事业单位工作人员养老保险制度改革的实施意见》规定：机关事业单位离休人员不纳入此次改革范围，仍按照国家统一规定发给离休费，并调整相关待遇。

二、退 休

1955 年 12 月，国务院印发《国家机关工作人员退休处理暂行办法》规定，男年满 60 周岁、工作年限满 5 年、劳动年限满 25 年，女年满 55 周岁、工作年限满 5 年、劳动年限满 20 年；或男年满 60 岁、女年满 55 周岁，工作年限满 15 年；或工作年限满 10 年，因劳致疾、因公致残丧失工作能力，都可以退休。1958 年 3 月，《国务院关于工人、职员退休处理暂行规定》的退休条件：（1）男工人、男职员年满 60 周岁，连续工龄满 5 年、一般工龄（包括连续工龄）满 20 年，女工人年满 50 周岁、女职员年满 55 周岁，连续工龄满 5 年、一般工龄满 15 年。（2）从事井下、高空、高温、特别繁重体力劳动或者其他有损身体健康工作的工人、职员，男年满 55 周岁、女年满 45 周岁，连续工龄和一般工龄符合上述（1）的条件。（3）男年满 50 周岁、女年满 45 周岁，连续工龄满 5 年，一般工龄满 15 年，身体衰弱丧失劳动能力，经过劳动鉴定委员会确定或者医生证明不能继续工作。（4）连续工龄满 5 年，一般工龄满 25 年工人、职员，经过劳动鉴定委员会确定或者医生证明不能继续工作。（5）专职从事革命工作满 20 年的工作人员，因身体衰弱不能继续工作而自愿退休的。1978 年 3 月，《国务院关于安置老弱病残干部的暂行办法》规定干部的退休条件是：男年满 60 周岁、女年满 55 周岁、参加革命工作年限满 10 年；或男年满 50 周岁、女年满 45 周岁，参加革命工作年限满 10 年，经过医院证明完全丧失工作能力；或因工致残，经过医院证明完全丧失工作能力的，都可以退休。《国务院关于工人退休、退职的暂行办法》规定，机关、企事业单位、群众团体的女工人年满 50 周岁，连续工龄满 10 年的，应该退休。1993 年 8 月，国务院印发《国家公务员暂行条例》第十五章规定，国家公务员男年满 55 周岁、女年满 50 周岁，且工作年限满 20 年；或工作年限满 30 年的，本人提出要求，经任免机关批准，可以提前退休。

1953 年，常德县开始实行退休制度，干部男年满 60 周岁，女年满 55 周岁，办理退休手续，是年，有 5 名干部退休。1978 年，常德县执行国务院《关于职工退休退职暂行办法》。1980 年，县人事局为 415 名干部办理退休退职手续（含年初县委组织部办理的退休退职人数）；1981 年，为 136 名干部办理退休退职手续，其中达到退休年龄的 22 人，病退 114 人。全县共有退休退职人员 4417 人。1985 年，县劳动人事局为 286 名老弱病残干部、职工办理退休退职手续；1986年，为291名干部、职工办理退休手续。到1987年，全县共有退休人员5200人，其中全民所有制单位2588人、集体所有制单位2612人；县城安家1316人、去农村安家3800人、县外安家84人。1990—2000年，鼎城区人事局为机关事业单位2689人办理退休手续；2001—2010年，为3747人办理退休手续。2011年至2015年，区人社局为机关事业单位2540人办理退休手续。2016—2017年，为1077人办理退休手续。2018年，为535人办理退休手续。截至2018年12月31日，全区机关事业单位有退休人员8364人。

1955年12月，国务院印发《国家机关工作人员退休处理暂行办法》规定，退休人员每月的退休费标准是：工作年限满5年，不满10的，发给本人工资（退休时的标准工资加退休后居住地的物价津贴）的50%；工作年限满10年，不满15的，发给本人工资的60%；工作年限满10年，因劳致疾或因公致残丧失工作能力的，发给本人工资的70%；因劳致疾或因公致残丧失工作能力，工作年限满15年的，发给本人工资的80%。1958年3月印发的《国务院关于工人、职员退休处理暂行规定》规定，退休费标准调整为男工人、职员年满60周岁，女工人年满50周岁，女职员年满55周岁，连续工资5年以上不满10年的，发给本人工资的50%；连续工龄10年以上不满15年的，发给本人工资的60%；连续工龄15年以上的发给本人工资的70%。男年满50周岁，女年满45周岁的工人、职员，连续工资5年以上不满10年的，发给本人工资的40%；连续工龄10年以上不满15年的，发给本人工资的50%；连续工龄15年以上的，发给本人工资的60%。专职从事革命工作满20年的，发给本人工资的70%。1978年6月，《国务院关于安置老弱病残干部的暂行办法》规定，退休人员的退休费标准：在抗日战争时期参加革命工作的，按本人工资的90%计发；解放战争时期参加革命工作的，按本人工资的80%计发。新中国成立以后参加革命工作的，工作年限满20年，按本人工资的75%计发；工作年限满15年不满20年，按本人工资的70%计发；工作年限满10年不满15年，按本人工资的60%计发。退休费低于25元的，按25元计发。2006年7月1日起，公务员、机关工人（技术工人和普通工人）和事业单位工作人员退休费按退休前基本工资的一定比例计发：工作年限满35年的按90%计发，工作年限满30年不满35年的按85%计发，工作年限满20年不满30年的按80%计发，工作年限满10年不满20年的按70%计发，公务员退休工作年限不满10年的按50%计发。2010年1月，根据省人事厅《两个问题的处理意见》规定，退休费计发比例再次变化，详细情况见下表：

机关事业单位工作人员退休费计发办法表

表 2-10-1

工作年限	计发比例	工作年限	计发比例
满 35 年以上	90%	满22 年	81%
满 34 年	89%	满 21 年	80.5%
满 33 年	88%	满 20 年	80%
满 32 年	87%	满 19 年	79%
满 31 年	86%	满 18 年	78%
满 30 年	85%	满 17 年	77%
满 29 年	84.5%	满 16 年	76%
满 28 年	84%	满 15 年	75%
满 27 年	83.5%	满 14 年	74%
满 26 年	83%	满 13 年	73%
满 25 年	82.5%	满 12 年	72%
满 24 年	82%	满 11 年	71%
满 23 年	81.5%	满10 年	70%
公务员不满 10 年	50%	—	—

说明：2006 年 7 月 1 日至 2010 年 1 月 7 日前已退休的人员，其执行的退休费标准低于上述计算办法确定标准的，按此计算办法重新确定，但 2010 年 1 月 7 日前的增加数额不予补发

2014 年 10 月 1 日起，国家改革机关事业单位工作人员退休保障制度。其退休后基本养老金计发办法按省政府湘政发〔2015〕38 号《关于机关事业单位工作人员养老保险制度改革的实施意见》办理。至 2018 年，仍按此政策办理。

2016—2018 年，鼎城区按人社部和省人社厅规定，为机关事业单位退休人员增发养老金待遇，各年份分别按人平 6.5%、5.5%和 5%的比率增加。

三、退　职

1951 年 11 月，内务部印发《关于 1951 年内处理革命工作人员退职办法》，规定列入行政编制的革命工作人员，参加工作满 3 年，因年老（55 岁以上）或长期病弱，确实不

能继续工作，经医生证明，任免机关首长批准，才能退职，并由其工作机关开具退职证明，介绍回原籍。1952 年 10 月，政务院印发《各级人民政府工作人员退职处理暂行办法》规定办理退职手续，退职条件为参加工作满 2 年，所在机关审查同意，并经同级政府人事部门核准，可以退职。1955 年 12 月，国务院印发《国家机关工作人员退职处理暂行办法》，退职条件：年老或者病弱不能继续工作，又不符合退休条件的；自愿退职的；不适宜现职工作，又不愿接受其他工作的，经任免机关批准，由各级人事部门办理退职手续，填发"退职人员证明书"。1958 年 3 月，国务院印发《关于工人、职员退职处理的暂行规定》办理退职手续，凡企事业单位、机关团体的工人、职员退职，由所在单位行政决定，取得同级工会同意后办理退职手续。领导人员退职，须报送任免机关批准后执行。1978 年 6 月，《国务院关于安置老弱病残干部的暂行办法》规定，经过医院证明完全丧失工作能力，又不具备退休条件的干部，应当退职。

1953 年，常德县按国务院规定，对干部因伤残或长期生病，经医疗后不能坚持正常工作，又达不到退休条件的干部，办理退职手续，当年退职 7 人。到 1957 年共退职 25 人。1958 年退职 22 人。1960—1963 年，在精简职工中作退职处理的 81 人。1966—1972 年，退职 39 人。到 1987 年，全县共退职 298 人，其中全民所有制单位 186 人、集体所有制单位退职 112 人。1988—2010 年，鼎城区机关事业单位共退职 223 人。2011—2015 年，机关事业单位退职 17 人。2016—2018 年，机关事业单位退职 13 人。

退职金亦称退职补助金、退职生活费，分为一次性发给和按月发给两种。1951 年 11 月，根据内务部规定，工作人员在退职时，依其工作年限，发给退职补助金，以干部 500 斤粮食（按市价折发现金）、勤杂人员 150 公斤粮食为基数，工作年限在 5 年以内的，每月增加 5 公斤；6 年至 10 年，每月增加 10 公斤；11 年至 15 年的，每月增加 20 公斤；16 年以上的每月增加 40 公斤。超过半个月者以 1 个月计算，不足半个月者不计。立大功者增发 1 年。退职人员带有家属者（妻、夫、子女），其家属除发路费外，每人补助 50 公斤。1952 年 10 月起，根据中央人民政府人事部通知精神，常德县对政府退职人员离职时，由其所在机关按供给制人员和工资制人员发齐本月应领的供给，再按参加工作的时期发给生产补助粮；干部补助粮则以勤杂人员为基数，按班级（勤杂人员班长）、办事员级、科员级、科长级等级别发给。以上补助粮，由退职人员原籍或安家地的县（市）政府按当地主粮计算，一半发给粮食，一半发给现金。1958 年 3 月，根据国务院规定，机关工作人员退职时，一次性发给退职费。连续工龄不满 1 年的，发给本人 1 个月的工资；1 年以上至 10 年的，每满 1 年，加发本人 1 个月的工资；10 年以上的，从第 11 年起，每满 1 年，加发本人一个半月的工资。退职费的总额，最高不超过本人 30 个月的工资。1978 年

6月起，按国务院规定，退职人员的退职金改为按月发给相当于本人工资40%的生活费，低于20元的按20元发给。2006年7月1日起，机关技术工人、普通工人按本人退职前岗位工资和技术等级工资之和的一定比例计发。事业单位工作人员按本人退职前岗位工资和薪级工资之和的一定比例计发。其中，工作年限满20年及以上的，按70%计发；工作年限满10年不满20年的，按60%计发；工作年限不满10年的，按50%计发。2010年1月，根据省人事厅《两个问题的处理意见》规定，退职生活费计发比例再次变化，详细情况见下表：

事业单位工作人员和机关工人退职生活费计发办法表

表2-10-2

工作年限	计发比例	工作年限	计发比例
满20年	70%	满14年	64%
满19年	69%	满13年	63%
满18年	68%	满12年	62%
满17年	67%	满11年	61%
满16年	66%	满10年	60%
满15年	65%	不满10年	50%

说明：2006年7月1日至2010年1月7日前的退职人员，其执行的退职生活费标准低于上述标准的，按此计算办法重新确定，但2010年1月7日前的增加数额不予补发

2009年1月1日起，机关按国发〔1978〕104号文件规定办理退职的人员按退休人员补贴标准的80%计发补贴。义务教育学校按国发〔1978〕104号文件规定办理退职的人员按同职务（职称）、同岗位退休人员补贴标准的80%计发补贴。

2014年10月1日起，退职人员的基本养老金计发办法按省政府湘政发〔2015〕38号文件《关于机关事业单位工作人员养老保险制度改革的实施意见》办理。2018年，继续按此政策办理。

第二节 管 理

1978年以前，离退休（退职）人员的管理工作由发给离退休（退职）费的机关事业单位承担。1978年以后，对离退休（退职）人员的管理，原则上由原工作单位负责，易地安置的，由接受民政部门或街道组织、农村社队负责管理。其职责：贯彻落实党和国家有关离退休工作的方针政策，做好离退休人员的思想政治工作，安排他们学习，关心他们

的学习，关心他们的身体健康和物质文化生活，及时研究解决其实际困难，发挥他们的作用，表彰他们中的好人好事。

1980年3月，常德县政府印发《退休退职人员管理工作职责》，明确各单位及其负责退管工作相关人员的工作职责。5月，县委组织部、县老干办、县人事局与地区人事局在县石门桥公社进行退休退职还乡人员管理教育试点。6月，县委、县政府召开各区社组织委员、各科局分管组织人事工作的负责人和组织人事干部会议，推广石门桥公社抓退管工作的经验。县委、县政府成立退休人员管理工作领导小组，由主管组织人事工作的副书记、副县长、组织部长任正副组长，县委组织部、县老干办、县人事局具体抓，从有关战线、科局抽调干部5人，集中办公，分片工作，定期汇报。区、社、镇、主管局和离休退休退职人员多的单位也建立相应机构，由党委副书记、组织委员、退休干部代表（也称“退休干部组长”）任正副组长，有关部门负责人参加。七一建党节，县委表扬优秀党员，离休退休退职人员的党员占适当比例，退休党员干部李灼林受到地委通报表扬。9月，全县农村大队建立退休退职人员学习小组达到266个。当年，各单位按照县委、县政府提出的“要保证与在职时同等的待遇”的要求，根据离休、退休、退职前的待遇，邀请参加有关会议、阅读有关文件，原来的科局级干部，邀请列席当地党委或退管会的有关会议，各级一些重大政治活动，都邀请参加，并请代表上主席台。各单位制定和完善政治学习、上门走访和上下联系等制度，全年给退休人员发政治学习资料两万多册。

1981年，县退管领导小组举办两期退管人员业务培训班，有250多人参加培训。对一些不适应做退管工作的退管组长，进行了必要的调整。为了便于管理机构开展工作，县委、县政府帮助解决了一些物资上的困难。11月11—12日，县退管领导小组组织对全县退休退职人员的管理服务工作进行全面检查和认真评比。检查评比的内容是县政府制定的《退休退职人员管理工作职责》；检查的方法是退休退职人员自我总结、民主推荐，评选先进个人；大队（街道）学习小组之间、区社之间、企事业单位之间互查，逐级评比，产生先进单位，最后县里统一检查验收。通过检查评比，推动了管理服务工作的进一步落实，激发了退休退职人员继续为“四化”做贡献的积极性。

1982年3月，全县共建立退管领导小组81个，农村大队、城镇街道建立退休退职人员学习小组427个，形成了一个上下结合、条块结合的综合管理网。为了使退管机构充分发挥作用，县退管领导小组，为各级制定工作制度、学习制度、走访制度、上下联系制度、考核奖惩制度等。5月28—30日，县委、县政府召开全县退休干部工作“双先”表彰大会，表彰1980—1982年离休退休退职人员安置管理工作先进单位和离休退休退职人员先进个人。县长万祖钧作了《认真贯彻党的有关方针政策，全面做好离休、退休、退职人员安置管理工作》的报告，县委书记张绪阶作了总结讲话。会上，共有 39 个先进单位、114 名先进个人受到表彰。9 月 12 日，县委组织部、县人事局印发《关于进一步加强退休退职人员管理服务工作的意见》，对做好全县退休退职人员管理服务工作作出具体规定。

1984 年 1 月，成立县委老干部工作局，负责离休干部和曾任副处级以上领导职务退休人员的管理工作。4 月，在衡阳召开的全省退休人员综合管理服务工作经验交流会上，县劳动人事局介绍了 1980 年以来常德县开展综合管理服务的经验。12 月 24 日，县委组织部、县老干局、县人事局联合召开全县离退休（退职）干部、工人先进代表大会，表彰近两年来离休、退休、退职干部职工安置管理工作先进集体和离退休（退职）人员先进个人。会上，38 个先进集体、127 名先进个人受到表彰，县委副书记张家仁作了《充分发挥离退休人员的作用，努力开创老干部工作的新局面》的讲话。

1986 年，县委、县政府成立常德县老干部工作领导小组和老龄工作委员会（简称老龄委）。县退管领导小组对各级各单位退管领导小组和专干进行调整，在调整的 48 个领导小组中充实领导成员 88 名，并调整 3 个区 5 个乡镇不适应工作的管理专干 8 名。县教委退休教职员工已突破 1000 人，但专职退管干部较少，为了促进退管工作平衡发展，聘用 9 名退休教师，派往各区联校，专职抓本系统离退休教职员工的管理服务工作。为了加强退休人员管理服务工作的领导，县委、县政府决定，各区、乡镇除组织委员兼管此项工作外，增加 1 名协理员分管。其他机关事业单位也根据工作需要对退管干部进行了调整。到 8 月，全县共有退休退职管理服务领导小组 70 个，配备专（兼）职干部 165 人，平均每 39 个退休退职人员有 1 名管理干部。是年，县退管办工作人员深入全县 9 个区 10 多个单位进行调查研究，走访座谈离退休人员 480 人，广泛听取离退休人员对管理服务工作的意见和建议，了解两项待遇不落实的问题 51 个。然后，将调查得来的第一手材料，分门别类，按照上级政策规定，拟出处理意见后，召开有关单位协调会，或者上门交换意见，逐一落实。

1987 年，县政府提请县人大常委会审议通过《关于敬老、爱老、养老，维护老年人合法权益的决议》。根据退管人员异动、身体变化和服务好坏等情况，与各区、乡、镇党委和有关单位一起对退管领导小组成员和管理专干进行调整和补充，共调整和补充 15 人。

1988 年，不重形式，讲求实效，为离退休（退职）人员发挥作用搭建舞台。进一步完善统一领导、分级管理、条块结合的离退休（退职）人员发挥作用的服务网络，全区 7790 名离退休（退职）人员建立退管领导小组 69 个，学习小组 446 个，党支部 55 个，配备专（兼）职管理干部 184 人。各级各单位制订和完善离退休（退职）人员各项管理制度，落实好“两项待遇”，同时，积极搭建舞台，引导他们为全县两个文明建设发挥余热。

1989 年 3 月，区劳动人事局撤销，组建区人事局和区劳动局，区人事局负责机关事业单位退休（退职）人员的管理服务工作。

1990年7月，区人事局、区委组织部、区财政局、区卫生局常鼎人〔1990〕07号文件转发省人事厅、省委组织部、省财政厅、省卫生厅湘人险〔1989〕58号《关于加强我省党政机关、事业单位退休干部管理工作的意见》。要求各级组织人事部门把退休干部管理服务工作作为一项重要职责，与有关部门协调一致，密切配合，共同做好。建立和健全退休干部管理体制，实行以退休干部原工作单位管理为主，居住地管理和退休干部自我管理为辅，两者有机结合的管理体制。政府人事部门的主要职责是认真贯彻执行党和政府关于干部退休工作的方针、政策，结合本区实际，制定各项具体规定，并负责综合协调、检查督促。退休干部的原单位负责退休干部的政治、生活待遇的落实，做好退休干部的政治思想工作。退休干部居住的乡、镇、街道等，要积极主动创造条件，组织退休干部开展多种形式的文体活动和其他社会活动，做好互助、互济工作。要建立相应的机构和配备必需的工作人员，对离退休人员实行统一管理，乡镇、街道等要指定人员管好这项工作。切实落实退休干部的政治、生活待遇。要按规定组织退休干部参加政治学习、阅读文件和参加有关政治活动，是党员的要按规定安排过组织生活。单位召开事关重大的会议和组织群众性活动，要邀请退休干部（或代表）参加。退休干部除享受国家和省政府规定的退休金和生活补贴外，还可继续享受原单位在职工作人员非生产性的一切福利待遇。退休干部应享受同级在职干部的住房标准。各单位在分配住房时，在同等条件下，对退休干部应予优先安排。退休干部重病就医和参加社会性政治活动，以及其他特殊情况需要用车的，原单位应尽力照顾解决。退休人员的医疗费与在职人员一视同仁，按原单位公费医疗管理办法执行。退休人员的活动经费。由各单位根据实际情况自行确定。主要用于订阅报纸杂志、召开小型座谈会、慰问住院病人等，活动经费不得挪作他用，如有结余，可跨年度使用。积极组织退休干部在两个文明建设中发挥作用。本着符合政策、本人自愿、量力而行的原则，采取多种渠道、多种形式积极组织退休干部参加各项社会公益活动，继续为“四化”建设献计献力。对从事有偿服务的，必须按国家和省的有关政策规定，征得原单位批准。退休干部的安置工作，原则上就地分散安置，确有困难需易地安置的经单位同意，报经区人事局批准，住房和经费问题，由交接双方协商自行解决。易地安置后，由定居地的街道、区、乡、镇具体负责日常管理工作。建立退休人员党支部和群众性自管组织，加强退休人员的思想政治工作，不断摸索和总结管理服务工作的经验，尽快建立和完善管理体制。7月6日，成立鼎城区党政机关、事业单位退休人员管理工作委员会（简称退管委员会），退管委员会属非常设领导协调机构，日常工作由区人事局工资福利股承办。其主要职责是认真贯彻执行党和政府关于干部退休工作的方针、政策，结合本区实际，制定各项具体规定，并负责综合协调、检查督促。各办事处、乡镇，区直各单位，也成立相应的机构和配备必要的工作人员，负责做好退休人员管理工作。是年，鼎城区在全省退管工作先进表彰会上介绍经验。

1991年1月，制订全区退休人员管理服务工作计划。12月下旬，区人事局与有关部门分5个组对本年度各单位退休人员“两项待遇”落实情况进行检查评比。

1993年，对全区行政事业单位离退休（退职）人员的管理服务、发挥作用等情况进行调查，并对原有综合管理体系进行改革，建立起以退休干部原工作单位管理为主，居住地管理和退休干部自我管理为辅的双轨制管理服务体系，使全区离退休（退职）干部职工的政治和经济待遇得到全面落实，实现了全年退管工作无上访的工作目标。

1994年，建立和完善退休人员管理服务网络，各办事处、乡镇、区直各单位建立相应的机构，配齐专（兼）职人员。同时，按《党章》规定组建退休人员党支部，形成党政组织管理服务退休人员的网络。修订和完善《退管工作管理职责》《退管工作管理目标》《退管工作来信来访管理办法》《退管工作先进单位评选活动制度》《优秀退休职工评选活动制度》《退休人员党支部开展“创先争优”活动制度》《退休人员联系汇报制度》等。12月20日，区人事局印发《关于做好退休人员元旦、春节慰问工作的通知》（常鼎人〔1994〕06号），明确开展元旦、春节慰问的重要意义、经费开支渠道等，要求慰问活动与组织退休人员学习《邓小平文选》和《中共中央关于建立社会主义市场经济体制若干问题的决议》结合起来；与宣传实施机关、事业单位养老保险制度改革工作结合起来；与落实退休人员政治、生活待遇结合起来。

1997年8月28日，区政府对区行政机关、事业单位退休人员管理工作领导小组成员进行调整，办公室设在区人事局内。9月26日，根据市委办、市政府办〔1997〕35号《关于建立老科学技术工作者协会的通知》的文件精神，在区劳动局会议室召开鼎城区老科学技术工作者协会成立大会，区委组织部、区委老干局、区民政局、区教育局、区科协等单位的领导应邀出席会议，来自全区科技、教育、卫生、农业、工业、水利等各个领域的62名老科学技术工作者参加了会议。会议由原区政协主席孙子平主持，区人事局局长黎建华介绍了区老科学技术工作者协会筹备工作情况，区民政局相关领导宣读了批准成立鼎城区老科学技术工作者协会的批复。大会讨论并通过《鼎城区老科学技术工作者协会章程》，选举产生鼎城区老科学技术工作者协会第一届理事会成员19名、常务理事会成员12名。原区政协主席孙子平当选会长，常务副会长由丁恩臻担任，副会长由张莎、姚子彦、胡云廷、陶昌鉴、彭家棋担任，秘书长由彭家棋兼任，副秘书长由胡云廷兼任。聘请顾问：张传德、敖建斌、郑弟祥、万光进、黎建华。区委副书记敖建斌代表区委、区政府讲话，充分肯定老科学技术工作者在鼎城区经济建设和社会发展中的作用，并就以后如何开展好老科协工作，发挥老科学技术工作者的作用提出了具体要求。市老科学技术工作者协会会长钦时中、常务副会长张仁实等到会祝贺并讲话。这是全市区县（市）第一家县级老科协组织，它的成立，为鼎城区进行第二次人才开发，让离退休科技工作者充分发挥余热提供了一个良好的舞台。

1999年1月，对上年度机关事业单位退休人员管理服务工作进行考核评比；根据区委、区政府要求，制订本年度退休人员管理服务工作规划。4月12日，区委组织部、区委老干部局、区人事局等单位联合召开全区离退休人员工作先进表彰大会。区委、区政府授予武陵镇等45个单位为“1998年度老干部工作先进单位”、十美堂镇等2个单位为“1998年度关心下一代工作先进集体”、石公桥镇等7个单位为“1998年度老干部发挥作用先进集体”、尧天坪镇等6个单位为“1998年度老干部党支部建设先进集体”；授予许世林等23人“敬老好领导”荣誉称号、王业好等46人“1998年度老干部工作先进个人”荣誉称号、张传德等82人“离退休干部五好个人”荣誉称号。5月12日，区政府办常鼎政办〔1999〕26号印发关于认真贯彻常政办发〔1999〕17号《关于在全市开展对老年人实施优惠服务的通知》，启动办理《老年人优待证》工作。

2000年，将离退休人员党支部建设纳入基层党建工作整体规划，规定凡是符合条件的党委（党组、总支）要建立离退休人员党支部，离退休人员党支部与在职人员党支部建设工作同部署、同推进、同考核，层层签订目标管理责任书，严格进行考核和检查，考核结果作为各级各单位党建工作目标考核的主要依据。到2002年，全区共组建离退休人员党支部52个、党小组71个。

2002年，根据《鼎城区老科学技术工作者协会章程》，8月7日，在区委接待处召开鼎城区老科学技术工作者协会第二届换届选举大会，应到会代表128名，实到112名。大会由区委常委、组织部长李育智主持，区政府常务副区长向绪彦致开幕词，区老科学技术工作者协会会长孙子平作工作报告，区人事局局长孙启林宣读老科协章程。大会选举产生了鼎城区老科学技术工作者协会第二届理事会成员39名、常务理事会成员23名。原区政协主席孙子平再次当选会长，常务副会长由毛跃莉担任，副会长：陶昌鉴、刘仪友、彭家棋，龚志权、张振明、胡云廷、徐蔚鸿、武令如、黄孟初、陈建国，秘书长由胡云廷兼任，副秘书长：龚跃武。名誉会长李秋葆、向绪彦。聘请顾问：张传德、朱昌远、陈正思、吴春阶、郭松权、万光进、李育智、孙启林。并给名誉会长和聘请顾问颁发了证书。

2006年5月16日，区委办公室、区政府办公室印发《关于进一步完善离退休干部服务管理的办法》（常鼎办发〔2006〕5号）。《办法》明确离退休干部的所在单位是离退休干部服务管理的直接责任单位，具体负责落实老干部的政治生活待遇；单位确无条件照顾好离退休干部的，如商务局、供销社和工业局等部门的下属破产买断企业，根据中办厅字〔2005〕25号文件和湘政办发〔2005〕25号文件精神，按照上属一级的原则，由其上级主管部门负责；异地居住的离退休干部，按照属地管理原则，由原单位和居住地实行双重管理。居住地乡镇或社区主要负责落实异地离退休干部的政治待遇，组织他们开展活动。《办法》要求各单位要配备强有力的老干部工作专干，并上报区委组织部考察备案并下文明确，而且要保持工作的相对稳定性，不经过组织同意不得随意变更；要根据老干部的具体情况成立自管组或离退休干部党支部、党小组，选配身体好、有威望的老同志担任自管组长、支部书记和党小组长；商务局、供销社和工业局等主管部门要成立离退休干部服务管理办公室，安排专人负责；乡镇和社区要将离退休干部纳入自管组，党员按流动党员实行双重管理，纳入相应的党支部和党小组；各单位要为老干部的政治学习和开展活动提供固定的场所，建立老干部活动室，配备活动器材和报纸杂志。各单位要坚持经常上门走访慰问老干部，及时为老干部办实事办好事，要制定老干部学习和活动的全年规划，老干专干具体负责组织实施。各自管组长和党小组长每两个月或每季度由老干专干集中组织学习一次，要安排单位领导参加。自管组长和党小组长每两个月或每季度组织自管组和党小组学习一次。建立和完善生日祝寿、生病探望、去世吊唁、参观考察、情况通报、请老干部参加重要会议等制度，做到经常化、规范化。

2007—2015年，鼎城区进一步积极创新服务管理模式，实行分类服务管理：一是以离退休人员党支部为依托，强化自我服务。退休人员中党员较多的单位均建立退休人员党支部，并通过开展争创“五好”（活动开展好、支部班子好、党员队伍好、组织设置好、群众反映好）退休人员党支部和争当“五好”（保持本色好、阳光心态好、学习活动好、发挥作用好、群众反映好）退休党员等活动，进一步加强理论学习，规范支部活动。在社区设立退休人员党支部，并加强对其工作的指导。截至2015年年底，全区机关事业单位建立退休人员党支部34个，党小组42个；乡镇街道建立退休人员党支部24个，党小组49个。二是以机关事业单位养老经办机构和离退休人员原单位的组织机构、活动阵地、资源等优势，抓好退休人员的日常管理工作，通过建立健全电话联系、走访慰问、特困帮扶等制度，畅通与退休人员的沟通交流渠道，定期组织工作人员到退休人员家中开展走访慰问，面对面了解他们的服务要求，及时为他们提供力所能及的服务，帮助解决生活中遇到的困难和问题，增强他们的组织归属感、思想依托感和政治自豪感。三是依托社区资源，开展就近服务。充分构建家庭、单位、社区、养老机构、老干部门“五位一体”的服务管理新模式，充分利用社区资源为退休人员提供更多的关心和照顾，帮助他们解决生活遇到的困难。

2016—2018年，鼎城区把落实好离退休人员的“两个待遇”和加强离退休人员的“两个建设”作为推进离退休人员工作转型发展的重点。健全《首问责制度》《服务承诺制度》以及离退休人员政治学习、参观考察、领导联系、情况通报、日常服务等工作制度。加强离退休人员工作绩效考核，对各单位按照“整体强素质、个人强作风、工作强特色和有阵地、有牌子、有班子、有制度、有业绩”的“三强五有”标准，规范工作要求，坚持平时督导和年终考核相结合。2017年10月，中共鼎城区离退休干部工作委员会挂牌成立。至2018年12月，全区有机关事业单位离退休人员党支部66个。

第三节　待　遇

离退休人员“两项待遇”，即政治待遇和生活待遇，政治待遇包括阅读文件、听重要报告、参加党组织活动、参加某些重要会议和重要政治活动等；生活待遇包括养老金、生活津补贴、医疗和交通工具等。

一、两项待遇

1978—2018年，鼎城区（常德县）坚持推行领导责任制，明确各单位一把手是离退休人员管理服务工作的第一责任人，把落实离退休人员“两项待遇”的工作情况纳入年度考核范围，作为考察、评价、衡量干部的主要内容，区委组织部、区老干局、区人事局加强与各单位的协调沟通，加强督促检查，保证离退休人员“两项待遇”的落实。在政治待遇方面：各单位本着有利于离退休人员参加组织活动和发挥作用的原则，建立学习小组；把离退休党员组织起来，成立党支部或党小组，定期组织离退休人员开展政治理论学习，确保离退休人员及时了解党的路线、方针、政策和国家大事，定期组织离退休人员传达、学习、阅读区委、区政府和本单位重要会议文件精神，了解发展动态。同时，建立情况通报制度，采取多种形式定期向离退休人员通报本区本单位改革、发展的情况，听取他们的意见和建议。建立参与重大活动制度，单位召开重大庆祝或纪念活动，均邀请离退休人员（或代表）参加。支持和鼓励离退休人员为单位的发展、为全区两个文明建设的发展发挥余热、贡献力量。每年进行表彰鼓励。每年为离退休人员订阅报纸杂志，发放学习笔记，支持离退休人员老有所学。在生活待遇方面：始终坚持凡是上级政策范围内的待遇全面落实，按月足额发放。完善医疗保险制度，解除离退休人员的后顾之忧。每逢春节、重阳节，单位领导亲自挂帅，组织人员到离退休人员家中走访慰问，了解情况，解决生活中的实际困难，或请离退休人员回单位团聚，或发放慰问金。有的单位组织老干部开展参观游览活动，了解“四化”建设的大好形势。组织看访、慰问生病住院的离退休人员，做到“住院必访”。严格落实离退休人员逝世后的丧葬费、抚恤费、遗属生活补助费等。

二、生活补贴、护理费

（一）离休干部特殊补贴

年度生活补贴。1982年，根据《国务院发布老干部离职休养制度的几项规定的通知》和其他文件规定：1937年7月6日以前参加革命工作的，每年增发2个月的工资作为生活补贴；1937年7月7日至1942年12月31日参加革命工作的，每年增发一个半月的工资作为生活补贴；1943年1月1日至1945年9月2日参加革命工作的，每年增发1个月的工资作为生活补贴。工资基数为本人离休前标准工资。鼎城区按当年最后一个月基本离休金为核发标准。2011年，组通字〔2011〕29号文件《关于提高离休干部生活补贴标准和扩大发放范围的通知》，对以上三个阶段参加革命工作的离休干部，均增发1个月的工资作为生活补贴，即每年增发3个月、两个半月、2个月基本工资作为生活补贴。同时，扩大发放范围，解放战争时期的离休干部增发1个月的基本工资作为生活补贴。到2018年12月，继续按此规定执行。

健康休养费。根据湘老干〔1987〕19号文件规定：单位可从公用经费中列支离休干部健康休养和参观费用。列支标准：厅局以上干部（含享受厅局待遇的干部）400元/年/人、处级干部350元/年/人、科级及以下干部300元/年/人。离休人员因身体欠佳等原因当年未外出的离休干部，可从上述列支标准中提取40%，发给个人作为营养补助。2009年湘纪发〔2009〕13号文件，离休干部健康休养费被取消。2010年湘纪发〔2010〕13号、常纪发〔2010〕10号文件予以恢复。到2018年12月，继续按此规定执行。

护理费。湘财行字〔1994〕238号文件规定：从1994年9月起，1937年7月6日以前参加革命工作的离休干部和年满65岁原行政10级的老干部、抗日战争时期且年满70岁以上的离休干部、解放战争时期且年满80岁以上的离休干部及因公致残饮食起居需要人扶助和因瘫痪等原因生活长期完全不能自理的其他离休干部，均可以享受护理费，标准为90元/月。湘老干〔1996〕14号文件规定：调整解放战争时期参加工作离休干部的年龄界限，由原来的80岁调整为75岁，护理费标准不变。湘老干〔2007〕20号文件规定：从2007年8月1日起，1937年7月6日以前参加革命工作的，800元/月；抗日战争期的，300元/月；解放战争时期的200元/月。湘老干〔2009〕12号文件，调整部分离休干部的护理费，从2009年1月1日起，1937年7月7日至1945年9月2日参加革命工作的，400 元 / 月；1945 年 9 月 3 日至 1949 年 9 月 30 日参加革命工作的，200 元 / 月。因瘫痪等原因生活长期完全不能自理护理费标准：湘人发〔1999〕18 号文件调整为 100 元 / 月；湘老干〔2005〕10 号文件调整为 200 元 / 月；湘老干〔2008〕3 号文件调整为 600 元 / 月。2013 年，国家对上述两类人员护理费标准再次作出调整（组通字〔1913〕37 号文件）：1937 年 7 月 6 日以前参加革命工作的，1800 元 / 月；抗日战争期的，1200 元 / 月；解放战争时期的 600 元 / 月。因瘫痪等原因生活长期完全不能自理护理费标准，由 600/ 月提高到 1000 元 / 月，但与前三项不重复享受。2017 年 9 月，按照中央组织部、财政部、人社部（组通字〔2017〕37 号）文件精神，2017 年 7 月 1 日起，对生活长期完全不能自理的离休干部护理费标准由原每人每月 1000 元提高到每人每月 2500 元。2018 年 12 月，仍按此规定执行。

交通费。1989 年，根据湘老干〔1989〕8 号文件规定：离休干部及退休的厅局级干部乘车费标准，处级 12 元 / 月，一般离休干部 8 元 / 月。1992 年湘老干〔1992〕16 号文件对乘车费作了调整，从 1992 年 4 月 1 日起，分别调整为 16 元 / 月与 12 元 / 月。2009 年湘纪发〔2009〕13 号文件，离休干部交通费被取消。2010 年湘纪发〔2010〕13 号、常纪发〔2010〕10 号文件予以恢复。到 2018 年 12 月，继续按此规定执行。

（二）新中国成立前参加工作的老工人生活补贴。根据文件规定：1937 年 7 月 6 日前参加工作的老工人，生活补贴由原每人每年增发两个月的基本退休费（基本养老金），提高到每人每年增发三个月的基本退休费（基本养老金）；1937 年 7 月 7 日至 1942 年 12 月 31 日参加工作的老工人，生活补贴由原每人每年增发一个半月的基本退休费（基本养老金），提高到每人每年增发两个半月的基本退休费（基本养老金）；1943 年 1 月 1 日至 1945 年 9 月 2 日参加工作的老工人，生活补贴由原每人每年增发一个月的基本退休费（基本养老金），提高到每人每年增发两个月的基本退休费（基本养老金）；对 1945 年 9 月 3 日至 1949 年 9 月 30 日参加工作的老工人，每人每年增发一个月的基本退休费（基本养老金），作为生活补贴。到 2018 年 12 月，继续按此规定执行。

三、健康检查

1980 年起，常德县每年对离退休（退职）人员进行一次健康检查。当年，受检人员 1555 人，其中离休干部和副处级以上退休干部 55 人、其他退休干部 1500 人；1981 年，受检人员 2334 人，其中离休干部和副处级以上退休干部 82 人、其他退休人员 2252 人；1982 年，受检人员 3791 人，其中离休干部和副处级以上退休干部 136 人、其他退休人员 3655 人。3 年受检共 7680 人次。

1983年12月，成立县老干部工作局。

1984年起，离休干部和副处级以上退休干部由县委老干部工作局负责组织体检。其他退休（退职）人员由各科局、乡镇组织实施。

1999年5月，区人事局、区财政局、区委老干部局联合发文对机关、事业单位的离退休（退职）人员和企业离休人员进行健康检查。检查的范围和对象为区机关、事业单位的所有离休、退休（退职）人员和企业离休干部。根据人数多少，以战线、科局、乡镇为单位集中组织实施。检查经费行政事业单位从公用经费中列支、企业单位在营业外支出中列支。全区参加健康检查的离退休人员共3500人。

2000年起，离休干部继续坚持每年组织一次健康检查。

第四节 发挥作用

1980—1983年，常德县人事局深入调查研究，摸索出“层层建立管理机构、有关各方明确分工、条条块块紧密配合、干教医工统一组织”的综合管理办法，对离休退休退职人员从政治上尊重、组织上亲近、思想上帮助、生活上关心，调动他们发挥余热、为社会做贡献的积极性。据统计：1980年，全县有163名退休人员担任社队、街道、企业的技术指导，为集体开办36家工厂、商店、作坊，获利23万多元；66人协助大队、生产队管理，大灾之年，仍有37个大队夺得增产，增产粮食15万公斤、棉花5000多公斤；63人参与水稻、棉花、苎麻等农作物培管科学试验；85人担任会计、出纳、记工员；136人担任当地学校辅导员；35人担任保健员。此外，还为集体投工6万多个，投肥130万公斤，投资5万多元。1981年，全县4417名离退休（退职）人员，有287人担任调解员，调解民事纠纷1100起；431人帮助家里种责任田；97人参与各种农作物的栽培试验；163人为发展社队企业出力；136人担任学校辅导员；35人为合作医疗站带徒传授技术；此外，在维护社会治安、教育后代、宣传计划生育等方面，发挥作用。1982年，有328人担任调解员，调解民事纠纷1160起；450人帮助家里种责任田；99人参与各种农作物的栽培试验；173人为本地企业出力；146人担任学校辅导员；37人为医疗卫生院服务。1983年，有356人担任调解员，调解民事纠纷1190起；650人帮助家里种责任田；106人参与各种农作物的栽培试验；198人为本地企业出力；156人担任学校辅导员；42人为医疗卫生院服务。

1984—1986年，为了大力发展乡镇企业，解决乡镇企业技术人才紧缺的问题，县劳动人事局特别注意发挥离退休专业技术人员的作用，组织他们为发展乡镇企业继续发挥作用。全县有770多名离退休专业技术人员，主动上门或受聘为乡镇企业作过技术指导或帮助经营。到1986年9月，有300多名应聘到200多个企业“安家落户”，或当技术顾问，或聘为技术人员和其他业务人员。这样既满足了离退休专业技术人员要求继续工作的强烈愿望，使他们有了新的用武之地，又缓和了乡镇企业技术人才紧缺的矛盾，促进了乡镇企业地迅速发展。截至1986年9月，全县乡镇企业由1984年的3694个发展到4725个，1985年乡镇企业总收入达2.4500万元，比1984年增长78%，占全县工农业总产值的三分之一强。1986年1月至8月，乡镇企业在1985年大发展的基础上，又上一层楼，总收入达2.2251万元，比1985同期增长26.9%。1986年10月，县劳动人事局在全省干部调配、人才交流工作会议上介绍了《发挥离退休专业技术人员的作用，振兴乡镇企业》的经验。

1987—1989年，县劳动人事局根据大多数离退休人员身体状况尚好，有强烈的要求和良好的愿望继续为党、为人民做些有益的工作的实际情况，把发挥离退休人员的余热作用作为退管工作的一个重要方面来抓。1987年，全县有4800名离退休人员在两个文明建设中发挥作用，占总数的71%。如：有119名老专业技术人员和老工人被推荐选用到70多个乡镇企业，进行技术指导，带徒传艺，培养骨干，给乡镇企业带来了生机；有80名老农业技术员和农村干部积极开展农业技术咨询服务，开办农业技术知识讲座，印发生产技术资料，进行科学试验，搞新技术、优良品种推广，为农业丰产丰收出力；有110名离退休人员办扶贫联合经济实体，帮助贫困户脱贫致富：有4491人参加各种社会公益活动，其中40人担任组织员，44人担任纪检员，495人担任民事调解员，14人担任基层干部，397人担任校外辅导员和函授辅导员，3515人在乡村宣传党的政策，帮助家庭种好责任田。他们在党的建设，计划生育、法制教育、社会治安、民事调解、农田建设、园林绿化、落实政策等方面起到了应有的作用。1988年，制订和完善各项管理制度，为离退休（退职）人员发挥作用搭建舞台。全区7790名离退休（退职）人员在两个文明建设中发挥作用的有5375人，占总数的69%。1989年，全区有5600名离退休人员在各行各业发挥作用。

1990—1996年，区人事局积极指导和组织离退休人员发挥作用。1990年，建立健全离退休人员人才库，制定离退休人员发挥作用的相关办法，为离退休人员从事社会服务提供平台。1991年，针对离退休人员的特殊性，建立符合区情的离退休人才开发体系，拓宽发挥作用的渠道，依据社区、街道，组织开展文化活动，组织科技咨询、讲座、培训等活动；依据乡村，组织送文化、送科技、送医药、送法律、送政策下乡等活动；依据企事业单位，组织一些有专业技术特长的离退休人员，直接服务于急需行业和各企事业单位。1995年，离退休人才被原单位聘用278人，被其他单位聘用204人，为缓解基层专业技术人员短缺起到了一定作用；有265人利用自身特长创办各类实体，继续创造价值；有237人参与社区管理，调解民事纠纷913起，帮助维持社区秩序，参与社会治安，宣传党和国家的各项政策，并利用自己在信息、工作经历、经验等方面的优势，扶贫帮困，对基层组织工作起到了一定的辅助作用。有780人从事种植业和养殖业，他们在农村承包山林、农田、湖泊、水库等，从事农、林、牧、渔等致富项目，带动当地经济发展。广大离退休人员积极参政议政，利用自己接触基层群众多，了解群众疾苦，他们及时向党委、政府反映情况，并踊跃参加党委、政府组织的各类活动和会议，利用自身丰富的知识和经验，结合本地各类情况，提出建设性的意见和建议，对化解矛盾、正确决策、促进各项事业发展起到了一定作用。

1997—2018年，鼎城区加强离退休科学技术人员的队伍建设，注重发挥其作用。1997年9月，成立鼎城区老科学技术工作者协会（简称区老科协），挂靠区人事局，业务上接受区科协和市老科学技术工作者协会的指导。区人事局克服自身办公用房紧张的困难，腾出一间房子作为区老科协的办公场所；明确分管局长兼任区老科协常务副会长，积极支持和配合区老科协健全组织、发展会员、开展活动。到年底，协会会员发展到128人。1998年，充分发挥老科协的优势，积极为会员搭建施展才华的舞台。2月，区人事局原副局长朱锦荣、区教育局原高级讲师姚子彦创办少儿书画班2个，共招收学生60多人。3月，创办老科协刊物《老专家之声》，宣传党的政策、老科协工作、健康知识等。在大龙站镇的国丰水库建立银鱼养殖基地，并由区老科协理事岳锡厚邀请市老科协会员、市民盟会员刘东山等专家到银鱼养殖基地考察指导。4月中旬，区老科协常务理事宋教松与会员杨宗谷、钱桂清、姚运贵、文其珍等创办动物医院，设立门诊部。4月26日，由区老科协副会长陶昌鉴带队，组织退休名医吴烈夫、过新元、唐桂枝、粟万珍、皮业军、陈友德等到大龙站镇开展义诊活动，诊治病人310多人，并到镇卫生院考察，对其医疗管理等提出了改进意见。8月16日，区老科协组织过新元、粟万珍等6名医卫专家到中河口乡下乡义诊，诊治老年病、妇科病患者70多人。并通过印发

区人事局党组研究老科协工作

资料、展出宣传盾牌等形式宣传疾病预防知识。10月14日，《人民画报》记者江红到鼎城采访，对区老科协的工作给予充分肯定，并在《人民画报》上刊登4幅典型图片。1999年，区人事局积极协助区老科协健全组织、开展活动。1月14日，成立区老科协卫生分会。2月5日，组织农业、医卫、文教等方面的会员及两个书法班的学员趁石板滩镇赶集之日到石板滩镇开展送医药、送科技、送春联下乡活动。共免费为患者看病210多人次，送药品价值400多元；举办科技讲座1次，印发科技资料2000多份，赠送科技书刊500多本；给农民赠送春联310多幅。区电视台以“专家赶集、智力支农”进行报道。5月，陶昌鉴、陈昌达组建老科协武陵镇专家门诊部；组织粟万珍等6个儿科专家到黑山嘴乡南堤村小学，免费为230个学生进行身体检查。8月10日，市老科协在鼎城区花岩溪召开全市首次老科协工作经验交流会，各区县市有关人员出席会议，区人事局局长黎建华、区老科协副会长兼秘书长胡云廷分别在会上就区老科协建立与管理、老科协工作开展等介绍了经验。2000年1月21日，毛跃莉、陶昌鉴带领医卫、农林科技等6名专家及书法班学员到蔡家岗镇开展送医药、送科技、送春联活动。免费为患者看病250多人次，送药品价值500多元；举办农业科技讲座1次，听众100多人，印发科技资料2000多份；给农民赠送春联320多幅。7月，组织相关会员在周家店镇、武陵镇、鸿升小区创办养蝎基地（由区老科协专家门诊部收购作药）。8月3日，肝病专家吴忠文、儿科专家粟万珍带领区老科协专家门诊部医护人员在武陵镇开展义诊，免费诊治病人近100人。8月30日，区老科协在谢家铺镇创办雷竹笋推广中心。9月7日，区老科协江北门诊部挂牌开业。12月，常务理事李天益（原区林业局高级工程师）等开办灵芝、冬虫夏草种植养殖基地。2001年3月22日，成立中药材开发中心，创办山药、天冬等种植基地。6月1日，成立老年人自我保健中心，由区人大常委会原副主任孙达人负责。2002年，区老科协与常德师院生物系以及中药材生产企业开展合作，在石板滩、周家店、沧山、黑山嘴、逆江坪5个乡镇建立中药材生产收购基地，联系60多个农户，开发种植山药、天冬、王不留行等近66.67公顷，收购销售积壳、金银花、黄枝子、紫苑等50多吨。2003年1月23日，组

“三下乡”服务队

织医卫专家 5 人、农技专家 4 人、书法班学员 7 人到钱家坪乡开展“三下乡”（送科技、卫生、文化下乡）活动。免费为患者看病 200 多人次，送药品价值 600 多元；举办农业科技讲座 1 次，听众 110 多人，印发科技资料 2000 多份；给农民赠送春联 400 多幅。6 月 17 日，湖南省老科协第一会长熊清泉、第一副会长朱东阳、常德市市长陈君文、市老科协会长钦时中、常务副会长张仁实等在区委副书记李秋葆、区委组织部副部长宋道利等陪同下，考察区老科协雷竹开发中心，了解雷竹种植、加工、效益、技术、销售等情况。熊清泉一行对鼎城区老科协的工作给予充分肯定，朱东阳欣然提笔留言：“开发雷竹笋、利国又利民、种竹又种菜、三年定发财。”2004 年，区老科协组织会员撰写科技论文 21 篇，受到有关部门的肯定。2005 年，区老科协把服务“三农”摆在工作首位，开展了“讲、做、带”活动。由副会长刘仪友、宋教松、陶昌鉴各带领一支讲师团下到乡镇共举办讲座和培训班 130 多期，参加听课的农民 1000 多人次。全年共创办科技示范户 21 户、科技示范点 13 个、科技示范园 3 个。雷竹笋的种植技术已在全区 27 个乡镇得到推广，种植面积已达到 2000 亩。1997—2003 年，区老科协组织离退休人员开展“三下乡”（送科技、卫生、文化下乡）活动 37 次，参加的离退休科技人员 453 人次；展出各类科普宣传牌 170 块，赠送科技书刊 650 本，印发科技资料 13000 多份；举办科技讲座 9 次，听众 1800 多人次；解答科技咨询 650 人次；组织义诊活动 30 次，参加义诊的离退休医生 175 人，为患者看病 2800 人次；为小学生体检 3 次，共 540 多人，送价值 3000 多元的药品；给农民赠送春联 2400 多幅。发动会员围绕鼎城经济建设为区委、区政府提出有价值的建议 8 条，撰写科技论文 21 篇，老科协编发不定期刊物《老专家之声》19 期。2004—2005 年，区老协会组织会员参与“三农”、美丽乡村建设、科技扶贫、法制宣传等工作。组织“三下乡”活动 13 次，举办科技讲座 6 次，听众 620 人次；赠送科技书刊 900 本，印发科技资料 3500 份；组织义诊活动 5 次，为患者看病 120 人次，免费送药品价值 1000 元。围绕全区二次创业、打造工业新城、开发城市新区、建设宜居新村等开展建言献策活动，撰写各类调研文稿 62 份，其中半数以上被省、市、区评为优稿，还有部分在市级及以上刊物发表，为鼎城区经济社会进步发挥了“智囊团”“思想库”的作用。2006 年 3 月，根据上级要求，区老科协由挂靠区人事局改为挂靠区老干局，实行由区委组织部牵头、区老干局为主、区人事局配合、区科学技术协会指导、各部门参与的工作机制。2006—2015 年，区老科协组织各分会开展各种活动。农村农业各分会按不同行业将有高、中级职称的会员划分为农、林、水、机、畜 5 个专家服务团，各专家团根据本专业的特点和自身实际情况，分别与本区水稻专业合作社、林业大户、油茶大户、花木大户、畜牧和水产养殖大户等结成服务对象，开展一对一、点对点、面对面的科技服务活动。累计举办培训班 336 次、解答生产中的技术难题1960个、维修农机具950台（套）、送各种农业信息980条。医疗卫生各分会每年至少2次组织专家到乡镇、村（街道）、学校、工厂等开展义诊活动，累计为患者看病3200人次。文化教育各分会每年开展送图书、送春联等活动。2016年起，鼎城区老科协按照区委、区政府“开展科技扶贫、助推乡村振兴”的精神，充分发挥会员中老专家、老科技精英的优势，采取抓技术技能培训、抓产业发展带动、结对帮扶等措施，为扶贫攻坚献余热。到2018年年底，会员参与科技精准扶贫的户数有890多户，3219人，帮助贫困户制定科技脱贫计划1386个，提供务工信息686次，解决生产生活困难1328次。脱贫户数达660多户，其中有163户进入科技致富户。截至2018年12月，区老科协共有分会36个，其中区直分会12个、乡镇分会19个、街道分会4个、食用菌专业分会1个。此外，还有村级分会119个。共有正式会员1768名，档案会员1953名。会员中有中级职称的764人，高级职称的138人，享受国务院津贴的老专家3人。从1997年9月成立至2018年12月，区老科协多次被省、市老科协评为先进集体。2008年、2013年评为全省老科协先进集体。2007年、2011年评为全省自我保健先进单位，2017年评为全省自我保健科普工作网络建设先进单位。

第三篇 《

劳动管理

1949—2018

第一章 劳动计划

第一节 招工计划

新中国成立后，县内开始建立全民企业、集体企业和公私合营企业，所有企业、事业、机关和社会团体，均由县政府统一管理。

1953 年开始实行计划经济体制，全国范围内的劳动力资源，包括职工人数、招工计划、劳动工资等，均逐步纳入国家计划管理。

1958 年 8 月，全国劳动计划工作会议后，劳动部印发《关于加强劳动计划工作若干问题的初步规定》，明确在国家统一计划的前提下，实行分级管理的劳动计划制度。从企业到县，从县到省，以至中央，由下到上逐级上报，然后从上到下逐级审批。不但用工计划人数直接分配到企业，而且招收人员的名单也在政府文件上公布到人；凡是新招收的工人，一律把户口、粮食关系转入用人单位。是年，常德县私营企业人员转为全民职工 2927 人。

1965 年后，县内各战线之间需要调整劳动计划，应征得县计划委员会和劳动部门同意。增加劳动指标，须地区专员公署计划委员会、劳动局和编制委员会通知方能有效。

1974 年后，新增劳动指标仅限用于大中专、技工学校毕业分配；城镇复员退伍军人和军队转业干部安置。每年由各县根据当年事业发展需要，报地区劳动部门下达增人指标。

1978 年开始，把全民所有制单位计划外自行招用的劳动力列入职工人数统计（“计划外用工”栏）。因为临时工和计划外用工，有的是临时性的，但也有很多人是长期使用的，临时工的管理比较混乱。对此反复进行清理、整顿和改革。

1982 年 8 月，劳动部提出关于劳动制度改革的初步设想，逐步改用人单位单一的固定工制度为多种用工制度，普遍推行劳动合同制度。

1986 年起，凡新招工人（包括按国家有关规定招收退休人员的子女顶替）均实行劳动合同制。

1994 年，常德县贯彻《中华人民共和国劳动法》，劳动者签订劳动合同；使其对双方具有法律约束力，当事人必须履行劳动合同的义务。当年起取消了固定工制度。1996 年起，实行全员劳动合同制。20 世纪 90 年代后期，执行国务院发布的改革劳动制度的“四个暂行规定”，轮换工制度被劳动合同制度所取代。

一、全民所有制招工计划

1978 年，按照省劳动局《关于做好招工补员工作的通知》的规定，常德县全民所有制单位的新增职工计划，大部分安排家住城镇的复员退伍军人和分配大中专、技工学校毕业生。少数安排从社会上招工，主要对象为按政策留城的知识青年；招收 30%劳动锻炼 2 年以上的城镇上山下乡知识青年。自然减员的补充范围，仅限于当年死亡、退休、退职 3 种情况。当年，常德县完成全民招工计划 110 人（农村 55 人、农村退伍军人 7 人、下放知青 22 人、留城人员 26 人）。其中：县委组织部吸收干部 19 人、县氮肥厂 10 人、县水电局 15 人、县粮食局 1 人、退伍军人司机 6 人、残废军人 1 人、城镇退伍军人 3 人、文艺创作组 1 人、对调指标 6 人、退休及退职三项减员子女顶替 48 人。另外安置转业干部安置 148 人，复工复职 8 人，分配学生 12 人，农林牧渔场自然增长 43 人，安置摘帽“右派分子”100 人。落实政策重新安排工作 12 人。

1979 年 1 月 4 日，地委组织部、地区革命委员计划委员会下达 1978 年高等院校毕业生常德县安置计划 15 名（统分 12 名，在职 3 名）。其中中南矿冶学院 1 名（在职），湘潭大学 1 名（在职），湖南师范大学 4 名（统分），湖南中医学院 3 名（统分），衡阳医学院 4 名（统分），湖南医学院 2 名（统分 1 名，在职 3 名）。地革委劳动局下达常德县商业系统专项指标 15 名，用于充实基层。10 月 20 日，地区文教局、地区劳动局联合下达常德县从民办教师中录用为公办教师计划指标 55 名。12 月 3 日，地区劳动局下达常德县氮肥厂专项指标 60 名（其中招收地直单位待业青年 15 名）、供销系统 72 名（其中地直单位 15 名）、粮食系统 20 名、卫生系统 20 名（地区卫生系统 1 名）、谈家河电排站 8 名、沙河口电排站 8 名。12 月 11 日，地区劳动局下达常德县新增物资系统劳动指标计划 5 名，用于招收服务人员、供应网点的营业员和新建仓库的堆码装卸工人。是年，常德县完成全民招工计划 1427 人（农村 906 人、城镇退伍军人 19 人、下放知青 153 人、城镇待业人员 349 人）。另外安置军转干部 132 人、统分学生 152 人、农林牧渔场自然增长 38 人、摘帽“右派分子”132 人、落实政策重新安排工作 267 人。

1980 年 1 月 3 日，地区劳动局下达常德县农、林、牧、渔场临时工改为固定工指标 307 名，其中农业系统 45 名、林业系统 262 名，只限于招收 1971 年年底以前参加工作，且户口、粮食关系在场的临时工。地委组织部、地区计划委员会联合发文，追补下达常德县 1979 年大中专院校毕业生分配和“社来社去”毕业生录用计划 60 名。其中常德师专 13 名、常德师范 16 名、常德农学分院 4 名、常德农校 14 名、长沙农校 1 名、常德卫校

10名、省林业学校1名、省水电学校1名。3月2日，常德地区文教局通知常德县录用1名民办教师为公办教师。3月29日，县劳动局向地区劳动局申请新增全民指标474名，其中新建年产7000吨规模纸厂200名，新源印刷厂、灯泡厂、锅厂清退临时工、亦工亦农合同工后补岗100名，水电系统140名。是年2月，县劳动局根据县委的指示精神，对全县12个农、林、牧、渔场（厂）生产规模和用工情况，进行全面调查、清理、登记。截至1979年年底，全县12个农、林、牧、渔场（厂）共使用农、林工2889人，经地区劳动局批准的计划内人数为1245人（包括国家干部和国家职工），有1644人身份未予确定。详情见附表：

1979年常德县农林单位用工情况明细表

表3-1-1

单　位	用工总数（人）	计划内人数（人）	计划外人数（人）	说　　明
县园艺场	806	274	532	
黑山嘴农场	427	26	401	
县芦苇场	100	30	70	
县渔场	573	470	103	
县蚕桑场	190	34	156	
五七林场	410	153	257	
县林科所	29	12	17	
五七茶场	73	26	47	
畜牧良种场	190	176	14	
县苗圃	25	15	10	
县农科所	43	24	19	
县油科所	23	5	18	
合　　计	2889	1245	1644	

1980年5月4日，县劳动局向地区劳动局申请解决农林系统计划外劳动用工计划指标1644名。9月9日，县劳动局向地区劳动局报告，申请解决日侨安玉洁全民职工指标1名。当年，常德县有城镇待业青年1350人，其中1977年以前常德县下放的知青94人、县直各单位待业青年150人。9月21日，为安置城镇待业青年和下放知青，县劳动局向

地区劳动局报告，请求解决全民职工劳动指标500名。分配给新源印刷厂、灯泡厂、昌明锅厂、氮肥厂等全民单位。地区卫生局、地区人事局、地区劳动局联合下达常德县从集体所有制和散在城乡的中医中吸收5名中医药人员充实到全民所有制中医药单位工作的计划。10月9日，地区劳动局下达常德县新增医院护理员、工勤人员全民计划指标5名，对象为上山下乡知识青年和城镇户口、国家商品粮的待业青年。10月23日，地区劳动局下达常德县物资局新增全民劳动指标2名，充实基层物资供应网点。是年，常德县完成全民招工计划1011人（农村721人、城镇退伍军人85人、下放知青13人、城镇待业人员192人）。军转干部改办54人、统分学生311人、农林牧渔场自然增长120人，落实政策重新安排工作87人。

1981年3月21日，地区劳动局给常德县下达全民指标120名，由常德棉纺厂招工上班。招工对象：非农业户口、城镇商品粮、初中以上文化程度。6月15日，地区行署农村办公室、地区编制委员会、地区人事局、地区财税局、地区劳动局联合发文，增加常德县农村人民公社经营管理员全民指标7名，用于补充工作繁重、经营管理人员太少的大公社或居住非常分散的公社，不许转给其他部门。10月5日，省物资局下发关于控制各地、州、市物资局人员编制的通知，常德县物资局计划控制数为全民职工64名、集体职工11名。11月4日，地区劳动局下达常德地区机械技校1981年毕业生分配计划，分配常德县车工2名。11月7日，省物资局给常德县物资局新设武陵供应站新增3名全民职工编制，县物资局编制数增至67名。12月6日，地区劳动局分配常德县地区农机技校当年毕业生8名（车工3名、电工2名、铣工3名）。12月21日，地区劳动局下达常纺机技校1981年毕业生分配计划，分配常德县钳工1名。12月23日，地区劳动局、地区农业局给常德县新增农作物病虫测报员劳动指标1名。

1982年3月10日，地区财税局、地区人事局、地区编委会、地区劳动局联合发文，下达常德县税务系统招收录用计划63名（其中代地区招干1名、从社会上招干35名、从税政员中招收工人1名）。8月8日，县劳动局向地区劳动局申请增加全民指标50名，解决公社、区公所、县直机关专职炊事员。12月17日，省劳动局、省文化局下达给常德县花鼓戏剧团从农村录6名艺术人员为全民职工的劳动计划。当年常德县安置统分学生286人，农林牧渔场自然增长63人，落实政策40人。

1984年6月11日，县劳动人事局对省劳动人事厅分配给常德县技工学校招录20名的计划，在全县范围内按1∶5的比例组织考试。10月16日，地区劳动人事局下达常德县1984年技工学校招生计划59名。其中常德地区技校22名、常德地区机械技校12名、常纺机技校1名、津市技校16名、省粮食技校3名、省地质技校5名。是年，县劳动人事局对地区劳动人事局、地区计委给常德县新增的36名全民职工指标计划，在全县范围内组织统一考试，择优录取。当年，常德县完成全民招工计划231人（农村10人、城镇退伍军人49人、二等功残疾军人17人、烈士弟妹26人、招录教师84人、城镇待业人员45人）。安置统分学生190人、招干13人、安置军转干部52人、农林牧渔场自然增长44人、落实政策6人。

1985年1月3日，地区劳动人事局、地区计划委员会给常德县补充1984年全民劳动计划7名。12月13日，县劳动人事局按地区劳动人事局下达的78名全民指标计划（其中全民合同制50名、全民固定工28名），在全县范围内组织统一考试，择优录取。常德县当年完成全民招工计划431人（招工35人、广播局录用90人、城镇退伍军人安置33人、二等功臣安置19人、志愿兵安置21人、民办教师录用233人）。统分学生224人、招干33人、军转干部安置24人、农林牧渔场自然增长90人、落实政策14人。

1986年10月7日，常德县劳动人事局向常德地区劳动人事局申请增拨全民合同制指标200名，分别分配给县灭蚊药厂（转产扩建计划）80名、县灯泡厂（扩大生产线计划）40名、县机械厂20名、县昌明锅厂20名、县新源印刷厂15名、其他企事业单位25名。

1987年4月13日，县劳动人事局向地区劳动人事局申请增拨全民合同制指标50名。12月12日，县计划委员会、县劳动人事局按照地区下达的73名计划，安排给县灯泡厂20名、县锅厂12名、县氮肥厂8名、县人民医院6名、县防疫站2名、县城建办1名、县中医院3名、县湖管会4名、县新源印刷厂4名、县商业局6名、县招所3名、县劳动服务中心4名。

1988年，鼎城区完成全民招工计划480人（从农村招收聘用干部32人、从城镇招收436人，其中新招237人、顶招197人、农林指标2人、城镇退伍军人12人）。统分大学生153人、统分中专生125人、技校毕业生5人、录干63人、农林牧渔场自然增长91人。1988年以后，用工制度改革，取消全民固定工人招工计划。

二、集体所有制招工计划

1978年8月9日，地革委劳动局下达常德县集体所有制单位增人计划100名，其中招收下放知青30名。10月13日，地革委劳动局下达常德县集体所有制单位增人计划26名。11月26日，地革委劳动局下达常德县集体所有制单位增人计划40名。12月15日，地革委劳动局下达常德县集体所有制单位增人计划500名，其中招收下放知青100名（限于招收年满25岁以上及1972年以前下乡知青）。1978年年底，常德县城镇、留城知青，社会闲散劳力待业人员有1300人，1972年以前下放知青（包括年满25周岁）429人。

1979年1月，常德县劳动局向地区劳动局报告，要求新增集体指标600名。计划安置工业企业、全民带集体150名（印刷厂60名、灯泡厂90名），供销社商店、饮食店、理发店300名，公社卫生院150名。2月，地区劳动局增拨常德县集体指标计划500名，其中招录知青指标占40%。2月1日，常德县劳动局向地区劳动局要求新增集体指标26名，用于河洑镇公用事业单位，其中环卫站10名、电管站3名、园林3名、自来水厂10名。2月15日，地区劳动局下文，调整新增常德县财贸系统集体所有制单位指标，由原计划500名调整为900名，招工对象为城镇待业知青400名、1972年前下放知青500名。4月11日，地区劳动局下达常德县县以上城镇集体所有制单位招工计划100名，对象为在乡下放知青。地区劳动局〔1979〕43号文，下达常德县县以上城镇集体所有制单位招工计划200名，对象为1975年以前下放知青，不能改招其他对象。是年，常德县集体单位全年计划增人2100名，其中县以上集体1500、全民带集体100。到6月月底实际增人1065人，其中县以上集体单位增人898人，招收留城知青368人，招收下乡知青492人（包括自然减员补充9人）。

1980年2月2日，县劳动局向地区劳动局申请集体单位劳动指标500名。其中工交战线（新办皮件厂和全民带集体）150名、财贸战线（饮食、商店）250名、卫生系统（公社卫生院）110名。6月16日，地区劳动局下达常德县新增县以上集体所有制单位招工计划700名，限于招收1979年年底以前的城镇待业青年和上山下乡知识青年。地区劳动局〔1981〕常劳字第37号，下达常德县集体所有制单位招工计划200名，主要用于轻纺行业、手工业及商业、饮食、服务行业等急需劳力单位。限于招收城镇待业青年和上山下乡知识青年。

1982年2月21日，县劳动局向地区劳动局报告，申请县以上集体劳动指标500名（县以上集体工交战线100名、财贸战线150名、卫生战线等单位50名，牛鼻滩、武陵镇新建、扩建4个一次安置知青厂点200名）。5月11日，地区劳动局下达常德县集体所有制单位招工计划200名，主要用于轻纺行业、建筑业及商业、饮食、服务行业等新建、扩建和扩大生产，增设商业服务网点而急需劳动力的单位。8月8日，县劳动局向地区劳动局报告，申请增加集体指标200名。充实建筑业和饮食服务业等商业各100名。9月17日，县劳动局向地区劳动局报告，申请增加集体指标100名，用于二轻局所属铁、木、篾、缝纫社等。10月4日，地区劳动局同意常德县新增集体所有制单位招工计划300名。

1984年7月28日，地区计划委员会下达常德县县以上集体所有制单位招工计划500名。

1990年5月8日，鼎城区计划委员会、鼎城区劳动局通知鼎城区经委，补办鼎城区计量检修服务站纳入集体劳动计划管理手续，定编计划20名。

1993年5月13日，鼎城区农机局、鼎城区劳动局联合下发《关于乡（镇）农机骨干定编招工实施办法》，各乡（镇）农机站骨干实行定编定员招工。定编范围：区政府分配给农机局的大中专毕业生；区农机局抽调下派的人员；农机站在岗的优秀骨干和优秀村党支部书记，招收后为国家集体职工。定编计划：根据各乡（镇）农机总动力、拖拉机保有量、农机总作业量测算指数为248名，定编计划100人。此次招工40人，区农机局委派40人。定编招工严格按条件择优录取。此次定编转办、招工的人员，即为各乡（镇）农机站站长。户口由农机局统一办理，工龄和工资由农机局按劳动部门有关规定核定，按规定参加社会劳动保险。人1994年起实行用工合同制，取消招工计划。

三、临时工（亦工亦农）招工计划

1977年，按照省计划委员会《关于县办工业亦工亦农轮换工劳动制度的试行办法(初稿)》规定，常德县对公路按县段养护里程编制劳动力计划，在计划中除去已有固定养路工人数外，提出确定需要亦工亦农轮换工人数。经省交通局综合审核，报经省劳动局批准，然后逐级下达计划招用轮换工。银行凭下达的计划指标监拨工资。亦工亦农轮换工来自农村，保持社员身份不变，不迁移户口，向队投资计工，参加社队分配。就地就近由县劳动部门统筹安排。按“本人自愿，贫下中农推荐，公社审查，使用单位复审”的原则。年满18岁~35岁的男社员和18~25岁未婚女青年（比例不超过10%），政治思想表现好，高小以上文化程度，无慢性病，身体健康，经公社以上人民医院体检合格。由招用单位与当地大队签订协议，明确轮换期限，经县劳动部门批准，即可招用。并由劳动部门监督协议的执行。坚持定期轮换，一般3年一次，最长不超过5年。为了保持骨干不影响生产，各使用单位采取分期分配交叉轮换，每次轮换人数约50%左右。工资待遇从报到之日起，试用3个月。试用期工资每月36元。试用期满后，根据劳动力强度、劳动力好坏和对养路工作熟练程度评定工资待遇，分别为每月36元、40元、45元。

1978年1月30日，地区计划委员会下达常德县公路民工建勤备砂、养护、中（大）修及油路工程劳动力计划。养护里程174.12公里，备砂7150立方米，38170个工日，其他建勤11920个工日。干线公路备砂养护52090个工日，干线公路中（大）修13100个工日，支线公路备砂养护54690个工日，支线中（大）修6800个工日，公路新改建工程等669500个工日。

1979年2月14日，地区劳动局、粮食局、交通局联合发文，下达常德县省养公路干、支线亦工亦农轮换工劳动指标209名，其中县养路段92名、县养路队117人。6月27日，地区劳动局、粮食局、交通局联合发文，增加常德县接养区社公路养护60.3公里，下达亦工亦农轮换工劳动指标74名。

1980年5月8日，地区计划委员会下达常德县1980年油路扩建工程劳动力使用计划：常蒿线12公里，110000个劳动工日。

1981年5月12日，地区计划委员会下达常德县公路常蒿线砂路大修3公里；长重线油路大修6公里；常怀线油路大修3公里；劳动力使用计划工日总计115000个。

1982年3月12日，地区劳动局、地区交通局联合下发常德县公路养护亦工亦农轮换工控制计划180人，其中合同期未满的144人。合同期分别为2年和3年。7月6日，地区计划委员会下达常德县公路新、改建、大（中）修工程计划：油路大修5.3公里、砂路2公里，劳动工日30000个，补助粮食7500公斤。

1983年4月8日，地区劳动局下达常德县公路养护亦工亦农轮换工控制计划210人，比1982年增加30人。

1984年3月27日，地区劳动人事局、地区交通局联合下达常德县省养公路养护亦工亦农轮换工计划150人。合同期分别为2年和3年。

1990年7月10日，根据昌明锅厂压锅车间，灯泡厂口吹车间，氮肥厂包装和造气车间（脏、苦、累、高温）等3家全民企业特殊工种岗位1100人，正式职工不愿干的实际情况，区劳动局向市劳动局报告，请求解决特殊工种农民轮换工计划指标300人。附：特殊工种所需农民轮换工分配表

特殊工种所需农民轮换工分配明细表

表3-1-2

单　位	车间	（脏、苦、累、高温）岗位	轮换工指标
昌明锅厂	压锅	240	120
灯泡厂	口吹	180	50
氮肥厂	包装	450	70
氮肥厂	造气	230	80
合　计		1100	300

四、劳动合同制招工计划

1990年，鼎城区有待业人员3173人，全民所有制单位清退农村临时工1297人。为

了缓解就业压力和清退农村临时工缺员补充，6月4日，区计划委员会、区劳动局联合向市计划委员会、市劳动局申请解决招收全民合同制工人指标500名。

1991年4月16日，市计划委员会、市劳动局给鼎城区追加1990年全民所有制单位劳动计划指标300名。下达的劳动计划指标，一律实行劳动合同制。

1992年1月12日，区劳动局向市劳动局报告，申请解决全民劳动合同制职工招工指标30名，用于解决灯泡厂电光源专业班定向毕业生就业和开发新产品关键工序的技术。1991年末，鼎城区区属全民企业职工人数5868人，根据湘政办发〔1992〕1号文件“可按不超过本地职工总数1%的自然减员指标，在年初预安排的规定”的精神，鼎城区应追补预安排指标59人。结合生产和工作实际需要，1992年4月12日，区劳动局向市劳动局申请追加招工指标88名。7月7日，区劳动局向市劳动局申请计内临时工指标640名，其中农村临时工300名。解决全民企业（昌明锅厂压锅车间，灯泡厂口吹车间，氮肥厂包装、造气车间）脏、苦、累、高温岗位缺员问题。12月11日，区劳动局为缓解就业矛盾，解决部分特困户的就业问题，向市劳动局申请追加全民劳动合同制职工招工指标30名。12月16日，区劳动局向市劳动局申请解决全民劳动合同制职工招工指标15名。

1998年10月15日，市计划委员会、市劳动局、市农业局联合发文，下达鼎城区1997年度乡镇农业技术推广站农技员“农转非”和招收全民合同制工人计划指标145名。33个乡镇站定编304人，已办转招110人，其中农转非招工99人，城镇户口招工11人。1998年安排转招计划指标35人。

2001年2月1日，根据常德市电业局〔2000〕常电劳字230号文件，鼎城区电业局、鼎城区劳动局联合下文，分两批招聘定员供电所管户电工198人为全民合同制工人。

1992年，国务院颁发《企业转换经营机制条例》，企业享有用工自主权，劳动力计划管理开始淡化。2001年，鼎城区劳动力计划管理体制完全结束。此后鼎城区劳动行政主管部门不再审批下达招用工计划。

第二节　特殊劳动计划

根据国务院1978年5月下发的《关于工人退休、退职的暂行办法的通知》《关于机关事业单位干部退休、退职的暂行办法的通知》精神，常德县对工人（干部）退休、退职后家庭生活确实困难的，或多子女上山下乡子女就业少的，原则上招收一名符合条件的子女参加工作。

一、退休退职子女顶替

1978年，省外、省内及常德县退休退职子女顶替招工504人。其中全民单位223人、集体单位281人。城镇户口顶替的36人、下放知青顶替的432人、农村户口顶替的36人。

1979年，省外、省内及常德县退休退职子女顶替招工1401人。其中全民单位1046人、集体单位355人。城镇户口顶替149人、下放知青顶替413人、农村户口顶替839人。

1980年，省外、省内及常德县退休退职子女顶替招工1534人。其中全民单位1341人、集体单位193人。城镇户口顶替201人、下放知青顶替51人、农村户口顶替的1282人。

1981年，省外、省内及常德县退休退职子女顶替招工734人。其中全民单位624人、集体单位110人。城镇户口顶替158人、下放知青顶替5人、农村户口顶替571人。

1982年，省外、省内及常德县退休退职子女顶替招工341人。其中全民单位275人、集体单位66人。城镇户口顶替的94人、农村户口顶替的247人。

1983年，省外、省内及常德县退休退职子女顶替招工658人。其中全民单位467人、集体单位191人。城镇户口顶替84人，农村户口顶替的395人。

1984年，省外、省内及常德县退休退职子女顶替招工70人。其中全民单位58人、集体单位12人。城镇户口顶替12人、农村户口顶替58人。

1985年，省外、省内及常德县退休退职子女顶替招工78人。其中全民单位58人、集体单位20人。城镇户口顶替17人、农村户口顶替61人。

1986年，省外、省内及常德县退休退职子女顶替招工126人。其中全民单位108人，集体单位18人。城镇户口顶替24人、农村户口顶替的102人。

1987年，省外、省内及常德县退休退职子女顶替招工860人。其中全民单位653人，集体单位207人。城镇户口顶替12人、农村户口顶替848人。

1988年，省外、省内及常德县退休退职子女顶替招工1018人。其中全民单位706人、集体单位312人。城镇户口顶替30人、农村户口顶替988人。

1989年起，用工制度改革，顶替招工人员全部为合同制职工。是年，省外、省内及鼎城区退休退职子女顶替招工693人。其中全民单位431人、集体单位262人。城镇户口顶替66人、农村户口顶替627人。

1990年，省外、省内及鼎城区退休退职子女顶替招工523人。其中全民合同制41人、集体合同制112人。城镇户口顶替91人、农村户口顶替的438人。

1991年，省内及鼎城区退休退职子女顶替招工294人。其中全民合同制259人、集体合同制35人。城镇户口顶替29人、农村户口顶替265人。

1992年，省外、省内及鼎城区退休退职子女顶替招工557人。其中全民合同制511人、集体合同制46人。城镇户口顶替85人、农村户口顶替472人。

1993年，省外、省内及鼎城区退休退职子女顶替招工520人。其中全民合同制482人、集体合同制38人。城镇户口顶替84人、农村户口顶替436人。

1994年，省外、省内及鼎城区退休退职子女顶替招工190人。其中全民合同制170人、集体合同制20人。城镇户口顶替24人、农村户口顶替166人。

1995年，省外、省内及鼎城区退休退职子女顶替招工180人。其中全民合同制170人、集体合同制10人。城镇户口顶替28人、农村户口顶替152人。

1996年，省外、省内及鼎城区退休退职子女顶替招为全民合同制工人69人。其中城镇户口顶替7人，农村户口顶替62人。

1998年后，鼎城区职工退休补员顶替工作逐步结束。

二、死亡职工子女顶替

1978年，根据湖南省劳动局《关于做好招工补员工作的通知》精神，常德县规定，自然减员补充范围，限于补充当年死亡、退休、退职三项减员。1988年11月8日，鼎城区劳动人事局下发《招用工制度办法》，其中规定，职工当年因工死亡，可以照顾招收一名符合招工条件的子女参加工作；个别情况特殊的，也可酌情照顾招收其基本符合条件的配偶或一名未婚弟（妹）参加工作。职工当年因病死亡或非因工死亡，家庭生活确有困难的，可酌情照顾招收一名符合招工条件的子女参加工作。是年，省外、省内及常德县死亡职工子女顶替招工58人。其中全民单位47人、集体单位11人。城镇户口顶替6人、下放知青顶替24人、农村户口顶替28人。

1979年，省外、省内及常德县死亡职工子女顶替招工30人。其中全民单位25人、集体单位5人。城镇户口顶替1人、下放知青顶替8人、农村户口顶替21人。

1980年，省外、省内及常德县死亡职工子女顶替招工36人。其中全民单位27人、集体单位5人、农林场4人。城镇户口顶替5人、农村户口顶替31人。

1981年，省外、省内及常德县死亡职工子女顶替招工32人。其中全民单位26人、集体单位6人。城镇户口顶替9人、农村户口顶替23人。

1982年，省外、省内及常德县死亡职工子女顶替招工49人。其中全民单位35人、集体单位14人。城镇户口顶替18人、农村户口顶替31人。

1983年，省外、省内及常德县死亡职工子女顶替招工49人。其中全民单位41人、集体单位8人。城镇户口顶替21人、农村户口顶替28人。

1984 年，省外、省内及常德县内死亡职工子女顶替招工 23 人。其中全民单位 20 人、集体单位 3 人。城镇户口顶替 6 人、农村户口顶替 17 人。

1985 年，省外、省内及常德县死亡职工子女顶替招工 15 人。其中全民单位 11 人、集体单位 4 人。城镇户口顶替 3 人、农村户口顶替 12 人。

1986 年，省外、省内及常德县死亡职工子女顶替招工 28 人。其中全民单位 22 人、集体单位 6 人。城镇户口顶替 4 人、农村户口顶替 24 人。

1987 年，省外、省内及常德县死亡职工子女顶替招工 20 人。其中全民单位 8 人、集体单位 12 人。城镇户口顶替 3 人、农村户口顶替 17 人。

1988 年，省外、省内及常德县死亡职工子女顶替招工 24 人。其中全民单位 17 人、集体单位 7 人。城镇户口顶替 7 人、农村户口顶替 17 人。

1989 年，劳动用工制度实行改革。是年起，死亡职工子女顶替招工全部为合同制。当年省外、省内及鼎城区死亡职工子女顶替招工 28 人。其中全民单位 23 人、集体单位 5 人。城镇户口顶替 9 人、农村户口顶替 19 人。

1990 年，省外、省内及鼎城区死亡职工子女顶替招工 27 人。其中全民合同工 23 人、集体合同工 4 人。城镇户口顶替 6 人、农村户口顶替 21 人。

1991 年，省内及鼎城区死亡职工子女顶替招工 27 人。其中全民合同工 20 人，集体合同工 7 人。城镇户口顶替的 9 人，农村户口顶替的 18 人。

1992 年，省外、省内及鼎城区死亡职工子女顶替招工 27 人。其中全民合同工 20 人、集体合同工 7 人。城镇户口顶替 2 人、农村户口顶替 25 人。

1993 年，省外、省内及鼎城区死亡职工子女顶替招工 23 人，全部为全民合同制。其中城镇户口顶替 5 人、农村户口顶替 18 人。

1994 年，省外、省内及鼎城区死亡职工子女顶替招工 9 人，为全民合同工。其中城镇户口顶替的 3 人、农村户口顶替的 6 人。

1995 年，省外、省内及鼎城区死亡职工子女顶替招工 14 人。其中全民合同工 12 人、集体合同工 2 人。全部为农村户口顶替。此后，该工作停止。

三、农、林、牧、渔场及航运系统自然增长

常德县国营农、林、牧、渔场（厂）和水上航运系统职工的自然增长计划，是户口在场（厂）、航运系统，达到劳动年龄（16 周岁）的职工子女或城镇待业青年，年初由本单位向县劳动行政部门申报，县劳动行政部门审核后下达当年自然增长计划，年末由县劳动局办理自然增长为该单位职工手续。

1978 年，常德县国营农、林、牧、渔场（厂）自然增长 43 人（其中县渔场 31 人、县园艺场 2 人、常德县畜牧良种场 10 人）。

1979 年，常德县国营农、林、牧、渔场（厂）自然增长 38 人。

1980 年，常德县国营农、林、牧、渔场（厂）自然增长 120 人（县渔场 34 人、县园艺场 16 人、县林厂 59 人、县蚕种场 1 人、县茶厂 1 人、县畜牧良种场 9 人）。

1983 年，常德县国营农、林、牧、渔场（厂）自然增长 63 人。

1984 年，常德县国营农、林、牧、渔场（厂）自然增长 44 人。

1985 年，常德县国营农、林、牧、渔场（厂）自然增长 90 人。

1988 年，常德县国营农、林、牧、渔场（厂）自然增长 91 人。

1991 年，常德县国营农、林、牧、渔场（厂）自然增长 200 人。

1992 年，常德县国营农、林、牧、渔场（厂）自然增长 246 人。

1993 年，常德县国营农、林、牧、渔场（厂）自然增长 95 人。

四、混岗集体工纳入全民计划

混岗集体工，是全民所有制单位在国家劳动计划之外使用的正式职工。其产生的原因，主要是国家控制全民单位增加职工，各地以“全民办集体”“全民带集体”的名义，用集体所有制招工计划招收的职工；其次是集体所有制单位并入或调入全民所有制单位混岗使用的职工。常德县为解决两地分居和安置待业人员就业，在全民所有制招工计划少的情况下，从 20 世纪 80 年代初开始使用“混岗集体工”。常德县（鼎城区）45 家全民所有制企事业单位共有 962 名“混岗集体工”纳入全民计划管理。

第二章　劳动就业

鼎城区的劳动就业经历了民国时的自由就业，新中国建立后的政府统包统配、企业自主用工、市场调节就业的变化过程。计划经济年代，劳动力的招收和调配实行政府“统一管理、各部门分工负责”的政策。政府“统包统配”的就业制度，到20世纪90年代，随着市场经济的发展而逐步废止，取而代之的是劳动者自主择业、市场调节就业、政府促进就业的格局。

第一节　民国时期的就业

清末，全县城镇青年自主谋生，以摆摊设店或到私营企业做工等。县内企业全属私人经营，所用职员、店员、工人系雇佣性质。一般采用零工、月工、长工等形式。雇佣工受资本家剥削，工资低微。吉泰城锅厂、华晶玻璃厂等技术性较强行业、强调聘约守信，聘期内不得无故失聘，否则赔偿雇主的经济损失。县内还有部分私营工厂招收10—16岁童工，一般为3年，需交纳保证金，订立契约，供给粗劣食宿，其他待遇均无。3年期满只拿低工资。中途离厂、需补偿所谓“损失费”。华晶玻璃厂招收童工10多人，任何森皮箱厂招收童工5人。县内有染织、铁、木、竹等行业工人和商号店员共1510人。

民国时期，现代工商企业逐渐兴起。民国18年（1929）有工人、店员2743人。民国22年，县办贫民工厂招收工人146人。民国23—26年（1934—1937），县内工商企业有所发展，有工业、手工业工人、商业店员37181人。抗日战争爆发，县城遭到战火破坏，工厂、商号相继关门，工人店员失业。民国34年日本投降后，工厂商号陆续开业，工人店员多数复工。嗣后，蒋介石发动内战，通货膨胀、导致工人店员失业数增多。到民国36年，全县有店员工人20856人。

第二节　新中国成立后的计划就业

一、城镇居民就业

1949年，有全民职工409人，主要分布在国家机关和人民团体。同年8月，县城析置常德市，县城的工人店员由常德市管理。

1950年，县内开始兴办国营企业和集体企业。县人民政府组织失业、无业人员从事生产劳动，到国营企业或集体企业就业。同年6月，中央人民政府政务院颁布了《关于救济失业工人的指示》以及劳动部制定《救济工人暂行办法》。因此，县人民政府采取一切措施加强城镇居民就业，对其他失业工人和知识分子实行社会救助，统一招工，统一分配。其用工形式，主要是招收全民所有制和集体所有制固定工。

1951—1952年，全县安置城镇居民1715人。其中：全民职工1241人，集体职工474人。

1956年，国家对资本主义工商业进行社会主义改造，从此国营企业、集体企业和公私合营企业的职工，不许随便辞退。

1957年4月，国务院在《关于劳动调剂工作中几个问题的通知》中规定，各单位对于多余的正式职工和学员、学徒，应该积极设法安置，如没有做好安置工作也不得裁减。年末，常德县有职工总人数4350人。其中，全民职工2476人，集体职工1874人。

1958年，“大跃进”“大炼钢铁”造成职工队伍膨胀。这一时期国家招收大批农村劳动力，既影响了农业生产，也给工业企业和城市建设带来了压力。到1959年年末，职工总人数达到23044人。其中，全民职工18132人，集体职工4912人。

1961年，中共八届九中全会通过“调整、巩固、充实、提高”八字方针，精简下放职工。历时3年，到1963年，常德县的职工总人数减至8216人。其中，全民职工7969人，集体职工247人。

1964年，大批居民劳动力成长，职工队伍人数回升，经济发展速度满足不了就业需求，同年4月，动员城镇初、高中毕业生“上山下乡”参加农业生产，“接受贫下中农再教育”（即知识青年“上山下乡”）。

1978年，常德县执行国家招工计划，招收全民职工1045人，集体职工689人，共计1734人。

1979年，县劳动局广开就业门路，统筹安排，大力发展集体企业、独立核算的商业、服务业、城市建筑业和房屋维修等行业。有条件的全民所有制单位也积极创办独立核算、自负盈亏的集体所有制企业和建立健全“五七工厂”。安置方向坚持城乡结合、工农结合的原则。8月，常德县召开待业安置工作会议，要求各集镇兴办投资少、见效快、销路广的企业，以老厂扶持新厂，老企业帮助新企业。全年通过各种渠道安置就业5193人（其中全民职工1952人，集体职工3241人）。

1980年，按照全国劳动就业会议精神，常德县在国家统筹规划和指导下，实行政府劳动部门介绍就业、自愿组织起来就业和自谋职业、“三结合”的就业方针，开辟集体经济和个体经济中的就业渠道。采用全民带集体的办法，自愿组织起来，实行用工单位乐意安排，待业人员愿意参加，家长愿意送，然后通过劳动部门介绍就业的形式。县供销社采取计股金的方式，在全县各区社组织合作商店40多个，安排本单位的职工子女、城镇待业人员250人，既为本单位职工解除了后顾之忧，又发展了生产，活跃了城乡经济。采用向劳动密集型行业发展的措施，实行县镇联营、兴办企业、扩大招工面。蒿子港镇兴办制鞋厂，一次性安排待业青年70人。通过扶持老企业发展生产来扩大就业面，并帮助疏通产供销渠道，提高在业人员的经济收入，促进他们安心街道企业的工作并以此吸引待业人员来此就业。是年，有近300人进入街道企业工作。另外，纠正了二轻企业一直只坚持招收安排本单位职工子女的问题，当年从全县招工安排了105人进入二轻企业。全县利用自愿组合、自找门路、自找场地、自筹资金、自负盈亏的“五自”精神搞好劳动就业。位于常德县许家桥乡的地矿部四一三地质勘探队就搞了这样的经营店，安排了一批待业人员。提高就业率的另一办法就是适当发展个体经济。全县申请个体户213家，他们根据自己技术专长和经营能力，在小集镇摆摊设点，送货、送艺上门，受到群众好评。安置就业的原则，仍然坚持首先招收无依无靠的居民子女，尤其是对子女都未就业的困难户，招工解决了20多人就业。斗姆湖圩场有位20岁的待业女青年，父亲早年去世，母亲没有工作，姐妹4人有3个未就业，家庭生活非常困难，经常噙着眼泪到劳动局要求就业。是年，她被招工到县皮件厂工作，感动得热泪盈眶，表示好好工作，报答党和政府的关怀。全年共招收职工2445人（其中全民1551人、集体894人）。

1981年，中共中央、国务院出台《关于广开门路、搞活经济，解决城镇就业问题的若干决定》，随后，中共中央、国务院制定了一系列扶持发展以安排就业为主的各种形式的集体经济和个体经济的政策、法规。常德县各部门及企、事业单位创办和发展劳动服务公司，解决就业问题。县政府召开3次全县劳动就业会议，落实3项促进招工就业的措施：一是积极扶植、巩固、提高乡镇企业发展。当年，全县镇办企业年产值达到899万元、固定资产186万元，流动资金140万元，利润41万元，企业安排待业人员1096人。二是组织起来就业，有什么人才就开什么门路，因地制宜。如教育部门，待业青年多，他们筹集资金3万元，兴办了31个商店、安置了待业青年151人。三是通过自谋职业，既解决待业人员生活出路，又促进了安定团结。常德县有待业人员3800人，计划安置1400人，实际安置1403人（全民1133人、集体270人）。

1982年，县劳动局多次派出工作组深入到10个集镇、圩场及部分区、社帮助各地从实际出发，本着“靠山吃山，靠水吃水”的原则，安置待业人员。帮助镇街企业疏通产、供、销渠道，解决煤炭、红糖、楠竹、木材、布匹等各种物资；帮助销售鞋、鞭炮、纸袋、玻璃制品等，巩固发展了一批企业，不但稳定了从业人员，全年还新安置待业人员1501人（全民828人、集体673人）。

1983年，常德县继续贯彻“三结合”的就业方针，把待业人员安置工作做好、做细、做扎实。针对待业青年等、靠、望思想严重的特点，把待业人员安置工作作为劳动工作的重点，集中精力、人力和物力，当年安置2406人（全民1073人、集体1333人），自谋职业286人。

1984年，贯彻国务院、省政府关于清退农村劳动力的文件精神，严格控制农村劳动力进城工作，腾出位子，安排待业人员。派人到工厂、到基层财贸单位和其他企、事业单位进行调查、检查，共清退农村劳动力365人，全年安置城镇待业人员共877人（全民462人、集体415人）。

1985年，安置待业青年1236人，占应安置数的85.3%，占地区任务的117.5%。其中：全民招工补员69人、全民企业招工321人、集体企业招工131人、乡镇企业安置79人、个体经营安置89人、部门安置304人，各劳动服务公司、站安置243人。在安置工作的推动下，集体经济有了发展。全县5个知青厂完成产值457.5万元，利润140万，比上年分别增加83%和62.4%。同时，发展了自办企业，县劳动服务公司的两个自办企业，全年创造营业额275.1万元，利润5.6万元，分别比上年增加82.6%和46.4%，为进一步做好安置工作创造了物质条件。

1986年5月20日，县政府召开全县就业工作会议，县劳动人事局会同各部门按照“三结合”的方针抓就业工作，改变了以往的习惯作法，把一级推一级变成一级促一级。各单位各部门都把劳动就业工作当成自己分内事，主动采取多种形式，利用多种渠道，广开就业门路。70%以上的待业青年自谋职业的积极性更高、决心更大。全县安置待业人员769名，其中全民320人、集体449人。同年7月，国务院发布《国营企业实行劳动合同制暂行规定》等四个“暂行规定”和实施细则。劳动就业不再由政府包揽，企业与劳动者采取“双向选择”的办法，企业有了用工自主权，劳动者可以自主择业；劳动时间、工资待遇、责任、权利等都由劳资双方商定，签订合同。用工范围也不再限于城镇劳动力，开始扩大到农村富余劳动力。从此开始，常德县所有企业用工全面实行劳动合同制管理。

1987年，县劳动人事局拓宽就业渠道，加快就业安置速度，把安置就业当作维护安定团结政治局面和关系到待业青年切身利益的大事来抓。采取深入宣传发动，争取全社会支持，分片负责、层层包干；制定岗位责任指标、实行安置目标管理；推行优惠政策、鼓励待业青年在乡镇企业就业；推广典型，表彰先进等办法。全年安置待业人员1467人

（其中：全民865人、集体602人）。

1988年，指导企业开展搞活固定工制度改革。年初，成立搞活固定工协调领导小组，并在全区范围内开展宣传发动工作，使大家了解政策，消除疑虑并积极投身改革。同时，认真办好氮肥厂、锅厂、饮食服务公司三个试点，并及时总结经验，完善改革方案，再把试点单位经验向全区推广。年底，全区共有55%的企业开展固定工制度改革，参加改革人数占全区职工总数的55.1%。针对待业人员增多的现实，继续贯彻“三结合”的就业方针，开拓安置渠道，全年共安置待业人员1757人。

1989年，区劳动局与相关部门协作，控制农民进城的数量、控制自然减员的补充招工，使职工队伍的总量得到控制。同时，区政府采取措施，扶持发展集体经济，扩大就业渠道和安置容量。为了平稳渡过这次待业高峰，区劳动局各股室相互配合，组织两次全面的劳动就业调查，撰写了5份劳动就业调查报告，其中关于做好城镇就业安置的报告被区政府以42号文件批转。其次是加强了劳动就业的宣传工作，贯彻“三结合”的就业方针，积极扶持各类集体经济的发展，拓宽就业渠道，扩大安置容量，全年共安置待业青年1052人，超年任务的5.2%，其中全民单位安置76人，占7.2%；集体单位安置175人，占16.6%；乡镇企业安置250人，占23.8%；临时性安置448人，占42.6%；个体安置103人，占9.7%。

1990年，由于经济紧缩和劳动力增长处于高峰期，鼎城区劳动就业压力较大，就业形势相当严峻。按照适应社会主义商品经济发展的要求，按照“三结合”就业方针，全社会共同关心，各部门大力支持，改善就业环境，扩大安置容量。为稳定就业局势，平稳渡过待业高峰而努力。区劳动局会同有关主管部门，深入全区41家企业，帮助开展技术改造，增岗就业。帮助区氮肥厂、灯泡厂、机械厂、新源印刷厂、元件厂、塑料厂、钢铁厂、彩印厂等20多家企业争取到部、省级的新产品开发和技术改造项目。当年就有17家企业新产品正式投产，新招工人1040人。区政府印发《关于落实发展集体经济优惠政策，进一步做好城镇就业安置工作的决定》，就税收政策、计划物资供应、生产资金等作了15条具体规定，为进一步促进集体经济的发展实行政策倾斜和优惠。全区新办各类集体经济单位15家，共安置待业人员211人。继续清退农村临时工，腾出工作岗位安置待业人员。是年，全区共安置待业青年1389人，其中全民企业安置272人，集体企业安置497人，乡镇企业安置107人，临时性安置448人，从事个体的有65人。此外，按照政策办理退休顶招395人。区劳动局还主动与工商、税务、城建等有关部门协调，为待业青年从事个体就业创造条件，提供方便。

1991年，贯彻落实市劳动局〔1990〕106号《关于招收全民劳动合同制工人工作的意见》精神。区劳动局党组反复学习市局关于改进招工办法的106号文件，为确保这次招工工作顺利进行。根据市局文件精神，简化招工程序，扩大企业用人自主权，争取一次为企业和新招工人办完手续。新成立区招工办公室，根据全区实际情况，就这次招工的原则、政策、招工计划、招工单位以及招工的具体组织工作等制定了方案，由局长张国芳和招工办主任王家新向区长办公会作了汇报，区长办公会议要求严格执行政策，精心组织，由劳动局与用工单位联合，统一组织考试。招工办合理下达招工计划，先后 5 次召集招工单位开会，衔接落实招工计划，对企业新建扩建项目和效益好的企业的增人计划给予了保证，使全区招工计划得到合理落实。1 月 20 日，召开全区招工工作会议，区委、区人大、区政府、区政协、区纪委的有关领导出席会议。副区长窦长清在会上讲话，劳动局局长张国芳对搞好招工工作提出了具体要求。会上下发了市局 106 号文件 200 多份、招工简章 300 多份。会议后，就全年招工的政策原则、办法、任务等进行了宣传，区广播电台就招工工作进行了为期一周的专题宣传。这次招工工作的宣传做到了家喻户晓，不留"死角"。从 1 月中旬到 3 月中旬，主要是招工方案的具体实施。区劳动局把住以下 5 道关口：即把好政策关、报名关、考试关、体检关、录取关。全局抽调 18 名干部分布到各个报名点进行监督，无待业证、毕业证、培训证、户口簿和非本人来的一律不准报名，全区两天共接收报考者 1324 人。为了把好考试关，监考人员由学校、劳动局和招工单位抽调，保证每个考室有 3 人监考，并对监考人员进行一天的业务培训。经过严格对照检查，共发现代考 17 人，当场取消了考试资格。招工工作认真贯彻执行"六公开三张榜"的原则。特别是对录取对象的第三榜，逐个进行审查，并由招工单位张榜公布。至 3 月 25 日，公开录取了 435 人，全区招工工作基本结束。3 月 26 日，召开各招工单位相关负责人，劳务站站长会议，总结这次招工工作的经验。整个招工过程的组织工作做得好，程序清楚，并且能一次办清手续，减轻了企业的负担。同时，也找出了存在的不足和群众反映较大的问题：主要是"内招"比例过大。是年，下达的招工计划内招指标 233 名中，在岗的指标 86 名；内招指标 16 人；社招指标只有 131 人。当年年底，全区共有待业青年 1696 人（新增 573 人，上年结转 51 人，就业转待业 1072 人）。全年实际安置 1563 人，包括全民招工 751 人（其中合同制 450 人）、集体招工 140 人、街道企业安置 191 人、乡镇企业安置 267 人、个体安置 46 人、临时性安置 168 人。

1992 年，鼎城区加强待业青年管理，经常深入基层调查，掌握可靠数据，制定具体安置计划，统筹安排、分类指导、切块包干、层层负责，狠抓就业安置的薄弱环节，解决难点，促进平衡。全年共办待业证 1040 人，其中，开发区 564 人，城镇 476 人。同时建立健全"待业青年花名册"，分类别、分性质掌握了安置走向和技术特点。为了促进全区经济持续稳定协调发展，除全民所有制企业按计划安置就业人员外，各单位根据实际情况，发展集体企业和社会服务企业，广开就业门路，拓宽就业渠道。为了稳定安定团结局面，解决就业压力，区政府制定了关于落实发展集体经济的优惠政策，为缓解鼎城区的就业矛盾发挥了极其重要的作用。全年安置就业956人。其中，招收纯居民子女253人，五大生58人，教师子女96人，“两劳”人员8人，乡镇干部子女172人，特困户33人，大龄青年336人。

1993年，区劳动局采取了如下措施扩大就业门路：(1) 鼓励全民所有制单位充分利用现有的资金、场地、技术和设备等优势，积极举办为本单位服务的独立核算、自负盈亏，以安置待业人员为主的集体企业；行政机关只要办理脱钩手续，也允许办这类企业，以解决本单位的就业问题。(2) 大力发展区街和乡镇企业，鼓励城镇待业人员到乡镇企业就业；到乡镇企业就业的待业人员可以不转户粮关系，可以参加城镇招工。在乡镇企业就业5年以上的城镇待业人员，区劳动局可将其招收为集体职工，并实行退休养老保险。(3) 充分发挥个体、私营经济在就业安置工作中的重要作用。鼓励待业人员走自谋职业、自办事业的道路，对于遵纪守法、成绩突出的个体工商户和私营企业，各级政府和有关部门要大力予以表彰和奖励。(4) 大力发展城乡集市贸易。实践证明，集贸市场不仅是发展经济的重要形式，也是安置待业人员的重要场所。各办事处、乡镇多渠道筹集资金在集镇新扩建集贸市场，积极鼓励各类经济组织及待业青年入场经营，发展第三产业，“消化待业人员”。全年共安置待业青年1794人，其中乡镇企业安置400多人。创历年就业安置最好成绩。

1994年，区劳动局转变工作职能和工作方式，既落实企业用工自主权，又妥善安置城镇待业青年。在全区22家乡镇企业共安置待业青年400人，既解决了就业安置的压力，又为乡镇企业输送了合格劳动者。在管理手段上，由直接行政管理向执法监督转移；在工作方法上，本着从简、方便的原则，对办理招收、调动、合同鉴证、社会保险等有关手续实行“一个窗口”对外，“一条龙”服务，既为基层为群众节省了时间，又提高了工作效率。除新招的全民合同制工人外，集体职工、临时工等都参加了社会养老保险，解除了广大职工的后顾之忧，促进了就业工作的顺利开展。

1995年，区劳动局按照三项制度改革的精神，贯彻执行《中华人民共和国劳动法》(以下简称《劳动法》)，进一步改革与新的经济体制不相适应的就业体制，和与《劳动法》不相符合的有关规程。把实现充分就业，推进劳动体制改革更好地为全区经济建设服务。依照《劳动法》的有关规定，对全区劳动就业进行规范化管理，初步实现了政府宏观调控、市场调节供求、主体双向选择、城乡协调发展。全年新招合同制工人1356人。其中，集体合同职工145人、全民合同制工人1211人。城镇待业人员安置在乡镇企业145人；

城镇待业人员向外地劳务输出 113 人；在区内企事业单位临时性安置待业人员 127 人；个体企业安置待业青年 300 多人。此外，还对 41 名在乡镇企业办工作的人员、17 名乡镇农技员、25 名乡镇计育办工作人员的招收对象，进行了调查与审核摸底。全年共安置待业人员 2041 人。

1996 年，区劳动局把完成区委、区政府下达的劳动就业安置任务作为工作目标，积极培育劳动力市场，合理配置劳动力资源。安置各类技工学校学生 48 人；临时性安置城镇待业人员在乡镇企业 154 人；城镇待业人员含待业职工向外地劳务输出 700 人；在区内机关和企、事业单位安置城镇待业人员 370 人；个体企业安置待业人员 2080 人。

1997 年，区劳动局把劳动就业工作纳入目标管理，多渠道、多途径为安置城镇待业青年和企业富余职工及农村剩余劳动力转移服务。针对劳动力市场现状，从清理整顿民办职业介绍机构入手，打击非法劳务中介，促进劳动力市场的有序运行。区劳动局会同工商、法院、公安等有关部门对民办职业介绍机构进行认真清理和整顿，对非法开办的民办职业介绍机构依法进行了取缔，严厉打击了非法劳务中介活动；实行劳务用工许可证制度，建立外来、外出务工人员就业证，对农村剩余劳动力的转移以及企业富余职工的流动进行宏观管理；努力完成就业计划，安置城镇劳动力 1200 人。鼎城区的乡镇企业、村办企业、民办企业、个体企业以及自谋职业蓬勃发展，通过市场调节，吸收了大批待业人员就业。鼎城区的就业工作被省政府评为先进。至此，政府“统包统配”的就业方式退出了历史舞台，计划就业工作结束。鼎城区劳动局对下岗职工、城镇待业人员、农村富余劳动力的培训、职业介绍、提供就业信息、组织劳务输出等服务性工作进一步加强。

城镇待业人员就业统计表

（1978—1997 年）

表 3-2-1　　单位：人

年份	合计	全民（合同）	集体（合同）	私企（合同）	乡企（合同）	临时安置	街道（合同）	劳务输出
1978	1734	1045	689	—	—	—	—	—
1979	5193	1952	3241	—	—	—	—	—
1980	2445	1551	894	—	—	—	—	—
1981	1403	1133	270	—	—	—	—	—
1982	1501	828	673	—	—	—	—	—
1983	2680	1072	1608	—	—	—	—	—

续表 3-2-1

年份	合计	全民（合同）	集体（合同）	私企（合同）	乡企（合同）	临时安置	街道（合同）	劳务输出
1984	877	462	415	—	—	—	—	—
1985	1236	694	374	89	79	—	—	—
1986	769	320	449	—	—	—	—	—
1987	1467	865	602	—	—	—	—	—
1988	1757	938	819	—	—	—	—	—
1989	1056	76	175	103	254	448	—	—
1990	1371	272	479	65	107	448	—	—
1991	1563	751	140	46	267	168	191	—
1992	956	325	418	41	85	56	31	—
1993	1793	256	325	378	400	273	161	—
1994	400	291	109	—	—	—	—	—
1995	2186	1356	145	300	145	127	—	113
1996	3352	418	—	2080	154	—	—	700
1997	1200	251	—	756	124	—	—	69
总计	34939	14856	11825	3858	1615	1520	383	882

二、下乡知识青年回城就业

1964 年 4 月开始，动员城镇青年上山下乡，插队落户，“接受贫下中农再教育”。到 1976 年止，县内动员城镇青年上山下乡 3619 人，接受长沙等外地城镇下乡知青 7016 人，全县共有上山下乡知识青年 10635 人。1974 年后，实行厂社挂钩，在农村集中安置，建立“知青点”107 个。随着党和国家工作重心的转移和改革开放政策的实行，1969—1977 年，对劳动锻炼 2 年以上的“知青”，由贫下中农推荐招工、招干、招生、参军、升学等，按政策陆续回城安置了 8187 人。

1977 年年底，还有 2448 名“知青”在农村未回城就业（不包括下放的其他人员）。其中，已婚知青 571 人（男 149 人，女 422 人）。对象是：知青与知青结婚 40 人，知青与城镇人员结婚 87，知青与农村青年结婚 444 人。

在2448名下乡知青中，1972年前下乡的老知青有1018人。其中，1964年至1965年的131人；1968年至1969年的834人；1970年至1972年的53人。1972年以后下乡的1430人。这1430人中：1973年的9人；1974年的17人；1975年的330人；1976年的394人；1977年的643人；1978年的37人。合计2448人。

1978年，常德县劳动局与有关主管部门深入企业，大力压缩计划外用工，招收上山下乡知识青年1169人。其中全民630人，集体539人。

1979年6月23日，常德地区召开各县知青办主任会议，传达省知青办会议精神。根据中央〔1978〕74号文件精神，全省统筹解决下乡知青回城就业，力争两年内完成。优先解决1972年前下乡的老知青问题。城乡要广辟门路，发挥各级各部门的积极性，哪里下放由哪里负责安排，使他们从事有固定工资收入的工作。能招工的就招工（婚否不限）；能安排到社队或城镇街道企业的，就安排到街道企业；因病的也要收回原籍适当安排。安排时要区别情况：知青与知青结婚的，由男方城镇解决；知青与干部、职工、居民结婚的，由干部职工现住城镇落户；知青与农村社员结婚的，就地就近安排；从外省市到常德县的，可以考虑安排。全年安置上山下乡知识青年742人，其中全民360人，集体382人。

1980年，县劳动局执行省劳动局有关精神，落实上山下乡知识青年招工后工资待遇等规定：下乡知识青年上山下乡期间的时间不能算作工龄，也不能算为学徒时间；下乡知识青年因病退、困退回到城镇的时间不能算下乡时间，但病退、困退知识青年招工后原下乡的时间可以作为享受第二年学徒待遇或第三年学徒待遇，或同工种一级工资的时间；下乡知识青年招工后分配在技术工作岗位上从事有学徒期工作的，其学徒期限不能缩短，但对学徒待遇作出了可优惠的相关规定；在中共中央〔1978〕74号文件下达前招收的下乡知识青年，其学徒待遇的执行时间仍按省湘发〔1979〕30号文件第五条的规定，从1979年1月份起执行，此后招收的下乡知识青年当学徒的，其学徒待遇一律从报到之日起执行；下乡知识青年招工后分配做熟练工和普工的，其工资待遇按有关现行规定执行；下放在国营农、林、牧、渔场企业的知识青年，经过组织批准指标抽调到其他全民所有制单位工作的，仍按〔1977〕湘劳字第041号文件的有关规定执行。是年，根据常德地区劳动局59号文件规定：为了缓解就业压力，全民所有制单位招工，只能招收1979年年底以前的城镇待业青年和上山下乡知青，当年应届中学毕业生不招工。县委、县政府召开全县各战线、各区社负责人参加的劳动就业会议，制订具体措施。县知青办拿出部分资金，帮助扩大再生产。全县拿出知青安置费145万元，木材65立方米，帮助河洑镇玻璃厂、蒿子港镇旅社、石公桥印刷厂、周家店手套厂、牛鼻滩编炮厂、斗姆湖圩场、黄土店圩场饮食服务行业等单位发展生产。全年共收回招工上山下乡知识青年532人，其中全民78人，集体 454 人。

1981 年，省劳动局〔1981〕76 号文件规定，招工对象应以城镇待业青年和上山下乡知识青年为主，1981 年的城镇中学毕业生原则上不招收。全年共招收上山下乡知识青年 5 人，其中全民 4 人，集体 1 人。至此，常德县的上山下乡知识青年全部收回（不包括其他下放人员），知识青年安置工作结束。

三、复员退伍军人安置就业

1978 年，县劳动局落实国家对退伍军人的安置政策，与有关部门一道，深入调查，努力工作，全年安置复员退伍军人 52 人，其中，全民 50 人、集体 2 人。

1979 年 8 月，常德县执行省革命委员会批转的省民政局、省劳动局《关于落实复退军人安置政策中几个问题的意见》中第七条“需要安排的城镇复员退伍军人（包括国家固定职工、大中专院校毕业生和城镇上山下乡知青入伍的），由入伍所在地的县、市复退安置办审查安置”的精神。全年安置复退军人 4 人，均为全民职工。其中：伤残退伍军人 2 人。

1980 年，县劳动局检查和落实对退伍军人的安置政策，尽可能帮助解决他们的实际困难，以利于调动积极因素，促进安定团结，充分发挥退伍军人在社会主义现代化建设中的作用。全年安置退伍军人 85 人，均为全民职工。

1981 年，常德县劳动局认真抓紧落实安置工作，全年安置复员退伍军人 147 人，均系全民职工。

1982 年，由于军队士兵退伍时间比往年提前，接待转运时间长，工作难度大。退伍战士中城镇兵较多，还有部分中途退伍和伤残人员，加之部分地区灾情较重，思想问题和实际困难较多。县劳动局摸清情况，做到心中有数，在退伍战士回乡之前首先做好家属的思想工作，依靠基层帮助他们解决生活中的实际困难。全年安置退伍军人 128 名进入全民企业工作，其中，伤残退伍军人 6 人。

1983 年，县劳动局宣传党的安置政策，鼓励和教育退伍军人服从分配，在不同的岗位上发挥积极作用。组织他们学习中共十一届六中全会文件，使他们正确理解党的路线、方针、政策，保持人民解放军的光荣传统，争取更大光荣。全年安置退伍军人 22 人进入全民单位工作。

1984 年，县劳动人事局认真做好各方面的协调工作，为稳定军心、民心作出努力。全年安置退伍军人 160 名进入全民单位。其中，志愿兵 16 人。

1985 年，在就业压力大、企业生产不景气的困难局面下，县劳动人事局协同其他主管部门认真工作，帮助企业清理压缩计划外用工，提高劳动生产率，广开就业门路，全年安置退伍军人 220 人进入全民单位。其中，志愿兵 123 人。

1986 年，安置城镇退伍军人 134 人。其中，伤残退伍军人 11 人；志愿兵 123 人。

1987 年，县劳动人事局深入实际，开拓创新，奋发努力，较好地完成了本年度安置复员退伍军人 89 人进入全民单位工作的任务。

1988 年，鼎城区劳动局在企业单位经济效益不好、增人又不增资、单位不愿接收的困难情况下，深入宣传国家政策、做过细的思想工作，全年安置城镇退伍军人 62 人。

1989 年，鼎城区政府提出“适应社会主义商品经济发展形势，千方百计拓宽就业渠道，扩大安置空间”的要求。区劳动局会同有关主管部门安置退伍军人 246 人进全民单位。其中：伤残军人 6 人；志愿兵 76 人；二等功退伍兵 4 人；特招 18 人；复工复职 4 人。

1990 年，为了加强退伍安置工作的领导，鼎城区政府成立了退伍安置领导小组，召开了全区退伍安置工作会议。区劳动局认真落实会议精神，全年安置复员退伍军人 88 人进全民单位。

1991 年，根据国务院《退伍义务兵安置条例》和《湖南省〈退伍义务兵安置条例〉细则》，区政府成立“常德市鼎城区退伍军人接收安置领导小组”由一名副区长任组长，有关部委领导任副组长，相关科局负责人任小组成员，切实加强安置工作的领导。全年安置复员退伍军人 145 人为全民职工。

1992 年，安置退伍军人 265 人。其中，伤残退伍兵 24 人；志愿兵 17 人；烈士弟妹退伍兵 1 人。

1993 年，区劳动局安置城镇退伍军人 107 人，其中特招 6 人。

1994 年，安置退伍军人 136 人。其中，特招 6 人；伤残军人 4 人；志愿兵 38 人。

1995 年，区劳动局围绕建设社会主义市场经济这一目标，认真贯彻国家复员退伍军人安置政策，转变观念扎实工作，全年完成安置退伍军人 134 人。其中，特招 6 人；伤残军人 3 人；二等功 1 人；退伍志愿兵 50 人。

1996 年，区劳动局把完成复员退伍军人的安置作为重点，全年安置复员退伍军人 146 人为全民职工。其中，特招 5 人；伤残军人 5 人；志愿兵 40 人。

1997 年，安置城镇退伍军人 208 人。其中，特招 9 人；伤残军人 4 人；退伍志愿兵 76 人。

1998 年，安置退伍军人 221 人。其中，伤残军人 2 人；志愿兵 96 人。

1999 年，区劳动局严格执行〔1993〕国发 54 号文件精神、在深入基层调查研究的基础上，认真做好复员退伍军人的思想工作，考虑多方面因素，合理安置复员退伍军人 332 人为全民合同制工人。其中，伤残军人 3 人；二等功 1 人；志愿兵 101 人。

2000 年，退伍军人的安置工作继续实行“按系统分配任务，包干安置”和“按职工比例分配任务，包干安置”的原，实行政府指令性分配任务、强制性安置，确保退役士兵的第一次就业。全年安置城镇退伍军人 131 人。

2001 年，根据国家政策，对当年冬季退役的城缜义务兵、城镇退伍一、二级士官，给予一次性经济补偿，实行买断安置。买断安置补助金按实际服役年限计发，补助标准以区政府确定的每年 5000 元执行。待安置期间的生活补贴按 143 元 / 月发给，累计发 6 个月。上述两项经费均由买断安置接收单位一次性发放。凡属一次性经济补偿（买断）安置的退役士兵只能领取买断安置金，不作就业安置。接收单位在发给买断安置金后，买断安置对象自行自谋职业。对 170 名冬季退伍城镇士兵按上述精神全部安置完毕。其中，伤残军人 38 人；退伍志愿兵 60 人。

2002 年，根据《退伍兵安置条例》《中国人民解放军士官退出现役安置暂行办法》和省政府、省军区《关于做好 2001 年冬季退役士兵安置工作的通知》，常德市人民政府、常德军分区《关于做好 2002 年度退役士兵安置工作的通知》精神，结合鼎减区实际，安置城镇退伍军人 144 人。其中，伤残军人 4 人；退伍士官 22 人（包括买断安置、以下同）。

2003 年，鼎城区人民政府《关于做好 2003 年度退役士兵安置工作的通知》中规定：“用人单位在接到安置计划后一个月内安排退役士兵上岗，否则，要追究单位主要领导责任”。区劳动局会同区民政局按时完成了 237 人的安置任务。其中，安置退伍士官 94 人（买断安置 49 人）。

2004 年，区政府根据国家新的退伍安置政策，结合全区具体情况，实施以下安置政策：（1）城镇退伍义务兵和城镇一、二级复员士官一律实行自谋职业，由区人民政府一次性发放安置补偿金，补偿标准按义务兵期间每年 5000 元执行。（2）转业士官实行安置就业与鼓励自谋职业相结合，安置去向主要到乡镇站所、社区、集体和私营企业。自愿自谋职业者，由区政府一次性发给安置补偿金 3 万元。本通知下达之日起 6 个月内仍愿自谋职业者也可发给一次性补偿金 3 万元。（3）城镇义务兵发 6 个月待安置期间生活费，转业士官发 9 个月待安置期间的生活费，标准按城市居民最低生活保障标准 163 元 / 月执行。部、省属驻区单位接受安置的退役士兵，待安置期间的生活费由接受安置单位发给。是年，安置复员退伍军人 153 人（买断安置 106 人）。其中，退伍士官 23 人。

2005 年，城镇义务兵、转业士官的安置继续坚持“政府统一安置和自愿自谋职业相结合”的原则，鼓励他们到社区、乡镇站所、工商企业就业，对接收安置对象的乡镇站办所，从安置部门开出安置手续当月起，由区财政按每人每月 500 元的标准拨付工资；对接收安置对象的工商企业自接受之日起连续 3 年给予每人每年 1800 元的补贴。对荣立二等功以上和伤残退役士兵的安置给予适当照顾。全年买断安置城镇退伍军人 97 人。其中：退伍士官 9 人。

2006 年，安置城镇退伍军人 102 人，其中退伍士官 26 人。

2007 年，安置城镇退伍军人 121 人，其中退伍士官 18 人。

2008 年，安置城镇退伍军人 146 人，其中退伍士官 48 人。

2009 年，安置城镇退伍军人 136 人，其中退伍士官 30 人。

2010 年，安置城镇退伍军人 127 人，其中退伍士官 15 人。

2011 年，士官安置条例规定符合下列 5 种情况的可以安排工作：（1）战时立三等功的；（2）因战伤残 5—8 级的；（3）烈士弟妹士兵退伍的；（4）军龄满 12 年的农村退伍军人。当年安置城镇退伍军人 142 人，其中士官 30 人。

2012 年，部队开始对城镇退伍兵实行买断，并且标准比地方略高，所以回地方安置的逐年减少。全年安置 69 人，其中士官 34 人。

2013 年，安置城镇退伍军人 47 人，其中退伍士官 41 人。

2014 年，国家实行亮化评分、择优选岗、阳光安置政策。全年安置城镇退伍军人 52 人，其中士官 46 人。

2015 年，安置城镇退伍军人 53 人，其中退伍士官 48 人。

2016 年开始，此工作由民政部门承担。

四、技校生分配就业

1980 年，湖南省技工学校招生办公室〔1980〕湘技招办字 02 号文件通知，实行在全省范围内“统一招生，统一分配”。即纳入国家劳动计划，其毕业生分配到企业后就是全民固定工。由于常德县没有技校，每年招生考试录取后，分配到其他技工学校就读，毕业后再回来分配工作。当年被省内其他技校录取 53 人。

1981 年，安置技校毕业生 28 人。

1982 年，安置技校毕业生 286 人。

1983 年，安置技校毕业生 197 人。

1987 年，安置技校毕业生 96 人。

1988 年，安置技校毕业生 98 人。

1989 年，劳动局在花船庙小学设考场，分 8 个考室，263 人参加考试，录取 123 人。分别安排到常德市技工学校 112 人、纺织技校 11 人就读。常德市技校开设政治、数学、语文、机械制图、机械基础、工程力学、电工电子基础和体育 8 门课程。在保证开足学科、学时、教学内容的前提下，根据不同专业和学生的实际文化水平，可增减部分内容。在校学习总计为1152课时，学制两年。生产实习时间与文化技术理论学习时间的比例各占一半。实习形式一般有两种：一是组织学生在校办工厂实习；另一种是由劳动部门将学生安排到所学专业对口的企业实习，实习结束后，分配到县内对口企业工作。当年安置技校毕业生95人。

1990年，安置技校毕业生83人。

1991年，安置技校毕业生67人。

1992年，安置技校毕业生30人。

1993年，以前技工学校的毕业生是“定向招生、定向分配”，自此以后，技校毕业生采取自主择业或学校推荐就业，劳动部门不再包分配。

1995年，技校生毕业后虽然不包分配，但待业青年学技术，渴望提高职业技能的热情很高。当年报名考试350人，其中，城镇考生244人，占69.7%；农村考生106人，占30.3%。初中毕业生317人，占90.6%；高中毕业生33人，占9.4%。男生160人，女生190人。实际参加考试324人，缺考26人。择优录取218人，占参考人数的67.3%。其中：向常德技校输送114人、省交通技校输送6人、省公路技校2人、省粮食一技校9人、省粮食二技校77人、水电八局技校1人、桃纺技校2人、省地矿技校4人、津市技校3人。

1996年，鼎城区劳动局通过广泛宣传，认真做好技校招生工作。全年共组织考生330人，其中城镇考生244人，占74%，农村考生86人，占26%。报考对象中，初中毕业生293人，占88.8%，高中毕业生37人，占11.2%；男生144人，占43.6%，女生186人，占56.46%。监考中发现代考的3人被取消报考资格。各所技校择优录取鼎城区新生179人，占参考人数的54%。其中，市技校46人、华南技工学校8人、省交通技校5人、省水电技校1人、省公路技校8人、粮食技校101人、司法技校6人、纺机技校3人。

1980—2000年，鼎城区初高中毕业生到省内部分技校共培养技术工人3200名。2000年后，劳动部门停止为技校招生。

第三节　市场就业与再就业

20世纪90年代后期，鼎城区政府根据国务院经济体制改革的精神，对全区工商企业转换经营机制，除供电、供水、金融等重要企业外，国营和集体所有制企业，都按照企业的实际情况实行转让、租赁、歇业、终止等方式，有偿转为民营经济，让民间经营人士自主经营、自主用工、自负盈亏。这一重大改革使大批职工下岗、失业，转换身份走向社会。为了保障下岗失业职工的基本生活，维护社会稳定，区政府、区劳动局采取了一切措施，做好企业解困和下岗职工的再就业工作。

1998年5月，成立鼎城区企业解困工作领导小组，领导督促全区解困工作。用于保障下岗职工基本生活的资金来源，原则上采取“三三制”，即财政预算安排1/3、企业负担1/3、社会筹集1/3。对终止、歇业的企业，根据本企业资产出售净收入（包括土地出让收入留企业部分）人均占有量的多少，按职工工龄制定标准，提取职工安置补助费，划拨给区就业管理处，然后一次性发给自谋职业的职工；重新安置到其他企业的职工，该企业按规定为其缴纳各项社会保险费用，区就业管理处将安置补助费按规定逐年划拨给接受安置的单位；到区就业管理处进行失业登记的，享受失业保险待遇；经过区劳动部门批准的农民合同工，一律予以辞退，辞退时按规定标准发给一次性生活补助。参加过社会保险的按有关规定执行。是年，区政府确定从10个方面筹集资金，做好企业解困工作，采取措施帮助困难企业和困难职工解困。区企业解困办负责对解困基金征收工作的管理；区交警、财政、邮电、计委、劳动、审计、农机、工商联等执收部门加大执收力度，克服困难，不讲价钱，严格征收标准，实行查账征收。同时，开展生产自救和职工分流安置，把实施“再就业工程”与解困工作紧密结合起来。通过优惠政策，引导和鼓励困难职工积极开展生产自救，提倡兴办第三产业、股份合作制企业、私营企业或个体经营，支持下岗职工自谋职业。提倡机关、事业单位对口解困，帮助困难企业；提倡乡镇企业和经济比较发达的乡镇帮助困难企业安置失业、下岗职工。按照《湖南省困难企业职工认定、登记、管理制度》的规定，实施“困难职工证”“特困职工证”制度。是年，筹集下岗职工解困资金117万元，并发放到困难企业和下岗职工手中。鼎城区下岗职工解困领导小组与区经委、区二轻局、区供销社等责任部门签订再就业安置目标责任书，确定夫妻双方在同一企业的不能同时裁减，职工因患病或非因公（工）负伤在规定医疗期间的不得安排下岗，女工在怀孕期、产期、哺乳期内的不得下岗。对破产、拍卖企业职工实行“嫁接”安置政策，坚持人随资产的原则。企业破产或拍卖前首先制定安置方案，并报劳动行政部门批准。资产变现要首先用于本企业的安置、然后才用于偿还债务；企业破产后，新分设立、重组的企业必须安排原企业的职工再就业，并优先安排劳动模范、专业技术人员和大中专毕业生。全年安置就业2308人，其中下岗职工再就业就有2163人。

1999年，全区区属国有企业共有下岗职工5337人，占职工总数的61%。区劳动局认真贯彻落实中央10号文件精神，建立“下岗职工保障服务中心”，有1844名下岗职工与“中心”签订了基本生活保障和再就业协议，并发放了“下岗证”2785本。在经费紧张的情况下，免费培训下岗职工 380 人，提高了下岗职工再就业本领，全年实现 2247 名下岗职工再就业。区发、区政府成立以区委副书记为组长的领导小组，并明确 7 个战线、14 家单位的一把手为解困和下岗职工基本生活保险资金征收的责任人。为了保证下岗职工基本生活费资金的到位，区委、区政府决定将解困资金的征收渠道从上年的 10 个方面拓宽为 17 个方面。全年，共筹集解困和下岗困难职工基本生活保障资金 580.6 万元（其中财政预算拨款 148.4 万元，上级财政借款 63.4 万元，拨款 52.38 万元，社会筹资 316.42 万元），共发放解困和下岗困难职工基本生活资金 516.6 万元，保证了下岗职工的基本生活。区劳动局会同经委、监察局、解困办，对全区 18 家企业领取基本生活费的情况进行了为期 10 多天的全面检查，未发现违规现象。全区与“中心”签订基本生活保障协议的下岗职工领取了 4 个月的生活费。区财政解决 50 万元，社会筹资 20 万元，春节前给下岗职工发放了基本生活费。

2000 年，区劳动局针对就业方面出现的新情况，挖掘企业安置能力，积极安置失业人员和下岗职工就业。当年，新招收劳动合同制工人 46 名，其中企业单位新招 41 人，机关、事业单位新招 5 名，办理职工调动 32 人。加快劳动力市场建设步伐，完善劳动力市场硬件建设，实现了与省、市劳动力市场信息联网。扩大劳务输出网络。立足老基地，开发新市场，在巩固中山、珠海等劳务输出的老基地基础上，进一步开拓东莞劳动力市场，如新联系的东莞精诚科技电子厂，是一家投资 150 亿元的特大型合资企业，生活食宿条件在沿海均属一流，其大量的劳动力需求为区失业人员和下岗职工提供了更为广阔的渠道。全年，通过劳力输出渠道介绍 1100 名城乡劳动力到境外就业。当年免费培训下岗职工 312 名、免费职业介绍 235 名下岗职工就业，共实现 2970 名下岗职工再就业。

2001 年，区劳动和社会保障局根据劳社部发〔2001〕8 号、劳社部函〔2001〕134 号和劳社培就司函〔2001〕61 号、湘劳社发〔2001〕275 号、常劳社发〔2001〕117 号文件精神，结合鼎城区实际，为促进国有企业下岗职工、失业人员、置换身份职工实现再就业，开展多种再就业援助行动。（1）组成政策咨询小分队，深入企业和下岗职工中宣讲政策，解答疑难；（2）举办政策咨询一条街活动，到企业较为集中的地段开展政策咨询，将下岗职工优惠政策、就业服务政策资料送到下岗职工手中；（3）实行免费再就业培训援助；（4）在劳动力市场设立政策咨询窗口，开设政策咨询服务热线；（5）推行再就业优惠证制度，发放再就业优惠证，做到“一证在手，政策全通，心中有底”；（6）协调再就业优惠政策所涉及的各有关部门，使下岗职工享受优惠政策渠道畅通，手续便利。根据市场需求，制定对口实用短训专业，先后为广东、深圳等外资企业输送培训学员 320 人；全年招收合同制工人 183 人，其中机关、事业单位招收 110 人，国有、集体企业招收 73 人。

2002年，为推动创业，打造商贸服务、机械加工、纺织等创业平台，创办企业13家，吸纳下岗职工就业125人。为在中心签协议的2861名国有企业下岗职工发放基本生活费309万元。

2003年，继续加大力度做好两个确保工作，全年安置下岗职工1150人，再就业率达到61.5%，发放“再就业优惠证”5300本。发放解困资金119万元，保障了下岗职工的基本生活。

2004年，开发社区就业岗位1500个，安置下岗失业职工1200人，再就业率为60.0%。

2005年，鼎城区再就业工作稳步推进，全区就业局势基本稳定，累计发放再就业优惠证8698本；积极做好小额贷款的摸底调查，申报批准小额贷款100万元，其中个人贷款26万元、企业74万元；进一步加大对社区岗位目标管理考核力度，建立严格的考核机制。加强与沿海发达地区的联系与合作，与广东、福建等省的20多个县市劳动保障部门、100多家用工单位建立长期劳务协作关系，如广东省中山市宝元总公司和东莞裕元厂成为鼎城区定点输出单位，鼎城区仅这两个企业的累计输出人员达到18600余人。利用社区劳动保障工作人员对社区下岗失业人员情况熟悉的优势，积极开展社区就业指导教育，及时收集掌握包括钟点工、送气工、送水工等弹性工作岗位空缺信息，由劳动保障站或中心进行就近推介就业。全区社区内实现再就业的下岗失业人员累计有4857名。大力开展了下岗失业人员再就业培训。是年，实现下岗职工再就业653人。至此鼎城区的“再就业工程”基本结束，但正常的城乡劳动力就业安置，帮助失业者再就业的工作继续进行。

2006年，区劳动和社会保障局通过对2000多名创业人员的基本情况开展专门调查，并结合区委经济工作会议提出的“掀起鼎城区二次创业高潮”精神，进行总结提炼宣传堆介，打造了商贸服务、机械加工、农产品加工、纺织、种植、养殖6个创业圈，推出了外来投资人员、返乡创业人员、下岗失业人员、贫困家庭援助创业人员4大创业群众享受政府绿色通，与外商同等待遇、优先信贷服务、信息和技术服务、免费创业培训服务、可使用集体建设用地6大优惠服务措施。并采取社区发动、推荐、自愿报名等方式。对有愿望、有意想创业想当老板的下岗失业人员开办SIYB创业培训班，培训学员300人，创业成功186人。还推出了对灌溪镇陈跃明的中凯机械公司等一批创业典型，让群众看到了返乡创业的希望，打造“一人打工致富全家、一人创业致富一方”的良好氛围。到年底。全区共返乡创业3000多人、创办企业182个、个体工商户1700多个，提供就业岗位15000多个。

2007年，鼎城区劳动和社会保障局按照科学化、现代化、规范化“新三化”的要求建设劳动力市场，总面积达5500平方米，交流面积800平方米，投入市场建设资金40万元。全年登记招聘单位322家，提供岗位信息10200个，接受求职登记12100人、其中下岗失业人员5550人、“4050”人员770人，完成新增农村劳动力转移就业11892人。

新建劳动力市场投入使用

2008年，《中华人民共和国就业促进法》实施。区劳动和社会保障局以法律实施为契机开展城乡就业试点工作、加强基层就业服务平台建设。建立了区、乡（镇）、社区（村）三级劳动保障服务体系。实现微机联网、建成覆盖全区，联通城乡、类别齐全的职业介绍网络。巩固壮大品牌培训，启动创业带就业工程，积极搭建创业服务平台，打造五个创业圈：即以桥南大市场为中心的商贸服务圈、以灌溪为中心的机械加工圈、以港二口为中心的农产品加工圈、以石门桥为中心的编织企业圈、以石板滩和许家桥等城镇郊区为辐射的种植养殖创业圈，开创了鼎城就业服务工作新局面。全区城镇新增就业人数6057人，完成年计划6000的101%。城镇零就业家庭动态就业援助率始终保持在100%，农村贫困家庭转移就业援助完成1000人，完成年计划的100%。城镇困难群体就业援助387人，完成年计划300人的129%。办理“再就业优惠证”15322本，提供就业岗位7650个，办理求职登记12355个，双向选择成功3139人，接受职业指导100%。

2009年，继续推进统筹城乡就业工作，实施了全年“十场招聘会”活动，为373家企业提供招聘服务，开发就业岗位10472个，帮助4500人实现就业，下岗失业人员实现再就业3126人。兴办各类社区就业实体10个，开发公益性岗位980个，城镇零就业家庭实现动态就业援助达100%。农村贫困家庭转移就业援助1100户，城镇困难对象就业援助937人，其中援助困难大学生就业93人。发布招聘用工信息的单位502家，提供就业岗位11065个，办理求职登记15691人，接受政策咨询18200人次，对失业人员职业指导5503人，介绍就业成功3165人。

2010年，鼎城区就业服务工作紧紧围绕“开发就业、平等就业、素质就业、稳定就业”的目标，以扶持创业带动就业为重点，统筹安排、加强服务、开拓创新，全面完成上级下达的各项目标任务。城镇新增就业人员 5103 人，下岗失业人员实现再就业 3189 人，其中就业困难对象再就业 1017 人。兴办各类社区就业实体 10 个，新开发就业岗位 1307 个，城镇零就业家庭实现动态就业援助达 100%，援助城乡困难对象就业 260 人，帮助再就业 1017 人。开发保洁、保绿、协管、公共设施维护等公益性岗位，安置就业 836 名。落实优惠创业扶持政策，为自主创业人员减免税费近 30 万元，为下岗失业人员发放了 1203 万元的小额贷款。

2011 年，启动基层平台建设达标，当年完成 10 个乡镇、5 个城镇社区基层劳动保障平台的达标建设，年度达标率 30%，累计达标率 60%，全面完成预期目标。全区新增就业 5512 人，其中失业人员就业 3110 人、就业困难对象再就业 1006 人，超额完成全年任务。城镇零就业家族实现动态就业援助达 100%。

2012 年，继续推进基层平台（16 个乡镇场、6 个社区）达标建设，全区所有劳动保障平台达标建设全面完成。区乡两级公共职业介绍机构举办招聘会 10 场，为 14520 名城乡求职者提供职业指导服务，全年新增就业 6160 人。

区职业介绍所举办大型招聘会

2013 年，全年城镇新增就业 6439 人，完成目标任务的 101%，其中失业人员再就业人数 3055 人、就业困难对象再就业 1010 人、困难对象就业岗位援助 277 人、开发公益性岗位 371 个，城镇零就业家庭实现动态就业援助 100%。办理失业登记 5366 人，登记失业率 4.05%。

2014 年，城镇新增就业 7018 人，完成目标任务的 100%，其中失业人员再就业人数 3019 人、就业困难对象再就业 1010 人。开发就业困难对象就业岗位 398 个，其中公益性岗位 208 个、就业援助岗位 190 个，实现城镇零就业家庭动态就业援助 100%。扶持高校毕业生创业 272 人，办理就业失业登记 7627 人，登记失业率 4.39%。新增农村劳动力转移就业 13125 人，完成目标任务的 100%。

2015 年，鼎城区就业处与鼎城电视台联合制作《创业扬帆正当时》电视宣传片，以创业、创新带就业，每周播出一期，用 3 个月时间集中宣传一批大学生的创业事迹。与《常德日报》合作，采编各类创业典型人物，组织编印《创业典型人物汇编》宣传册，鼓舞创业士气，营造创业氛围。开展“公共就业服务一条街”的巡回宣传活动。区就业处深入工业园区、乡镇集市、街道社区等场所，开展 6 场“公共就业服务一条街”的巡回宣传活动，举行用工招聘会，以活动促宣传，以宣传助效应，收到良好的宣传效果，老百姓政策知晓度进一步提高。区就业处主动和工商部门衔接，摸清全区 2.8 万户大小企业实体的基本信息，按属地原则由各个乡镇社区平台上门调查核实，建立台账，做到工作对象心中有数；重点关注高校毕业生就业创业，乡镇社区平台上门走访登记 352 名应届高校毕业生，摸清他们的就业创业情况和意向需求，并逐个发放联系卡、小额担保贷款和自主扶持政策资料，帮助他们了解政策，鼓励他们圆创业梦。全年实现城镇增加就业 6835 人。

2016 年，按照加快社会管理创新，提高公共就业服务供给效率和质量的要求，在部分业务上引入社会机构参与，降低服务成本，提高服务效率，为公共就业服务逐步走向市场化、多元化、社会化进行探索，为全区的就业、创业服务拓展服务空间。推进创业担保贷款的发放，让更多的创业者享受到国家的优惠政策。全年城镇新增就业任务 6900 人，实际完成 6906 人，其中，失业人员再就业 3011 人，就业困难人员再就业 1002 人。城镇登记失业率控制在 3.2%。完成 27368 名贫困劳动力的就业信息采集和建档立卡工作。年内新增创业主体 3503 个，创业带动就业 3705 人。另外职业介绍全年举办专场招聘活动 6 场，为 291 家用人单位、9815 名求职者提供了现场求职服务，帮助实现就业 2561 人；大厅服务窗口求职登记 489 人，用人单位录用成功 465 人。同时积极推广应用“e 就业”平台服务，完成 71 家企业的数据采集，发布岗位信息 123 个，求职信息 184 人。为 170 名创业者发放创业担保贷款 2970 万元，占任务的 114%；回收到期贷款 1805 万元，回收率为 100%。

2017 年，鼎城区拓展思路，注重整合和发挥社会创业资源的作用，成立区创业协会，采取购买社会服务的方式推进多项创新创业活动开展，如：举办鼎城区首届青年创新创业优秀成果展，吸引 80 余个创业项目参展；组织年度创新创业大赛，3 名选手进入全市总决赛 10 强；建设鼎城区创新创业项目库，征集优质项目 30 个编印成册；开展年度创业项目推介会，帮助一批创业项目成功对接；开通“鼎城就业”微信公众号，吸纳关注人数 51222 人。在创业扶持政策的落实上，充分创造条件，帮助创业者对接各项扶持政策，成功推送省“双百工程”3 个，市“双百工程”6 个，为 17 名创业者成功申报一次性开办费补贴。以推进就业精准扶贫为契机，多途径、多渠道开展劳务协作。一是在常德高新区认定湖南和畅食品公司，常德立欣电子科技公司两家企业为区就业扶贫基地；二是与常德经开区、石门县签订省内劳务协作协议，跨区域开展劳务协作；三是在10月17日在高新区组织举办专门的劳务协作招聘活动，定向为就业扶贫基地、劳务协作单位提供招聘服务，解决就业235人。在就业困难人员的帮扶上，实现两个方面的创新和突破。一是启动困难高校毕业生就业托底帮扶，这项政策上级早就有要求，但各地一直没有具体做法，鼎城区出台《离校未就业困难高校毕业生公益性岗位托底帮扶实施办法》，通过在乡镇街道开发一批基层公共服务管理进行就业托底帮扶，是年从劳动保障协理员开始试点帮扶27人，逐步向其他公共管理类、服务类岗位延伸，每年滚动帮扶25~50人；二是打破就业帮扶的城乡界限，结合美丽乡村、完美社区建设，通过在镇、村两级开发一批保洁、保绿岗位，把33名农村家庭特别困难、难以通过市场实现就业的人员在这类岗位上帮扶就业，并全部按政策落实其公益性岗位补贴和社保补贴。提高创业贷款的发放率，5万元、10万元地逐个上门发放贷款2715万元，超额完成全年的发放任务。全年共实现城镇新增就业5902人，其中，失业人员再就业3002人，就业困难人员再就业1003人。城镇登记失业率控制在3.06%。新增创业主体4452个，创业带动就业4969人。为272名创业者发放创业担保贷款2715万元。

2018年，贯彻落实市就业服务工作会议和区人社工作会议精神，围绕市、区年度就业服务工作要点，把握年度工作目标任务，抓好就业扶贫。加大城镇新增就业的贫困劳动力信息采集核实，按月督导进度，考核采取“一票否决”；落实就业扶贫政策，举办两次就业扶贫专场招聘活动，办理第一批贫困劳动力转移就业交通补贴的申报与拨付，在就业扶贫车间、农村劳务经纪人队伍建设等方面进行探索和实践，为民生实事项目和就业扶贫工作任务的完成打下基础。通过创业带动就业，承办自主创业先进典型暨“常德工匠”鼎城专场巡回报告会，评选出创业典型3个；举办区创新创业大赛，推选5个优秀项目进入市级晋级赛和总决赛，分别获得二、三等奖和优胜奖，区就业处获大赛“优秀组织奖”；落实创业带动就业3年行动计划，推进创业孵化基地提质升级，启动市级示范基地、省级基地创建，推动创业一次性开办费补贴、场地租金补贴等政策落实兑现，受理并核实上报一次性开办费补贴15家。采取购买社会服务的方式，加大创新创业宣传，努力营造创业带就业的良好氛围。是年，创贷中心依托乡镇社区平台、市场商圈、经办银行和主题服务活动广泛宣传新政策。将创贷任务分解到各乡镇街道，纳入年终考核定期公示进度。大胆尝试将房产抵押免除担保公司环节，通过农商行市场发放，从入户调查到放款10~15天之内完成，提速效果显著。全年实现城镇就业5908人。其中失业人员再就业3000人，就业困难人员再就业1000人，城镇登记失业率控制在3.2%。认定就业见习基地1家，新增创业主体4657人，发放小额贷款2870万元，带动就业3473人，创业孵化基地在孵企业31家，开展创业赛事及指导交流活动8场，推荐“双百工程”获评创业实体7家，创业开办费补贴36家，创业场地租金补贴8家。是年3月30日，由常德市人社局举办、鼎城区人社局承办以“全民参保”为主题、2018常德市12333全国统一咨询日暨常德新区企业专场招聘会活动。活动现场张贴标语、横幅，设置咨询台，提供社会保险、职业指导、技能培训、创业服务、劳动监察、劳动争议等方面的咨询服务。为3000多人次解答社会保险等政策问题，发放宣传资料7500余份。鼎城区人社局工作人员现场为市人社局激活社保卡70张，为158名征地拆迁人员办理社会保险登记手续。

第四节 农村劳动力转移就业

计划经济时期，常德县农民在农村集体经济组织的约束下，不可离开农村自行外出务工、经商等活动。有些工商企业的特殊工种急需雇请农村劳动力时，必经县劳动部门批准，限量限时雇用，其方式有两种：一种是亦工亦农轮换工。亦工亦农轮换工来自农村，保持农民身份不变，不转户粮关系，与工厂签订劳动合同，定期轮换，期满辞退，返回农村。亦工亦农劳动制度就是工农结合，工农轮换，能进能出，有工做工，无工务农的劳动制度。如氮肥厂的造气车间和煤球车间脏、苦、累工种，经劳动局批准使用亦工亦农轮换合同工，雇佣期1~3年不等，到时轮换。另一种是企业的脏活、苦活、零散活，短期雇请农民做临时工，一年之内，到期辞退。如昌明锅厂到浇铸铁水时短期雇用农民工，工作完成后辞退回家。由于农民工能吃苦耐劳，遵守厂规厂纪，企业乐意雇用，往往逾期也不愿意辞退。

农村临时工在计划经济时期不被列入国家劳动计划和工资基金管理，俗称“计划外用工”，与城镇待业人员的就业发生矛盾时，屡被提前辞退回家，更不能离开农村转移就业，这种局面到1982年止。

1983年，随着改革的深入，农村富余劳动力外出务工有所放松。县劳动服务公司以劳务输出的形式，将农村富余劳力介绍到常德卷烟厂、常德棉纺厂、桃源棉纺厂等大形企业做临时工，全年共介绍农村劳动力1208人。

1984年，介绍到本地企业做临时工的农民有865人。

1985年，随着农业生产责任制进一步落实，农村剩余劳动力必须寻找出路。县劳动服务公司开始进行劳务输出，向广州、深圳、武汉等城市的有关企业输送了农村富余劳动力3749名。有的工种从城镇招工难，而又确实需要增人的企业，适当从农村招用部分临时工，到期辞退。这对搞活用工制度，提高企业经济效益起到了积极作用。

1986年，贯彻执行合理使用农民临时工和城乡劳动力统筹安排的原则，在城镇劳动力资源不足时，允许适当使用农村劳动力。县属各企业单位确因编制定员不足，生产工作需要，必须使用临时工时，原则上每年申报一次“临时工使用计划”，报县劳动行政主管部门批准，并由县劳动行政部门下属的劳动服务公司组织输送，实行一个口子进出。是年，办理使用临时工的全民单位45个，共雇请农民工1867人；同时向沿海城市输送农村劳动力985人。

1987年，在城镇待业安置压力较大的情况下，全民、集体所有制企业计划外用工（指农民工）增长过快，严重影响了国家劳动工资计划的宏观管理。县政府在全县城镇待业人员就业安置工作会议上，强调拓宽就业渠道。接着清退计划外农民工616人。同时组织农村富余劳动力向沿海发达企业进行劳务输出，共输出农村劳动力853人。

1988年，鼎城区劳动人事局为了发展生产，通过用工企业的申请，报经省劳动厅批准，将1971年以前进厂的260名计划外农民工招收为全民合同制工人，纳入国家计划管理。农村富余劳动力外出务工放开后，为了适应新的就业形势，县劳动服务公司建立“常德县职业介绍所”，开始向省外大力开展劳务输出工作，与珠海吉大裕元鞋厂、东莞高埠裕元鞋厂等多方联系、反复协商、打开了劳务输出渠道，当年输出农村劳动力5082人。职业介绍所有组织地开展农村劳动力转移输出，在全区广大农村引起了很大反响，务工人员家中收到第一批汇款后，都非常高兴，因为他们从未收到过汇款。从此农村富于劳动力外出务工的积极性

劳务市场招聘会

更高了。是年，为进一步深化劳动制度改革、完善全县市场体系，使劳动工作更好地适应社会主义有计划商品经济发展的需要，促进劳动力合理流动；贯彻为生产、为基层服务的原则，围绕搞活企业运用市场机制，交流信息，牵线搭桥，开展多渠道、多层次、多形式的劳务服务活动；做到人尽其才，才尽其用，逐步实现劳动力管理社会化，搞好全县劳务市场的正规健康发展。常德劳动人事局制定了《常德县劳务市场管理暂行办法》，在全县贯彻实施。

1989 年，积极开展劳务输出，为农村富余劳动力找出路，真正做到了城、乡发展两不误。第一批输送 20 名高中毕业生到珠海吉大鞋厂作管理工作，他们后来成了该厂的生产技术骨干。全年向外输送农村劳动力 1748 人。

1990 年，多次前往广东珠海吉大裕元鞋厂、东莞高埠裕元鞋厂、深圳前山裕元鞋厂、中山裕元鞋厂等企业联系劳务输出，全年共输出农村劳动力 4080 人。

1991 年，广开劳务输出渠道，分别到广东省的汕头、惠州、惠东、深圳南山区等地联系协商就业事宜，共输出农村富余劳动力 1851 人。

1992 年，为使劳务输出工作向深层次发展，区劳动局与沿海经济发达地区的联系，到深圳人汽公司、深圳宝安区、龙港区、后街区等联系，全年输出农村富余劳动力 1242 人。

1993 年，为了帮助农村富余劳动力加速劳务输出，先后 10 次与用工单位联系，确定商供两家联合专业定向培训，采取报名考试与用工单位签订培训合同，根据劳务输出要求对口培训，提交输出人员的业务素质。全年输出农村劳动力 1853 人。

1994 年，到广东东莞、清远等制衣行业进行劳务合作，共输出农村劳动力 2160 人。

1995 年，到海南省的各大酒店等单位联系劳务输出，共输出农村劳动力 2610 人。

1996 年，区职业介绍所到上海、昆山的康师傅食品厂等开展劳务协作，共输出农村劳动力 1850 人。

1997 年，打开了广东省家具行业的就业渠道。全年输出农村劳动力 3448 人。

1998 年，鼎城区劳动局充分发挥城乡劳务输出优势，在广东省的玩具行业打通就业渠道。全年输出农村劳动力 1230 人。

1999 年，疏通劳务输出渠道，规范职业介绍工作，对农民劳务输出实行网络管理。深入用工单位进行用工登记，广泛搜集劳动力需求信息，开展用工调查。利用电视、广播等媒体以及市场广告信息窗口向社会发布劳务信息。做好劳务输出的服务管理与跟踪管理工作。严格把好“三证”关，即：未婚证、流动人口计划证和身份证，向用工单位推荐合格的高素质劳动者。在跟踪管理上，建立健全务工台账，与用工单位密切联系，及时了解用工单位与劳动者的困难，发现矛盾，立即帮助解决。全年向各用工单位输送农村劳动力

1874 人。

2000 年，鼎城区劳动和社会保障局在巩固中山、珠海等劳动输出老基地的基础上，进一步开拓东莞劳动力新市场，如东莞精诚科技电子厂，是一家投资 150 亿元的特大型合资企业，生活食宿条件在沿海均属一流，大量的劳动力需求为鼎城区劳务输出提供了有利条件。全年输出农村劳动力 978 人就业。

2001 年，输出农村劳动力 1650 人。

2002 年，输出农村劳动力 2890 人。

2003 年，输出农村劳动力 9300 人。

2004 年，输出农村劳动力 8630 人。

2005 年，区劳动和社会保障局加大劳务输出力度，为农民发家致富创造了条件，如丁家港乡牌楼村小高楼民房星罗棋布，使农民过上了好日子。全年输出农村劳动力 9780 人。

2006 年，输出农村劳动力 9780 人。

2007 年，劳务输出在务工人员中培养出了一批人才，如石门桥茶叶岗村的王小芳，在珠海裕元鞋厂当上了二层骨干，后来升为副经理，最后自当老板家产过亿元。全年输出农村劳动力 11892 人。

2008 年，由于沿海工厂出现经济不景气现象，有组织的成批输出少了，全年输出农村劳动力仅 912 人（自己联系外出务工的除外）。

2009 年，实现农村劳动力转移就业 3960 人。其中在本地企业转移就业 2630 人。

2010 年，由于鼎城区经济快速发展，区内企业一片新兴向荣景象，对劳动力的需求量大增，向外地有组织的劳务输出基本停止，除少数自行外出就业的外，绝大部分农村劳动都在本地转移就业。全年新增农村劳动力转移就业 12015 人，完成了年度计划。

2011 年，新增农村劳动力转移就业 9666 人，占全年任务的 102%，帮助 2185 名返乡农民实现了就近就业。

2012 年，新增农村劳动力转移就业 6100 人。

2013 年，新增农村劳动力转移就业 16290 人，完成目标任务的 102%。

2014 年，输出农村劳动力 13025 人。

2015 年，输出农村劳动力 13148 人。

2016 年，新增农村劳动力转移就业任务 4850 人，实际完成 4900 人，其中贫困劳动力 1125 人。

2017 年，完成新增农村劳动力转移就业 4858 人，其中建档立卡贫困劳动力 1328 人。是年底止，鼎城区农村劳动力转移就业人数保持在 13 万人左右。为全区农村年创收 20 多亿元。

2018 年，完成新增农村劳动力转移就业 4903 人，其中建档立卡贫困劳动力转移就业 855 人。建立就业扶贫车间 2 个，农村劳务经济人覆盖率 100%。

第三章 劳动力调配与管理

第一节 劳动力调配

一、普通职工调配

1953年，开始实施国民经济和社会发展第一个五年计划开始，国家对社会劳动力实行高度集中统一管理，以行政手段对全社会劳动力进行统一调配，尽量减少人力资源的浪费。同时，为了解决职工生活（如夫妻长期两地分居）和某些特殊需要，常德县对职工调配工作，制定了一系列政策。

1955年，针对县内企业、事业单位人员过多，机构庞大，特别是非生产人员比例过大，普遍存在人浮于事的现象，县人民委员会规定：老企业、老单位增产增事不增人，新企业、新单位用人从老企业抽调的原则，按系统进行调配平衡，严格控制从外地调入职工。

1972年，执行省政府关于职工调动新规定，跨县、跨地区、跨省调动一律经地区劳动部门批准；经双方同意对调的职工，由县（市）或地区劳动部门批准；集体所有制单位的职工，一般不得调往全民所有制单位。

1978年，常德县劳动局对职工调配执行以下规定：职工调动必须经过劳动部门审批并办理调动手续；夫妻分居两地的双职工和一方为职工、一方为城镇居民的，本着大城市就中、小城市，内地就边疆，一、二线就三线地区的原则，逐步把他们调到或迁移到一起；双职工同在一地工作的一般不调动，如有特殊原因需要调动，集体所有制单位职工不得调入全民所有制单位，机关团体及事业单位无编制不得调入职工；因父母年老多病，身边无一人照顾的，可照顾调一名子女到父母就近单位工作；学徒工不得调动；临时工（包括合同工）、亦工亦农人员不得调动；调动工作原则上不改变工种。是年，常德县调入职工66人（其中省外调入26人，省内县外调入40人）；调出职工123人（其中调出省外16人，调出省内县外107人）；县内调动297人。全年调出大于调入67人。

1979年，常德县劳动局安排8名军队转业干部爱人（工人身份）的工作。是年，全县调入职工205人（其中省外调入32人，省内县外调入173人）；调出职工304人，其中调出省外20人，调出省内县外284人，县内调动29人。全年调出大于调入95人。

1980年，县劳动局在职工调配工作中，重视夫妻长期两地分居，造成家庭困难，增加双方思想负担，影响工作的，帮助他们尽量解决。是年，共调动职工408人，其中调入139人（省外26人，省内113人）；调出170人（省外17人，省内153人）；县内调动99人。

1981年，根据国家劳动总局〔1980〕劳总计字119号关于西藏汉族工人内调的通知，常德地区劳动局分配给常德县劳动局内调任务4人，其中调入常德县蒿子港轧花厂1人、常德县汽车修配厂2人，常德县氮肥厂1人。是年，全县共调动职工826人。其中调入300人（省外124人，省内176人）；调出311人（省外65人，省内246人）；县内调动215人。调入少于调出11人。

1982年，县劳动局在县内调整调动职工507人。解决了277名夫妻长期分居的问题。全年共调动职工784人。其中调入131人（省外58人、省内73人）；调出146人（省外60人、省内86人）；县内调动507人。

1983年，县劳动局根据调整、改革的方针，结合全县实际，县内调整586名工人到急需的工作岗位，其中解决了234名夫妻长期分居的问题。全年调动职工830人，其中调入119人（省外30人、省内89人）；调出125人（省外10人、省内115人）；县内调动586人。

1984年，县劳动人事局办理县内跨系统调动13人，跨县、跨省调动325人，其中解决夫妻长期分居和军转干部随调家属48人；照顾父母年老多病，家庭确有困难的11人。全县共办理职工调动338人。

1985年，配合企业主管部门整顿企业、调整产业结构和产品结构，进行劳动力余缺调剂。全县办理职工调动754人，其中调入117人（省外34人，省内83人）；调出162人（省外77人，省内85人）；县内调动475人。

1986年，加强职工调配计划管理，对全县各条战线从基层单位调入武陵镇或常德市区的职工从严把关。全年办理职工调动818人，其中调入95人（省外36人、省内59人）；调出118人（省外40人、省内78人）；县内调动605人。

1987年，县劳动人事局围绕“三大制度”改革，帮助企业搞活固定工制度，并尽力做到在政策许可的范围内，对夫妻分居两地、家庭确有困难的，给予照顾调动。全年办理职工调动625人，其中全民职工197人，集体职工270人，合同制职工110人，农林工48人。

1988年，鼎城区劳动人事局搞活全县技术工人的交流与引进，为企业和用人单位提供急需的各类技术人才，促进技术工人的合理流动，制定《常德县技术工人交流暂行办法》。对城乡技工余缺情况进行调查登记，建档立卡，提供信息。对企业富余技工，用非所学，用非所长，在单位不能发挥作用的技工，退休、退职后还能正常工作的职工，以及社会闲散和能工巧匠等人员牵线搭桥，向用人单位进行推荐。为企业之间进行技术工人的余缺调剂。开展技术协作和技术咨询服务。办理由全民单位调入集体单位（含乡镇区街企业）、县以上集体单位调入县以下单位的技术工人保留全民职工身份的签证手续。凡需要用人的单位和专业用户，事先向技术工人交流服务处提出申请和填写需求登记表。符合流动条件要求流动的在职职工，经单位同意，持单位介绍信或有关证明，到服务处进行登记。非在职人员凭当地有关介绍信或证件到服务处进行登记填表。服务处根据双方的条件进行牵线搭桥，经接受单位考核同意后，由服务处办理手续，并由双方签订协议或合同书。交流原则是由城市向乡镇、人员富余单位向急需单位、技术密集单位向技术薄弱单位、全民单位向集体单位合理流动。反对和限制高薪诱挖，对未经批准擅自诱挖的要追究责任。在职职工需所在单位同意，才能进入技术工人交流服务处进行合理交流。对符合流动的技术人员，所在单位不得无故阻挠。交流按照专业对口、学用一致的原则，有组织有计划地在地区、部门、单位之间进行正式调动。借调，由借调双方签订借调合同，按合同办事，合同期满仍回原单位。技术工人在不影响本职工作的前提下，征得本单位同意，可在其他单位兼职工作。对口支援，可组织技术工人力量强的单位，对技术力量薄弱的单位对口支援进行技术承包。技术力量强的单位，应技术力量薄弱的单位请求，可以采取派出或引进的办法，为其培训技术工人。对无法调剂解决的特种技工，可以从社会和退、离休职工中聘用。是年，办理职工调动 776 人，其中技术工人流动 382 人。

1989 年，鼎城区劳动人事局着力推动劳动制度改革，进行企业整顿，搞好劳动力的余缺调剂。办理职工调动 531 人，其中合同制工人转移 145 人。

1990 年，加强劳动合同制用工的宣传和管理，全年办理的 444 名职工调动中，就有合同制工人转移 119 人。

1991 年，区劳动局合理配备技术人才，为经济建设服务，搞好余缺调剂。为了满足企业生产的需要，调配技术工人和业务人员 4 名。如轻工机械厂厂长对生产技术不熟悉，不懂管理，该厂一直处于亏损状态，职工的工资也发不出。区劳动局帮助从长沙调入一名技术员，不久成为厂长，较快扭转了该厂亏损局面。有的企业富余人员无法在企业内部消化，又有一些企业生产任务饱和，劳动力欠缺。区劳动局牵线搭桥，开展余缺调剂 28 人。如将停产企业肉食加工厂的工人调入商业系统其他商店，将酒厂的工人调入急需劳力的锅厂等，既安置了富余职工，又帮助企业解决了劳动不足的问题。是年，共调动职工 1029 人，其中进行余缺调剂 654 人。

1992 年，鼎城区劳动局狠抓劳动制度改革，使企业和劳动者都有相互选择权，使劳动力能够合理流动，得以合理使用，用生产资料实现更合理、更有效的结合。全年办理职工调动394人，其中区内余缺调剂48人。

1993年，随着经济体制改革的深入，计划经济体制逐步向市场经济体制过渡，劳动计划体制和用工制度也进行相应改革。特别是随着企业用工自主权的扩大和劳动合同制的全面实施，国家对劳动力的统一调配工作逐步淡化。劳动部门不再办理企业之间职工流动的审批手续。随着市场经济体制进一步完善，用工制度改革进一步深化，劳动力的配置，逐步由计划调节过渡到市场调节，国家不再通过计划和行政手段调配劳动力，取而代之的是由用人单位与劳动者通过市场双向选择，实现劳动力的合理流动和优化配置。

二、顶指标抽调

1979年2月，湖南省劳动局关于工人调动问题的试行规定：国营农、林、牧、渔场（不包括省劳改局所属农场）和生产建设兵团的工人（不包括原从其他全民所有制单位调出的职工），可以对口调动。但为了加强农业，稳定国营农、林、牧、渔场的职工队伍，不得随意抽调这些单位的职工到其他全民所有制单位。如有特殊情况，必须抽调时，全民单位要有增人指标，即全民固定职工指标，这就是顶指标抽调。调到县以上集体单位的，应从严控制，除要有增人指标外，还需本人自愿写出不再保留全民所有制身份的书面申请和保证。被抽调的工人，必须在场工作满3年以上才能抽调。审批手续由地、（市）以上劳动部门审批。由于顶指标抽调控制较严，1978—1992年，常德县劳动局仅办理顶指标抽调54名。

三、劳动合同制工人转移

1986年7月，国务院发布《国营企业实行劳动合同制暂行规定》和实施细则。省、市劳动局也相继出台有关合同制工人的转移规定。1987年，县劳动人事局制定劳动合同制工人转移办法。办法规定，合同制工人在劳动合同有效期限内，一般不转移工作单位，但具备下列条件之一的劳动合同制工人，经双方市（地）、县劳动行政主管部门协商同意后，允许跨地区转移工作单位：因生产（工作）或新建、扩建项目需要，需由组织调配的技术骨干；随军、随干调动的配偶；解决夫妻长期分居；父母年老体弱，身边无子女需要本人照顾的；本人或家庭有其他特殊困难的。劳动合同制工人跨地区转移工作单位，由转出地的市（地）、县与转入地的市（地）、县劳动行政主管部门协商同意，劳动合同制工人与原单位解除劳动合同，与转入单位签订劳动合同，《劳动手册》由劳动合同制工人转交给转入单位。公安、粮食部门和社会劳动保险机构，凭转入地的劳动行政主管部门的《劳动合同制工人转移工作单位通知书》，准予办理户口、粮油供应关系和退休养老基金转移手续。劳动合同制工人跨地区转移工作单位，不划拨劳动指标和工资基金；劳动合同制工人跨地区与固定工对换（调）工作单位，固定工人按工人调动办法办理，合同制工人按通知规定办理；劳动合同制工人在国营农林牧渔场之间、县以上集体所有制单位之间跨地区转移工作单位，可参照办理。到1999年，鼎城区劳动和社会保障局办理劳动合同制转移1913人。

鼎城区职工调动统计表
（1978—1992年）

表3-3-1　　单位：人

年份	调入		合计	调出		合计	县内调动	合计	其中			
	省外	省内		省外	省内				全民	集体	合同制	农林场
1978	26	40	66	16	107	123	297	486	315	171	—	—
1979	32	173	205	20	284	304	29	538	401	134	—	3
1980	26	113	139	17	153	170	99	408	210	198	—	—
1981	124	176	300	65	246	311	215	826	522	279	—	25
1982	58	73	131	60	86	146	507	784	418	364	—	2
1983	30	89	119	10	115	125	586	830	492	320	—	18
1984	25	61	86	11	248	239	13	338	116	222	—	—
1985	34	83	117	77	85	162	475	754	312	431	—	11
1986	36	59	95	40	78	118	605	818	460	358	—	—
1987	13	105	118	68	127	195	312	625	197	270	110	48
1988	86	105	191	89	92	181	404	776	335	276	165	—
1989	32	51	73	47	51	98	360	531	170	216	145	—
1990	41	45	86	50	47	97	360	444	118	207	119	—
1991	10	81	91	28	256	284	271	1029	516	141	141	—
1992	5	113	118	9	219	228	654	394	181	117	96	—

第二节 劳动力管理

一、整顿劳动组织

民国时期，县内企业主按本企业规模因事设人。管理和技术性强的工种，强调人员素质。吉春堂、聂振茂等药号用人，有严格的管理制度。

新中国建立后，县内全民所有制单位和县属集体所有制单位，均纳入劳动计划管理。第一个五年计划（1953—1957年）期间，按企业、事业人员增长，推行劳动定额管理，实行定员定额组织生产。1958—1960年，企业可根据生产需要自行雇请临时工。1959年，全县从个体、私营企业人员中转为全民职工2927人，并有部分农村劳动力涌入厂矿企业，劳动计划管理失控。1961年，严格执行国家劳动计划，精减职工10163人。1962年，企业整顿劳动组织，岗位有定员、劳动有定额，管理走上正轨。但4年后的“文化大革命”中，定员定额被视为“管、卡、压”，遭到批判，企业陷于无政府状态，用人无定员，劳动无定额，岗位无考核。

1982年，中共中央、国务院《关于国营企业进行全面整顿的决定》，把整顿企业劳动组织，按“定员定额”组织生产，作为企业全面整顿的五项重点工作之一。县劳动局严格执行国家主管部门和省厅（局）的“定员定额”标准组织生产，做到各岗位、各工种劳动分工合理、职责明确、负荷饱满。全县各企业出勤率、工时利用率、劳动生产率明显提高。

1983年，县劳动局常劳字〔1983〕30号文件规定，“整顿劳动组织，是提高企业素质、经济效益和劳动生产率的重要基础工作，是一项具有战略意义的任务，是企业全面整顿不可缺少的重要内容之一。县属各企业要严格按照规定搞好机构设置，定员定额，各类人员合理结构；在企业主管部门未提出正式标准前，各企业不能等待，要按照平均先进的原则积极进行工作；定员定额以外的混岗人员和计划外用工，必须坚决清理清退；富余的固定职工要撤离岗位，并作妥善安排；要建立健全各种必要的规章制度，以巩固成果。全县各全民企业和部分集体企业都开展了整顿劳动组织工作，极大地促进了常德县的工业生产。”

1984年，县劳动人事局深入到氮肥厂，帮助整顿劳动组织、实行定员定额生产：（1）按照精简、合理、高效的原则，在劳动力分配上，充实生产第一线、保证生产第二线、精简第三线非生产人员。精简后，该厂非生产人员减少到150人，占全厂总人数的16.3%，低于部颁标准的17%，比定员前减少48人，下降24%。（2）严格按照化工部的劳动规范全面编制定员，全厂总定员为919人，比定员前1030人减少了111人，下降

10.8%，其中一线生产工人587人，占63.9%，比定员前减少26人，下降4.2%；二线生产工人182人，占19.8%，比定员前减少37人，下降16.9%；非生产人员150人，占16.3%，比定员前减少48人，下降24%。这次定员明显充实了生产第一线和第二线，削减了第三线的非生产人员，使企业用工更加趋于合理有效。（3）扩大定额面，强化定额管理。根据实际生产、工作情况，只要能进行定额的工种，都进行定额管理，全厂919人中有732人建立了劳动定额，并按定额、定量来考核每一个人的劳动成果。该厂实行的定额面达79.6%，其中一线、二线的定额面达95%。在实行定额考核的732人中有509人是按部颁标准执行的，占69.5%；有223人是参照部颁标准、并结合本厂历史先进水平执行的，占30.5%。其余无法实行定额的187人，都建立了岗位责任制，将每个人的职责、任务都进行打分、量化，最后考核计发劳动报酬。（4）通过整顿劳动组织和定员定额管理，工人的积极性提高了，工时利用率和劳动生产率提高了，而产品单位成本却降低了，氮肥厂当年实现了扭亏增盈。（5）在“双定”工作中，清退计划外用工88人，成立了独立核算、自负盈亏的后勤服务公司，安置富余人员23人。妥善解决和“消化”了“双定”工作中精减下来的人员，做到了人尽其责、各尽所能，没有产生社会负面影响。此后，整顿劳动组织、定员定额工作在全县逐步推广。1986年，全县实行劳动整顿的企业达到67.2%。

1987年，县劳动人事局总结县昌明锅厂、氮肥厂、机械厂和水泥厂搞活固定工的民主选举、优化组合，不断改善劳动力结构和劳动组织的经验，更进一步激发了职工主人翁责任感，充分发挥了他们的聪明才智，增强了企业的活力和竞争力，促进了生产的发展。

1988—1989年，区劳动人事局采取不同形式，以搞活固定工为重点，先后在56家企业推行优化组合，占全区企业总数93.3%，职工人数6162人，占职工总数97.8%，超过了上级业务主管部门提出的要求。在实行优化劳动组合的过程中，23家企业共精简行政科室75个，精减行管人员充实第一线235人。增加了企业的活力，在国家压缩经济过热的政策下，仍然取得了好的经济效益。同时，对优化组合过程中的228名富余人员，都通过多种渠道在企业内部进行消化，减轻了对社会就业安置的压力。至此，企业整顿劳动组织、优化劳动组合、定员定额工作已告一段落，但以搞活固定工为重点的，企业各项制度改革工作继续深入开展。

1989年以后，这一工作由企业主自行操作办理。

二、清理计划外用工

1958年，常德县开始使用农村临时工1239人。1962年调整后，临时工减至510人。

1978年，常德县全民单位（不含在县境内的中央、省、市单位）共使用农村临时工

1007名，超过上级下达计划的1.6倍。从单位分，党政机关有177名，占17.6%；全民事业单位有509名，占50.5%；全民企业单位有321名，占31.9%。从工作时间分，10年以上的有385人，占38.2%；工作5年以上的有348人，占34.6%；5年以下的有274人，占27.2%。从工作岗位来分，一般技术性工作的有101名，占10.0%；普工有255人，占25.3%；从事艰苦岗位（赃、苦、累、高温等行业）工作的有651人，占64.7%。农村临时工，为增加社会财富做出了一定的贡献，但给劳动工作的治理整顿带来了很多弊端。最突出的问题是挤占了工作岗位，加剧了城镇待业青年就业的矛盾，不利于社会稳定。同时，由于农村临时工的使用没有计划，工资发放没有列支渠道，一般都采用坐支、套取和开具劳务发票列支，使消费基金增长无法体现，从而冲击了消费市场，搞乱了计划管理，不利于治理整顿。常德县劳动局从稳定经济、稳定社会的大局出发，制订一整套清退计划外用工的措施。主要包括督促各部门各用人单位加强领导，带头清理；制定制度，强化劳动部门的管理职能，促使企业加大清理力度；与有关部门密切配合，齐抓共管，保证清理工作落到实处。全区清退计划用工873人（其中全民单位621人，集体单位252人）。

1979年，国务院108号《关于清理压缩计划外用的办法》下达后，县委组织劳动、公安、粮食和用工单位主管局参加的调查组，到使用农村劳动力最多的20多个单位进行调查，并由主管工业的县委常委带领一个组搞试点。在调查和试点取得经验的基础上，召开全县清退工作会议，作出部署。开始有的存在“三难三怕”思想（“三难”即农民进厂时间长的人数多，清退工作难搞；农民工与干部、职工沾亲带故的多，清退他们关系难处理；农民工实际问题多，清退中难以解决。“三怕”即怕待业青年进厂后不好管理；怕生产、工作受影响；怕企业背上“包袱”）。还有的甚至认为，农民工没有功劳有苦劳，没有苦劳有疲劳，清退他们安排待业青年是偏心眼，情理上讲不过去。针对这些思想，县委组织大家反复学习有关文件，县委常委还深入到基层单位做干部的思想工作，反复讲清退农村劳力，与加强农业第一线、发展农业生产的关系；讲清退农村劳力安置待业青年，与搞好国民经济调整和发展安定团结政治局面的辩证关系。从而端正了思想，统一了认识，解除了顾虑。到年底，全县共清退农村劳动力1284人，占应清退人数的52%。

1980年，常德县各企业使用农村劳动力1168人。清退工作比1979年难度更大。主要是留下来的应清退对象，能吃苦耐劳，工作积极肯干服从安排，有的已成生产技术骨干，企业不愿清退；还有的计划外用工有关系，有靠山，企业不敢清退。对此，县劳动局会同主管部门深入企业宣传国家政策，作深入细致的工作。是年，清退农村劳动力885人，占应清退人数的75.8%，腾出工作岗位安排城镇待业青年900人。同时，县直农林场的用工计划由劳动部门管理后，县劳动局会同农业局和林业局组成调查组，对全县16个农林牧渔场使用的农村劳动力 2889 人逐个摸底，澄清了私招乱雇农村劳动力情况，并采取严格的控制措施，稳定农林渔场的用工计划，为城镇待业人员创造了就业条件。

1981 年，县劳动局加大清退农村劳动力工作的力度，对企业劳动力进行余缺调剂，基本上做到了综合平衡。县劳动局牵头，配合农林两局组织调查组，对全县 12 个农林牧渔场中的 6 个单位进行调查，完全控制住了从农村私招乱顾的现象。对 1980 年留下缓退的部分农村劳动力，继续做清退工作，从工交、财贸战线清退了 800 多人。以群众揭发县搬运公司采取弄虚作假多报退休人员招收不符合政策的 24 名农村劳动力进搬运公司为线索，县劳动局会同有关单位在全县清退了弄虚作假人员 46 名。

1982 年，县劳动局、财政局、税务局、等单位联合印发常劳字〔1982〕023 号《关于清理压缩计划外用工有关问题的联合通知》，指出常德县计划外用工，私招乱雇农村劳动力的问题仍很严重。有的单位不是因为生产和工作的需要，从农村乱拉劳动力，也有的乘机将自己家住农村的家属、子女、亲友弄进单位，造成人浮于事。不仅浪费了农村劳动力，有碍农业生产的发展，而且降低了工商企业的劳动生产率，减少国家财政收入，不利于企业的经营管理，还严重影响城镇待业人员的安置。

《联合通知》规定：凡全民所有制单位和县以上集体所有制单位（包括二轻各厂供销系统商店、饮食服务、农贸部、信用社、交管站、卫生院等），在国家劳动计划以外，通过各种形式使用的劳动力，不论其工资来源和支付形式（以临时工、合同工、协议工、季节工、零散工等支付工资的人员），都要认真进行清理，分期分批有计划的压缩、辞退，并要求在年内取得显著成效。各单位需雇请农村劳动力时，应事先申报用人计划。待劳动局核定后，将“工资基金”送银行监督执行。各基层单位，由各主管局汇总报劳动局审批后，再由银行分别转所属营业所、信用社监督执行。各单位按核定的劳动计划，填写“工资基金使用计划审批表”，向开户银行提取现金支付工资，任何单位不得挪用销售款和业务收入的现金垫付工资。未经劳动局审批劳动计划，不准擅自雇请劳动力。单位财务人员应坚持财经制度，不准巧立名目、不准化整为零、不准坐支现金，违者，追究领导和经办人的责任。各单位雇工一律要按劳动局核定用工计划和用工对象执行，任何人不得超过计划和指定范围，一经发觉，银行拒付工资和采取必要的经济制裁措施。财政、税务部门也要加强监督，税务部门要依照规定征收工商所得税，劳动部门可以停发他们的奖金或采取其他经济制裁的办法。是年，清退农村劳动力 800 人，占应清退人数的 60%，安排了 492 名待业青年就业。

1983 年，县劳动局多次向县政府领导汇报，引起领导进一步重视，并派人同主管部门一道，到工厂，到基层财贸单位和其他企事业单位进行调查。当年清退农村劳动力 312

人，招录105名待业青年参加工作。

1984年，县劳动人事局把清退工作列入议事日程，作为端正党风的大事来抓，采取有效措施，清理压缩计划外用工，严格控制农民进城做工，取得了一定的成绩。

1985年，为了全面完成城镇待业青年的安置任务，县劳动人事局会同各主管部门深入企业做工作，清退计划外用工415人。

1986年，县劳动人事局在清退农村临时工工作中，采取抓重点，因地制宜、稳步推开的原则，不搞“一棍赶、一刀切”，必须定出清退重点；先党政机关，后企业单位；先清退近年进单位的，再退工作年限较长的；先清行管岗位人员，后退一般性工作临时工。按照这个原则，保证了清退重点，促进了清退工作的开展。全年清退计划外用工316人。

1987年，县劳动人事局在帮助企业整顿优化劳动组织的基础上，清退计划外用工616人。

1988年，鼎城区劳动人事局针对清退计划外用工的难度，制定清退实施细则，增强政策的透明度。先后两次对全区106个单位的4098名计划外用工进行摸底和审查。从7月份开始，在机械厂、五交化公司、中医院、煤炭公司等单位进行试点，按照讲政策不讲背景，讲原则不讲关系，讲条件不讲照顾的原则，开展积极稳妥和清退工作。全年清退农村劳动力764人。

1989年，鼎城区政府把清退农村临时工和安置待业青年作为缓解全区就业压力，稳定社会大局的重要工作来抓。成立了清退与安置工作领导小组，并由政府发文下达清退与安置计划。区劳动局与编委配合，抽调25人，组成5个小组，用一个月时间深入全区各机关、企事业单位，对1972年1月1日以后雇请的农村临时工进行彻底清查，全区共雇请农村临时工426人。由于受多种因素的影响，清退工作存在“四难三看”（“四难”即领导的亲属清退难、有业务关系的清退难、企业技术骨干清退难、直线管理的单位清退难；“三看”即看上级领导的决心大不大、看单位的领导动不动、看其他单位退不退）的现象，互相等待观望，使清退工作受阻。为了确保清退与安置工作顺制进行，各企业不论任何原因，一律全部清退农村临时工，并按计划外用工总数的80%安置城镇待业青年，允许优先安置本单位的待业子女，剩余的再安置社会待业青年。是年，共清退计划外用工587人。

1990年，区委书记胡前松对清退工作做出批示，提出了具体要求；区长卜功富、常务副区长窦长清亲自抓。区政府成立了领导小组，区政府和领导小组三次召开会议，听取汇报和研究具体工作、两次专题发文督促“清退”与“安置”计划的落实；清退工作涉及全区所有行政机关、企事业单位，各战线各部门、各单位大力支持和协助。领导机关带头清退，促进了全区工作的开展；以劳动局为主抽调25人，组成了5个小组，划块分片包干，逐个单位清查。全区共雇请计划外用工4264人，其中企业单位雇请2896人，清退2100

人，占72.5%，超额完成了上级下达两年清退908人的任务。同时顶岗安置了350人。

1991年，区劳动局采取控制农村临时工使用量的办法，加强社会劳动力的统筹管理。全区全民企业使用临时工297人，占市局下达计划306人的97%，其中农村临时工只有68人，保证了计划与实际用人相符。

1992年，区劳动局为了加速企业“三项制度”改革进程，为企业转换经营机制创造宽松条件。根据《中华人民共和国企业法》和《全民所有制工业企业转换经营机制条例》，认真落实企业用工自主权。年初，区劳动局成立了职业介绍所，与沿海发达地区联系劳务输出，为农村富余人员找出路。此后，清退计划外用工的工作弱化。

三、外出务工人员管理

1992年，沿海地区工业迅速发展，鼎城区农村富余劳动力外出沿海务工的，逐年增多。至1993年年底，全区农村劳动力外出务工累计达3.5万多人。

1994年，区人民政府为了加强对劳动力市场的管理，制止非法劳务中介、交易活动，促进劳动力合理地、有序地流动。根据国家有关规定，结合全区实际情况，对劳务输出工作提出要求：加强对外出务工人员的职业技术培训；维护用工单位和劳务人员双方的合法权益；严格考察用工单位，用工单位与职业机构必须签订合同，并明确合同期限，工作任务，工作条件、劳动纪律、劳动报酬、劳动保护及家属福利待遇、违反合同应承担的责任等；非法从事中介活动的，按有关法律、法规进行处理，情节严重构成犯罪的，由司法机关追究刑事责任。对在本区范围内进城务工的农民工面临工资偏低、被拖欠现象；劳动时间长、安全条件差；缺乏社会保障，职业病和工伤事故多；技能培训、子女上学、生活居住等方面的问题，确定了“培训、就业、维权”三位一体的农村劳动力转移就业新模式，为今后对外出务工人员的管理工作打下了良好的基础。

第四章 劳动力培训与技能鉴定

第一节 就业后培训

一、企业培训

民国时期，县内一般商号、作坊和个体手工业招收10~20岁的学徒工。学徒期一般为3年，须担保，并立有契约，学徒期不发工资。聂振茂、吉春堂药号各招收学徒10余名，3年期满还需参师1~2年，参师期发给部分工资，工资标准由店主自定。

新中国建立后，常德县的中小型企业，由于零散的退休补员、死亡补员等，每次补员人数很少，加之工种各异，不便于集中培训。于是，各企业仍然采取学结制培训方法，采取一个师傅带一个或几个徒弟，边干边学的方法，满足企业生产的需要。其他手工业为主的商业、手工业作坊、个体工匠，如木工、泥工、理发员、炊事员等，也沿用这种方式传授生产技能。

1978—1985年，随着改革的不断深入，县内大型企业生产不断发展，规模不断扩大，职工人数增多，原有的师徒制培训，已不适应企业生产的需求。因此，企业必须对职工开展系统的岗位培训，其培训方式：（1）企业自办业余培训班。以本企业技术骨干为老师，结合生产实际进行讲课。职工的学习成绩与奖金挂钩。如县氮肥厂业余培训职工415人次、县农业机械厂培训职工320人次、县新源印刷厂培训280人次、县灯泡厂培训395人次、县无线电元件厂培训234人次、县昌明锅厂培训221人次。（2）企业委托培训。县内部分企业选派工人到外地对口单位培训，如县氮肥厂先后派遣运行操作工到长沙氮肥厂培训75人、派仪表工到黔阳氮肥厂培训5人；1985年，县新源印刷厂从日本进口一台四色胶印机后，随即派人到日本学习操作技术。其他企业都有委托培训情况。

二、“双补”培训

对企业职工进行文化、技术培训（简称“双补”培训）。1976年以前，常德县的国营企业招收的城镇待业人员和亦工亦农合同工，由于“文化大革命”的原因，学徒培训受到干扰，学校教育质量差，职工的技术、文化水平普遍偏低，不符合企业生产的要求。

1982年，在企业加强职工技术培训的同时，县劳动局会同县教委、经委、农委、财委等主管部门对企业招收的人员通过各种形式进行数学、语文及地理、物理、化学任选一门，不少于3科的补习教育。组织1967—1980年的初、高中毕业而实际水平达不到初中毕业的职工进行补课。对生产骨干、技术工种、关键岗位工人和党政机关、群众团体、企事业单位干部的补课优先安排。授课师资、培训场所，由各单位自行解决。

1983年9月，县劳动局与县教委对参加补课的320名职工进行第一次初中毕业文化考试，有315人考试合格，不合格的5人继续培训复习，等待补考。此后，每年举行一次考试。

1984年，县劳动局规定：学徒未达到初中毕业文化的要延期转正，文化技术水平优秀的可提前转正。1985年，技术工种和关键岗位的青壮年职工，文化技术补课未取得合格证的，在职工升级时不能升级，并限期补上，到期仍不合格的调离技术工种或关键岗位。考试成绩均存入各人档案，作为以后升级升职的参考。1985年年底，“双补”培训工作结束。

第二节　培训后就业

一、城镇待业人员培训

1986年，县政府批转县劳动人事局《关于实行先培训后就业的请示报告》，贯彻执行城镇待业青年“先培训、后就业”的方针。在缺少资金、设备、场地、教员的情况下，自力更生的修建了一座培训大楼，总建筑面积4000平方米，每年可培训600多名待业青年，加上基层培训网点，能适应先培训、后就业的要求。是年，全县共举办98期、31个专业的就业前培训班，县就业培训中心培训417人，超过上级下达的自培任务的65%，培训待业学员90%以上都得到安置。如：高考落榜的待业青年周丽明、熊一、刘丽群等人，参加培训中心举办的财会培训班刚结业，由于培训成绩较好，很快就被企事业单位录用。县培训中心坚持既抓社会效益又抓经济效益的方针，做到既出人才又出资金，培训中心不仅做到了在资金上自给，还积累了一定资金。在全省就业培训中心建设现场经验交流会上，印发了常德县抓培训中心建设的经验材料。

1987年，拓宽就业培训渠道，加快就业培训速度，把就业培训当作维护安定团结政治局面和保障待业青年切身利益的大事。就业培训实行厂校结合，对口培训，使培训与就业相一致。除充分发挥培训总校作用外，还在工厂建立了7所、区乡镇建立了4所培训分校，共培训待业青年1018人，超任务35.7%。同时，也提高了培训与就业的专业对口率。

1988年，按照保证数量、提高质量、规范对口的原则，加强培训学校建设。全年共添置1.5万元的教学设施，在3个分校新增200多平方米的教室。开设了48个专业，共15个班，培训待业青年1168名，超计划60%。由于定向对口，培训结业后的安置率达到96%，同比增长15%。

1989年，拓宽培训思路，进一步加大培训力度，为待业青年竞争就业创造条件。全年培训城镇待业青年1229人。

1990年，区劳动局采取自培与联培相结合、理论与实践相结合的办法，共举办电动缝纫、财会、化工、铸造等10个专业15个班次的培训，参训待业青年877名，超任务20%。

1991年，区政府调整区“技术工人考核委员会”成员。调整后的“技术工人考核委员会”由李建新（副区长）、彭合群（财委主任）、张国芳（劳动局局长）、鲍学孝（财政局局长）、田又云（教育局副局长）、苏世华（计委副主任）、王泽华（经委副主任）、丁为泉（水利局局长）、李书国（商业局局长）、曾银桂（工会副主席）、王家新（劳动局副局长）、朱先娥（劳动局就业股长）组成。李建新任主任，彭合群、张国芳任副主任。办公室设在劳动局，朱先娥任办公室主任。是年，区劳动局制定全年培训规划，搞好统筹安排，做到以培训中心为主，坚持常年办班，利用网点优势，因地制宜。全年举办12个专业、13个班次，共培训1039人，其中城镇待业青年855人。

1992年，为了抓好培训中心建设，为就业培训提供良好的场所，在抓好师资队伍建设，保证培训质量的同时，投资4.8万元，添置教学与实习设施。按照省劳动厅〔1992〕166号文件规定，完成了培训中心评估的各项准备工作。10月底，以90.3分的优良成绩通过了市劳动局检查。为适应企业转换经营机制的需要，下发《关于改革就业训练制度，招收定向培训生的通知》。先后10次与用工单位联系，确定商供两家联合实行专业定向培训，采取报名培训前与用工单位签订培训合同和实习合同，聘请师资力量、安排教学内容等措施。第一期定向对口培训班于12月15日正式开学，共招收学员61人。此外，还根据劳务输出的要求，对口培训了劳务输出人员589人，提高了职工队伍和输出人员的业务素质。根据本地生产工作需要，克服就业培训组织“难”的困难，采取了全面规划统筹安排，以中心为主常年办班，发挥网点优势等措施，全年共开办电动缝纫、电光源、家电修理等9个专业17个班次，共培训待业青年874人，超任务10%。结业人数815人，培训半年以上172人，培训中心自培479人。

1993年，加强就业培训中心建设，拓宽就业培训对象，强化各类证件管理。全年共举办各类培训班10期，培训828人，圆满完成了年度任务。其中定向培训337人，占总人数的40%以上；一年制定向培训150人，结业150人。

1994年，鼎城区的培训实现了由“集中授课重理论”向“实践操作重运用”转变。根据农时需求和技能培训现状，适当减少理论讲授时间，扩大实训现场操作等内容。改变过去以集中授课为主的培训方式，实现培训重心向现场操作倾斜，进一步提高技能操作水平，增强了培训的针对性。培训中心分别在全区16个乡镇设点培训，完成培训660人。开展技能扶贫培训，技能就业计划培训，就业率85%以上。

1995年，从以下7个方面加强培训的督导检查和规范管理：（1）健全完善定点培训机构的内部组织和规章制度；（2）培训教师要具有大专以上文化程度，熟悉职业技能培训工作，具备教师上岗资格等；（3）进一步规范理论课时，实训课时；（4）对于A类和B类职业培训人员必须在定点学校基地进行培训；（5）流动培训班到达有关乡镇培训，培训招生人数合理编班，每个班的人数最多不超过60人；（6）就业技能培训每期学员结业后，培训机构要有相对稳定的就业渠道，有一定的职业介绍能力，做到精心组织，认真搞好就业安置与跟踪服务工作；（7）对每期培训班进行督导检查，考试验收，使培训管理逐步走向科学化、制度化、规范化。全年举办各种培训班6期，共培训1034人，占年任务的126%，结业988人，定向培训2期76人。

就业处举办SIYB培训

1996年，实施全民创业培训。为了全面启动SIYB全民创业培训，针对全区创业培训工作开展不平衡的现实，调整创业培训方案，先后在石门桥镇、草坪镇、斗姆湖镇、蒿子港镇等乡镇开班9期全民创业培训班，受到广大群众的欢迎。全区共办培训班15期，其中培训中心自办4期120人，委培1期30人，联培1期30人，共培训650人，占全年计划的98%，结业人数650人。

1997年，针对待业青年就业难的情况，加强就业培训。举办电脑培训班、上岗前法制培训班，正式启用特种作业培训基地，为城镇待业人员创造就业条件，全年培训379人。

1998年，开展综合性职业培训，促进职业培训与劳动就业紧密配合，与各类职业名校、培训机构、职业介绍机构联合起来拓宽培训思路，发挥培训在就业工作中的最大作用，全年共培训510人。

1999 年，抓好定点培训机构认定或培训机构协议的续签；抓好培训任务的落实；抓好组织培训实施，选择就业市场需求量大、培训见效快、适应本地经济发展和符合产业结构调整要求等项目，设置培训课程；抓好订单式培训结构调整；抓好培训经费补贴与培训质量和就业效果挂钩的机制。全年共培训待业人员 630 人。

2000 年，区劳动和社会保障局推行“劳动预备制度”，采取多种形式进行就业前训练，以市场需求为导向，根据用工单位需要，开设培训专业。区就业培训中心全年自培办班，开设电工、电焊、电脑、家电维修 4 个专业，共培训学员 420 人，从培训合格学员中输送到深圳、东莞等地务工学员 240 名，培训后就业率为 50%以上。为严把培训质量关，制定严密的教学计划，聘请有专业知识和丰富教学经验的教师授课。每次培训后均进行初、中级技术等级考核，合格率 90%以上。加强社会培训办班管理，禁止乱办学、乱办班现象发生，全区就业培训工作朝着健康方向发展。

2001 年，根据国家和省、市文件精神、从 2001 年起在全区城镇实行劳动预备制培训。实施劳动预备制制度的主要对象：凡有劳动能力和就业愿望的城镇未能继续升学的初、高中毕业生以及农村未能继续升学并准备从事非农产业工作或进城务工的初、高中毕业生(以下简称劳动预备制人员)。城镇失业人员、国有企业下岗职工、也可参加劳动预备制培训。全年各项培训工作进展顺利，共培训各类技术人员 658 人，其中预备制培训 135 人。

2002 年，区劳动和社会保障局组织开展形式多样的宣传活动，宣传各类培训的相关政策，做好各项培训工作，搞好培训机构与企业、职业介绍机构的密切合作，大力开展订单培训、定向培训，提高培训后的就业率。定点培训机构根据经济发展和劳动力市场需求，调整和优化专业结构，开设符合就业需求的培训专业，与劳动保障站密切联系，搞好招生；强化对培训者运用技术能力和技术分析能力的培训；推行“培训、就业、维权”三位一体工作模式，树立培训促进就业、就业引导培训、维权稳定就业的宗旨，大力开展诚信服务。全年共培训 763 人。

2003 年，深化培训教学改革：学校在专业设置上牢牢把握两个“度”，一是专业与市场的关联度；二是社会对学校的认可度。对企业急需、社会普遍认可的专业大胆启用重点扶持。对一些滞后的专业果断予以调整，甚至淘汰，使职业技能走上综合培养的新台阶，让学生毕业后更能适应企业的用人需求。全年培训各类技术人员 1050 名。

2004 年，为了更多的培养学生的动手能力，在文化课的教学中，坚持以“够用”为原则，尽量少而精；在专业理论课的教学中，坚持以“适用”为原则，力求适应就业岗位的用人要求；在实训操作课教学中，坚持以“实用”为原则，使学生真正掌握真才实学。全年共培训 1800 人。

2005年，按照区委、区政府的要求，培训工作更好地为地方经济建设服务，重点放在“机械加工”培训上，将劳动就业培训中心、常德中南职业技术学校与常德现代工业职业技术学校指定为创品牌培训基地。通过摸索与实践，培训规模由小到大，培训质量不断提高。是年，落实培训任务1900人，采取品牌专业与企业接轨的人才培养模式，建立稳定可靠的订单式培训和安全保障的跟踪服务机制，先后为沿海城市及鼎城工业园、桥南工业园等，安置专业技能人才1938人。

2006年，区劳动和社会保障局开展“用工市场需求调查”“人力资源调查”“扶贫生源调查”“培训机构能力调查”等4项基础调查，全面了解全区各项培训和就业的有关情况。按照市场化运作的要求，选择场地设备、师资力量等各项条件较好又具有相应资格的培训机构作为定点培训基地，抓好定点培训机构协议的续签工作。根据市场用工需求，特色产业发展需要，采取教室教学与实训操作、集中授课和送教上门等多渠道、多层次、多形式地开展各项培训，使学员增强了培训的实用性和实效性。如常德现代职业技术学校与企业合作创造了企业提供设备设施，学校组织培训，劳动部门把关考核发证，培训后定向就业转移等新模式。全年共培训2385人。

2007年，落实培训任务，采取自培和委培等方式并与劳务输出相结合，妥善安置培训学员。采取到基层摸底调查等形式，先后在桥南工业园、灌溪工业园以及部分民营企业定向培训专业人才380人。全年共完成各类培训10789人，其中：劳动预备制培训1228人。

2008年，建立严格的培训质量保障机制。主要措施是规范教学，要求企业职工提升培训时间不少于1个月或150课时；为严格把好培训质量关，在开班的前、中、后期分别设立预审、抽查和考试三个环节。开班前，培训机构把培训计划、培训课时、授课内容、教材、师资、学员名单等情况报劳动部门审批备案；培训中，采取抽查的形式对培训机构的办班情况进行检查，了解学员的到课率、授课情况及学员对培训班的意见和建议；培训结束时，通过考试合格发给相应工种的国家职业资格证书或结业证书。全年完成各项培训10939人，其中：劳动预备制培训502人、扶贫培训1000人、创业培训230人、企业职工培训4300人，均完成或超额完成了计划任务。

2009年，按照湘政办发〔2009〕34号和常劳工字〔2009〕23号文件精神，将培训工作计划督导落实到位，将各项培训任务指标落实到各乡镇或各定点培训机构，确保各项培训工作计划完成。全年共完成各项培训12463人，其中扶贫培训1100人、全民创业培训310人、城镇劳动预备制培训4300人、高技能人才培训143人，各项培训均完成了原定任务。

2010年，完成各项培训任务9830人，其中创业培训630人，占全年全民创业培训550人的114%，城镇劳动预备制培训300人，占年任务的100%，企业职工培训2650人，占年任务的100%，高技能人才培训选送114人，占高技能人才培训计划75人的152%。

2010年第二期创业培训

2011年，区人力资源和社会保障局完善培训定点机构，规范和提高培训机构的培训水平，促进培训转移就业。年初，制定《鼎城区技能定点培训学校规范管理实施细则》，对全区认定的9家就业培训定点机构进行考核，对不符合要求的培训学校进行警告、批评，给予3个月的整改时间。对新申报的培训学校进行考察筛选，补充认定5家机构为全区就业培训定点机构。全区共有培训定点机构14家，就业培训专业增加到9个。完善培训补贴与培训绩效挂钩机制，为发挥职业培训补贴促进就业的作用，将职业培训补贴作为优化专业结构，提升品牌效应的手段。要求培训机构发挥自身优势，开发上岗率高、适应市场需求的培训项目，主动找企业，联合开展订单培训和校企联合培训。全年开展订单培训和校企联合培训960人，并与企业签订了劳动合同。同时，鼓励、推动各就业培训定点机构开展技术含量高、就业效果好的专业，严格执行省政府办公厅湘政办发〔2009〕34号文件中技能培训补贴的实施办法。在每个培训班办班期间，进行不定期抽查，对于缺课率较高、学员反应不好的坚决不予申请补贴。全年共督导和抽查技能培训班58次，创业培训班15次，取消了38名学员申请培训补贴的资格。利用电话核实的方式对报送培训花名册等材料的真实性进行逐一调查、核对，存在弄虚作假现象的坚决不予申请补贴。搞好档案管理，随时抽查，发现问题及时指导，将档案管理作为年度考核的重要项目，对于档案管理不规范，材料不全的机构给予通报批评并责令及时整改。全年共办全民创业培训班15期，培训创业人员560人。参加创业培训的学员创业成功率达到50%。以常德现代工业职业技术学校为创品牌培训基地，培训规模由小到大，培训质量不断提高，完成焊工培训230人。采取品牌专业与企业接轨的人才培训模式，全年为沿海城市及鼎城工业园、桥南工业园等企业安置专业技能人才212人。

2012年，由定点培训机构自主招生，根据国家职业标准和就业岗位需求，编制教学计划，选用合适教材，合理编班，每班人数不超过50人；定点培训机构根据企业岗位需求，与企业签订培训订单，进行定向式培训，培训后的学员由企业招收录用；学校与企业联系，根据企业员工的技能提升需求，学校派专业教师到企业生产现场对企业员工开展培训。全年完成各项培训 8965 人，占全年任务 8800 人的 102%，其中创业培训 600 人。

2013 年，对接新的就业培训政策，提高培训质量，强化培训机构管理，规范培训流程和定点培训机构内控管理，加强监督与检查，扩大培训范围，全面完成培训目标任务，促进城乡劳动者充分就业和稳定就业。上半年，区人社局局长刘志平带领分管副局长、就业处主任及相关负责人对全区各定点培训学校培训情况进行全面调研，并针对调研情况召开专门的工作会议，对各定点培训机构的总体现状进行客观点评，对如何对接新的就业培训政策提出要求。区就业处制定下发《鼎城区定点培训机构内控管理制度》，对定点培训机构的师资、设施、教学、补贴资金等方面的管理制定量化指标，统一了培训机构的各项规章制度和培训流程。同时印发《致培训学员一封信》，将培训有关政策向学员告知，发挥学员对培训机构的监督作用。区人力资源和社会保障局在各培训机构开展“三个一”即听一堂授课、查一次考勤、看一次内容活动，现场了解定点培训机构的培训授课内容、授课时间和效果，核查学员参加培训的出勤情况和学习热情，提高了各定点培训机构的培训质量。全年共完成培训任务 6754 人。

2014 年，经市审计局对鼎城区 2011—2013 年培训补贴情况进行全面审计，查出培训人员存在身份不符、重复申报、虚构培训和虚构就业等问题。区人社局立即成立就业培训工作领导小组，多次召开专题会议，对定点培训机构提出迅速查找原因、限期进行整改的要求，并制定一系列整改措施。经过 3 个月的筹备，鼎城区职业培训园于 8 月份挂牌成立，培训园隶属区就业服务处管理，由区就业服务处下文确定 8 家职业培训学校为入园定点培训机构。至 11 月 15 日，共入园培训 560 人。严格乡镇培训审批程序，且审批人必须是区就业培训领导小组负责人。在培训管理流程上，做到开班申请、中途检查、结业考试、网站公示一个环节都不能少，加强培训检查抽查，采取实名制点名、电话查询、走访学员等方式逐个核实。结合财政工资、住房公积金、社会保险等部门的人员信息，坚持每一个班发一期情况通报，确保培训和就业情况的真实性。对重复、超龄培训和财政供养人员培训等各类情况进行甄别，确保培训对象符合补贴政策。根据湘人社发〔2013〕26 号文件精神，制定定点培训机构的考评标准，在培训师资、培训规模、场地设施、培训质量、就业效果等方面进行量化，并邀请财政、审计、监察等职能部门和社会人士组建考评机构，开展定点培训机构年度考评，对考评处于末位的定点机构予以淘汰或自动退出，是年，自动退出 2 家培训机构（即常德市电子职业学校、常德现代工业职业技术培训学校）。鼎城区定点培训机构由 10 家变成了 8 家。全区共完成培训 3968 人。

2015 年，鼎城区人社局狠抓品牌培训，把注重实效、形成品牌、利于就业作为培训的原则。在技能培训上转变方向，每一个定点培训机构都有自己的培训特色，凭特色在职业培训园实行集中培训，学校与学校之间专业不重复、不交叉。围绕城镇家庭的需求，一是抓家庭服务业培训。如：育婴员、家政服务员等；二是抓互联人才的培训。如：电子商务、网络管理等。全年品牌培训人数达到1238人。由于培训更有实用性，参加培训的人员积极性很高，效果也比以往更加明显。

2013—2015年，全区对各类培训人员共给予生活补贴887.126万元。如企业职工培训1035人、补贴27.1万元，扶贫培训139人、补贴27.8万元，卫生系统乡村医生培训655人、补贴13.1万元，组织部远程教育培训678人、补贴54.96万元，创业培训974人，补贴60.7万元。

2016年，创业培训，加强创新管理，从社会上聘请专门的创业培训管理人员从事日常管理，参加培训人数、培训质量、学员的创业成功率明显提升，全年参加创业培训学员达到510人，创业成功人数316人。在创业孵化基地管理方面，采取购买服务的方式，引进民营人力资源公司进行日常管理、宣传和指导，基地逐步发展壮大，入驻企业从2015年的23家发展到52家，29个孵化项目参加2016年全市创业大赛，8名选手获奖，其中2名选手被市人社局、团市委评为全市“青年创业榜样”。按照“以品牌促培训、以品牌促就业”的工作思路，打造全市乃至全省知名的劳务培训品牌，培训品牌创建工作在全市争一流，在全省有影响。围绕乡村旅游和家政服务的“善卷乡厨”“芙蓉月嫂”两大培训品牌的工作经验和做法获上级主管部门肯定，全年，两大培训品牌共完成培训人数850人，转移就业率在85%以上，为促进城乡劳动力特别是贫困劳动力转移就业开辟了新的渠道。全年共培训劳动力2683人（包括农村劳动力与再就业培训）。其中，扶贫培训552人，月嫂、养老护理员培训304人，创业培训510人，“两后生”（初中毕业后、高中毕业后贫困家庭的无业子女）培训125人，发放培训补贴258万元。同时对92名大学毕业生实施了创业引领。企业入驻创业孵化基地29家，累计达到52家。

2017年，在技能培训上，通过精心运作，形成“芙蓉月嫂”“善卷乡厨”两个技能培训品牌，设计“logo”进行品牌包装。全年培训“芙蓉月嫂”534人，“善卷乡厨”690人。在培训品牌的打造上，主要采取两个做法：一是实行订单式的培训，如“芙蓉月嫂”，与市中医院、一医院、湘雅医院及深圳众安康医院后勤管理集团等多家单位签订定向输送协议，全年定向输送276人，有2名培训的学员在全市技能大赛上分别获得家政服务第1名、第3名；二是采取培训、对接、就业三同步一体化的方式提高就业率，通过民营企业招聘周、劳务协作脱贫专场招聘会等活动，组织学员现场与企业面对面进行就业对接洽谈，帮助185名“芙蓉月嫂”、453名“善卷乡厨”学员在本地家政服务行业和近郊乡村旅游、农家餐饮行业实现就业创业。在创业培训上，引入了社会力量参与，聘请专门的管理员从事教学和班级管理，并在全市各区县率先举办了 IYB 培训，率先开展了创业培训后续服务，5 名创业指导老师在市创业培训讲师大赛上获奖。全年共培训各类人员 5442 人（包括农村劳动力与再就业培训）。其中“两后生”培训 160 人，创业培训 410 人，大学生创业引领 80 人。创业孵化基地企业入驻 34 家，组织创新创业大赛 1 场。

2018 年，狠抓待业人员培训，逐级开展基层平台协理员业务培训，重点培训各级协理员就业创业政策水平，劳动力就业基础信息采集和公共就业信息平台操作业务，提高各级协理员的工作能力和服务水平。参加吕梁山护工学习考察后，利用家政服务业的市场需求和城郊结合的优势，开展“花岩溪月嫂”“花岩溪护工”培训品牌创建，制定方案，申请商标，设计 LOGO，建立基地，并实行学员着装字号登记、培训教材、培训标准、跟踪服务“五统一”。举办自主创业先进典型暨“常德工匠”巡回报告会和年度创新创业大赛活动；培训各类人员 5580 人，其中扶贫培训 238 人，创业培训 453 人，“两后生”培训 100 人。基层平台提质升级率达到 95%。

二、农村劳动力转移培训

1991 年，鼎城区劳动局开始对农村富余劳动力进行技能培训。1991—2003 年共培训各种技能的农村劳动力 12364 人。

2004 年加大培训力度，提高农村劳动力的素质和劳动技能，促进农村富余劳力充分就业，全年培训农村劳动力 1320 人，全部输送到外省务工。

2005 年，在加强与沿海企业用工合作的基础上，更注重与本地企业联系定工种培训农民工，全年培训 9200 人，输出 9200 人，就业率 100%。

2006 年，鼎城区劳动和社会保障局深入调查掌握农村富余劳动力者思想动态，有的外出就业不想去，本地就业嫌待遇低，在家观望。鼎城区工业生产状况较差，吸纳农村劳动力转移就业比例很少。针对这一情况，区劳动和社会保障局采取灵活措施，开设热门专业，提高培训质量，联系用人企业推荐介绍就业等，全年共培训农村劳动力 2120 人。

2007 年，根据湘劳社工字〔2006〕72 号文件精神，为帮助有意愿向非农业转移就业和已向非农产业转移就业的农村劳动者普遍得到培训，成立培训工作领导小组，落实培训任务，落实流动培训点。分别在斗姆湖镇火田坪村、草坪镇枫树口村、蔡家岗镇刘家咀村、蒿子港、长岭岗乡、丁家港乡、尧天坪镇、石板滩镇等先后举办培训 12 期，培训结业学员 2080 名，培训合格率 90%。培训后的人员，先后在深圳、东莞、广州及常德结构一、二厂、湖南特力液压公司等企业找到了合适的工作，转移就业率达到 80%。

区劳动和社会保障局在蒿子港举办免费培训

2008 年，围绕城乡统筹就业工作和“培育新农民、建设新农村”的目标，加大就业培训工作力度。切实抓好就业培训、农村劳动力技能就业计划培训和农村劳动力转移技能扶贫培训工作。农村劳动力转移培训不少于 3 个月或 300 课时，以培训企业急需的技能人才为目标，努力完成各项就业培训目标任务。做好每期结业学员的就业安置与跟踪管理服务工作。全年共培训农村劳动力 5600 人，其中扶贫培训 1100 人。输出培训学员 2700 名。

2009 年，开展对返乡农民工进行转岗培训。把调动农村劳动者参加培训的积极性作为搞好技能培训或全民创业培训的主要措施，精心确定培训内容，全力营造培训氛围，深化农村劳动者参训意识。先后在乡镇举办技能培训班 16 期，开设 10 个专业培训班，共培训农村劳动力 5600 人。

2010 年，对失去工作返回家乡的农民工，根据自己的要求和意愿，组织技能培训。对有创业意愿的农民工，开展创业培训，加强项目开发、创业指导、小额贷款、后续扶持等服务工作，帮助其自谋职业和自主创业。全年培训农村劳动力 4350 人。

2011 年，加强对少数民族的培训。5 月 25 日，在许家桥回族维吾尔族乡中堰村开办一期少数民族劳动力转移计算机维修工培训班，参加培训人数 80 人。神州科技学校在花木之乡石板滩镇开办花木栽培技术的培训班，为当地花木产业的发展壮大提供技术人才。全年共培训农村劳动力 3350 人。

2012 年，结合全区实际，以本地企业需求为主，兼顾向外地输出农村劳动力，增开热门专业，集中加强机械加工、电焊工、纺织工等专业培训。定点培训机构与乡镇劳动保障站联系，由乡镇劳动保障站发动学员，培训地点设在乡镇，方便学员培训，做到务农培训两不误。全年完成农村富余劳动力培训 3070 人。

2013 年，贯彻执行新的就业培训政策，切实提高培训质量，为进一步规范培训流程，扩大培训范围，全年共完成农村劳动力转移培训 1519 人。

2014 年，鼎城区职业培训园规定，除农村实用技能培训外的培训一律要入园培训。

培训专业有电工、农村保洁、农艺工、农产品经纪人等。全年对农村劳动力培训 3258 人。

2015 年，鼎城区为提高培训质量抓品牌培训。一是为发展乡村的旅游事业带动就业，打造“善卷乡厨”特色品牌，选择适用农家乐的培训教材，聘请全市实践经验丰富、口碑好、技术过得硬的湘菜大师，采取每日一菜的教学方式进行培训，并安排培训老师吃住在培训现场，全年共培训乡村烹饪师 440 人，为全区乡村旅游服务质量的提高发挥了积极作用。二是围绕家政服务，打造“芙蓉月嫂”培训品牌，学员通过 17 天的理论学习和 13 天的实际操作培训，能熟练掌握对婴儿的护理技能，全年培训月嫂 208 人。

2016—2018 年，农村劳动力转移培训与城镇待业人员培训合并在一起。详见第三篇第四章第二节之一城镇待业人员培训。

表 3-4-1

2013 年定点培训学校基本情况表

学校名称	校长	校址	办公总面积（m²）	教室（间）	专职教师（人）	兼职教师（人）	去年各类培训总人数	机构审批	备案	备注
常德中南职业技术学校	唐胜康	鼎城区武陵镇临沅路 45 号	7000	6	4	3	940	市劳动局	市劳动局	
常德市神州职业培训学校	陈良凯	鼎城区武陵镇临沅路 50 号	3000	12	8	6	1900	市劳动局	市劳动局	
常德兰芷职业培训学校	魏丽霞	鼎城区武陵镇阳明路	520	5	5	2	839	市劳动局	市劳动局	兼
常德现代工业职业技术培训学校	文　静	鼎城区灌溪镇政府街 6 号	9000	13	15	10	480	市劳动局	市劳动局	兼
常德市电子职业学校	李向春	常德市青年路职业培训园	1000	6	10	5	1500	市劳动局	市劳动局	
常德市计算机职业培训学校	高　瑞	常德市武陵大道美景大厦四楼	2100	10	9	5	1300	市劳动局	市劳动局	
鼎城区农业机械学校	周正明	鼎城区灌溪镇岗市	20000	5	40	—	4180	市劳动局	市劳动局	
常德市武陵职业培训学校	伍秋林	常德市武陵区三岔路	6000	9	5	13	500	市劳动局	市劳动局	
常德市飞天电脑职业学校	赵晋生	常德市火车站金家桥	20000	10	6	15	400	市劳动局	市劳动局	
常德职业技术学校	曹志刚	常德市公安局警察培训中心	5000	6	11	3	800	市劳动局	市劳动局	

鼎城区 2013—2015 年培训人数及补贴统计表

表 3-4-2

学校名称	培训总人数（人）	补贴总金额（万元）	农民工培训							
			A 类（1200 元 / 人）		B 类（800 元 / 人）		C 类（500 元 / 人）		汽车驾驶 A 类 C 照（480 元 / 人）	
	人数	金额	人数	金额	人数	金额	人数	金额	人数	金额
常德中南职业技术学校	1511	92.3	178	21.4	204	16.3	671	33.5	—	—
常德市神州职业培训学校	1812	130.1	214	25.7	348	27.8	636	31.8	—	—
常德兰芷职业培训学校	1236	80.2	98	11.8	182	14.6	552	27.6	—	—
常德职业技术学校	1187	78.9	193	23.2	239	19.1	529	26.5	—	—
常德市计算机职业培训学校	1139	82.6	292	35.0	208	16.6	313	15.7	—	—
常德市飞天电脑职业学校	1042	73.3	108	13.0	389	31.1	400	20.0	—	—
常德市武陵职业培训学校	1204	73.5	138	16.6	241	19.3	618	30.9	—	—
常德市鼎城区农业机械化学校	920	73.9	413	49.6	—	—	—	—	507	24.3
鼎城区就业培训中心	574	40.7	—	—	—	—	—	—	—	—
区组织部远程教育培训	687	55.0	—	—	—	—	—	—	—	—
鼎城区职业培训园	347	33.3	166	19.9	144	11.5	37	1.9	—	—
区卫生局乡村医生培训	655	13.1	—	—	—	—	—	—	—	—
常德现代工业职业技术培训学校	360	21.2	—	—	80	6.4	149	7.5	—	—
常德市电子职业学校	636	39.2	30	3.6	163	13.0	280	14.0	—	—
合 计	13310	887.3	1830	219.8	2198	175.7	4185	209.4	507	24.3
			8720 人 629.2 万元							

说明：农村劳动力转移培训 8859 人、补贴金额 656.8 万元

续表 3-4-2

失业人员培训						企业职工培训			
A类 (1200元/人)		B类 (800元/人)		C类 (500元/人)		B类 (800元按40%) (320元/人)		C类 (500元按40%) (200元/人)	
金额	人数	金额	人数	金额	人数	金额	人数	金额	人数
30	3.6	30	2.4	104	5.2	78	2.5	116	2.3
30	3.6	85	6.8	141	7.1	99	3.2	70	1.4
30	3.6	—	—	66	3.3	98	3.1	60	1.2
—	—	40	3.2	87	4.4	49	1.6	50	1.0
20	2.4	30	2.4	50	2.5	39	1.3	87	1.7
25	3.0	35	2.8	36	1.8	49	1.6	—	—
—	—	—	—	87	4.4	—	—	120	2.4
—	—	—	—	—	—	—	—	—	—
—	—	—	—	—	—	—	—	—	—
—	—	—	—	—	—	—	—	—	—
—	—	—	—	—	—	—	—	—	—
—	—	—	—	—	—	—	—	—	—
19	2.3	—	—	82	4.1	30	1.0	—	—
20	2.4	22	1.8	31	1.6	90	2.9	—	—
174	20.9	242	19.4	684	34.4	532	17.2	503	10.0
1100人				53.8		1035人		27.2	

续表 3-4-2

企业培训		远教培训		乡村医生		扶贫培训	
2013 年 500 元/人 2014 年 600 元/人 2015 年 800元/人		800 元 / 人		200 元 / 人		2000 元 / 人	
金额	人数	金额	人数	金额	人数	金额	人数
100	5.0	—	—	—	—	—	—
100	5.0	—	—	—	—	89	17.8
100	5.0	—	—	—	—	50	10.0
—	—	—	—	—	—	—	—
100	5.0	—	—	—	—	—	—
—	—	—	—	—	—	—	—
—	—	—	—	—	—	—	—
—	—	—	—	—	—	—	—
574	40.7	—	—	—	—	—	—
—	—	687	55.0	—	—	—	—
—	—	—	—	—	—	—	—
—	—	—	—	655	13.1	—	—
—	—	—	—	—	—	—	—
—	—	—	—	—	—	—	—
974	60.7	687	55.0	655	13.1	139	27.8

第三节　再就业培训

1997年，鼎城区劳动局围绕再就业工程，提高下岗人员素质、增强参与市场竞争能力，对下岗职工提供再就业培训、职业介绍等就业指导。是年，再就业培训215人。

1998年，会同有关部门开展劳务协作，通过自培与联培等形式，培训电工、电脑、电焊、家电维修等专业人才1110名，安置学员（下岗职工）880名，安置率达80%。

1999年，针对劳动力供大于求，下岗职工无技术专长再就业难的情况，区就业培训中心通过自培与联培等形式，培训下岗职工380人。

2000年，再就业培训中心自办培训班开设电工、电焊、电脑、家电维修4个专业，并与深圳、东莞等地联系输送出外务工；同时组织下岗培训学习开展生产自救。全年免费培训下岗职工420人。

2001年，扩大劳务输出网络，促进再就业培训的开展。立足老基地开发新市场，在巩固中山、珠海等劳务输出老基地基础上，进一步开拓东莞劳动力市场，如东莞精诚科技电子厂，是一家投资150亿元的特大型合资企业，生活住宿条件在沿海均属一流，其大量的劳动力需求为鼎城区劳务输出提供了广阔的前景。全年，再就业培训人员185人。

2002年，坚持按照定点培训机构责任制“建好基地、配强师资、重点培训”，针对全区各乡镇的特点“围绕需求，依托产业普及培训”的总体思路，精心组织抓安排，分类指导抓培训，强化措施抓落实，继续搞好扶贫培训，认真做好“城乡困难对象就业培训工作”。并与有关业务部门联系，对自行创业者提供小额贷款。全年免费培训下岗职工521人。

2003年，区劳动和社会保障局狠抓培训品牌效应。常德现代工业职工技术培训学校是一所培养机械加工专业人才的职业学校，机械加工培训规模由小到大，培训能力由弱到强，培训质量不断提高，下岗职工参加培训的积极性更加高涨。全年共培训下岗职工1050人。

就业处举行创业培训

2004年，由于职业培训质量的提高，培训毕业生的就业率达到95%以上。学校与省内及江苏、广东等省的大中型企业建立了良好的合作关系，与学校合作的单位有：湖南三一重工湖汽制造有限公司、湖南北汽福田、湖南中联华泰重工、湖南安淳高新技术有限公司、东莞信义集团、深圳日启亚机电公司等，以上企业录用的培训学员稳定率很高。全年免费培训下岗失业人员1800人。

2005年，加强与沿海发达地区的联系与合作，与广东，福建等沿海20多个县市劳动保障部门、100多家用工单位建立长期劳务协作关系，如广东省中山市宝元总公司和东莞裕元厂已成为鼎城区定点劳务输出单位，全区仅这两个企业的5年累计输出人员达到18600余人，年增经济收入9000万元。全年培训下岗职工428人。

2006年，狠抓培训教学质量，把教学过程按“三阶段”分配原则，实践操作有很大提高。学校在课程时间的分配上尽量向实践课倾斜，实践课与理论课教学时间分配原则是第一阶段5∶5、第二阶段6∶4、第三阶段7∶3。全年培训下岗职工523人。

2007年，鼓励和引导下岗失业人员积极开展创业活动，切实提高他们从事个体、私营经济或创业小型企业的能力。市局下达给鼎城区创业培训任务60人，把任务指标分解到各社区，由社区推荐，请老师讲企业创办者的特征与素质；请工商、税务的老师讲法律及依法纳税等课程；劳动部门讲尊重职工的权益、再就业优惠政策及小额贷款政策等法律法规。全区开办4期创业培训班，参加培训60人，培训合格率95%，创业成功率60%。全年共培训再就业人员1306人。

2008年，对培训基地的建设投入资金80余万元，基础建设不断完善，对于提高培训质量起到了很大的推动作用。全年共培训再就业人员1602人。

2009年，采取灵活多样的形式，突出培训的实用性，突出操作技能训练，提高其就业能力。对有创业意愿和需求的失业人员，组织参加创业培训，促进自主创业。全年共培训失业转岗人员1680人，其中，上岸渔民80人。

2010年，根据区政府第4次区长办会议精神，确保专业捕捞渔民得到实实在在的转产培训、就业安置，鼎城区人力资源和社会保障局认真搞好调查摸底，分别对武陵镇、蒿子港镇、牛鼻滩镇、石门桥镇等4个镇的渔民专业户进行基础调查，摸清和掌握上岸定居渔民的情况，共有专业渔民总户数528户，总人数2030人。对有培训愿望的上岸渔民就地上门进行为期2个月的电工、电焊工、平面设计等技能培训，开设4期上岸渔民培训。全年共培训下岗再就业人员1900人，其中上岸渔民113人。

2011年，对上岸定居渔民能进行转业转岗2个月的培训，对2名大龄就业困难对象提供2个公益就业岗位，一名安排在牛鼻滩镇政府从事保安工作、一名安排在蒿子港润田机械厂工作。鼓励有创业愿望的下岗失业人员参加《创办你的企业》（SYB）创业培训。

对他们进行转变观念激发创业意识、掌握创业技巧、增加创业能力的指导。全年共培训下岗再就业人员 1905 人。

上岸定住渔民转岗培训

2012 年，整合培训资源，统筹安排，增强培训实用性，提升再就业人员的职业技能和创业能力，帮助实现稳定再就业，全年培训下岗失业人员 1803 人。

2013—2015 年，按照湖南省人力资源和社会保障厅、湖南省财政厅湘人社发〔2013〕26 号《湖南省就业技能培训补贴办法》，对相关人员按政策给予培训补贴。3 年时间共培训再就业人员 4100 人，补贴 74 万元。

2016—2018 年，再就业培训不再单独统计，详细情况见“城镇待业人员培训”。

第四节　职业技能培训与考核鉴定

1995 年，鼎城区劳动局建立“职业技能管理股”，大力开展职业技能开发工作，通过各种专业培训，提高企业职工队伍素质，开发企业技能人才，调动广大职工学技术、钻研业务的积极性。

1996 年，成立区工人技术等级考核委员会。

1997 年，区劳动局转发劳动部〔1993〕34 号文件，规定“企业、事业单位学徒期满的学徒工必须进行职业技能考核鉴定”。当年对全区学徒期满的 183 名工人进行考试考核鉴定，对合格的 158 人发给了初级“职业资格证书”。对不合格的 25 人，限期 3 个月补考，补考合格的 23 人也发给了初级“职业资格证书”，对不合格的 2 人调离了技术岗位。

1998 年，建立“常德市鼎城区职业技能鉴定指导站”，其主要职能：（1）负责对申请建立职业技能鉴定站的单位进行资格审查，并报劳动行政部门审批；（2）负责全区职业技能考评员的资料整理培训，申报和年度考核，档案管理；（3）负责职业技能鉴定考务管理；（4）负责按照劳动部规定的填写格式和编码方案要求统一办理国家职业资格证书，经劳动行政部门的验印后颁发；（5）完成劳动行政部门和上级业务主管部门交办的其他工作。是年，会同区工商局等主管部门对个体私营企业和营业网点员工对75人进行职业培训考核，对考核合格的68人发给了“职业资格证书”。其中，初级工65人、中级工3人。参加培训考核的工种有：美容、美发、中餐厨师、餐饮服务员、酒店服务员、客房服务员、大堂经理、家电维修、电工、焊工等。

中餐厨师培训

1999年，鼎城区劳动局规范社会力量进行职业技能培训，对全区各类培训学校的教学场地、教学设施、教师队伍等进行审查，对不符合标准的坚决予以取缔。其次，对师资力量、教学条件都达标的培训网点发放“社会力量办学许可证”。截至11月月底，有君安、大地、碧浪等6家培训机构取得许可证。最后，对培训结业的学员进行技术等级鉴定，严把待业学员质量关。先后在中兴机械厂、新源印刷厂挂牌设立了两个职业技能鉴定站，并选派有关人员参加市劳动局组织的职业技能鉴定考评员培训班。有考评机构2个，有考评员资格证的考评员26人，并组织编写了美发、车工、电工、美容等14个工种28套技能鉴定理论考试试题。是年，鼎城区将职业技能等级鉴定工种扩大到128个，这些工种的从业人员都必须要持有技术等级证书。是年，工作的重点放在企业的技能鉴定上，对区自来水公司、桥南宾馆等开展技术等级鉴定工作，下发了培训教材，并有11人通过了初级技术等级鉴定。此外，对个体工商户、私营企业的技术等级鉴定也逐步加强。全年共有320人通过技能鉴定，其中获初级技术等级证书的有162人，获中级技术等级证书的150人，8名不合格人员，必须重新培训、补考。

2000年，鼎城区劳动和社会保障局、采用多种形式进行职业培训及考试考核鉴定。在自来水公司组织了两次在岗职工的转正定级和升级培训、考试。参加考试的工种有管道工、电工、水泵操作工、炊事员等。两次共有331人参加考试，其中150人报考初级的全部合格，发给了初级“职业资格证”；181人报考中级，有179人合格，发给了中级“职业资格证”；2名不合格者，继续培训后补考。

2001年2月，坚持持证上岗的原则，区电业局组织全区村级电工进行初级培训考试、录用，对考试合格的190人颁发初级电工证并录取为正式电工继续上岗作业，对不合格的400人离岗继续培训，待考试合格后上岗。

2002年3月，《中华人民共和国劳动和社会保障部第6号令》发布，其主要内容：(1)凡是从事技术复杂以及涉及国家财产，人民生命安全和消费者利益的工种（职业）(以下简称技术工种）的劳动者，必须经过培训，取得相应职业资格证书的人员方可择业上岗；(2)用人单位招收聘用从事技术工种的劳动者时，只能对取得了相应职业资格证书的人员录用；(3)原已参加工作而又未取得相应职业资格证书的职工，必须重新进行培训或者直接通过技能考试鉴定取得职业资格证书后方可继续留岗工作；(4)企业职工转岗和转移，必须通过培训、考试，取得相应的职业资格证书后才能允许办理转岗或转移手续。(5)根据按劳取酬的原则，通过培训、考试取得的职业资格证书，是获取报酬、发放工资的重要依据，用人单位可根据劳动者职业资格证书上的技术等级计发工资。(6)职业介绍机构在介绍劳动者就业时、必须凭劳动者的职业资格证择优合格就业。(7)劳动者在签订劳动合同，或者续签劳动合同时，也必须凭职业资格证书才能签订或续签劳动合同并上岗工作。鼎城区的职业资格证书制度普遍推广。全年进行技能考核鉴定561人。

2003年，鼎城区劳动和社会保障局设立职业技能鉴定所、安装了职业技术资木各考务系统，建立了考试平台，对6个工种实行网上评估。成立了4家职业技能培训机构，对全区所有企业开展了职业技能鉴定工作，为4000余人颁发了职业资格证书。

2004—2007年，根据湖南省劳动和社会保障厅〔2003〕121号文件精神，鼎城区劳动和社会保障局对大龄就业困难对象和下岗失业职工实行免费技能培训、免费职业技能考核鉴定，5年共进行职业技能考核鉴定3863人，其中下岗职工技能考核鉴定2723人。

2008年，严格审查技能培训机构资格，对定点的职业技能培训机构进行重新评估、认定，对其进行业务指导，帮助制定培训计划。全年职业技能鉴定1805人，鉴定合格并发“职业资格证书”916人。

2009年，职业技能培训重点放在返乡农民工和上岸定居渔民群体上。全年培训并通过技能鉴定发证890人。

2010年，在开展定点技能培训的基础上推行流动培训，将培训教室搬到乡镇，进行“零距离”培训。全年技能鉴定并考核合格发放“职业资格证书”520人。

2011年，鼎城区人力资源和社会保障局认真搞好就业技能培训、考试和技能鉴定工作。选送80名高技能人才，到定点培训学校指导培训和管理，确保培训质量。全年技能考核鉴定763人。

2012年，为了进一步规范就业培训管理，确保培训质量和效果，鼎城区成立由区人社局、财政局、审计局等部门组成的职业技能培训工作领导小组，下发《鼎城区定点培训学校管理实施细则》《鼎城区定点培训学校考核办法》，对定点培训学校的资格认定、开班申请、日常督导、鉴定考试、学员管理、资金拨付及定点学校财务管理均作出统一规定。为提高学员参培的积极性，区就业处印发了《致培训学员的一封信》，将培训政策向学员告知，发挥学员对培训工作的监督作用。全年进行职业技能培训 1653 人，考核鉴定发放初级“职业技能证”1653 人。

2013 年，职业技能培训坚持贴近实际、贴近市场、贴近农村的原则，采取“零距离”培训的做法，方便群众、降低成本，提高培训的针对性和实效性。重点开展计算机操作、家政服务、烹饪、电焊、机械加工、汽车驾驶等实用技能培训。根据学员意愿，扩大培训范围，增加开设了美容美发、育婴员、畜禽饲养、蔬菜园艺、花卉园艺、农艺工等实用专业技能培训，受到各类劳动者的广泛好评，促进了城乡劳动力就近就业。全年技能培训 6754 人，考核发初级证 5187 人。

就业处举办职业技能培训

2014 年，鼎城区人力资源和社会保障局充分整合职业教育培训资源，除实行入园集中培训以外，还采取灵活多样的办学形式，将实用性技术培训班办在农民家门口，如长岭岗、灌溪镇在花卉种植中，聘请专业园林花卉专家到培训课堂授课；花岩溪、草坪针对旅游特色开办了烹饪、餐饮服务员专业。通过多种形式培训使参培人员掌握一技之长，使农民从传统农业向非农业转移，帮助他们找到了脱贫致富的有效途径，确保了社会稳定，促进区域经济发展。全年职业技能培训 3608 人。考试、考核、鉴定发证 3068 人，其中，初级 3068 人。

2015 年，区人社局成立鼎城区职业培训园，确定常德市神州职业培训学校、常德兰芷职业培训学校、常德中南职业技术学校、常德市武陵职业培训学校、常德职业技术学校、常德市计算机职业培训学校、常德市飞天电脑职业学校、常德市鼎城区农业机械化学校等 8 所学校为入园培训机构，并要求除实用技能培训在乡镇办班培训外原则上其他职业技能培训都要入园，规范培训管理。全年职业技能培训、考试、鉴定发初级“职业技能证”2886人。

2016年，开展技能培训考核鉴定工作。对失业人员培训，采取入园培训和校本部培训相结合的方式，主要培训工种有育婴员、养老护理员、餐厅服务员、计算机检验员等，这类人员学习积极性高，效果好，就业率高，培训结业后基本上都找到了工作；对农村劳动力培训。主要工种有中式烹调师、家畜饲养工、家政服务员、民族乐器演奏员等。注重贫困农村劳动力的培训，开办了13个班次，共552人；对“两后生”人员培训。2016年市局给鼎城区下达建档立卡贫困家庭“两后生”技能脱贫培训任务为125人，其中市级组织培训人数为35人，区级组织培训人数为90人，截至2016年11月，已完成市级培训人数35人（省级路桥培训1人、市级培训汽车驾员B照13人、到常德职业技术学院就读11人、半年学习10人），区级培训90人，全面完成了“两后生”技能脱贫培训任务；高技能培训。市局下达的任务是69人，截至10月完成高技能培训80人。工勤技能岗位考试（考核）。按照省市人社部门精神，全区报考高级技师（一级）2人，资格审查全通过，并已参加考试；报考技师（二级）205人，审查4人不合格，2人弃考，合格人员均参加考试；报考高级技工（三级）267人，审查6人不合格，其余人员审查考核合格；报考中级工（四级）40人，审查考核合格。考核鉴定后续工作进行办理。全年共办技能培训47期，培训人数2024人。其中农村劳动力1200人、失业人员824人。技能鉴定所共鉴定10个批次（初级工），鉴定人数1910人。

2017年，按照常德市劳动局下达的技能培训任务，订购培训教材1110套。完成160名建档立卡“两后生”的技能培训任务和500名建档立卡贫困劳动力的培训任务，并为部分劳动力推荐了就业岗位。组织参加由常德市人力资源和社会保障局、市总工会组织的“培养常德工匠，服务产业立市”为主题的技能大赛，11名选手参加焊工、汽车技术、家政服务、养老护理等四个工种的比赛，并获得了家政服务第一名、第三名、焊工第三名的好成绩。严肃考纪考风。无论是理论考试还是实际操作考试，都做到考场规范，考试工作严谨，特别是专项技能考试，严格按照常人社发〔2016〕13号文件要求操作，试卷由市鉴定中心当次提供，监考老师由市鉴定中心指派，试卷由中心统一阅卷，没有弄虚作假，徇私舞弊等违纪违规行为。全年共鉴定15个批次（初级工），鉴定人数为2192人，做到了报批、缴费、资料上交、打证、发证不歇滞，各段工作开展有序。档案资料完整，整理规范。

2018年，推荐职业技能能手参加市“常德工匠”“技能大师”评选，深入企业、认真调研，由企业举荐，股室初审合格，推荐3名企业优秀员工参加全市“常德工匠”评选。为企业重组调研6家企业，调研临聘人员105人。调研残联等5个单位，完成3个单位临聘人员的聘用工作。举办技能培训 40 期，1000 余人参训，培训工种主要有育婴员、电工、车工、钳工、焊工等职业，同时开展职业鉴定工种外的职业培训，如养老护理员、汽车驾驶员 B_2、栽培工等。按照市局职业技能培训要求，对有培训愿望的农村劳动力和失业人员进行入园培训，培训质量好，就业率高。组织开展企业职业技能提升培训，完成初、中级技能培训 150 人。鉴定工作同步进行，上半年办班 16 个，12 个班的学员办理了鉴定手续，鉴定办证 900 余人，做到资料上交、信息上传、打证、发证全面完成。

鼎城区（2013-2015）培训补贴统计表

表3-4-3　　　　单位：万元、人

学校名称	培训总人数（人）	补贴总全额（万元）	农民工培训								失业人员培训						企业职工培训				创业培训		远程培训		乡村医生		扶贫培训	
			A类（1200元/人）		B类（600元/人）		C类（500元/人）		汽车驾驶A类C照（480元/人）		A类（1200元/人）		B类（600元/人）		C类（500元/人）		B类（800按40%）（320元/人）		C类（500按40%）（200元/人）		2013年500元/人 2014年600元/人 2015年800元/人		800元/人		200元/人		2000元/人	
	人数	全额	人数	全额	人数	全额	人数	全额	人数	全额	人数	全额	人数	全额	人数	全额	人数	全额	人数	全额	人数	全额	人数	全额	人数	全额	人数	全额
中南	1511	92.3	178	21.4	204	16.3	671	33.5	—	—	30	3.6	30	2.4	104	5.2	78	2.5	116	2.3	100	5.0	—	—	—	—	—	—
神州	1812	130.1	214	25.7	348	27.8	636	31.8	—	—	30	3.6	85	6.8	141	7.1	99	3.2	70	1.4	100	5.0	—	—	—	—	89	17.8
兰芷	1236	80.2	98	11.8	182	14.6	552	27.6	—	—	30	3.6	—	—	66	3.3	98	3.1	60	1.2	100	5.0	—	—	—	—	50	10.0
职校	1187	78.9	193	23.2	239	19.1	529	26.5	—	—	—	—	40	3.2	87	4.4	49	1.6	50	1.0	—	—	—	—	—	—	—	—
计算机	1139	82.6	292	35.0	208	16.6	313	15.7	—	—	20	2.4	30	2.4	50	2.5	39	1.3	87	1.7	100	5.0	—	—	—	—	—	—
飞天	1042	73.3	108	13.0	389	31.1	400	20.0	—	—	25	3.0	35	2.8	36	1.8	49	1.6	—	—	—	—	—	—	—	—	—	—
武陵	1204	73.5	138	16.6	241	19.3	618	30.9	—	—	—	—	—	—	87	4.4	—	—	120	2.4	—	—	—	—	—	—	—	—
农机校	920	73.9	413	49.6	—	—	—	—	—	—	—	—	—	—	—	—	—	—	—	—	—	—	—	—	—	—	—	—
培训中心	574	40.7	—	—	—	—	—	—	507	24.3	—	—	—	—	—	—	—	—	—	—	574	40.7	—	—	—	—	—	—
远教	687	55.0	—	—	—	—	—	—	—	—	—	—	—	—	—	—	—	—	—	—	—	—	687	55.0	—	—	—	—
培训园	347	33.3	166	19.9	144	11.5	37	1.9	—	—	—	—	—	—	—	—	—	—	—	—	—	—	—	—	—	—	—	—
卫生局	655	13.1	—	—	—	—	—	—	—	—	—	—	—	—	—	—	—	—	—	—	—	—	—	—	655	13.1	—	—
现代	360	21.2	—	—	80	6.4	149	7.5	—	—	19	2.3	—	—	82	4.1	30	1.0	—	—	—	—	—	—	—	—	—	—
电子	636	39.2	30	3.6	163	13.0	280	14.0	—	—	20	2.4	22	1.8	31	1.6	90	2.9	—	—	—	—	—	—	—	—	—	—
合计	13310	887.3	1830	219.8	2198	175.7	4185	209.4	507	24.3	174	20.9	242	19.4	684	34.4	532	17.2	503	10.0	974	60.7	687	55.0	655	13.1	139	27.8
			8720人　629.2万元								1100人			53.8			1035人		27.2									

说明：农村劳动力转移培训8859人、补贴金额656.8万元

第五章　企业工资制度与福利

第一节　工资制度与管理

一、等级工资、奖金与管理

民国时期，公职人员薪俸额按职务高低定级。民国16年（1927），办事员22—60银圆，公丁10银圆。民国37年，工人、店员分月薪、年薪，由工厂、商店自定，月薪一般为12—16银圆。

1950年，除发放标准工资外，还开展爱国主义劳动竞赛，对超额完成任务的职工以精神奖励为主，实行少量物质奖励。

1952年，进行第一次工资改革，企业工人实行八级工资制，企业职员和工程技术人员实行职务等级工资制。在工资改革中，由于历史原因，部分职工原工资较高，高出新标准工资部分采用保留一部分或全部，在以后职工升级或提高工资标准时逐步予以冲销。属于劳保福利性质的理发、洗澡、毛巾、肥皂、服装费等，予以保留；属于奖励性质的年奖、年终双薪、升工等不合理工资制度予以取消；并将其全额并入基本工资，作为原工资的基础。原则上不降低或少降低职工的实际收入。对非因职工原因而停工的，发给职工本人月标准工资50%、70%、75%不等的停工津贴。

1955年6月，常德专员公署工业科《职工调整工资升级的有关问题》通知中指出："遵照国务院的指示精神，今后的工资工作除武装部队外，均由劳动部门统一管理。"

1956年8月，全国第二次工资改革，实行等级工资制，按产业、按部门统一职工工资等级制度，国家机关、事业单位和企业的职员实行职务等级工资制或职务工资制，对有重大贡献的高科技人员加发特别津贴，拉开工资差距，激励广大职工积极性。全国实行十一类工资区，常德县为二类工资区。全县6278名干部职工，改革后，人均月工资为37.51元，较改革前人均月增6.29元。

1959年，为企业部分职工调整工资。工业企业、基本建设、交通运输等工人的升级面，平均不超过原有工人的30%；商业部门的售货员、服务员、饮食行业工人，月工资在25元以下的作个别向高调整；其他企业升级人数不超过总人数的2%。升级的条件；工人根据生产需要、技术水平、日常生产成绩和劳动态度，适当照顾工龄；职工根据现任职务和德、才情况，适当照顾资历。结合调整工资工作，同时建立季度综合奖，改进计件工资制度。全县国营企业从利润中按人均月标准工资总额的15%提取款项作为奖金，对完成生产任务、利润、提高劳动生产率、节约成本好的职工给予奖励。是年底，将奖金率提高到20%，奖励面达到50~70%。

1963年，对企业干部、工人进行工资升级。职工升级面：工人和18级以下干部的升级面为40%；17~14级干部升级面为25%，相当于这一层的科技人员可达35%，13~11级干部升级面不超过5%，相当于这一层的科技人员可达15%；10级以上干部一律不升级，相当于这一层的科技人员，可作个别调整，最多不超过5%。升级的条件是生产和工作需要、技术熟练程度与工作成绩、劳动态度等。改进商业、饮食、服务业人员的工资等级标准。将原来按商品分类的3类5级制改为11级工资等级标准，并调整各类人员的工资等级线，如厨师、钟表修理等3~10级，门市部主任48级，鲜活品收购等4~9级，其他各类商品服务员5~10级或11级，使工资等级与商业服务性劳动特点相适应。改进工矿企业职工职务工资制。职员的职务等级工资标准设17个等级，比1956年下延一级，不分轻重工业，只分三、四、七类三个工资区工资标准。工交战线的升级情况：全县五个厂属于定级的133人，有119人都定了级，共增加工资597.13元，人平5.02元。参加升级干部38人，升级27人，属于定级干部有62人，其中保留4人，增加工资364.70元，平均增加6.29元。全县企业职工8906人，调整工资的职工为4048人，总调整面为38%，调整后，人均月增工资4.64元。升一级的189人，升两级的25人，增加同级级差的182人，人均月增工资6.74元。

1971年，为部分工资偏低的职工进行工资调整。调整范围和对象为常德县全民所有制企业中，属于1957年年底以前参加工作的三级工，1960年年底以前参加工作的二级工，1966年年底以前参加工作的一级工和低于一级的工人，以及与上述工作年限相同、工资等级相似的人员都可以升一级。矿山井下工人可比上述规定的放宽一级。1957年年底以前参加工作的二级工，1960年年底以前参加工作的一级工和低于一级的工人，经过群众充分讨论同意，并经领导批准的少数人，可以调高两级。对调高一级的工资在5元以上的，按实际标准执行；调高一级在5元以下的，可以增加到5元；对未调级的同一级人员，也按调高一级的工资额发给工资。

1972年，调整集体所有制企事业部分职工工资。调整的范围和对象为县属手工业合作工厂和专业社（组）、基本建设、交通运输、合作商店、商业合作小组等企业实行固定工资的，1957年年底以前参加工作的三级工，1960年年底以前参加工作的二级工，1966年年底以前参加工作的一级工和低于一级的工人，以及上述工作年限相同、工资等级相似的人员。属于调整范围的职工，一般都在本人现行工资基础上调高一级（或一级相似级的级差），其中1957年年底以前参加工作的二级工，1960年年底以前参加工作的一级工，经过群众充分讨论同意，并经领导批准的少数人，可以调高两级。调高一级的工资在5元以上的，按实际工资标准执行；调高一级在5无以下的，可以增加到5元；对未调级的同级人员，也按调高一级人员的工资额发给工资。有保留工资的职工，属于调整范围的，调整后增加的工资，应予抵消。职工增资的时间一般可以从1971年7月1日起执行，经济条件差的企业和合作商店，从1972年1月1日起增加工资。

1977年，调整部分职工工资。调整的范围和对象为1971年年底以前参加工作的一级工，1966睁府以前参加工作的二级工，以及同他们工作年限相同、工资等级相似的企业干部和商业、服务业的职工（含1970年9月20日前常年顶岗的长期临时工），表现好的和表现比较好的都调整工资，表现不好的缓调。缓调的人数一般不超过这部分职工人数的10%。1971年年底以前参加工作的其他职工可按这部分职工总人数的40%调整，调整时，优先考虑贡献较大、工资偏低的生产、工作骨干和科研、技术人员。矿山井下工人可按井下工人总数的40%调整。职工调整工资的额度小于5元的，可以增加到5元；大于7元的，只增加7元。职工调整工资，要艰据其政治表现、劳动态度、贡献大小和技术高低，由群众进行评议，经党委批准，升级职工831人，人均月增资4.66元。同年10月，根据省革委会《关于集体所有制企事业单位调整部分职工工资的通知》规定，县属集体所有制单位调整部分职工工资工作，参照全民所有制企业调整部分职工工资有关规定调整职工工资。

1966—1977年，“文化大革命”期间，奖金被视为“物质刺激”“金钱挂帅”而取消，改为附加工资形式平均发给个人。1978年后，全县企业恢复奖金制度，在完成国家计划前提下，奖金总额一般为职工标准工资总额的10%，最多不超过12%。

1978年，常德县由二类工资区调升为三类工资区。并给全县在工作中成绩突出、贡献大的职工进行考核升级，升级面为2%，获准升级人数445人。根据湖南省革委会文件精神，在全县企业中普遍推广计时工资加奖励工资制。全县开展经常性奖励的单位有18个，调动了企业职工的积极性。

1979年，根据国家劳动总局的文件精神，对全民所有制企业中，生产、工作成绩优异，贡献较大而工资又特别低的职工进行考核升级。升级面为2%，全县升级总人数为242人。同时还对29个学习成绩特别优异的学徒工提前转正定级。经过批准，开展经常性奖励的单位由上年的18个，增加到52个，较好地贯彻落实了按劳分配的原则。全县由三类工资区调升为四类工资区。

1980年，根据国务院《关于职工升级的几项具体规定》和省调整工资办公室《关于职工升级中若干具体问题处理意见》的规定，从11月1日起，对县属全民、集体所有制企业1978年年底以前参加工作的固定职工和计划内临时工中的部分职工进行工资升级，升级面为40%，但不按平均分配。经营管理好、经济效果显著、对国家贡献大的单位，升级面大一些；因经营管理不善而没有完成扭亏计划的企业，升级面小一些；经营性亏损特别严重的企业，暂缓升级。升级的重点对象是劳动（生产）好、贡献大的职工。职工升级按照劳动态度、技术高低、贡献大小3个条件进行全面考核，并以贡献大小作为主要考核依据。工人的升级，主要是按照技术等级标准进行应知应会和实际操作的考核，择优升级。升级的职工，一般升一级，个别表现突出并有重大贡献的，也可以升两级。级差小于5元的增加到5元，升一级多于5元部分和升两级多于10元部分，冲销附加工资。有保留工资的在增加工资中予以抵销。既有附加工资又有保留工资的，先冲销附加工资，再抵销保留工资。全县参加升级的单位396个，升级人数7341人，升级面40.7%，月增加工资额4.24万元，人均增加5.77元。是年，加强资金管理，改进奖励办法，实行超定额奖，把评奖金改为算奖金，达到了公平合理，促进了生产。全县实行经常性生产奖励的单位65个，职工共计8267人，全年发给经常性奖金43.2万元，人均52.26元。根据中央〔1980〕10号文件精神，从企业基金和利润留存中开支11.3万元，给生产（工作）突出的职工发放奖金，人均13.70元。两项合计，全年共发奖金54.54万元，人均65.97元，等于企业职工月平均标准工资的1.4倍，符合国家“企业的各项奖金总额不超过两个月工资”的规定。在企业职工升级的同时，调整了工资区类别，常德县的工资区类别由三类工资区调高到四类工资区，由原来的三类区一级标准工资29.50元，调高到四类区一级标准工资30.30元。

1981年，坚持按劳分配原则，严格控制工资基金总额，全年实发工资总额987万元，与常德地区下达的控制数1026万元节余39万元；奖金全年实发61.2万元。全县职工9206人，人均66元，控制在国家规定标准之内。

1982年，严格执行“各尽所能、按劳分配”的原则，对尚未实行经济责任制和未完成计划的，以及个别亏损企业暂不发放奖金。除昌明锅厂1981年经上级有关部门批准，符合条件，仍执行计件工资制，其超额工资应严格控制在本企业标准工资总额的30%以内，可直接计入成本外。其他企业的奖金只能按企业标准工资总额的10%~12%提取，列入成本开支。对超过批准控制额的奖金应在企业基金和利润留存中解决。在按规定提取的奖励基金和奖金有结余时，其结余部分除用于集体福利事业外，可结转下年继续使用。实行特定燃料、原材料节约奖的企业，根据上级有关文件规定另行报批，并将消耗定额计算的数、方法和依据详细注明。其奖金不在控制额内的，在节约项目的价值中开支，并列入生产成本。企业内部在分配节约奖金时，应根据每个成员对节约贡献的大小进行评定，坚决贯彻节约多的多奖，节约少的少奖，与节约无关的人员不奖。

1982 年常德县部分企业奖金限额控制表

表 3-5-1

企 业	全年人平标准工资计划月数	占月度标准工资比率（%）	备 注
氮肥厂	2	0.166	昌明锅厂的超额计件工资严格控制在标准工资的 30%以内，未执行计件工资的铸钢车间和行管人员按 2 个月的标准掌握
机械厂	1.8	0.16	
砖瓦厂	1.8	0.15	
印刷厂	2	0.166	
灯泡厂	1.8	0.15	
酒 厂	1.5	0.125	
汽修厂	1.5	0.125	
八一修造厂	1.8	0.15	
煤炭公司	1.9	0.158	
化工厂	1.5	0.125	
元件厂	1.8	0.15	
水泥厂	2	0.166	
昌明锅厂	—	30	

1983 年，根据常德地区职工教育委员会、地区劳动局的有关规定，学徒工通过文化、技术“双补考试后，在转正定级时，还未达到初中毕业水平的予以延期转正定级；对于学习文化、技术成绩优秀的学徒工可提前转正，提前转正的人数掌握在学徒工总数的 5%左右”。当年，常德县提前转正学徒工 16 人。

1984 年 2 月，按照省劳动人事厅湘劳人计〔1984〕23 号《湖南省工资基金管理试行办法》的精神，加强工资基金管理，适应国民经济发展和推行经济责任制的需要，严格控制消费基金增长。县劳动人事局会同有关部门对构成工资总额组成的计时工资，计件工资、奖金、加班工资、附加工资、津贴等加强管理，制止乱发奖金和一切不合理的工资支出，也不准在国家规定的工资、奖金、津贴之外，给职工发放实物和变相发放奖金。2

月，根据省劳动人事厅398号文件关于同意商业、粮食、供销业务人员工资标准按国家机关行政人员工资标准的精神，常德县对国营、公私合营商业、餐饮事业服务人员及粮食、商业业务人员的工资等级标准的10~6级的工资额，按国家机关行政工作人员工资标准26~22级的工资额执行。

1985年，常德县由四类工资区调高到五类工资区。企业职工的工资标准为：1级37元，2级40~44元，3级48~52元，4级56~61元，5级66~72元，6级78~84元，7级90~97元，8级104~111元，大中型企业干部的工资标准共分17级，1~6级为大型联合企业领导干部工资标准；4~8级为大型企业领导干部工资标准；6~10级为中型企业领导干部工资标准。其五类区企业干部的工资标准为：1级277元，2级250元，3级226元，4级207元，5级190元，6级173元，7级158元，8级143元，9级128元，10级114元，10副107元，11级100元，11副93元，12级87元，12副81元，13级75元，13副69元，14级64元，14副59元，15级54元，15副49元，16级45元，16副41元，17级38元。

1986年，常德县工资制度改革的重点是内部分配。主要是改平均奖金为超定额计件、计时奖；按一定比例从基本工资中抽出一部分并入奖金进行浮动；实行全额计件、计时工资制，使劳酬密切挂钩，彻底打破八级工资制。如县新源印刷厂从每个职工的基本工资中抽出15%，并入奖金浮动，调动了职工的积极性。昌明锅厂实行全额计件工资，打破八级工资制的作法，在全省推广。为下一步开展职工工资总额与企业经济效益挂钩，打下了良好的基础。

二、职工工资总额与企业经济效益挂钩

1987年，常德县在企业中推行“职工资总额与企业经济效益挂钩”（以下简称工效挂钩）为主，搞活企业内部分配的工资制度改革，更好地贯彻按劳分配原则，促进生产发展和职工生活水平的提高。在县昌明锅厂、县机械厂、县水泥厂进行与工效挂钩的工资制度改革试点；在其他全民企业实行经营承包责任制；在13个小型商业企业实行租赁经营。分别实行基本工资与经济效益挂钩、岗位工资、全额计件、销售额百元含量工资包干等分配形式。实现了30%以上的基本工资纳入奖金分配的模式，调动了职工的积极性。全县工业总产值3.3009亿元，同比增长34.4%；社会商品销售总额3.1077亿元，同比增长9.8%；工人平均年工资总额938元，比上年人均年工资883元增长了6.2%。工效挂钩计算办法见以下公式：

工资总额同上缴税利挂钩浮动的计算公式

$$（一）\text{当年上缴税利净增加额}=\text{上年上缴税利基数}\times\frac{\text{当年上缴税利毛增加额}}{\text{上年上缴税利基数}+\text{上年工资总额基数}\times\text{工资浮动系数}\times(\text{所得税率}+\text{调节税率}\times 0.3)}$$

$$（二）\text{当年新增工资额}=\text{上年工资总额基数}\times\text{工资浮动系数}\times\frac{\text{当年上缴税利净增加额}}{\text{当年上缴税利基数}}$$

注：（1）上缴税利毛增加额是指新增加工资未计入成本以前的上缴税利增加额；上缴税利净增加额是指新增工资计入成本以后的上缴税利增加额。

（2）当年应纳税所得额等于或少于第二步利改税的基数，由于不存在调节税减征 70% 的问题，不乘 0.3。

例 1：某企业经核定的 1984 年上缴税利基数为 100 万元、工资总额基数为 30 万元，工资浮动比例为 1∶0.7。1985 年上缴税利为 120 万元（新增工资未计入成本前的上缴税利），增加 20 万元，该企业没有调节税。

（1）当年上缴税利净增加额。

$$100\times\frac{20}{100+30\times 0.7\times 0.55}=17.93\text{ 万元}$$

$$\text{当年上缴税利净增长率}=\frac{17.93}{100}\times 100\%=17.93\text{ 万元}$$

（2）当年新增工资额 =30×0.7×17.93=3.77 万元

（当年新增工资 3.77 万元进入成本后，影响上缴税利 2.07 万元。上缴税利净增加额 17.93 万元，加上 2.07 万元，等于上缴税利毛增加额 20 万元）

$$\text{当年工资增长率}=\frac{3.77}{30}\times 100=12.57\%$$

例 2：某企业经核定的 1984 年上缴税利基数为 100 万元，工资总额基数为 30 万元，工资浮动比例为 1∶0.7，调节税率 20%。1985 年毛上缴税利为 120 万元，增加 20 万元，如应纳税所得额大于第二步利改税的基数，则：

（1）当年上缴税利净增加额

$$=100\times\frac{20}{100+30\times 0.7\times(0.55+0.2\times 0.3)}$$

$$=\frac{2000}{112.81}=17.73\text{ 万元}$$

当年上缴税利净增长率 $=\frac{17.73}{100}\times100=17.73\%$

（2）当年新增工资额 $=30\times0.7\times17.73\%=3.72$ 万元

当年工资增长率 $=\frac{3.72}{30}\times100=12.4\%$

例 3：某企业仍如上例，只是该企业应纳税所得额等于或小于第二步利改税的基数，则：

（1）当年上缴税利净增加额

$$=100\times\frac{20}{100+30\times0.7\times(0.55+0.2)}$$

$$=\frac{2000}{115.75}=17.28\text{ 万元}$$

当年上缴税利净增长率 $=\frac{17.28}{100}\times100=17.28\%$

（2）当年新增工资总额 $=30\times0.7\times17.28\%=3.63$ 万元

当年工资增长率 $=\frac{3.63}{30}\times100=12.1\%$

1988 年，常德县企业工效挂钩逐步展开。根据湖南省劳动人事厅湘劳人薪〔1987〕351 号《关于实行工资总额与经济效益挂钩的新增效益工资使用问题的通知》精神，鼎城区劳动人事局对区氮肥厂、灯泡厂、机械厂、新源印刷厂等 17 家全民企业实行了工效挂钩。这些企业在超额完成国家和主管部门下达的年度生产经营计划后，劳动部门根据企业超额完成计划的多少，给企业追加工资总额，即效益工资。企业可使用这些效益工资给职工升级，并建立正常升级制度。升级面根据当年新增效益工资的多少而定。新增效益工资 5%的企业，升级面按 20%以内掌握；新增效益工资 5%至 10%的企业，升级面按 30%以内掌握；新增效益工资 10%到 15%的企业，升级面按 35%以内掌握；新增效益工资 15%以上的企业，升级面按 40%以内掌握。职工升级要根据本人的劳动态度、技术高低、贡献大小，实行考核升级。职工升级以后先浮动 2~3 年，在浮动期不具备条件的随时予以取消，在满 2–3 年后予以固定，作为计发退休费和其他保险福利待遇的基数。企业升级，由企业制定升级方案，征求同级工会的意见后，经职工代表大会通过，报主管部门审查后，由区劳动人事局审批。企业领导干部升级还应按干部管理权限报批。亏损企业同时与亏损额挂钩，即当年亏损额小于承包数时，单位产量工资含量不变；亏损大于承包数时，要将超亏部分在工资总额内抵减，但抵减最多以不超过工资总额 20%为限。通过工效挂钩取得了明显的经济效益，使国家、集体、个人收入都有不同程度的增长。

1989 年，鼎城区工效挂钩面不断扩大。以前企业的工资增长主要依靠国家安排批准，实行工效挂钩后，企业职工工资增长，主要靠自己努力提高企业的经济效益而获得，极大地调动了企业、职工的积极性。是年，全区扩大到 22 家企业实行工效挂钩，占全区全民企业的65%，比1988年增长15%，职工人数有3996人，点总人数的63.4%，比上年增长13.4%。当年，这36家企业核定的税利基数608万元，实际实现税利708万元，超过核定基数1.16%。应发工资607万元，实发583万元，略有节余。

1990年，在巩固工效挂钩成果的基础上，指导企业根据自身的生产经营特点，加强企业内部的分配改革，采取切合生产实际的不同分配方案，主要有联产计酬、承包经营、全额计件、超额计奖等，使企业内部的分配制度向多元化方面发展。

1991年，鼎城区全民企业挂钩面由上年的22家上升到40家，占全区43家全民企业的93%；挂钩职工6092人，占职工总数6274人的97%。全区集体企业与工效挂钩的由1990年的2家上升为24家，户数占总数60家的40%，总人数8921人，已挂5052人，占57%。在工效挂钩过程中，正确处理国家、集体、个人三者之间的关系，使国家、集体得益，个人受惠，调动了一切可以调动的积极因素。广大企业干部、职工兴起了学文化、学知识、钻业务的热潮。是年，在工效挂钩的基础上，推行岗位技能工资制度，深化企业内部分配制度改革，在五交化公司进行试点。结合“品种、质量、效益年”活动对挂钩企业表现好的职工进行3%的奖励升级，共127人，升级总额为每月1163元。是年，对全区干部职工实行粮油调价。全区参加粮油调价的干部职工12947人，其中全民5091人、集体7856人，月增资77682元。月增资中：全民30546元、集体47136元。提高退休人员生活补助3299人（其中全民1221人，集体2077人），月增额13264.97元（其中全民4797.12元、集体8467.85元）。为了严格控制工资基金总额，当年实行《工资基金管理手册》办法，区劳动局与工商银行联合发文，要求全区国有企业一律凭劳动局和区工商银行审核后发给的《工资基金手册》支取工资，起到了宏观调控的作用。

1992年，鼎城区改进和完善工效挂钩办法，把节约奖励、食品价格补贴列入挂钩范围；同时，改单一的挂钩指标考核，为实现税利、产品质量、劳动生产率、资金税利率和安全生产5个方面的复合指标考核，确保了企业的效益工资、浮动比例、奖金增长在国家政策法规和工资总额范围内严格执行。12月，对连续3年效益保持递增的7家全民企业进行浮标审批，固定浮标人数1566人，其工资额可作退休费计发基数。

1993年，根据湘劳计〔1989〕240号文件精神，为适应社会主义市场经济发展的需要、逐步建立“国家宏观调控、分级分类管理、企业自主用人和自主分配”的劳动计划体制。促进企业转换机制，增强企业活力，振兴鼎城经济。经区政府同意，从1993年1月1日起，对全区全民所有制企业试行弹性劳动工资计划，采取“职工人数同生产增长挂钩”的办法。

1994年，根据省劳动厅、省财政厅湘劳薪〔1994〕13号文件精神，区劳动局会同区财政局对全区1994年度工资总额同经济效益挂钩的执行情况进行结算；并核定1995年企业工效挂钩基数。

1995年，在全区45家全民企业已实行工效挂钩的基础上，扩大集体企业挂钩面60%。同时按复合指标考核结账，在45家全民企业中，有新增效益工资的14家，占挂钩企业的31%，共3237人，占挂钩总人数的39.4%；应提效益工资242.57万元，实提182.68万元，占工资总额的91%；没有完成经济指标而工资下浮的企业有12家，占挂钩面的26.6%，下浮企业人数825人，应下浮工资121.59万元，为保证职工基本生活水平，实际下浮20.96万元。持平的企业有19家，占全民企业挂钩数的42.2%。区劳动局建立工资总额台账，企业持有工效挂钩手册，企业对自己的“挂钩”情况一目了然。挂钩结算情况见下表：

1994年企业工效挂钩结算及1995年计划表

表3-5-2　　单位：万元

企业名称	1994年年末人数	1994年结算情况					1995年下达挂钩情况					
		主要指标完成		新增浮动工资数（±）	追加工资	实提工资总额	经济效益指标基数				工资总额基数	浮动比例
							主要指标		主要指标			
		名称	净完成				名称	数额	名称	数额		
新源印刷厂	313	实现税利	251	5.79	6.01	168.47	实现税利	180	—	—	193.51	0.3
中兴机械厂	440	实现税利	150	49.70	30.14	210.50	实现税利	150	—	—	222.51	0.3
灯泡厂	1016	实现税利	163	—	22.57	274.97	实现税利	163	—	—	345.81	0.3
氮肥厂	917	实现税利	3	—	0	184.32	实现税利	3	—	—	252.72	0.3
昌明锅厂	570	实现税利	104	—	0	165.13	实现税利	104	—	—	215.92	0.5
元件厂	453	实现税利	22	—	0	86.41	实现税利	22	—	—	121.62	0.5
水泥厂	423	实现税利	201	39.97	39.36	237.84	实现税利	201	—	—	240.21	0.5
轻化建材公司	37	实现税利	-82.70	0	2.97	12.19	实现税利	-62.70	—	—	12.19	0.5
金属材料公司	36	实现税利	-80.70	-3.54	1.76	10.59	实现税利	-80.70	—	—	10.59	0.5
武陵物资公司	17	实现税利	-17.80	-0.58	0.60	4.34	实现税利	-17.80	—	—	5.26	0.5
生产资料总公司	43	实现税利	-25.36	-2.59	0.84	6.12	实现税利	-49.54	—	—	12.42	0.62
金属回收公司	15	实现税利	-24	-1.20	0.71	5.68	实现税利	-24	—	—	5.68	0.5
机电设备公司	32	实现税利	-23	-2.50	2.40	10.40	实现税利	-23	—	—	10.40	0.5
煤炭公司	92	实现税利	-27.70	-2.93	2.50	25.70	实现税利	-27.70	—	—	32.62	0.3
农机公司	106	实现税利	19.92	0	9.98	34.77	实现税利	19.92	—	—	41.37	0.3

续表3-5-2

企业名称	1994年年末人数	1994年结算情况					1995年下达挂钩情况					
		主要指标完成		新增浮动工资数（±）	追加工资	实提工资总额	经济效益指标基数				工资总额基数	浮动比例
							主要指标		主要指标			
		名称	净完成				名称	数额	名称	数额		
商业综合公司	142	实现税利	12.10	2.01	2.28	38.65	实现税利	12.10	—	—	39.73	0.5
工业品公司	94	实现税利	12.55	0	1.83	23.03	实现税利	12.55	—	—	30.36	0.5
商业招待所	58	实现税利	2.28	0.57	0.27	13.25	实现税利	2.28	—	—	17.47	0.5
副食品公司	129	实现税利	0	0	2.57	28.29	实现税利	0	—	—	38.50	0.5
肉食公司	114	实现税利	+0.15	0	0	24.34	实现税利	0.15	—	—	32.88	0.5
五交化公司	88	实现税利	42.52	0.52	5.95	37.34	实现税利	+42.52	—	—	38.84	0.62
百纺公司	276	实现税利	43.20	0	11.54	79.54	实现税利	43.20	—	—	94.17	0.5
蒿子港肉食站	88	实现税利	2.17	-1.81	7.95	28.25	实现税利	2.17	—	—	28.38	0.5
牛鼻滩肉食站	67	实现税利	-8.50	0	1	16.07	实现税利	-8.50	—	—	21.03	0.3
石公桥肉食站	78	实现税利	0	0	1.12	18.98	实现税利	0	—	—	26.26	0.3
大龙站肉食站	51	实现税利	0	0	0.78	11.34	实现税利	0	—	—	15.26	0.3
河洑肉食站	69	实现税利	0	0	1.02	14.97	实现税利	0	—	—	20.09	0.3
斗姆湖肉食站	47	实现税利	0	0	0.70	9.02	实现税利	0	—	—	12.50	0.3
石门桥肉食站	65	实现税利	0	0	0.96	13.59	实现税利	0	—	—	23.21	0.3
黄土店肉食站	32	实现税利	0	0	0.47	6.67	实现税利	0	—	—	9.07	0.3

续表3-5-2

企业名称	1994年年末人数	1994年结算情况					1995年下达挂钩情况					
		主要指标完成		新增浮动工资数（±）	追加工资	实提工资总额	经济效益指标基数				工资总额基数	浮动比例
							主要指标		主要指标			
		名称	净完成				名称	数额	名称	数额		
港二口肉食站	48	实现税利	0	0	0.71	9.33	实现税利	0	—	—	12.88	0.3
肉食加工厂	77	实现税利	1.98	0	1.14	19.29	实现税利	1.98	—	—	24.24	0.5
食品厂	64	实现税利	1.69	-3.1	1.06	14.11	实现税利	1.69	—	—	19.81	0.5
渔场	859	实现税利	-24.54	4.2	12.05	156	实现税利	-24.54	—	—	215.26	0.3
木材公司	58	实现税利	-38.50	0	0.86	12.62	实现税利	-38.50	—	—	16.91	0.3
自来水公司	153	实现税利	29.99	5.01	14.70	46.55	实现税利	30	—	—	48.43	0.5
水电机械厂	70	实现税利	-8	1.5	0.70	14.99	实现税利	-8	—	—	20.18	0.3
水电建设公司	120	实现税利	4.16	-1.75	7.90	33.86	实现税利	4.16	—	—	36.86	0.5
华锋电子器材厂	132	实现税利	30.36	1.82	9.67	40.80	实现税利	30.36	—	—	44.16	0.5
乡镇供销公司	55	实现税利	-80.60	0	1.20	9.20	实现税利	-80.6	—	—	15.71	0.3
外经开发公司	16	实现税利	3.24	0.89	0.33	5.90	实现税利	3.24	—	—	6.72	0.5
二轻物资公司	54	实现税利	-31	0	0	7.49	实现税利	-31	—	—	11.25	0.3
黄金公司	172	实现税利	380元	-1.96	4.11	43.82	实现税利	400元	两	1040	45.82	含量：
保安公司	32	实现税利	0.82	0.7	2.66	9.58	实现税利	0.80	—	—	9.58	0.5
常德县纸厂	477	实现税利	156	70	32.77	192.92	实现税利	156	—	—	195.28	0.6

1996年，全区45家全民企业，36家集体企业共计15323名职工，实行工效挂钩。挂钩的45家全民企业，有新增效益工资的15家，占挂钩企业的33%，人数是1939人，占挂钩总人数的23.4%，应提效益工资89.55万元，实提效益工资28.78万元，新增效益工资占工资总额的1.27%；没有完成经济指标而工资下浮的企业有17家，占挂钩面的37.8%，下浮企业人数5353人，按规定应下浮459.5万元，由于要保证职工的基本生活水平而只下浮224.16万元，下浮工资占工资总额的8.7%；持平企业13家，占全民企业的29%，持平人数994人，占总人数的12%。34家集体企业，有新增效益工资的企业13家，占挂钩企业的38.2%，这13家企业共4231人，占挂钩企业总人数的55%，应提效益工资449.85万元，实提效益工资479.02万元，新增效益工资占工资总额的12.9%；下浮企业21家，下浮人数3458人，占挂钩人数的44.9%，应下浮工资247.62万元，实际下浮231.22万元。区劳动局会同财政局、税务局下达了1996年工效挂钩的各项指标基数。在完善工效挂钩办法的同时，注重搞活企业内部分配，推行各种适合企业特点的工资分配形式。按照湘劳〔1995〕92号文件精神，加强对企业经营者收入的管理，选定新源印刷厂为推行经营者年薪制的试点单位，激发了该企业领导和职工的积极性。

1997年，除了工效挂钩外，还狠抓工资总额管理，在企业内部推行多种工资制度改革。年初，区劳动局会同企业主管部门对实行工资总额基数核定的单位，年终进行核算，实行增人不增加工资、减人不减工资的原则。企业在核定的包干工资总额内，自主确定具体分配办法，可用于加快工资制度改革、实行岗位技能工资等适合本企业特点的工资制度，也可用于调整工资收入结构、建立职工晋级增资的考核办法，搞活企业内部分配，充分发挥工资的杠杆和激励作用。全区有15家企业实行工资总额包干，效果良好，促进了企业经济效益的提高。

1998年，区劳动局把按劳分配和按生产要素分配结合起来，坚持效率优先，兼顾公平的原则。落实最低工资标准，保障低收入群体，鼎城区1998年的最低月工资标准是215元。加强企业人工成本管理为重点，深化企业内部分配制度改革。

1999年，根据省湘劳社〔1999〕180号文件精神，企业工资改标升级工作从9月底全面展开，到12月底完成。审批企业97家，总人数12243人，年增工资总额1232.8万元。其中：全民企业58家，改标升级5611人，年增工资565.4万元；集体企业39家，参加改标升级6632人，年增工资667.4万元。是年，对全区所有企业逐户进行工资总额计划审批，下达工资计划6633.9万元，人均月工资437.25元，同比增资81.22元，增资率为22.81%。对国有企业拖欠在岗职工工资情况进行调查，掌握实际情况，全部进行了处理。

2000年，根据湘劳社发〔2000〕94号文件精神，鼎城区对64家企业进行工资调级，其中全民企业 36 家、集体企业 28 家。参加工资升级职工共有 8083 人，增资总额 457 万余元。

2001 年，继续开展以工效挂钩为主、搞活企业内部分配制度的改革；加大对工资外收入的管理力度，使分配差距过大的势头得到有效遏制，分配秩序明显改善。

2002 年，随着“三大制度”改革的不断深入，鼎城区的国有企业和大集体企业纷纷改制。是年，全民仅有 7 家企业实行工效挂钩办法，参加工效挂钩总人数 1630 人，全年实现税利 2480.9 万元，实发工资总额 2393.7 万元。

2003 年，鼎城区参加工效挂钩的企业有 8 家，全年实现税利 4798.4 万元。特别是雅特液压有限公司共实现税利 1058.7 万元，人均实现税利 4.45 万元。

2004 年，根据省劳动厅、省财政厅、省地税局湘劳社发〔2003〕237 号文件精神，以各企业在 2003 年度工资总额与效益挂钩进行了结算。对 2004 年的 7 家企业，下达了工资总额同经济效益挂钩的基数。鼎城区企业工效挂钩办法实行了 18 年，取得了好的效果。但是随着改革的更加深入，逐步显现出工效挂钩办法，与企业全面改革开放的市场经济不太相适应。因此，工效挂钩逐渐淡化，到 2005 年停止实行。

随着市场经济的进一步发展，企业职工的工资分配纳入了市场运行机制的轨道，各企业都实行自主经营、自负盈亏、自主用工的市场机制，职工工资也不再由国家统一等级、统一数额；所有工资均由企业和劳动者商定，在双方自愿的基础上，订立劳动合同。国家只作政策上的宏观调控，建立了最低工资保障制度，工资指导线制度，集体协商工资制度，劳动力市场工资指导价位制度等。

三、最低工资保障制度

20 世纪 90 年代以后，市场经济迅速发展，农村富余劳动力增多，大批农村劳动力进入城市。在劳动力富余的情况下，部分企业趁机压低工资待遇，致使劳动者的权益受到损害。

1993 年 11 月，劳动部《企业最低工资规定》的通知下发后，最低工资保障制度开始在企业实行。“最低工资”是指劳动者在法定工作时间内提供了正常劳动的前提下，企业支付给劳动者的最低报酬。所谓“正常劳动”是指劳动者按劳动合同或其他确定劳动关系的契约之有关规定（包括劳动场所、条件、方式、任务等）在依法制定的工作时间内从事的脑力和体力劳动。由于各地、各个时段的经济发展水平不同，实行的最低工资标准也不同。鼎城区实行常德市劳动局制定的最低工资标准。

1995 年 8 月 8 日，常德市政府首次发布全市最低工资标准（最低工资标准只有地市以上政府才有权制定）。武陵区、鼎城区为 175 元 / 月，其他县（市）为 160 元 / 月。

1996 年 6 月，最低工资标准进行第一次调整。市城区月最低工资标准为 190 元 / 月，县

（市）为175元/月。至2011年7月，常德市共进行了17次最低工资标准调整。（见附表）

1995~2011 年鼎城区最低工资标准表

表 3-5-3

年份	元/月	元/小时	执 行 时 间
1995	175	—	1995.7.1~1996.6.30
1996	190	—	1996.7.1~1997.6.30
1997	205	—	1997.7.1~1998.6.30
1998	215	—	1998.7.1~1999.6.30
1999	235	—	1999.7.1~2000.6.30
2000	245	—	2000.7.1~2001.6.30
2001	255	—	2001.7.1~2002.6.30
2002	320	—	2002.7.1~2003.6.30
2003	360	—	2003.7.1~2004.6.30
2004	400	5	2004.7.1~2005.6.30
2005	420	5.5	2005.7.1~2006.6.30
2006	450	5.5	2006.7.1~2007.6.30
2007	500	6	2007.7.1~2008.6.30
2008	580	6.5	2008.7.1~2009.6.30
2009	580	6.5	2009.7.1~2010.6.30
2010	800	8	2010.7.1~2011.6.30
2011	930	9	2011.7.1~2012.6.30
2012	1050	10	2012.7.1~2013.6.30
2013	1050	10	2012.7.1~2013.6.30
2014	1145	10.9	2013.12.1~2014.11.30
2015	1250	11.9	2015.1.1~2015.12.31
2016	1250	11.9	2016.1.1~2016.12.31
2017	1430	15.00	2017.7.1~
2018	1430	15.00	执行2017年的

用人单位支付劳动者的工资低于最低工资标准的，劳动行政部门应依照国家有关规定查处。当事人如对劳动行政部门处理不服的，可依法申请行政复议或者提起诉讼，甚至申请人民法院强制执行。最低工资标准制度的建立和实施，有效地保障了劳动者获取应得报酬的权益。

四、工资指导线制度

工资指导线是国家对企业工资分配进行宏观调控的一种指导性制度。引导企业在生产发展、经济效益提高的基础上，合理确定工资水平增长的制度。一般是确定短期的工资指导方针和工资增长幅度，通常以年为单位制定和发布年度工资指导线。2002 年，常德市劳动和社会保障局发布工资指导线，工资增长基准线（工资增长率 11%），适用于 2001 年利润未出现亏损或利润减亏，且 2002 年预计利润有一定增长的企业；工资增长上线（工资增长率 18%），适用于 2001 年利润增长或连续 2 年利润减亏，且 2002 年预计实现利润有较大增长的企业；工资增长下线（工资增长率 1%），适用于 2001 年利润亏损或全年预计仍未减亏的企业；2002 年工资指导线适用于全市城镇各类企业和按照企业经营方式进行经营性活动的各类机构、团体。鼎城区实行这项制度。

五、劳动力市场工资指导价位制度

劳动力市场工资指导价位制度，是劳动保障行政部门定期对各类企业中的不同职业（工种）的工资水平进行调查、汇总、比较、分析，形成各类相对准确的市场工资价位的信息，以引导劳动力市场供求双方的行为，调节劳动力市场价格，指导企业合理确定职工工资水平和调整内部工资关系，为企业开展工资集体协商提供重要依据。

2000 年，开展劳动力市场工资指导价位和企业拖欠在岗职工工资的情况调查。根据市劳动和社会保障局的部署，进行了劳动力市场求职情况的统计分析，选择了工程师、各部门经理、车工、机修工等二十多个岗位作为调查工种，并采取抽样调查的方法，深入中兴机械厂、水工机械厂、新源印刷厂等单位收集数据。经过对数据的统计和整理，确定了每一职业工种工资指导价的高、中、低位数，并按国家职业（该工种）技术等级进行了划分。经过常德市劳动和社会保障局综合修正后，以常社函〔2005〕46 号文件规定，在全区贯彻实行。（见附表）

2000年鼎城区部分职业（工种）劳动力市场工资指导价位表

表3-5-4　　单位：元／年

职业（工种）	高位数	中位数	低位数
单位负责人	48900	20400	8980
生产或经营经理	36000	17640	7240
财务经理	32300	16800	7560
行政经理	31100	15200	7480
人事经理	32400	16380	7350
销售和营销经理	33600	17100	8190
广告和公关经理	25600	14100	7200
采购经理	25000	11400	6500
研究和开发经理	31500	18900	9000
餐厅经理	24000	14300	8700
客房经理	23100	10100	6400
矿山工程技术人员、山工程技术人员	15750	8500	6000
冶金工程技术人员	19740	9450	6400
医药工程技术人员	18300	9600	6800
化工工程技术人员	17700	8920	6500
机械工程技术人员	20600	9660	6600
电子工程技术人员	20370	10700	6800
通信工程技术人员	19800	12700	7850
计算机硬件技术人员	24100	14380	8920
计算机软件技术人员	22890	14700	10800
计算机网络技术人员	17750	10920	7500
电气工程技术人员	22000	10600	7800
电力工程技术人员	24000	12280	8700
建筑工程技术人员	17220	7660	6400

续表 3-5-4

职业（工种）	高位数	中位数	低位数
纺织工程技术人员	18060	9850	6820
食品工程技术人员	18800	11200	7350
交通工程技术人员	18000	13000	8500
经济计划人员	17000	9340	6400
统计人员	17800	9900	5880
会计人员	22500	10080	5880
出纳	17220	9950	5550
审计人员	26000	13800	7100
房地产开发业务人员	20700	8800	6300
银行信贷员	21000	12100	9900
银行信托业务员	19200	11300	9300
银行信用卡业务员	20000	11800	9000
银行储蓄员	20600	11200	8700
保险推销员	19200	14600	9400
保险理赔员	18500	12300	10000
证券交易员	29500	15000	9400
英语翻译	30500	13600	9300
行政办事员	14450	7980	5250
秘书	21600	11000	6500
律师	14900	13200	9500
公关员	15200	8900	6800
报关员	15500	9500	8600
收发员	14600	7750	5250
打字员	15100	7870	5250
计算机操作员	21700	10600	7350

续表 3-5-4

职业（工种）	高位数	中位数	低位数
保安员	15200	8000	5350
金融守押员	22400	16900	7100
邮政营业员	13350	10650	9100
投递员	16900	12000	8400
邮政储蓄员	15000	11200	9600
报刊发行员	13800	10600	8200
电信营业员	14400	13600	8200
话务员	15700	1100	7560
营业员	15200	7950	5250
收银员	13350	7650	5250
推销员	21800	9300	6090
出版物发行员	20100	12300	7100
采购	20500	10200	6300
收购员	11900	8500	5250
医药商品购销员	11000	7750	5250
保管员	12800	7350	5250
理货员	12400	6600	5250
保鲜员	10500	6600	5250
冷藏员	11500	7100	5350
中式烹调师	22350	15700	10200
中式面点师	21100	15600	9750
西式烹调师	28000	14200	7770
餐厅服务员	13600	6400	5250
餐具清洁保管员	9450	6500	5250
前厅服务员	9450	6300	5250

续表 3-5-4

职业（工种）	高位数	中位数	低位数
客房服务员	9520	6500	5250
园林植物保护工	11900	10050	5350
保健按摩师	11500	8900	5250
汽车客运服务员	17250	7750	5250
旅客列车乘务员	11300	8250	6500
车站客运服务员	10100	7100	5250
车站货运员	10550	8400	6800
物业管理工	13300	7200	5250
供水生产工	16900	11600	5250
供水供应工	14400	8150	5250
锅炉操作工	12800	7980	5250
美容师	15600	8400	6190
美发师	17200	8400	6190
摄影师	18200	7750	5460
家用电子产品维修工	12600	9000	6400
家庭服务员	8900	6600	5350
垃圾清运工	9300	6300	5250
花卉园艺工	12550	7980	5350
保洁员	8400	5560	5250
水产养殖人员	9900	6300	5460
水产品加工工	11500	7350	5350
生产运输设备操作人员	14450	7980	5560
矿井开掘工	13200	8190	5250
井下采矿工	13900	9100	5880
炼铁工	13600	7450	5770

续表 3-5-4

职业（工种）	高位数	中位数	低位数
化工产品生产工	13600	8400	5880
车工	17900	9550	6300
铣工	16750	8700	5460
刨插工	16550	8700	5670
磨工	18000	8080	6090
镗工	17100	8500	5880
钻床工	21050	14800	5770
加工中心操作工	19500	12050	6500
制齿工	14650	7870	6200
拉床工	12100	7650	5670
锯床工	11900	7560	5250
铸造工	12600	7850	5460
锻造工	12200	7140	5350
冲压工	14550	8400	6200
剪切工	11700	7850	5770
焊工	14100	9240	5770
金属热处理工	13200	8900	6200
冷作钣金加工工	13900	10100	7650
镀层工	13100	9240	7350
涂装工	10600	8180	7350
基础件装配工	12700	7650	5460
部件装配工	11500	7450	5670
工具钳工	13400	7450	5560
动力设备装配工	11650	7140	5770
电子专用设备装配调试工	11750	8400	7140

续表 3-5-4

职业（工种）	高位数	中位数	低位数
仪器仪表装配工	11300	7450	6400
空调机装配工	12450	6300	5560
机修钳工	12150	7550	5670
汽车修理工	17600	7850	6300
船舶修理工	12600	8500	5880
仪器仪表装配工	18900	8600	5770
水轮机设备安装工	12700	8300	6600
锅炉设备安装工	12600	7350	6300
电力工程内线安装工	18900	15000	7140
常用电机检修工	18900	9750	5880
维修电工	18300	9600	6200
装配钳工	12600	8400	6090
塑料制品生产工	8700	6300	5250
纤维预处理工	12000	10150	8400
纺纱工	11200	7150	5770
织造工	11300	7150	5560
针织工	12100	6400	5350
印染工	12700	6300	5250
裁剪工	13200	6500	5250
保全工	11300	7450	5460
化纤运转工	11300	7450	5350
制米工	12560	7200	6500
制油工	13000	9500	8500
裁缝	10250	6300	5350
药品生产制造厂	13600	8900	5560

续表 3-5-4

职业（工种）	高位数	中位数	低位数
手工木工	10150	746820	65250
制浆造纸纸制品生产	12550	9500	6300
造纸厂	12250	8900	6600
纸制品制作工	11850	8900	6300
水泥制品工	9950	6400	5250
印前处理工	10500	6800	5050
印刷操作工	10550	6600	5350
印后制作工	10550	6800	5770
汽车驾驶员	22100	12550	6820
砌筑工	10000	6800	5880
混凝土工	10050	7350	6200
钢筋工	10050	7100	5980
机车乘务员	10000	7550	5560
船舶水手和相关工人	11400	9000	6720
起重装卸机械操作工	11400	8050	5770
检验员	15300	9650	6600
计量员	14650	9200	5560
包装工	14250	8500	6090
简单体力劳动工	10000	6700	5250

2000 年新进不同学历人员工资标准表

表 3-5-5　　单位：元 / 年

职业（工种）	高位数	中位数	低位数
硕　士	21500	13600	9350
本　科	16800	10200	6850
专　科	9350	7450	6200
高中（技校、职高）	7900	6600	5700
初　中	7000	5880	5250

第二节 职工福利

一、特殊岗位津贴

特殊岗位认定 特殊岗位是指有毒、有害、高温、高空、低温、野外、井下、放射性等一些能够对人体产生伤害的工作岗位。特殊岗位津贴是企业对从事这些工种（岗位）的工人所付出额外劳动后，给予合理补偿的一种辅助报酬（工资）。

1979 年，常德地区劳动局常革劳〔1979〕014 号文件将石灰厂的人力捶工、运输工、烧灰装坯工、出灰工、炮工列为特别繁重体力劳动工种；装炸药、综合金属仓库的人力搬运装卸、码垛工列为特别繁重体力劳动工种；将手工造锅列为特别繁重体力劳动工种；将机械工业熔铁工等 33 种工作列为高温、高空、特别繁重体力劳动和有毒有害作业工种。

1981 年，根据常德地区劳动局〔1981〕039 号《关于认真做好防尘防毒工作的调查和规划的通知》精神，常德县对全县全民、集体所有制厂矿企业单位的尘毒危害情况进行一次全面调查。查出县水泥厂、氮肥厂的煤球车间粉煤工种，蔡家岗石灰厂部分工种粉尘超标，并要求有关企业制订防尘防毒规划，采取有效措施改善劳动条件，尽快解决尘毒危害问题。

特殊岗位津贴及待遇 1978 年，常德地区劳动局革劳字第 009 号文件规定，对钢铁冶炼企业从事高温繁重劳动的工人实行临时补贴。常德县昌明锅厂的浇铸工、中心机械厂的铸造工被定为“特殊岗位”，按照岗位温度的高低、劳动的繁重程度不等，分别发给每人每月 5 元、4 元、3 元的临时岗位津贴。是年，省劳动局、省供销社、省商业局湘劳〔1978〕190 号文规定：从事废旧物资的回收人员和搬运工；从事破布、破布鞋、废纸、废棉、废麻、废橡胶、杂骨等桃选、整理、加工、分档的职工；从事废有色金属、黑色金属及废轮胎、碎玻璃的挑选、整理、加工和冶炼（包括冶化工）的职工；从事洗旧油桶、洗油纱油丝、洗玻璃杂瓶的洗汰职工按照特殊岗位发给特殊岗位津贴。当年，常德县有 325 人按照上述标准发给了特殊岗位津贴。7 月，常德地区劳动局等 3 家常革劳字 027 号印发《关于开展企业防尘防毒情况调查的通知》。常德县对全县所有企业防尘防毒工作基本情况进行调查摸底，确定县氮肥厂的脱硫、铜洗、成品包装等岗位有硫化氢、氨气、一氧化碳等有害气体，被列为特殊岗位；对造气、煤球压制等岗位粉尘超标而确定为特殊岗位。均按上述标准每人每月发给 5 元、4 元、3 元不等的岗位津贴。

1979 年，省劳动局等 3 家发文规定：卫生防护津贴分为三类，第一类：劳动强度大、劳动条件差、经常接触有毒有害、又脏又臭物资的工种，如杂骨、发渣、破布、废棉、废纸、废橡胶、废塑料、杂瓶。有色金属等，分类加工、整理、提炼、洗汰、打包和收购、搬运人员，每人每天发给津贴0.3元。第二类：专职仓库保管、堆码工、装卸工、售货员及废钢、铁气切割工、冷热压块工等，每人每天发给津贴0.2元。第三类：在基层单位的其他业务人员，如司机、检验、开票、后勤等，每人每天发给津贴0.15元。上述津贴费从工资基金项下开支，按出勤日发给。公司干部到基层参加劳动的，按所在单位相同工种的津贴标准发给。凡经劳动部门批准使用的临时工和单位确因工作需要雇用的合同工，可按以上固定职工同工种的标准执行。城镇代购点和基层供销社从事专业性的同类行业，也可参照上述规定的有关标准发给。常德县劳动局〔1979〕常劳001号转发省劳动局文件规定：凡实行三班制企业做“零点班”的职工，其夜班津贴标准由原来每人每班0.2元改为0.3元。

1980年，对接触有毒物质、放射性物质、矽尘作业、潜水沉箱等工种，以及经劳动部门培训、考核、发证的起重工、金属焊接工、建筑登高架设作业工、司炉工等，享受保健食品，每人每月发猪肉1公斤、红糖0.5公斤、食油0.25公斤。

2005年，省劳动和社会保障厅〔2005〕湘劳社政字25号《关于调整企业艰苦津贴参考标准的通知》规定：高温冶炼、露天采矿、矿山井下、化工有毒有害等企业艰苦岗位津贴参考标准调整为：高温冶炼岗位津贴10~15元/人班；露天采矿岗位津贴10~16元/人班；矿山井下岗位津贴14~20元/人班；化工有毒有害岗位津贴12~18元/人班。按照省劳动和社会保障厅、省财政厅湘劳社政字〔2005〕26号《关于调整企业中夜班津贴标准》的规定：鼎城区对企业工人中晚班（16时至24时）的津贴参考标准调整为每人每班4~10元；晚班（零时至8时）的津贴参考标准调整为每人每班5~12元。鼎城区所有企业参照执行。

二、补、津贴

生活补贴 1965年起，常德县对干部、职工实行粮食价格补贴。相当行政17级以上人员，每人每月补贴1.5元；1966年8月1日以前参加工作、行政18级或相当18级以下的低收入职工和1965年4月1日以前参加工作的复员转业退伍的在职人员，每人每月补贴2.5元。1979年，主要副食品销售价格提高后，每人每月发给副食品价格补贴5元，1987年增加到14元。1985年5月，给未参加工资改革的离退休人员每人每月生活补贴12~17元。

保健津贴 1980年起，对从事废旧物资收购工作人员实行每天0.15~0.3元的保健津贴。医疗、卫生防治工作人员每人每月4~15元的保健津贴。1983年，对从事高温、高空、有毒、有害工作人员，每人每天津贴 0.4 元。1984 年，对环境监测工作人员每人每月津贴 4~13 元。

1987 年，全县国家机关、事业单位和全民所有制企业共发各种津贴 389.8 万元，占工资总额的 16.5%；集体所有制企业共发各种津贴 166.3 万元，占工资总额的 9.8%。

三、加班工资

1950 年 7 月，根据政务院《关于各地厂矿对于法定假日工资发放办法的决定》规定，政府法定假日，工资照发。按月计资者，不扣工资；按日计资者，工资照发；按件计资者，原有基本工资标准的按基本工资发给，原无基本工资标准的按平均工资发给。

1956 年 5 月，根据劳动部规定，工人职员在法定节日加班工作时发给加班工资：实行计件工资制的，除按照计件单价发给工资外，另发本人计件工资标准的 100% 加班工资；实行计时工资制的，按照本人工资标准的 200% 发给。工人职员在公休假日（星期日）进行工作时，应在两周内给予同等时间的补休；不能补休的，实行计件工资的，除按照计件单价发给工资外，另发本人标准工资的 50% 加班工资；实行计时工资的，发给本人工资标准的 150% 加班工资。企业中的领导人员在法定节日工作和延长工作时间的、均不发加班工资。

1959 年 5 月，根据湖南省政府规定，工人在公休假日加班时，原则上应在两周之内给予同等时间的补休；如不能补休的，实行计件工资制的，按本人产量和计件单价发给工资；实行日工资制的，照发一天本人标准工资；实行月工资制的，另发一天本人日标准工资。本人在法定节日加班工作时，实行计件工资制的，除按照本人产量和计件单价计发工资外，另加发本人计时工资标准 100% 加班工资；实行计时工资制的，按照本人日工资标准 200% 发给。企业中的行政管理人员和工程技术人员，在公休假日和法定节目加班时，只给同等时间的补休，不发加班工资。

1962 年 9 月，根据劳动部《对企业工人职员法定节日加班工资的发放办法》，工人职员在法定节日加班，实行计时工资制的，按照本人日工资标准的 200% 发给；实行计件工资制的，除按照本人产量和单价计发工资外，另发本人日工资标准 100% 加班工资。企业中的领导人员、在法定节日加班不发加班工资。

1978 年 2 月，根据国家劳动总局《关于职工加班工资支付问题的通知》规定，必须在法定节日加班的工人和必须同生产工人加班的其他职工（不包括科长以上领导干部），可按本人日标准工资的 200% 发给，必须在公休假日加班的，应当尽可能安排轮休，不能轮休的、可按本人日标准工资的 100% 发给。

1982 年，常德地区劳动局常署劳字 079 号《关于下达 1982 年地县企业发放加班工资计划总额的通知》，严格控制企业加班工资的发放，克服和坚决制止乱发加班加点工资的现象，下达给常德县 1982 年加班工资总额为 8 万元，不能突破限额。

1984 年，常德地区劳动人事处下达给常德县加班工资控制总数 19 万元。

1985 年，常德县劳动人事局常劳人〔1985〕56 号规定：企业实行加班工资的范围，只限于企业的生产工人，以及必须随同生产工人一起加班的车间主任和一般干部。事业单位经批准实行企业管理的，职工请事假不发工资；节假日加班发放加班工资的，仍可继续执行。企业在正常的工作时间以外加点，只给予同等时间的补休，不发加班工资。也不准将加点工时累计发给加班工资。企业发放加班工资时，在不突破当年控制总额的前提下，可根据本企业的生产需要和实际加班工日填报加班工资审批表，由主管部门审批，抄送县劳动人事局一份备查。各主管部门认真核定和审批企业的加班工资，加强对发放加班工资的管理和监督工作。对违反规定和财经纪律的，开户银行有权拒付，采取现金座支和套支等不正当手段发放加班工资的要坚决纠正，情节严重的，要按有关规定严肃处理。

1994 年，根据《中华人民共和国劳动法》第 44 条规定，法定节日加班的按日发给本人日均工资的 300%加班工资。

四、集体福利

职工食堂 建立和办好企业职工食堂，方便职工群众就餐，减轻职工生活压力，是事关职工福利的重要工作。20 世纪 50 年代，常德县的厂矿企业建立有各类大小不同的职工食堂。60 年代初的三年经济困难时期，粮食和副食品供应比较紧张，办好职食堂，成为稳定职工情绪，保障职工身体健康，促进生产发展的重要措施。各厂矿企业响应中央“管理粮食，办好食堂，生产度荒”的指示，组织职工大搞副食品生产，采取粗粮细作、瓜菜代粮等措施，克服粮食短缺的困难。70 年代至 80 年代，常德县的所有企业都建有职工食堂，为保障职工的上班时间提供方便。如常德县氮肥厂，坐落在斗姆湖镇裴家码头乡村，离城镇较远，职工在上班之余无法在集体宿舍做饭吃，由于企业领导重视，将食堂办好，改善了职工生活，稳定了职工情绪，促进了生产发展。90 年代以后，随着市场经济的逐步发展，多数企业的食堂实行了独立核算和承包经营，原有职工集体福利性质的食堂实行了市场化运作。

托儿所、幼儿园 1953 年 1 月，劳动部公布试行的《中华人民共和国劳动保险条例实施细则修正草案》明确规定，实行劳动保险的企业女工人、女职工，有 4 周岁以内的子女 20 人以上，工会基层委员会与企业行政方面或资方协商单独或联合其他企业设立托儿所；如尚未具备设立托儿所条件而有哺乳婴儿5个以上时，须设立哺乳室。其房屋设备、工作人员的工资及一切经常费用，完全由企业行政方面或资方负担。

1980年氮肥厂幼儿园幼儿合影

1966年到1976年的“文化大革命”期间，托幼事业受到削弱，幼儿入托率低，保育质量下降。1978年，五届全国人大二次会议的政府工作报告中指出：“要十分重视发展托儿所、幼儿园，加强幼儿教育”。常德县的几个较大型企业都开办有幼儿园、托儿所，如县氮肥厂、中兴机械厂、昌明锅厂、水泥厂、建筑公司、灯泡厂等都开办有托儿所、幼儿园。减轻了职工负担，特别是减轻了女职工的负担，对小孩的教育和健康成长也起到了很好的作用。

职工住房 常德县所有企业职工住房都是作为一项集体福利事业对待。20世纪70年代以前对职工住房没有收房租，70年代至80年代对职工住房收取少量房租，每平方米0.1元。既无法收回投入住房的建设资金，也不能维护住房的日常修缮，更难改善扩大职工住房的建筑。90年代后，国家进行住房制度改革，一是提高租金，“以租养房”；二是推行住房的商品化，允许和鼓励职工个人购房。从此，城镇职工住房开始走上市场化之路，原有职工福利住房制度不复存在。

工时制度 1960年12月，中共中央发出《关于城市坚持8小时工作制的通知》，自此，常德县（鼎城区）的企业职工实行8小时工作制。

1995年1月实施的《中华人民共和国劳动法》第三十六条规定：“国家实行劳动者每天工作时间不超过8小时，平均每周工作时间不超过44小时的工时制度。”1995年5月，国务院印发《关于修改〈国务院关于职工工作时间的规定〉》，规定每周工作40小时。企业因工作性质或生产特点的限制不能实行每日工作8小时、每周工作40小时和统一周休息日的，可根据当地实际情况，经与工会和职工协商后灵活安排。鼎城区所有单位均按国务院印发的规定每周工作40小时。

五、个人福利

探亲假　1981年，按照国务院有关文件精神，县政府作出规定，凡与配偶不住在一起，又不能在公休假日团聚的，可以享受探望配偶的待遇；与父亲、母亲都不住在一起，又不能在公休假团聚的，可以享受探望父母的待遇。但是，职工与父亲或与母亲一方能够在公休假日团聚的，不能享受探望父母的待遇。职工探望配偶的，每年给予一方探亲假一次，假期为30天。未婚职工探望父母，每年给假一次，假期为20天。如果因为工作需要，本单位当年不能给假期，或者职工自愿两年探亲一次的，可以两年给假一次，假期为45天。已婚职工探望父母的，每4年给假一次，假期为20天。另外，因探亲路程太远的可酌情给予路程假。上述假期均包括公休假日和法定节日在内。凡实行休假制度的职工（例如学校的教职工），应该在休假期间探亲；如果休假期较短，可由本单位适当安排，补足其路程假。所称父母，不包括岳父母、公婆，但包括养父母或由于父母双亡，在16岁以前大部分时间抚养职工长大，而继续与职工保持联系的抚养亲属（以人事档案或劳动保险卡登记为依据）。职工和亲生父母或抚养亲属不住在一起的，只能探望一方。在全民所有制企、事业单位工作满一年的下列人员，可享受《探亲规定》的待遇；固定职工；学徒（不包括工作满一年的固定职工转学技术的）期满转正的；见习生、实习生、练习生在见习、实习练习期满定级的；复员、退伍军人；从国营农、林场“顶指标”抽调的职工；1971年年底以前参加工作，在国家计划内的长期临时工，分居在两地工作的双职工，不能在公休假日团聚的，只能由一方享受探亲待遇，具备探望配偶条件的职工，因工作需要当年不能探望配偶时，其配偶（指城镇居民、农村社员）可以到职工工作地点探亲，职工所在单位应按规定报销其往返路费，职工本人当年不能再享受探亲待遇。职工的父亲或母亲和职工的配偶同居一个县、市的职工在探望配偶时，可同时探望其父亲或母亲，因而不能再享受探望父母的待遇。《探亲规定》公布施行后，具备探望父母条件的已婚职工，每4年给假一次。

年休假　1991年，执行中共中央、国务院印发《关于职工休假问题的通知》，对企业职工实行年休假规定：在确保完成工作、生产任务，不另增加人员编制和定员的前提下，可以安排职工年休假；休假天数，根据工作任务和各类人员的资历、岗位等不同情况，有所区别，最多不得超过两周；企业职工休假，由企业根据具体条件和实际情况，参照上述精神自行确定。

2007年12月，按照国务院《职工带薪年休假条例》，从2008年1月1日起，企业职工与机关、事业单位工作人员一样，执行全国统一的带薪年休假制度。

疾病和非因工负伤、残废待遇　常德县执行1952年1月劳动部公布的《中华人民共和国劳动保险条例实施细则修正草案》规定：工人职员疾病或非因工负伤停止工作连续医疗期在6个月以内者，由该企业行政方面或资方按下列标准支付病伤假期工资：在该企业工龄不满2年者，为本人工资的60%；满2年不满4年者，为本人工资的70%；满4年不满6年者，为本人工资的80%；满6年不满8年者，为本人工资的90%；满8年以上者，为本人工资的100%。与上相同原因的职工连续医疗期超过6个月者，病伤假期工资停发，改由劳动保险基金项下，按月付给疾病或非因工负伤救济费。其标准如下：本企业工龄不满1年者，为本人工资的40%；满1年不满3年者，为本人工资的50%；满3年及以上者，为本人工资的60%。工人职员的本人工资低于该企业的平均工资40%，按平均工资40%发给，但不得高于本人工资。1994年12月，根据《中华人民共和国劳动法》有关规定，劳动部制定《企业职工患病或非因工负伤医疗期规定》，自1995年1月1日起，企业职工因患病或非因工负伤停止工作治病休息不得解除劳动合同的时限。企业职工因患病或非因工负伤，需要停止工作医疗的，根据本人实际参加工作年限和在本单位工作年限，给予3个月到24个月的医疗期。1995年5月，劳动部对医疗期的起止时间又作了6个月到30个月内计算的规定。鼎城区对企业职工在退休养老保险社会统筹之前一直实行以上规定。

因工负伤、残废待遇　工人与职员因工负伤，应在该企业医疗所、医院或特约医院医治。如该企业医疗所、医院或特约医院无法医治时，由该企业行政方面或资方转送其他医院医治，全部治疗费、药费、住院费、住院时的膳费与就医路费，均由企业或资方负担。医疗期间的工资照发。工人与职员因工负伤确定为残废时，按下列情况，由劳动保险基金项下按月付给因工残废抚恤费或因工残废补助费。完全丧失劳动力不能工作退职后，饮食起居需人扶助者，其因工残废抚恤费数额为本人工资的75%，付至死亡时止。完全丧失劳动能力不能工作退职后，饮食起居不需人扶助者，其因工残废抚恤费数额为本人工资的60%，付至恢复劳动力或死亡时止。部分丧失劳动力尚能工作者，由企业或资方给予适当工作，并按其残废后丧失劳动力的程度，付给因工残废补助费，至退职养老或残废时止，其数额为残废前本人工资的5%~20%，但与复工时本人工资合计，不得超过残废前本人工资。

防暑降温待遇　1957年7月，根据国务院发出的《关于加强企业中的防暑降温工作的通知》要求，厂矿企业建立和健全了防暑降温工作，采取有效措施，加强对通风设备的运行管理，在高温期间做到生产不停工、不停车，工人不中暑、不昏倒，出勤率不下降。同时规定，给企业工人职员发放夏季清凉饮料费。

1981年6月，县劳动局、县安全生产委员会、县卫生局、县总工会联合发文，要求全县企事业单位认真做好防暑降温工作。各厂（场）矿企业要根据“预防为主”的方针，冶炼、锻铸、窑、炉、机、烘烤等生产场所为重点，积极采取疏散热源，缩小辐射面，隔热、喷雾、通风等技术措施，做好降温散热工作。对于过去已经采用的行之有效的方法，如从地下室抽出冷气引进车间降温等效果好、花钱少的经验，在全县推广。对于交通运输、车站、码头、建筑工地等露天作业场所，应置遮阳设备和凉棚，调整作息时间等措施，避免中暑事故的发生。在暑期严格控制加班企业，尽可能精简会议活动，搞好饮食卫生与环境卫生、加强对职工宿舍和食堂的管理，保证高温和露天作业清凉饮料供应到现场，发放适当的防暑药品，使广大职工群众始终保持充沛精力，积极投入生产建设。

2005 年 7 月，按照省劳动和社会保障厅《关于做好夏季高温劳动保护工作的紧急通知》规定：夏季高温期间（7 月 10 日—9 月 30 日），凡有高温作业和露天作业的用人单位，要合理调整工作时间，避免高温时段现场作业。对气温和工作场所温度达到 37℃以上时，用人单位不能采取有效降温措施的，应停止作业。要配备相应的防暑降温防护设备和用品，采取有效措施、预防中暑，同时支付防暑津贴。防暑津贴标准原则上应不低于 150 元 / 月。

职工死亡待遇 企业职工（含退休、退职人员）死亡，分为：患职业病或因工死亡；因病或非因工死亡两种情况。患职业病或因工死亡待遇，有丧葬费、一次性抚恤费、供养直系亲属生活困难补助费三项；因病或非因工死亡待遇，也有丧葬费、一次性抚恤费、供养直系亲属困难补助费三项。1994 年以前，两种情况的处理方式相同，只是标准略有不同。1994 年开始试行企业工伤保险以后，患职业病或非因工死亡的，按照工伤保险的规定执行（详见工伤保险章节）。

丧葬费 1953 年 1 月，劳动部公布试行的《中华人民共和国劳动保险关例实施细则修正草案》规定：工人职员因工死亡时或因工残废退休、退职后死亡时，由企业行政方面或资方发给本企业的平均工资 3 个月作为丧葬费；工人职员因病或非因工死亡时（包括退休、退职养老后死亡），由劳动保险基金项下付给本企业的平均工资 2 个月作为丧葬补助费。

一次性抚恤费 同样上述文件规定：企业职工（包括因工、因病两种情况）死亡时，由劳动保险基金项下付给供养直系亲属、死者本人工资 3 个月至 12 个月的一次性抚恤费。

供养直系亲属生活困难补助费 1953 年 1 月，劳动部公布试行的《中华人民共和国劳动保险条例实施细则修正草案》规定：工人职员因工死亡或因工残废退职后死亡时，由劳动保险基金项下每月付给供养直系亲属抚恤费：其供养直系亲属一人者，为死者本人工资的 25%；二人者，为死者本人工资的 40%；三人或三人以上者，为死者本人工资的 50%。此项抚恤费付至供养者失去受供养条件时止。湖南省人力资源和社会保障厅、湖南省财政厅、湖南省民政厅、湘人社发〔2013〕40号文件规定：参加企业职工基本养老保险人员（包括在职参保人员和已办理退休手续按月领取基本养老金的退休人员）因病或非因工死亡，其遗属可以领取丧葬补助金和抚恤金。丧葬补助金按其死亡时上年度全省企业退休人员月平均基本养老金的四个月发放。抚恤金按其（包括在职参保人员和已办理退休手续按月领取基本养老金的退休人员）企业职工基本养老保险缴费年限（含视同缴费年限），每满一年计发一个月死亡上一年度全省企业退休人员月平均基本养老金，最多不超过20个月。企业职工基本养老保险缴费年限计算到月，不满一年按一年计算。

企业职工供养的直系亲属死亡待遇 企业职工的供养直系亲属死亡后，由劳动保险基金项下付给供养直系亲属丧葬补助费：死者年龄在10周岁以上者，其数额为该企业全部工人与职员平均工资1个月的1/3；1周岁至10周岁者为平均工资1个月的1/4，不满1周岁者不给。

第六章 职工退休退职

第一节 退休退职条件

1951年2月，政务院《劳动保险条例》（以下简称《条例》）规定退休条件：一般职工，男年满60岁，女年满50岁；一般工龄，男25年，女20年；本企业工龄10年。从事井下、高空、高温工作的职工，退休年龄提前5年，工龄1年按1年3个月计算。从事有害健康的化工、兵工工业的，退休年龄男提前5年，女提前10年，工龄1年按1年半计算。实施范围采取逐步推广办法，暂定铁路、邮电、航运及有职工100人以上的工厂、矿场。《条例》还规定，对不执行本条例的企业及季节性的企业，有关劳动保险事项，由各企业或其所属产业、行业的行政方面，或资方与工会组织，根据《条例》的原则及本企业的实际情况协商，订立集体合同规定之。

1953年1月修改的《劳动保险条例修正草案》规定的退休条件，将本企业工龄从10年改为满5年，其他条件仍按原规定执行。

1955年12月，国务院颁布《关于国家机关工作人员退休处理办法》，适用于国家机关和事业费开支单位的工作人员。此后，企业、事业单位和国家机关逐步实行退休养老办法。

1958年，国务院关于退休退职问题的《暂行规定》规定的退休条件：男工人、职员年满60周岁，连续工龄满5年，一般工龄满20年；女工人年满50周岁、女职员年满55周岁，连续工龄满5年，一般工龄满15年。从事井下、高空、高温、特别繁重体力劳动或者及其他有损身体健康工作的工人、职员，男年满55周岁、女年满45周岁，其连续工龄和一般工龄符合要求。男年满50周岁、女年满45周岁的工人、职员，连续工龄满5年，一般工龄满15年，身体衰弱丧失劳动能力，经过劳动鉴定委员会确定或者医生证明不能继续工作的。连续工龄满5年，一般工龄满25年的工人、职员，身体衰弱丧失劳动能力，经过劳动鉴定委员会确定或者医生证明不能继续工作的。专职从事革命工作满20年的工作人员，因身体衰弱不能继续工作而自愿退休的。同时把企业单位实行《劳保条例》中有关养老待遇的规定与国家机关、事业单位实行的退休，统一为一个规定，普遍适用于国营、公私合营的企事业单位和国家机关、人民团体的工人与职员。

1978年6月，经全国人大常委会批准，国务院颁布了国发〔1978〕104号文件，即

《国务院关于安置老弱病残干部的暂行办法》和《国务院关于工人退休退职的暂行办法》的通知。此后，常德县的职工退休、退职均按这两个文件执行。

一、正常退休

男职工（干部、工人）年满60周岁，女干部年满55周岁、女工人年满50周岁；连续工龄或革命工作年限满10年以上。

二、工残退休

因工致残，包括职业病致残的职工，经用人单位申报、县以上劳动部门确认后，由县以上定点鉴定医院证明，并经县以上劳动鉴定委员会确定完全丧失劳动能力。

三、特殊工种退休

从事井下、高空、高温、特别繁重体力劳动或其他有害身体健康工作的职工，男年满55周岁，女年满45周岁。连续工龄10年以上。此规定也适用于工作条件与工人相同的基层干部。从事井下、高空、高温、特别繁重体力劳动或其他有害身体健康工作的职工，除符合上述条件外，还需要具备下列条件之一，才能办理退休手续：（1）从事高空和特别繁重体力劳动工作连续或累计满10年的；（2）从事井下、高温工作（指经常在38摄氏度以上场所工作）连续或累计满9年的；（3）从事其他有害身体健康的工作　连续或累计满8年的。上述年限是指实际工作（特殊工种）年限。在计算连续工龄时，凡从事井下、高温工作的时间，1年按1年3个月计算；从事其他有害身体健康的工作的时间，1年按1年6个月计算。另外，经常在零摄氏度以下低温场所工作和常年在海拔4500米以上高山高原地区流动工作的人员，可以参照从事井下、高温工作人员的退休条件办理。

鼎城区（常德县）可提前退休的特殊工种是：轻工行业的机械造型工，造纸行业的漂白工（包括制漂液工），玻璃行业的炉前热成型工，灯泡行业的浇铅头工，铸锅行业的浇铸工，绝缘行业的磨料制粒工，通用行业的铸造工、铸件清理工、炉料工、炉窑工、锻工、炉前工、炉前行车工、热处理工、锻造行车工、容器内电焊工、氢弧焊切割工、手工喷漆、刷漆、浸漆工、架子工、线路检修架设工、手工大锤铆工、人力装卸搬运工、混凝土工、煤气司炉工，化肥行业的脱硫工。

四、矽肺病退休

由县以上定点鉴定医院证明，并经县以上劳动鉴定委员会确定，因工患二、三级矽肺病或一期矽肺合并活动性肺结核自愿退休者。

五、病残退休

因病或非因工致残经当地县以上医院证明和劳动鉴定委员会确定完全丧失劳动能力的职工，男年满50周岁，女年满45周岁，连续工龄满10年以上。

六、退　职

职工因病或非因工致残，经医院证明，并经劳动鉴定委员会确认，完全丧失劳动能力，又不具备退休条件的，按退职处理。所谓不具备退休条件，主要是指两个方面：一是未达到退休年龄，即男年未满50周岁，女年未满45周岁，经医院证明，并经劳动鉴定委员会确认完全丧失劳动能力者；二是未达到退休条件规定的工作（连续工龄）年限，即工作（连续工龄）年限未满10年，经医院证明，并经劳动鉴定委员会确认完全丧失劳动能力的。2011年7月，取消退职制度。

七、延长和暂缓退休

1983年9月，国务院印发《关于高级专家离休退休若干问题的暂行规定》，明确高级专家（含女高级专家）的离退休年龄，一般应按国家规定执行。对其中少数确因工作需要，身体能够坚持正常工作，本单位专业职务限额允许，征得本人同意，经批准可以适当延长离退休年龄；学术造诣高深，在国内外有重大影响的杰出高级专家，经国务院批准，可暂缓退休。对教育、卫生、科研、工农业生产单位中的讲师、主治医师、工程师等以及具有一定学历、教学经验丰富的中小学教师，确因工作需要，能够坚持正常工作，有较强业务能力，本人又愿意继续工作的，经县级以上主管机关批准，可以延长1至5年退休。延长后的退休年龄，女职工最长不得超过60周岁，男职工最长不得超过65周岁。教授、研究员以及相当这一级职称的高级专家，经省政府批准，可以延长退休年龄，但最长不超过70周岁。

延长退休年龄条件中“确因工作需要”，一般系指以下几种情况：已承担的工作尚未完成，退休后将对工作带来较大损失的；新学科和特殊专业急需的；边远地区和技术力量薄弱的单位所需要的，退休后无人接替的；有较强的业务能力，到工作急需的单位后能发挥较大作用的。

1993年，鼎城区实行养老保险制度改革后，不再按职工的连续工龄办理退休、退职，而改按职工缴纳养老保险费的年限办理。职工缴费满10年的，方符合退休、退职条件。

原有固定职工按规定可计算的连续工龄可视同缴费年限，劳动合同制职工未缴纳养老保险费的连续工龄，不能计算为缴费年限。

2003 年 7 月 1 日后纳入基本养老保险的国有农垦企业原已退休人员，劳动和社会保障部门审核认定其退休条件（达到规定退休年龄，1995 年 12 月 31 日以前退休的，连续工龄应满 10 年；1996 年 1 月 1 日以后退休的，连续工龄应满 15 年），核定其基本养老保险标准。核定的基本养老保险平均水平不低于全省城镇居民最低生活保障平均标准。

2006 年 7 月 12 日，对女职工退休年龄进行了非常详细的界定。经政府人事行政主管部门审批录用为干部的女职工，退休年龄为 55 周岁。长期在管理岗位上工作的，退休年龄为 55 周岁；长期在生产岗位上工作的，退休年龄为 50 周岁。凡在本单位担任一定行政管理职务或未直接从事本单位生产产品活动或不直接从事行业一线生产、服务、工勤岗位工作的，都按从事管理岗位确定。职工在管理岗位的累计工作时间大于在生产岗位的累计工作时间即为长期在管理岗位工作，退休年龄应为 55 周岁；反之，即为长期在生产岗位工作，退休年龄为 50 周岁。企业职工退养或待岗、下岗期间，不计算在岗工作时间。

与国有企业解除或终止劳动关系后，按个体工商户或灵活就业人员参保缴费政策接续养老保险关系的女职工，其退休年龄按长期工作岗位确定。在原国有企业生产岗位工作的累计时间长于在管理岗位工作的累计时间和从事个体工商户或灵活就业的累计时间之和的，退休年龄为 50 周岁；此外，退休年龄均为 55 周岁。

2011 年 7 月 1 日，《中华人民共和国社会保险法》正式实施，取消退职。在未达到法定退休年龄时因病或者非因工致残丧失劳动能力的职工，可以领取病残津贴。

第二节 退休手续办理

职工到达国家法定退休年龄时，可以向所在单位提出退休申请，也可以不需要本人提出申请，所在单位应当在职工到达退休年龄的前一个月通知本人，并在职工到达退休年龄的当月或者后一个月内按规定填好《退休审批表》，按管理权限报批，并办完退休手续。职工退休之后，不再列入在编人员。

1978 年，国务院 104 号文件颁布后，干部职工退休、退职作为一项经常性的工作进行。到 1980 年年底，常德县 3 年共办理退休、退职 922 人。其中，全民 460 人，集体 462 人。

1981 年，县劳动局派出工作组深入工厂、基层财贸单位调查了解退休、退职人员的（留）聘用情况。全县共留（聘）用各种退休、退职人员 341 人，从实际出发批准了一部分生产技术骨干留（聘）用外，其余的都作了辞退计划。督促企业安排逐步辞退。全年办理退休退职人员326人。其中，退休294人，退职32人。

1982年，湖南省劳动局、粮食厅、财政厅〔1982〕64号文件规定：1961年至1965年6月9日期间精减下放的职工，凡是精减下放的当时，符合1958年2月《国务院关于工人、职员退休处理的暂行规定》中第二条规定的退休条件的，可由原工作单位报经主管部门审查同意，报劳动局批准，改办退休手续。全年办理退休退职211人。其中，正常退休65人、特殊工种退休3人、因工致残退休1人、因病退休126人、退职16人。

1983年，县劳动局严格执行国家退休退职政策，对于因病、残退休的审批工作把好“三关”，即医院体检关、单位初审关、劳动部门审批关。对不符合退休、退职条件的进行了抵制，严肃了国家政策。全年办理退休退职410人（全民284人，集体126人）。

1984年，共办理退休退职315人。其中，全民209人，集体106人。

1985年，全年共办理退休退职276人。其中，全民165人，集体111人。

1986年，为2125名退休干部职工换发了退休证，为87名退休工人纠正了工龄。

1987年，常德县实现了退休基金社会统筹，全年办理退休、退职手续443人。

1988年，全年办理退休1218人。其中，全民865人，集体353人。

1989年，全年办理退休1053人。其中，全民672人，集体381人。

1990年，全年共办理退休967人。其中，全民565人，集体402人。

1991年，区劳动局进行三大制度改革工作的同时，全年办理退休221人。退休人员按职工类别分：企业干部45人，全民职工85人，集体职工86人，农林牧企业工人5人；按退休项目分：正常退休89人、因病退休50人、因工致残75人，1959年前参加革命工作、家住农村的半边户7人（该年段的职工退休，可招收一名农村子女顶班）。

1992年，劳动制度改革的同时，按照政策严格把关做好了医务劳动鉴定工作。全年共办理各类退休260人，其中，工残退休107人（全民90人、集体17人）；病退58人（全民29人、集体29人）；正常退休手续95人（全民50人、集体45人）。

1993年，贯彻落实国务院《全民所有制工业企业转换经营机制条例》和省《实施办法》，进一步堆进全区劳动、工资和社会保险三项制度综合配套改革，加快社会保障体系的建设，促进全社会尊老敬老的良好风气，全年办理职工退休287人。

1994年，按照国家退休政策，全年办理职工退休232人。

1995年，根据国家文件精神，对老工人的关怀，做了大量的工作，全年办理职工退休214人。

1996年，办理职工退休163人。

1997年，根据《湖南省城镇企业职工养老保险办法》和省人民政府办公厅湘政办.

发〔1996〕47号文件精神。对乡镇水电管理站、卫生院等单位劳动合同制工人中1995年12月31日以前经批准退休，并在区劳动局社会保险部门领取基本养老金的退休人员，从1996年7月1日起，增加基本养老金。全年共办理职工退休196人。

1998年，特殊工种、工残、病残、需要提前退休的，批准权限收归市劳动和社会保障局，从严办理。全年共办理职工退休216人。

1999年，全年共办理职工退休243人。

2000年，按国家政策审批职工退休手续251人，其中正常退休162人；工残（含血吸虫病）退休61人，特殊工种退休28人。

2001年，对特殊工种、工残、病残丧失劳动能力需要提前退休的，严格审查，坚决按照国家退休规定，办理退休手续。全年办理退休617人。

2002年，在审批办理退休工作中，严格职工档案管理，坚决杜绝更改职工档案行为。职工档案管理必须严格按照《中华人民共和国档案法》和《企业职工档案管理工作规定》（劳力字〔1992〕33号）的规定，划定专门场地、指定专人并建立相应的制度严格管理，保证职工档案的安全、完整、真实。任何单位和个人都无权擅自更改职工档案的相关内容，更不得弄虚作假，通过更改职工档案中的年龄、工龄、工种等内容，为职工办理提前退休和提高待遇。全年办理退休312人。

2003年，根据《湖南省国有农垦企业职工基本养老保险实施办法》精神，从2003年7月1日起，将农垦企业职工中有符合规定的招工录用审批手续、有健全的劳动和工资关系、有完整的工作档案，亲在本企业按规定履行了义务的职工纳入基本养老保险统筹范围。对符合退休条件的，给予办理退休手续。全年共办理退休434人，其中，农垦职工退休96人。

2004年，区劳动和社会保障局严格退休审批程序。参保单位对符合法定退休条件的职工，应于申报办理退休手续前，在本单位特定地点张榜公示，公示期限一般为7天。对公示后没有异议人员，在达到法定退休年龄的当月，由单位劳资人事部门携带职工人事档案（特殊工种退休、因病或非因工致残退休育职工本人申请）、公示证明（公示证明须经单位工会负责人和法定代表人签字）、职工退休审批表等资料，经主管部门签署意见，报社会保险经办机构审核后，再报劳动保障行政部门审批。在劳动保障行政部门审批前，应委托单位劳资人事部门对拟审拟人员的有关情况再次公示，无异议后，方可正式审批。全年审批办理退休897人。其中，企业职工419人（因工致残4人、因病致残3人、正常退休412人）。兽医联站7人；企业干部45人；乡镇卫生院职工426人。

2005年，按照全面推进依法行政、建设法治政府的要求，完善审批制度，规范审批程序，严格审批权限。在企业改革改制中，要正确处理国家、企业和职工三者利益关系，不违规自行制定职工提前退休政策，严格按照国家政策办理。全年办理退休205人。其中：农垦企业职工16人、兽医单位职工2人、水电单位职工1人、企业职工186人。

2006年，严格退休审批复查制度，对弄虚作假的单位和个人，严肃处理，对复查不符合退休条件而办理退休的坚决纠正。并设立了举报电话，接受群众监督，做到公平、合理、合法。全年办理退休671人。其中：农垦职15人、企业职工544人、知青58人。

2007年，根据市劳动和社会保障局常劳社发〔2007〕5号文件精神，将下列人员纳入参加养老保险统筹，对符合退休条件的，办理正常退休手续：（1）凡在市行政区域内常住人口、从事个体工商业、灵活就业人员；（2）农村村委会和党支部主要负责人；（3）进城务工的农民工；（4）农村籍退休复员军人，退休后在城镇就业或自谋职业者；（5）60年代和70年代的下乡知青、原未参加养老保险的。全年办理各类人员退休1012人。其中，个体创业人员66人、村支书17人、知青41人、企业职工830。

2008年，根据湖南省劳动厅《关于未参保国有农业企事业场所和农户型国有林场、参加基本养老保险有关问题的通知》精神，对鼎城区花岩溪林场、区畜牧良种场、区园艺示范场、区蚕种场、区茶场、区油料所、区林料所等单位纳入参加基本养老保险。这些单位的职工符合退休条件的正常办理退休手续。全年共办理退休手续505人。其中，农、林、牧企业职工60人，工商企业376人，知青8人，个体户57人，村长、村支书、村主任4人。

2009年，全年共审批办理退休人员801人。其中，企业职工656人，农垦职工78人，知青退休6人，个体创业人员61人。

2010年，全年办理退休1081人。其中，知青3人；农垦职工165人，个体户74人，企业职工377人，失地农民462人。

2011年，区人力资源和社会保障局加大工作力度，解决未参保集体企业退休养老保障遗留问题，如二轻系统所属各单位、供销系统所属部分单位，在全省实施统账结合制度以前已经关闭、破产的二轻农具厂、服装厂等。由于企业关停并转产，人事档案失控，档案资料不齐全，人员身份及企业工作年限确认困难，一致未纳入养老保险统筹，符合退休年龄的职工也未办理退休手续。为了加快建立完善城乡居民的社会保障体系，实现城乡居民老有所养，区人社局成立专门工作班子，会同民政、供销、工业、财政等相关部门，集中时间，集中力量，圆满完成了任务。全年办理退休1393人。其中，企业职工613人（以上类型人员120人）、个体户与农村退伍兵652人、农垦职工127人，知青1人。

2012年，鼎城区城市规划建设发展很快，被征地而失去土地的农民越来越多，为了确保失地农民老有所养，区人力资源和社会保障局出台《鼎城区城市规划区被征地农民就业培训和社会保障暂行办法》，当年办理失地农民退休 445 人、个体户退休 713 人、农垦职工 97 人、企业职工 2250 人、个体、退伍军人 521 人。全年共办理退休手续 3936 人。

2013 年，全年办理退休 5287 人。其中，个体户 528 人，企业职工 724 人、农民职工 111 人、失地农民 1007 人、小集体职工 2051 人、大集体职工 866 人。

2014 年，办理退休 3621 人。其中，个体户 1619 人，企业职工 800 人、小集体职工 245 人、失地农民 868 人、农垦职工 89 人。

2015 年，办理退休 3801 人。其中，企业职工 535 人、大集体职工 75 人、小集体职工 64 人、农垦职工 50 人、个体户 2607 人、失地农民 1060 人。

2016 年，对全区 2014—2015 年办理的 1184 名企业退休人员进行自查，并按照要求对市局检查发现的问题进行整改。全年办理退休 3892 人。其中，办理正常退休 3755 人，办理提前退休 137 人。正常退休包括，企业退休 452 人，农垦人员退休 50 人，大集体职工退休 19 人，小集体职工退休 45 人，事业单位转制、分流人员退休 47 人，被征地农民退休 1570 人，个体居民退休 1572 人。提前退休包括：特殊工种职工退休 82 人，因病退休 55 人。

2017 年，成立鼎城区企业参保人员病退审核专家小组。全年办理退休 2731 人。其中：办理正常退休 2605 人，办理提前退休 126 人。正常退休包括：企业退休 453 人，农垦人员退休 69 人，大集体退休 19 人，小集体退休 51 人，事业单位转制、分流人员退休 12 人，被征地农民退休 721 人，个体、居民退休 1280 人。办理提前退休包括：特殊工种退休 93 人，因病退休 33 人。

2018 年，办理退休 1439 人。其中，正常退休 2642 人（企业人员 484 人，农垦人员 21 人，大集体 21 人，小集体 26 人，事业单位转制分流人员 30 人，被征地农民 717 人，个体、居民 1343 人），提前退休 126 人（特殊工种退休 79 人，因病退休 47 人）。

第三节　退休退职待遇

1978 年 6 月，按照国务院国发〔1978〕104 号文件规定，企业职工的退休金从退休的第二个月起按月计发，直至本人死亡。新中国成立后参加工作的劳动者，连续工龄满 20 年的，按本人月标准工资的 75%按月发给退休费；连续工龄满 15 年不满 20 年的，按本人月标准工资的 70%发给退休费；连续工龄满 10 年不满 15 年的，按本人月标准工资的 60%发给退休费。退休费低于 25 元的，按 25 元发给。因工致残完全丧失劳动能力而退休者，饮食起居需要人扶助的，按本人月标准工资的 90%发给退休费，还可以根据实际情况发给一定数额的护理费，护理费标准，一般不得超过一个普通工人的工资；饮食起居不需要人扶助的，按本人月标准工资的80%发给退休费；退休费低于35元的，按35元发给。对获得全国劳动英雄、劳动模范称号以及其他有特殊贡献的劳动者，在退休时仍然保持其荣誉的，退休费可提高5%~15%；但提高标准后，退休费不得超过本人原标准工资。退休人员的医疗待遇和死亡待遇与在职职工基本相同。职工退休后，需易地安家的，由原工作单位一次性发给150元的安家补助费；从城市、城镇到农村安家的，发给300元安家补助费。

退职人员的退职金亦称退职补助金、退职生活费。1978年以前，退职人员的退职金一次性发给。1978年6月以后（即国发〔1978〕104号文件发布后）退职的，改为按月发给。相当于本人标准工资40%的生活费，低于20元的，按20元发给（1986年调整为低于30元的按30元发给，1990年调整为低于40元的按40元发给）；退职人员易地安家的，发给相当于本人2个月标准工资的安家补助费；医疗待遇与退休工人相同。退职人员死亡的，只享受丧葬费待遇，不享受其他待遇。

1981年，根据湖南省劳动局〔1981〕068号文件规定，确因生产、工作需要，经组织派遣到疫区工作而感染血吸虫病的职工，经血防专业机构诊断证明，可按因工致残处理，病情符合退休条件的，按因工致残办理退休，享受因工致残待遇。

1983年，根据劳动人事部〔1983〕60号文件规定，全民所有制企业、事业单位和国家机关、群众团体的退休、退职职工，自1983年8月起，每月增加退休退职生活费5元。是年，劳动人事部〔1983〕3号文件规定，中华人民共和国成立前参加中国共产党所领导的革命战争，或享受供给制待遇，或从事地下革命工作，以及在东北和个别老解放区，1948年年底以前享受当地人民政府制定的薪金制待遇，现在仍在机关、事业、企业单位工作的老工人（含军队无军籍的工人），退休后照发本人原标准工资。对于1945年9月2日及其以前参加革命工作的，退休后除照发本人原标准工资外，再增发一部分生活补贴，生活补贴的数额：1937年7月6日以前参加革命工作的，每年增发两个月的本人原标准工资；1937年7月7日到1942年12月11日参加革命工作的，每年增发一个半月的本人原标准工资；1943年1月1日到1945年9月2日参加革命工作的，每年增发一个月的本人原标准工资。从批准退休之日起按年按全额发给，但不享受离休干部的其他待遇。

1985年，给155名离休干部调升一级工资；给3500名退休人员增发工龄补助，给4500名离休退休人员调整工资区类别。

1990年，企业离退休人员从1989年10月起提高一级工资；1957年以来未升过级的离退休人员提高二级工资；退职人员每月增加8元。

1992年，退休人员从1月起提高离退休费的10%；未参加1985年工资改革的企业离退休人员每月增加10元；退职人员参照执行。根据省劳动厅〔1992〕34号文件精神，为全区企业3631名退休职工办理了增加离退休待遇手续。

1994年，对1978年12月31日以前退休的职工每月增加60元；1979年1月1日至1985年工资改革前退休的职工每月增加45元；1985年工改后至1988年12月31日前退休的职工每月增加30元；1989年1月1日至1993年9月30日退休的职工每月增加20元；退职人员月均增加20元。

1995年7月起，对1994年12月31日前退休（职）的职工调整养老金。连续工龄满40年及以上的退休人员月增70元；连续工龄满35年不满40年的退休人员月增50元；连续工龄不满35年的退休人员月增30元；退职人员月增20元。

1996年7月起，对1995年12月31日以前离退休和退职人员的基本养老金和退职生活补助费进行调整。给离休人员（含中华人民共和国成立前参加革命工作的退休工人）每人每月增加30元基本养老金；给退休（职）的职工每月增加20元；退职人员每月增加10元。

1997年7月，对1996年12月31日前退休（职）的职工调整待遇。执行标准：一般退休人员月加10元，未参加岗位技能工资套改和未按湘劳1994年197号文件参加调待的退休职工月加15元，退职职工月加8元。根据《湖南省城镇企业职工养老保险办法》和省人民政府办公厅湘政办发〔1996〕47号文件精神。对乡镇水电管理站、卫生院等单位劳动合同制工人中1995年12月31日以前经批准退休，并在区劳动局社会保险部门领取基本养老金的退休人员，从1996年7月1日起，增加基本养老金。全年共办理职工退休196人。

1999年7月，对1999年6月30日前退休（职）的职工调整待遇。执行标准：养老金在400元（不含400元）以下的退休职工月加60元，月养老金总额不超过450元；在400–500元（不含500元）的退休职工月加50元，月养老金总额不超过540元；在500元以上的退休职工月加40元；退职人员月加30元。

2000年，企业离休人员基本养老金的调整，比照国家机关同类人员调整办法执行。调整时间从1999年10月1日起，标准按机关同职务在职人员晋升一个职务工资档次的档差增加基本养老金，每月低于25元的按25元增加。

2002年7月，在2001年3月31日前退休（职）的职工调整待遇。全区普调月增20元，退职人员月增15元，并对未参加1995年等级工资调标的退休职工，1988年年底前退休、工龄35年，1993年年底前退休、工龄40年的男性退休职工，1983年年底前退休、工龄30年，1993年年底前退休、工龄40年的女性退休职工给予政策倾斜，在普调的基础上再加20元。

从2002年7月开始，对1953年12月31日前参加工作的退休职工每月增发70元；1949年10月1日至1953年年底参加工作的每月补足至570元；1954年1月1日后工作，1995年年底前退休的每月增发25元，1996年1月1日后退休的月加20元；1995年年底前退休的军转退休干部和企业退休的党政干部月增发45元，1995年后退休的月加50元；退职人员月加15元。

2004年7月开始，对2003年12月31日前退休（职）的职工进行待遇调整。执行标准为：1953年12月31日前参加工作的退休职工月加70元；1954年后参加工作，1996年前退休的月加45元，1996年后退休的月加25元；退职人员月加20元。农垦企业退休人员，1954年前参加工作的月加30元，1954年后参加工作的加20元。

2006年，从2005年7月起，对2004年年底前退休，2004年年底男不满 60周岁、女不满50周岁的退休人员月加35元；具有高级职称的月加120元；农垦企业退休农工月加30元。对2004年年底男年满60周岁、女年满50周岁的退休人员：1954年前参加工作的月加105元；1954年后参加工作的、1998年前退休的月加65元；1954年前参加工作的、1998年后退休的月加45元（注：工残退休、企业军转干部不受此年龄限制）。

2006年7月，全市对2005年年底前退休，2005年年底男不满60周岁、女不满50周岁的退休人员月加60元；具有高级职称的月加155元；农垦企业退休农工月加50元。2005年年底男年满60周岁、女年满50周岁的退休人员：1954年前参加工作的月加145元；1954年后参加工作的、2000年前退休的月加80元；1954年前参加工作的、2000年后退休的月加80元（工残退休、企业军转干部不受此年龄限制）。

2007年，普调人均增加50元，按缴费年限（含视同缴费年限、不含折算工龄）每满1年（不满1年的计为1年）增加1元，缴费年限超过40年的按40年调整。1993年12月31日前退休的每月再增加20元，具有高级职称的每月再增加40元。农垦企业退休人员，2003年6月前退休的加60元、以后退休的加55元。

2008年，对2008年年底前的退休（职）的职工从2008年1月起普调人均增加50元，再按缴费年限每满1年增加1.5元。另外对以下人员政策倾斜：（1）1953年底前参加工作的退休职工再每月增发40元；（2）原工商业者再增发40元；（3）在职时取得高级职称的再增发60元；（4）75（含75）—80周岁的再增发10元；（5）80岁以上（含80）的再增发20元。其中，（1）、（2）、（3）项倾斜政策不可同时享受。

2009年，对2009年前的退休（职）的职工从2009年1月起普调人均增加50元，再按缴费年限每满1年增加2元。

2010年，决定对2010年前退休（职）的职工从2010年1月起普调人均增加60元，按缴费年限每满1年增加2元。从2005年到2010年，全市企业退休职工基本养老金连续实现六年调，养老金支付大幅增加。

2011年，全区11619名退休人员月增养老金80元，缴费年限每满一年增加2元，70岁以上再加20元，80岁以上再加30元，人均月增加养老金135元。

2012年，全区16789名退休人员月普调养老金120元，缴费年限每满一年加2元，70岁以上再加50元，80岁以上再加60元，人均月增加养老金176元。

2013年，全区19550名退休人员月普调养老金95元，缴费年限每满一年增加2元，70岁以上再加50元，80岁以上再加60元，人均月增加养老金150无。

2014年，全区22540名退休人员普调养老金110元，缴费年限每满一年加2元，70岁以上再加50元，80岁以上再加70元，人均月增加养老金155元。

2015年，全区26454名退休人员普调养老金110元，缴费年限每满一年增加2.5元，70岁以上再加50元，80岁以上再加70元，人均月增加养老金180元。

2016年，全区30303名退休人员普调养老金70元，缴费年限每满一年增加2.5元，70岁以上再加25元，80岁以上再加35元，人均月增加养老金132元。

2017年，全区33700名退休人员普调养老金50元，缴费年限每满一年增加3.1元，70岁以上再加20元，80岁以上再加30元，人均增加养老金123元。

2018年，给全区36424名2017年12月31日前退休人员每人每月普调45元，缴费年限每年2.8元，70岁以上者再加20元，80岁以上者再加30元，人均增加养老金111元。

第七章　劳动保护与安全生产监察

第一节　劳动保护

民国时期，县内企业对工人的劳动保护设施很少，工人每天工作10多个小时，只春节期间放假6天。民国35年（1946），黄土店金矿只有简陋的通风设施，没有其他安全保障，事故时有发生。120多人的金矿，得硅肺病的就有30多人。

新中国建立后，县人民政府关心职工的劳动保护。20世纪50年代对有尘毒的厂矿推行湿式作业和密闭法等措施，严格控制矽尘浓度。1959年，县人民委员会关于企业职工伤亡事故报告作出了规定，发生死亡事故或多人伤亡事故时，应在24小时内用电话、电报或者其他快速办法迅速报告，随即作出处理。1962年，对全县全民所有制企事业单位按生产和工作需要，发给防护用品，当年发放各种劳保物质11种，共25706件。1964年，全县上半年共解决劳保用布3504市尺、手套2500付、肥皂5474条、全胶鞋929双、半胶鞋200双、毛巾613条、雨衣54件。1975年，有氮肥厂、昌明锅厂、机械厂、沧山金矿、县建筑公司等15家企业设有医务室，为职工防病治病。

1978年，中共中央发出《关于认真做好劳动保护工作的通知》后，常德县把加强劳动保护，狠抓安全生产工作提高到党纪国法的责任高度。常德县革命委员会2次召开全县安全工作会议，贯彻落实中央精神，加强对安全工作的领导。当年全县未发生重大安全事故。

1979年，常德县劳动局会同有关主管部门对工业、轻工业系统所属的13个企业进行为期5天的劳动保护、安全生产大检查。县氮肥厂、新源印刷厂等劳动保护、安全生产做得好的受到表扬，对电力线路腐蚀后裸露、传动设备无防护罩的等相关单位下达整改通知书限期整改。

1980年，县劳动局会同防疫站、粮食局等单位，对全县工业、轻工、农机、供销、商业、交通等系统的16家工矿企业进行调查，澄清了有毒有害工种作业点及严重影响工人身体健康的情况，召开座谈会，提出整顿意见。对不应享受保健食品而享受了的和应享受而没有享受的工种，如夹街轧花厂、粉末冶金厂、河洑镇日用玻璃厂等单位应享受而未享受的，重新进行了核定，落实了保健食品政策，激励了广大工人生产积极性。对有关单位的劳保用品进行了审定，发现有扩大标准和滥发劳保用品的问题，及时纠正。

1981年，县劳动局对全县35个企业进行防尘防毒检查，通过一听、二看、三测定、四座谈的方法，查清了全县工矿企业尘毒危害情况。全县有毒作业27个，接触粉尘有毒作业的职工567人，采取措施后消除尘毒的20个，免除尘毒危害的职工357人，97人通过健康检查发现有轻微毒害的8人，及时采取措施，进行了治疗和更换工种处理。

1982年，县劳动局常劳字〔1982〕12号文件，要求全县从事粉尘作业的工人都要佩戴符合国家标准的自吸过滤式防尘口罩，严禁再使用纱布口罩。12月，县安委发出《关于认真做好今冬明春“六防”工作通知》，要求全县各企业切实搞好防寒、防冻、防滑、防火、防爆、防中毒等“六防”工作，杜绝事故的发生，保证生产顺利进行。各部门和各企业单位，组织以“六防”为主要内容的冬季安全大检查。通过检查，进一步提高职工群众对安全工作的认识，落实“六防”措施，消除隐患。对于在“百日安全竞赛活动”中查出的隐患未整改的，更要采取有力措施，限期改正。各单位按通知精神自查自纠，当年冬天未发现寒冻、火、毒、爆等重大事故。

1983—1986年，各企业在生产中采取措施，加强防护，杜绝了伤亡事故的发生。特别是1986年县劳动人事局会同公安局、乡镇企业局、工商局发文并联合整顿烟花爆竹企业。对烟花爆竹企业的申办手续、生产操作规程、堆码标准、炸药等级都作了严格的规定。特别是炸药不能用烈性炸药，花炮不能生产容易伤人的拉炮、摔炮、炸炮、发令纸等。

1987年，认真贯彻执行《湖南省工业企业劳动保护条例》，改善工业企业劳动条件，从根本上消除职业危害和事故隐患，保障职工在生产过程中的安全和健康。根据《湖南省生产性基本建设和技术改造工程项目严格执行劳动保护“三同时”的规定》和《常德地区生产性基本建设和技术改造工程项目实行劳动保护“三同时”审查的暂行办法》的规定，对1987年新建、扩建、改建的生产基本建设项目进行了劳动保护“三同时”审查（即同时设计、同时施工、同时验收投产）：被审查的单位：县氮肥厂“节能技术改造”工程、新源印刷厂“引进高速烫金机”项目、常德县二轻猪鬃厂“易地改造工程”、县合金模具厂“耐磨锌基合金代铜”项目、县畜牧水产局新建“颗粒饲料加工厂”、丹洲乡政府新建“动力配件厂铝活塞生产线”、武陵镇政府新建“丙涤纶厂”、二轻冶炼厂“搬迁”项目、长岭岗水泥厂新建项目、东风帆布厂新建工程、蔡家岗多美针织厂扩建工程、尧天坪铝制厂扩改工程、黄土店机械厂扩改工程、武陵镇电线厂扩改工程、牛鼻滩镇互感器厂扩改工程、南坪粉末冶金厂扩改工程、镇德桥织布厂扩改工程、武陵镇织布厂新建工程。8月至10月，对全县乡镇企业厂矿职工的职业病进行普查和尘毒监测工作。183人参加检测，25人身体被尘毒轻微伤害。及时采取了改善工作环境、调离工作岗位、住院治疗等措施。

1988—1989年，加强劳动防护用品管理和检查，不但严格掌握发放标准，而且还严格生产质量。选定了东风帆布厂、许家桥民族皮鞋厂、柳条制帽厂等10家为劳动保护用品生产厂，选定商业大楼为定点销售商店，促进了全区劳动保护用品的管理。

1990年，根据省劳动厅《关于女职工卫生费发放问题的通知》，鼎城区按照单位的承受能力给女职工每人每月按1.5~2元标准发放卫生纸，在企业“专用基金的福利基金”科目中列支。

1991年，加强劳护用品生产和销售的管理，坚持劳护用品的审批制度。3月，召开全区劳护用品生产厂家和劳护用品销售商店负责人会议，强调劳护用品必须定点生产和定点销售，以保证劳护用品生产质量，真正发挥劳护用品的保护作用。经常深入劳护用品生产厂家，进行质量检查和监督。全年，没有发生因劳护用品质量问题引发的事故。

安全股长在女职工骨干培训会上讲话

1992年，认真进行女职工劳动保护工作的检查。2月初，区劳动局和区总工会按照市女职工劳动保护检查考核细则，通过检查，全区有达标单位215个。4月初，召开劳护用品生产厂家负责人会议，并进行生产现场检查。通过检查，了解了在劳动防护用品生产管理工作上存在的问题，并提出了整改要求。根据湘劳职字〔1992〕118号文件《关于对劳动防护用品定点生产企业进行复审验收的通知》的要求，9月，对10家劳护用品生产企业，逐家进行考核评审工作，对扭转全区劳动防护用品生产管理工作的混乱局面起到了很大作用。组织9家企业参加“湖南省安全科学技术成果及防护用品展销会”。同时组织区属部门、区属企业100余人参观展览。

1993年，在各企业主管部门和企业自查自纠的基础上，对全区企事业单位进行女工劳动保墟查。共检查20个企事业单位，大部分单位领导重视，制定了女工劳动保护的实施细则，能按《女职工劳动保护规定》进行。大部分单位都建立了托儿所、幼儿园。新源印刷厂修建的托儿所、幼儿园，设施齐全、管理有序，并实行了白班全托制度，解除了母亲职工的后顾之忧。

1994年，根据市劳动局《关于提高女职工卫生费用的通知》，女职工的卫生费用标准由原来的每人每月1.5~2元提高到3.5~5元。各单位按其支付能力，确定具体支付标准。

1995~1998 年，鼎城区劳动力局在劳动保护工作中，严格按照国家政策，经常深入基层调查了解，指导企业切实做好职工劳动保护，取得了较好的成绩。

1999 年，鼎城区劳动局对“三资”、私营、个体企业进行女职工劳动保护法执行情况监察，继续加强劳动防护用品管理和建筑企业安全资格认证工作，努力开展新建、改建、扩建工程的职业安全卫生设施“三同时”审查，落实安全条件，从源头杜绝事故隐患。

2000 年，区政府通过“划转职能、理顺关系”，将劳动保护职能划给区安全生产监督管理局，区劳动和社会保障局不再管理职工劳动保护工作。

第二节　安全生产监察

一、综合监察

1979 年，县革委转发省革委《颁发〈关于加强安全生产、劳动保护工作几项规定〉的通知》，要求全县各级领导认真贯彻执行党的安全生产方针、政策，坚决执行国家劳动保护法规，把安全生产纳入重要议事日程，确保职工群众在生产建设中的安全、健康及人民和国家财产不受损失。全县各企业主管部门、农村人民公社，都安排专人或兼职管理安全生产、劳动保护的专干，特别是 500 人以上的工厂和 300 人以上容易发生事故、职业病危害严重的企业，均设立安全机构，配备占职工总数 5‰的安全技术和劳动保护专职人员（矿山、尘毒危害严重的单位，可大于 5‰），其他企业有人专管或兼管，班组设不脱产的安全员。

1980 年 8 月 26 日，国务院对“渤海二号”翻船事故作出处理决定后，县政府 9 次开会研究安全生产，并成立“常德县安全生产委员会”（以下简称县安委），加强对安全工作的领导。全县各单位、各工厂建立安全组织，明确安全专干和安全员 667 人。县劳动局与县安委、公安局等部门，对工业、交通、农水、财贸、社队企业等单位先后检查 15 次，对隐患一一作出处置。全年，工交、财贸等单位共发生事故 178 起。年终对安全工作进行评比，评选出 3 个红旗单位，67 个先进单位和 119 名先进个人。

1981 年，发生各类事故 158 起，其中死亡 19 人、重伤 23 人，经济损失 12700 元；重大事故 23 起。是年，全县各级召开安全工作骨干会和群众会 8000 多次，传达贯彻上级文件精神。全县建立 2700 多个安全组织，有安全员 8500 多名，其中专职人员 3800 多人。建立安全制度 35 项，共 920 余条。

1982 年，全县各系统、各单位召开安全生产工作会议 90 多场次（县政府组织召开了

4 次大型会议），张贴宣传标语 3000 多条（其中永久性宣传标语牌 80 多块），出黑板报、墙报 100 多期，播出广播稿 100 多篇，出动宣传车船 2 辆。在“安全月”活动前夕，组织 7800 多名干部、工人收听收看了省政府关于“认真开展安全月活动的广播电视大会”的实况，使安全第一的思想深入人心。帮助各单位建立各种安全组织 870 多个，增设安全人员 3500 多名，其中专职人员 80 多人，明确了任务、职责和权限，充分发挥了“三级安全网”的作用。采取企业自查、主管部门抽查、政府组织全面检查的方法，加强安全生产检查督导，其中县政府组织全县大检查 3 次。各企业主管部门抽查 70 多人（次），出动各种安全专业检查组 110 多个，抽调人员 380 多人（次），其中局级以上负责人 30 多人（次）。检查单位 1300 多个（次），发现事故隐患 2000 多处，还对全县 28 个单位的尘毒危害情况进行了普查测定。通过抓典型经验和调查总结，共发安全典型材料 300 多份，通报表扬先进单位 89 个，先进个人 120 人。

1983 年，全县各系统、各单位召开各种类型的安全生产工作会议 360 多场（次），写宣传标语 3000 多条，出黑板报、墙报 200 多期，报刊、广播稿件 150 多篇，出动宣传车船 4 辆（只），印发各种安全文件和宣传资料 5000 多份，安全第一的思想更加深入人心。帮助各单位建立和调整安全组织 870 多个，配备安全人员 3500 多名，其中专职安全员 110 名。如经委各厂、矿山较集中的河洑、黄土店区及所辖公社都设有专职安全干部，明确了任务、职责和权限，发挥了“三级安全网”的作用。

1984 年，根据国务院〔1984〕5 号文件精神，从 7 月起对全县 53 个乡、镇（场）开展民用爆炸物品清理整顿工作，经过 5 个多月的清理整顿，扭转了爆炸物品管理工作的混乱局面。整顿期间，县政府成立了有政府、公安、劳动人事、供销、商业、物资等单位负责人组戎的、以副县长张传德任组长的领导小组，全县各级建立爆炸物品清整领导小组。为了提高对爆炸物品清理整顿的认识，层层召开会议，宣讲 5 号文件和各级对爆炸物品管理的指示精神 545 场次，写各种宣传标语 4759 条，出刊 45 期，翻印省政府关于爆物管理通告 5000 份。电影前放幻灯片 12 场次，广播 24 次。经检查发现不合安全条件的 13 家鞭炮生产厂，限期停产的 9 家，没收产品工具的 2 家，罚款停产的 2 家；查出重大隐患 54 处，当场订出整改规划限期整改，到年底整改 34 处。新建符合安全标准的爆炸物品仓库 43 处。河洑区的雷公庙乡、石板滩乡、蔡家岗乡、灌溪乡等均先后建起爆炸物品专仓。对不合格的 21 名爆炸物品从业人员督促调离；清理销毁鞭炮 370 万响；对严重失职的进行了处罚。黄土店金矿安全员黄某明在押运途中丢失一箱 5000 发雷管，给予行政拘留 15 天的处罚。在全县推行沧山金矿的管理办法，建立 10 项安全制度。由于实行责任到人，奖罚兑现，过去不断丢失雷管的现象杜绝。9 月底，县安委组织公安、工商、安全、物资、供销、乡镇企业等10人分5个检查小组下到各区、乡重点验收储存、销售、保管、使用、生产情况，对合格标准的单位发放许可证1069份，爆破员作业证145份；销售许可证一份，烟花爆竹销售许可证（不含个体户）252份；签发准购证278份，检查验收准运证230份。全县共评出爆炸物品清理管理工作好的优胜单位5个，先进个人10名。

1985年，常德县港二口乡发生特大恶性沉船事故。是年6月26日，港二口乡政府组织2000多名劳力到地处跃进水库周边的山坡上培育杉苗。下午5时，最后收工群众搭乘一小机动挂桨船从水库返回途中，因机船严重超载，加之船头有裂缝，船舱入水后沉没，船上61人全部落水，当即淹死33人，造成了一起骇人听闻的恶性沉船事故。港二口乡党委、乡政府的领导严重缺乏安全生产观念，特别是乡长郭某民在25日召开的村主任动员会上，只一般谈及安全问题，对新乘船只没有认真检查，对船只超载现象没有及时制止。县政府要求全县吸取这一惨痛教训，狠抓安全生产与劳动保护。下半年安全形势有较大好转。

1986年，发挥各战线、各部门、各单位安全监察人员主力军作用，多次召开各战线、各部门、各办事处分管安全工作的负责人联系会议，及时下发安全检查的通知，狠抓安全工作的检查和督促，及时发现和整改一些事故隐患，做到了防患于未然，杜绝了恶性事故的发生。县经委、建委、财委、农委、计委、公安、交通等部门，把每季度检查一次作为一项制度固定下来，特别是经委每个季度都由主任、副主任带队，用3~5天的时间对所属企业进行全面安全检查。在检查中查思想、查制度、查隐患、查措施，每次检查都有总结评比，都有情况通报。县劳动人事局在各战线组织检查的基础上，进行定期或不定期抽查和夜查，对事故隐患下发整改通知书80余份。

1987年4月，康家吉乡枫树村烟花爆竹厂发生爆炸，死亡8人。县委、县政府组织现场教育，总结血的教训，整顿烟花爆竹行业，对23家爆竹生产厂和炸药仓库进行了安全大检查。检查结果是可以边整顿边生产的7家，存在严重隐患需停产整顿的5家，不具备安全生产条件，隐患严重，应吊销安全生产许可证，强制进行整改的有8家，不具备安全生产条件，问题突出，又无法进行整改令其转产的3家。

1988年，对全区工业、建筑业实行劳动安全目标管理，制定了考核评分办法，开展了专业性安全监察和综合安全检查相结合的办法。进行危房鉴定3200平方米，发现事故隐患154处，下达整顿通知书37份，处理违章38起，收取罚款2055元。还对23个生产建设项目进行了“三同时”审查，处理了9起工伤责任事故，事故结案率，罚款处理率都为100%。当年，全区工业企业（包括乡村企业）共发生重伤死亡事故9起，死亡7人，重伤2人。区属企业实现全年无死亡事故，商业、粮食等6个系统实现全年无生产性重伤死亡事故。

1989年，全年工业生产发生各类重大伤亡事故8起，比上年下降11.1%；死亡2人，重伤6人，直接经济损失3.5万元。9个区属工业企业实现了全年无死亡事故，建筑、商业、供销、邮电、航运等系统全年杜绝了生产性事故。

1990年，区劳动局与有关部门配合，对全区42家建筑企业进行安全资格审查，合格企业共40家，合格率95.2%。对不合格的企业及时下达《整改通知书》。同时还帮助企业建立健全了安全组织机构、安全规章制度及责任制，并规定今后无安全资格许可证一律不准办照施工。全年召开安全工作联系会议3次，全区大检查2次，查出事故隐患81起，并全部整改。对32个单位危房进行了鉴定和下达了整改通知书。同时，对全年发生的7起事故进行了处理并结案，事故结案率、罚款处理和兑现率都达到100%。全区工业企业发生各类事故7起，死亡1人，重伤5人，直接经济损失3.5万元。区属企业、二轻企业实现了全年无死亡事故。农委、财委、水上交通、文化系统杜绝了生产性事故。

1991年，注重安全教育从基层抓起，组织《安全在我心中》演讲比赛活动。比赛中，区氮肥厂、灯泡厂、新源印刷厂取得前三名。区新源印刷厂在全市《安全在我心中》演讲赛中获得三等奖。全年工业企业（包括乡镇企业）共发生伤亡事故6起，比上年下降1起，死亡4人，重伤2人，经济损失5万多元。经委9个区属企业全年实现无死亡事故，商业、供销、邮电、教委、农委、水上交通、卫生文化等系统杜绝了生产性事故发生。

1992年，首先抓了恢复建立安全教育室的工作，全区建起13家安全教育室，其中氮肥厂、新源印刷厂等单位安全教育内容丰富。全年共放映录像教育片（包括锅炉安全）28场，观看人员6100人次。在5月安全月活动中，印发安全标语2000多条。全年出安全黑板报及墙报共207期。订阅1991年、1992年《安全与防灾》杂志113份、136份。区劳动局安全股全年有1/3的时间深入生产现场，该股3人下基层共430多天，查出隐患587处，整改率为97%。全年召开全区安全工作会议2次，召开各战线和各单位主管安全工作的负责人联系会议3次。与企业主管部门一道，组织了4次全区性安全工作大检查，还组织了8次专业性安全检查（工厂3次、矿山2次、建筑2次、锅炉1次）。组织区安全活动月抽查和夜间检查，对事故隐患下达整改通知书42份。是年，全区企事业单位（包括乡镇企业）生产中发生各类事故共6起，死亡3人，重伤3人，直接经济损失11.5万元。区财委、农委、水上交通、文卫等系统杜绝了生产性事故的发生。

1993年，区劳动局采取多种形式开展安全生产宣传，组织厂（矿）企业及有关部门观看“安康乐”的安全文艺表演。5月份的安全周活动，召开各战线及主管部门的安全负责人会议，学习文件，在统一认识的基础上，明确目的要求。在“安全生产周”活动中，全区共张贴安全标语3660条；墙报、黑板报宣传共1610块；广播宣传共710余次；组织各单位制作41块流动宣传牌，分别下到区属各企业，重点二轻企业和乡（镇）企业以及人群集中的地方进行一条街宣传活动。安全周活动中，受教育面3万余人次。抓好现场安全监察，查出事故隐患637处，整改率为96%；及时进行了督促整改。当年，全区企事业（包括乡镇村企业）生产中发生各类事故5起，死亡2人，重伤3人，直接经济损失6.5万元。区属企业实现了全年无一死亡事故；农委、财委、水上交通、文卫等系统杜绝了生产性事故的发生。

1994年，召开全区动员大会，传达市政府“4·27”安全工作会议精神，学习有关文件，进行周密部署，明确目标责任。在宣传活动中，全区共张贴安全标语3500余张，墙报、黑板报850块，广播宣传700余次；在集镇、车站、码头、马路拉横幅48条。同时，组织5台宣传车开展流动宣传。教育面达4万余人次。

1995年2月，区政府召开全区安全工作大会，确定全年安全工作总的指导思想。按照区政府要求，首先抓了安全管理机构的完善，全区建立安全领导机构226个，配备专职安全员281人，设置乡镇矿山安全监察站6个。为了贯彻落实“安全第一，预防为主”的方针，保证建安企业的正常生产秩序，根据湘政发〔1988〕51号文件和湘劳〔1994〕100号文件及1995年8月29日株洲会议精神，对全区建安企业的安全管理情况、机构设置、人员配备、制度落实、证照审查、现场整改等进行了为期两个月的突击监察，颁发安全资格证23个，审查合格率达100%。

1996年，鼎城区的安全工作主要是“突出中心，注重全局，杜绝隐患，消灭事故”。一是狠抓“安全生产周”和“安全年”活动。根据劳动部〔1996〕32号文件和省政府〔1996〕24号文件及市政府安全生产工作会议精神，通过各种形式开展了“安全生产周”和“安全年”宣传活动，利用各种会议广泛宣传。3月25日，区政府召开全区安全工作会议。开展宣传一条街的活动，利用宣传牌、新闻图片进行宣传；5月“安全生产周”期内，组织5台宣传车、32块宣传牌在全区企业厂矿、乡镇开展流动宣传；利用各种宣传资料、手册，可视读物进行宣传。二是认真开展安全工作的现场监察与整改。对全区40多家重点单位进行抽查和夜检，对严重违反国家安全法规的单位进行了现场整改，重点整治，对“三资”、私营、个体企业进行了安全生产监察。依法查处事故6起，收取事故罚款3万元，事故罚款率、罚款处理率和兑现率都是100%。当年，鼎城区政府被评为全省安全生产先进单位，区劳动局安全干部刘金雄被评为先进个人。

1997年，鼎城区劳动安全卫生监察工作进一步加强，安全生产形势稳定。全区各级各部门开展各类动员会议近2000场；利用电视台、广播电台宣传。区广播电台利用一周时间早、中、晚三次播放安全生产专题节目；利用板报、录像宣传；利用宣传车巡回宣传；利用各种可视读物进行宣传。

1998年，鼎城区各企、事业单位在生产中共发生事故5起，死亡2人，重伤3人，直接经济损失6.5万元。

1999年，鼎城区加强安全生产综合管理：（1）加强领导，落实责任。3月24日，区政府召开全区安全工作会议，总结1998年的安全工作并部署当年安全工作。与各乡镇、部门签订安全生产工作责任状。区安委办全年共签发10份文件传达到基层，以确保安全生产。（2）形式多样的进行安全宣传教育活动。在指导企业抓好入厂安全知识教育的同时，利用黑板报、考试、演讲、安全杂志、手册、电视等形式进行宣传，特别是5月“安全生产周”期间，共悬挂横幅40余条、标语100多条。（3）组织全面检查，坚决整治事故隐患。“防范胜于救灾”。全年共对60多家重点行业、部位进行安全抽查，下发隐患整改通知书17份，整改意见80余条，边检查、边整改，隐患整改率96%。共办理区人大常委会、区政协等单位交办提案、意见3件。如石公桥芭茅滩地段非法采矿现象得到遏制；桥南市场为防火安全，加大了对消防设施的投入。（4）认真做好各类事故的查处工作，依法严肃处理责任人。坚持实事求是，多次深入现场调查取证，全年依法依规查处事故9起，事故处理工作做到分清责任、公正严明，事故赔偿率和罚款兑现率都是100%。对影响较大的如石公桥“4·21”渡船超载事件和蔡家岗、黄土店等地的鞭炮厂爆炸事故等进行了严肃查处。

2000年，鼎城区劳动和社会保障局把抓安全生产作为重点，做了如下工作：一是搞好宣传，提高全民安全意识。利用各种会议广泛宣传，全区各级部门层层签订安全责任状400余份；利用电视台、电台、安全杂志进行宣传，全年在各种新闻媒体上稿50余篇；举办安全知识演讲竞赛。武陵结构二厂开展了安全生产知识竞赛，全厂职工的安全生产意识显著增强。5月“安全生产周”共悬挂横幅50余幅，张贴标语100多条。二是加强监察，排除事故隐患。根据安全监察工作的特点和工作任务，对80多家重点单位进行抽查和夜检。下发隐患整改通知书58份，依法查处2起工业企业伤亡事故，2起农电伤亡事故，事故赔偿和罚款兑现率均为100%。

2001年起，安全生产职能划转区安全生产管理办公室，区劳动部门不再具有此项工作职能。

二、矿山安全监察

鼎城区的矿业有石煤矿、石灰矿、金矿、金刚石矿、沙石场、岩场等。特别是石煤储量较为丰富，且大多为露天矿。由于开采的点多面广，开采条件差，生产设备简陋，基本上都是乡、镇、村企业开采，安全管理工作不到位，从业人员素质低，致使矿山事故经常发生。1981年，常德县安全生产委员会、县劳动局制定《常德县关于采石、挖煤安全生产试行规定（草案）》，对开采中的组织领导、安全防护、炸药管理、放炮时间、岗位职责等作了严格规定。常德县劳动局会同县乡镇企业局召开矿山安全生产工作会议，认真学习《国务院关于加强企业生产中安全工作的几项规定》和常德县《关于采石、挖煤安全生产试行规定》。1978—1982年，常德县采矿企业未发生重伤以上事故。

1983年，常德县部分地方和企业安全事故接连发生，死亡人数急剧上升。1月至11月，全县工交、基建、农水、财贸、社队企业共发生事故201起，死亡65人，重伤204人，直接经济损失38万多元。特别是社队企业中的煤矿、石灰矿、岩场事故比较严重，全年矿难死亡的人数就达25人，占1/3强，矿山企业的重伤占80%左右。2月20日，雷公庙公社石灰三场排长李某成，违反放炮规定，不等炮响，即离开防炮棚。刚走出炮棚，被炸起的飞石打中腰部，在送往医院的途中死亡。3月26日，这个公社的石灰二场副业工蒋某初、蒋韩某兄弟俩为了多挖土方，不顾安全，挖神仙土，被垮塌的土打死。8月5日，石板滩公社金刚煤矿违反规定，挖神仙煤、塌方打死一人。特别是南坪公社石煤场，在11月5日12时50分左右，发生一起特大塌方事故，崩垮岩石3.6万余立方米，压死15人、重伤3人、轻伤6人，压坏汽车和拖拉机18台，直接经济损失11.3万余元。通过调查，这起特大事故是一起完全可以避免的责任事故，是由于有关领导长期只重生产、不顾安全、违章开采所造成的。事故发生后，省人民政府和常德行署领导非常重视，分别派出工作组，到现场与县区社领导一道调查事故的情况和帮助制定抢救方案，并提出严肃地批评。常德县人民政府向省政府和常德行署写出书面检查报告。

1984年，常德县乡镇企业高速发展，企业总数3829个，从业职工27150人。当时，由于放手让群众开采，“一处点火，处处冒烟”，使事故和事故苗头堵不胜堵。后来，各级安全机构加强集体和个体开采的领导，县政府下达60号和84号文件，制定《矿山安全开采条例》和《矿山暂行管理条例》，规定乡镇企业开采办矿的四种范围，即：一是经矿业和主管部门指定开采范围内的矿产资源；二是国家矿山开采不到的边角矿；三是国家近期内不便于集中开采的矿；四是煤炭、建材非金属和一些小有色、小黑色矿产资源。从而保证了中央对矿产资源要“强化开采，有水快流，大矿快开，小矿放开”方针的贯彻落实，做到了厂有厂规，矿有矿法，使乡镇企业的事故由1983年的27起降为8起，消灭了恶性事故，增加了集体财富和个人收入。但沧山、黄土店两个金矿，以及沧浪坪、湖海坪两个村的采金队，仍有危及人民生命以及国家财产安全的隐患存在。他们是无设计能力、无施工方案、无采掘作业面、无支护措施、无保安间距、无统一放炮指挥信号的“六无”

采掘单位，搞独眼井开采。黄土店金矿5月19日下午2时左右，仙良洞坑口发生2万立方米的大塌方事故，青龙村8队采井全部塌毁，因人员离井吃饭才免除伤亡。为保证矿井职工的生命安全，防止南坪事故的重演，县劳动局多次到现场调查以及制止事故苗头，并请示县政府后作出如下处理：一是有关单位要组织力量对黄土店、沧山两个矿区的所有矿井和巷道，进行全面测量。对不具备安全开采的矿井和巷道要停产整改，经整改仍不能保证安全的，要坚决封闭。二是所有矿井都要有施工设计方案，坚持按图施工，禁止乱采乱挖，使其既防止事故，又合理、长期开采。施工计划要报安全监察部门和矿山主管部门验收批准后才能施工。三是各有关单位要支持有组织地开采，制定严格的安全开采制度和措施，认真搞好安全生产宣传和教育，确保安全施工。四是对不讲科学、无视安全、不认真整改事故隐患、违章开采、破坏国家矿产资源的单位和个人，要追究领导和违章者的责任，根据情节轻重分别给予党纪、政纪处分和经济制裁。

1985年，常德县政府印发《关于沧山乡沧浪坪村采金人员进入县乡联办金矿采金严重危及双方安全，必须立即停采撤出的通知》，责成沧山乡政府、县安委、县乡镇企业局迅速赶赴矿区，采取措施，令其滞留采金人员迅速停止作业，无条件撤离现场。县劳动人事局按照矿山开采的5个条件，对140个矿场进行验收发证工作。给符合开采条件的65个矿场，发给开采证；对53个条件不合的，限期进行整改，验收合格后，补发开采证；对不符合条件、盲目开采的部分矿场进行查封。1985年，参加全面整顿的矿场140个，其中整顿合格的石煤矿25个、石灰矿70个，岩场20个，整顿合格率82%以上，取消了25个矿场的开采资格。抓住重点行业，严格审批手续，乡镇企业除乡、村、组所办的企业外，个体企业像雨后春笋，这些企业普遍存在技术落后，生产比较缓慢，散而广的矛盾，安全与生产冲突较大。在县委、县政府指导下，县劳动人事局与有关部门紧密配合，统一认识，采取有效措施解决问题。局领导先后10多次下矿调查处理，合理地解决了矛盾，及时排除了事故隐患。由于领导的高度重视，黄金矿山没有发生死亡事故，促进了企业的发展。

1986年，全县矿山企业发展很快，光石煤一项年产高达35万吨左右。给矿山监察工作带来了一定的压力，乡镇企业局对三矿两场（*石灰矿、金矿、金刚石矿、石煤场、沙石场*）的安全生产丧失信心，部分同志怕负责任。针对这种情况县安委配合乡镇企业局多次召开矿山安全工作会议，贯彻安全生产方针、政策，先后组织讲解矿山开采技术多次，研究采剥措施，修订安全生产制度，帮助解决安全生产中存在的问题。是年，县政府常政发〔1986〕20号文件发布《常德县劳动保护安全生产监察规定》和《常德县劳动保护安全生产奖惩办法》两部地方法规，以保障职工在生产中的安全和健康。

1987 年 8 月，黄金矿区的部分村民进行黄金走私、盗窃和哄抢黄金矿石。区政府组织工作组进驻开展整顿，取缔 7 个采矿点，罚没哄抢矿石非法所得 4.8 万元。9 月 30 日，县政府根据县、区、镇联合工作组的调查报告，以常政发〔1987〕81 号文件《批转〈关于黄土店金矿矿区因争资源危及安全问题的调查报告〉的通知》。10 月 17 日，为保护矿产资源，确保采矿安全，常政发〔1987〕84 号文件《批转县乡镇企业局关于吊销黄土店镇联合采金三组，十八组采矿许可证的通知》，吊销三组和十八组的采矿许可证。县劳动人事局依照《矿山安全条例》《矿山安全监察条例》，在检查中下达“矿山安全监察意见书”4 份。其中停产整顿 1 份，即南坪煤场自 1983 年发生事故以来，采剥失调的问题一直没有解决。场负责人没有吸取教训，多次违章作业，违章指挥。河洑区公所在安全检查时，发现该场继续违章挖倒窿。4 月 14 日上午，将场长宋某福叫到区公所写检查，并罚款 200 元。当天，该厂会计乘场长在区公所写检查之机，继续组织 10 余人挖倒窿，安排无证爆破员从事爆破作业，雷管、炸药、混放在保管员和生产人员的住房里，这些问题被县安委及时发现后，下达停产整顿意见书，限期整改。7 月起，常德县劳动人事局对全县 53 个乡、镇（场）开展矿山民用爆炸物品清理整顿工作，经过 5 个多月的时间，扭转了在爆炸物管理工作上的混乱局面。

1988 年，加强矿山企业安全资格审查发证工作。乡镇企业（包括乡办、村办、个体、集资联办的所属矿山）凡有开采价值，安全状况不好的，要限期予以整顿。整顿后由矿山写出书面报告，监察部门会同乡镇企业局进行全面检查验收。合格一个发一个“允许开采证”，不经允许不能擅自开采。凡扩建和新建矿区，包括石煤矿、石灰矿、金矿、金刚石矿等，应首先规划出安全开采措施，向乡镇企业局申报取得合法手续后方可开采。对矿山的安全生产，由过去单一的行政管理转到实行国家监察、行政管理和群众监察相结合的管理体制上来，严格执行安全法规和必要的行政处罚相结合，做到处理事故以理服人。全区黄金采矿点由 66 个减为 34 个，采金人员由 3000 人减至 1400 人；石煤矿由 29 个减至 11 个。

1989 年，根据省政府《湖南省矿长安全技术业务资格审查办法》和上级有关文件精神，区劳动部门会同有关部门对全区矿山企业矿长安全技术业务资格进行了审查。

1990 年，根据湖南省〔1989〕313 号文件精神，对全区所有矿山企业重新进行考查审批，凡达不到基本安全条件的矿山企业一律不许开采。并要求各单位备齐资料，填写好“常德市乡镇（村）个体矿山安全条件审批表”，到区劳动局矿山安全股进行审查。

1991 年，区劳动局与乡镇企业局共同举办《安全在我心中》演讲比赛，有 12 名矿场青年职工演讲。对矿山企业组织 4 次安全监察，还对 50 多家乡镇矿山进行了安全条件审查。对审查合格者，发给安全合格证，不合格者限期进行整改，对严重违反采矿规定、违章作业有重大事故隐患的采矿地段，收缴其工具，采取强制措施责令停产整改。

1992 年，进一步贯彻落实省政府湘政发〔1989〕31 号文件和湖南省安全生产委员会有关文件精神，成立矿山安全检测所，将 4 月定为矿山安全活动月。用 15 天时间，先后在河洑办事处、黄土店办事处、沧山金矿组织学习《矿山安全条例》《矿山安全监察条例》和国家有关安全法规等资料。

1993 年，贯彻落实省政府湘政传电〔1992〕117 号文件《关于认真学习宣传贯彻〈矿山安全法〉的通知》和湖南省劳动厅有关文件精神，用 20 天时间，先后在河洑办事处、黄土店办事处、沧山等地进行《中华人民共和国矿山安全法》宣传。还开展《中华人民共和国矿山安全法》普法学习考试和安全生产知识竞赛活动。参赛人员共计 2911 人，及格率 96%。在全区发行《安全与防灾》杂志共 162 份、安全生产挂图 150 份、《安全生产法律、法规汇编》150 本。

1994 年，对全区矿山企业的矿长进行安全技术资格审查和复审。审查对象是区属矿山企业，乡、镇、村矿山企业（包括砖厂）的矿长，分管安全、技术、生产的副矿长、专职安全员、私营矿山企业和个体合伙采矿的经营者、管理者、各有关办事处、乡镇企业管理站、各黄金（矿山）管理站、各有关村的安全负责人以及需要办矿的单位和个人确定的负责人。

1996 年，区政府印发《常德市鼎城区露天矿山“安全生产条件合格证”发放试行标准》，保证乡镇集体和个体矿山具备基本安全生产条件，提高防灾、抗灾能力，减少伤亡事故，促进正规开采。各乡、镇根据发放试行标准的规定，进行整顿和验收，全区矿山安全生产得到较大促进。

1999 年，区劳动局安全监察人员深入灌溪镇白石村、石板滩乡拾柴村等 20 多处矿区 10 多次，下达安全监督指令书 10 多份。对沧山金矿与所在乡镇采矿人员交叉开采、上下作业问题进行纠正和督促处理。对遍布全区的私营、个体采矿点加大安全监督执法力度，严格开采行为，并依法及时处理矿山企业、周边群众所反映的矿山生产安全问题。

2000 年起，矿山安全监察职能移交区安全生产管理办公室承担。

三、锅炉压力容器安全监察

1978 年 5 月，常德地区劳动局《关于开展全区锅炉和受压容器安全检查的通知》下达后，县计划委员会于 8 月中旬开始对全县受压容器和锅炉进行普查登记（县劳动局于 8 月 20 日成立后，普查工作由劳动局继续完成）。全县有锅炉 25 台，对合格的 20 台锅炉颁发了使用证明书，对制造不合格的 5 台责令停止使用。召开有锅炉单位的主管安全生产负责人和司炉工参加的锅炉安全生产会，学习省地文件和省领导的讲话。会上收集各单位锅炉的技术状况和运行情况，研究了锅炉安全生产保护措施，布置了对锅炉和受压容器进行检查的任务。

1979 年，国家劳动总局发出《关于加快普及锅炉水处理工作的意见》后，县劳动局召开全县锅炉水质处理工作会议，学习法规文件，结合常德县锅炉压力容器的现状，制定了普及落实水处理的措施。是年，常德县有各种锅炉 26 台、总蒸发量 36 吨。其中，生产用锅炉 15 台，生活用锅炉 11 台，经检查合格、登记发证的 20 台，未登记发证 6 台。2 月，县渔场一台 0.5 吨的水管锅炉，因锅炉材质低劣和操作不当发生了爆炸事故。因锅炉工外出磨刀而未造成人员伤亡，却炸坏一间房子。不少单位的领导不重视安全，锅炉长期带病运行。有的单位将老、弱、病残的人员照顾到锅炉房烧锅炉。有的司炉人员，不认真学习锅炉技术，责任心不强，不懂司炉技术、不懂锅炉性能，有的连仪表都不会看。全县各企、事业单位对锅炉和受压容器进行全面检修，各种仪表、阀门都进行了调试，已失效的进行了斢换，不合技术要求不能用的锅炉，坚决停用。

1980 年，加强对锅炉及受压容器的管理，全县共检查 10 台新装锅炉，并对锅炉进行登记建档。

1981 年，抓典型经验总结、抓检查评比活动、抓奖罚兑现、抓重大事故的处理、抓事故苗头。1 月份，县化工厂安装一台新的卧式快装 4 吨锅炉，只运行 40 多天，由于司炉工上班打瞌睡，使锅炉缺水干烧，造成 40 根火管烧裂漏水，管口全部松动，被迫停产一个星期，虽然修复，但给锅炉留下了内伤。全县有锅炉 51 台，其中不能用的 5 台、合格的 28 台、不合格的 18 台。通过整改修复后，这 18 台锅炉全部合格。

1982 年 8 月，县劳动局、县安委召开锅炉压力容器安全生产会议，传达省安委、省劳动厅在益阳召开的锅炉爆炸事故现场会议精神，总结常德县存在放松锅炉管理，发生事故 10 多起的教训，强调锅炉安全生产的重要性。当年，常德县没有发生锅炉安全重大事故，涌现了一些锅炉安全好的单位。如县糕点厂的领导对锅炉安全生产很重视。县农民技校、牛鼻滩米厂、牛鼻滩纸厂、新源印刷厂等单位的领导对锅炉安全也很重视，司炉人员的责任心很强，均做到了锅炉安全运行。

1983 年 7 月 21 日，县氮肥厂新安装一台卧式快装锅炉运行还不到 1 个月，由于领导放松了管理，司炉工责任心不强，大班套小班，发生了锅炉缺水干烧事故，烧坏 6 根火管，松动漏水，造成氮肥减产。同年 8 月，县政府召开了全县锅炉安全生产工作会议，重温省政府在益阳召开的锅炉爆炸事故现场会精神，认真总结氮肥厂锅炉事故的教训。

1984 年 5 月，对县邮电局、南坪电杆厂等 12 家所用“土锅炉”逐台进行检查，发现这些“土锅炉”均无技术资料，材质不清，焊接质量极为低劣，结构不合理且没有任何安全装置，随时都有爆炸的危险，强制停用整改。后来又发现这些“土锅炉”已无整改价值，部分单位仍在冒险运行。再次通知县邮电局、南坪电杆厂等12家使用“土锅炉”的单位，马上停止运行。并作出如下规定:一是工作压力小于一个表压的蒸汽锅炉，未经地、县劳动部门同意和省级劳动部门批准的任何单位不准制造。购置定点厂生产的一个表压以下蒸汽锅炉，必须报县劳动部门备案，并取得运行执照方可投入运行。二是工作压力小于一个表压的蒸汽锅炉的安装，必须经省级劳动部门定点的安装队安装，并经县劳动局检查验收，未经定点的任何单位和个人不许插手锅炉安装。是年，省劳动人事厅根据国务院《锅炉压力容器安全监察暂行条例》的有关规定，对常德县供销机械厂生产蒸汽锅炉的技术资料和生产条件进行复审，批准确定该厂为一个表压以下蒸汽锅炉制造单位。

1985年，加强在用锅炉压力容器的监察和管理。截至4月底止，全县压力容器（包括各种气瓶）达到1000多台（只）。由于使用单位没有认真履行手续，加之设计制造标准不规范、质量水平不高，且年久失修，特别是有的单位粗制滥造的容器，隐患十分严重。如常德县生产的液氨冰机、氨储罐销售外县的就数次爆破，给产品信誉、使用单位带来重大损失。为了提高在用压力容器的技术质量，对化工行业容器进行行业检查，普查登记发证。凡是不符合《规程》要求，不能继续使用的在用容器，一律取缔。新购置的锅炉要领“蒸汽锅炉登记证”和“蒸汽锅炉执照”才能使用。对全县66台锅炉发放新的运行证。对这次普查登记中，运行情况良好、技术资料齐全的37台锅炉列为第一批换发新的“蒸汽锅炉使用登记证”；对运行情况良好，技术资料不够齐全的16台锅炉，待找生产厂家补齐技术资料后，列为第二批换发新的“蒸汽锅炉使用登记证”。

1986年，全县有各种受压容器、气瓶、乙炔发生器等850台件，大小蒸汽锅炉87台。为了加强对这些特种设备的管理，采取了以点带面，集中轮流、巡回检查的办法，杜绝了大小事故发生。县化工厂司炉工周显福，9月22日晚8时在操作一台每小时4吨蒸气的链条锅炉时，由于认真负责，在即将投进高温炉的煤堆中发现800公斤力的电雷管9个，当即进行处理，避免了一场厂毁人亡的恶性事故发生。县化工厂给周显福予以奖励。经委战线对其通报表扬。年内出现氮肥厂、灯泡厂等压力容器、锅炉安全运行的先进集体。年末，常德县参加了湖南省压力容器先代会。

1987年，按照《锅炉压力容器安全监察暂行条例》，下达监察意见书6份。如石公桥区湘陵化工厂从地委党校购入1台非定点厂家生产，已使用10多年，且在1984年地区锅炉整顿时就已判废的锅炉，安装并投入使用。违反了《锅炉压力容器安全监察暂行条例》的规定，责令其马上停止使用。又如灌溪乡三三曲酒厂将经过专业培训，并取得操作证的

4 名司炉工陆续调离岗位，换上没有经过培训的新工人操作司炉，将一台使用不到 3 年的新锅炉，附件多处损坏，要求司炉工必须持证上岗。

1988 年，加强特种安全管理的监察，对全区已发证的 151 台锅炉进行整顿验收，停用 54 台，整顿合格率 55.7%，达到了全市先进水平；下达 108 台压力容器报废通知书，对在用的 348 台建立技术档案，同时还加强新安装在用锅炉的安全监察。

1989 年，注重对锅炉用房的安全监察。鼎城区 67 家锅炉用房经过整顿验收全部合格，并获得了省劳动厅颁发的合格证书。氮肥厂、芦山油厂被评为全市锅炉房达标先进单位。

1990 年，在对新增锅炉、压力容器安全监察的同时，依照锅炉、压力容器管理《条例》和《规程》，狠抓在用压力容器的综合治理和整顿。对全区 60 个单位 440 台在用压力容器进行检验，及时整改了隐患。是年，全区在用锅炉、压力容器发生事故 2 起。

1991 年，区劳动局安监人员与主管部有关人员多次进行夜查。5 月，连续对氮肥厂、灯泡厂、化工厂、县纸厂的零点班进行夜查，发现离岗、串岗、睡觉、打瞌睡等违反劳动纪律现象。如县氮肥厂 10 吨的锅炉 5 人当班，4 人打瞌睡、1 人离岗；化工厂司炉工上班睡觉，把 4 吨锅炉交给一个临时工操作；灯泡厂氢氧站 3 人上班，仅 1 人在岗，大门敞开，无人负责。对这些违反劳动纪律的现象，分别给予经济处罚。

劳动局召开全县安全生产表彰大会

1992 年，在“监督与服务”宗旨的指导下做了如下工作：一是深入调查，摸清家底。全区共有锅炉 154 台、136.17 蒸吨，分散在 128 家使用单位。154 台锅炉中有在用锅炉 105 台，停用锅炉 49 台。全区共有 131 个锅炉房，其中合格锅炉房 105 家。全区有锅炉水处理设备 155 台件，炉内水处理设备 110 台，炉外水处理设备 45 台，水处理面 100%。全区有压力容器 383 台，其中 I 类容器 268 台、Ⅱ类容器 95 台、Ⅲ类容器 20 台。按照压力等级划分有低压容器 277 台、中压容器 90 台、高压容器 16 台。这些容器中有反应容器 76 台、换热容器 59 台、分离容器 92 台、储运容器 156 台。全区有盛装氧气、氢气、氮气、石油液化气、乙炔气等各类气瓶 15000

多只，分布在全区上千家用户。全区有氧气、氮气、氢气、乙炔气、液氨等气体充装站 4 家。二是组织经委等各部门人员对氮肥厂等多家锅炉压力容器使用单位的重点岗位实行夜间抽查，对违章违纪人员给予批评处罚，对违规单位下达整改通知书。三是根据年初锅炉压力容器定检计划，按时、按量完成了锅炉和压力容器的定检任务，定检率达 100%。四是依照法规及审批权限，严格把关，对违章制造、安装、修理锅炉压力容器的行为进行及时制止。全年新增 16 台锅炉、压力容器 10 台，全部办理资料的审批及发证工作。五是配合水质监测站做好锅炉水质抽样监测工作，对结垢严重的锅炉做了水垢清洗，并委托代理水质监测服务工作 3 家机构协助监理。六是重新建立锅炉压力容器使用单位归口目录表，并按重新登记目录系统归类建档，对在用锅炉换发新证 99 台。七是及时上报和处理 2 起锅炉缺水事故，按事故处理程序全部结案，责成事故单位作出了检查，并给予了一定的经济处罚。八是协助 4 家气体充装单位自查、自清，建立健全管理制度，并配合市劳动局整顿验收，全部合格。

1993 年，加强对新增安装和在用锅炉、压力容器安全监察的同时，依照锅炉、压力容器管理《条例》和《规程》全年完成特种设备的定检和验收共 121 台（其中定检锅炉 67 台）。全区共有锅炉 142 台、其中在用的有 97 台，使用登记发证 97 台，发证率 100%。锅炉房 125 间，其中合格锅炉房 105 间，合格率 92%，年内发生锅炉压力容器事故一起，经济损失 3.1 万元，事故处理结案率 100%。

1994 年，全区利用近两个月的时间，检验锅炉 76 台，定检率达 98%，鼎城区锅炉管理评为全市先进单位。

1995 年，区劳动局完成锅炉压力容器定期检验 25 台件，对新增安装的锅炉压力容器存在的问题进行了处理。6 月份，重点对全区 20 多家气体充装经营单位进行全面清理整顿，使这一安全生产中的薄弱环节得到加强，杜绝了气体充装、气瓶储存、运输经营中的事故隐患。对查出的 60 多处隐患限期进行了整改。

1996 年，加大对特种设备使用管理监察力度，对 35 台锅炉、70 台压力容器、32 台行车、电梯等起重设备逐台检验，并下达监察通知书 25 份。

1997 年，对武陵镇 25 家液化石油气经营网点进行拉网式清理整顿，对全区 55 台锅炉、69 台压力容器等进行检验，消除了事故隐患。（见附表）

鼎城区 1997 年锅炉压力容器定检统计表

表 3-7-1

定检单位	应检锅炉型号	应检容器台数	检验结果
鼎城区水泥厂	KW0.5—7—AD	4	合格
区八中学	DZG0.5—7	—	合格
武陵水泥厂	LSG0.2—09	—	合格
牛鼻滩米厂	DZG0.5—7	4	合格
牛鼻滩纸厂	KZL4—13	8	合格
灌溪织布厂	KZL2—13	—	合格
灌溪橡胶厂	KZG2—8	—	合格
灌溪橡胶厂	KZL1—10	—	合格
康家吉食品厂	KZL2—13—AZ	—	合格
石门桥米粉厂	DZG0.5—7	—	合格
石门桥职中	LSG0.2—09	—	合格
黄土店饮店	DZG0.5—7	—	合格
黄土店米厂	DZG0.5—7	—	合格
县二中学	LSG0.2—09	—	合格
县金矿	—	5	合格
灯泡厂	SZW2—13—A11	18	合格
砻骨胶辊厂	DZL1—7—D	—	合格
武陵镇米粉厂	DZG0.5—7—D	—	合格
常沅纸厂	WNG1—7	—	合格
常德兽药厂	DZG0.5—7	—	合格
县招待所	KZL2—7—A11	—	合格
新源印刷厂	LPA0.3—0.8	—	合格
供销机械厂	LSG0.1—0.9	—	合格
鼎城看守所	LHY0.12—0.9	3	合格

续表 3-7-1

定检单位	应检锅炉型号	应检容器台数	检验结果
沅陵齐眉界林场	KZL6—13	—	合格
镇德桥织布厂	KZL10—16	—	合格
县五中学	DZG0.5—7	—	合格
市四人民医院	KZL1—7	3	合格
县造纸厂	DZG0.5—7	4	合格
县造纸厂	LSG0.1—0.9	—	合格
县造纸厂	DZG0.5—7	—	合格
县造纸厂	DZG0.5—7	—	合格
供销社黄麻纺织厂	DZG0.5—7	—	合格
复宁纸厂	KZL2—8	2	合格
石板滩米厂	LSG0.1—09	—	合格
粮贸招待所	DZL2—10	—	合格
蒿子港米粉厂	DZG0.5—7	—	合格
蒿子港油厂	KZL2—13—A11	—	合格
蒿子港镇纸厂	KZL4—13	—	合格
蒿子港镇纸厂	KZL4—13	—	合格
乳酸厂	KZL2—10	7	合格
蒿子港大米厂	DZL1—7—D	4	合格
武陵中学	LSG0.2—4	—	合格
武陵镇砻骨胶辊厂	KZL1—7	—	合格
金宇宙宾馆	LSS1—7	—	合格
金宇宙宾馆	LSS1—7	—	合格
氮肥厂	SHF6—13—A11	7	合格
教育培训中心	LSS0.5—7	—	合格
教师进修学校	LSG0.1—0.9	—	合格

续表 3-7-1

定检单位	应检锅炉型号	应检容器台数	检验结果
鼎城区一中	DZG0.5—7	—	合格
供销学校	LSG0.1—0.9	—	不合格
常德县卫校	LSG0.2—0.9	—	不合格
斗姆湖卫生纸厂	DZG0.4—6	—	不合格
兴隆卫生纸厂	DZG0.5—7	—	不合格
斗姆湖米粉厂	DZG0.5—7	—	不合格

1998—1999 年，鼎城区配合市锅炉检测所检验锅炉 28 台、压力容器 13 台、定检率达 100%，清洗结垢严重的锅炉 5 台、修理锅炉 3 台，新增 4 台锅炉压力容器做到及时审查资料，严格把关。根据《1999 年常德环保世纪行活动方案》，对常德营养食品厂等 24 家锅炉实施关停和对桥南造纸厂等 9 家锅炉进行清理改造。对全区 25%的锅炉房和 5 台以上压力容器使用单位进行安全检查；对全区 5 家气体充装单位，2 家钢瓶检验站进行资质审查，建立健全了管理制度；对江南城区燃气管道工程低压入户管院内安装质量进行了监察、检查工作。全年共安装 15 个单位 462 户，上门检验 413 户，监察率 90%。

2000 年，认真贯彻安全监察工作要适应社会主义市场经济体制改革的总方针，努力做好职能的划转和理顺。全区有锅炉 115 台，111.2 蒸吨，分散在 100 多家使用单位。全区有锅炉房 108 间。有微压、常压锅炉、热水锅炉 30 多台，主要分布在乡镇学校。全区有各类压力容器 220 台，主要分布在造纸行业、医药业、化工行业等。有盛装氧气、氮气、氢气、乙炔气、石油液化气、液氨、二氧化碳等各类气瓶 3 万多只，分布在全区千家万户。全区有各类气体销售网点 30 多家，有氧气、氮气、石油液化气、乙炔气、二氧化碳、液氧等气体充装站 6 家。有气瓶检验站 1 家。全区有压力管道（石油液化气）5000 米。有电梯（客、货）11 台，有大小起重设备 30 多台。此后，锅炉、压力容器监察职能划入鼎城区技术监督局管理。

第三节　特种作业人员培训

1980 年，与常德地区劳动局联合举办 2 期锅炉司炉工训练班，共培训 63 名司炉人员，颁发司炉人员执照，提高司炉人员业务技术水平。

1981 年，常德县全年培训特种作业技术骨干 2300 多人。

1982 年，举办 2 期锅炉工培训班，学习国务院发布的《锅炉压力容器安全监察暂行条例》，时间 20 天，140 名司炉工参加培训和考试，合格率 70%；帮助各系统各单位培训各种技术骨干，关键岗位操作工 1100 人，使他们掌握了安全生产知识，促进了安全生产。

1983 年，举办 1 期锅炉工训练班，50 名司炉工参加培训和考试，还陆续培训各种技术骨干，关键岗位操作工 2100 人，对全县各单位的特殊工种工人进行全面的技术考试，颁发技术合格证 3070 份，占应发证人数的 81%。举办各种类型的爆炸物品知识学习班 253 场次，培训相关工人 1072 人次。

1984 年，在全县范围内开展以学习《条例》为主。学习省公安厅编写的复习资料，学懂弄通爆炸物的性能和使用方法、安全操作规程、注意事项以及储存、销售、运输。全县划分为 3 个片，分 3 个组下到重点区域进行督促检查，并规定凡从事爆炸物生产、储存、销售、运输、使用等环节的人员每人发一册爆物学习资料。各部门管爆物的负责人、安全员、保卫专职干部都要学习《条例》和各种业务知识。全县下发《条例》500 多本，爆物学习资料 1000 多本。组织业务技术培训 35 场次，参加 581 人次。是年，对 900 名矿山爆破人员进行培训考核，其中 800 人考试合格，发给了证书。

1985 年，培训 48 名安全干部，经考试考核，其中 44 名获得安全监察证书。举办司炉工培训班，80 人参加培训，考试合格领执照的 60 人，另给 129 名司炉工换发新证。

1986 年，组织乡镇企业服务管理站、县直各单位企业安全专（兼）职干部培训班，学习劳动保护，安全生产的法规。全县 60 多名安全生产干部，提高劳动保护、安全生产的观念和技术素质，回单位后都相继举办安全生产培训班。许多乡、镇和企业还利用广播、黑板报等多种形式广泛宣传劳动保护、安全生产法规。县新源印刷厂负责人从学习班回厂后，大力宣传法规，组织干部职工学习法规，全厂安全生产出现好势头，杜绝了各类事故发生，成为湖南省轻工系统安全生产的先进集体，在省轻工系统安全生产先代会上介绍了经验。

1987 年，广泛宣传和贯彻有关劳动法规，拨专款购置 14 盒安全教育录像带，在全区放映。2 月 15 日—3 月 5 日，举办一期矿山企业安全干部培训班，培训矿山安全干部 85 人。4 月份，举办 2 期厂长、经理安全教育培训班，举办一期司炉工培训班，培训 128 人。

1988 年，举办 2 期电工培训班，1 期司炉工培训班和两期爆破员培训班，共培训各类人员 399 人。举办特种人员培训班 5 期，培训特种作业人员 278 人。司炉工持证上岗率达 100%，金属焊工、电工、起重工、压力容器操作工持证率大为提高。

1989 年，举办 1 期安全管理干部培训班、3 期特种作业人员培训班。全区 715 名特种作业人员取得了合格证，持证上岗率达 96%。组织 2 次全区性安全大检查，开展了形式多样的安全生产知识竞赛活动，增强了全民的安全意识。6 月，举办 1 期矿长安全技术业务资格审查培训班，培训矿长、副矿长、矿山专业安全干部 93 人。通过审查，绝大部分矿长都取得了"湖南省矿长安全技术业务资格证书"。

1990 年，共举办 9 期各类培训班。通过业务培训，普及安全管理和劳动保护基础知识，提高了业务素质，强化了安全意识。

1991 年，举办 3 期安全管理干部和厂长经理培训班，共 177 人参训。组织巡回放映安全教育录像 50 多场次，8400 多人受到教育；7~8 月，举办 2 期厂长经理学习班，参训人数 97 人，主要学习《劳动保护法规》《企业劳动保护管理》《伤亡事故理论及管理》《女职工及未成年劳动保护》《职业病危害及防治》以及《防火防爆》《锅炉压力容器安全》《电气安全》《厂内运输安全》等，聘请有实践经验的工程师进行授课，发生事故单位的领导讲事故的惨痛教训，未发生事故单位谈安全生产管理和经济效益上升的经验。针对锅炉压力容器管理所存在的问题，举办锅炉房管理干部学习班。

1992 年，3 月举办各办事处、乡（镇）、区直各单位和乡（镇）厂矿企业共 141 名安全管理干部参加的培训班，提高了企业及其主管部门安全管理干部的业务水平。4 月上旬，在河洑办事处举办乡镇企业的厂长（经理）安全技术业务知识培训班，参训人员 45 人，授课 32 学时，学习了《安全生产法规》和《工业企业劳动保护管理相概论》等。先后举办矿山企业的正副矿长、二层骨干、安全专干安技培训班，共 120 人参训，5 月与区总工会联合举办了一期女职工劳动保护培训班，118 人参加，重点学习了《女工劳动保护知识》和《女职工卫生常识》等。

全区安全干部培训班合影

1993 年，5 月中旬举办有各办事处、乡（镇）、区直各有关单位和较大的乡镇企业共 89 名安全管理干部参加的培训班，提高企业及其主管部门安全管理干部的安全业务水平。

1994 年，根据国家标准 GB5306–85《特种作业人员考核管理规则》的规定，针对全区特种作业人员技术水平较低的特点，举办 1 期司炉工学习班，参训人数 50 人。自办了 1 期电工学习班，参训人数 73 人，合格率为 80.3%。和区建委联合举办了 1 期架子工学习班，培训 50 人，合格率为 100%。进行了 2 期电工复审，对 1990 年 1 月 1 日以前取证的 105 名电工进行复审，复审率达 80%。还配合市劳动局，进行矿山电工培训 10 人，合格率 100%。坚持特种作业人员必须经过考核发证，持证上岗的原则，司炉工持证上岗率达 100%。金属焊工、电工、起重工、压力容器操作工持证上岗率比上年有大幅度提高。

1995 年 4 月中旬，举办有各办事处、乡镇、区直各有关单位 121 名安全管理干部参加的培训班，重点学习“劳动法”和有关安全法律法规，学习业务安全技术知识，提高安全管理干部的业务水平。根据国家标准 GB5306—85《特种作业人员安全技术考核管理规程》对全区的特种作业人员进行摸底造册，选送锅炉水处理工 10 人、电梯起重工 24 人参加省劳动厅举办的培训班学习。6 月下旬，举办矿山企业负责人和安全专干学习班，参训人员 180 多人，参加矿山安全技术考试的矿工 2801 人。

1996 年，在对全区特种作业人员进行全面摸底的基础上，举办了司炉工、压力容器操作工等特殊人员培训学习，累计 120 人参加，合格率达 100%。同时还选派电梯、行车起重工、电工、电焊工参加省劳动厅组织的业务学习；为 33 个劳务站站长讲授劳动安全监察知识；为新招工人讲述劳动保护安全生产等有关知识。

1997 年，举办司炉工、压力容器操作工等特殊人员培训班，学习人数 120 人，通过考试全部合格。

1998 年，针对矿山企业安全员资格审查工作举办学习班，全区矿山企业安全员全部参加学习；其次还加强特种作业人员培训。当年，全区各企事业单位（含乡镇企业）在生产中发生的各类事故，比上年下降 16.6%；死亡人员比上年下降 33%，区属企业实现全年无死亡事故。农委、财委、水上交通、文卫等系统杜绝了生产性事故的发生。举办矿山企业安全专干学习班。5 月份，结合“安全生产周”活动，组织开展“矿山安全法”的宣传。

1999 年，先后对 100 余名电工、电焊工等特殊工种作业人员进行培训并换发 IC 卡新证。

2000 年，举办近 40 人参加的《压力容器安全技术监察规程》知识讲座学习班，请市劳动保障局技术人员讲解了压力容器安全知识及规则。

第四节　伤亡、事故处理

1979 年，常德县劳动局常劳字〔1979〕19 号《关于认真做好企业职工伤亡事故报告、统计、处理工作的通知》，要求全县各企、事业单位认真做好伤亡事故的善后处理工作。并规定各县属工业、轻工业、交通、农机、社队企业及各主管局要有专人负责。凡一次死亡 1 人或重伤 3 人以上的事故，各企业、各单位（包括县办集体企业）必须用电话等快速办法，最迟不得超过事故发生后 24 小时报告县劳动局，再由县劳动局报地区劳动局。在县内发生的死亡 1 人或重伤 3 人以上车船交通事故由车辆监理部门和港航监督部门报地区交通局和县劳动局，再由县劳动局上报地区劳动局。对每一起死亡和一次重伤 3 人以上的事故，特别是重大伤亡事故，在上报县劳动局的同时，必须上报县检察机关，检察机关根据事故真相决定侦破起诉之。事故发生后，必须查明原因，吸取教训，严肃处理，并写出事故调查处理报告，对上对下有个明确交代。县属企业发生死亡 1 人和一次重伤 3 人以上事故，一般应在发生事故后 20 天，最迟不超过 30 天内查明原因，经主管部门签署意见，报常德行政公署批准才能结案，死亡 1 人以上重伤 10 人以上由省政府批准才能结案。

1982 年，全年处理事故 38 起，受处分人员 12 人（其中 2 人拘留），追究经济责任 2000 余元。

1983 年 11 月 5 日，常德县南坪岗公社石煤场发生一起煤壁片帮塌方的重大事故，死亡 15 人，重伤 2 人，轻伤 7 人，压坏汽车 2 台，大小拖拉机 16 台。县政府于同年 12 月 26 日将此案提交县纪委、县检察院按党纪、国法办理。12 月 27 日，由县纪检会、检察院、安全办、社队企业局、河洑区委、南坪岗公社党委等 6 家，成立联合调查组，分头深入到桃源县、汉寿县、安乡县、常德县等地进行调查。经调查和技术鉴定查清了发生这起事故的原因，并对相关责任人作了党纪、政纪、法律等不同处罚。1984 年 3 月 19 日，对受伤职工，按国家相关政策进行了妥善处理，对死者家属给予了一定经济赔偿。湖南省劳动厅对这起重大伤亡事故作了通报。

1984 年，清理了从 1970 年到 1984 年发生的爆炸事故 18 起，死亡 19 人，伤 7 人，经济损失 10400 元，并逐一查清结案。对 3 名炸鱼人员落实了材料，给予 5 至 7 天的行政拘留处分。

1985 年，港二口乡跃进水库 6 月 26 日发生的沉船事故造成 33 人死亡。对本案肇事者移送县检察院处理，对死者家属按国家规定给予赔偿。上级有关部门参与处理，并通报全省。

1986 年，全区国营企业、县属以上集体企业及乡镇企业共发生伤亡事故 41 起，其中死亡事故 22 起，死亡 24 人，重伤事故 19 起，重伤 20 人，一一按政策作了处理。

1987 年，按照最高人民检察院、劳动人事部《严肃查处重大责任事故的几项暂行规定》和“三不放过”（即：事故原因未查清不放过、事故未处理不放过、整改措施未到位不放过）的原则，对所发生的工伤事故进行调查处理。每起事故，都派人到现场取得第一手资料，并组织当事人和事故单位有关负责人开好事故分析会，同时对事故发生单位和责任者给予经济处罚，做到了及时结案。全年共收取事故罚款 5700 元，事故结案率、罚款处理率和兑现率都达到了100%。3月6日下午，康家吉乡枫树岗村烟花鞭炮厂发生爆炸事故后，县委、县政府极其重视，组织了现场教育，总结教训，整顿烟花爆竹行业。

1991年，对事故单位和责任者给予经济罚款，及时结案。全年共收取事故罚款8000元，事故结案率、罚款处理率和兑现率都达到了100%。

1993年，对全年发生的5起工伤事故和一起设备事故进行认真的调查处理。共收取事故罚款1万多元，事故结案率、罚款处理率和兑现率都达到100%。在10月，开展了工伤普查，对97人因工负伤进行认定。全年共审查工残退休31人；为9人办理工伤证。

对其中 42 个单位和个人违反劳动法的行为发出整改通知书，纠正违反劳动法及其法律法规行为 53 起，查处 3 家非法劳务中介组织和一起非法使用童工行为，共处罚金 5200 元，参加一起行政诉讼并胜诉。

1997 年，对 215 个单位和个人执行《劳动法》及其劳动纪律法规的情况进行执法监察，对违反劳动法行为的单位和个人发出整改通知书，纠正违反劳动法规行为 56 起，查处了三纺厂非法用工行为，罚款 2000 元，并责令限期整改。

1998 年，先后对 215 个单位和个人执行《劳动法》及劳动纪律法规的情况进行执法监察，对 42 个单位和个人违反劳动法行为发出整改通知书。纠正违反劳动法规行为 56 起，查处了第三纺织厂非法用工行为，罚款 2000 元，并责令限期整改，保证劳动法的贯彻执行。

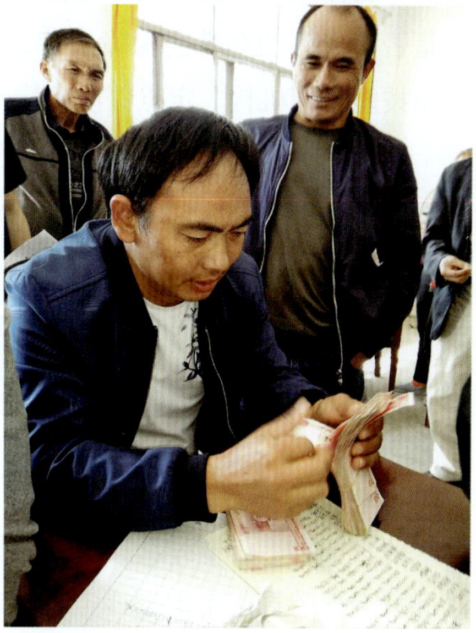
补发被拖欠的农民工工资

1999 年，劳动监察大队的 8 名监察员，全部获得了省以上颁发的劳动监察员资格证。为了加强队伍建设，在全区 33 个乡镇，8 个业务主管部门和 4 家大型企业选拔了一批素质好的人员，参加区劳动局组织的法律法规专业培训班，建立监察网络。对常德电脑专修大学不执行《劳动监察指令书》、私招乱雇一案进行查处，除勒令其办理手续外，还处以 27200 元的罚款，该单位拒不执行，移交法院强制执行。鼎城区闵峰砖厂无故拖欠劳动者工资，监察大队接到报案后，立即处理，补发拖欠工资 32000 元。5~7 月，在全区范围内依法进行劳动用工年检，参检单位 198 家，占应检总数的 70%，涉及职工 3.6 万人。年检合格单位 150 户，其中经复查合格 98 户，并责令 92 户不合格的限期改正。补发拖欠工资 3.5 万元，补缴失业和养老保险金 27.5 万元。

2000 年，对全区 218 户用人单位进行年检，占应检总数的 78%。下达“两金”“催缴通知书 89 份”。对欠缴社会养老保险费情况严重的 38 个单位进行了重点查处。在执法检查中，查出区自来水公司、区水电建设公司、区航运公司等企业存在死亡冒领养老金的违法行为，收回冒领金额 71920.9 元，并对这些单位处以 8000 元罚款。

2001 年，对全区 98 个用人单位进行劳动监察执法检查，共查出违法案件 117 起，其中有重大影响的案件 5 起，申请法院强制执行 26 起。配合技能鉴定股，在电脑专修大学、新辉电脑学校、桥南宾馆等用工单位，推行职业技能鉴定；协助社会保险部门，对区供水公司、区安装公司、区纸厂、区五交化、区城信等 20 个单位进行了监察，追回欠缴养老金 17.8 万元，追回失业保险金 9.7 万元。

2002 年，区劳动和社会保障局发文要求全区各用工单位于 2002 年 9 月 1 日—30 日携带相关资料到区劳动和社会保障局进行劳动用工年检。通过定期年检，发现 31 起违反劳动法律法规的事件，及时得到整改。

2003 年，4 月 1 日—6 月 30 日，在全区范围内开展劳动保障定期监察工作，监察内容有：招（聘）用职工是否办理了招收录用备案登记手续；招（聘）用的技术工种从业人员是否持职业资格证上岗；与职工签订、履行劳动合同情况和依法处理劳动关系情况；最低工资标准的执行及遵守法定工作时间和休假规定情况；参加社保，依法办理社会保险登记，社会保险缴费基数是否有拒报、瞒报行为，是否缴纳了各项社会保险费；单位规章制度是否符合劳动和社会保障法律、法规，是否报劳动保障部门审查备案；中介服务机构、职业技能培训机构、定点医院和定点药店是否依照国家和省有关规定开展业务活动。

2004 年，在全区范围内开展劳动保障执法监察和“劳动保障诚信单位”评审活动。监察评审内容是：（1）是否依法到劳动保障部门办理劳动用工备案登记，主动接受劳动保障部门的定期监察和年检；（2）用人单位是否依法与职工建立劳动关系，及时签订和终止劳动合同；（3）招（聘）用的技术工种从业人员是否持职业资格证上岗；（4）是否按时足额发放职工工资，有无拖欠，克扣职工工资行为；（5）是否依法进行社会保险参保登记，按时、足额缴纳养老、医疗、失业保险费，有无拖欠社会保险费；（6）有无使用童工；（7）是否为职工创造良好的工作和生活条件，确保职工休息、休假时间，确保职工劳保福利。评审办法：首先各用工单位自查自纠，补办完善各种违规手续，再由区劳动和社会保障局逐个审查评定。评审出 5 个诚信单位在全区进行宣传表扬。

2005 年，强化执法队伍建设，除增强监察力量外，还配备专车，为劳动执法提供了有力的保障。开展的主要活动有：（1）大力推进劳动合同制，严格劳动保障用工年度审查，加大对劳动合同签订情况的专项检查，全区用人单位用工年检率 100%，国有企业劳动合同签定律 100%，乡镇、私营企业劳动合同签定律 60%，全区国有企业和私营企业都能严格履行合同规定的义务。（2）全区初步构建企业工资分配宏观调控体系，基本建立了企业工资指导线、劳动力市场工资指导价位、企业职工最低工资保障和建筑行业农民工工资支付保障金等制度。（3）把为民工追讨工资作为关注弱势群体的一件大事来抓，定期开展整治拖欠工资集中查处行动。2004—2005 年为 1259 名农民工追讨工资 200.3 万元。（4）对 11 家工作季节性较强的单位建立了休息休假跟踪管理制度，对 2300 名职工提供了重点保护。

2006年，对全区用工单位开展劳动执法大检查。为了切实搞好劳动法实施情况的检查，区长办公会专门作出研究，并召开政府及有关部门负责人参加的执法检查工作会议，进行部署并制定了实施意见。为配合检查，确定在5—6份月集中宣传劳动保障法律法规。5月25日，组织劳动保障宣传一条街活动，共发放宣传资料10000余份，制作宣传盾牌50块，为5000名群众面对面宣传政策。按照全省统一部署，认真分析鼎城区劳动保障体系建设的现状，在实施方案中，把做好劳动合同的签订、工资支付、社会保险等制度落实情况和保障劳动者的合法权益，作为这次执法检查的重中之重。由一名区级领导带队，组成2个执法检查组开展执法检查活动。

2007年，围绕服务全区经济社会发展的中心任务，关注并推进解决劳动维权，切实保障劳动者的合法权益。开展劳动保障综合执法大检查，以桥南工业园、灌溪工业园为重点，在全区范围内开展“劳动合同工资支付、社会保险扩面”专项执法检查，共追缴社会保险费183万元，处理劳动纠纷案件164起，为劳动者追讨工资75万元，清退各类押金、保证金205万无。此外，对鼎城区建筑行业农民工工资支付和保障金制度落实情况开展专项监察。接受劳动者维权咨词，查处各类举报案件。

2008年，鼎城区劳动和社会保障局，建立领导值班制度、共接受咨询2528人次，妥善处理因对政策不太理解而投诉22起。7月份，常务副省长于来山到服务大厅考察，对鼎城劳动保障工作给予肯定。为妥善解决建筑行业农民工工资拖欠这一突出问题，一方面加强对全区建筑行业农民工工资的支付和保证金制度的落实。仅上年就有11个在建项目缴纳农民工工资保证金200万无。另一方面着力查处各类案件。如“太阳城事件”，通过多方筹措，将355万元工资先行垫付给农民工，并敦促涉案公司迅速支付工资款。全年受理工资拖欠投诉30起，涉及劳动者1000人，共追讨拖欠工资500万元，为60名劳动者清退押金2万元。

2009年，实施“两网化”建设，制定鼎城区“两网化”建设工作方案。以乡、镇为框架，全区划分为32个网格区，劳动保障监察管理平台延伸到乡镇。并开展对非法职业中介、拖欠工人工资、不按规定签订劳动合同、不按时缴纳社保基金等专项执法检查。共检查148个单位，补签劳动合同1000多份、补缴社保费60万元、补发拖欠工资200人次100万元、清退押金60人次2万余元，责令3家用人单位依法调整了社会保障缴费基数。全年共收取工资保证金9项共300万元。

2010年，1月，对全区建筑工地及建筑公司农民工工资支付情况进行专项执法；3月，对职业中介机构开展专项执法；4月，对武陵镇62家较大餐饮企业、宾馆进行综合执法检查。责令整改签订劳动合同200多份、追讨工资60人次10余万元，为60人次清退押金2万余元。7月，雇工超过20人的乡镇单位（工业园区除外）进行用工情况调查，抽检用人单位95家、职工总数6526人。

2011年，加大对劳动和社会保障法规、政策的宣传。有针对性地组织开展专项执法检查行动，加大劳动保障监察日常巡查和定期监察工作。深化劳动保障监察“两网化”建设工作力度。开展全区建筑工地及建筑公司农民工工资支付、职业中介机构及城区服务业等专项执法行动，共检查32家单位，受理投诉举报33件次，结案29件次，追讨工资60人次20余万元。审理职工、农民工、伤残病人等弱势群体劳动争议案件55起，其中裁决结案22起、调解结案30起。案件到期结案率100%、调解率55%。案外调解、化解劳动争议231起，为农民工挽回经济损失210万元。

2012年，着力维护劳动者的合法权益。开展小企业劳动合同签订专项行动监察，确保年内用工企业劳动合同签订率达到98%以上。积极推进企业工资集体协商工作，力争全区国有及国有控股企业工资集体协商面达到100%，已建立工会组织的民营企业工资集体协商面达到60%以上。加大劳动保障监察日常巡查和定期监察工作力度，畅通投诉举报渠道，提高查办效率。扩大劳动人事争议预防调解工作的覆盖面。组织4次专项监察行动，即1月份的建筑工地及建筑公司农民工工资支付情况专项执法、3月的职业中介机构及城区服务业的专项执法、5月的城区服务行业劳动用工专项检查和12月的全区在建工地农民工工资支付专项检查，共涉及在建项目20个，农民工总人数2100余人。全年共检查108家单位，追讨工资260人次400余万元。全年共受理投诉举报200余起，接受群众咨询300余次。处理拖欠农民工工资上访12起。

2013年，加强劳动监察执法效能，将劳动监察“两网化”工作向有能力的乡镇铺开。开展小企业劳动合同签订专项行动，用工企业劳动合同签订率达到98%以上。完善劳动保障监察制度，强化对企业的用工指导、法律咨询等帮扶措施，发挥监察的主动预防作用。推进劳动保障监察“机构标准化、队伍专业化、执法规范化”建设，提高监察执法效能。推行案前调解制度，对所有劳动争议在立案前一律先调解后查处。对全区在建工地开展日常巡查和信息采集，建立动态管理台账，对劳动用工不规范、未签订劳动合同、无故拖欠工资等问题进行重点监管。对全区建筑工地及建筑公司农民工工资支付情况进行专项执法。共检查90家单位，受理拖欠农民工工资投诉案件110件，涉及300人次，帮助农民工追讨工资500余万元。

2014年，联合住建部门对在建工地工资支付情况进行监察，共检查78家单位，督促用人单位参保200人次。全年共受理投诉举报130起，立案调查3起，办理完结3起。其中追讨农民工工资16起，涉及人员600人，金额720万元，其中一起涉嫌拖欠工资逃逸犯罪的移送公安机关立案调查处理。

2015年，对建筑公司、职业中介机构开展劳动用工专项执法。全年受理投诉举报100起接受群众电话、现场咨询50人次，其中追讨农民工工资15起，涉及人员400人，金额200万元，其中恶意欠薪案4起移送公安局处理。

2016年，加大劳动保障监察力度，及时查处各类劳动保障违法行为，切实维护劳动者合法权益。针对各类突出违法活动，深入开展专项整治活动。3—4月，开展清理整顿人力资源市场秩序的专项行动；7月，开展用人单位遵守劳动用工和社会保障法律法规情况专项检查，重点是建筑企业和房产开发企业；12月，联合相关部门开展对农民工工资支付检查。日常巡视检查以重点行业、重点企业为切入点，有计划、有步骤、有目标的开展巡查活动。加强用人单位书面年审工作，进一步完善用人单位的用人管理、参保情况、工资情况等信息，及时纠正各类违法行为，实现书面审查与企业劳动保障诚信建设的有效结合。对拖欠农民工工资的单位加大查处力度。年内向公安机关移送拒不支付民工工资4起（其中农民工2起），有效打击了拒不支付劳动报酬的违法行为。同时强化农民工工资保证金制度，缴存农民工工资保证金4580万元，及时支付农民工工资4760万元。

2017年，科学制定日常巡视检查与专项检查、预防重大违法案件与群体性事件相结合的实施方案。开展清理整顿人力资源市场，对“中介”市场进行排查，严厉打击“黑中介”等违法组织。为有效解决建筑领域拖欠农民工劳动报酬问题，按照上级文件精神，一方面加大催缴农民工劳动报酬保证金的力度，根据《常德市建设领域农民工劳动报酬保证金管理实施办法》文件规定，对未缴纳保证金的建筑施工单位进行逐一检查，下发催缴通知书，要求公司及时办理缴存手续。另一方面从长远着手，健全相关制度。政府办下发《常德市鼎城区人民政府办公室〈关于印发鼎城区治欠保支三年计划（2017—2019）〉的通知》。区人社局联合区住建局、交通局、水利局下发《关于印发〈常德市鼎城区建设领域农民工劳动报酬保证金管理实施办法〉的通知》，与相关单位建立了联动协调处理机制，强化责任意识，抓好专项工作的落实。2017年春节前，德江南公司拖欠农民工工资无能力支付。政府为了确保农民工权益，拨付资金320万元用于发放农民工工资。是年，检查用人单位58家，开展劳动保障监察定期书面审查单位45家，要求用人单位补签劳动合同126份，向公安机关移送拒不支付劳动报酬案3起（其中农民工2起），及时追讨农民工工资779万元，涉及772人，依法追缴各项社会保险费120万元，强化农民保证金存量1186万元，兑现保证金546万元。

2018年，落实上级“治欠保支”四项制度：农民工工资保证金制度，做到应收尽收，全年收取47个项目2310万元，支取21个项目615万元，保证金余额2900万元，创历史新高；建筑项目用工实名制度，区内项目实现全覆盖；工资专贴发放制度，与部分银行建立完善的操作流程，全面铺开；巡查制度，人社局牵头组织住建、房产参加联合巡查，按季度对区内建设项目进行全面巡查，突出问题交“治欠保支”领导小组集体研究解决。组织全区性活动3起，交办个案6件；与公安部门衔接，实行先受理再审核，使欠薪单位和个人在区内寸步难行；区政府明确业主单位为工资支付第一责任人，矛盾解决不出工地。全年受理涉及农民工工资投诉64起，涉及851人，1341万元。其中人社部门协调处理31起，立案处理25起，公安部门立案8起，拘留2人，网上追讨2人。征缴处移交社会保险案件办理3起，涉及7人，金额72万元，补缴2起。全年开展专项行动5次，检查用人单位150家，涉及劳动者4000人次。

第三节 劳动保障信访

1978—1986年，由常德县劳动局办公室负责群众来信来访工作；1987年至1995年4月，由县劳动局仲裁股负责群众来信来访工作；1995年5月，区劳动局监察大队建立，开始受理群众来信来访。

1978—1981年，县劳动局虚心听取群众意见，热情接待来访群众，认真处理来访信件。仅1981年就接待群众来信来访670人（次）（件），其中要求就业的228人（次）（件）；有关工资待遇方面的82人（次）（件）；要求照顾夫妻关系调动的309人（次）（件）；要求提高劳保待遇的20人（次）（件）；反映情况的31人（次）（件）。

1982年，对来信来访者做到“一热情、二耐心、三迅速”，不把来信来访当做找麻烦，处处为来信来访者着想，体贴他们的困难，主动为他们排忧解难。全年处理答复群众来信128件，接待来访群众405人（次）。

1983年，在热情接待群众来信来访同时的，主动帮助群众落实政策。全年处理答复群众来信251件，接待来访群众1100人（次）。

1984—1986年，坚持信访为改革服务，局领导亲自接待来访群众，推动了信访工作的开展，解决了一批大而难、久拖未决的信访案件。1986年接待群众来信来访760人（次）（件），做到了件件有回音、事事有答复，不搞踢皮球。在清理历史老案、落实政策中，共查阅案卷487本，为67人办理了落实政策手续。

1987年，派人参加常德地区举办的“信访干部业务知识培训班”，提高政策理论水平和业务能力。由专人负责，责任明确，克服了过去处理信访转办多，重复信访多的现象。始终坚持“三不”原则，即对有关劳动、工资、人事方面的信访不拖，及时调查，及时处理；不转，全部由自己处理；不推，对有些既涉及劳动局，又与其他单位有直接联系的信件，坚决不推。并主动与有关单位联系，协商处理。如黄土店镇卫生院退休医生梅灼先，6月份来信反映，他退休后开办了一家中医诊所，镇卫生院因此停发他7个月的退休金。本人要求补发被停发的退休金。县劳动局主动与卫生局联系，先后3次去调查了解情况，查找有关文件规定，并主动把处理意见分别给本人和卫生局，问题得到了解决。全年类似上述可直接转给有关单位处理的来信24件，全部由县劳动局与有关单位联系协商进行处理了。直接为信访者解答了有关劳动人事政策的问题，提高和加深了群众对劳动、工资、人事制度改革等各项政策的认识和理解。是年，共收到信访信函138件（其中属劳动制度方面的23件、工资制度方面的24件、人事制度方面的6件、保险福利方面的50件、要求落实政策的35件）；接待来访者174人（次），均全部结案处理，结案率100%，做到了件件有着落，事事有回音。

1988年，健全信访员网络的同时，开始实行局长接待日制度，对重要信访，由局长亲自处理。全年共受理群众来信来访331件（次），处理326件次，结案率98.4%，基本上做到了事事有回音，件件有着落。

1989—2000年，坚持信访工作为“三大制度”改革服务，更新观念，转变工作方法，及时回复处理，保证劳动人事制度改革的顺利进行。1989年，收到信访案件425起，结案率94.4%。

2001年，将群众来信来访开始纳入信息化管理，开通了劳动保障咨询热线7375968，配备了台式电脑、打印机等。凡受理电话举报、网上举报、书面举报和上门举报后，第一时间做好调查记录，填写举报登记表，调查核实后，在5天内答复当事人。并与常德市劳动和社会保障局联网，满足不同社会群体对劳动保障政策咨询的需求，免费提供就业、招聘、社会保险、劳动关系、劳动报酬等方面的政策法规咨询和办事指南服务，接受社会监督与举报，进一步加强劳动保障监察公共咨询服务，提高了劳动保障监察公共服务水平，直到

监察大队接待来访人员

2008 年。

2009 年 5 月，鼎城区劳动监察工作正式启用信息化管理，并网加入全省劳动监察“两网化”工作平台。在网格化监察的基础上，加大乡镇、社区一线监察执法力量，实现劳动保障监察执法重心下移：利用现代信息技术，汇集用人单位用工信息，建立用人单位用人信息库，全面掌握各类用人单位劳动用工信息；依托“金保工程”信息共享、数据比对、动态监控、分类监管、统一受理、统一分析、预警预测等主要功能，实现劳动保障监察监管平台管理信息化、一体化和规范化，进一步堤高劳动保障监察执法效能，确保劳动保障法律、法规的贯彻实施，促进劳动关系的和谐稳定。

“两网化”工作，就是根据劳动保障监察管理规定，按照辖区内用人单位的数量和监管难度，以乡镇为基础划分若干网格，每一网格配备一定数量的监察工作人员，明确职责和任务，包括实时采集和监控网格内用人单位招聘用工、劳动合同、工资支付、劳动条件、社会保险等方面的信息及情况，实现横向到边、纵向到底、责任明确、跟踪及时、覆盖城乡用人单位的劳动保障监察执法网。全区共有 22 个镇、9 个乡、1 个民族乡、74 个社区、537 个村，3 个农林场。以乡镇为单位建立网格，农林场为一级单位，由乡镇场劳动人事工作人员负责日常工作。2009 年 5 月 20 日前制定方案，由局党组讨论后报市局批准。6 月 30 日完成劳动保障监察网格的划分，并进行网格内情摸底工作。7 月 30 日完成软件运行所需的硬件配备以及软件安装运行工作。8 月 30 日确定各网格内劳动保障监察员名单，并行文下达。10 月前组织了培训。11 月 30 日完成各乡镇软件运行所需环境以及软件安装工作。12 月 30 日组织验收，并实施联网运行至 2015 年年底。

2016—2017 年，区劳动监察大队以创建和谐劳动关系，维护劳动者合法权益为宗旨处理好群众信访工作。接受日常举报投诉 180 件，信访回复 110 起，市级、区级接访 24 起。在“两网化”管理工作上建立区、街道及乡镇、社区三级劳动保障监察组织网络。建立街道（乡镇）、社区劳动保障监察队伍，方便群众投诉，加快投诉案件处理速度。对于简单案件交由街道及乡镇劳动保障站先行协调处理，协调不成再由监察大队立案处理。通过乡镇、社区多次成功处理投诉案件。

2018 年，接受日常举报投诉 40 件，热线、信访回复 14 件，市级、区级接访 6 起。

第九章　劳动人事争议仲裁

1986 年 10 月，县劳动人事局建立劳动争议仲裁股，负责全县劳动争议处理、集体合同争议处理以及政策法律赋予的其他各项工作。1987 年 2 月，县政府建立劳动争议仲裁委员会，委员会办公室设县劳动人事局，与劳动争议仲裁股合署办公。全区企业单位先后建立劳动争议调解委员会，成员由职工代表、企业代表和工会代表组成，调解委员会主任由工会代表担任。各单位的调解组织负责调解该单位职工中的一般劳动争议，按照《辞退职工暂行规定》和《职工奖惩条例》，加强劳动纪律，提高职工队伍素质，并结合单位实际完善厂（店）纪厂（店）规。

根据劳动争议仲裁工作专业化、实体化的要求，2008 年 10 月，建立区劳动争议仲裁院。2011 年 4 月，区劳动争议仲裁院改称区劳动人事仲裁院。

第一节　仲裁人员、宣传与制度

1986 年，县劳动争议仲裁机构把劳动争议预防作为劳动争议仲裁工作的主要内容。帮助全县 40 个全民企业事业单位建立劳动争议调解组织，帮助完善厂（店）纪厂（店）规；联合社会、职工家属，加强对职工的思想政治工作；及时处理来信来访，把劳动纠纷化解在萌芽阶段；加强调查研究、掌握重点帮助对象、与企业建立帮扶效果分析、及时互通信息制度，使 18 名违纪职工的思想得到转化，全年没有发生一起劳动争议案件。县政府办第 19 期《工作简讯》推介了县劳动局此项工作的具体做法。

1987 年，常德县劳动争议仲裁委员会裁决劳动争议案件实行仲裁庭制度，仲裁庭由 3 名仲裁员组成，设首席仲裁员。简单的案件可以由 1 名仲裁员独任仲裁。仲裁员必须符合下列条件之一：（1）曾经担任审判员的；（2）从事法律研究、教学工作并具有中级以上职称的；（3）具有法律知识、从事人力资源管理或者工会等专业工作满 5 年的；（4）律师执业满 3 年的。仲裁庭裁决劳动争议案件，自劳动争议仲裁委员会受理仲裁申请之日起 45 日内结束。案情复杂需要延期的，经劳动争争议仲裁委员会主任批准，可以延期并书面通知当事人，但是延长期艰不得超过 15 日。仲裁庭在开庭 5 日前、将开庭日期、地点书面通知双方当事人。当事人有正当理由的，可以在开庭 3 日前申请延期开庭。仲裁庭将开庭情况记入笔录，笔录情况由仲裁员、记录人员、当事人和其他仲裁参加人签名或者盖章。裁决按照多数仲裁员的意见作出，少数仲裁员的不同意见应当记入笔录。仲裁庭不能形成多数意见时，裁决应当按照首席仲裁员的意见作出。仲裁委员会建立后，首先帮助企业健全制度，以法治厂。以湖南省关于贯彻《国营企业辞退违纪职工暂行规定》的实施细则、结合本单位的实际情况，先后制定辞退违纪职工实施办法。进一步修订和完善厂规厂法，并以各种形式宣传，组织全体干部、职工认真学习，做到家喻户晓、人人明白。很多企业领导深有体会地说：企业的各项管理制度是干部、职工工作和行动的规范。以制度治厂，以纪律约束干部职工，不管是谁，违者必究，按章处罚。年终被调查的 40 家企、事业单位中有 1 名干部、3 名职工被依规作开除处理。

1988 年，把做好劳动争议预防工作当作劳动制度改革的一件大事，坚持预防为主的原则，全县未发生一起劳动争议案件。其主要作法：一是狠抓劳动法规的宣传和学习，举办了 40 名国营企业的厂长、经理、调解主任培训班，提高了他们调解劳动争议的理论水平和政策观念。二是采取三条措施：（1）对全县国营企业职工的思想动向，违纪情况采取每月重点摸底、季度全面调查的办法，主要摸清职工违纪情况的重点帮教对象，做到心中有数；（2）把调查掌握到的重点帮教对象，用图表表示出来，制定“常德县国营企业违纪职工思想动向分析表”并将每次调查得来的职工严重违纪情况，按违纪人单位、违纪人姓名、参加工作时间、过去受过何种处理、现在主要违纪实事及单位处理意见等内容，详细填入表中。使全县国营企业违纪职工的现状和动向，一目了然；（3）要求有重点帮教对象的企业，每月向县劳动人事局汇报一次重点人的思想转化情况。由于采取了以上三条措施，较好地把握了劳动争议的主动权。帮助指导企业做好后进职工的思想转化工作。对每个违纪职工的违纪性质、违纪程度进行分析确定出全县的重点帮教对象，并及时帮助和指导做好工作。5 月上旬，县昌明锅厂的 6 名合同制工人，由于早退矿工，严重影响车间生产任务的完成，一个多月前车间就把这 6 名合同制工人退交给了厂人事料。但一直未作处理，这些合同制工人与其父母多次到厂里要求安排工作，问题一直没有得到解决。眼看一场大的劳动争议就要发生，副局长邓继明与仲裁股先后 3 次深入昌明锅厂，分别找厂领导交谈，找车间主任了解情况，并与该厂副厂长、人事科长、车间主任一起做这 6 名合同制工人的思想工作，这 6 人分别给车间递交了保证书，表示了决心。5 个月时间，先后帮助、指导 9 个县属国营企业做好了 12 名后进职工的思想转化工作，使 4 名严重违纪职工避免了辞退。三是严格把住辞退关。全年在执行辞退违纪职工中，始终按照“两个坚持”的原则执行。坚持以“教育为主，处罚为辅”的原则，立足“治病救人”。坚持以《辞退违纪职工实施办法》为准绳，以违纪实事为依据的原则做到被辞退者与违纪实事见面、被辞退者与处理决定见面并签字，以理服人。2月，县氮肥厂按这一原则辞退1名违纪职工，事后无申诉，无上访。

1989年，区劳动局将劳动争议工作纳入法制轨道，提高广大劳动者遵纪守法的自觉性。在全区各企业进行劳动法规宣传，对企业负责人和劳资干部举办劳动争议处理业务培训班。同时，深入企业抓好程序外的调解，缓和矛盾，促进转化，维护了企业和职工的合法权益。全区企业违纪人数由1988年的32人下降到21人。

1990年，鼎城区劳动争议案件逐步增多，为使争议调解工作转向制度化、法制化，区劳动局部分调整劳动争议仲裁委员会和企业调解机构，并与区总工会联合举办一期企业调解委员会主任、工会主席培训和一期企业厂长（经理）和劳资干部培训，各企业调解委员会真正开展工作并发挥作用。为了帮助企业改善劳动关系，通过调查分析，总结企业与职工关系变化的特点，采取提建议、搞宣传、抓协调、把关口等措施，防止劳动争议扩大与激化，尽量控制申诉率，全年避免9起劳动争议的发生。区劳动局与区工商局联合下发私营企业用工的劳动管理办法，明确私营企业的劳动管理程序，并采取宣传发动、调查摸底、上门登记、逐个落实的措施，使私营企业用工签订劳动合同的工作顺利开展。

1991年，随着改革开放的不断深入，一部分人经不住金钱的诱惑和各种错误思潮的影响，职工违反劳动纪律的现象时有发生。据统计，全区一年受处分职工38人，其中开除16人、除名8人、解除劳动合同3人、辞退1人、开除留用10人，职工严重违纪人次同比上升了60%。在这种情况下，劳动仲裁部门在坚持仲裁工作为企业服务的基础上，坚持预防、调解、仲裁三结合的基本方针，把稳定企业职工队伍，保证企业生产、工作的顺利进行作为劳动仲裁工作的基本任务。年初，根据上级仲裁部门关于劳动仲裁工作目标管理的指导思想，将目标分解到人，并制定个人岗位责任制。同时制订和完善企业劳动争议调解制度，进一步完善劳动合同鉴证手续，提高了鉴证质量，保证劳动仲裁工作的顺利进行。尽管全区职工违纪人次同比增多，但争议发生率同比下降，全年共处理12起争议案件，调解成功11起，其中，案外调解处理5起、庭内调解6起。

1992年，在协助和指导企业抓好劳动纪律和劳动法规教育的同时，支持企业依法行使职权，并克服过去片面强调职工队伍稳定，忽视企业权益的倾向，全年共支持指导企业依法处理严重违纪职工24名，其中开除5名、除名1名、违纪解除合同1人、其他处分10人，未发生一起劳动争议申诉案件。此外，区劳动争议仲裁股还做好了劳动行政复议的应诉准备工作，及时处理回复了68件信访和3件政协提案、2件人大代表建议议案，密切了党群干群关系。

1993年，鼎城区劳动争议仲裁工作，以维护企业和职工合法权益为目的，正确运用劳动政策法规，积极主动为企业排忧解难，协调劳资关系，奠定“协商、一调、一裁、两审”劳动争议处理体制。帮助企业建立、调整劳动争议调解委员会47个，企业调解组织共受理一般劳动争议38起，调解成功34起。

1994年，加强对企业新招工人上岗前进行劳动政策和劳动仲裁法规的宣传教育。根据历年企业职工违纪多数出在新招工人、年轻工人中的特点，把教育的重点落实到企业新上岗的工人上，把内容定在劳动法规、劳动纪律教育上，让新招工人在上岗后做到知法懂法、自觉遵守劳动法规和劳动纪律。在全区劳资干部会上，局长张国芳强调：“各单位一定要对新招工人进行上岗前培训，把劳动仲裁法规教育作为企业对新招工人上岗培训的重要一课落实好。”根据这一要求，各企业组织新招职工集中学习5~7天，结合本单位劳动纪律、安全生产、服务态度教育，编印教育资料，派仲裁员去企业授课，并要求结业时进行考试。在教育内容上重点讲解劳动合同制工人应当遵守哪些劳动政策法规、劳动争议处理程序、争议产生后的申请及申诉时效等，参加授课考试的合同制工人700多人。通过教育，当年招收的工人无一人因违反劳动纪律受到处分。

1995年，利用《劳动法》颁布实施之际，开展广泛宣传，提高广大职工的法律意识。区劳动部门印发17个劳动规章法规汇编的资料3万册发给相关人员，并在区广播、电视台开辟专题、专栏进行宣传。5月，对全区贯彻实施《劳动法》的情况进行全面调查。在区法院设立“鼎城区人民法院劳动法规审判联络室”。加强劳动仲裁政策咨询服务，全年共接待各类法律咨询185人次。按照《劳动法》的要求，年初向各企业下发《关于加强劳动合同签订和鉴证的通知》，全年新招全民、集体合同制工人的合同签订和合同鉴证率达到100%。

1996年，区劳动局力求劳动争议工作科学公正，受到社会广泛好评，仲裁地位日益提高，“有困难，找仲裁”这是全区各用人单位和劳动者的共识。是年，全员劳动合同签订3.75万人，完成98%，鉴证3.13万人，完成82%，其中，国有企业劳动合同签订、鉴证率100%。调整和建立劳动争议调解组织102个，其中集体企业87个、乡镇企业15个。集体企业100%建立劳动争议调解组织。在处理劳动争议中坚持秉公执法不徇私情。做到依法办案重在调解，注重调查抓好预防。

1997年，区劳动局劳动仲裁工作、信访工作始终坚持热情接待、及时处理，为人民群众排忧解难，维护了社会安定团结。年终，劳动仲裁工作在全市评比中获第一名，受到全市通报表扬。

1998年，区劳动局与区总工会联合发出通知，对区内国营企业、县以上集体企业和省、市驻区企业调解委员会的调解工作实行目标管理。各企业刻制劳动调解委员会印章，挂出调解委员会牌子，把劳动争议调解工作列入工会工作的议程，明确调解人员的岗位责任。区物资局调解委员会将目标分解到各公司、站，各公司有专人负责调解工作；粮食局工会召开各粮站调解人员专门会议，落实工作任务。经委战线各工厂、商业，供销系统各公司都先后开展了调解工作。用目标制约企业调解委员会的工作，较好地发挥了企业调解委员会就地、就近、及时解决劳动争议的作用，大大减轻了劳动仲裁的压力。为推动企业劳动调解工作，全区在区元件厂召开了企业劳动争议调解工作现场会。

1999 年，通过宣传劳动法律法规，营造良好宽松的执法环境。区劳动部门先后在武陵镇、灌溪镇、蒿子港镇等 4 个乡镇集市开展集中宣传活动。维护企业和职工的合法权益，充分发挥保驾护航作用，成了“劳动者的保护神”。

2000—2002 年，对企业处理违纪职工实行仲裁监督，对开除辞退违纪人员进行超前介入。企业凡决定对违纪职工实施处分前，特别是开除、除名、辞退、违纪解除劳动合同的处分，一律到劳动仲裁办公室汇报职工违纪情况及违纪实事和企业对违纪职工的处理意见、法规的施用情况等。3 年共有 48 人次到仲裁办汇报和咨询，其中 2000 年 15 人、2001 年 17 人、2002 年 16 人。由仲裁员听取和分析情况，并根据有关政策法规向企业提出建议，协商处理办法，对正确的予以肯定和支持，不当的予以指出，但处理权始终由企业掌握，避免了企业处理违纪职工的随意性。如 2001 年，区氮肥厂汇报要处理一名长期旷工的合同制工人，为了让该职工能够享受待业保险待遇和重新就业的机会，把原作除名的决定改为解除劳动合同处理。仲裁人员向他们说明属旷工的职工只能作除名处理。根据这一规定，他们修改了处理决定，维护了政策的严肃性。

2003—2004 年，抓企业调解组织建设和仲裁业务建设，把劳动争议尽可能解决在基层。为了让企业调解委员依法进行调解，提高调解理论水平和调解成功率，2003 年 4 月，举办一期企业劳动争议调解委员会主任培训班，参加培训的有 68 人。培训班主要学习讨论劳动调解的性质、任务和作用；调解机构的设置；调解的法定程序；调解的原则和纪律等。培训班结束后，一部分企业重新调整充实了调解委员会，按程序开展了调解工作，建立了“两薄两本”（即劳动争议调解申请薄、劳动争议调解纪律薄，劳动争议调解委员会记录本、劳动争议调解结案本）。2004 年，区灯泡厂等 8 个单位先后设立劳动争议调解办公室，并明确专人负责日常调解工作。如中兴机械厂钳工李某成因工受伤，治愈后，长期旷工未上班，厂方经教育无效，准备作无故旷工行政处理，厂劳动争议调解委会经过调查，弄清事实真相，进行调解，达成了协议，避免了一场劳动争议的发生。

2005 年，区劳动和社会保障局在进行劳动争议仲裁政策的宣传时，克服以往宣传走过场的现象，注重宣传方式和效果。从 7 月份起，编制 10 块劳动仲裁政策大型宣传牌，在各企业厂区轮流展出，并接受咨询148人次。这次轮展受到企业的好评和工人的欢迎，运用这种形式，受教育人数多、普及面广，促使广大干部职工，知法懂法，做到自觉地遵纪守法。

2006—2007年，区劳动和社会保障局加强劳动仲裁的基础工作。对乡镇企业用工的管理，拟定文件后协同乡镇企业经委实施；贯彻劳动部劳力字〔1991〕42号文件关于扩大仲裁员加强仲裁庭建设的精神，区仲裁庭的布置等基础设施添置齐全。

2008年，为适应《中华人民共和国劳动争议调解仲裁法》的实施，提高劳动仲裁力度，积极推进仲裁机构实体化建设，劳动争议仲裁院正式成立，为区劳动和社会保障局管理的具有行政职能的副科级事业单位，核定副科级领导职数1名，其他工作人员5名。增加了人员编制，加强业务学习，提高劳动争议仲裁工作水平。为有效解决劳资纠纷、维护职工合法权益、促进企业和社会稳定发挥了更重要的作用。

2009年，为增强庭审效果，提高仲裁工作效率，投入20万元进行仲裁庭硬件设施建设，并增加人员编制，开展业务培训。进一步推行"阳光、高效、便民、和谐"的劳动仲裁服务，在蔡家岗镇、石门桥镇、灌溪镇建立基层劳动争议调解组织，将各类劳动争议化解在基层，把问题消除在萌芽状态。与特力液压、中联重科、东鼎动力等重点企业建立企业联系点制度，设立仲裁联络员，为企业及时了解劳动保障政策法规建立绿色通道。

2010年，以《中华人民共和国劳动法》《中华人民共和国劳动合同法》《中华人民共和国劳动争议调解仲裁法》为依据，围绕依法仲裁、公平仲裁、阳光仲裁、和谐仲裁，全面加强仲裁机构自身建设，规范仲裁工作程序和搞好仲裁庭建设，增强庭审效果，使劳动争议处理工作走上重在源头、重在基础、重在调解、重在执行的运行轨道。由于法制的不断完善，劳动争议案件的形式更加复杂，数量也成倍增长。特别是取消仲裁案件收费政策后，案件的受理、咨询量每年递增。仲裁委员会不再单单是一个劳动争议裁决机构，更是一个法律的咨询窗口。区仲裁院热情接待每一位来访的咨询人员，做好解释和调解工作。全年接待来电来访咨询人员1200余人次。为劳动者获得经济补（赔）偿360万元。

2011年，鼎城区人民政府根据机构改革工作统一部署，原区劳动仲裁和人事仲裁职能整合，按照《中华人民共和国劳动争议调解仲裁法》和《劳动人事争议仲裁组织规则》的规定，设立"鼎城区劳动人事争议仲裁委员会"。区人力资源和社会保障局建立多层次多渠道的劳动保障法律法规政策宣传体系，把劳动保障法律法规政策宣传融入劳动争议处理中。通过宣讲、咨询、解释、回复、接待来访等形式，宣传劳动保障法律法规政策，增强广大人民群众和用工单位的法制观念和维权意识，引导广大群众以理性合法的形式表达利益诉求。仲裁院为了解决部分劳动者写仲裁申请难的问题，将仲裁申请书作为格式化书面填充式直接发放给需要申请仲裁的劳动者，得到劳动者的好评。立案前严格审查申请人、被申请人的合法主体资格，实行立案级级审批制度，避免申请人申诉主体错误造成浪费时间和资源现象。规范仲裁处理程序中证据目录清单、变更通知、案卷查阅登记等各类文书的签收制度，避免仲裁过程中责任义务不明确的现象。仲裁案件庭审程序上严格执行《劳动人事争议办案规则》，明确责任，规范审理程序，加强庭审的严肃性。实行庭后会议制度，记录参加会议人员观点，案件最终裁决以法律法规为基础，坚持少数服从多数的原则，实现仲裁审理中的“公平、公开、公正”。解除劳动关系经济补偿与工伤赔偿是全区劳资纠纷中的主要矛盾。全年接待来电、来信、来访 1167 人次。

2012 年，认真贯彻执行常德市《劳动人事争议仲裁员管理办法》《劳动人事争议仲裁记录人员管理办法》《劳动人事争议仲裁案卷管理办法》三项制度，坚持“预防为主、基层为主、调解为主”的原则，推进劳动争议仲裁工作全面开展，提高仲裁员的劳动争议处理能力。经区政府批准，组建了鼎城区劳动人事争议仲裁委员会。加强仲裁院的硬件建设，制定了相关的规章制度、岗位职责，办事规则、管理办法和业务学习制度。年初制定了案件审理以调解为主的方针，对仲裁员下达了调解成功率超过 50%的工作目标。对于疑难案件，仲裁庭所有人员都要参与案件的调研。每处理一起案件，仲裁员先熟悉案情、梳理脉络，摸清企业的实际情况，在开庭前有针对性地寻找案件双方当事人都容易接受的调解突破点，增加调解成功的可能性。对于双方矛盾较为激烈的，增加调解的时间和次数，有的案件经过 5 次调解后，双方才达成协议。对于难调解的对象，适时寻求其他相关人员的帮助，如当事人律师、当事人信任的人，或者相关单位人员的引导，借助他人的力量完成调解。是年，仲裁案件调解率同比提高 7%。通过建立乡镇基层调解组织，企业联系点，发送仲裁建议书，进行案件回访等形式，并通过宣传法律知识，促进劳动者和用人单位以正确的方式反映诉求和应对纠纷。是年，与中联重科、鼎城文福纸业有限公司、常德天美乐冷冻食品有限公司、常德金德山水泥有限公司等建立企业联系点。对乡镇企业的合法用工、合法解除给予建议和引导。根据常德市司法局、市人力资源和社会保障局《关于在全市劳动人事争议仲裁机构设立法律援助工作站的实施意见》的精神，区人力资源和社会保障局成立法律援助工作站，落实提供法律援助的律师，并将工作指南和律师信息予以公布。

2013 年，区人力资源和社会保障局利用乡镇劳动保障基层机构，指导全区 32 个乡镇、13 个社区建立基层调解组织，规范工作程序，分批开展《中华人民共和国社会保险法》《中华人民共和国劳动合同法》《中华人民共和国劳动争议调解仲裁法》等法律法规的业务培训，将基层调解示范点建设纳入全区基层劳动保障经办机构绩效考评范畴，充分发挥基层调解示范点的“第一道防线”作用。与多家企业建立预防调解联系点，指导搞好用工管理，定期进行监督检查。及时化解劳动争议，切实维护争议双方的合法权益，构建和谐稳定的劳动关系，切实为劳动者撑起“维权保护伞”。全年接待群众咨询1540人次，为群众挽回经济损失206万元。

2014年，将基层劳动人事争议调解示范点建设纳入绩效考评范畴，指导乡镇、社区建立劳动争议调解组织，并开展业务培训规范工作流程。探索建立案前、案中、案后全程调解工作模式，运用柔性化手段处理纠纷、化解矛盾。设立裁决（调解）文书3次审核制度，建立仲裁员工作例会制度。做到一般案件45天结案，复杂案件不超过60天结案。联合司法部门建立法律援助工作站，为23名劳动者提供法律援助。按照《常德市2014年度劳动人事争议调解仲裁工作考评细则》的要求，完善档案室建设，减少独任仲裁案件数量。建立案件评析制度和案件合议制度，及时总结案件审理经验。3名兼职仲裁员参加省级新任仲裁员培训。

2015年，区人社局印发《鼎城区劳动人事争议基层调解工作制度》，将劳动人事争议调解工作纳入区人社局对各基层劳保站（中心）绩效考评的内容。是年年底，全区29个乡镇、4个街道、3个农林场劳保站及25个社区劳保中心均建立了调解组织，有兼职调解员61名，并将其组织和人员向社会公示；对基层调解组织的标示、名称、工作职责、工作程序和调解员行为逐步规范。年初，制定《鼎城区劳动人事仲裁工作制度》，优化和提高办案质量和办案效率。建立裁审衔接机制，定期进行案件回访，与法院相关庭室衔接，交流研讨案例。开辟“绿色通道”，为弱势群体提供优质服务和免费法律援助，解决特殊群体劳动者维权难的问题。区人社局投入资金加强对仲裁院的信息化建设，对相关设施进行升级换代。区仲裁院有一篇稿件在《中国社会保障》上刊登。

2016年，人社局党组重视仲裁员队伍建设，仲裁骨干力量安排优中选优，个个都能独当一面。将优秀的军转干部安置到仲裁院。是年，仲裁院有专职仲裁员4人，兼职仲裁员3人，长期聘用专职书记1人。制定《鼎城区劳动人事争议仲裁工作制度》，提高办案质量和办案效率。实施阳光仲裁，规范办案工作，优化仲裁程序。建立案件分类处理机制，为农民工、残疾人等弱势群体维权提供优质服务。为方便农民工维权，联合区总工会、区司法局建立仲裁法律援助工作站，为农民工、残疾人等弱势群体提供免费法律援助，解决特殊群体劳动维权难的问题。建立裁决（调解）文书3次审核制度，建立仲裁员工作例会制度，每月一次，及时分析阶段性劳动人事争议案件的情况，集体会诊疑难复杂案件。实现了仲裁管理体系建设的“程序规范化、文书标准化、管理制度化”。

2017年，鼎城区劳动人事争议案件快速增长，案件调解难度不断加大，为切实增强仲裁法规制度在案件办理过程中的适用性，依据相关法律法规，结合办案实际，积极探索优化仲裁程序，仲裁文书实行书面通知和电话通知双向进行。为了方便群众及时咨询仲裁政策、了解仲裁工作动态，有力利推进仲裁宣传工作的开展，拟建立“常德鼎城劳动人事争议仲裁”微信公众号。

2018 年，注册建立“常德鼎城劳动人事争议仲裁”微信号。设立常见问题解答、仲裁指南、信息咨询等特色栏目。开展微信咨询服务工作，方便当事人查询案件办理的流程、进度，减少劳动者来回奔波，提高仲裁服务效率。同时，及时更新仲裁工作信息，通报工作情况、宣传工作业绩，方便群众及时咨询仲裁政策、了解仲裁工作动态，推进仲裁宣传工作。

第二节　案件的仲裁与调解

1987 年，县劳动人事局把做好劳动争议预防工作当作搞好劳动争议案件处理的重要内容，坚持预防为主的原则，积极开展劳动争议预防工作，收到了较好的效果。1987 年至 1989 年全县未发生一起劳动争议案件。

1990 年，受理一般案件 24 起，因为做了过细的帮教与调解工作，劳动争议得到及时妥善解决。其中开庭审理一案：申诉人揭某，原系冲天湖乡供销社营业员，因擅离工作岗位旷工 6 个月和私自赊销商品折款 3975.83 元而被区供销社作除名处理。经庭审取证调查：揭某赊销欠款已收齐并交给了乡供销社，区供销社要揭某到乡供销社写一个已还清欠款的证明，揭某找到乡供销社刘主任，刘主任因当时有事较忙不给写证明，因此两人就吵起架来了，揭某南泥湾赌气回家而造成了旷工。据查揭某平时没有无故旷工的现象。通过庭内批评教育，揭某认识到自己的错误行为，表示愿意改正。最后庭审裁决：撤销鼎城区供销合作联社对申诉人揭某的除名决定，由冲天湖乡供销社补发揭某被除名期间应发的工资待遇；案件受理费 20 元、案件处理费 120 元，合计 140 元由区供销合作联社负担。

1991 年，处理劳动争议案件 12 起，其中案外调解 5 起；开庭调解 6 起；开庭仲裁一起。

1992 年，区劳动局在企业转换经营机制中，充分发挥劳动仲裁部门的职能作用，坚持劳动仲裁为企业服务，为经济建设服务的宗旨，紧紧围绕全区企业经济建设的中心，扎扎实实做好劳动仲裁工作，为加快企业三项制改革保驾护航，收到了较好的效果，全年未发生一起劳动争议申诉案件。

1993 年，区劳动局帮助企业严格把住辞退关，在执行辞退违纪职工过程中，坚持做思想政治工作，帮助职工在认识错误、改正错误的基础上，调解平息劳动争议案件。全年共受理劳动争议案 13 起，调解处理结案 13 起，准确率 100%。

1994 年，鼎城区劳动争议仲裁委员会常鼎劳仲字〔1994〕01 号发出《关于加强企业劳动争议调解委员会建设的通知》，就加强全区企业劳动争议调解委员会建设的有关事项，要求各区属企业、中央、省、市驻区企业单位迅速建立、调整和充实劳动争议调解委员会，并选派政治素质好、熟悉劳动法规的人员担任负责人；劳动争议调解委负会要由联工代表、企业代表、企业工会代表组成；企业行政要积极支持调解委员会的工作，为企业创造一个稳定、有序的生产、经营和工作环境。全年受理案件 16 起，其中，案外调解 9 起、庭内调解 5 起、开庭仲裁 2 起。

1995 年，坚持企业和工人签订劳动合同，使之建立合法的劳动关系，企业和劳动者都受到法律保护。全年共受理劳动争议案件 23 起，开庭审理 23 起，成功结案 23 起，结案率 100%。5 月，开庭仲裁了一起区境内属地矿部的特困企业 601 矿 458 名离退休人员，联名申请仲裁企业克扣其离退休金的争议案。此前，601 矿的主管部门、地矿部劳资处工资科曾派人处理，在调解未果的情况下，离退休人员投受到区劳动局。区劳动仲裁机构接到这起案件后，首先深入企业进行全面调查了解，然后召集仲裁委员对案情进行细致分析，最后在该企业开庭进行仲裁调解。在调解过程中采取法律性、原则性与客观性、灵活性相结合的方法，最终使争议双方都满意地接受仲裁结果，维护了《中华人民共和国劳动法》的尊严，保护了劳动者的合法权益。

1996 年，受理劳动争议案件 15 起，其中庭内调解 2 起、庭外处理 13 起，职工胜诉 10 起、单位胜诉 1 起、争议双方部分胜诉 4 起，结案率 100%。

1997 年，支持企业依法处理严重违纪职工，为加快企业劳动制度改革保驾护航。全年共处理劳动争议案件 16 起，其中庭外调解 13 起、庭内调解 2 起、开庭裁决一起，结案率 100%。开庭裁决案件：申诉方刘某于 1996 年 5 月 21 日至 1997 年 2 月 23 日租赁湖南常德金江电子有限责任公司（被诉方）所属的广发公司期间，亏欠被诉方借款本息及租赁费共计 101496 元，金江电子有限责任公司首届二次职工代表大会对申诉人作出了除名处理。刘某不服，提起申诉。区仲裁委员会查明，申诉人在租赁广发公司期间因决策失误、市场调查不够、管理不善、资金不足、进货至发货时间过长、货款不能及时收回等原因形成亏损。区劳动争议仲裁委员会认为以上属于经营性亏损，不属《劳动法》及其劳动法律法规调解的范畴，不能作为对申诉人除名的条件。根据《企业职工奖惩条例》第十八条规定作出裁决：撤销湖南常德金江电子有限责任公司给予刘某的除名处理决定；恢复刘某与湖南常德金江电子有限责任公司的劳动关系，补发刘某申诉期间的基本工资；案件处理费 500 元由被诉方承担。

1998 年，处理劳动争议案件执行“三不”原则，即仲裁部门不干预企业给予违纪职工实施的行政处分；在处理申诉案件中只要企业对申诉人所取违纪证据充分，法规施用准确，仲裁部门不追究企业在处理程序上某个环节的失误；对争议案件的处理一般不采取开庭仲裁的形式，用做思想工作的方法和宣传讲解劳动法规、政策的方法调解争议。全年受理一般劳动争议案件 6 起，调解成功 5 起，开庭裁决 1 起。开庭裁决案件：常德市航运公司职工安某（女），于 1997 年 4 月 30 日值班时伙同轮渡处职工陈某、肖某倒卖回笼船票，被值班负责人现场抓获，常德市航运公司将安某解除劳动合同，安某不服而发生争议。经庭审查明，申诉人安某违纪事实清楚，证据确凿，违反了企业规章制度，出卖回笼票额虽小，但性质严重，已构成解除劳动合同的条件。依据《中华人民共和国劳动法》第二十五条和常德市航运公司县直机关轮渡处《经营管理责任细则》第一章第五条五款的规定，作出维持常德市航运公司对安某依法予以解除劳动合同的决定，仲裁处理费 500 元由安某负担的裁决。

仲裁庭开展庭外调解工作

1999 年，对于严重违纪，经教育不改且影响较大的职工，指导企业按规定、按程序处理，为企业加强劳动管理生威壮胆。全年共处理劳动争议案件 18 起，其中开庭仲裁 5 起、程序内调解 10 起、程序外调解 1 起、其他方式结案 2 起，结案率 100%。

2000 年，加强仲裁机构实体化建设，规范仲裁管理体系，进一步整合维权资源，深入开展法律援助活动，积极搭建企业和乡镇基层劳动争议调解平台，为加快二次创业，建设现代鼎城营造良好的维权法治环境。全年受理劳动争议案件 25 起，其中裁决结案 3 起、调解结案 19 起、其他方式结案 3 起。

2001 年，全年受理劳动争议案件 27 起。其中裁决结案 6 起、调解结案 17 起、其他方式结案 4 起。

2002 年，区劳动争议仲裁委员会共开庭裁决 3 起劳动争议案件。如，农民工刘某于 2001 年 8 月开始，在被诉人（包工头）康某手下务工，在桥南市场拆除老市场的玻璃钢瓦时从屋顶摔下，经常德市第一人民医院住院治疗诊断为颅内出血，并前后进行了2次手术，共住院61天，花费医疗费用31000元。经鼎城区劳动鉴定委员会鉴定为9级伤残。申诉人刘某要求康某按照有关法律规定承担因工伤残的医疗、护理费、伤残补助金等，并承担全部仲裁费用。因被诉人未到庭，未能达成调解协议。劳动争议仲裁委员会依据《中华人民共和国企业劳动争议处理条例》第二十六条规定，开庭依法对被诉人进行缺席裁决。劳动争议仲裁委员会认为：双方当事人虽未签订劳动合同，但已形成事实劳动关系。工伤认定和丧失劳动能力等级鉴定程序合法。申诉人的申诉请求除营养费没有法律依据不予支持外，其他应予支持。

2003年，区劳动争议仲裁委员会全年受理劳动争议案件56起，其中开庭裁决11起、调解结案38起、其他方式结案7起。

2004年，受理劳动争议案件59起，庭审裁决10起、调解结案41起、其他方式结案8起。

2005年，围绕“预防为主、基层为主、调解为主”的原则，加强与企业工会组织的联系，选择区内非公有制企业等作为非公有制企业劳动争议预防调解示范单位，发挥好示范单位作用。加大对乡镇、社区劳动保障经办服务机构调解组织建设的指导。全年受理劳动争议案件95起，其中庭审结案15起、调解结案68起（调解率达72%）、其他方式结案12起。

2006年，在处理案件的过程中，组织仲裁工作人员深入案件所在地调查取证，保证案件审理的“公平、公正、公开”。全年处理劳动纠纷案件180起，为劳动者追讨工资120万元。

2007年，围绕依法仲裁、公开仲裁、阳光仲裁、和谐仲裁，加强仲裁机构自身建设，规范仲裁工作程序和搞好仲裁庭建设，增强庭审效果，使劳动争议处理作到制度化、规范化，走上了重在源头、重在基础、重在调解、重在执行的运行轨道，妥善处理劳动争议，依法维护企业和职工的合法权益。全年处理劳动纠纷案164起，为劳动者追讨工资75万元，清退各类押金、保障金2.5万元。其中开庭审理劳动争议案一起：申诉人周某于1998年8月31日在执行国家粮食收购政策时发生事故受到伤害。2001年3月，申诉人周某通过劳动争议仲裁获得应得的工残补助金和住院费约5万元。2006年11月，申诉人又感到身体不适，经请示被申诉人、鼎城区工商行政管理局局长罗某刚，到常德市第一人民医院确诊后再到第六人民医院住院治疗7天，因被申诉人区工商行政管理局不愿再支付住院治疗费而使治疗自行终结。周某不服，提起申诉。区劳动争议仲裁委员会仲裁庭查明：申诉人周某所产生的医药费用，确系因工旧伤复发所致，被申诉人在质证时也表示认可。被申诉人不承担今后工伤旧伤复发的治疗费用，仲裁不予支持，作出如下裁决：被申诉方支付给申诉人工伤旧伤复发的治疗费 3603.59 元，另付给住院伙食费 70 元，合计 3673.59 元；今后申诉人因工伤旧伤复发所需的住院治疗相关费用实报实销；驳回申诉人的其他诉讼请求。

2008 年，区仲裁机构多次组织专门的法律知识讲座，请仲裁工作经验丰富的领导为企业联系点、基层调解组织、乡镇及社区社会保障工作人员授课，提高他们搞好争议仲裁工作的水平。全年共处理劳动争议案件 162 件，其中经劳动仲裁部门化解 79 件、受理 66 件、不予受理 17 件，为劳动者挽回经济损失 190 万元。

2009 年，认真落实仲裁建议书制度、企业联系点制度。主动延伸调解仲裁公共服务职能，规范流程，确保调解仲裁建议书的行政指导质量和社会效果。6 月，对区内部分用人单位下发仲裁建议书之后，受理案件明显减少。全年共处理劳动争议案件 181 件，其中立案处理 135 件、非立案处理 46 件，结案率 95%以上。

2010 年，全年快立、快审、快结职工、农民工、伤残病人等弱势群体劳动争议案件 84 起，调解率达到 52%。其中涉及经济补偿、违约金、赔偿金占受理案 49%。在处理复杂案件时，组织仲裁工作人员赴案件所在地调查取证，保证案件审理的公平、公正、公开原则。案例：沈某于 2010 年 3 月进入某轧钢有限公司从事炼钢工作。5 月 25 日晚 10 时，沈在工作时，被装铁水的大包上的龙门钩震落砸到左上臂，最后压在大腿上，致使左股骨粉碎性骨折，L1 压缩性骨折，全身多处皮肤软组织挫伤，在常德市第一人民医院住院治疗 57 天后，经市劳动能力鉴定委员会鉴定为八级伤残。沈某系四川人，如果双方不能达成调解，裁决之后，轧钢公司不履行裁决或再次上诉，沈某将面临漫长的诉讼之路。区仲裁机构将争议双方约集在一起，抱着必调必和的信念，耐心地从理至法等多方位着手，针对轧钢行业的高危性，对于企业为职工进入工伤保险等政策法规又做了大力宣传。最终，在工作人员的不懈努力下，使双

仲裁庭开庭审理

方做出让步，最终沈某获得70000元的工伤赔偿金。

2011年，坚持快立、快审、快结的方式，为职工、农民工、伤残病人等弱势群体处理劳动人事争议案件55起，其中调解结案30起、裁决结案22起，案件的到期结案率100%，调解率55%。按争议类型分：涉及经济补偿、违约金、赔偿金的共31起，占受理案件的56%；涉及工伤赔偿12起，占受理案件的22%；涉及劳动报酬、双倍工资8起，占受理案件的15%；涉及确认劳动关系4起，占受理案件的7%。

2012年，受理劳动人事争议案件277起，其中裁决结案11起、立案调解结案50起、案外调解187起。立案调解率达63%，案件到期结案率100%。按争议类型分：涉及经济补偿、双倍工资、违约金、赔偿金128起，占受理案件46%；涉及工伤赔偿89起，占受理案件32%；涉及劳动报酬的60起，占受理案件的22%。

2013年，抓法律服务援助点建立，和司法部门搞好衔接，建立劳动人事争议仲裁法律援助工作站，为农民工、残疾人等弱势群体提供免费的法律援助，较好解决了劳动者维权难、难维权的问题。选取典型案件，进行“露天庭审”，邀请兼职仲裁员、基层和企业的调解员以及人社部门其他岗位上的工作人员参与庭审活动，让仲裁庭审广泛接受社会监督，增强仲裁工作的透明度和社会影响力。全年立案审理劳动人事争议案件125起，其中裁决结案60起、调解结案65起、调解率达到52%，案件的到期结案率100%。案外处理劳动人事争议229起。

2014年，鼎城区劳动争议案件呈快速增长趋势，案件调解难度加大。全年立案审理劳动人事争议案件293起，同比增长168起，其中裁决结案238起、调解结案26起、其他结案29起。案件的到期结案率100%。案外处理劳动人事争议261起，接待群众咨询1423人次，为群众挽回经济损失200万元。其中一起开庭审理的案件情况是：申诉人黄某，系武陵区南坪岗乡万寿村10组村民，2013年6月1日与常德市兴隆劳务有限责任公司签订1年的劳动合同，被派往用人单位常德卷烟厂选叶岗位工作。用人单位常德卷烟厂需减少600个选叶岗位，当年8月31日，黄某被终止劳动合同回家。被申诉人兴隆劳务有限责任公司向申诉人黄某支付了未提前一个月通知黄某解除劳动合同的代通知金和解除劳动合同的经济补偿费。申诉人黄某不服，签订1年的合同，只工作3个月，要求被申诉人兴隆劳务有限责任公司补发9个月的工资。区劳动人事争议仲裁委员会认为：劳动法律法规对用人单位解除劳动合同时，应承担的责任中，就支付未履行的劳动合同期间的工资没有规定。因此申诉人要求被申诉人支付未履行劳动合同期间的工资没有法律依据。驳回申诉人要求被申诉人赔偿合同约定的一年工资21312元的请求。

2015年，鼎城区机械制造行业劳动合同纠纷以及工伤保险待遇纠纷较多。全年立案审理劳动人事争议案件130起，其中裁决结案56起、调解结案45起，案件的到期结案率100%。案外处理劳动人事争议270起，接待群众咨询1321人次，为群众挽回经济损失150余万元。其中开庭处理一起劳动争议案件，申请人雒某于2014年11月23日就职于被申请人鼎城区久光影视文化有限公司，从事平面设计及微信后台维护工作，面试时与被申请人达成口头协议：工资为2500元/月，包吃包住，试用期满后还有业务提成。双方一直未签订书面劳动合同。2015年2月，被申请人久光影视有限公司因效益不好，不给申请人雒某增加工资（即提成），但可以不限定上班时间。2015年4月，雒某要求签订劳动合同，被申请人以劳动合同文本在法定人处为由推脱，并要求雒某每天打卡上班，且不包吃住，不享受误餐补助。为此雒某提出辞职。辞职后雒某要求久光影视文化有限公司支付未签订劳动合同的两倍工资和补发从2015年3月至4月上班期间应发工资3462元；2014年11月至2015年4月期间工资12788元。经区劳动人事争议仲裁委员会调解无效，庭审裁决：被申请人向申请人支付工资3462元；被申请人向申请人支付拒签劳动合同的两倍工资5000元。

2016年，坚持案件办理先调后裁，将调解工作贯穿办案过程的始终。在处理每一起劳动争议案件时，安排专人负责案前、案中、案后的调解，热情接待每一位前来维权的群众，耐心倾听双方当事人的诉求，公正调和，切实维护双方劳动者权益。以基层调解组织为依托，完善预防调解工作制度。围绕"预防为主、基层为主、调解为主"的原则，相继与中联重科、兴隆劳务公司等企业建立企业预防调解示范点，指导企业搞好用工管理，定期进行监督检查，以点带面，逐步引导全区规模以上企业建好预防调解组织。将劳动人事争议调解工作纳入区人社局对乡镇街道（社区）劳保站（中心）绩效考评的重要内容。全年共立案处理各类劳动人事争议案件291起（其中按照结案方式分：调解结案32起，裁决结案247起，其他方式结案12起；按照案由分：解除劳动合同纠纷124起，工伤保险待遇纠纷22起，确认劳动关系纠纷6起，追索劳动报酬纠纷8起，其他131起），为劳动者挽回经济损失375.9万元。

2017年，加强基层调解组织和调解队伍建设，建立基层调解组织50个，发放专用挂徽和胸章。对基层调解组织标示、名称、工作职责、工作程序和调解员行为等予以规范。7月，开展基层调解工作培训，提高基层调解人员的业务水平。为一步提高企业人力资源管理水平，增强企业内部协商解决劳动争议的能力，开展仲裁员联系企业工作，三名仲裁员分别联系一家企业。服务内容包括提供劳动争议仲裁政策咨询和劳动管理建设。在处理每一起劳动争议案件时，做好案前、案中、案后调解工作，将调解贯穿始终。当年，仲裁案件调解率达62%，较上年提高9%。为劳动者挽回经济损失1124.8万元。全年共处理劳动人事争议案件152起（裁决结案73起，调解结案49起，其他方式结案30起）。其中包括：工伤保险待遇纠纷案件32起，35人的集体争议案件一起。

2018年，鼎城区劳动人事争议案件呈现平衡趋势。全年立案审理劳动人事争议案件69起，其中裁决结案22起，调解结案24起，撤诉21起，撤销2起。不予受理21起，调解率65%。案件的到期结案率100%。案外处理劳动人事争议23起，接待群众咨询700余人次，为群众挽回经济损失1217.5万元。

鼎城区劳动（人事）争议案件处理统计表

（1999—2015 年）

表 3-9-1

年度	受理案件数	处理结果			结案率（%）	劳动者胜诉率（%）	用人单位胜诉率（%）	申请金额（万元）	结案标的（万元）
		裁决结案数	调解结案数	其他方式案数					
1999	18	5	11	2	100%	88.8%	11.2%	56	19
2000	25	3	19	3	100%	92%	8%	78	40
2001	27	6	17	4	100%	89%	11%	152	35
2002	31	3	27	1	100%	93.5%	6.5%	130	42
2003	56	11	38	7	100%	94.6%	5.4%	270	47
2004	59	10	41	8	100%	96.6%	3.4%	230	55
2005	95	15	68	12	100%	95.8%	4.2%	190	60
2006	180	28	133	19	100%	96.7%	3.3%	330	88
2007	164	134	29	1	100%	98.8%	1.2%	220	75
2008	162	66	79	17	100%	99.4%	0.6%	430	96
2009	181	135	36	10	100%	98.3%	1.7%	450	103
2010	276	74	167	35	100%	98.9%	1.1%	610	360
2011	253	22	184	47	100%	99.2%	0.8%	670	130
2012	277	11	187	79	100%	98.9%	1.1%	750	180
2013	125	54	44	27	100%	100%	—	870	230
2014	293	238	26	29	100%	99.6%	0.4%	1379	200
2015	130	56	45	29	100%	100%	—	930.7	150
2016	291	247	32	12	100%	100%	—	2000	200
2017	152	73	49	30	100%	100%	—	1124	150
2018	69	22	24	23	100%	100%	—	1035	140

说明：从 2011 年起，包括人事争议仲裁案件

第四篇 《

社会保障

1949—2018

第一章　城镇企业职工基本养老保险

1949年以前没有养老保险这一作法。中华人民共和国成立后，开始实施职工退职养老制度。1951年2月26日，政务院颁布《中华人民共和国劳动保险条例》（以下简称《条例》）。《条例》共七章三十二条。明确实施条例的范围、对象；劳动保险金的征集与保管；各项劳动保险待遇的标准以及劳动保险金的支付和劳动保险事业的执行与监督等内容。其中第十五条对退职养老待遇作出规定：（1）男职工年满60周岁、一般工龄满25年，女职工年满50周岁，一般工龄满20年，可退职养老。按工龄长短、按月发给退职养老补助费，其数额为本人工资的50%~70%，付至死亡时止。（2）对井下、高温、低温、有毒有害等特殊工种作业人员退职养老作出具体规定。同时，《条例》在第一章总则中也明确规定："本条例实施采取逐步推广"和"暂缓实行"的原则。是年，常德县无实施条例的企业。

1953年1月26日，劳动部公布试行《中华人民共和国劳动保险条例实施细则》，其中第七章对养老待遇作了新的规定：工人退职养老时，工龄未满10年者，付给本人工资的50%；满10年未满15年者，付给本人工资的60%；满15年及15年以上者，付给本人工资的70%，付至死亡时止。是年，常德县开始实施退休制度，但无工人退休记录。1955年，县办工业企业发展到5家，即：新湘烟厂、昌明锅厂、河洑伞厂、新源印刷厂、新明炼铁厂，共有职工560人，但无退休职工，也无退休负担，因此，劳动保险条例的相关政策也未实施。

1978年6月2日，国务院颁发《关于工人退休退职的暂行办法》（国发〔1978〕104号），调整和提高退休、退职待遇，即由原来的50%~70%调整为60%~75%，同时，还规定退休费一律由本企业支付，退休人员管理仍由本企业负责。在此时期，由于实行的是计划经济，加之常德县是农业大县，企业不多，当时县办企业共13家，职工3336人，其中正式职工2192人，临时工1144人，由于职工总数不多，退休职工就更少。当年，全县干部职工退休费总额只有10.79万元，因此，这种由企业统包统揽的职工退休制度执行起来并未感到有多大困难。

20世纪80年代初期，企业贯彻执行"自主经营、自负盈亏"的政策，退休费由企业自行负责的"企业保险"格局已经不适应改革开放和社会经济发展的要求。国有企业与集体企业之间、新办企业与老企业之间负担不平衡的矛盾日益突出。另外，由于计划经济体制的淡化，很多企业经济效益不好，退休职工的退休费得不到保障，停发、减发的现象时有发生。这既不利于企业经济效益考核，也不利于经济发展和社会稳定。因此，企业自行负责职工养老保险的制度成为经济发展亟待解决的一个重大社会问题。

1986年，随着改革开放的不断深化，为适应市场经济体制改革的需要，国务院颁发《关于改革劳动制度四个规定的通知》（国发〔1986〕77号）（以下简称《四个暂行规定》），明确提出要逐步建立健全城镇企业职工社会养老保险制度。1986年10月，常德县成立“社会劳动保险事业管理站”。从此，企业自办养老保险的局面开始打破，适应社会主义市场经济体系的城镇职工社会养老保险制度正式建立，并不断完善。在30多年的社会养老保险实践中，常德县（鼎城区）社保部门曾在全省率先实行企业固定职工个人缴费；在全省率先开展私营企业和个体工商户参保；在全国率先实行养老金计发办法改革。曾连续10年（1988—1997）获得全省养老保险工作先进单位称号，连续13年（2005—2017）获全市养老保险工作先进单位称号，两次获省政府通报表彰和嘉奖，两次在全省劳动工作会议上作典型发言，4次在全省社保工作会议上介绍经验。劳动部、省劳动厅曾两次在鼎城区召开现场会，推广鼎城区企业职工养老保险工作的经验。全国人大常委会副委员长李沛瑶曾到鼎城视察。鼎城区的社会养老保险工作实现了全国有影响、全省创先进、全市争第一的目标。

第一节　企业职工退休基金社会统筹

1986年10月，常德县编委常编〔1986〕25号文件批准成立常德县社会劳动保险事业管理站，为县劳动人事局直属独立事业单位，定事业编制7名。负责全县新招全民合同制工人养老保险的基金征缴与管理；负责全县企事业单位职工养老保险的社会统筹；负责全县养老保险社会统筹单位退休职工的管理与服务。

1986年，县社保站工作人员合影

1987年3月，为了实行退休职工企业保险为社会保险，常德县成立由县委常委、副县长孔繁松为主任，8个委、局领导组成的退休基金社会统筹工作管理委员会。4 月，县劳动人事局、县财政局、县税务局、工商银行常德县支行、农业银行常德县支行联合制定《常德县全民企业事业单位退休基金社会统筹实施办法》。办法规定：（1）统筹范围：县属全民所有制企业以及按企业化管理，自收自支的事业单位中的全民（集体）固定职工。（2）统筹项目：统筹项目本着从少到多，逐步扩大的原则，暂定 5 项：即离休、退休、退职金、副食品价格补贴、粮差补贴、生活补贴、按省政府湘政电〔1984〕131 号电文发给的 5%–15%的退休补助费。（3）统筹原则："以支定筹，保证支付，略有节余"。统筹基金的提取比例一年一定。当年，按参加统筹单位职工工资总额和退休费总额之和的 14%缴纳。受益单位月人平受益 5 元以上部分不补，增支单位月人平增支 4 元以上部分不提。5 月，县政府主持召开全县社会统筹实施动员大会，并以常政发〔1987〕37 号文件下发社会统筹实施方案。为了顺利并及时推动统筹工作，方便各单位操作，6 月，县劳动人事局、县财政局以常劳人〔1987〕27 号文件下发实行社会统筹的《实施细则》。从 7 月 1 日开始，县社保站先后到 40 多个科局、60 多家企事业单位开展座谈宣传，摸底测算。至 12 月底全县 62 家单位的 5405 名在职职工和 822 名退休人员全部实行了退休基金社会统筹，共收取统筹金 29.3 万元，支付退休费 23.4 万元。《中国社会保障报》和《常德快讯》分别报道了常德县实行退休基金社会统筹的经验。

1988 年，为了进一步加强退休基金社会统筹工作领导，县政府研究决定，新增县财委、县经委、县建委、县计委、县农委主要负责人为县退休基金社会统筹工作管理委员成员。同时，常政办发〔1988〕13 号文件批转了县劳动人事局《关于 1988 年开展社会劳动保险工作的报告》。各单位都明确一名领导分管，明确专人专抓并实行责任目标管理。同时加大宣传力度，各单位分别用各种宣传工具，以多种宣传形式，进一步在企业和广大职工中广泛宣传社会统筹与改革的关系、与保障退休职工基本生活的关系、与巩固和发展安定团结的关系。广大企业和职工对社会统筹的认识不断提高。是年，新增参保单位 10 家、在职职工 1300 多名、退休人员 500 多名。全年收取统筹基金 88.98 万元，支付退休金 80.1 万元，拨付率达 100%。

1989 年，由于银根紧缩，销售市场疲软以及受能源、原材料供应不足等因素影响，部分企业经济效益滑坡，个别企业处于停产状况，致使统筹基金收缴与支付出现不同步的现象。为此，区社保站本着调整、完善、发展的原则，重新测算和制定新的统筹方案。统筹项目由原来的 4 项增加到 8 项，提取比例由 14%提高到 16%。

1990 年 4 月，区政府常鼎政发〔1990〕47 号文件批转区劳动局、区财政局、区税务局制定的新的社会统筹方案。新的方案不仅增加了统筹项目，提高了计算比例，而且本着养老金按国家、企业、个人 3 方负担的原则，规定凡参加统筹的在职职工每人每月按 1 元标准缴纳养老金并入统筹基金。仅此一项全区新增统筹基金 6.8 万元。这一作法得到省、市主管部门的肯定，并在全省推广。由于实行了新的统筹方案，全年收缴统筹基金 156.4 万元，收缴率为 100%；支付退休费 138.98 万元，拨付率为 100%。对统筹单位中的停产企业调剂退休费 1.5 万元，对 5 家半停产企业免收统筹基金 4 万元。

1991 年，由于实行了新的社会统筹方案，全区社会统筹工作走出了困境。同时，完善了固定职工个人缴费办法，建立了个人缴费的“一册一卡两账”的管理制度。针对当年洪涝灾害的影响，对区酒厂、饮食服务公司、木材公司、肉食加工厂等 4 家停产企业的 117 名退休人员发放了 5.2 万元的生活费。完成了省级统筹的测算工作。全年收缴社会统筹基金 165 万元，支付退休费 150 万元。

1992 年，鼎城区被劳动部确定为企业退休职工基本养老金计发办法改革试点单位。鼎城区在全力投入改革试点工作的同时，进一步完善了省级统筹测算方案。在企业效益欠佳的情况下，采取下达预缴通知书、聘请协管员、成立收缴小组等措施，共收缴统筹基金 132 万元，占应收总额的 98%。并在全市率先实行微机管理。

1993—1994 年，随着全国城镇企业职工基本养老保险改革的不断深化，企业职工退休基金社会统筹工作，虽然为平衡企业负担，为保障退休职工生活，为社会稳定发挥了积极作用。但因覆盖面窄，参保对象少，社会化程度不高等因素的局限，1995 年起，逐步被全员参保、统账结合的制度所代替。

区木材公司为区社保站赠送锦旗

第二节　劳动合同制工人养老保险

1987 年 3 月，常德县为了推动劳动制度改革，县劳动人事局、县财政局、工商银行常德县支行、农业银行常德县支行、建设银行常德县支行联合发出常劳人字〔1987〕第 004 号文件，对全县所有劳动合同制工人实行社会养老保险作出规定：（1）范围。凡驻县中央、省、地属和县属全民所有制单位，从社会上招用的劳动合同制工人（包括退休顶班招收的劳动合同制工人，以及异地转入的劳动合同制工人）一律实行养老保险制度，用工单位必须缴纳养老金。（2）养老金的来源和缴纳标准。用工单位每月按劳动合同制工人工资总额的18%缴纳，企业单位在所得税前列支、机关从行政经费中列支、事业单位从事业费中列支。合同制工人本人按月标准工资的3%缴纳，由单位在工资性补贴中扣除代交。（3）缴纳程序。就业时先投保再招工，调入的先转保后调动。（4）明确了停保、转移、终止等环节程序。自此，全县全民劳动合同制工人养老保险工作全面启动。

1988年，通过广泛宣传和培训各单位社保专干，提高了合同制工人参保的积极性。年底，全县1226名合同制工人全部参加社会养老保险，参保率100%。

1989年，为加强合同制工人养老金的收缴和管理，建立合同制工人养老基金手册制度。凡1984年1月1日以后招收的全民合同制工人和纳入劳动计划管理的合同制工人人手一册，由单位统一保管，由社保站一年一审，职工调离或退休时作为办理相关手续和计发待遇的依据。针对当年全区全民企事业单位纳入计划管理的混岗集体职工改为全民合同制工人的数量多，投保补保的任务大的情况，采取股室互相配合，程序一环扣一环的办法。到年底，全区参加养老保险的单位达到160家，参保的合同制工人共2148人，投保率100%。区劳动局为进一步完善社会劳动保险体系，减轻企事业单位临时工在年老、疾病、死亡等情况下的困难和后顾之忧，当年3月向区政府呈报了临时工实行社会劳动保险的试行办法的报告，区政府以常鼎政办〔1989〕18号文批转该报告。年底，全区新增33家单位共156名临时工参加投保补保。

1990年，合同制工人养老保险工作程序严格执行“先补保后顶调，先投保后招工，先转保后调动”的原则，控制了错漏现象。社保站深入所有参保企事业单位，澄清了全区劳动合同制工人的底子，全部发放了《养老基金手册》，保证了账、卡、册三者一致。当年，全区投保单位210家，投保人数3150人，投保率达到100%，共收缴养老金168.9275万元，收缴率达100%。是年扩大了临时工参保范围，在1989年的基础上，又在党政机关、集体企事业单位推行了临时工养老保险，全年参保的临时工497人，收缴养老金39159元，收缴率100%。

1991年，根据国务院《关于企业职工养老保险制度改革的决定》精神，8月，鼎城区成立养老保险基金委员会，由区长李建新任主任，区计委副主任苏仕华、区劳动局局长张国芳任副主任，伍育钧、鲍学孝、龙继尧、唐光远、聂绍荣、周大进、娄信均、蒋春诚为委员。委员会下设办公室，办公地点设区劳动局，与区社保站合署办公。由蒋春诚任办公室主任，卜东升任副主任。10月，开展社会保险“双周”宣传活动。区社保站与区广播电台联合开办《社会保险》专栏，除宣传国务院等各级相关文件外，还加强新闻报道。全年区社保站被国家级刊物采用8篇、省级14篇、市级18篇、区电台70多篇。为了加强合同制工人管理的基础工作，深入所有参保单位，澄清了所有参保对象的基本情况和缴纳金额。核对养老金手册3100多份，查出错登、漏登87人，补缴养老金7万多元。年末，全区参保单位208家，参加投保的合同制工人4154人，共收缴养老金89万元。此外，临时工参保610名，收缴养老金28万元。该项工作在全市名列前茅。劳动部对该区进行实地考察后，确定为全国企业职工基本养老金计发办法改革的试点。

1992年，区委、区政府把试点工作纳入全区重点工作规划，成立由副区长任组长的改革试点领导小组。市劳动局给予大力支持，派专人指导和参与试点工作。1月24日，区政府主持召开改革试点动员大会。全年共召开全区性大会4次、举办业务培训班3次、各类座谈会21次，印制宣传资料4万多份，企业出墙报280多块。区劳动局及社保站先后学习考察了江西省南昌市、辽宁省锦西市（国家试点）的经验。制订16套系列调查摸底表。对全区58家企业和17家驻区市属以上企业的14182名职工和近两年退休的324名人员的标准工资、各种奖金、补贴等10多个项目进行摸底，然后将多达120多万个数据进行整理、归类、汇总，输入微机进行测算。根据不同口径先后制定了64套方案，两次赴劳动部和省劳动厅汇报，将确定的方案在14家不同行业、不同经济效益的企业进行模拟运转，对多项指标进行修改和完善。同时，对1993年将要退休的333名职工的养老金逐人进行测算，其结果有283名职工增加待遇，低于原待遇的按原待遇补齐。11月20日，区政府以常鼎政报〔1992〕60号文件形式向省劳动厅、劳动部呈报了《常德市鼎城区改革企业职工基本养老金计发办法的意见》（以下简称《意见》）的请示。12月4日，省劳动厅湘劳险字〔1992〕530号文件对鼎城区改革计发办法的意见给予了批复，认为《意见》符合劳动部的总体思路和我省实际情况，表示完全赞同和支持。12月10日，劳动部保险福利司对省劳动厅的请示给予复函，完全同意鼎城区的改革意见，并就有关问题提出了4条修改建议。12月31日，区政府召开养老基金管理委员会会议审议通过，并以常鼎政发〔1992〕51号文下发《常德市鼎城区改革企业职工基本养老金计发办法的意见（试行）》。在抓紧完成改革试点任务时，加大养老保险改革力度，全区养老保险领域不断扩大。当年2月，区乡镇企业经济委员会与区劳动局联合发文，凡经主管部门批准进入乡镇企业管理站（以下简称企管站）的工作人员均应参加养老保险，1982年以前的工作年限按每人每月15元标准补缴，1989年1月1日以后每人每月按19元标准补缴。所缴养老金单位负责80%，个人负责20%。其待遇条件按照全民合同制工人的有关规定办理。4月，区劳动局与区计生委发文。凡经区计生委、区编委、区劳动部门批准进入各乡镇（场）计划生育队伍的工作人员均参加社会养老保险，缴纳标准（含补缴）及享受待遇与乡镇企管站相同。8月，区劳动局与区财政局、区税务局联合发布全区《关于企业职工养老保险制度改革的实施意见》，明确职工个人缴费的范围和标准，即凡参加社会养老保险单位的所有固定职工（含集体企业），缴纳标准按上年度本人月平工资的2%。制订了企业补充养老保险和职工个人储蓄性养老保险的具体办法；明确规定从1992年1月1日起，新招集体合同制工人按全民合同制工人标准一律参加养老保险。确定区属全民企事业单位、党政机关兴办的劳服企业必须按照鼎城现行的企业职工退休金社会统筹的制度参加统筹。所有固定职工按全民所有制企业单位固定职工个人缴费标准和办法实行个人缴费。年末，征缴全民合同制工人养老保险金112万元，占99%。收缴集体合同制工人养老金2万元，临时工参保756人，收缴养老金27.1万元。

局班子成员研究养老金计发办法改革方案

1993年，根据劳动部和省劳动厅对鼎城区改革企业职工基本养老金计发办法方案的批复，区委、区政府决定在3月初召开实施改革方案的动员大会。为了大会顺利召开，区政府在2月20日召开了新闻发布会。国家、省、市、区共12家新闻单位参加会议。3月2日，实施改革动员大会在区人民会堂隆重举行。参加会议的领导有全国人大常委会副委员长李沛瑶。劳动部保险福利司司长韩良诚，《中国劳动报》副总编辑陈淮。省人大常委会副主任潘基磺，省政府办公厅副秘书长沈国凡，省劳动厅厅长谷新珊、副厅长刘源生，省社保局局长郭铁明，省劳动厅福利处处长丁龙光。市委副书记彭孟芝、市人大常委会副主任何星甫，市政协主席韩林安，副市长陈德铨，常德军分区司令员方子珍。区委书记胡前松，区人大常委会主任姚运来、区长李建新、区政协主席朱昌远、副区长胡宗清、区武装部政委杨万太。参加会议的还有全省各地州市劳动局、社保局的主要负责人。省财政厅、省审计局、省总工会。常德市劳动局、市人事局、市财委、市计委、市体改委、市财政局等单位的主要负责人和全区各企事业单位法人代表。江西南昌市社保局、辽宁锦西市社保局应邀派代表出席了会议。会议以后，区劳动局下发了常鼎劳社险字〔1993〕03号文，对方案在操作中的程序作了具体说明。6月，在市政府办关于职工个人缴费意见的基础上，鼎城区增加了企业临时工、城镇个体劳动者、私营企业雇工等为个人缴费对象。年末，参加养老保险的合同制工人6815人，收缴养老金110万元，占94%；其他对象参保的有481

人，收缴养老金（含补保）130 万元，占 100%；为市社保所代收统筹金 32 万元。

1994 年，根据国务院和省、市有关规定及鼎城区的实际情况，提出城镇企业固定职工按照全民劳动合同制工人的办法实行养老保险的意见。意见规定：（1）对象为鼎城区全民企业、集体企业的固定职工，“三资”企业的中方固定职工，1971 年年底以前的临时工，私营企业雇工。（2）缴纳标准，1988 年 12 月 31 日前按每人每月 15 元缴纳；1989 年 1 月 1 日至 1993 年 12 月按每人每月 19 元缴纳；1994 年 1 月 1 日起每人每月按 25 元缴纳（其中单位 22 元，个人缴纳 3 元）。（3）退休待遇，按国家规定计发。（4）缴纳办法，可按年龄分段缴，也可按工龄分段缴。（5）对调入、调出、升学、离职、除名、死亡、离退休人员等具体问题作出了明确规定。同时，全区供销系统职工退休费用的社会统筹由过去人民保险公司办理转移到劳动局管理。

1995 年 3 月，国务院发布《关于深化企业职工养老保险制度改革的通知》（国发〔1995〕6 号），进一步明确了企业职工养老保险制度改革的目标、原则。第一次提出了企业职工基本养老保险费用由企业和个人共同负担，实行社会统筹与个人账户相结合的模式。并将鼎城区的改革方案作为附件二提供给全国选用。6 月，省政府发布《关于深化企业职工养老保险制度改革的通知》（湘政发〔1995〕18 号）。10 月，常德市人民政府发布《常德市企业职工养老保险实施办法》。12 月，省政府令第 59 号发布《湖南省城镇企业职工养老保险办法》。由于各级政府对企业职工养老保险制度改革的高度重视，鼎城区 1995 年的社保工作出现新的局面。年初，区委、区政府召开高规格的社会保险工作总结表彰大会，全面总结全区社保工作的成绩，表彰了 20 个先进单位和 50 名先进个人。6 月，全省社会养老保险工作会议在株洲市召开。副区长刘云迪、区劳动局局长郑圣祥、副局长黄柏华、区社保局局长卜东升于 16 日赴株洲参加会议并接受省长杨正午亲自授旗表彰。10 月底，召开落实市政府 14 号和省政府 18 号文件精神的动员大会。出台了一套完整的全员养老保险制度和办法，为全区企业职工养老保险制度的统一奠定了基础。年底，按照国家、省、市政府规定的 27.5%的缴费办法，全区全民、集体参保企业 79 家，参保职工 14637 人，应收养老保险费 1350 万元，实收 1355 万元。

1996 年，加大全面推进退休费用社会统筹与个人账户相结合的社会保险制度改革力度，扩大养老保险覆盖面，出台了《鼎城区私营企业主及雇工、个体工商户及帮工的养老保险办法》。在遭受特大洪灾的困难下。年末，共收缴养老金 1097 万元，收缴率 97%。拨付退休费 919 万元，拨付率 100%。为遭受洪水袭击的特困企业解决救困资金 109 万元，为 465 名特困企业的退休人员解决生活困难费 10.6 万元。投资 250 万元的社保活动中心竣工落成。

1997年3月，省劳动厅在鼎城区召开现场会，推广鼎城区开展私营企业职工、个体工商户参加养老保险的经验，副局长黄柏华（左）在现场会上介绍经验，图中为省社保局副局长彭召明，图右为省社保局局长文浩东

1997年7月，国务院发布《关于建立统一的企业职工基本养老保险制度的决定》（国发〔1997〕26号）。12月，湖南省人民政府发布《关于印发〈湖南省建立统一企业职工基本养老保险制度的实施意见〉》和《湖南省城镇私营企业、个体工商户从业人员基本养老保险实施办法的通知》（湘政发〔1997〕43号）。这一系列文件的出台，第一次提出企业职工基本养老保险的概念，统一了企业和职工个人缴纳基本养老保险费的基数和比例，统一基本养老保险个人账户记入比例，统一基本养老金计发办法，完善基本养老金的正常调整机制，提出不断提高养老保险社会化程度的目标，扩大养老保险覆盖面，加强了基金实行收支两条线管理的措施。是年，区劳动局为统账结合办法建账立档，建账发卡率达100%。率先在全省推行私营企业、个体工商户养老保险，全区个体工商户参保320人。省劳动厅在鼎城区召开现场会推介经验。年底，区长肖朝进代表区政府在全省社保工作会议上作经验介绍。在企业效益低下的困境中，全年收缴养老金1182.9万元，占94%，拨付退休费1111.5万元，拨付率100%。1998年起，企业各类职工的基本养老保险进入统一的轨道。

第三节 企业职工基本养老保险

1998年3月，常德市人民政府印发《关于建立统一的企业职工基本养老保险制度的通知》（常政发〔1998〕4号），明确全市行政区域内参加职工基本养老保险的范围、对象，基本养老保险费的筹集，职工基本养老保险个人账户，基本养老保险待遇，以及基本养老保险基金的管理与监督。鼎城区下大力气抓养老保险制度并轨与平稳过渡、扩大养老保险覆盖面、强化养老保险基金的征缴等3个方面的工作。年末，参加养老保险的企业82家，参保职工1.09万人、离退休职工3500多人。全年共收缴养老金1247万元，占任务的95%，拨付离退休费1218万元，拨付率达100%。为4家特困企业垫付离退休费216

万元，全区 54 名企业离休职工的离休费与企业脱钩，实现了由社保局直接发放。

1999 年，鼎城区推行企业职工基本养老保险统一制度，在以下三个方面实现了新突破：（1）取消基本养老保险费差额结算，拨付拦头的结算办法，真正实现全收全付。（2）及时补发了企业拖欠的退休金。根据国务院关于补发企业拖欠的退休人员的退休金文件精神，区政府召开全区企业法人代表、劳资科长会议宣传政策。社保局日夜加班，深入企业宣传解释补发拖欠退休金的政策。同时，清理测算企业历年拖欠数据，然后进行调标补欠，及时放发。年底，将 423.3486 万元调标补欠款发放到退休人员手中（其中上级财政拨款 329 万元，社保局动用历年滚存基金 95.43 万元）。（3）为了扩大养老保险覆盖面，加大基金征缴力度，新组建了鼎城区私营企业和个体工商户从业人员基本养老保险工作领导小组。出台《常德市鼎城区城镇私营企业和个体工商户从业人员基本养老保险费征收管理办法》（常鼎政发〔1999〕20 号）。明确了工商、地税、公安、交通、桥南管委会为全区私营企业和个体工商户基本养老保险费的代征单位。划分了代征范围和职责，促进了全区私营企业和个体工商户参保的积极性。当年，全区个体人员参保 347 人。由于扩面工作取得成绩，基金征缴以贯彻《社会保险基金征缴暂行条例》为契机，加大执法监察力度，全年实际征收基本养老金 968.1 万元，占任务的 96%。收缴历年欠款 200.3 万元，拨付养老金 1419 万元，拨付率 100%。历年滚存节余基金达到 1100 万元。

2000 年，鼎城区进入企业破产、职工买断的改革时期。5 月，区委、区政府出台《国有企业转换职工身份实施办法》，区中兴机械厂先行试点。2001 年，区委、区政府印发《区直工交企业两个置换有关问题的补充意见》。全区国有、集体工商企业相继开始破产清算，到 2003 年年底，全区养老保险缴费企业和缴费职工急剧下降。为了确保离退休人员养老金发放，区社保处采取以下措施：（1）抓清欠。区社保处派出 3 人长期参与区产权办和各企业破产清算小组的改革工作，坚持做到企业破产在资产处置时，在保证职工补偿金的同时，优先清偿历年欠缴的养老金。（2）抓续保。企业职工买断后，年轻的认为养老金缴费时间太长不愿缴，年纪大的难就业，无力缴。为了稳定这支企业养老保险的“主力军”，对所有买断职工发送续保政策解答信，宣传续保的重要性。对 2003 年 3 月底缴清保费的，从下月起给予应缴保费 1/4 的补贴。（3）保发放。对所有退休职工按月足额发放养老金，让大家增强参保缴费的信心。截至 2003 年年底，全区有 7001 人续保，收缴保费 918.27 万元。

2004 年，在稳定买断职工续保的基础上，区社保处把扩大养老保险覆盖面作为社保工作的重点。并按照区政府关于社保工作任务与财税工作任务一同下达、一同考核、一同奖罚的要求，制订了以私营企业、个体工商户、自由职业者为重点涵盖其他各个方面的扩面任务一并下达到相关部门和乡镇。区劳动监察大队牵头组成5个小组，在5~6月开展了参保续保的专项监察。2004年7月，区劳动保障局根据湘政办发〔2003〕44号文件精神，将该区列入国家农垦统计范围的两家农垦企业，即区园艺示范场，区黑山嘴农场纳入基本养老保险统筹范围，并规定：（1）入保时间：2003年7月1日起。（2）参保对象：有符合规定的招工录用手续，健全的劳动和工资关系及完整的职工档案的农垦企业职工。（3）养老关系的界别：从事非农业生产的职工纳入统一的企业职工基本养老保险。从事农业生产的职工实行农业生产特点的参保办法。即：单位缴费基数统一按全省上年度职工月平均工资的40%核定，缴费比例为13%，个人缴费比例为8%，个人账户规模为本人缴费基数的11%。（4）对参保前已退休职工的基本养老金的核定和参保后退休职工的待遇计发以及视同缴费年限界定都作了详尽的规定。当年私营企业参保的有38家，参保人员达到1196人；参保农垦企业两家，参保人员999人；全区各乡镇兽医站参保的有254人；乡镇卫生院纳入保险有1056人。全年扩面新增参保人员共4703人，收缴养老金2175万元。全区企业离退休人员6830人，共拨付离退休金3430万元，社会化发放率、足额率均达到100%。

2006年，区劳动和社会保障局抽调专人组成稽核小组，对参保企业的人数，工资总额进行稽核，并常年坚持，形成常态。当年，通过对新增参保企业稽核，查出企业漏报500多人。区政府派出社保扩面专项督察组，两次对各乡镇企业扩面情况进行专项督察。对二轻、供销系统及其他集体企业应参保而未参保的职工允许全额补缴，全部纳入保险统筹，年末，私营企业参保共57家（新增19家），全区参保职工15282人，共征缴养老保险基金3824万元，超过任务的42%。退休人员共有7657人，发放养老金5715万元，按时、足额、社会化发放率均达到100%。

2007年，落实国家、省、市对参保人员的以下3项优惠政策：（1）企业下岗人员续保缴费财政补贴政策。企业职工下岗当年，男年满50周岁，女年满40周岁（简称“4050”人员），在续保缴费时，“4050”以上人员只缴纳8%，财政补贴12%；“4050”以下人员缴纳12%，财政补贴8%。当年全区共有1268人享受补贴。（2）涉军再就业援助对象的社保补贴。企业军转干部、转业士官及伤残军人下岗失业或再就业期间，缴费基数在全省上年度在岗职工月平均工资的60%~100%选择，缴费比例为个人缴8%，财政补贴12%。（3）农村退役军人的参保政策。凡农村退役军人参加社会养老保险，其军龄可视同缴费年限，达到法定退休年龄，缴费年限满15年（含视同缴费年限），可按月享受基本养老保险待遇。10月份开始，到年末有500多人参保。

2008年，区劳动和社会保障局按照湘劳社政字〔2007〕15号文件《关于未参保国有农业企事业场所和农户型国有林场参加基本养老保险有关问题的通知》和湘劳政字〔2007〕16号《关于未参保国有林业事业场圃参加城镇企业职工基本养老保险有关问题的通知》精神，4月7日，局长涂国祥主持召开会议，对全区未参保的国有农业企事业场所参加基本养老保险的有关问题进行专题研究，并决定区花岩溪林场、区油科所、区林科所参加城镇企业职工基本养老保险统筹。单位和职工从1995年10月起至2007年9月30日止，补缴同期个人账户规模的养老保险费，补建个人账户。1986年9月30日前参加工作，1995年年底前按规定计算的连续工龄视同缴费年限。区畜牧良种场、区蚕种场、区茶场的职工参加国有农垦企业职工的基本养老保险，从1995年10月1日起至2007年9月30日止，按农垦企业缴费规定补缴个人账户规模的养老保险费，补建个人账户，1986年9月30日前参加工作的职工，1995年年底前按规定计算的连续工龄视同缴费年限。是年底，全区6家农业林业场所共有259人纳入了基本养老保险。

2011年，落实集体企业未参保人员的缴费政策，对355名年龄偏大的未参保人员全部纳入社保，并按规定补缴保费后，当年即办退休手续的有329人。同时，对未参保的区直水利系统12个单位和三家改制企业的缴费基数进行了测算，并分批纳入社保，新增参保人员2863人。

2012年，解决未参保城镇小集体职工等养老保险遗留问题，区政府召开常务会议进行专题研究，成立由副区长负责的领导小组。区人社局抽调专人进行调查，开展宣传，进行测算，9月正式启动参保缴费工作。2013年年初，区政府办出台《鼎城区进一步贯彻落实未参保城镇小集体职工养老保险工作实施方案》。年末，全区3767名城镇小集体职工参加养老保险，共征缴养老金7544万元。

2014年，全区将机关事业单位养老保险部分参保人员的保险关系转入企业职工养老保险，年末有2014人转保。为解决工作在城镇街道基层的党支部书记（社区主任）的后顾之忧，区政府出台专门文件，规定在基层工作的党支部书记（社区主任）必须参加养老保险，保费由原来个人全部负担改为区、乡财政各负担30%，个人负担40%。是年，全区600多名支部书记（社区主任）有500名参加养老保险。

2015年，区人社局抽调25人组成5个小组，按划分的区域摸清底子、搞好登记、公示进度、月末交流、互相促进，强化征缴扩面工作力度。年底，全区企业职工参保人数达到47469人（新扩面2101人），征缴基金44739万元，超年计划77%。

2016年，由于全省暂停灵活就业人员和个体工商户基本养老保险补建补缴业务，导致中断缴费的参保人员不能补缴，加大全区扩面征缴的困难。为破解这一难题，区社保处主动出击，全员参与，通过多种途径，广泛动员符合政策的人员参保，并对40多家企业实行专项稽核与追缴。同时，积极落实退休职工的养老待遇，为3.2万名企业离退休人员及时调整基本养老金并按时逐额发放，提高了参保人员赎保积极性。是年底，全区城镇职工参保缴费人员共51763人，征缴基金56612万元，超任务的22%。

2017年，全区企业经营困难，整体经济下行，但新增退休人员和待遇调整后的养老金支付刚性增长的幅度较大（与上年相比，2017年新增养老金支出达10824万元），加之养老保险抚养比持续下降（2017年在职参保人数54888人，离退休人数35929人，抚养比为1.5:1，远低于3:1的正常抚养比例），导致基金硬性缺口不断增大。面对如此严峻的局面，区社保处以巩固"两学一做"学教活动成果为突破口，充发发挥共产党员在各项工作中的示范带头作用。同时，利用中国劳动保障新闻网、湖南民生网、常德尚一网、鼎城广播电视台《民情直通车》以及手机短信平台、微信等多种媒体加大宣传力度，特别是为配合市社保处组织的"社保忠诚为人民·砥砺奋进十五年"社保政策宣传和全国智慧社保现场会，区社保处创作的常德丝弦《有了社保日子甜》9月11日参加全市宣传社会保险文艺会演，获得最佳创作奖。还通过加强组织机构、业务运行、基金收支、信息系统等方面的内控管理与监督，多形式的资格认证和待遇稽核（重点对企业离退休人员死亡后实行土葬的待遇进行稽核，共查处冒领、多领的情况共10例，追回金额6万多元），促进各项工作任务的圆满完成。年底，新增参保人员3125人，征缴基金52819.49万元，超年任务的38%，共为359296名离退休人员发放养老金68996万元。

2018年，区社保处采取多种措施，提升服务质量。取消离退休人员每年3—5月领取社会保险待遇集中认证的制度，认证周期延长至12个月以内自行确定，同时推行手机认证、下社区认证、上门走访认证、异地协助认证等多样化、人性化的方式解除离退休人员因认证而影响待遇发放的后顾之忧。全区完成35655人认证，认证率95.7%。通过对业务流程自我清检，取消涉及养老保险工作的部分证明，包括无违法犯罪记录证明、离退休人员管理证明、参加养老保险证明、生存健在证明、继承关系证明等。对缴费断档者允许续保补缴。过去，破产企业职工因外出打工而中断本地缴费，按当时政策规定，其断档的年限不能补缴，对此，群众意见很大。为妥善解决这一群体断档补缴的问题，2017年年底，省人社厅下发〔2017〕103号文件，区社保处制订工作实施方案，召开政策解读专题会议，多渠道、全方位开展宣传，对符合补缴的人员采取逐个电话通知等形式。全年1633人补缴养老保险费3178万元。为了使群众少跑路，社保处专门设置养老保险关系转移接续咨询电话和服务窗口，简化经办流程，做到各项业务按时办结。全区办理养老保险关系转移3313人。养老保险待遇入社保卡工作全面启动，发卡24400余人。是年，全区参保总人数59022人，新增4341人，离退休人员38317人，新增3097人，征缴养老保险费69087

万元，发放养老金78130万元，月人均养老金1767元。

第四节 基金管理与发放

1991年，为加强对养老保险基金管理和监督，区政府成立区长李建新为主任的“养老保险基金委员会”。1995年，区政府成立以副区长为主任的社会保障委员会，加强对养老保险工作的规划与监督。2002年，区社会保障委员会又调整为社会保障监督委员会，重点加强对社保基金的监管。同年，区劳动和社会保障局又新设基金监督股（挂靠局财审股），主要职责是拟定社会保障基金监督管理、考核办法；对各项社保基金的预决算收支、调剂、运营、结存实施监督；参与制订社保基金调剂分配方案；指导监督社保经办机构内部控制制度的完善。区社保处按照上级业务主管部门的相关规定，在长期的实践中摸索和完善本地特色的基金管理办法：（1）以制度管事。1998年，实行企业职工基本养老保险统一制度后，相继建立健全了各项基金管理制度，即《社会保险基金财务制度》《社会保险基金会计制度》《总账会计岗位职责》《出纳岗位职责》《财务收支审批制度》和《银行存款及印章管理制度》。（2）基金设立和纳入财政专户，实行收支两条线管理，单独记账，核算、专款专用，杜绝挤占、挪用基金的情况发生。（3）社保基金分类建账，封闭运行，分账核算，自求平衡，严禁相互挤占和调剂。（4）基金收支均由银行结算，经办人不接触现金，财务与业务部门按日结算，与银行、财政按月对账，做到账实相符。（5）加强结余基金管理，年初向财政报送结余分批计划，除预留必要的支付费用外，全部转存国有商业银行。（6）坚持年度审计，依法向社会公示，接受社会监督。由于基金管理的制度完善，内部控制严格，鼎城区未发生一起挤占、挪用社保基金的现象。

基金的筹集管理是为了确保退休人员养老金的发放。退休人员的养老金计发办法和发放标准经历了以下几个阶段：

新中国建立初期至1977年均按劳动部公布的《中华人民共和国劳动保险条例实施细则》的规定计发退休费。

1978—1992年，按照国务院颁发的《关于工人退休退职的暂行办法》计发退休费。

1993年，鼎城区在全国率先实行企业退休人员计发办法的改革，废除了原来的按工龄，按标准工资和一定比例计发的老办法。新办法由两个部分组成，即本省社会月平均工资×25%（或20%、15%）+个人指数化月平均工资×缴费年限×1.5%（或1.3%、1.1%）+国家和本省规定的各项补贴。

1995年，按照《湖南省城镇职工养老保险办法》的规定，企业职工退休的基本养老金由三部分组成（1）社会性养老金：缴纳基本保险费满25年及其以上者，按职工退休时本省上年度职工月平均工资的25%发给，不足25年者，每少一年，该比例减少0.5个百分点。（2）缴费性养老金：以职工退休前三年本人平均缴费工资为基数，用人单位和职工个人按规定缴费年限每满一年，按本人平均缴费工资一定比例计发。（3）个人账户养老金：以职工基本养老保险个人账户储存额（含本金和利息）除以基本养老保险个人账户实际应缴费月数发给，实际缴费月数超过420个月的只除420。

1998年1月起，职工基本养老保险待遇按以下办法计发：（1）1996年1月1日以后参加工作，缴费年限满15年，退休后按月发给基本养老金。基本养老金由基础养老金和个人账户养老金两部分组成。基础养老金月标准为本省上年度职工月平均工资的20%。个人账户养老金月标准为本人账户储存额除以120。（2）1996年1月1日以前参加工作，1998年1月1日以后退休的，在发给基础养老金和个人账户养老金的基础上再增加过渡性养老金，即个人账户前的缴费年限每满一年发给本人指数化月平均缴费工资为1.4%。

2006年1月1日起，企业退休人员基本养老金计发取消新老办法对比，全部按新办法计算。2006年1月1日后退休，无视同缴费年限人员，退休后养老金由基础养老金和个人账户养老金两部分组成。有视同年限的再加过渡性养老金。具体计算方法：基础养老金等于参保人员退休时全省上年度在岗职工月平工资＋本人指数化月平工资÷2×缴费年限×1%；个人账户养老金等于个人账户累积储存额÷本人退休年龄相对应月数；过渡性养老金等于退休时本人的指数化月平均缴费工资×1.3%×视同缴费年限。退休人员根据上述养老金计发办法所得的养老金基本上不变。但随着改革开放的不断深入，社会经济的不断发展，国民收入的不断提高，为了不影响退休人员的生活水平，各级政府为使退休人员享受社会经济发展的成果，不断地出台政策为退休人员增加待遇。

1990—2004年，鼎城区根据省、市政府及主管部门相关政策规定，先后10次调整企业退休人员养老金。2005—2018年，鼎城区连续14年调整企业退休人员养老金。全区企业退休人员人月均养老金由2005年的505元增加到2018年的1767元，增长3.5倍。从2000年起，全区企业退休职工养老金实行社会化发放。退休人员可自主选择银行，并在其服务网点存取养老金。到2018年年底，没有发生一起错发、少发、漏发现象，确保3万多名企业退休职工按时足额领取养老金。

第五节 退管服务与社会化管理

为使企业退休职工的管理与服务与原企业脱离，达到独立于企业之外的社会化管理的要求，鼎城区社保机构把为企业退休职工的管理服务作为一项重要工作来抓，积极探索把退管服务工作推向社会化的作法和模式。

一、企业管理退休人员，社保机构提供服务

社保机构设置专门为企业退休人员服务的股室，配备专业工作人员。1987—1990年，区社保局从实际出发，本着不图虚名，讲求实效，不重形式，讲求实际的原则，针对离退休人员分散在各乡镇和各企业的特点，在全区建立退管小组69个、学习小组446个、党支部55个，配备了专（兼）职管理人员184名。制订各项管理制度，分两次培训退管专干。形成了统一领导，分级管理，条块结合的服务网络。组织开展丰富多彩的文体活动，如钓鱼比赛、书画比赛、电影晚会、“老人节”游园等。拨专款修建了4个门球场。对3家特困企业离退休人员离退休费由原企业发放改为由社保机构委托退管小组发放，减轻了企业负担，确保了离退休人员的待遇落实。1990年，鼎城区被市政府评为退管工作先进单位。

1991年，退管服务工作围绕加强引导、增强服务、优化管理、促进稳定等方面下功夫。年初，组织全区离退休人员开展“十个一”的活动：种好一园菜、养好一塘鱼、喂好一栏猪、植好一片林、修好一条路、治好一个家、扶助一个贫困户、帮助一个失助青年、为厂（村）出一个好主意、当一个守法公民。7月，由于有的企业遭受特大洪涝灾害，离退休人员生活面临严重困难。通过调查走访，对44户遭灾的离退休职工给了3.7万元的补助，对区酒厂等4家特困企业近百名退休职工拨付5.2万元的基本生活费。8月，开展了门球、棋类、钓鱼比赛。10月，结合“老人节”开展了“敬老宣传周”活动，参加了全省社会保险文艺调演，区社保局选送的宣传敬老爱老的常德丝弦《喜笑颜开》被评为一等奖，并在省市电视台展播。

1992年，元旦、春节期间，由区委、区政府领导带队对特困企业离退休人员、孤寡老人上门进行慰问，并从统筹积累金中下拨4.5万元，解决他们的生活困难。5月，投资6.5万元建成集健身、学习、娱乐于一体的企业离退休工人活动中心。先后组织离退休人员开展了象棋、射击、门球比赛活动。参加全市第二届企业离退休人员门球比赛，获得第4名。年底，召开了家住农村退休人员参加“十个一”献余热活动的总结大会，全区共有

480名离退休人员参加活动，创收入30多万元，对10个先进个人给予了表彰。

1993年，为了总结经验，表彰先进，推动全区企事业单位离退休职工管理工作发展，结合“老人节”庆祝活动，召开了全区离退休职工管理服务工作先进单位、先进退管工作者、先进离退休职工总结表彰大会，有6个先进单位、6名先进退管工作者、14名先进离退休职工获得奖励。

1995年7月，劳动部社会保险事业管理局、中华全国总工会保障工作部、中国老年报社联合主办的全国离退休人员管理服务工作先进表彰大会在大连召开，鼎城区社保站作为先进单位参加会议。负责离退休人员管理服务工作的副站长明善成被评为“敬老模范”。1995年开始，全区离退休人员管理服务工作步入常态化，年初开展慰问走访，年中开展各类比赛，年底总结表彰。1995—1999年，区社保局共走访慰问退休人员1244人（次），为23名孤寡老人发放慰问金35.2万元。

2000—2003年，虽然企业退休人员养老金发放实现了社会化，但人员没有纳入社区管理。部分破产企业的退休人员交由社保机构管理。

二、企业退休人员社会化管理

2004年，按照常德市人民政府《关于企业退休人员社会管理服务工作方案》和《常德市企业退休人员社会化管理服务工作意见》的规定，鼎城区企业退休人员社会化管理服务工作正式启动。成立由副区长李育智任组长，劳动和社会保障局局长卜梅生任副组长的领导小组，下设办公室，由区社保处主任袁利民任办公室主任。建立“街道以社区为主、乡镇以劳保站为主”覆盖全区18个社区、33个乡镇的企业退休人员社会化管理服务网络。每个乡镇和社区都配备了退管专干，每个小区和村组都明确一名联络员，全区还建立退休人员自管小组120多个，退休人员党支部22个，专职和协管联络员400多人。各乡镇和社区都按照“高起点、高标准、高质量”的要求，配置电脑、电子显示屏，建立图书馆、阅览室、棋牌室、党建活动室和健身房。建立信息库。各乡镇劳保站和社区对各类退休人员的基本信息，如姓名、性别、身份证号码、参加工作时间、退休时间、政治面貌及相片等都录入电脑和手工台账。对重病、高龄、孤寡老人还建立专门台账，以便提供特殊服务。明确工作职责：（1）负责管理企业退休人员社会保险关系。（2）协助做好养老金发放。（3）掌握申报退休人员的生存状况。（4）加强退休人员的思想政治工作。（5）发挥退休人员的技能专长。（6）协助处理退休人员死亡的有关事宜。（7）建立数据库。新增退休人员办完退休手续后立即到社区和劳保站登记，形成了办完手续进社区，退休之后有人管的局面。

2005 年，鼎城区武陵镇临江社区获省劳动和社会保障厅正式授牌，为全省退休人员社区社会化管理服务工作省级示范社区。

2006 年，区劳动和社会保障局制订《鼎城区企业退休人员社会化管理服务工作考核方案》。按照考核方案的要求，各乡镇劳动保障站都加挂了“退休人员管理服务中心”的牌子，统一机构名称和标识，各单位做到“三有”，即有 100 平方米的办公场地；有档案室、阅览室、游艺室和服务大厅；有电脑、电话、桌椅等办公设施。“六上墙”，门牌标识、工作职责、管理制度、办事程序、组织名单和辖区服务平面图及简介上墙。工作经费由区财政每年以上年年末全区企业退休人员总数每人每年 30 元统筹安排。经费分配按逐年定额、分级管理、比例分配的原则，由区财政拨付给区社保处，区社保处按比例拨付。2006 年按 6∶4 比例分配，60%拨付给社区（保障站），40%由社保处集中管理专项使用；2007 年按 6.5∶3.5 比例分配；2008 年按 7∶3 比例分配，以后不再调整。同时，对退管经费使用管理、申领资格、下拨程序、管理监督都作了具体规定。2010 年，鼎城区企业退休人员社会化管理工作被评为全市先进。

2014 年春节期间，区人社局党组对全区 90 岁以上的享受城镇职工养老保险待遇的老人和 100 岁以上享受城乡居民养老保险待遇的老人专程上门走访慰问。当年两类慰问对象共 17 人（城镇职工养老保险的 10 人，城乡居民养老保险的 7 人），由局党组成员带队，分 9 个小组逐一上门慰问，每人送慰问金 800 元，共计 13600 元，为老人欢度节日和提高参保对象对社会养老保险的认识都收到了很好的效果。此后，该项工作形成常态，每年春节前都照此标准进行。

2015 年年底，全区有 15 个社区企业退休人员社会化管理服务示范点通过省、市验收。全区企业离退休人员的文化体育生活纳入社会化管理服务的人数共 32042 人，社会化管理服务率达到 100%。

2017 年，为扎实推进企业离退休人员党建工作，5 月份建立区、乡（镇）、社区三级企业离退休党员建立微信群，其中区级群 1 个，乡镇群 25 个，社区群 280 个，共有 2483 名党员分别纳入相应微信群，通过微信群定期推送党建信息和社保政策资讯。同时，广泛收集和积极宣传全区各党支部“老有所为”的优秀党员典型。6 月，参加全市企业退休职工社会化管理 15 周年纪念活动，区社保处推荐的中河口镇的黄选东，十美堂镇的祝阳春被评为全市企业退休职工老有所为的优秀共产党员。

2018 年，为实现高龄待遇人员管理工作常态化，社保处对全区 36 名企业养老保险高龄待遇领取人员专门建档立卡，实行跟踪管理。2018 年春节期间，对年满 90 岁以上离退人员上门慰问，每人发放慰问金 1000 元，得到群众好评。

2005—2018年退休人员社会化管理服务人数统计表

表 4-1-1

年份	2005	2006	2007	2008	2009	2010	2011	2012	2013	2014	2015	2016	2017	2018
人数	7297	7687	8019	8845	9788	11499	15011	19764	24542	28503	32042	34133	35929	38317

2005—2018年鼎城区参加社会养老保险人数及基金收入情况表

表 4-1-2

年度	参保累计人数（人）	基金收入（万元）	退休累计人数（人）	基金支出（万元）	月人均养老金（元）	财政补贴收入（万元）	基金累计结存（万元）
2005	12277	2870	7297	4428	505	1273	205
2006	13570	3827	7687	5611	608	2450	793
2007	15699	5589	8235	6509	658	3050	3170
2008	18784	8270	8845	8712	820	3991	6830
2009	28461	12453	9798	10761	915	4335.1	12863
2010	31426	15475	11499	12996	941	5039.1	20553
2011	32434	28561	15011	17480	970	3943.1	37375
2012	37859	24429	19764	25817	1088	4389	41783
2013	38678	44739	24542	35317	1199	4707	56395
2014	40290	36126	28503	44767	1308	335	47084
2015	41030	49977	32042	58051	1509	522	41304
2016	51763	56612	34133	65047	1588	520	31775
2017	54888	52819	35929	68997	1600	517	14236
2018	59022	69087	38317	78130	1767	2001	8365

第二章　失业保险

第一节　保险制度

1986年7月12日，国务院颁布《国营企业职工待业保险暂行规定》（国发〔1986〕77号），第一次明确国营企业实行待业保险（1995年改为失业保险），1986年11月20日，湖南省人民政府制订《湖南省〈国营企业职工待业保险暂行规定〉实施细则（试行）》。

1987年7月10日，常德县劳动人事局根据国务院和省人民政府文件的有关规定，制订了《关于实施待业职工登记、管理试行办法》，对待业保险工作的管理、待业保险基金的筹集和发放作出具体规定。国营企业职工待业保险工作，由常德县劳动服务公司负责管理，主要职责包括：负责待业职工的登记，建档建卡；负责待业保险基金的筹集与发放；负责待业职工的就业指导和职业介绍；组织待业职工的转业训练，扶持待业职工生产自救。

职工待业保险适用于国营企业中列入国家劳动工资计划内的全民固定工、全民劳动合同制工人和1971年年底以前参加工作的计划内长期临时工；也适用于全民所有制机关、团体、事业单位中实行劳动合同制的工人。职工待业保险对象包括：（1）经批准宣告破产的企业的职工；（2）濒临破产的企业法定整顿期间被精减的职工；（3）企业终止，解除劳动合同的合同制工人；（4）企业辞退的职工。

职工待业保险基金的来源　企业按照其全部职工标准工资总额的1%缴纳的待业保险金（税前列支）；银行按国家规定支付的利息（按城乡居民个人储蓄存款利率计算）；待业保险基金按规定开支后不敷使用时，由地方财政补贴。

职工待业保险基金的开支项目　（1）宣告破产的企业职工和濒临破产的企业法定整顿期间被精减的职工，在待业期间的待业救济金；（2）宣告破产的企业职工和濒临破产的企业法定整顿期间被精减的职工，在待业期间的医疗费，死亡丧葬补助费、供养直系亲属抚恤费、救济费；（3）宣告破产的企业离休、退休职工和濒临破产的企业法定整顿期间被精减而又符合离休、退休条件职工的离休、退休金；（4）企业辞退的职工和终止、解除劳动合同的工人，在待业期间的待业救济金和医疗补助费；（5）待业职工的转业训练费；（6）扶持待业职工的生产自救费；（7）待业职工和职工待业保险基金的管理费。

职工待业救济金的发放标准　工龄满1年不满3年的，发给6个月的待业救济金，每月为本人标准工资的70%；工龄满3年不满5年的，发给9个月的待业救济金，每月为本人标准工资的70%；工龄满5年不满10年的，发给14个月的待业救济金，第1至12个月为本人标准工资的70%，第13至14个月为其标准工资的50%；工龄满10年不满15年的，发给17个月的待业救济金；第1至12个月为本人标准工资的70%，第13至17个月为本人标准工资的50%；工龄满20年的，发给24个月的待业救济金，第1至12个月为本人标准工资的75%，第12至24个月为本人标准工资的50%。

终止、解除劳动合同的工人，领取待业救济金时，扣除其发给本人的生活补助费的月份；企业辞退的清退职工享受待业救济金的，按标准规定比例减少5%执行。宣告破产的企业职工和濒临破产的企业在法定整顿期间被精减的职工。领取待业救济金的医疗费、医疗补助费、死亡丧葬补助费和供养直系亲属抚恤费或救济金，与企业固定工人同等对待。

企业辞退的职工和终止、解除劳动合同的工人领取待业救济金期间的医疗补助费，每月控制在3元以内，全年不超过36元；住院治疗的费用，在公费医疗报销范围内的，可报销50%的医疗补助费。

组织待业职工的转业训练（包括建立培训设施）、扶持待业职工进行生产自救的费用，按职工待业保险基金年末结余部分的40%提取。其余60%转下年度使用。

常德县劳动服务公司按规定从职工待业保险基金总额中提取5%的服务费，由市集中上交省劳动服务公司。县劳动服务公司按月从待业保险基金总额中提取不超过10%的管理费。

第二节　参保与缴费

1988年，县劳动人事局逐步完善待业保险工作制度，建立待业职工转业培训和应急就业基地，并经常深入基层宣传发动。全区103个全民单位都参加待业保险。全年收缴待业保险基金9.4万元，超年计划的16%。

1989年，区劳动局把待业保险的宣传工作作为重点，采取上街咨询、挂牌宣传、流动墙报、广播电台设立专题节目、印发宣传资料等方式宣传待业保险的作用、意义。全年收缴待业保险金18.3万元，超年计划的2.5%。

1990年，由于企业经济不景气，给待业保险金的筹集带来一定困难，针对这一特点，采取上门宣传发动，抓好网点建设，完善管理办法，争取部门支持等措施，共收缴待业保险基金31.2万元，提前一个月完成全年任务。

1991年，区劳动局组织全区企业人事干部150人，以上课的形式进行业务培训，提高企业人事干部的业务水平和认识水平。全年参加待业保险的单位125家，比1990年增加8家，参加保险的人数11519人，同比增加449人，收缴待业保险金124万元，超任务的5%。

1992年，将待业保险扩大到供销系统的集体所有制企业。通过各种措施，国营企、事业单位的收缴超过任务的3.08万元。区劳动局严守财经纪律，做到基金收缴及时入库、日清月结，无挪用现象。在基金的提取、使用上按规定办事。是年，按规定向上级提取服务费2.36万元（其中集体单位提取0.43万元），为本级提取管理费1.97万元（其中集体单位提取0.36万元），无多提或少提现象。对待业职工救济的发放，严格按规定标准执行，没有出现任何大小差错。顺利通过5月全省审计部门对待业保险的财务审计。

1993年，全区应参加待业保险的单位143个，全部参加保险。年初为5名待业职工发放了待业救济金，年底有1人重新就业。

1994年，由于待业保险对象增多，区劳动服务公司做好宣传发动工作，上门做工作并对3家企业的3名救济对象按月发放救济金，发挥待业保险支持改革的作用。全年收缴待业保险基金36万元。

1995年，鼎城失业保险机构与银行等职能部门联系，通过银行“代扣”收缴基金，收到了较好的效果。参加失业保险的单位147个，参加失业保险人数14341人，全年收缴失业保险金50万元。是年，有4名失业职工领取失业救济金，拨发救济金1100元。

1996年，在保证国有企业100%参保的基础上，又增加3家集体企业和劳动服务企业参加失业保险，全年收缴失业保险金60万元，收缴率78%。7月，为遭受特大洪水袭击的企业发放困难补助费6万元；并对破产企业60名职工全部重新安置。

1997年，区劳动局认真贯彻执行待业保险工作方针政策，围绕深化经济体制改革这个目标，坚持为企业着想，为待业职工服务，全年收缴待业保险基金63万元。

1998年，扩大失业保险覆盖面，提高救济能力，全年收缴失业保险金67万元，收缴率80%。

1999年，区劳动局加强失业保险宣传，全面贯彻《中华人民共和国失业保险条例》和《社会保险征缴暂行条例》（以下简称“两个条例”）精神，与养老保险一起，组织为期1个月的社会保险宣传。对一批长期拖欠拒缴失业保险费的单位和单位负责人公开曝光。对“两个条例”赋予收缴工作的法律强制力作出重点介绍，坚决按条例精神，对拒不缴纳的予以强制执行。全年共征缴失业保险金52万元。

2000年，鼎城区贯彻“两个条例”取得新进展：（1）扩大征缴面。4月，区政府下发常鼎政发〔2000〕28号文件，对事业单位缴纳失业保险费实行财政代扣代缴作具体规定。年内事业单位扩面30家，征收失业保险费60万元。（2）采取行政、经济措施，强化征缴，确保基金收缴到位。是年，对9家拒缴失业保险费的单位申请人民法院依法强制征缴，收到了比较好的效果。全年共征缴失业保险费190万元，比1999年增加148万元。

2001年，针对专业管理人员少、待业职工居住分散等实际情况，建立以各乡、镇劳务站为管理网点的管理网络，并将其列入年终目标考评的内容，加速了信息反馈。全年收缴失业保险基金214万元。

2002年，继续加大失业保险扩面、征缴和清欠力度，强化对参保对象和失业人员的服务工作。加大失业保险的宣传力度，主动深入各企业征缴扩面，新增参保企业持续增加，全年失业保险参保单位149家，参保人员达到9864人。收缴失业保险基金300万元。

2003年，加强失业保险内部监控机制建设，狠抓各项业务流程规范，完善岗位职责，坚持管理和监督并重。对资金的收、管、发等环节实行严格控制，落实收支两条线管理规定，对缴费单位一律实行单位转账，不允许收现金，并对新增参保单位发通知，告知基金收入账户，方便其缴纳失业保险金。从源头上、制度上防范和化解基金运行风险，逐步形成了相互制约、全程监督、控制严密的内控监督机制。全年征缴失业保险基金307万元。

2004年，认真学习和贯彻执行《统计法》，科学开展失业保险统计工作，保障各项统计资料的准确性和及时性，发挥统计工作在各项工作中的重要作用。按时准确的报送统计报表并做好统计分析，确保统计资料的完整。全年收缴待业保险基金332万元。

2005年，鼎城区的事业单位还未出现失业现象，由于参保者权利和义务不对等，事业单位不愿缴纳失业保险金，加大了征缴难度，而这些单位又是失业保险基金的主要来源，全区事业单位欠缴失业保险金达200多万元。为此，鼎城区劳动和社会保障局深入基层，加大宣传力度，严格执行失业保险基金收缴政策。全年收缴待业保险基金371万元。

2006年，贯彻落实《湖南省就业和失业登记管理试行办法》，加强宣传，将党和政府新的就业政策贯彻到千家万户。严把登记审核关，做到不漏登、错登。加强劳动保障站和社区服务中心劳动保障专干的业务培训，提高基层劳保工作人员的业务水平。全年收缴待业保险基金386万。

2007年，规范失业保险金申领发放操作流程，严格失业金申领登记制度，准确界定失业职工身份，认真核算享受标准，杜绝了冒领失业保险金的情况，保障了基金安全，确保职工失业保险金按时足额发放。年终参保人数35896人，筹集失业保险基金340万元。

2008年，加强失业保险管理信息化建设，及时对各参保单位的人员异动情况进行核对，使各项数据准确无误。认真审核参保单位申报的工资基数和职工花名册，做到每个单位的数据都真实可靠，严格根据系统录入失业人员参保数据审核失业人员待遇享受。全年新增参保人数1560人，完成年计划1500人的104%；筹集失业保险基金330万元。支付

171 万元。

2009 年，加强对失业保险基金的管理，严格财务制度，实行基金收支两条线，杜绝挤占挪用，做到会计和出纳职责权限明确并相互分离、相互制约，会计和出纳账目一律进入财务管理系统，实行电脑做账。票据实行专人管理，严格申报和审批，按月及时将失业保险费转入财政专户，每月每季及时与财政和开户银行对账，严格内审监督，确保基金运行的透明度。全年新增失业保险参保人数 1475 人，占年任务指标的 102%；失业保险费征缴 305 万元，占任务指标的 102%。发放失业金 20 万元。

2010 年，对全区各企、事业单位劳动用工、参保情况进行摸底调查和监督。通过媒体宣传发动，进一步扩大失业保险的覆盖面，新增参保单位 159 个，参保人数共有 26003 人。其中，2010 年新增失业保险参保人数 5377 人，征缴失业保险基金 306.4 万元，支付 47 万元。

2011 年，完善失业保险经办业务规程，规范缴费基数，探索实现失业保险、保障失业人员的基本生活、促进就业的途径和办法。全年筹集失业保险基金 422 万元。

2012 年，共征缴失业保险基金 653 万元，完成全年任务的 225%；全区失业保险参保总人数 26008 人，新增失业保险参保人数 1455 人；发放失业保险金及一次性生活补贴 253 万元。全年共为 611 名创业人员发放小额担保贷款 8015 万元，通过扶持创业直接带动就业 6275 人。

2013 年，鼎城区人力资源和社会保障局整体联动、主动上门服务，扩大职工失业保险基金和缴费面收到了较好的效果。新增参保人数 2611 人，其中企业新增参保人数 1453 人，办理失业职工登记 1418 人，发失业保险金等 501 万元。全年征缴失业保险基金 1170.2 万元，超任务的 83%。

2014 年，失业保险基金的征缴注重一个“严”字。以民营企业为重点，充分利用电视等媒体的作用，并进企业面对面宣传政策，做到边扩面边清欠。参保人数、基金征缴均超额完成任务。基金滚存结余达到 2663 万元。同时，规范征缴方式，采取向各参保单位公开基金征缴账号的办法，严格执行转账，杜绝现金征缴。当年，共为 2300 名失业人员发放失业保险待遇 1042 万元。

2015 年，失业保险费连续两次降低缴费基数，由 3%降至 1.5%（单位缴 1%，个人缴 0.5%），由于费率降低，基金征缴收入略有减少。为防止收不抵支情况的发生，失业保险基金征缴处等工作人员深入各乡镇宣传失业保险政策，鼓励企业参保，对已参保单位让其将缴费基数在不低于 2015 年的基础上适当提高，争取在费率下降的情况下，尽量保证收支平衡。

2016年，强化服务体系建设，规范业务管理，提升服务实效。全年征缴失业保险基金1015万元，占任务的195%。全区失业保险参保总人数达到27206人，其中新增参保单位55家900人，年内共为1859名失业职工发放失业保险待遇1393万元，为12家参保单位落实稳岗补贴31万元，完成上解调剂金82万元。

2017年，鼎城的失业保险基金，由于总体经济下行，特别是中联重科、兴隆劳务等企业大量裁员，导致收入减少，支出大幅增加，基金收支面临缺口。区就业处采取“管理上规范、赤字上众筹”的办法，双管齐下化解危机。就业处组成专门的征缴队伍，对各单位逐一上门宣传政策、征缴清欠，通过做工作新增参保单位156家，新增参保人数2000人，新增缴费36万元。区就业处根据失业保险基金风险防控16条，制定有效的防控方法和措施，特别是加强一次性领取管理和待遇领取人员信息“双重比对”。杜绝虚报冒领，2017年无一例一次性领取。对于所有领取待遇人员，均利用“湖南省基金预警系统”数据和养老保险的数据进行比对，杜绝领取养老金或重新就业人员领取失业保险金，尽量减少不必要的支出。为了确保失业人员待遇的正常支付，区就业处多次向上级汇报，争取上级的基金调剂和本级财政补助，全年争取市基金调剂500万元，本级财政补助200万元。全年征缴失业保险基金736万元，但支付达到1800万元，收支缺口仍然较大。年内为3名失业保险参保人员发放技能提升补贴共计6000元。

2018年，采取抓征缴、争调剂、强管理，多措并举的办法化解基金支付危机。新增参保单位144家1648人；争取到省市区三级失业保险基金调节补助1420万元，确保失业人员待遇按时足月发放；以省市“基金监督及风险管理”检查为契机，推进风险防控机制建设，维护基金安全。成立失业保险经办风险管理专项行动小组，对照“失业保险风险防控十六条”逐一自清自查。继续执行内控制度，并根据新的业务经办要求从组织机构、业务运行、财务管理、部门协调、内部审计稽核五个方面重新修订内控制度，强化关键环节和重点岗位监控，避免了待遇重复领取、违规补建补缴及视同缴费等情况的发生。征缴失业保险基金690万元，总参保人数达到31050人，发放稳岗补贴10家8.7万元，稳岗人数684人；上解调剂金78万元，通过各主流媒体、公共网站登载推送工作信息报道46篇。基层平台提质升级达标率95%，超额完成目标任务。

鼎城区失业保险基本情况统计表

（2010—2017 年）

表 4-2-1

年　份	参保人数	基金收入	享受人数	基金支付	滚存结余
2010	26003	306.4	260	151.0	1408.54
2011	26206	422.7	184	123.57	1707.68
2012	26008	1035.5	508	382.0	2361.23
2013	26020	1170.2	1467	688.9	2842.49
2014	27002	1039.7	2437	1146.6	2735.56
2015	27205	924.11	2200	1709.9	1949.81
2016	27206	1155.05	1840	1506.7	1598.16
2017	31010	1290.23	2025	1912.67	975.73
2018	31050	2110	—	—	—

第三节　管理与服务

待业职工实行登记制度。宣告破产的企业职工和濒临破产的企业在法定整顿期间精减的职工，凭宣告机关的通知书；由企业造具花名册并填制待业职工登记表，到区劳动服务公司办理待业登记；终止、解除劳动合同的工人，凭《劳动手册》和企业发放生活补助费的证明，到区劳动服务公司办理待业登记，并领取“待业职工救济金领取证”。

待业职工从办理登记手续后的第 2 个月起，每月 25 日到区劳动服务公司待业保险股领取救济金和医疗补助费等。凡是有经济收入的或其他原因停发救济金的，县劳动服务公司收回“待业救济金领取证”，改发“待业职工证”。

待业职工的转业训练。参加待业青年就业前的培训，或与企业联合定向培训；县劳动服务公司根据企业需要采取集中培训方式，聘请专业技术人员授课、培训时间 1 至 6 个月。

待业职工重新就业后，县劳动服务公司为其办理手续时，收回待业职工本人持有的“待业救济金领取证”或“待业职工证”，同时注销各种账、卡，并将其个人档案材料转交给用人单位。

1992 年 12 月，湖南省劳动厅制订《关于认真做好当前职工待业保险工作的意见（试行)》，规定待业保险基金的筹集，按企业职工工资总额的1%缴纳，职工个人每人每月缴纳待业保险金1元。企业职工个人缴纳的部分由企业在发工资时代为扣缴，与单位缴纳的基金一并由银行代扣。对企业招用男45以上、女40岁以上就业特别困难的待业职工，可将其享受的待业救济金一次性全部拨付该企业，作为支付工资的补贴。同时，还可根据企业安置待业职工人数的实际情况，补助部分生产自救费。对待业职工自愿组织起来就业或自谋职业的，可一次性全部或部分拨付其应享受的救济金给愿接收安置的单位或个人，作为开展生产经营活动的扶持资金。2001年3月，湖南省人民政府制订《湖南省实施〈失业保险条例〉办法》，规定用人单位应当及时为失业人员出具终止或解除劳动（工作）关系和停发工资（生活费）日期的证明，告知可按规定享受扔业保险待遇的权利，将失业人员的名单和档案自其失业之日起7日内报失业保险经办机构，并将失业人员名单报居诠地街道社区备案。

职工失业后，持本单位出具的终止或者解除劳动（工作）关系和停发工资（生活费）日期的证明，30日内到鼎城区劳动就业服务管理处失保险经办机构办理失业保险登记。领取失业保险金的期限自办理失业登记之日起计算。失业保险金和门诊医疗费按月定期发放。

领取失业保险期间有下列7种情形之一的，停止领取失业保险金，并同时停止享受其他失业保险待遇：（1）重新就业的；（2）应征服役的；（3）移居境外的；（4）享受基本养老保险待遇的；（5）被判刑收监执行或者被劳动教养的；（6）无正当理由，拒不接受介绍推荐工作的；（7）有法律、行政法规规定的其他情形的。

第四节　调整与完善

为适应劳动制度改革的需要，促进劳动力合理流动，保障国营企业职工在待业期间的基本生活需要，国务院发布《国营企业职工待业保险暂行规定》，当时的缴费标准只按职工工资总额的1%缴纳，且全部由企业承担，待业救济金的发放标准按本人标准工资的50%~75%计算。1993年，国务院发布《国有企业职工待业保险规定》（国务院第110号令），代替了1986年的“暂行规定”，将“国营企业”改称为“国有企业”，并将“暂行”二字除掉，待业救济金的发放标准改为按当地民政部门确定的社会救济金的120%~150%发放。

1999年1月20日，国务院发布《失业保险条例》（国务院第258号令），正式将“待业保险”改为“失业保险”，将“待业救济金”改为“失业保险金”，并扩大失业保险对象的范围，将国有企业、城镇集体企业、外商投资企业、城镇私营企业以及其他城镇企业和事业单位及其职工纳入失业保险范围。用人单位按照本单位职工月工资的2%，职工个人按照月工资的1%缴纳失业保险费，原来由企业单方面承担的调整为企业和个人共同承担，完善了失业保险制度，提高失业保险基金支付能力。失业人员享受失业保险待遇的条件是：按规定参加失业保险，所在单位和本人已按规定缴费满1年的；非因本人意愿中断就业的；已办理失业登记并有求职要求的。

2001年3月27日，湖南省人民政府制订《湖南省实施〈失业保险条例〉办法》规定：失业人员失业前所在单位和本人按照规定累计缴费时间不满1年的，不领取失业保险金；满1年的，领取失业保险金的期限为4个月，以后每增加1年增加2个月的失业保险金，但最长不得超过24个月。失业人员在领取失业保险期间重新就业的，剩余的失业保险金停发。再次失业后，前次失业期间应领取而尚未领完的失业保险金，可与重新就业后应享受的失业保险金时间合并计算，但合并后的期限最长不得超过24个月。失业人员每月领取失业保险金的标准，为当地最低工资标准的80%。但在领取失业保险期间，可免费参加由劳动行政部门主办的或认可的职业培训机构培训一次；全免职业介绍费；每月可以领取个人月失业保险金5%的门诊医疗费，住院治疗的可领取医疗补助金，但最高不得超过本人每月失业保险金标准的24倍；失业人员在领取失业保险金期间死亡的，参照在职职工的规定，对其家属一次性发给丧葬补助金和抚恤金。《湖南省实施〈失业保险条例〉办法》首次将农民合同制工人纳入失业保险范畴，用人单位招用的农民合同制工人本人不缴纳失业保险费；已足额缴纳失业保险的用人单位招用的农民合同制工人，连续工作满1年的，劳动合同期满或提前解除劳动合同的可向经办机构申领一次性生活补助，其补助金的数额按照其工作时间长短计算，连续工作满1年的，按照当地1个月失业保险金的标准支付，但最多不超过6个月的失业保险金的通知。2006年，常德市兴隆劳务有限公司为农民合同制工人缴纳了失业保险。2010年，共有6727名农民合同制工人参加了失业保险。

2002年8月29日，《湖南省失业保险申领办法》中将失业人员登记、申领失业保险金期限，由30日内调整为60日内，到失业保险经办机构申领失业保险金，并于每月20日前到经办机构办理申领手续。

2004年，常德市建立失业保险监测制度，对企业需要裁减人员20以上或者不足20人，但占企业职工总人数的10%以上的，用人单位需提前30日向企业工会和全体职工说明情况，听取意见，减员方案向劳动行政部门报告后，方可裁减人员。

2012年，湖南省人力资源和社会保障厅、湖南省财政厅《转发人力资源和社会保障部、财政部关于领取失业保险金人员参加职业基本医疗保险有关问题的通知》，要求失业保险经办机构为领取失业保险金人员参加城镇职工基本医疗保险和大病医疗互助，按规定缴纳相关费用，不再支付部门诊医疗费和住院医疗补助金，将失业人员个人领取医疗补助金的方式，改变为失业保险经办机构给失业人员参加职工基本医疗保险。

2015 年，鼎城区执行市人力资源和社会保障局、市财政局印发的《常德市失业保险稳岗补贴实施方案》，对上年度裁员比例低于上年度当地城镇登记失业率的单位给予稳岗补贴。（1）对实施兼并重组、化解产能过剩、淘汰落后产能等三类企业，按照不超过该企业及其职工上年度实际缴纳失业保险费总额的 50%给予补贴；（2）对其他参保单位，按照不超过该企业及其职工上年度实际缴纳失业保险费总额的 40%给予稳岗补贴。当年，鼎城区劳动就业服务管理处失业保险股，对南方水泥有限公司等 5 家符合条件的单位给予总额 20.73 万元的补贴。5 月 27 日，省政府根据人力资源社会保障部、财政部关于调整费率的通知要求，决定从 2015 年 3 月 1 日起降低失业保险费率。鼎城区失业保险费率统一由 3%降低至 2%，其中，用人单位缴费比例由 2%降至 1.3%，个人缴费比例由 1%降至 0.7%，同时，将失业保险金标准提高到最低工资标准的 85%。

2016 年，鼎城区失业保险费率统一由 2%降低至 1.5%，其中单位费率由 1.3%降至 1%，个人费率由 0.7%降至 0.5%，从 5 月 1 日起实行。

2017 年，鼎城区失业保险费率统一由 1.5%降至 1%，其中单位费率由 1%降至 0.7%，个人费率由 0.5%降至 0.3%，从 1 月 1 日起实行。

2018 年，鼎城区执行 2017 年的失业保险费率。

第三章 机关事业单位养老保险

第一节 养老保险制度改革

1996年1月1日起，鼎城区在全区机关及全额拨款事业单位的全民合同制工人，自收自支、差额拨款事业单位的全部工作人员中，实施机关事业单位社会养老保险制度改革。根据省政府《湖南省机关事业单位养老保险制度改革办法（试行）》（湘政发〔1996〕3号）和区政府《常德市鼎城区机关事业单位养老保险制度改革暂行办法》（常鼎通〔1996〕20号）的精神，1998年3月12日，区政府发出《常德市鼎城区人民政府关于全面实行机关事业单位养老保险制度改革的通知》（常鼎政发〔1998〕6号），从1998年1月1日起，在全区尚未开展养老保险的机关公务员、干部、固定职工和全额拨款事业单位的全部人员中全面实行社会养老保险，并对有关事项作出规定：（1）机关、全额拨款事业单位养老保险金的缴纳标准按在职人员上年度工资总额的27%计算。其中，单位负担24%，进入财政综合预算。每月10日前，属财政拨款的，由财政直接划拨到社会保险基金财政专户；属单位缴纳的，由单位直接缴存社会保险基金财政专户。个人缴纳3%的部分，每月由所在单位在个人工资中扣除后缴存社会保险基金财政专户。（2）退休条件，按国务院国发〔1978〕104号文件和湘政发〔1996〕3号文件规定执行。（3）退休待遇，退休时缴纳养老保险费满10年者（含视同缴费年限，即在1996年1月1日未开展机关、全额事业单位养老保险前参加工作的工作人员实际工作年限），其退休费按湘人险〔1995〕92号文件和湘政发〔1996〕3号文件计发，直至死亡为止。已离退休（职）人员的基本养老金和省市保留津补贴53.8元、妇女卫生费以及教

养老保险处工作人员接待来访群众

师提高10%部分、教龄津贴和政法战线人员的警衔津贴，由机关事业单位社会保险机构在每月5–15日支付。原已享受的未纳入工资基数的误餐补助、地区性生活补贴、交通费、护理费、血防补助、离休人员的健康疗养基金、奖金及丧葬费、安家费、抚恤费等非生产性的福利费用仍按原渠道开支；医疗费在社会机构未实施医疗保险之前，仍按原渠道开支。离退休人员与原单位的隶属关系不变。退休时工作年限不满10年的，每满一年按离岗时上年度本省工作人员社会平均工资2个月的标准，一次性发给养老生活补助金。（4）此前获全国劳动模范（先进工作者）、省级劳动模范（先进工作者）称号，以及按国家和省有关文件规定退休时享受优异待遇的高级专家、中小学教师、计划生育专干等人员，在退休时仍保持其荣誉者，保留国家和省原规定的优异待遇；此后获得上述称号的享受优异待遇的人员，由授予单位给予一次性奖励，或由本单位办理补充养老保险，退休时不再另行提高基本养老金的计发比例。（5）改制人员和从集体单位招聘到机关事业单位的工作人员，按常鼎政通〔1996〕20号文件第七条第四款连本带息一次性补缴基本养老金。按规定属于个人缴纳的部分，进入个人账户，属于单位缴纳部分，一部分进入个人账户，一部分进入社会统筹基金。（6）机关事业单位工作人员个人需认定工龄的，须根据工资福利机构所核工作年限和工资额，由本人按27%的比例，连本带息一次性向社保机构补缴养老保险金。（7）因工致残完全丧失劳动能力的工作人员需退休的，其待遇按国家和省有关规定办理，由社保机构支付退休金。对未达到有关文件规定的伤残程度和退休年龄退休的，其退休金由单位支付，待达到规定的退休年龄后，再从社保机构支付退休金。（8）工作人员调动工作岗位，应及时到机关事业社保机构办理转移手续，军队移交离退休人员费用暂按原渠道开支，民政代管对象的退休金由社保机构支付。

2014年10月1日起，执行《湖南省人民政府关于机关事业单位工作人员养老保险制度改革的实施意见》（湘政发〔2015〕38号），建立待遇与缴费挂钩机制，多缴多得，长缴多得；合理确定基本养老保险筹资和待遇水平，确实保障退休人员基本生活，促进基本养老保险制度可持续发展；改革前与改革后待遇水平相衔接，立足增量改革，实现平衡过渡。对改革前已退休人员，保持现有待遇并参加今后的待遇调整；对改革后参加工作的人员，通过建立新机制，实现待遇的合理衔接；对改革前参加工作、改革后退休的人员，通过实行过渡性措施，保持待遇水平不降低。准确把握改革的节奏和力度，先行解决城镇职工基本养老保险制度不统一的突出矛盾，再结合养老保险顶层设计，坚持精算平衡，逐步完善相关制度和政策。

改革单位是按照公务员法管理的单位、参照公务员法管理的机关（单位）、事业单位。（以下简称“参管单位”）。根据《中共中央国务院关于分类推进事业单位改革的指导意见》

（中发〔2011〕5号）和《中共湖南省委湖南省人民政府关于分类推进事业单位改革的实施事业单位改革的实施意见》（湘发〔2013〕8号）有关规定进行分类改革后的公益一类、二类事业单位。对于目前划为生产经营类，但尚未转企改制到位的事业单位，已参加企业职工基本养老保险的仍继续参加；尚未参加的，暂参加机关事业单位基本养老保险，待其转企改制到位后，按有关规定纳入企业职工基本养老保险的范围。

改革的人员是按照机关事业单位编制管理规定确定的编制内工作人员。编制外人员应依法参加企业职工基本养老保险。对编制管理不规范的单位，先按照有关规定清理规范，待明确工作人员身份后再纳入相应的养老保险制度。

基本养老保险基金筹集　单位按本单位参加机关事业单位养老保险工作人员的个人缴费工资基数之和20%的比例缴纳基本养老保险费。个人按本人缴费工资基数8%的比例缴纳基本养老保险费，由单位代扣代缴。机关单位（含参管单位）工作人员的个人缴费工资基数包括：本人上年度工资收入中的基本工资、国家统一的津贴补贴（艰苦边远地区津贴、警衔津贴、海关津贴等国家统一规定纳入原退休费计发基数的项目）、规范后的津贴补贴（地区附加津贴）、年终一次性资金；事业单位工作人员的个人缴费工资基数包括：本人上年度工资收入中的基本工资、国家统一的津贴补贴（艰苦边远地区津贴等国家统一规定纳入原退休费计发基数的项目）、绩效工资。其余项目暂不纳入个人缴费工资基数。个人工资超过全省上年度在岗职工平均工资300%以上的部分，不计入个人缴费工资基数；低于全省上年度在岗职工平均工资60%的，按全省在岗职工平均工资的60%计算个人缴费工资基数。

基本养老保险个人账户　按照本人缴费工资基数8%的数额建立基本养老保险个人账户，全部由个人缴费形成。个人账户储存额路只用于工作人员养老，不得提前支取，每年按照国家统一公布的记账利率计算利息，免征利息税。参保人员死亡的，个人账户余额可以依法继承。

基本养老金计发办法　2014年10月1日后参加工作且个人缴费年限累计满15年的人员，退休后按月发给基本养老金。基本养老金由基础养老金和个人账户养老金组成。退休时的基础养老金月标准以全省目年度在岗职工月平均工资和本人指数化月平均缴费工资的平均值为基数，缴费每满1年发给1%。个人账户养老金月标准为个人账户储存额除以计发月数，计发月数按照国家统一规定执行。2014年10月1日前参加工作、2014年10月1日后退休且个人缴费年限（含视同缴费年限，下同）累计满15年的人员，按照合理衔接、平稳过渡的原则，在发给基础养老金和个人账户养老金的基础上，再依据视同缴费年限长短发给过渡性养老金。2014年10月1日后达到退休年龄但个人缴费年限累计不满

15 年的人员，其基本养老保险关系处理和基本养老金计发比照《实施〈中华人民共和国社会保险法〉若干规定》（人力资源社会保障部令第 13 号）执行。2014 年 10 月 1 日前已经退休、原工作单位及其工作人员参加了此次机关事业单位工作人员养老保险制度改革的人员，继续按照国家和省规定的原待遇标准发放退休待遇，统筹项目内部分纳入养老保险基金支付，同时执行基本养老金调整办法。统筹项目为国家和经国家批准由省级政府规定的待遇项目（标准），其他自行增加的项目和提高的标准，仍从原渠道列支。具体统筹项目由省人力资源社会保障厅、省财政厅统一规范公布。机关事业单位离休人员不纳入此次改革范围，仍按照国家统一规定发给离休费，并调整相关待遇。

基本养老金调整　按照国家统一部署，根据职工工资增长和物价变动等情况，统筹安排机关事业单位和企业退休人员的基本养老金调整，逐步建立兼顾各类人员的养老保险待遇正常调整机制，分享经济社会发展成果，保障退休人员基本生活。

工作人员在查阅资料

统筹层次　按照“制度统一、责任分担、总体预算、适当调剂”的原则，建立省级基金调剂制度，并积极创造条件，逐步实现省级统筹。全省统一机关事业单位基本养老保险的制度和政策，统一基本养老保险缴费比例和缴费基数，统一基本养老金计发办法、统筹项目和标准以及基本养老金调整办法，统一编制和实施基本养老保险基金预算，统一经办规程、管理制度和信息系统以及数据资源省级管理。基本养老保险基金由省、市、县分级管理。

基金管理和监督　机关事业单位基本养老保险基金单独建账，与企业职工基本养老保险基金分别管理使用。基金实行严格的预算管理，纳入社会保障基金财政专户，实行收支两条线管理，专款专用，不得用于平衡其他政府预算等用途。依法加强基金监管，确保基金安全。

养老保险关系转移接续　参保人员在同一统筹范围内的机关事业单位之间流动，只转移养老保险关系，不转移基金。参保人员跨统筹范围流动或在机关事业单位与企业之间流动，在转移养老保险关系的同时，基本养老保险个人账户储存额随同转移，并以本人 2014 年 10 月 1 日后各年度实际缴费工资为基数，按 12%的总和转移基金，参保缴费不足

1年的，按实际缴费月数计算转移基金。转移后基本养老保险缴费年限（含视同缴费年限）、个人账户储存额累计计算。

建立职业年金制度　机关事业单位在参加基本养老保险的基础上，应当为其工作人员建立职业年金。单位按本单位参加机关事业单位养老保险工作人员的个人缴费工资基数之和的8%缴费，个人按本人缴费工资基数的4%缴费。职业年金的基金管理方式、个人账户管理、转移接续、工作人员退休后待遇领取以及经办管理和监督检查等，按照《国务院办公厅关于印发机关事业单位职业年金办法的通知》（国办发〔2015〕18号）规定执行。职业年金基金的投资管理按照国家有关规定执行。

确保养老金发放的筹资机制　机关事业单位及其工作人员应按规定及时足额缴纳养老保险费。各级社会保险经办机构应切实加强基金征缴，做到应收尽收。各级人民政府应积极调整和优化财政支出结构，加大社会保障资金投入。基金当期发放出现缺口时，由同级财政予以补助，确保参保退休人员基本养老金按时足额发放。

根据《机关事业单位工作人员基本养老保险经办规程》（人社部发〔2015〕32号）规定的主要业务环节和风险防控制度"一事双岗双审"要求，严格科学设置经办机构内部工作岗位和适当充实工作人员，提供必要的经费和服务设施。机关事业单位的基本养老保险和职业年金的经办工作实行属地化管理。参保人员退休、视同缴费年限认定等由相关部门按照国家和省统一规定执行。各级社会保险经办机构应做好机关事业单位养老保险参保登记、基本养老保险和职业年金的缴费申报、基金征缴、关系转移、个人账户管理、待遇核定和支付等工作，严格执行国家和省统一制定的业务经办规程、经办管理办法、基金财务、内控和稽核制度。

2016年，为做好机关事业单位工作人员养老保险经办管理服务工作，推动机关事业单位工作人员养老保险制度的改革，鼎城区机关事业单位社会保险处选派5人参加市人社局组织的业务培训，培训内容是政策、业务工作流程和信息系统操作。

2017年，全面贯彻落实《中华人民共和国社会保险法》，是2014年养老保险制度改革以来全面深入完善的一年。区机关事业单位社会保险处加大改革所需的软件与硬件建设，发放改革宣传资料1000多册，增加编制6名，投资20多万元完善办公设施，派出20多人次，参加上级组织的业务培训。在全市业务竞赛中副主任周伟武取得个人第二名及团体第二名的好成绩，尹征艳参加省培训受到省人社厅的表彰。该社保处派出30多人次到各参保单位宣传解读政策，扩大对外宣传力度，提升机关社保形象，全年媒体发表该处宣传稿件18篇。是年，鼎城区按照改革政策符合参保条件的机关事业单位有243个，参保人数13385人（其中机关5015人、事业单位8346人、其他单位24人）。从企业社保转入机关社保的单位：卫生院有37个、780人，水利系统有10个、400多人，8个改制单位、300多人；从机关社保转入企业社保的人员有100多人。全年各单位人员异动500多人次。区机关事业单位社会保险处认真贯彻中央“八项规定”，深入开展“门难进、脸难看、事难办”专项整治行动，完善各项规章制度，加强执行力建设，提升服务效能，健全“五制”（首问负责制、全程代理制、一次性告知制、限时办结制、责任追责制）、“四公开”（办事程序公开、办事依据公开、办事时限公开、办事结果公开）、“三亮明”（亮明身份、亮明承诺、亮明职责）工作要求。全处工作人员挂牌上岗，对服务对象做到“三个有”（来有应声、问有答声、走有送声），“四个不”（不把个人不良情绪带入窗口、不推诿扯皮敷衍应对、不为难服务对象、不与服务对象发生争执冲突），“五个用心”（待人热心、解难诚心、答询耐心、办事细心、工作专心）。

2018年，围绕“以发放促征缴，以征缴保发放”两个重点，构建和谐服务，坚持为民服务、为民解困、为民保障的工作宗旨。对全区8364名机关事业单位退休参保人员的养老金100%实行社会发放，并全部进行资格认证。退管股从5月开始对全区机关事业单位退休人员进行资格认证，认定工作的单位100多个，认证退休人员8364人，并正式启动新待遇计发。社保的征缴，参保，转保，人员异动，以及8个改制单位的参保问题，都得到圆满解决。规范各项制度和办事程序，提高服务水平和质量，拓展工作氛围和内容，完成领导交办的各项工作。在迎接全省社保经办机构风险检查评估中，该处迎检工作准备充分，圆满完成迎检任务。经检查，得到上级的肯定与好评。

第二节　基金征缴与支付

鼎城区机关事业单位社会养老保险处，按照国家和省、市关于机关事业单位社会养老保险基金征缴及支付的相关政策、规定以及区委、区政府的要求，全力履行职责，积极开展参保扩面与基金征缴工作，努力完成任务，按时足额为机关事业单位离退休人员放发养老金，做到“抓征收、保发放、求稳定、促和谐”，团结务实，开拓创新。另外，区财政每年拨付一定资金，保证养老金的按时足额发放。

1996年，收缴养老金729万元，支付退休金406万元，取得单位参保率、人员参保率、养老保险基金收缴率、退休金拨付率“四个百分之百”。

1997年，到6月中旬，收缴养老保险基金305万元，支付退休金128万元。乡镇“七站八所”人员2783人全部参保，收缴养老基金133万无，占应收任务的55%。

1999年，强化机关事业单位养老保险规范化管理，管理和使用好养老保险基金，做到账目清楚，开支合理，服务周到。全年收缴养老保险基金 2385.8 万元，发放养老金 2251.3 万元，基金积累 283 万元。启动养老金社会化发放工作，年底，养老金社会化发放比例达到 10%。

2000 年，加大社会养老保险基金的收缴力度，及时足额发放离退休费。全年收缴养老保险基金 2988.9 万元，发放养老金 2822.2 万元。扩大社会养老保险覆盖面，针对部分农林场及乡镇卫生院尚未参加社会养老保险的问题，主动与区农业局、区卫生局等主管部门联系，积极做好未参保单位干部职工的工作，使石板滩卫生院、许家桥卫生院、丁家港卫生院等单位参加了社会养老保险。年底，养老金社会化发放比例 65%。是年，基金收缴率、单位和人员参保面及基金滚存均在全市保持领先地位。

2007 年，区机关事业单位社会保险处严格目标考核，下发各单位养老金上缴任务通知书，并把养老征缴纳入年度目标考核内容，要求各单位“一把手”负总责，对完不成任务的单位实行“一票否决”，取消评先评优资格。加强养老金的征缴清欠稽核工作，将补保续保工作列入全年工作的重中之重，清欠、续保金额达 600 万元。年底，全区参保单位 325 家，参保人员 18683 人。征收养老保险费 6100 万元，基金征缴率 100%。全区机关事业单位离退休人员 5776 人，全年支付基本养老金 7977 万元，支付率 100%。4891 名离退休人员的养老金实施打卡发放。基金滚存结余 57 万元。

2008 年，鼎城区参保职工 17807 人，其中正常缴费人员 14574 人。全年机关事业单位社会养老保险基金总收入 8175 万元，其中养老保险基金收入 6294 万元，利息和转移收入 56 万元，本级财政补助收入 1775 万元，上级补助收入 50 万元。全区离退休人员 6065 人，全年养老保险基金总支出 7994 万元，其中养老保险基金支出 7922 元，转移支出 4 万元，上解上级支出 68 万元。养老金的发放及时足额，其中 5072 名离退休人员的养老金进行社会化发放，社会化发放率 82.6%。对全区 325 家参保单位中的 28 家开展养老保险稽核工作，其中实地稽核 15 家，稽核 3445 人；书面稽核 13 家，稽核 2207 人，稽核率 30.7%。并对 2508 名离退休人员领取养老金的资格进行认证。

养老保险处工作人员进行基金统计

2009年，对历年欠缴养老基金的单位制定详细的征缴措施和办法；对参保单位缴费采取一个月一结算的办法，力争不发生新的拖欠；对部分参保单位进行稽核，确保应保尽保、应收尽收；加大社会保险稽核力度，3月份对全区32个乡镇政府机关、站所及43所学校的社会养老保险费征缴情况进行实地稽核，通过核对工资总额和缴费人数等情况，查找问题并及时进行处理。内部财务控制管理更加规范。

2010年，全区参保317家单位，在职参保人数16967人，离退休人数6629人，基金支出9185万元。

2011年，机关社保参保单位317家，在职参保16615人，征缴基金5703万元，完成任务的100%。

2012年，鼎城区机关事业单位养老保险工作以养老保险基金安全运行为底线，以“确保离退休费的及时足额发放、确保自收任务超额完成”为目标，内抓管理强素质、外抓征收强支撑，不断提升服务水平，稳步推进机关事业单位养老保险经办工作。全年征收基本养老金5385万元，为6636名离退休人员支付养老金10041万元。

2013年，机关事业单位养老保险以“抓征收、保发放、求稳定、促和谐”为目标，狠抓征缴，保证发放。全区参保单位371家，在职参保人数15240人，全年征收基本养老保险费5100万元。为6741名离退休人员支付养老金10469万元，做到按时足额发放。年初，制定养老金征缴目标量化考核方案，严格考核内容，严明奖惩措施。每月制定工作规划，根据区政府下达的自收任务，按时间进度把任务分解到每个分管领导、每个工作人员，使每个人有任务、有压力。每月召开一次例会，公布基金征缴情况，对存在的问题及时制定具体整改措施。对部分参保单位进行稽核，确保应保尽保、应收尽收。6月，成立专门小组对乡镇劳动保障站的社会养老保险费征缴情况及领取退休费的退休人员进行实地考核，通过核对工资总额和缴费人数等情况，查找问题并及时进行处理。

2014年，全区参保单位317家，在职参保人员14207人，征收基本养老保险费10480万元。为6503名离退休人员支付养老金10930万元。严格社会保险基金财务会计制度和收支“两条线”规定，强化基金核查，完善管理制度，确保基金安全。为实现养老保险基金的保值增值，坚持做到：严格执行收支两条线管理，对养老保险基金实行专户储存、专项管理、专款专用，保证基金的安全运营。对养老保险基金定期进行财务检查。坚持对基金实行每年检查的制度。5月中旬，市机关事业保险处对鼎城区机关事业单位保险处进行财务检查，未发现挤占挪用基金和其他违规问题，基金安全运转、保值增值。按照离退休人员养老金按时足额发放和社会化发放率100%的要求，对养老金发放的各个环节实行定人、定责，限时完成养老金发放工作机制，保证发放工作做到不少发一人、不错发一分，实现养老金每月支出计划、资金划拨、发放时间“三到位”。

2015 年，全区机关社会保险参保单位 317 家，在职参保 11947 人。全年征收基本养老保险费 13585 万元。为 6920 名离退休人员支付基本离退休费 1.44 亿元。5 月中旬，市机关事业单位社保处检查鼎城区机关社保处财务，未发现问题。区机关事业单位社保处向市机关事业单位社保处提出扩大参保范围、调剂基金征收比例、离退休人员的社会化管理等合理化建议，得到上级领导的重视与支持。

2016 年，鼎城区机关事业单位参保单位 317 家，参保人数 12939 人，征缴基金 19500 万元；全区离退休人数 7164 人，支付养老金 24332 万元。其中是年新增退休人数 398 人，减少离退休人数 145 人，净增退休人员 253 人。

2017 年，机关事业单位参保养老金征缴比例为单位 20%，个人 8%；职业年金征缴比例为单位 8%，个人 4%。是年，养老金收入 2.54 亿元，同比增加 0.56 亿元，完成目标任务 1.98 亿元的 128%。职业年金收入 0.33 亿元，同比增加 0.03 亿元，完成目标任务 0.30 亿元的 110%。清退 1996 年改革试点时期 90 个单位个人账户养老金 2800 多人次，2000 多万元。全区支出养老保险统筹基金 4.23 亿元，同比增加 0.63 亿元。全区离退休人员 7798 人，养老金社会发放 7441 人。其中当年退休 474 人，全年故去 113 人，净增 34 人。退休人员制卡人数 7067 人，入卡 6178 人，养老金社会发放率 95%，利用社保卡社会发放率 87%。

2018 年，到 11 月底，鼎城区参保人数 13511 人，实际缴费人数 13087 人。加上财政补贴、转移收入及利息，总收入 3.6 亿元。1—11 月，养老金支出 3.82 亿元，其他支出 4593.85 亿元，转移支出 4.24 万元，总支出 4.28 亿元。职业年金征缴 3912 万元。全年养老金支出 4.18 亿元，清退改革试点个人缴费 4587.03 万元。

以下是鼎城区部分年份机关事业单位参保及基金收支情况统计：

鼎城区机关事业单位社会养老保险基金收支统计表

表 4-3-1　　单位：万元

年　份	收	支	余
1996	729.7	406	323.7
1997	766.1	493.8	596
1998	2248.5	2076.8	767.7
1999	2385.8	2251.3	902.2

续表 4-3-1

年　份	收	支	余
2000	2988.9	2822.2	1083.1
2001	3182.1	3271.4	993.9
2002	4179.3	4539.3	658.8
2003	4435.4	4855.3	308.9
2004	5013.2	5169.4	162.8
2005	5136.5	5209.1	90.2
2006	3728.5	4081.3	-262.7
2007	7925.5	8053.5	56.9
2008	8175.3	7994.2	238.1
2009	8556.8	8373.5	421.4
2010	8905.1	9184.8	141.7
2011	9840.8	9666.4	315.9
2012	10019.4	10106.8	228.5
2013	10970.7	10695.1	504.1
2014	10911.7	11032.1	383.7
2015	13773.6	13896.8	260.4
2016	17638.2	16078.9	1820
2017	25457.323	42443.4353	-16986.1123
2018	24250.6441	41680.0042	2082.9932

说明：部分年份的收入财政补贴未统计在内

第三节　基金管理

区机关事业单位社会保险处牢固树立社会养老保险基金是“生命线、高压线、标志线”的思想，按照新的会计制度和社会保险财务管理制度管理好、使用好社保基金，严格做到不随意减免保费，不随意扩大基金支付范围，建立《业务内控制度运行实施细则》和《养老保险基金财务管理内部控制制度》等。每年定时开展社保基金专项治理自查工作，进一步完善和规范内部管理的规章制度，严格社会保险基金财务会计制度和收支"两条线"的规定。经市机关事业单位社保处多次财务检查，没有发现挤占挪用基金和其他违规问题，基金安全运转，保险增值。

区机关事业单位社保处的稽核内控工作的主要内容：用人单位申报的养老保险缴费人数、缴费基数是否符合国家规定；用人单位和职工是否按时足额缴纳养老保险费；欠缴养老保险费的单位和职工的补缴情况；养老保险待遇的领取情况，骗取养老保险待遇的行为；国家规定的或人社部门交办的其他稽核事项。

区机关事业单位社保处，履行稽核内控职责，每年至少对领取基本养老金的机关事业单位离退休人员开展一次领取基本养老金资格核查工作。并主动告知离退休人员应参加资格核查，主要依托用人单位进行资格认证。用人单位在规定时间内向社保机构如实、准确报告核查结果，并对核查结果负责。如 2009 年，通过对 669 名离退休人员的生存认证，发现死亡迟报或未上报的共 14 人；2010 年，对 2812 名离退休人员的生存认证，发现有 5 名死亡人员迟报或未报。

2016 年，建立年度基金预决算体系，做到年初有计划、实施有依据、年终有决算。进一步加强基金监管力度，加强稽核工作，确保基金安全和保值增值。在基金的征收、管理和支付各环节中没有发生违纪、违规和违法行为。按政策完成 242 个单位、13000 名在职人员数据采集和校对工作，完成大部分参保单位在职人员异动的申报，完成全年基金的征缴，完成 136 个单位在新系统的测算异动工作。

2017 年，区机关事业单位社会保险处针对过去对基金管理的薄弱环节，制定关于行政审批、审核和经办机构在基金运行操作过程中的规范，规范基金管理过程中的基金运作行为，强化基金运行过程中各个环节的监管力度。社会养老保险保障基金管理、业务经办和监督检查三方面密切配合、相互制约、相互促进的运行模式，从 3 月开始试行，9 月进行审核，效果良好。对窗口服务工作人员严格落实"一事双岗双审"制度，对日常服务行动随时进行监控，从事后监督转为事前、事中监督。认真开展廉政风险防控工作，建立健全各项管理和监督制度。是年，该处审核参保单位 102 家、在职人员 13049 人、退休人员 5180 人，没有发现虚报冒领、误报漏报等问题，保证基金的安全运行。在市人社局组织的全市基金风险防控专项检查中获得好评。

2018 年，区机关事业单位社会保险处进一步加强日常财务工作的管理，按月编制养老保险基金会计报表。按照市机关事业单位社会保险处有关稽核工作的要求，认真学习贯彻《中华人民共和国社会保险法》，注重加强稽核、内控基础建设，努力探索稽核方式和措施，积极开展社保基金安全和风险管理等方面的稽核工作，圆满完成稽核工作目标任务。上半年，实地对70户参保单位，4361名在职参保人员和3624名离退休人员的工资、生存情况进行稽核。到年底，没有发现单位少申报缴费基数的情况，没有发现有冒领养老金的情况，没有发现违规使用基金的情况。圆满完成全省社保基金安全和风险管理等方面的稽核工作检查。

第四章 医疗保险和生育保险

一、公费医疗

民国16年（1927），按国民政府规定，县内公职人员按年俸的5%提取医药费。因病需医治者，按病情等级报销医药费。

1953年4月26日，县政府召开各有关单位负责人会议，成立常德县公费医疗预防实施管理委员会，由宋鹤林、赵树立、段文波、孙心常、翟彦博、鲁翠群、赵一辛、王建阁、苏延年等9人组成。另设专职干部1人，办理日常具体事务，机构设县卫生科。是年，常德县人民政府以县长王丙申、副县长郑建华的名义发布《为关于干部公费医疗预防的几项规定》（以下简称《规定》）。《规定》除公布县管理委员会组成人员名单外，还明确从6月1日起，各区教员以联校长为主成立公费医疗预防实施管理小组，中心校长为组员；各区有供养待遇的乡干部（每乡3个半人），由区政府会计、区财政助理员共同负责，成立公费医疗预防实施管理小组，由乡干部推选3~5人为组员。《规定》确定享受公费医疗待遇的范围：县区党政群团干部、在编制的卫生工作人员、中小学教员、有供给待遇的乡级干部、经批准住在机关的家属及受保育待遇的干部子女。公费医疗开支的标准和范围：凡享受待遇者每人每月均按两万元（旧币，新币为2元）计算（包括门诊、住院、健康检查所需医药器械费，不包括镶牙、配眼镜及慢性病、补品等），但根据上级指示及工作需要，确定以20%的经费，作为实施管理委员会公杂费专职人员工资费开支及其他机动费用。公费医疗预防经费专款专用，由县实施管理委员会统一掌握。享受公费医疗待遇的人员，凭公费医疗证，到省立常德医院、专署人民医院、县卫生院及区卫生所就诊。但住院、照光及用贵重药品时，须经管理委员会批准，每月月底由管理委员会向医院结账。教员的医疗费在扣除20%后，按人头全部发给各区领导小组，具体办法由各领导小组研究决定，但不准发给学校和个人，必须统一掌握，月底向委员会实报实销，上月结余可移作下月支用。乡干支付办法与教员相同，由区政府会计掌握执行。

企业职工的医药费由企业开支。因工伤或患职业病者，住院期间，由企业负责膳食费2/3；由职工供养的直系亲属的医药费可报销50%。

1965年，根据中共中央9月21日对卫生部党委“关于把卫生工作重点放到农村的报告”的批示精神和中共中央中南局常委扩大会议纪要有关变通执行公费医疗制度的精神，湖南省人民委员会于是年12月9日对公共医疗管理作出补充规定。常德县人民委员会根据上级精神，结合常德县公费医疗的具体情况，由县公费医疗委员会对公费医疗管理办法作了修订。是年12月28日，常德县人民委员会发出〔1965〕会卫字第447号文，印发《常德县公费医疗管理办法》（以下简称《管理办法》），并决定从1966年1月1日起贯彻执行。《管理办法》分五个部分：享受公费医疗的范围（2条规定）；公费负担的医疗费用范围（5条16款）；就诊制度（3条规定）；经费管理（7条规定）；加强政治思想工作，进一步管好公费医疗（4条要求）。《管理办法》最后强调：本办法如有未尽事宜，由县公费医疗委员会研究补充。各企业单位的医疗管理应参照本办法执行。享受劳保待遇者，按劳保条例办理。

1984年12月13日，成立常德县公费医疗领导小组办公室。是年，全县公费医疗费开支43.3万元。

1986年12月17日，常德县人民政府常政发〔1988〕89号恢复常德县公费医疗领导小组，由刘岳汉、蒋祥政、赵玉鹏、姚启勋、贾菊初、张传洪、曾祥玉、李生祥、陈孝定等9人组成，刘岳汉为组长，蒋祥政、赵玉鹏为副组长。领导小组办公室设县卫生局内，赵玉鹏兼任办公室主任。

1987年，全县公费医疗开支88.9万元，享受公费医疗待遇者人均开支89.73元。

1988年3月12日，常德县人民政府办公室转发县劳动人事局、县财政局、县卫生局关于《常德县国营企业医疗制度改革实施细则》（以下简称《细则》）。该《细则》根据常地劳人险〔1987〕86号和常政办〔1986〕101号《关于印发常德县公费医疗管理办法的通知》精神制定。《细则》主要内容包括享受公费（劳保）医疗的对象、公费（劳保）医疗费开支的范围、公费（劳保）医疗经费的管理、公费（劳保）医疗的奖罚以及加强教育，进一步搞好公费（劳保）医疗。享受公费（劳保）医疗的对象包括：所有在职固定职工、劳动合同制工人及1971年年底以前的长期临时合同工；经组织、劳动人事部门批准离休、退休、退职的职工；享受劳保医疗职工的直系供养亲属；1972年1月1日以后的临时工、季节工、合同工、家属工、农民轮换工均不享受公费（劳保）医疗。公费（劳保）医疗费开支的范围：门诊、住院所用中西药、材料费、化验费、针灸费、治疗手术费、住院费、注射费、妇科检查费、换药费及危重病人输氧费；经医生诊断决定的X光透视、照片费、心电图、脑电图、超声波检查费、拔牙、龋齿填补治疗手术、药品、材料费；女职工分娩的接生费和产前检查费；计划生育范围内的人工流产、结扎和上避孕工作的手术、药品、材料和住院费；经组织批准带职赴外地学习的健康检查费；因工负伤的医疗费。不能在公费（劳保）医疗费内开支的费用明确13条范围。对公共（劳保）医疗经费的管理作出9

条规定。

1989 年 5 月 10 日，鼎城区人民政府常鼎政发〔1989〕38 号，印发从 1988 年 12 月 1 日执行的《常德市鼎城区公费医疗管理办法》，对该办法享受公费医疗待遇的对象、公费医疗经费的负担范围、公费医疗经费的管理、公费医疗人员就诊的管理、医疗单位对公费医疗的管理、不能在公费医疗中开支的范围等作出明确规定。并要求加强思想教育，加强公费医疗管理。

1991 年 11 月 18 日，鼎城区人民政府常鼎政发〔1991〕70 号文件，进一步完善公费医疗管理办法。主要是：（1）实施定点医疗。凡享受公费医疗的单位，可根据就近、自愿的原则，在所属定点医疗范围内选择一家或几家（有离退休居住外地或常驻基层工作者）作为本单位的定点医疗单位（但每人只能固定到一家医院）。办事处和乡镇范围享受公费医疗的人员，一般要求选择所在地的医院作为定点医疗单位。（2）对医疗单位公费医疗经费承包基数的核定和奖罚。基数核定按照与之签订协议的享受对象个人享受标准之和另增加 40%。一年结算一次，若有结余，金额拨给医疗单位发展卫生事业；反之，则由承包医疗单位自负 50%，由财政从下年度卫生事业费中扣拨。（3）特殊情况的处理。因特殊原因不能到承包医院就诊的病人，可凭病历处方和发票，经定点医院审核登记后回所在单位报销；因病情特殊，需转上一级医院诊治的，须征得定点医院同意并签发“转院证”后，方可到指定医院就诊；没有健康（医务）室的单位，可与定点承包医院协商一个限额指标，担任本单位的简易门诊；特殊疾病、职业病确定须住院治疗的病人，必须事先征得定点承包医院同意后，到区内专科医院就诊。其费用限额由定点医院与诊治医院共同协商，由定点医院结付。（4）定点承包医院的管理。各承包、定点医院必须严格遵守公费医疗管理的政策、规定和制度，明确专人负责日常工作；承包医院必须切实加强公费医疗的财务管理，要求按享受单位设立享受对象分户台账，按月或季造出清册报区公费医疗办公室；（5）确实加强职业道德的纪律约束。定点承包医院的领导和全体医护人员，应牢固树立“救死扶伤”的人道主义精神，对病人用药要坚持按病就医，合理用药的原则。绝不允许以节约公费医疗经费采取推诿或拒收应诊对象，不许虚报冒领公费医疗经费。一经查出，除没收非法所得外，将视其情节，给予责任人处以罚款，直至追究刑事责任。（6）加速公费医疗管理的规范化建设。各公费医疗享受单位、各定点承包医疗单位，在建立健全管理机构，配备相应管理人员的同时，逐步完善必要的管理制度和措施，认真做好日常工作。

二、医疗保险

2000 年，鼎城区实施医疗保险制度改革。是年 3 月，成立“常德市鼎城区医疗保险基金管理服务中心”，负责基本医疗保险（包括大病互助）的经费统筹和支付等工作（“常德市鼎城区公费医疗管理委员会办公室”同时停止工作），2000年1月1日起，区直机关、事业单位、社会团体、民办非企业单位和有条件参保的企业必须参加基本医疗保险，单位不许列支基本医疗费用。基本医疗保险严格执行“属地管理”的原则，市属以上驻区单位（铁路系统除外），纳入鼎城区基本医疗保险范围。同时启动对鼎城区离休干部、伤残军人，统称（“特殊人群”）的医疗费用管理工作，市政府规定对六级以上伤残军人实行医疗费用管理（鼎城区从2008年起放宽到八级以上）。医保中心先后制定《廉政建设制度》《财务管理制度》《固定资产管理制度》《基金管理制度》《档案管理制度》等12项规章制度。从2002年起对基金征缴、结算等财务管理实行微机操作，医保中心和定点医疗机构、零售药店实现网络传输。

1996年，市劳动保障局在鼎城区试点，开展生育保险制度的改革工作。区劳动保障局社会保险局承担此项工作，2000年生育保险工作职能移交区医保中心。2003年，按照省劳动保障厅《湖南省城镇职工基本医疗保险特殊病种门诊医疗和家庭病床管理暂行规定》的精神，鼎城区启动城镇职工医疗保险特殊病种门诊医疗和家庭病床。2006年，鼎城区启动城镇居民医疗保险及参保人员特殊病种医疗管理。

2012年10月1日，鼎城区医疗和生育保险实行相关政策方面的市级统筹。

区医保处对医保定点医疗机构、定点零售药店进行管理，平时加强稽查，定期或不定期进行抽查或全面检查，每年进行年检年审，开展评比活动，将检审评比情况予以通报，表彰先进，按制度兑现奖励与惩罚。

第一节 城镇职工医疗保险

2000年2月21日，区政府印发《常德市鼎城区城镇职工基本医疗保险试行办法》（以下简称《试行办法》）（常鼎政发〔2000〕20号）。《试行办法》九章六十五条，其中第二章第6条规定：“基本医疗保险费由用人单位和职工个人按月按规定向区医疗保险经办机构共同缴纳。用人单位按上年度本单位职工工资总额的6%缴费。用人单位职工年平均工资总额高于全区职工年平均工资总额300%以上部分不作为缴费基数；低于60%的以60%为基数缴纳。”“职工个人按上年度本人工资总额的2%缴费。”对国有企业下岗职工、私营企业、民办非企业单位职工及外资企业中的中方职工的基本医疗保险费的缴费标准作出规定。第三章“基本医疗保险个人账户的建立与支付范围”第20条中规定：“退休人员按缴费单位上年度职工年平均工资的3.2%（2012年10月1日起提高到3.4%）划入；

但本人退休费高于缴费单位上年度职工平均工资的，按本人上年度退休费的3.2%划入。”第四章“基本医疗保险统筹基金的设立与支付范围”第30条规定：“当年起付标准以上，最高支付限额以下的医疗费用，由统筹基金和职工个人按‘分段计算，累加支付’的办法支付：起付标准以上3000元以下部分，统筹基金支付80%，个人负担20%；3000元以上至10000元以下部分，统筹基金支付85%，个人负担15%；10000元以上至最高限额部分，统筹基金支付90%，个人负担10%。在非定点医院（包括异地医院）就诊的，首先个人负担10%医疗费，剩下部分进入基本医疗报销。”退休人员按上述自负比例的75%负担。同时印发《常德市鼎城区城镇职工大病医疗互助暂行办法》（常鼎政发〔2000〕20号）。4月26日，区劳动局和区财政局联合印发《关于贯彻执行〈常德市鼎城区城镇职工基本医疗保险试行办法〉若干问题的意见》（常鼎劳发〔2000〕04号）；区劳动局和区卫生局联合印发《常德市鼎城区城镇职工基本医疗保险参保职工就医管理暂行规定》（以下简称《规定》）（常鼎劳发〔2000〕05号），为方便参保职工住院治疗，《规定》附有“住院程序”（就诊示意图）：

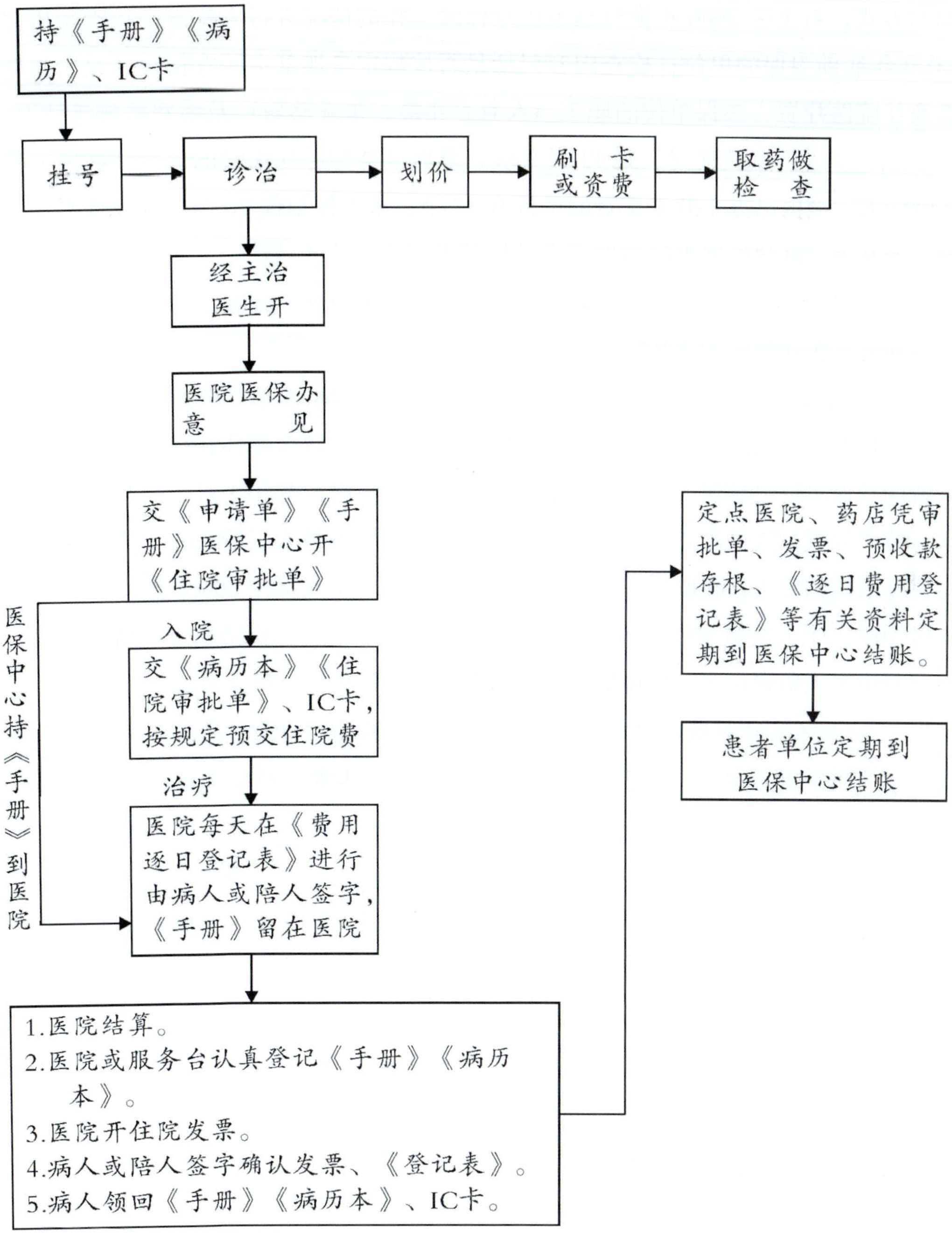

同日，区劳动局、区经济委员会、区财政局、区卫生局联合向各医疗保险参保单位、定点医疗机构、定点零售药店印发《常德市鼎城区城镇职工基本医疗保险个人账户管理暂行办法》（常鼎劳发〔2000〕06号）。

2001年，区政府办从区医保、审计、监察等相关单位抽调人员组成联合检察组，采取不定期的方式，对全区 2000 年推行基本医疗保险工作的情况进行大检查。检查范围是应在 2000 年年底前参保的单位；检查内容包括是否按规定参加基本医疗保险、是否报销职工门诊及住院医疗费、参保单位的职工（人数、年龄、工资总额）及缴费数额等情况、用人单位和职工个人的缴费情况。到 11 月月底，鼎城区参加医疗保险的单位 298 家，参保职工 24027 人。全区已办手续未交费的单位有 18 个、未参保单位 20 个、有条件参保而未参保的企业 9 个。区政府要求应参加而未参加基本医疗保险的城镇用人单位，必须在当年 12 月月底前参加基本医疗保险，并以常鼎政办发〔2001〕60 号文发出《关于城镇用人单位限期参加基本医疗保险的通知》。

2002 年，为方便参保患者就医，鼎城区改进和完善城镇职工基本医疗保险参保职工的医疗服务管理办法，对按预缴制缴足下月医疗保险费或属财政全额代扣代缴且以前不欠医疗保险费的参保单位之参保人员的住院治疗，实行网上审批。是年 1 月 1 日起，对部分人工器官、体内放置材料最高支付标准作出明确规定，安装各种人工器官和体内放置材料在最高支付标准内的费用，在职职工由统筹基金支付 50%，个人负担 50%；退休人员由统筹基金支付 70%，个人负担 30%。人工器官和体内放置材料的实际价格超过最高支付标准时，超过部分由个人负责；实际价格低于最高支付标准，按实际价格支付。

2003 年，鼎城区启动对城镇灵活就业人员（达到国家规定的劳动年龄、有劳动能力并取得合法收入的城镇个体工商户及其雇用人员、自由职业者〈指与单位建立劳动关系前，依靠提供劳务，并获得合法劳动报酬的人员〉，与用人单位解除劳动关系的失业人员〈含企业破产、改制一次性安置人员〉，个人委托存档人员等）的医疗保险工作。9 月 1 日上午，区委书记吴生元主持召开会议，专题研究新源印刷厂等 10 家全民所有制工业企业退休和“二五”（男女职工年龄各差 5 年退休）人员参加医疗保险有关问题。

2005 年，全区参保单位 500 家，参保人员 36855 人。11 月 10 日，常务副区长李育智主持召开区政府专题会议，研究相关企业职工医疗保险等问题。允许 2004 年年底以前达到法定退休年龄的二轻、供销（含老三店）、乡镇肉食站企业职工，以原法人为单位，在参保面达到 80%的基础上，纳入城镇职工基本医疗保险范围。会议对缴费标准、缴费办法及经费来源等进行研究并予以明确。是年，医疗保险全面改革结算办法，实行对定点医疗机构“总额包干、按月结算、年终奖惩”的管理办法。并确定“以收定支、收支平衡、略有节余”的原则。

2006 年，区政府副区长李育智主持召开全区破产国有、集体困难企业退休人员医保问题专题会议，就参保资金、医疗待遇等问题进行研究。会议明确，区属关闭破产国有、集体困难企业退休人员均应参加职工基本医疗保险。以上退休人员参保只设统筹基金，不设个人账户。对确有困难无力上缴医保费的企业由区财政兜底解决。破产困难企业退休人员参加职工医保后，除不享受门诊医疗待遇外，按政策享受基本医疗保险住院及特检特治待遇。当年，超额完成2300人的医保扩面任务。

2007年，全区城镇职工医疗保险参保单位565家，参保人员42346人。

2008年，区医保处启动困难企业职工参保工作，摸清底子，建立台账，全区共有关闭破产的国有、集体困难企业59家，职工8724人。区医保处到桃源县、武陵区等地的医保经办机构，学习困难企业的参保经验等。到10月月底，全区8082名困难企业职工参加城镇职工基本医疗保险。11月15日，区政府常务副区长向美华主持召开政府专题会议，研究全区依法关闭破产改制企业（以下简称“改制企业”）尚未参加基本医疗保险的退休人员参保问题。2007年前，“改制企业”退休人员有3118人参加医保，还有7578人没有参加，需在此次会议后参加医疗保险，医保经办机构为其发放“两证一卡”（“常德市职工医疗保险病历本”“湖南省城镇职工基本医疗保险手册”和“常德市社会保障卡”），让其按政策享受基本医疗保险待遇。是年，新增职工参保人数4502人。

2009年，从6月1日起，调整城镇职工基本医疗保险有关政策：扩大报销范围，将无他方责任的意外伤害（工伤、职业病、交通、事故、医疗事故、违法犯罪、酗酒自残、自杀等责任事故除外）住院医疗费，纳入基本医疗保险报销范围，其报销标准与因疾病住院医疗费报销标准相同；将大病互助费最高支付限额从8万元提高到15万元；将非定点医院住院医疗费报销自付比例由20%下降到10%；将特殊病种（家庭病床）范围从10种扩大到20种；完善转诊转院制度，规范转诊转院程序。调整后的基本养老保险待遇达到周边区县的平均水平，解决鼎城区部分参保人员反映较强烈的与市直单位、武陵区“江南江北，同城不同医保待遇”的问题。是年，城镇职工医疗保险新增参保人数3513人。

2010年，区委召开一次常委会议、区政府召开两次常务会议，专题研究克服财政资金困难，提高城镇职工医疗保险待遇问题。鉴于区财政困难的实际，决定市级统筹分步实施，两年到位。当年落实部分医疗保险待遇：取消住院起付线（俗称“门槛费”）。特殊病种的病种和医疗待遇按市级标准执行。待遇调整后，为此而上访的人员明显减少。参保人员都说：“区委、区政府给我们办了一件很好的实事。”当年，新增参保人数1600人，超过市人社局下达任务的6.7%。

2011年，全面提升医疗保险经办管理服务的信息化水平，推进医疗保险异地就医结算、医疗费用及时结算和就医购药“一卡通”以及市级统筹工作。4月上旬，鼎城区启动大医保系统，5月5日正式开通。区医保处印发《大医保系统操作流程与权限》，将各险种业务办理流程精准化、责任清晰化。7月21日，区政府办牵头，召开城镇职工医疗保险市级统筹专题座谈会，区财政局、区人社局及区医保处等单位相关负责人及区人大代表、老干部代表参加，就稳妥实施市级统筹提出合理化建议。座谈会还根据鼎城区财政能力和参保人员的医疗需求，研究医疗待遇调整方案，并提出解决基金缺口的建议方案报区政府研究。

2012 年，全区尚未参加职工医保的 25 个乡镇（含园艺场、花岩溪）站所在编在岗工作人员 5 月份全部参加基本医疗保险，参保人员从 2011 年 1 月起计算缴费年限。到 11 月，全区乡镇站所人员完成参保缴费手续办理，按政策享受待遇。12 月，全区乡镇卫生院 1400 人中的未参保人员全部参加职工医疗保险，新增参保人数 1100 人，全区实际参保人数 52518 人。从 10 月 1 日起，根据市政府《常德市城镇基本医疗保险和生育保险市级统筹实施方案》（常政发〔2012〕10 号）的要求，鼎城区基本医疗和生育保险实行市级统筹（城镇居民基本医疗保险征缴和待遇支付政策已按市级要求执行）。实行市级统筹后，鼎城区对基本医疗保险相关政策做出调整。

征缴政策：（1）提高征缴基数。将城镇职工基本医疗保险缴费基数由现行“裸体工资”提高到包括津补贴在内的所有项目全额纳入缴费基数。单位及个人缴费基数最低不低于上年度全市在岗职工月平均工资的 60%，最高不高于 300%。（2）调整缴费费率。城镇职工基本医疗保险用人单位缴费费率由 6%提高到 7%（个人缴费费率 2%不变）；大病互助费负担比例由单位 2 元、个人 5 元调整为单位和个人各负担 3.5 元（每月 7 元总额不变）。（3）调整灵活就业人员参保办法。灵活就业人员参保以区均工资为基数、按 5%费率缴费、不设个人账户调整为以统筹地区上年度在岗职工平均工资的 60%为基数，按 9%的缴费比例缴纳的医疗保险费（下岗人员享受财政补贴），大病互助费不变，建立个人账户（IC 卡），并入职工医保一体运行，不再单建统筹。

支付政策：（1）调整起付标准线。参保人员住院由无起付线自负费用调整为按医院级别自负起付线以下医疗费用，标准分别为三级医院 400 元、二级医院 300 元、非药品零差价一级医院 300 元、药品零差价政府办基层医疗卫生机构 100 元。（2）改变住院报销方式，提高住院报销比例。参保人员住院发生的符合《三个目录》的医疗费用，起付线至统筹基金最高支付限额部分，由分段支付报销调整为按医院级别支付报销，分别为：三级医院报销 88%、二级医院报销 90%、一级医院（非药品零差价医院）报销 90%、实行药品零差价的政府办基层医疗卫生机构报销 92%。统筹基金最高支付限额至大病医疗互助费最高支付限额部分报销 94%。（3）取消市内转诊自负费用。由参保人员住院、定点医疗机构转诊至非定点医疗机构自负 10%的医疗费用改为本市范围内的转诊，参保人员不承担首先自负费用。市本级外的转诊，按有关规定执行。（4）提高最高支付额度。基本医疗保险统筹基金最高支付限额由 4.8 万元提高为 6.6 万元；大病互助费最高支付限额由 15 万元提高为 20 万元。（5）统一个人账户划入比例：45 岁以下参保人员个人账户划拨比例由 2.6%统一为 2.7%；46 岁至退休年龄人员，由 3.1%统一为 3.2%；退休人员由 3.2%统一为 3.4%；灵活就业人员按同标准划入。（6）实行公务员医疗补助。根据国办发〔2000〕37 号和常劳社〔2001〕66 号文件精神，对统筹地区公务员实行医疗补助制度，即按上年度统筹地区公务员工资总额的 2%划拨医疗补助费用，其中 1%划入个人账户，1%用于支付公务员超过大病医疗互助最高支付限额以上的住院医疗费补助。同时，实行市级统筹后，推行异地就医联网结算制度。将长沙市市区湘雅医院、湘雅二医院、湘雅三医院、省肿瘤医院、省人民医院、省中医大学附属一医院、省脑科医院、长沙市第一人民医院、长沙市中医院，常德市城区常德市第一人民医院、常德市第一中医院等，以及各区县市人民医院、中医院，共计 34 家定点医疗机构首批纳入异地就医联网及时结算医疗机构。

2013 年，鼎城区参保人数 37494 人（在职人员 23693 人、退休人员 13801 人），新增参保人数 1519 人。12 月 31 日，区人社局、区财政局印发《关于实施公务员医疗补助的操作办法》，确定补助对象为全区全额拨款的行政、事业单位的在职和退休人员。补助的项目分住院医疗自付费用和特殊病种门诊费用：住院医疗自付费用包括，在基本医疗保险统筹基金（含大病互助）支付后由患者个人负担的比例和起负段的费用，且自付费用超过 1 万元后的部分费用（不含政策先自负费用）；本年度内超过大病医疗互助最高支付限额 30 万元以上，且符合基本医疗保险药品目录、诊疗项目和医疗服务设施标准范围的费用；固内置贵重耗材自费费用超过 2 万元后的部分费用（本人要求使用进口材料而不使用同种类、同型号国产材料者不在本条补助范围内）。特殊病种门诊费用为癌症、尿毒症患者门诊费用（已办理特殊门诊医疗证的病种），在定点医疗机构或特殊病种协议零售药店医疗保险诊疗目录内的门诊费用或药品费用，病人凭医疗机构发票和电脑小票，且年度内未发生住院费用并门诊自付费用超过 1 万元后的部分费用。补助标准为按政策内自费金额分段计算：1 万元以下不予补助、10001~20000 元补助 50%、20001~30000 元补助 60%、30001~40000 元补助 70%、4 万元以上补助 80%。每名公务员全年补助限额不超过 4 万元；门诊补助癌症、尿毒症不超过 1 万元，其他病种不超过 5000 元，每名公务员一年报销一次。享受公务员医疗补助的人员不再享受其他二次报销待遇。

2014 年，对公务员实施医疗补助。对补助对象、补助办法、审核结算、缴费标准、经费管理与监督等已于 2013 年 12 月 31 日进行明确，补助标准等具体事项，由区医保处和区财政局共同掌握。3 月 31 日，常鼎人社发〔2014〕18 号文件，从 2014 年 1 月 1 日起调整职工医保相关政策：大病互助费由原来每人每月 7 元提高到 11 元，由单位和个人各

工作人员接待来访群众

缴 5.5 元；大病互助费年度最高支付限额由原来的 20 万元提高到 30 万元；进入大病互助的 20 万元以内的费用按原政策报销，其他费用的报销方案是，起付标准以内的费用、20 万元以内的政策内自付费、20 万元至 30 万元区间除政策完全自费之外的费用等这 3 项费用的总和超过 2 万元的以上部分，按 50% 报销。参保职工门诊特殊检查项目（含 CT、核磁共振、多普勒、彩超等）不再纳入基本医疗保险报销范围，调整为由本人支付。年底，全区参加职工医疗保险的人数 50744 人。

2015 年，区政府办《关于进一步加强职工基本医疗保险管理的暂行规定》（常鼎政办发〔2014〕26 号），对强化扩面征缴，实行优惠参保、缴费年限、补充医疗保险制度、规范行政事业单位缴费等都作出具体规定；进一步规范参保职工的待遇政策，包括合理控制报销比例、完善起付标准调整机制、调整完善转诊制度。是年，落实职工医保大病互助二次报销政策，对符合规定自付费用 2 万元以上部分予以补助，对 50 人（次）共计补助费用 48.3 万元；对符合规定的公务员，自付费用 8000 元以上的部分予以补助，共补助费用 46.7 万元，有 50 人（次）享受补助待遇。当年，全区职工医疗保险参保人数 50353 人。

2016 年，区医保处认真抓党建工作，全面完成既定任务。通过开展“党的报告员”活动、“荷花品格，梅花精神”活动，落实“讲政治、有信念；讲规矩、有纪律；讲道德、有品行；讲奉献、有作为”等要求，提高政策水平，促进窗口服务意识，实现“五心服务”（用心、细心、真心、贴心、舒心），群众前来办事达到“四最”效果（最短时间、最简流程、最高效率、最好心情）。是年，制定并推行全处医疗和生育保险工作综合考评办法，将扩面征缴、待遇支付、基金安全、付费改革、信息建设、自身建设等 6 项工作任务量化为具体指标，分解到各股室，明确到责任人，考评结果与年终评先和奖金挂钩。通过实施考评办法，达到了工作有目标，事事有责任，人人有动力，工作作风为之一新，各项任务指标超额完成的目标。是年，城镇职工医疗保险参保人数 50213 人。基本医疗基金当年总收入 10151.44 万元，占市政府办下达年度目标任务 7400 万元的 142.09%，统筹基金收入 4852.18 万元，支出 5919.01 万元，当年超支 966.83 万元，累计结余 1740.67 万元。落实城镇职工医保大病互助二次补助政策，对 2015 年符合政策人员兑现二次补助 71 人次，补助 68.5 万元；为 2015 年符合政策的公务员兑现补助 67 人次、71 万元。

2017 年，城镇职工基本医疗保险中心设立大厅管理员，对大厅服务工作实施动态管理，推行首向负责制、限时办结制，公开办事程序、依法审批，实行一站式服务，加强信息化、标准化和规范化建设。落实异地住院及时结算制度，异地就医备案申报手续办理实现“一键式、一站式”便民服务。当年，降低住院起付标准和自付比例。是年，城镇职工医保参保人数 50213 人，其中灵活就业参保人数在职 664 人、退休 525 人；转业士官参保人数 277 人，领取失业保险参保人数 165 人，涉及 193 家财政全额拨款单位和 342 家企业（在职职工与退休职工均纳入参保范围），基本实现应保尽保。

2018 年，采取部门联动的办法，扩大参保范围。开展“三个精准”优化服务行动（精准摸清需求、精准制订措施、精准落实到位）。以群众利益为中心搞好服务，优化经办业务 13 项，取消证明事项 10 项，服务更便捷、优质、高效。开展社会保险经办风险管理专项活动，从组织机构控制、业务运行控制、基金财务控制、信息系统控制、内部控制的管理与监督等 5 个方面共 30 小项进行全面自查，中心基金监督内审小组对各业务经办股室进行抽查，对发现的问题及时整改。3 月，区城镇职工医保中心利用区人社局举行的“就业扶贫·暖企行动”春季大型招聘会，开展“城镇职工医保异地联网住院结算政策宣传”活动，现场发放宣传资料 500 余份、接待咨询群众 200 余人次、现场解答提问 300 余个。在“12333”全国统一咨询日暨高新区企业专场招聘会现场，职工医保中心设置政策咨询台，接受政策咨询 300 余人次。是年，全区职工医疗保险参保单位 681 家，参保人数 39360 人。

第二节　生育保险

1996 年，依据国务院《中国妇女发展纲要》和《劳动法》有关条款的规定及劳动部《企业职工生育保险试行办法》精神，常德市劳动局选定鼎城区为生育保险改革工作的试点单位，具体工作由鼎城区社保局承担。8 月，区社保局组成工作班子，选派人员进行学习考察，启动生育保险改革工作。9 月，对全区相关情况调查摸底，并制定《鼎城区实行生育保险改革实施方案》（以下简称《方案》）。《方案》经分别与区法制办、区妇联、区总工会、区计委等部门研究、修订完善后报区委、区政府及省、市相关部门审批。按照劳动部〔1994〕504 号文件，“按属地区划组织”的原则确定生育保险的实施范围。通过调查，收集上万个数据，经反复比较测算，征缴基金比例确定为上年度工资总额的1%；生育保险待遇，通过对不同类型、不同经济效益企业女职工生育待遇的摸底调查、测算比较确定生育保险待遇：生育津贴按生育者上年度月平均工资额的3个月工资支付；生育医药费标准为平产700元、难产900元，引产42天产假工资及200元医药费，流产15天产假工资及100元医药费。鼎城区行政区划范围内应参加生育保险的企业108家，23997人，其中应参加保险的女职工10798人，可生育人数546人。到1998年6月底，参加保险的人数21075人，占应参加人数的88%；参保女职工8641人，占应参保人数的80%；参保可生育人数432人，占应参保数的79%，1997年实际生育人数50人。实际生育人数仅占已参保人数的0.23%，占参保妇女总数的0.5%，占可生育人数的11.6%。1997年，鼎城区企业职工人均月工资367元，应收生育保险基金93.06万元，实际只收32.9万元，收缴率34.37%。支付生育津贴5.57万元，生育医药费3.76万元，提取管理费9870元，结余22.6530万元。（以上情况由区劳动和社会保障局一名原任领导提供。依据是他于1998年7月向省劳动厅的一位处长及省总工会、省妇联相关部门负责人到鼎城区调研生育保险改革工作情况时所作汇报的汇报提纲。）

1997年，生育保险基金收缴率84%，有34名女职工享受生育保险待遇。

1998年，收缴生育保险金8.6万元。

1999年，收缴生育保险基金19.27万元，为23人拨付生育费用。年底，鼎城区的生育保险工作由区社会劳动保险局办理。2000年，生育保险工作移交区医疗保险基金管理服务中心。

2005年1月，按照市政府《常德市生育保险试行办法》（常政发〔2004〕8号）的要求，鼎城区继续开展生育保险工作。2006年12月中旬，参加生育保险的单位23个，参保人员1433人。生育保险缴费率为单位工资总额的1%，职工个人不缴纳生育保险费。财政全额预算管理的行政机关、社会团体、事业单位纳入财政预算列支；财政差额预算管理单位和自收自支的事业单位从单位的社会保障费中列支；企业从福利费中列支。鼎城区党政群机关、全额预算管理的事业单位干部职工应参保人员11694人。2006年上半年，生育保险参加人员有9人享受生育保险待遇，其中4人享受一次性生育补助金，剖宫产率为44%。到2007年1月，生育保险参加人数18390人。

2008年，区政府印发《鼎城区城镇职工生育保险试行办法》（常鼎政发〔2008〕11号），共六章三十条，六章依次是，总则、生育保险费的征缴、生育保险的待遇及支付、生育保险基金的监督管理、法律责任、附则。其中第三章第九条“生育津贴待遇及支付”中规定：参保单位女职工在职期间计划内的生育或经人口与计划生育部门批准纳入生育计划的妊娠过程中因故终止妊娠，其产假期间由发放工资变更为享受生育津贴。女职工享受生育津贴期间单位工资（仅指生育保险缴费工资基数项目）停发，女职工每天生育津贴标准为当年度本单位职工月平均缴费工资除以30天之商。低于本人月工资标准，由参保单位补足。生育津贴由生育保险经办机构按规定发放。女职工在职期间生育或终止妊娠的产假为正常生育，法定产假90天；难产增加产假15天；多胞胎生育每多生育一个孩子，增加产假15天；晚育增加产假30天；产假期间领取“独生子女父母光荣证”的，增加产假30天。女职工怀孕2个月以下终止妊娠的，产假15天；怀孕2个月以上4个月以下终止妊娠的，产假30天；怀孕4个月以上终止妊娠的，产假42天。区医保处等相关单位广泛宣传区政府文件精神、印发生育保险知识宣传资料、搞好政策咨询、举办培训班等，生育保险知晓率达到90%以上。当年新增生育保险参保人数3016人，超额0.53%完成市政府下达的任务。有74人享受生育保险医疗待遇，兑现生育津贴12万元、一次性生育补助2.5万元、生育医疗费13.5万元。

2009年4月1日，将生育保险费的征缴率由原来的1%调整为0.7%，同时对生育保险待遇进行调整：全面实行生育保险政策项目内分娩医疗费的全额支付；上调部分剩余保险统筹医疗项目支付标准：上环由每人次60元提高到200元、皮下埋植术每人次由60元提高到100元、取环由每人次50元提高到150元、早孕人流（药流、钳刮术）每人由150元提高到400元。妊娠期检查费：参保女职工生育第一胎（不含终止妊娠）且有相关手续的，可报销单胎妊娠门诊检查费600元/人，多胎妊娠门诊检查费700元/人；参保男职工的配偶无工作单位且生育第一胎（不含终止妊娠），并在产假期领取“独生子女光荣证”的可报销产前检查费300元/人。按下表调整部分生育医疗费支付标准：

部分生育医疗费定额支付标准调整前后对照表

表4-4-1　　　　单位：元

调整项目	调整前支付标准			调整后支付标准		
	一级医院	二级医院	三级医院	一级医院	二级医院	三级医院
阴道分娩合并产后出血	1600	1800	2100	1800	2000	2300
剖宫产无并发症	2000	2400	3000	2200	2600	3200
难产性剖宫产	2200	2700	3300	2400	2900	3500
剖宫产并发产后出血	2300	2800	3400	2700	3200	3800

新增部分诊疗项目表

表 4-4-2　　　　单位：元

新增项目	调整后支付标准		
	一级医院	二级医院	三级医院
阴道分娩合并产后出血（输血 2 个）	2000	24000	2700
妊娠剧吐	400	500	600
先兆流产	400	500	600
产褥热	800	1000	1200
阴道分娩合并胎盘粘连人工剥离术	1600	2000	2300
宫外孕非手术治疗	700	800	1000
葡萄胎	1300	1500	1800

参加生育保险女职工新生儿医疗保险费标准为 300 元 / 人；参保男职工的配偶无工作单位且生育第一胎（不含终止妊娠），并在产假期间领取"独生子女光荣证"的，新生儿医疗保健费标准为 300 元 / 人。同时，对生育保险待遇支付方式、医疗费用和计划生育手术待遇及妊娠期检查费的报销方式、参保与津贴支付时限等均作出调整。当年，新增生育保险参保人数 3507 人。

2010 年，新增生育保险参保对象 1500 名，超过市人社局任务数的 11.1%。区医保处在全区范围内开展女职工妇科病普查。区劳动和保障局制定方案、发出文件，采取文字通知与电话通知相结合的方式，通知全区 300 多个参保单位；医保处进行审核，确定参加检查的女职工名单，并做好参保单位与指定普查医疗机构的衔接工作，派出稽查人员到各定点医疗机构巡视，发现服务不到位的问题立即指出改正，确保医疗服务准确、高效、便捷。全区共有 7613 名女职工接受妇科病普查。

2011 年，从 5 月 1 日起，调整全区生育保险政策，提高生育保险待遇水平：新生儿医疗保健费支付标准由每个 300 元提高到 600 元；妊娠期间门诊检查费，不分单、多胎，女职工从每人次 600 元提高到 800 元；参保男职工的配偶无工作单位且生育第一胎的，由每人 300 元提高到 500 元；门诊人工流产费支付标准调整为每人次三级医院 600 元、二级医院 500 元、一级及以下医院 300 元。另外，夫妻一方为再婚生育，申领"独生子女光荣证"的，可享受独生子女生育待遇；参保女职工计划内生育第二胎，不享受生育津贴中的晚育待遇。是年起，区生育保险经办机构根据全区生育保险基金运行情况，对生育保险女职工进行免费健康检查。全区生育保险定点医疗机构住院医疗费结算标准，按常德市市本级生育保险相关政策执行。

2012 年，生育保险参保人数 30981 人。为搞好医疗和生育保险市级统筹工作，成立由区委副书记、区长董岚任组长，区委常委、常务副区长庞波为副组长，区政府办、区人社局、区财政局及卫生部门负责人为成员的区城镇基本医疗和生育保险市级统筹领导小组。区医保处组织审核、征缴、财务等相关股室进行 5 次测算，并出具测算报告，制定实施方案，为实施市级统筹提供准确决策依据。区人社局党组认真讨论，通过区医保处制订的实施方案。10 月 23 日，区政府召开五届三十三次常务会议，对鼎城区医疗和生育保险市级统筹工作进行研究，明确指导思想、实施意见，并形成会议纪要发给全区各单位。区医保处分别组织相关工作人员、定点医疗机构有关人员进行学习培训，使其掌握统筹政策和业务办理流程；加强对市级统筹政策的宣传普及，确保参保人员对政策的知情权。鼎城区城镇职工生育保险实行市级统筹后的相关政策：缴费基数由“裸体工资”提高到包括津补贴在内的所有项目全额纳入缴费基数；单位及个人缴费基数最低不低于上年度全市在岗职工月平均工资的 60%、最高不高于 300%；缴费费率由财政配套费率的 0.5%调整为 0.7%；财政拨款单位参保人员的生育津贴由单位支付调整为生育保险基金支付。

2013 年，生育保险参保人数 22093 人。完善医疗生育保险市级统筹后的相关工作：落实单病种色干，与全区职工医保定点医院签订单病种包干结算管理协议书；落实医用耗材团购，按市医保处要求，签订相关协议书。

2014 年，生育保险参保人数 31055 人。9 月，启动生育保险参保女职工妇科病普查工作，全区普查 7312 人，生育保险基金支付普查费 117 万元。医疗保险机构除对参保体检女职工进行普查外，还对其进行一对一的治疗和健康指导服务。

2015 年，调整生育保险参保人员生育医疗待遇。符合计划生育政策的生育分娩住院医疗费起付标准以上的费用由首诊医院按相应的住院报销比例予以报销，非首诊医院分娩费用按医院级别限额报销，其标准见下表：

非首诊医院分娩报销标准一览表

表 4-4-3

医院级别	剖腹产	自然产	说　　明
一级	2000 元	800 元	计生手术严重并发症住院医疗费首诊医院参照常德市城镇职工生育保险的标准限额报销
二级	2400 元	1200 元	
三级	2600 元	1500 元	

10月1日，调整生育保险津贴支付天数：女职工生育享受98天产假；女职工怀孕未满4个月流产的享受15天产假，怀孕满4个月流产的享受42天产假。是年，参加生育保险的人数31079人。

2016年，生育保险参保人数31037人。全年基金收入693.89万元，占市政府办下达目标任务470万元的147.64%。当年支出388.60万元，按当年征缴数节余305.30万元，累计节余1642.40万元。

2017年，生育保险参保人数21298人，基金收入675万元，占市政府办下达全年目标任务660万元的102%。当年支出618万元，当年节余57万元，累计结余1700万元。

2018年，收缴生育保险医疗基金578万元，支出346.23万元。其中协议医院结算生育费62.07万元、203人次，参保人后台结算生育费及津贴284.16万元、259人次。

第三节 特殊人群基本医疗保险管理

对离休干部、二等乙级以上革命伤残军人（以下简称“伤残军人”）的基本医疗费用管理，统称“特殊人群”医疗管理。2000年2月，区政府印发《鼎城区离休干部、伤残军人基本医疗管理暂行办法》（以下简称“暂行办法”），对特殊人群的医疗管理作出规定：此项工作，由区医保中心负责管理，区基本医疗保险定点医疗机构为定点医院，并由定点医院抽出1~2名医疗技术骨干组成医疗服务队，负责全区范围内特殊人群（特一等荣誉军人除外）的防病治病、送医送药等上门服务巡诊工作。“暂行办法”对医疗经费的来源、管理、使用都作出规定，医疗服务队员的工作、特殊人群的患者接受服务及住院转院均作出规定，明确因交通事故、医疗事故、违法犯罪、吸毒、酗酒、自杀、自残、打架斗殴等人为因素造成的医疗费用区医保中心不予支付。

2004年，按省民政厅、省劳动保障厅、省财政厅湘民优发〔2004〕10号通知精神，二等乙级以上革命伤残军人医疗实行属地管理，医疗经费由伤残军人户口所在地医疗保险经办机构实行统筹，单独列账管理。二等乙级以上革命伤残军人的医疗经费不足支付时，由当地人民政府帮助解决。二等乙级以上革命伤残军人诊疗项目、用药范围和医疗服务设施标准，暂按《湖南省离休干部医疗诊疗项目目录》《湖南省离休干部医疗药品目录》《湖南省离休干部医疗服务设施范围和支付标准》规定执行。落实二等乙级以上革命伤残军人医疗待遇，由民政、财政、该人员所在单位、劳动保障部门各负其责，劳动保障部门负责对他们医疗服务的管理工作。8月27日，区长车德斌主持召开区长办公会议，对下岗失业伤残军人医疗保险问题作出决定：医疗保险缴费个人部分由个人承担，单位部分由财政兜底。缴费标准按当地上年度企业职工月平均工资100%的标准缴纳，并免收滞纳金。

2005年，离休人员和二等乙级、三等甲级以上伤残军人基本医疗经费由原人均每年4000元调整为10000元，全额预算单位由财政纳入预算，差额和自收自支单位由单位自筹，年内分期或年初一次性划入医疗保险经办机构的财政专户。

2006—2007年，区医疗保险处就特殊人群的医疗待遇，与定点医疗机构签订管理协议书，坚持“以收定支、优质服务”的原则。2006年7月，鼎城区享受特殊人群医疗保险待遇的有537人，其中财政拨款501人、全额自筹36人。2007年1—7月，特殊人群支出医药费359.59万元（其中2006年遗留90.21万元）。到7月底，产生医药费缺口71.61万元（其中2007年未报医药费67.32万元、2006年未报4.29万元）。区医保处采取措施，加强管理，除继续坚持送医送药上门制度外，对门诊实行“六不准”（不准开保健药品、不准开滋补药品、不准开与疾病治疗无关的药品、不准开非报销药品、不准做与疾病无关的检查项目、不准点名要药），建立处方审批程序、实行一次性处方限量管理、月取药限额管理制度；加强对特殊人群住院治疗管理，实行普通病种、单病种、重大疾病三项住院费用包干治疗控制管理；严格住院审批程序，正确掌握入院标准，杜绝医院收纳不符合住院指征的病人住院治疗；对住院人员采取不定时的稽查：结合患者病历本，查与本人住院是否相符；结合“三个目录”，查药品使用范围；结合管理协议，查药品自费比例和床日费用；结合计算机网络，查每天录入住院费用的记载；结合病人病情，查药品使用是否与病情相符。严格控制分解住院或变相转院。尽量动员长期住院疗养的患者转入福利院或采用家床治疗、门诊治疗。上半年，8例患者按此办法就节约支出2.5万多元。2007年年底，全区有负责管理的特殊人员535人。

2008年，明确界定医疗违规行为，细化处罚条款，调整不合理的协议病种结算基数；加强经费监管，开展对省、市级医疗机构在床、在院、出院病人的稽查，查出冒名顶替住院两起、虚开发票两起。搞好政策宣传，做好特殊人员的思想工作，及时化解了，3次上访事件。为每名特殊人员建立健康档案，进一步落实送医送药上门服务措施。是年，鼎城区将八级以上伤残军人列为特殊医保人群。全区特殊人群556人，收入经费543.5万元（自收28.5万元、财政拨付515万元），支出医药费543万元，实现收支平衡。

2009年，全区有享受特殊人群医疗待遇的人员522人。与7家定点医院签订医疗服务协议，将一些新的诊疗项目纳入结算范围；查处虚开发票套取基金800元的事件一起，查处挂床住院3起，涉及金额5000多元，均作出不予报销处理；化解矛盾30多起，解除上访事件5次；开展送医送药上门服务活动310多次。

2010—2011年，鼎城区有三等伤残军人153人，年龄均在50~65岁之间，处于疾病多发阶段。部分人员经济困难，多次通过信访渠道，提出提高医疗待遇的诉求。区医保处就此开展调查，与区涉军办衔接，与伤残军人代表座谈，提出解决办法及方案，提交相关领导审批。从2011年起，此类人员的原发伤疾病，门诊、住院医疗费均按100%报销；引发伤疾病，住院医疗费按职工医保政策报销，上不封顶；门诊费用2000元以内报销80%，2000元以上报销60%。2010年，全区享受特殊人群医疗待遇的人员511人，发生医疗费712.62万元，财政拨付426.3万元；2011年，享受医疗待遇的特殊人员512人，发生医疗费用691.4万元，财政拨付390.7万元。

2012年，调整离休人员、伤残军人医疗经费筹集标准：离休人员及一～四级伤残军人，人均医疗经费调整为2.2万元/年，五至六级伤残军人人均医疗经费调整为1.2万元/年。全额预算单位由财政纳入预算，差额和自收自支单位由单位自筹，年初一次性划入医疗保险经办机构的财政专户。全区享受医保待遇的特殊人群491人，支付医疗费用689万元。

2013年，全区特殊人群691人，支付医疗费用712万元。区医保处稽查特殊人群门诊、住院病人68人（次），发现并处理违规行为13人（次）。抽查门诊发票300余张、金额3万余元，发现虚假发票15张，涉及金额4200余元，作出取消报销处理。将七级、八级伤残军人原发伤部位资料送达定点医疗机构，搞好相关工作对接。

2014年，全区享受医保待遇的特殊人群467人，其中离休人员112人、伤残军人346人、单位自筹9人。全年支付753.95万元。特殊人群管理股股长任子昂经常利用休息时间看望陪护患　有老年痴呆症的患者；区医保处工作人员为患肺癌的老干部潘某湘解决实际问题；不论天气好坏、路程远近，为老干部和伤残军人提供全天候的送药上门服务。

2015年，全区特殊人群455人（其中离休人员104人、伤残军人351人），单位自筹8人，支付医疗费712.48万元。

2016年，全区享受医保待遇的特殊人群421人，其中离休人员71人、伤残军人350人，单位自筹5人。全年支出医疗费854万元。是年，为鼎城区139名退休副处级以上干部落实医疗补助52人次14.7万元。

2017年，支付特殊人群医疗费用811万元。

2018年，特殊人群住院463人次、门诊医疗6990人次，产生医疗费用613万元。医保中心为特殊人群患者送药50次。

第四节　特殊病种医疗管理

2001年、2006年，鼎城区分别启动对城镇职工、城镇居民部分疾病（统称特殊病种）

患者（符合标准的）的医疗管理。2001 年规定：城镇职工医疗保险参保人员患以下特殊病种，经鼎城区特殊病种鉴定委员会审批，可以办理门诊医疗或家庭病床，在控制标准以内的门诊医疗或家庭病床治疗费用，由医疗保险统筹基金支付 70%，个人负担 30%。可享受待遇的病种：（1）脑血栓、脑梗死、脑出血并全瘫者；脑血栓、脑梗死、脑出血合并运动、语言障碍者。（2）肾病综合征（肾功能损害）；尿毒症透析治疗；肾移植术后康复期的治疗。（3）恶性肿瘤（癌症）术后康复期的治疗。（4）糖尿病。（5）帕金森氏病导致失去生活自理能力的。（6）运动神经病并运动、语言障碍者。（7）系统性红斑狼疮（含混合性结缔组织病）。（8）慢性活动性肝炎并肝功能损害。（9）浸性肺结核（肺结核Ⅲ型）痰检阳性者。（10）精神分裂症。

2003 年，家庭病床和特殊病种由区医保中心确定专人一支笔审批（或由审批股负责审批）。家庭病床治疗和特殊病种门诊年度费用（简称“两项费用”）标准见下表：

“两项费用”年度标准表

表 4-4-4

序号	家　床　病　种	年度费用标准
1	系统性红斑狼疮（含混合性结缔组织病）	200 元/月
2	糖尿病合并心、肾、眼、血管神经病变	150~250 元/月
3	脑血栓、脑梗死、脑出血合并全瘫者	第一年 300 元/月 第二年 250 元/月 第三年 200 元/月
4	脑血栓、脑出血合并运动和语言障碍者	250 元/月
5	帕金森氏病	160 元/月
6	肾功能不全代偿期	300 元/月
7	肾功能不全失代偿期	600 元/月（月透析 2 次） 1000 元/月（月透析 2~3 次） 1500~1700 元/月（月透析 5 次以上）
8	肾移植术后康复期治疗	第一年1800 元/月 第二年 1500 元/月 第三年 1000 元/月 第四年 800 元/月

续表 4-4-4

序号	家床病种	年度费用标准
9	恶性肿瘤（各种癌症）	第一年5000元 第二年4000元 第三年3000元
10	慢性活动性肝炎并肝功能损害	6000元（500元/月）

2008年，区医保处年初印发《关于进一步加强城镇职工基本医疗保险家庭病床、特殊病种门诊管理的规定》（鼎医字〔2008〕1号），明确特殊病种范围、审批限额标准及核报办法等，不符合规定的人员，一律不予办理家庭病床。按文件规定，取消12人的家庭病床资格。全年审批特殊病种1156人，审批金额295万元。8月19日，区劳动保障局印发《关于城镇居民基本医疗保险重慢疾病门诊医疗管理的意见》，对居民医疗保险特殊门诊限额报销标准作出规定：

城镇居民医疗保险特殊门诊限额报销标准表

表 4-4-5

疾病种类	门诊药费	报销比例	自负比例
恶性肿瘤、肾功能衰竭、器官移植、再生障碍性贫血、脑部疾病全瘫，精神分裂症	2000	60%	40%
肝硬化晚期、糖尿病并发症、严重运动神经元病、重症肌无力、系统性红斑狼疮、血友病、活动性肺结核、风心病、冠状动脉粥样硬化性心脏病、老年性慢性支气管哮喘、类风湿性关节炎、偏瘫、癫痫病、高血压病（三期）、多发性硬化病	500	60%	40%

2009年，从6月1日起，将特殊病种从10种扩大到20种，并调整费用报销办法。特殊病种从10种扩大到20种，具体：（1）慢性活动性肝炎；（2）结核病（Ⅲ型肺结核、肠结核）；（3）高冠心病；（4）风湿性心脏病（心功能不全三级）；（5）类风湿性关节炎（活动期）；（6）肺心病；（7）老年性慢性支气管哮喘并肺气肿；（8）糖尿病无合并征；（9）糖尿病合并心、眼、肾、血管、神经病变；（10）精神分裂症；（11）脑

血栓、脑梗死、脑出血合并全瘫者；（12）脑血栓、脑梗死、脑出血合并运动、语言障碍者；（13）帕金森氏病；（14）慢性再生障碍性贫血；（15）甲亢病；（16）系统性红斑狼疮；（17）晚期肝硬化腹水；（18）肾病综合症、尿毒征、肾移植术后（特检特治直接报销）；（19）白血病及各种恶性肿瘤术后康复期的检查、治疗（特检特治直接报销）；（20）血友病。报销方法规定，当年度发生住院，如住院病历诊断有上述特殊病种的疾病，则不享受特殊门诊报销。

2010年，区劳保局印发通知，明确鼎城区城镇职工特殊病种的病种及享受待遇完全按常德市市级标准执行。为方便参保患者，简化审核手续，4—5月，对城镇职工、城镇居民医保特殊病种分别进行审批和年检。城镇职工医保特殊病种审批1690人，其中新增405人，年检1285人。审批、年检对41人资料不合要求的予以退回。审批特殊病种年度限额指标545万元。比2009年增加230人，限额指标增加195万元。城镇居民医保特殊病种审批1169人，其中新增435人，年检734人。对资料不合要求的35人未予审批。

2011年，特殊病种由20种扩大到26种：（1）慢性活动性肝炎；（2）结核病（III型结核病、结核性胸膜炎、肠结核）；（3）高血压冠心病；（4）肺心病；（5）风湿性心脏病（心功能不全三级）；（6）老年性慢性支气管哮喘并肺气肿；（7）糖尿病无合并征；（8）糖尿病合并心、眼、肾、血管、神经病变；（9）甲亢病（合并心脏病）；（10）脑血栓、脑梗死、脑出血合并全瘫者；（11）脑血栓及梗死、脑出血合并运动、语言障碍者；（12）帕金森氏病；（13）精神分裂症；（14）肝硬化；（15）肾病综合征；（16）慢性再生障碍性贫血；（17）系统性红斑狼疮（有或无心、肺、肾、肝及神经系统并发症之一者）；（18）类风湿性关节炎（活动期）；（9）恶性肿瘤；（20）血友病；（21）克隆病；（22）地中海贫血；（23）银屑病；（24）癫痫病；（25）运动神经元病；（26）肝豆状核变性。是年，改革特殊病种管理办法，由参保患者到医保经办机构报销改为参保患者直接与指定的特殊病种协议药店结算。具体办法及相关规定区人社局发文予以明确，并进行广泛宣传，确保参保患者的知情权。公开、公正筛选了江北城区4家、江南城区2家药店为特殊病种协议药店。同时，指定市第一人民医院、市第四人民医院、市第六人民医院为特殊病种患者门诊医疗和购药单位，常德惠民医院（常德肾友肾病医院）为肝肾移植术患者购药单位。5月1日起，将肾功能衰竭（透析）、器官移植（角膜移植除外）等2种疾病的医疗待遇，提高到一个年度内发生的15000元以下门诊医疗费用，报销70%。将恶性肿瘤特殊病种分为术后3年和3年以后两期，术后3年医疗待遇提高到一个年度内发生的5000元以下门诊医疗费用，报销70%；3年以后医疗待遇为一个年度内发生的2000元以下门诊医疗费用，报销70%。将肝硬化晚期、系统性红斑狼疮、血友病、严重运动性神经元病等4种疾病的医疗待遇，提高到一个年度内发生的2000元以下门诊医疗费用，报销70%。同时，调整特殊病种申报审批和待遇享受时间、调整特殊病种患者购药及费用核报方式。明确特殊病种患者因该疾病住院，或因其他疾病住院期间使用该疾病治疗药品、享受了住院费用报销的，次年不再享受该特殊病种待遇；肝、肾移植术后患者，特殊病种待遇额度标准按月享受；特殊病种疾病范围和待遇标准，按市级规定执行，随同调整；特殊病种患者年度内因所在单位欠缴医疗保险费不能享受特殊病种待遇的，审批额度跨年度后自动作废，相关待遇由特殊病种患者所在单位解决。

2012年，审核城镇职工医保特殊病种患者2136人，其中新增331人民，审核出不合格的参保人员96人，向其说明原因，退回资料；审批特殊病种费用限额指标791万元，报销金额567万元；城镇居民医保审批特殊病种1640人，其中新增306人，审批特殊病种费用限额指标389万元，报销金额272万元。

2013年，职工医保年检特殊病种1946人、审批新增特殊病种547人，清退资料不全或疾病未达到纳入标准者83人。审批特殊病种费用限额指标564万元，报销金额539万元（因市级统筹要求，医保结算年度由以前的次年3月底止改为自然年度，故2013年度限额指标只含9个月）；居民医保年检特殊病种1562人、审批新增特殊病种296人，清退资料不全或疾病未达纳入标准者106人。审批特殊病种费用限额指标487万元，报销金额341万元。

2014年，职工医保年检特殊病种2467人、审批新增特殊病种273人，清退资料不全或疾病未达纳入标准者65人；居民医保年检特殊病种1618人、审批新增特殊病种301人，清退资料不全或疾病未达纳入标准者122人。

2015年，职工医保年检特殊病种2546人、审批新增特殊病种343人，清退资料不全或疾病未达纳入标准者62人；居民医保年检特殊病种2231人、审批新增特殊病种282人，清退资料不全或疾病未达纳入标准者130人。12月23日，区人社局通知从2016年1月1日起，调整职工基本医疗保险特殊病种肺心病等13种特殊病种门诊医疗年度费用限额：肺心病从2000元调到2200元；风湿性心脏病（心功能不全三级）从2000元调到2200元；肝炎后肝硬化腹水从2500元调到2800元；高冠心病从2000元调到2200元；精神分裂症从1800元调到2000元；类风湿性关节炎（活动期）从1800元调到2200元；慢性活动性肝炎从2000元调到2200元；脑血栓、脑梗死、脑出血合并全瘫者从3500元调到4000元；脑血栓、脑梗死、脑出血合并运动、语言障碍者从2500元调到3000元；帕金森氏病从2000元调到2500元；肾病综合征从2000元调到2200元；糖尿病合并心、眼、肾、血管、神经病变从2200元调到2800元；糖尿病无合并征从1700元调到2000

元；同时，对以下14种疾病年度费用限额作用规定：结核病（Ⅲ型肺结核、结核性胸膜炎、肠结核）1500元；老年性慢性支气管哮喘并肺气肿2000元；甲亢病（合并突眼、心脏病）1500元；慢性再生障碍性贫血2500元；系统性红斑狼疮2500元；恶性肿瘤术后康复期的检查治疗：第1年10000元、第2年7000元、第3年6000元、第4年2500元、第5~10年2000元、10年以后1000元；血友病5000元；克隆病3000元；地中海贫血3000元；银屑病3000元；癫痫病1800元；运动神经元损伤：20000元；肝豆状核变性5000元；肾（肝）移植术后（第1次43200元，第2次46800元）。

2016年，年检职工医保特殊病种2728人，审批新增特殊病种384人，合计3112人，清退资料不全或疾病未达纳入标准81人。居民医保年检特殊病种2279人，审批新增特殊病种181人，合计2460人，清退资料不全或疾病未达纳入标准110人。

2017年，在区特殊病种鉴定委员会的统一安排下，对已享受特殊病种门诊医疗待遇的参保人员进行病情复查、资格复核，符合条件的纳入管理，不符合享受条件的取消资格。是年，职工医保中心复审特殊病种2239人，通过2044人，清退资料不全或疾病未达纳入标准的196人。

2018年，推出优化服务措施，特殊病种享受者在一个年度内可任意在鼎城区城镇职工医保14家协议特殊病种门诊药店和5家协议医院自行购药，减轻参保患者往返跑路负担。当年，特殊病种协议药店支出667.93万元，特殊病种个人后台结算（含异地安置人员）87.73万元，大病特药支出107.57万元。是年，完成城镇职工特殊病种年审2546人，完成城镇职工特殊病种新增患者申报、审批、办证506人。

第五节　城镇居民医疗保险

2006年，区劳动保障局成立城镇居民基本医疗保险筹备工作领导小组，由局长卜梅生、党组书记黄柏华分别担任领导小组正、副组长。选派人员参加市劳动保障局组织的培训学习。开展调查摸底，与财政、人事、民政、残联、公安、教育等部门联系，拟定城镇居民医疗保险三定方案和宣传方案，举办乡镇劳保站工作人员培训班，为城镇居民医疗保险做好准备。

2007年，鼎城区启动城镇居民医疗保险工作。10月19日，区委书记王昌义主持召开区委常委扩大会议，听取区劳动保障局局长卜梅生关于实施城镇居民基本医疗保险方案（以下简称“实施方案”）汇报，并原则通过了区劳动保障局提出的“实施方案”。会议决定，成立李育智任组长，向美华、李传荣、唐少华为副组长的实施城镇居民基本医疗保险工作领导小组（以下简称居民医保领导小组）；通过广泛宣传，做到应保尽保，特别是要将重度残疾人、低保对象、低收入家庭等弱势群体纳入参保对象，积极向上争取配套资金；区级配套资金由居民医保领导小组牵头，财政、劳动等有关部门参与，逐项进行审核，按实际参保人数确定，落实到位。会议确定，区医保处下设城镇居民基本医疗保险中心，并对即将成立的城镇居民基本医疗保险中心的办公设施、人员编制与来源以及乡镇（社区）劳保站的办公设施与配置经费等问题进行了研究。11月13日，召开全区城镇居民医疗保险启动动员大会，副区长李传荣做动员报告。12月6日，区编委批复成立常德市鼎城区城镇居民医疗保险中心（常鼎编〔2007〕22号）。年底前全面建立以大病统筹为主的城镇居民基本医疗保险制度。

2008年，建立城镇居民医保的组织网络和信息网络。区政府投资20多万元为全区43家代办机构、经办机构及12家首诊医院配备电脑硬件设施，并开通居民医保专用软件系统，实现全市网络对接，网上数据传输、网上实时监控、网上医疗费结算，为参保人员提供参保登记、就医就诊、费用报销等一条龙服务。上半年，完成市政府下达的6万居民参保任务，参保居民60210人。区政府印发《常德市鼎城区城镇居民基本医疗保险暂行办法》（常鼎政发〔2008〕24号），适当上调居民医疗保险待遇。石公桥镇一位60岁以上低收入的胡姓居民，因患“胰腺癌”到省肿瘤医院住院治疗，报销住院费用28000多元；鼎城社区居民彭某荣，因患“脑出血”入住市第一人民医院，报销住院费用3万元；淮阳中学女学生袁某，因患“恶性肿瘤”入住湖南湘雅医院，报销住院费用13000多元。全区4319人享受医疗待遇，报销医疗费630万元。7月8日上午，省委常委、副省长于来山率省劳动保障厅厅长赵湘平等10余人，在中共中央候补委员、常德市委书记武吉海和市长卿渐伟陪同下，视察鼎城区劳动和社会保障工作。于来山详细询问鼎城区城镇居民医保工作的开展情况，对鼎城区提前完成市政府下达的参保任务给予肯定，并指出，“城镇居民医保是一项惠民政策，要进一步加强宣传，搞好服务，动员和吸引广大居民自愿踊跃参保”。常德市城镇居民医保试点工作领导小组办公室主办的《常德城镇居民医疗保险》第8期（2008年7月9日）为鼎城发专辑，并配发编者按：“……同样的工作局面、同样的工作困难，鼎城能够克难奋进，率先取得突破性成绩，值得其他区县市学习。本刊为此特编发鼎城专辑，以期各区县市对参保扩面工作有所借鉴。”

2009年，将城镇居民参保扩面工作列入省政府“八件”实事和市政府“十件”实事。鼎城区在33个乡镇、17个社区设立城镇居民医保代办点，进行广泛宣传、加强全员培训，提高基层工作人员的业务能力和服务质量，完善首诊医疗机构协议管理，落实医疗保险待遇和惠民政策，为参保患者解决错报、漏报、少报问题10多人（次），补报医疗费1

万多元。按政策报销参保患者重大疾病医疗费用。如桥南市场经营户娄某初因患白血病先后5次住院，共报销医疗费6.5万元。景新中学丁某，因患脑瘤住院报销2.5万元，等等。区九中、区二中各有一名参保学生因无他方责任意外伤害死亡，其家属各获得一次性补偿金5000元。全年有5410人次享受医疗待遇，报销医疗费830万元。到9月月底，全区城镇居民参保人数由2008年的60347人增加到65445人，比市政府下达的任务超过445人。是年，城镇居民医保缴费标准每人每年由160元降为120元；取消住院起付线和药品目录；在一、二、三级医院住院的报销比例分别由原来的70%、55%、35%提高到75%、60%、40%；家庭病床审批限额内的报销比例由60%提高到70%。

2010年，调整居民医保政策，针对发票复印件报销问题制定操作细则。区政府办下发文件，要求做好居民医保参保扩面工作。10月26—29日，由区政府督察室牵头，抽调相关单位人员组成督导组，到各乡镇、学校等单位督导参保进度，11月4日，印发督导通报，并通过鼎城电视台发布各单位参保进度和名次。

2011年，从5月1日起，参保居民在一、二、三级医院住院的报销比例分别由75%、60%、40%提高到80%、65%、50%。住院报销比例提高后，原连续参保缴费后提高住院医疗待遇的奖励政策不再执行；参保人员住院全年累计报销金额从7万元提高到8万元；将符合计划生育政策的生育住院医疗费、计划生育手术并发症住院医疗纳入住院报销范围；对18周岁以下先天性心脏病、白血病未成年患者住院医疗费实行二次补偿；一个年度内，参保人员在首诊医院或首诊医院指定的社区卫生医疗机构发生的300元以下门诊医疗费用，报销比例由20%提高到30%。

2012年，印发居民参保扩面宣传手册10万份，做到城镇居民人手一份。宣传内容重点突出医疗待遇的调整提高和参保流程。主要抓好学生参保，争取教育部门的支持与配合。年底，全区居民参保人数85401人，超额完成区政府下达的77000人的任务，超过市人社局任务指标1%。

2013年，召开全区城镇居民医保参保续保动员大会，将参续保任务分解到各乡镇、社区、学校及各代办机构。印发城镇居民医保宣传手册8万份，并作客鼎城广播电台回答听众的提问，宣讲居民医保政策。是年，城镇居民参保人数89846人。

2014年，从4月1日开始，鼎城区启动常德市城镇居民大病保险试点工作，对当年1月1日至4月1日符合规定的医疗费用进行相应追补和累计。鼎城区全年补偿大病患者313人次，补偿金额148万元，患者人均补偿4728元，人均减少医疗费负担15%。推行大病保险试点的具体措施：及时转发市人社局《关于开展城镇居民大病保险试点工作若干问题的规定》，召开动员大会，广泛深入开展宣传，确保受益对象的知情权；在区人社局服务大厅开辟业务受理窗口，与城镇居民医保合署办公，为大病患者实行一站式服务；开展城镇居民医保首诊医疗机构相关医务人员大病保险政策培训，并在各首诊医疗机构设置政策咨询窗口，为群众提供咨询服务。是年，城镇居民医保参保人数增加到97241人。

2015年，恢复参保城镇居民住院起付标准，一、二、三级医院分别为400元、500元、800元，一个结算年度内所有医疗保险待遇累计最高可报销15万元；按规定办理转诊手续的住院医疗费报销比例为一、二、三级医院分别为90%、80%、70%；未按规定办理转诊手续的报销比例分别为55%、50%、45%。在常德市范围以外的急诊、转诊，按规定办理转诊手续的报销比例按一、二、三级医院分别75%、65%、55%；未按规定办理转诊手续，第一次按一、二、三级医院分别报销50%、45%、40%，第二次起不予报销；在属非定点医院就诊的不予报销；无他方责任意外伤害住院医疗费可报销金额首先自付20%，再按疾病住院的相关政策报销。父母双方均参加社会医疗保险的新生儿，出生后28天内参保的待遇从出生之日起享受，出生28天之后参保的，待遇从缴费之日起享受。8月21日，常鼎人社发〔2015〕31号文件规定，从2016年1月1日起，对参保城镇居民中的低保对象、特困供养人员、失独人员实行先收后补，即按每人每年120元缴费后，再按属地管理原则，分对象由相关部门按政策给予补助。将肾功能衰竭（透析）、器官移植（角膜移植除外）特殊门诊医疗待遇，提高到一个年度内发生的35000元以下（含35000元）的门诊医疗费用报销70%。2015年年底，居民参保人数100698人，是年，贺家山原种场等5个代办机构被评为城镇居民医保参保续保工作红旗单位、区教育局等10个代办机构被评为先进单位，岳诗友等28名代办人员被评为先进个人。

2016年，城镇居民参保人数98773人，征缴基金总额5354.9万元。当年支出5115.82万元，节余239.08万元，累计结余1588.4万元。落实城镇居民大病保险补偿政策，为214人次补偿137.63万元，人均补偿6413.47元，人次降低医疗费用13.98%。

按照国务院和湖南省人民政府相关文件精神，2016年10月13日，常鼎编〔2016〕4号文件通知，建立城乡居民医疗保险管理服务机构。11月3日，鼎城区城乡居民医保2017年度筹资工作大会召开，全区城乡二元医保制度正式整合，城镇居民医保制度与新型农村合作医疗制度合二为一，实施新的统一的城乡居民医疗保险制度。

第六节 定点医疗机构、零售药店管理

1999年12月，区劳动局报告，市劳动和社会保障局批准，获得鼎城区城镇职工基本医疗保险定点医疗机构资格的有市第四人民医院、市第六人民医院、市第二中医院、市肿

瘤医院及蒿子港、黄土店、斗姆湖、石公桥等17所乡镇卫生院共21家医院，定点零售药店有武陵药店、北站药店等2家。

2000年，区劳动局、区医药管理局联合印发《常德市鼎城区城镇职工基本医疗保险定点医疗机构管理暂行办法》《常德市鼎城区城镇职工基本医疗保险定点零售药店管理暂行办法》（以下简称“两个办法”），作为对定点医疗机构、零售药店（以下简称“定点单位”）进行管理的依据。是年，确定13家医疗机构、2家零售药店为参保患者住院治疗和门诊购药的定点单位。

2001年，区劳动保障局、区卫生局向医疗保险定点医疗机构发出《关于简化基本医疗保险参保患者就医手续有关问题的通知》（常鼎劳医字〔2001〕01号），要求简化对医保患者的就医、结算手续。各定点医疗机构必须在5月30日前建立医疗保险管理办公室、设立医疗保险服务台、配备专职工作人员、提供专用办公场所，将医保患者门诊、住院的所有就医手续实行一个窗口办理、一条龙服务，切实方便医保患者就医，加强对医保患者简化审批手续后的医疗服务管理措施。

2002年，对医保定点医疗机构、零售药店除不定期进行检查、抽查外，对上年度医疗保险定点医疗机构和零售药店开展年检年审和年终考核评比工作。同时设立举报电话。对定点医疗机构的年检年审和考核评比工作由区劳动保障局和区卫生局组成联合考评组，采取“听取汇报、观看现场、检查资料、走访病人、评议结果、交换意见”的方法，依照《年检考核评分表》进行逐项考核评分，按考核等次确定10%的医保预留金额返还比例，再兑现预留金的返还。对定点零售药店的年检年审和考核评比工作由区劳动保障局（2011年起由区人社局）组织实施，采取“听、看、查、访、议、谈”的方法进行，即：听（听取被查单位领导的情况介绍，听取被查单位职工的意见。）、看（看被查单位的工作和经营场地是否符合要求，看药品的进货渠道是否正常，药品是否符合国家的质量标准）、查（查文件资料，了解医保机构、医保人员和医保工作制度的落实情况；查规章制度，了解管理情况和水平）、访（访问部分参保病人，听取他们对被检查单位的管理与服务情况的意见）、议（参加检查的人员对被查单位的情况进行汇总、评议）、谈（检查人员将汇总的情况与被检单位的负责人交换意见）。年终考核结果按得分分为5等，按等级确定返还医保预留金的比例：90分以上为A等，医保预留金全部返还；80~89分为B等，医保预留金返还80%；70~79分为C等，医保预留金返还70%；60~69分为D等，医保预留金返还60%；考核得分未满60分者为E等，医保预留金全部扣除。通过年检年审、考核评比，评选出定点医疗机构、定点零售药店管理服务工作的先进单位和先进个人，并予以通报表彰；对有严重违章违规行为的定点医疗机构、定点零售药店及其个人，除限期整改外，进行教育批评或通报批评，甚至给予行政与经济处罚，或暂停乃至取消其定点资格，待整改验收合格后重新认定。

2003年，区医保中心向全区各定点医疗机构发出通知，对医保患者实行单病种费用包干管理。

2004年，对医保参保住院患者转诊（转院）管理办法，向各医疗保险定点医疗机构作出规定，包括转诊（转院）对象、转诊（转院）治疗审批制度、转诊（转院）治疗程序、特殊情况的处理办法及费用的结算等。省劳动保障厅、省人口和计划生育委员会、省财政厅、省卫生厅、省物价局联合下发《关于印发〈湖南省城镇职工生育保险定点医疗服务机构管理办法〉的通知》（湘劳社政字〔2004〕14号），鼎城区执行其中相关规定与办法。

2006年，细化对定点医院的八项稽查内容，即：是否存在冒名顶替、挂床住院、分解住院现象；是否正确执行入院审核制度、一日清单制度、特殊诊疗用药病人签字制度等；是否存在乱检查、乱用药、乱治疗、乱收费现象；是否正确制造医保三大目录管理政策；办理出院、转院、转科和费用结算是否规范；有无大处方、生活保健品刷卡付费等违规问题；发票管理是否符合要求，填写是否规范；参保职工投诉的其他问题。并进一步健全、完善稽查的具体工作方法与方案。

2008年，对定点单位的稽查工作归口稽查审核股负责。对查出的问题由医保处负责人及相关股室负责人研究处理意见。对在床在院、治疗用药、入院、出院指征、待遇支付等每周稽查3天。全年对定点医院住院病人稽查1532人次，查出挂床住院9例，查出违规金额58933元，处罚33480元；查出不属基本医疗保险病种住院（意外伤害）报销21例，拒报医药费15万元；对非定点医院稽查152人次，查出冒名顶替住院1例，金额6000元；审核非定点医院住院病人878人，医药费7782757元，审核自付费用1695105元。

2009年，对城镇职工医疗保险10家定点医院、城镇居民医疗保险13家首诊医院、特殊人群7家定点医院及74家协议药店进行2008年度年终考评。对考评不合格的益丰大药店韩公渡店、益丰大药房金钻店、港二口仙鹤药店暂停医疗保险刷卡业务6个月。全年，对定点医院稽查47次、对非定点医院稽查39次。当年，确定11家生育保险定点医疗机构。

2010年，对2009年度定点单位进行总结评审，印发《关于2009年度定点、首诊医疗机构违规行为的通报》，对9家医院不同程序的各种问题及处理结果予以公布。在日常稽查中，对蔡家岗保康大药房违规虚开发票的行为给予扣除结算费用2900元、年终考核扣10分的处罚，并通报全区。7月26日、27日两晚，开展夜间稽查，对全区17家定点、首诊医院进行突击稽查，重点查病历、逐日清单以及住院病人实际治疗情况三者是否吻合，并将稽查情况进行通报。对市第六医院等8家医院的问题进行严肃批评，并作出处理决定。年底，全区城镇职工医保定点药店全部重新考察和签订新的协议，全面过渡到协议管理模式。

2011年，对全区定点、首诊医疗机构及142家协议零售药店开展2010年度考评。对全区14家职工医保定点医疗机构、13家居民医疗首诊医疗机构、3家生育保险定点医疗机构、7家特殊人群定点医疗机构的考评情况，由区人社局发文通报，指出医疗机构住院病人不在院在床的问题，公布处理结果；并通报表彰2010年度的先进单位和先进个人。区医保处发文，通报对定点零售药店服务质量考核评比情况，表彰先进单位和先进个人，并公布对尧天坪延寿堂药房给予暂停刷卡业务6个月的处理意见。

2012年，4—5月，对全区21家医疗机构开展2011年度医疗服务质量考评，根据考评结果，按医疗服务协议兑现预留金，并拒付超人均费用：市六医院88000元、市四医院90000元、石公桥血防院9000元。5月18日，在市肿瘤医院召开2011年度医疗服务质量讲评会，市第一人民医院等21家医疗机构参加。4月，对全区164家医保定点协议零售药店进行2011年度售药服务质量考评。对年度内刷卡金额少于3000元的武陵区四眼井社区服务站、护城春天大药房停止刷卡业务6个月；对灌溪元仁堂药店实行末位淘汰，暂停刷卡6个月进行整改。5月15日，召开164家协议药店法人代表大会，通报考评发现的问题，提出整改措施及要求，发放对协议零售药店的管理办法。

2013年，通过对21家医保定点医疗机构2012年度服务质量的考评，职工医保被扣除医保预留金的单位有：市四医院93395元、黄土店卫生院2111元；拒付超人次费用的有：市四医院197200元、市六医院15800元、黄土店卫生院5030元；拒付超人均费用的有:市四医院20万元、石公桥卫生院5000元；因特殊人群市四医院扣预留金18000元；居民医保市六医院扣除预留金16443元。对全区197家职工医保协议零售药店进行2012年度售药服务质量考评，除总结成绩，表彰先进单位和先进个人外，还作出处理意见：对鼎城区柏康大药房实行末位淘汰，对鼎城区药材公司北站店、德海大药房芙蓉店、名大夫药房暂停刷卡业务6个月；对新世纪大药房暂停刷卡业务12个月；对鼎城区周怡芳大药房、斗姆湖药房取消协议零售药店资格。

2014年，稽查住院病人4000人次，审核职工医保病历3000份、居民医保病历3000份、特殊人群病历400份。稽查发现违规案例68例，其中，不在院在床22人、病历虚假2人、病历记录不全5人、住院指征把握不严1人、分解住院1人、不合理检查7人、不合理用药21人、虚登账目6人、护理级别过高3人，对其分别作出扣款扣分处理。稽核职工医保意外伤害217例，查出不符合政策9例，拒付违规金额18.6万元；稽核居民医保意外伤害 177 例，查出不符合政策 16 例，拒付违规基金 27 万元。是年，针对医院病历审核 发现的违规行为，开展一事一议，发出公函 13 份，及时解决和杜绝问题再度发生。聘请资深医疗专家参与病历审核，审出不合理检查、用药等违规行为 32 起。

医疗保险处工作人员在定点零售药店检查

2015 年，全区有定点、首诊医疗机构 22 家，协议零售药店 210 家。通过稽核，发现违规病例 371 例，其中不在院在床 19 例、不合理用药 194 例、不合理检查 18 例、病历记录不规范 33 例、护理级别过高 9 例、转诊转院不规范 79 例、请假不规范 2 例、信息管理不规范 1 例，区医保处均行文通报处理。对意外伤害，职工医保稽核住院 278 例，查出不符合报销政策 24 例，拒付违规金额 18.7 万元；稽核居民医保 187 例，查出不符合报销政策 13 例，拒付基金 22 万元。7—8 月，聘请医疗专家随机抽取 977 份病历审核，审出各种违规案例 138 例。10 月 30 日，对定点、首诊医院进行突击稽查，查出违规案例 18 例。对 6 家医院 9—11 月的病例交叉审核 497 份，发现各类违规案例 71 例。对发现的问题，采用一事一议的办法，分别发函解决。考评中坚持“三不”原则：考核不漏项、评分不讲情、处罚不悬空。

2016 年，对鼎城区城镇职工医保协议医药机构的管理方式进行改革，实行新的准入、评估、协议管理办法。先后 3 次召开专题会议研究新的协议医药机构管理办法，制定工作方案，组建工作班子，起草文件以及 2017 年医疗服务协议和售药服务协议，逐步推进工作。对全区 22 家协议医疗机构、210 家协议零售药店的医疗、售药服务质量进行年度考评工作。全年稽查住院病人 3651 人次，审核病历 1884 份，稽核发现违规案例 105 例，扣款 20 万元。实地调查意外伤害 237 起，查出不符合报销政策 45 例，拒付违规金额 38.7 万元。

2017 年，利用网络系统实时在线监控模式进行监管，准确、及时掌握定点医疗机构的参保病人入、出院登记情况和医疗费用结构是否合理、是否存在费用超标、是否滥用目录外药品等情况。实行事中和事后现场稽查模式，对住院、门诊医疗情况及药店发票开具真实性进行检查。抽查住院病历、检验报告、核对治疗方案，甄别用药情况，杜绝“体检式住院”“挂床式住院”“疗养式住院”“购药式住院”等行为。全年稽查住院病人143人次、医院43家，发现违规案例19例，扣款10459.64元，取消住院统筹支付12839.56元。稽查药店10人次，减少特殊人群基金支出10318元。是年，抽取住院病历审核3100份，审核出不合理住院、不合理检查、不合理用药、不合理治疗、不合理收费等违规案例181例，按协议扣取违规金额10多万元。是年，职工医保参保人员住院9710人次，审核政策外不合规定的费用700多万元。对意外伤害事故报销查出属他方责任拒绝报销40多万元。

2018年，年初，区职工医保中心与全区协议医药机构签订医疗服务协议书，明确费用标准、违规行为的扣款办法。有序推进公立医院按病种收费改革，5月，职工医保中心106个病种按标准收付费。下发《关于鼎城区城镇职工基本医疗保险协议医疗机构实施按病种收付费管理工作的通知》（常鼎人社发〔2018〕34号），并与各协议医疗机构签订补充协议，于6月1日正式启动施行。区职工医保中心坚持一投诉一回复，上级移交的网上举报事件，责成相关股室调查回复处理，并对举报人做好沟通解释工作。坚持日常稽查与突击稽查相结合。日常稽查主要采取网上监控，每天对协议医疗机构住院情况进行核查，重点查看病人入、出院数量及用药情况等。如发现协议医疗机构各项费用指标严重超协议的问题，派专人上门与医疗机构探讨原因，寻求解决办法。如发现违规问题，由稽查工作人员现场检查核实，并通报处理结果。突击检查采取不定时病历抽审与现场稽核。到10月底，抽审病历5005份，发现不合理用药、不合理检查、不合理治疗、不合理收费等，按协议处理违规扣款165.83万元；发现意外伤害属他方责任5例，拒绝医药费报销13.5万元；查实虚假购药发票13张，费用6580.2元；上半年，稽查特殊人群诊疗情况31次，查处违规行为12起，拒付违规费用2653元。区职工医保中心成立考核评估小组，严格考核工作流程，建立准入与退出工作机制，对全区317家协议药店及门诊机构（其中270家药店，47家诊所）的准入进行重新评估，37家零售药店与诊所（其中31家药店，6家诊所）不合格。2018年，职工医保中心将住院购药必须保证“身份证、社保卡”信息一致列入服务协议内容，并作为年终考核评分指标。

第七节　基金征缴与管理

鼎城区城镇职工医疗保险基金、生育保险基金、城镇居民医疗保险基金（2016年前）

等由区职工基本医疗保险管理中心（前称区医疗基金管理服务中心、医疗保险处）统一管理，区医保中心结算稽核股承担基金收支手续的办理及结算。

2000年，征缴医保基金587.7万元，占应征缴数1106万元的53.1%。全区参保住院892人（次），发生医药费456万元（医疗统筹支付319万元，个人支付137万元），现金结账368万元，报销医疗费131万元，拨付率41.06%。注重从源头上管好医保基金，对1056人（次）参保患者进行稽查，查出冒名顶替患者2人（次）、虚开住院发票1人、小病大养3人、自负项目897人（次），挽回基金金额26.5万元。

2001年，从10月1日起，各参保单位每月1~20日到医保中心征缴科打印该单位《医疗保险基金结算单》，并于打印后5日办理保费缴款手续。每月1~20日为办理参保单位人员异动手续时间，20日以后加入的人员异动在下月的20日前办理。医疗保险基金实行预缴制，参保单位在每月25日前预缴下月的医疗保险费，对逾期不缴者，从26日起，每日加收2‰的滞纳金。每年3月25日前，参保单位向医保中心申报新年度的缴费基数，4月1日起，按医保中心审定的缴费基数缴纳新年度的医疗保险费。逾期不申报缴费基数的，区医保中心按上年度缴费基数的110%进行计算机系统的年度结转，并以此为缴费基数进行征缴。未达法定退休年龄（男60岁、女干部55岁、女工人50岁）提前退休的，其退休费应记入单位缴费工资基数，由单位按退休费的8%缴纳基本医疗保险费至法定退休年龄。当年起，参保单位可连续3年对参保职工给予每年不超过本人1个月工资（退休费）的个人账户资金补助（简称“铺底资金”），每年4月月底前区医保中心凭参保单位申请报告和铺底资金明细表办理缴费审批手续，新增人员可补交。

2003年，对医疗保险住院结算的相关工作作出规定：凡不能按规定履行缴费义务的参保单位和个人，从欠费的下个月起，所发生的医疗保险费统筹基金不予支付，且统筹基金不划个人账户；因欠费而停保或无故停保的单位和个人，要求复保时应补足所欠月份的全部医疗保险费和大病互助费。无故停保的需同时缴纳自停保之日至复保之日期间每日2‰的滞纳金，自补交的下月起享受基本医疗保险和大病医疗互助待遇；2004年1月1日起，一律实行网上结算。全年征缴医保基金1648万元。按照医保政策和相关规定，鼎城区的医保基金存在征缴基数过低（如财政拨付不够、缴费基数过低）等问题。

2005年，征缴医保基金2446万元，完成任务数2005万元的120%。全年支付2280万元。是年，全面改革医疗保险结算办法，实行定点医疗机构“总额控制，按月结账”的办法。年初，与各定点医疗机构确定包干指标，并纳入协议内容，按月结账、年终考核，超额部分一律由医院负责。

2006年，基金征缴2285万元，比任务数2250万元超过2%。支付各项医疗保险费用

2085万元（其中基本医疗保险基金支付1088万元、大病互助支付215万元、个人账户支付782万元）。

2007年，区医保处成立由唐建国、游益坪、陈昱兰、欧有国等人组成的清查工作小组，对医疗保险基金的征缴、管理和使用情况进行自查自纠，促进严格按政策、制度规范操作，杜绝违纪违规行为的发生。5月20日，制订《鼎城区基本医疗保险基金财务管理制度》，规范“医疗保险费缴费财务流程”和“结算支付医疗保险费财务流程”。是年征缴医保基金2681.8万元，超过任务2467万元的8%。支付2681.8万元，累计结余1897万元（其中统筹基金245万元、个人账户1337万元、大病互助317万元）。特殊人群基金结余4.3万元，生育保险基金结余168万元。

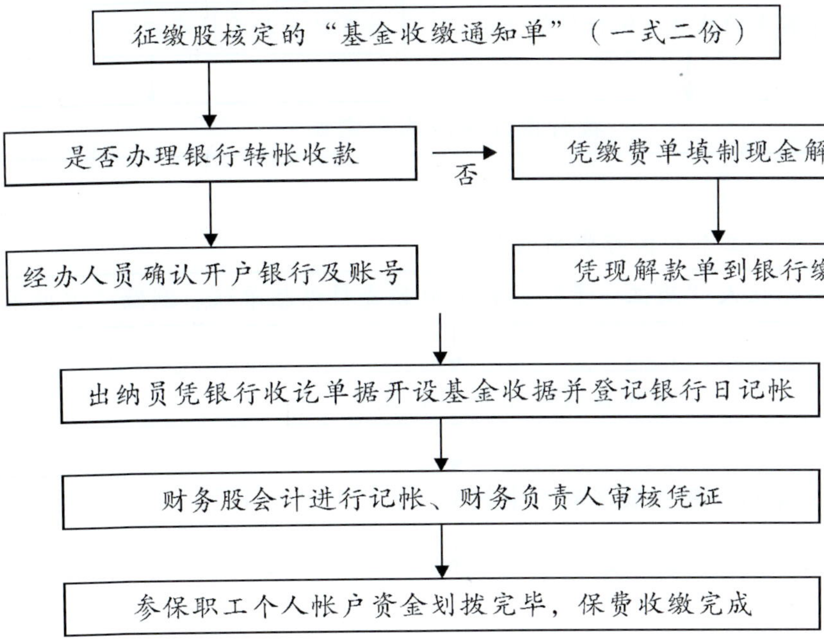

医疗保险费缴费财务流程

1.支付定点医院（药店）医疗费用财务流程

凭对帐无误经审核科电脑审核、分管领导签字的“费用对帐单”

↓

结算股电脑结算，打印电脑结算单（一式二联），分管领导审批签字

↓

出纳员确认单位开户银行及帐号

↓ 确认

出纳员办理1%手续代扣和银行转账付款手续，进行出纳登帐

↓

会计依据领导签字的结算、银行付款凭证记 | 结算及代扣手续费回单交医院（药店）

↓

拨付医疗保险基金完成

2.支付参保职工个人医疗费用财务流程

审核股凭参保人“两证一卡”、相关原始资料电脑单核、制做“审批单”

↓

分管审核股处领导“审核单”签署意见

↓

结算股凭审核、领导签字的“审核单”、“两证一卡”、原始发票结算

↓

分管结算股的处领导审批电脑“医保个人医疗费用结算单”

↓

出纳员凭领导签字的“医保个人医疗费用结算单”及原始发票付款

↓

出纳员凭付款证依据业务数据登记出纳凭证

↓

会计依据出纳凭证帐，财务负责人进行审核

结算支付医疗保险费财务流程

2008年，重新核定各缴费单位的征缴基数，人均上调约100元，全区增加基金收入200多万元。全年收缴基本医疗费3170万元、大病互助费218万元，基金征缴首次超过3000万元。收支平衡，略有节余（职工医保基金2853万元、生育保险基金68万元、城镇居民医保基金605万元）。

2009年，对基金的支付建立严格的审核程序，制定医疗费用报销、定点医疗机构费用结算制度，基金支出实行6道审核程序。全年审核支付定点医院住院医药费756万元，审核非定点医院住院医药费1265.7万元，审核政策性自付费用241.6万元。是年，制定《鼎城区医疗生育保险基金风险防范预案》，建立《鼎城区医疗生育保险基金分析报告制度》《鼎城区医疗保险社会监督员制度》。

区城镇职工医保中心党支部开展党日活动

2010年，完成城镇职工医疗保险基金征缴3200万元、生育保险基金征缴135万元、城镇居民医疗保险基金征缴1550万元，分别占市人社局下达任务的164.1%、135%、147.6%。针对医疗消费不断上涨，医保基金支出压力剧增，并配合城镇职工医保市级统筹，确保基金收支平衡，采取措施抓好基金增收工作：全区自收自支单位月平均工资基数由1300元提高到1500元，仅此一页，全年增收基金170万元；对欠费单位限期缴费，过期不缴的予以停保处理，收取区环保局等3个单位欠费29万元；深入新办工商企业发展扩面，对工商企业新增人员及时催促其办理进保手续，增收基金210万元。作好迎接全省医保基金检查的各项准备工作，并对检查组提出的意见和建议，制订整改措施，落实到位。

2011年，抓基金扩面增收工作，对全区55家自收自支单位征缴基数调整和提高标准，增收基金90多万元；收取贺家山原种场等单位欠费40多万元；通过扩面纳新，增加参保人员400人，医保基金随之增加。

2012年，基金征缴收入：城镇职工医疗保险4977万元、生育保险218万元、城镇居民医疗保险2423万元，分别占市人社局下达任务的164%、136%、121%。基金支出：城镇职工医疗保险支出5323万元，其中统筹基金支出3849万元（收2660万元），累计结余1489万元；个人账户支出1474万元（收入2317万元），累计结余3254万元。生育保险支出127万元，累计结余489万元。城镇居民医疗保险支出2453万元，累计结余1597万元。区医保处内审工作小组对各险种经办业务进行2次抽查，查阅原始凭证500余份，对发现的问题，责成有关股室和经办人员予以整改。

2013年，城镇职工医疗保险基金收入8419万元（基本医疗收入7994元、大病互助收入425万元），占市政府办下达任务4600万元的183%。基本医疗累计结余2229万元、个人账户结余4194万元、大病互助累计结余351万元。生育保险基金收入471万元，占市政府办下达任务250万元的188%，累计结余780万元。城镇居民医疗保险基金收入3600万元，占市政府办下达任务2300万元的157%，基金累计结余1939万元。3月29日，区政府办下发《关于加强城镇职工基本医疗保险基金征缴工作的通知》，从2013年1月1日起将参保单位工资总额含津补贴全部纳入缴费基数。10月31日，常鼎政办函〔2013〕92号《关于进一步明确城镇职工基本医疗保险基金征缴有关事项的通知》对征缴基数核定、基金缴纳、人员异动的时间节点、办理程序、违规处罚以及缴费年限等予以明确。当年收回部分单位的欠款252万元；征缴财政全额拨款单位所发津补贴的单位补差部分的医保基金150万元。

2014年，区政府办常鼎政办发〔2014〕26号文件，对维护基金安全作出规定：离休干部医疗保障补助、公务员医疗补助、残疾军人医疗补助等特殊人群的医疗补助或补充医疗，严格落实与基本医疗保险基金分账核算，按照政策从相关渠道列支，严禁挤占挪用基本医疗保险基金。存在挤占挪用行为的，必须尽快自查整改；完善医疗保险内控制度，确保基金运行健康规范。加强医疗保险经办环节内部审查，确保基金安全；建立政府主导、部门联动、社会参与的监管长效机制。通过多种方式加大对挂床住院、过度医疗等违规行为的查处力度，严厉惩罚骗取、套取医疗保险基金的行为。定点医疗机构以欺诈、伪造证明材料或者其他手段骗取统筹基金的，责令退回骗取的基金，并处骗取金额2至5倍的罚款，解除医疗服务协议关系；参保人员以欺诈、伪造证明材料或者其他手段骗取医疗保险待遇的，责令退回骗取的统筹基金，处骗取金额2至5倍的罚款。未按规定缴清罚款前，暂停医疗保险待遇，暂停期间发生的医疗费用由本人负担。参保患者报销医疗费以实际支付的医疗费额度作为依据；建立健全基金中长期运行情况分析和风险预警机制。区人社、财政部门定期或不定期对支出户、收入户、财政专户的基金收支和结余情况进行监督检查，及时反映和处理发现的问题。是年，城镇职工医疗保险基金收入8375.69万元（个人账户收入3380.70万元、统筹基金收入4575.74万元、大病互助收入419.25万元），占市政府办下达任务7000万元的119.65%。待遇支付7495.21万元，其中，个人账户支付2910.55万元（刷卡支出2855.72万元、异动转出54.83万元），统筹基金支出4310.30万元（住院支出3738.42万元、门诊支出522.88万元），大病互助支出274.36万元。生育保险基金收入499.81万元，占市政府办下达任务470万元的106.34%。待遇支付281.84万元。城镇居民医疗保险基金收入3809.57万元，占市政府办下达任务3200万元的119.05%。待遇支付3979万元。对75家欠费单位实施停保，对60家原停保而缴齐保费的单位恢复待遇，收缴老欠费150万元。

2015年，基金征缴工作实行“五统一”机制改革，转变基金收缴方式。全区190余家自收自支单位由区人社局征缴核定基数，由区医保处征缴股录入、办理异动、测算应缴基金后报区人社局征缴处将应缴基金征缴到位。全区210多家财政拨款单位原由财政代扣代缴，当年起由财政将医保费预算到各单位，再由区医保处直接向各单位征缴。全年收缴德宇公司、芦苇场及卫生系统等单位老欠款126万元。是年，城镇职工医疗保险基金收入9024.04万元，占市政府办任务数7400万元的122%。统筹基金收入4636.54万元，支出4423.37万元（住院支出4152万元、门诊支出271.37万元）。生育保险基金收入564.52万元，占市政府办任务数470万元的120%。支出225万元，结余339.52万元，累计结余1337.1万元。城镇居民医疗保险基金收入4488.05万元，当年支出4907.84万元，当年超支419.79万元，累计结余1349.32万元。

2016年，采取四项措施，对基金征缴实行精准化管理：（1）精准核基。每一个参保单位、每一名参保个人的每一分应缴基金进行逐一精准测算核定，此项增收1600万元；（2）精准扩面。针对部分工商企业职工的参保需求，上门宣传医保政策，引导其自愿参保，全年新增参保人员1285人，增收基金300余万元；（3）精准服务。参保单位和人员，需要政策的，准确解答政策，递送相关文件；需要数据测算的，不怕麻烦，及时提供数据测算；需要与相关部门协调关系的，不推不拖，主动协调理顺关系。（4）精准清欠。根据欠费单位的资金运行情况，抓住有利时机，上门催收，收到事半功倍的效果。全年收缴欠费200余万元，职工医保基金征缴总额首次突破亿元大关。

2017年，城镇职工基本医疗保险中心征缴基本医疗基金11660万元（统筹基金收入5655万元），占市政府办下达全年目标任务9800万元的119%。当年支出10763万元（统筹基金支出5750万元），当年结余897万元，累计结余9105万元，其中统筹基金1646万元。

2018年，收缴基本医疗基金10555万元，收缴大病互助费499万元。职工医保中心对基金实行稽查、结算、审核、兑付一条龙的运转方式，严格执行各项管理办法，保证基金正确流向。职工医保参保患者发生住院8350人次，发生住院医药费总额7166.67万元，统筹基金支出（含大病互助）4383.29万元。意外伤害事故住院223人次，住院总支付274.04万元。个人账户刷卡支出3628万元。1—6月，鼎城区协议医疗机构内部职工住院共123人次，均按规定完善住院审批手续。本辖区内，内部职工住院必须经本院医保办初审、区职工医保中心稽查股出具“鼎城区城镇职工医保院内职工住院审批单”后办理本院住院手续。结算时，本中心审核股凭结算资料与审批单办理，如在审核中发现问题暂缓结算，与中心稽查股进一步核查，确有问题不予结算，遏制辖区内重大医保违规事件发生，保障医保基金安全运行。

医保处历年基金收支明细表

表 4-4-6　　　　单位：万元

年份	收入					支出					累计结余				
	职工医保	居民医保	生育保险	特殊人群	合计	职工医保	居民医保	生育保险	特殊人群	合计	职工医保	居民医保	生育保险	特殊人群	合计
2000	810.36	—	—	88.28	8938.64	232.04	—	—	88.28	320.26	578.32	—	—	0.06	578.38
2001	1098.20	—	—	123.74	1221.94	779.78	—	—	123.52	903.30	896.74	—	—	0.28	897.02
2002	1427.08	—	—	163.15	1590.23	1233.23	—	—	163.21	1396.44	1090.59	—	—	0.22	1090.81
2003	1271.54	—	—	232.14	1503.68	1516.98	—	—	232.33	1749.31	845.15	—	—	0.03	845.18
2004	1679.40	—	—	290.73	1970.13	1461.66	—	—	290.72	1752.38	1062.89	—	—	0.04	1062.93
2005	1895.55	—	1	324.88	2221.43	1709.56	—	—	324.92	2034.48	1248.88	—	70.47	0	1319.35
2006	2018.14	—	33.02	424.52	2475.68	1820.41	—	1.44	424.51	2246.36	1446.61	0	102.05	0.01	1548.67
2007	2508.49	195.50	76.24	543.16	3323.39	2361.13	—	10.86	543.04	2915.03	1593.97	195.50	167.43	0.13	1957.03
2008	3170.40	770.24	111.52	543.44	4595.60	2496.05	526.70	28.09	464.28	3515.12	2268.32	439.04	250.86	79.29	3037.51
2009	4410.40	1183.37	132.83	505.84	6232.44	3059.60	956.02	38.25	584.77	4638.64	3619.12	666.39	345.44	0.36	4631.31
2010	4480.88	1464.44	151.39	587.54	6684.25	3636.42	1389.09	187.06	596.33	5808.90	4463.58	741.70	309.77	-8.43	5506.62
2011	5116.86	2845.82	179.57	766.51	8908.76	4490.64	1960.38	90.82	744.47	7286.31	5089.80	1627.14	398.52	13.61	7129.07
2012	4980.59	2423.08	218.40	765.40	8387.47	2323.67	2452.77	126.73	782.13	8685.30	4746.72	1597.45	490.19	-3.12	6831.24
2013	7994.28	3600.32	471.12	750.54	12816.26	6317.88	3259.24	181.7	792.14	10550.96	6423.12	1938.53	789.61	-44.72	9096.54
2014	7956.44	3809.57	499.80	716.53	12982.34	7220.85	3979	281.84	753.95	12235.64	7158.71	1769.10	997.57	-82.14	9843.24
2015	8609.12	4488.06	564.53	768.87	11430.58	7683.84	4907.84	225	712.48	13529.16	8083.99	1349.32	1337.1	-25.75	10744.66
2016	10151.40	—	693.89	798.58	11643.87	10027.90	—	388.6	869.44	11285.94	8207.49	—	1642.39	-96.61	9753.27
2017	11660.30	—	675.47	883.4	13219.17	10762.60	—	617.82	828.4	12208.82	9105.19	—	1700.04	-41.61	10763.62
2018	12213.43	—	644.36	810.28	13668.07	11255.50	—	533.44	738.62	12527.56	10063.12	—	1810.96	30.05	11904.13

第五章 工伤保险

2003年，鼎城区开始工伤保险制度改革，至2018年底止，全区工伤保险覆盖各个领域，参加工伤保险缴费的用人单位710家，参保47990人，其中农民工32989人。享受伤残待遇的人数累计9498人；因工死亡（以下简称“工亡”）累计59人，供养直系亲属56人。2005—2006年，区工伤保险处被评为全市工伤保险经办工作先进单位，2006—2009年，区工伤保险处的政策宣传和调研工作连续评为全市先进，2013—2016年连续4年荣获全市工伤保险经办工作先进单位称号。

第一节 工伤保险制度建立

1951年2月26日，政务院颁布《中华人民共和国劳动保险条例》。1953年2月，劳动部又公布《条例》实施细则，规定职工因公伤亡的范围、待遇标准：（1）工人和职员因工负伤，全部治疗费、药费、住院期间的膳食费与就医路费由企业行政或资方负担；（2）医疗期间，工资照发；（3）因工负伤，完全丧失劳动能力退职后饮食起居需人辅助者，发给本人月工资75%的因工残废抚恤费，付至死亡时止；（4）因工负伤致残，完全丧失劳动能力退职后，饮食起居不需人辅助者按月发给本人月工资60%的因工致残抚恤费，付至恢复劳动能力或死亡时止；（5）部分丧失劳动能力尚能工作者，企业应给予适当工作，并按其残废后丧失劳动能力的程度，加发给本人残疾前月工资10%~30%的因工残疾补助费，至退职养老或死亡时止。1957年2月28日，卫生部颁布《关于职业病范围和职业病患者处理办法的规定》，将职业中毒、尘肺、职业性皮肤病等14种职业病正式列入职业病范围，并明确规定，患职业病的工人、职员在治疗或休养期间及医疗终结后并确定为残疾或治疗无效死亡时，均按工伤残待遇处理。

1958年2月，国务院颁布《关于工人、职员退休处理暂行办法》中，对工人职员工伤待遇又作了调整和提高。在此期间，常德县由于企业不多，工人、职员因公伤亡及待遇落实等情况均无专项统计。

1978—1996年，常德县（鼎城区）企业职工因工（公）负伤，致残或死亡者所享受待遇的标准，均按1978年6月颁布的《国务院关于工人退休退职的暂行办法》以及省、地（市）、县（区）的相关政策规定：（1）因工致残，由医院证明，并经劳动鉴定委员会确认，完全丧失劳动力的。（2）饮食起居需要扶助的，按本人标准工资90%发给，还可以根据实际情况发给一定数额的护理费，护理费标准一般不超过一个普通工人的工资。（3）饮食起居不需人扶助的，按本人标准工资的80%发给。（4）同时具备两项以上的退休条件，应当按最高标准发给。（5）退休费低于35元的按35元发给。

1987年11月，卫生部、劳动人事部、全国总工会修订颁布《职业病范围和职业病患者处理办法的规定》，将职业病种类扩大到9类99种。2002年4月，《中华人民共和国职业病防治法》，将职业病种类扩大到10类115种。职业病患者（含因工染血吸虫病的职工），如本人自愿，经医疗鉴定，达到退休标准的也可以退休，退休费按本人标准工资的90%发给。

1996年8月，劳动部印发《企业职工工伤保险试行办法》，因各种客观因素影响，工伤保险制度没有建立，仍沿袭过去的规定处理职工工伤问题。

2003年4月27日，国务院公布《工伤保险条例》，自2004年1月1日起施行。为加快推进工伤保险制度改革的步伐，经区人民政府研究，决定成立鼎城区工伤保险制度改革领导小组，由副区长向绪彦任组长，徐惟君、卜梅生任副组长，黄柏华、丁冬初、黄国平、黄光明、陈晓林、贵体红、张爱萍、张冬初为成员。领导小组下设办公室，办公地点设区劳动和社会保障局，黄柏华兼任办公室主任。10月，区劳动和社会保障局启动工伤保险制度改革筹备工作。由局党组书记黄柏华牵头，局党组成员、纪检组长李海宗具体负责，抽调劳动就业管理处副主任罗平舫，医保处副主任欧有国，局机关社会保险股股长肖敏等人组成工伤保险工作筹备小组，全区工伤保险制度改革正式启动。

2004年6月，按照市人民政府颁布《常德市实施〈工伤保险条例〉办法》规定，鼎城区行政区域内的各类企业、有雇工的个体工商户、经费自收自支（含实行企业化管理）的事业单位（以下简称用人单位），应当参加工伤保险，为本单位全部职工或雇工（以下简称职工）缴纳工伤保险费。离退休者或超过法定退休年龄的人员，不参加工伤保险。6月18日，区政府区长车德斌主持召开区长办公会议，决定全区工伤保险从6月份开始征缴，7月1日开始支付。10月，区工伤保险处正式挂牌成立，为区劳动和社会保障局管理的二级独立事业单位（2006年升格为具有行政职能的副科级单位）。工伤保险处成立后，先后转发并执行《常德市工伤认定办法》《常德市工伤职工就医和医疗费用结算管理暂行办法》《常德市工伤职工保险待遇给付办法》。同时，区劳动和社会保障局下发《关于工伤保险登记及缴费有关问题的通知》。至此，全区工伤保险制度基本建立。50多年来，凡职工工伤问题由企业自主负责的劳动保险制度开始向社会保险制度过渡。

2007年12月，区政府办发布《关于事业单位、民间组织工作人员参加工伤保险有关问题的通知》，要求全区境内所有事业单位、民间组织均按照国家、省、市政府相关规定参加工伤保险，为其全部工作人员缴纳工伤保险费。至2008年年底，全区50家事业单位和民间组织，共5000人参加了工伤保险。

2011年6月，经区政府同意，区人力资源和社会保障局、区财政局就机关单位工作人员参加工伤保险联合发出通知，要求全区所有机关、社会团体和参照公务员法管理的事业单位全体在编在职工作人员均参加工伤保险，并就缴费基数和费率、筹资渠道、参保管理、工伤待遇等作了详尽规定。当年，新增参保人员6395人。

区人社协会与区工伤保险处联合举办业务培训班

2012年11月，为切实保障建筑施工企业务工人员合法权益，区人力资源和社会保障局、区住房和城乡建设局就进一步做好建筑施工企业务工人员参加工伤保险等问题联合发出通知，要求全区各建筑施工单位（含水利、电力、交通工程等施工企业），均应为与其形成劳动关系（包括事实劳动关系）的施工现场内所有务工人员缴纳工伤保险费。并就缴费主体、缴费标准、参保人员管理、工伤保险关系时间界定、工伤待遇标准、就医范围、待遇支付主体等问题作出详尽规定。2013年年底，全区新增参保人数4200人。

表 4-5-1

单位：千人

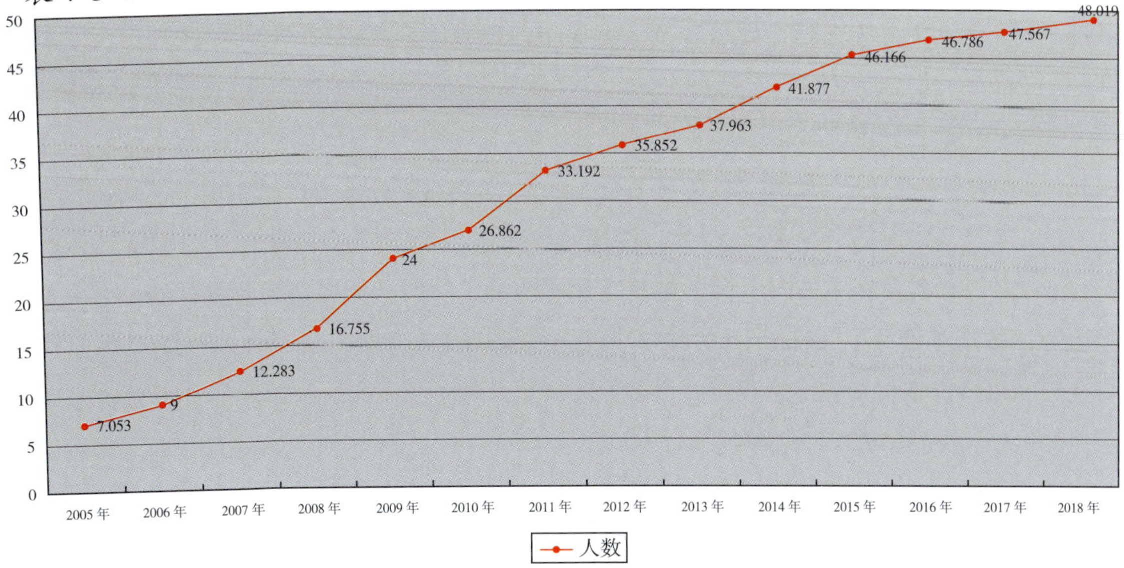

2005—2018 年全区工伤保险参保人数图

第二节 基金征缴与管理

工伤保险费由用人单位缴纳，职工个人不缴纳工伤保险费。鼎城区范围内的用人单位自领取营业执照之日起 30 日内、非生产经营单位自成立之日起 30 日内，在区工伤保险处办理工伤保险登记。登记时需报送用人单位营业执照或批准成立证件、组织机构代码证、社会保险登记表、参保人员花名册及其身份证复印件和工资表等资料。用人单位缴纳工伤保险费的数额为本单位职工工资总额乘以单位缴费率。缴费基数实行“拦头保底”，本人工资低于全市上年度市平工资 60%的，按 60%征缴，高于 300%的按 300%征缴。工伤保险费根据以支定收、收支平衡的原则确定缴费费率。不同行业的工伤风险程度不同，缴费费率也不相同。2012 年 6 月以前，鼎城区参保单位的工伤保险基准费率分为三类：一类为小风险行业，缴费费率为 1.0%；二类为中风险行业，缴费费率为 1.5%；三类为高风险行业，缴费费率为 2.5%。二类、三类行业根据实际的支付情况报上级批准后实行浮动费率。特殊行业参保缴费实行不同标准，建筑施工企业务工人员工伤保险费按工程总造价的 3.2‰征收，由施工企业开工前一次性向工伤保险经办机构缴纳；室内装饰行业务工人员按装饰工程合同造价的 4‰征收，在开工前一次性缴纳。

2010 年 3 月，根据《常德市因工染血吸虫病职工工伤待遇管理规定》，鼎城区为重点血吸虫病防治区，工伤保险缴费费率在原基础上提高 0.3%。

2012年6月，市人社局、市财政局、市卫生局、市安监局下发《关于调整工伤保险基准费率的通知》，从6月1日起鼎城区参保单位缴费率一类行业调整为1.3%，二类行业调整为2.3%，三类行业调整为3.3%。

2016年10月，市人社局、市财政局联合下发《关于调整工伤保险费率的通知》（常人社发〔2016〕28号）。《通知》就调整工伤保险费率作出以下规定：1.全市行业风险分类由过去的一类至三类调整为一类至八类，各参保单位由工伤保险经办机构分别确定其所对应的行业类别。2.各参保单位的工伤保险基本费率按调整后的一类至八类标准执行。3.重点血吸虫防治区在基准率上增加0.3%的政策不变。4.建筑施工企业、室内装饰行业、物业管理行业按项目造价参保和矿山企业按产量参保的费率政策不变。5.各参保单位费率浮动按区规定执行。6.本通知从2017年1月1日卢实施。

工伤保险行业风险分类表

表4-5-2

行业类别	行　业　名　称	费率
一	软件和信息技术服务业、货币金融服务、资本市场服务、保险业、其他金融业、科技推广和应用服务业、社会工作、广播、电视、电影和影视录音制作业、中国共产党机关、国家机构、人民政协、民主党派、社会保障、群众团体、社会团体和其他成员组织，基层群众自治组织、国际组织	1.2%
二	批发业、零售业、仓储业、邮政业、住宿业、餐饮业、电信、广播电视和卫星传输服务、互联网和相关服务、房地产业、租赁业、商务服务业、研究和试验发展、专业技术服务业、居民服务业、其他服务业、教育、卫生、新闻和出版业、文化艺术业。	1.3%
三	农副食品加工业、食品制造业、酒、饮料和精制茶制造业、烟草制品业、纺织业、木材加工和木、竹、藤、棕、草制品业、文教、工美、体育和娱乐用品制造业、计算机、通信和其他电子设备制造业、仪器仪表制造业、其他制造业、水的生产和供应业、机动车、电子产品和日用产品修理业、水利管理业、生态保护和环境治理业、公共设施管理业、娱乐业	1.8%

续表 4-5-2

行业类别	行　业　名　称	费率
四	农业、畜牧业、农、林、牧、渔服务业、纺织服务、服饰业、皮革、毛皮、羽毛及其制品和制鞋业、印刷和记录媒介复制业、医药制造业、化学纤维制造业、橡胶和塑料制品业、金属制品业、通用设备制造业、专用设备制造业、汽车制造业、铁路、船舶、航空航天和其他运输设备制造业、电气机械和器材制造业、废弃资料综合利用业、金属制品、机械和设备修理业、电力、热力生产和供应业、燃气生产和供应业、铁路运输业、航空运输业、管道运输业、体育	2.0%
五	林业、开采辅助活动、家具制造业、造纸和纸制品业、建筑安装业、建筑装饰和其他建筑业、道路运输业、水上运输业、装卸搬运和运输代理业	2.1%
六	渔业、化学原料和化学制品制造业、非金属矿物制品业、黑色金属冶炼和压延加工业、有色金属冶炼和压延加工业、房屋建筑业、土木工程建筑业	2.7%
七	石油和天然气开采业、其他采矿业、石油加工、炼焦和核燃料加工业	2.8%
八	煤炭开采和洗选业、黑色金属矿采选业、有色金属矿采选业、非金属矿采选业	3.0%

鼎城区的工伤保险基金征缴，由 2005 年的 39 万元提高到 2018 年的 3285 万元，增长了 73.4 倍。

2005 年，工伤保险制度改革被市政府纳入当年“十件实事”。当时，鼎城区工商企业大多数正处于破产清算，企业职工转换身份阶段。而民营企业对工伤保险制度的认识不高。工伤保险处采取多种形式加强宣传发动，印发工伤保险政策解读，开展全区企业职工伤残调查、请企业法人现身说法等。同时，上门服务，做好参保登记。与劳动监察大队联合执法，督促参保。对发生的工伤事故及时按程序按政策认真处置，支付到位。为刚刚起步的工伤保险赢得信誉。是年，全区参保单位 82 家，征缴基金 39 万元。

2007 年，工伤保险处把基金征缴作为工作重点，实行目标管理，采取“定时、定人、定点、定职责、定奖惩”的措施，纳入工作人员年度岗位责任制考核指标。做到人人头上有任务，个个肩上有指标。年初，对参保企业缴费推行费率浮动，上年度工伤赔付额低于缴纳的工伤保险费总额80%以下的企业工伤费率予以下浮，最低下浮至基准费率的50%。对上年度工伤保险赔付额高于缴费总额120%以上的企业，工伤费率予以上浮，最高上浮至基准费率的150%。对高风险的特殊性采取重点突破。8月，与建设局合作，对10家建筑企业实行稽核。9月与安监局配合，把矿山、鞭炮烟花、采石场等企业纳入工伤保险。年末，工伤保险基金征缴104万元。

2008年，区工伤保险处以事业单位、民间组织参保为突破口，扩大基金征缴的渠道。2009年，以推行工伤保险市级统筹为契机，做到“六统一”，即统一参保范围、统一征缴管理、统一收支预算、统一待遇标准、统一监督稽核、统一工伤认定和劳动能力鉴定。2010年以灌溪工业园和桥南工业园为突破口，强化基金征缴，是年，将因工染血吸虫病和老工伤人员统一纳入工伤保险管理。2011年，开展机关事业单位工作人员参保为工作重点，完善工伤保险体系。年底，全区征缴工伤保险基金583万元，超过市工伤保险处下达任务的58%。

2012年年底，在区委、区政府的支持和相关职能部门的配合下，启动了建筑施工企业务工人员参加工伤保险。对建筑施工企业参保采取“项目参保，造价收费，一次性缴纳，动态实名制”等方式，做到随时申报，随时受理，并将“工伤保险参保证明”作为办理“施工许可证”的前置条件，切实保障了务工人员合法权益。

2013年，继续加强建筑施工企业参保的同时，启动室内装饰行业务工人员参加工伤保险工作。是年，工伤保险基金征缴首次突破千万元大关，达1382万元，超任务56%。

2014年，继续把征缴扩面作为工作重点。9月份，在区房产局的大力支持与配合下，启动了物业管理行业务工人员的参保工作，按物业费总收入5.6‰一次性缴纳工伤保险费，当年新增6家小区物业人员496名农民工参保，征缴基金10.9万元。

2015年，根据人社部关于开展建筑业“同舟计划”——建筑业工伤保险专项扩面行动计划的通知精神，进一步加强了鼎城区建筑施工企业农民工参保工作。当年，全区90家建筑施工企业全部参加工伤保险，做到应保尽保。同时，对其他参保企业认真稽核，上门催欠。年末，全区工伤保险基金征缴1925万元，超任务的13%。

2016年，区工伤保险处以自收自支事业单位作为扩面重点，以相关职能部门配合抓农民工应保尽保为主要任务，以加强工伤预防，从源头控制工伤事故发生为突破，常抓清欠续保，强化事故调查与待遇落实，促进各项工作有序开展。是年，全区参保单位621家，新增扩面3650人，征缴基金2172万元，超年任务的27%。享受工伤保险待遇的有1178人，支付基金1413万元。年底，荣获全市工伤保险经办机构红旗单位称号。

2017 年，由于工伤保险费率下调（全区平均降幅达 20%）。虽减轻了企业负担，但增加了基金支付的压力。为此，区工伤保险处在抓好日常工作的同时，确定把交通、水利建设项目务工人员参保作为当年工作重点。5 月 23 日，区人社局、区交通局、区水利局、区安监局、区总工会等 5 家单位联合下发《关于进一步做好交通、水利建设项目务工人员参加工伤保险工作的通知》（常鼎人社发〔2017〕26 号），文件对参保的范围对象、基金缴纳标准、工伤认定、参保时限界定以及待遇享受、业务经办流程、相关部门的责任等内容作出规定。通过努力工作，全区有 11 家交通水利项目参保，征缴基金 80 多万元。成为全市工伤保险工作的亮点并受到表彰，年底全区参保单位 632 家，新增扩面人数 3260 人，参保人数共 47567 人，征缴基金 2962 万元，超任务的 74%，享受工伤保险待遇 1076 人，支付基金 1741 万元。基金滚存节余 3446 万元。

2018 年，区工伤保险处加大征缴扩面力度，把乡镇卫生院和农民工参保作为工作重点，并将任务分解到各乡镇劳保站，按月调度，按季结账。同时，加强安监局、住建局、经信局、房管局、水电局、交通局等部门协调，完善多部门配合联动机制促进参保率提高。落实完善工伤事故调查“一次性”终结机制。规范各项待遇支付管理。上调一次性工亡补助金标准。更新升级工伤保险信息系统。全区参保单位 710 家，参保人数 47990 人，其中当年扩面新增 2800 人，征缴工伤保险费 2864 万元，超年计划的 68%。享受工伤保险待遇 2042 人，各项待遇支付 1592 万元，工伤保险基金结存 4612 万元。

在基金管理上，主要措施是用制度约束，靠管理规范。2006 年，区劳动和社会保障局设立基金监督领导小组，各处财务股长为成员，每季度组织一次基金管理内部审计，及时发现问题和修正错误。工伤保险处以《工伤保险条例》为指南，严格落实劳动和社会保障部颁发的《工伤保险经办业务管理规程》中规定的“六大制度”，针对鼎城区实际，对工伤保险基金支付项目、支付使用管理、支付流程都制订明细的制度，确保基金收支两条线并纳入财政专户管理。坚持“一事两岗两审”和“钱账分离，管用分开”的原则。在办事程序上，从管理入手达到规范的目的。在工伤医疗管理

市工伤保险处主任毛泽陆（左二）到鼎城调研

上，建立事故备案制度，要求各参保单位严格实行工伤事故限时备案。对事故的认定坚持书面审查和现场调查相结合，排除非工伤事故的申报。对工伤职工救治实行跟踪管理，对工伤人员住院的身份、诊断记录、用药记录等情况不定期开展稽核，杜绝“冒名住院”和挂床住院。加强对工伤保险协议医疗机构的管理，制定《鼎城区协议医疗机构综合考评办法》。将挂账管理、住院药占比、医疗与康复的衔接、住院时间的限制、特检特治审批、违规药品和医疗项目处理等内容都纳入协议条款。坚持年度考核评审，做到统一核定协议机构、统一协议文本、统一协议时间、统一考核办法。到 2015 年止，全区 5 家医疗机构签订工伤医疗服务协议。

在待遇支付管理上坚持做到“三个明确”，即明确支付的项目和渠道、明确支付的时间、明确支付标准。建立健全待遇资格定期审核、长期待遇定期调整，全区先后 7 次调整企业工伤人员伤残津贴和因工死亡职工供养亲属抚恤金的标准。

表 4-5-3　　单位：万元

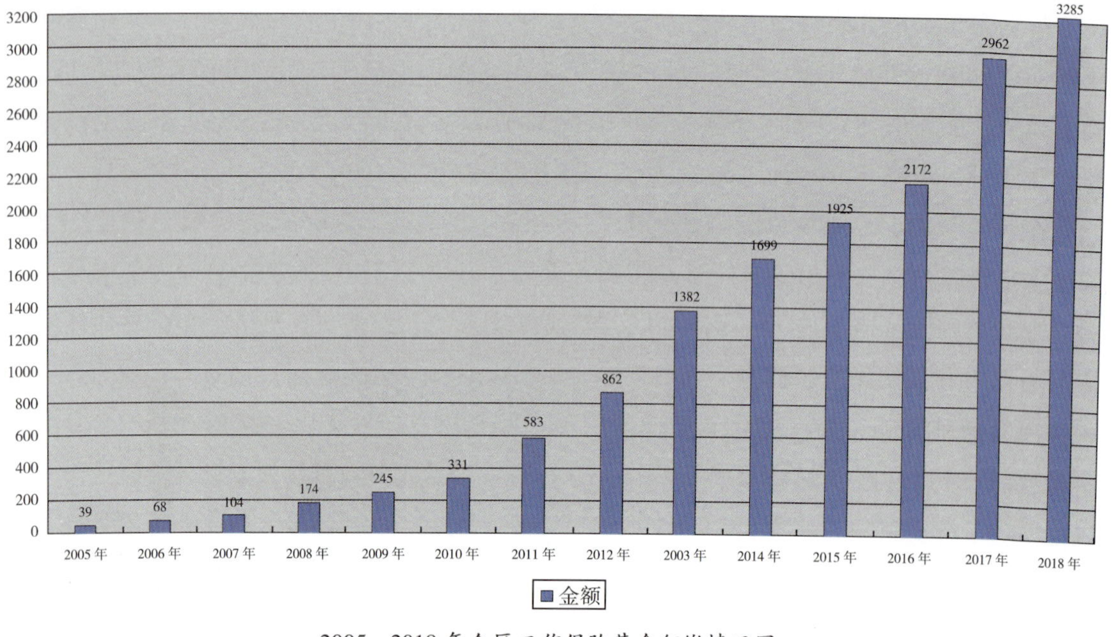

2005—2018 年全区工伤保险基金征缴情况图

第三节　工伤保险待遇

职工因工作遭受事故伤害或者患职业病（含因工染血吸虫病）进行治疗，享受工伤待遇，其待遇由工伤保险基金支付和用人单位支付。

一、工伤保险基金支付的待遇

工伤医疗待遇：是指职工治疗工伤按规定报销的医疗费用和有关的补助待遇。包括工伤医疗费用、康复性治疗费用、辅助器具安装配置费用、住院伙食补助费、转外地治疗的交通及食宿费用。职工因工受伤后，所用的医疗费用只要是符合工伤保险药品目录、诊疗项目目录、住院服务标准，由经办机构从工伤保险基金中全额支付，不封顶、不打折。2008 年 8 月 15 日，鼎城区湘北水泥有限公司发生塌窑事故，职工蔡正先被严重烧伤。经过治疗共发生医药费 47 万多元，按相关规定，在工伤保险处报销 38 万元。从事故发生至 2015 年年底，工伤保险为蔡共支付待遇 56 万余元。

伤残待遇：工伤职工伤残待遇是指因工负伤或患职业病治疗伤情相对稳定后经劳动能力鉴定委员会评残，按本人伤残等级而享受的有关待遇的统称。伤残待遇包括：（1）一次性伤残补助金。一次性伤残补助金是对因工致残的劳动者给予的一次性职业伤害补偿，给付标准依据伤残等级，一至十级分别给予 27~7 个月本人工资。（2）伤残津贴。伤残津贴是指工伤职工因工致残被鉴定为一至四级伤残的，与单位保留劳动关系，退出工作岗位，每月由工伤保险基金发给本人工资的 90%、85%、80%、75%。达到退休年龄办理退休手续后，停发伤残津贴，享受基本养老待遇。基本养老待遇低于伤残津贴的，由工伤保险基金补助差额。（3）生活护理费。工伤职工经评残并经市劳动能力鉴定委员会确认需要生活护理的，按照生活完全不能自理、大部分不能自理、部分不能自理 3 个不同等级由工伤保险基金按月支付生活护理费。其标准分别为全市上年度职工月平均工资的 50%、40%、30%，直到丧失领取资格。（4）一次性工伤医疗补助金。工伤医疗补助金是对因工致残鉴定为五级至六级的工伤职工自愿与企业解除劳动合同的，以及被鉴定为七级至十级的工伤职工在劳动合同期满或者本人提出解除劳动合同的，由工伤保险基金向工伤职工支付用于工伤治疗的一次性补助金，使工伤职工在离开原单位后工伤病情发生变化需要治疗时能够有一定的医疗保障。给付标准依据伤残等级，五至十级分别给予 24~6 个月本人工资，并终止工伤保险关系。2013 年 1 月 15 日，鼎城区华龙烟花鞭炮有限公司职工肖怀清被炸伤，医疗期终结后被鉴定为三级伤残，肖怀清除报销 64 万元医药费外，每月领取伤残津贴和护理费 3128 元，从事故发生至 2015 年止，支付其待遇 77.5 万元。

工亡待遇。职工工亡后，其近亲亲属按规定从工伤保险基金领取一次性工亡补助金、丧葬补助金、供养亲属抚恤金。（1）一次性工亡补助金。一次性工亡补助金是指在职工因工死亡的情况下，从工伤保险基金对其近亲亲属支付的一次性赔偿，标准为上年度全国城镇居民人均可支配收入的 20 倍。（2）丧葬补助金。丧葬补助金是用于工亡职工丧葬的专项补助，标准为6个月统筹地区上年度职工月平均工资。（3）供养亲属抚恤金。供养亲属抚恤金是按照工亡职工生前本人工资的一定比例发给由工亡职工生前提供主要生活来源、无劳动能力的亲属。标准按工亡者生前月工资的一定比例支付，配偶每月40%、其他亲属每人每月30%，孤寡老人或孤儿另加10%。核定的各供养亲属抚恤金之和不能高于死者生前的工资。

享受供养亲属抚恤金的条件：依靠因工死亡职工生前提供主要生活来源，并有下列情形之一的，可根据《因工死亡职工供养亲属范围规定》（劳社部18号令）第3条规定申请供养亲属抚恤金：（1）完全丧失劳动能力的。（2）工亡职工配偶男年满60周岁，女年满55周岁的。（3）工亡职工父母男年满60周岁，女年满55周岁的。（4）工亡职工子女未满18周岁的。（5）工亡职工父母均已死亡，其祖父、外祖父年满60周岁，祖母、外祖母年满55周岁的。（6）工亡职工子女已经死亡或完全丧失劳动能力，其孙子女、外孙子女未满18周岁的。（7）工亡职工父母均已死亡或完全丧失劳动能力，其兄弟姐妹未满18周岁的。自工伤保险制度改革以来，鼎城区有两个年份发生的工亡事故较多，如2013年，全区参保单位有6人因工死亡，支付工伤待遇282.3万元。2015年，发生工伤亡事故7起，死亡7人，支付工亡待遇405.1万元。

新、旧《工伤保险条例》待遇对比表

表4-5-4

2004版《工伤保险条例》与2011版《工伤保险条例》待遇对比图				
工伤待遇项目/支付标准	原《工伤保险条例》		新《工伤保险条例》	标　注
伤残补助金	一级	24个月本人工资	27个月本人工资	均由基金支付，本人工资是指工伤职工因工伤遭受事故伤害或者患职业病前12个月平均月缴费工资
	二级	22个月本人工资	25个月本人工资	
	三级	20个月本人工资	23个月本人工资	
	四级	18个月本人工资	21个月本人工资	
	五级	16个月本人工资	18个月本人工资	
	六级	14个月本人工资	16个月本人工资	
	七级	12个月本人工资	13个月本人工资	
	八级	10个月本人工资	11个月本人工资	
	九级	8个月本人工资	9个月本人工资	
	十级	6个月本人工资	7个月本人工资	

续表 4-5-4

2004 版《工伤保险条例》与 2011 版《工伤保险条例》待遇对比图				
工伤待遇项目 / 支付标准	原《工伤保险条例》		新《工伤保险条例》	标　注
伤残津贴	一级	本人工资的 90%	无变化	1~4 级，由基金支付 5~6 级，由用人单位支付
	二级	本人工资的 85%		
	三级	本人工资的 80 钟		
	四级	本人工资的 75%		
	五级	本人工资的 70%		
	六级	本人工资的 60%		
一次性医疗补助金和就业补助金	医疗补助金：用人单位支付		基金支付	本人工资
	就业补助金：用人单位支付		用人单位支付	
一次性工亡补助金	48 个月至 60 个月的统筹地区上年度职工月平均工资		上一年度全国城镇居民人均可支配收入的 20 倍	
丧葬补助金	6 个月统筹地区上年度职工月平均工资，基金支付		无变化	6 个月
供养亲属抚恤金	配偶每月 40%，其他亲属每人每月 40%，孤寡老人或者孤儿每人每月在上述标准的基础上增加 10%，基金支付		无变化	核定的各供养亲属的抚恤金之和不应高于因工死亡职工生前的工资
伙食补助费	所在单位按照本单位因公出差伙食补助标准的 70%		基金支付	
交通食宿费	所在单位按照本单位职工因公出差标准报销			
工伤医疗费	根据相关标准由工伤保险基金支付		无变化	
工伤康复费				
辅助器具费				

续表 4-5-4

2004 版《工伤保险条例》与 2011 版《工伤保险条例》待遇对比图

工伤待遇项目/支付标准	原《工伤保险条例》		新《工伤保险条例》	标　　注
停工留薪期工　　资	用人单位支付，负伤前 12 个月平均工资		用人单位支付，负伤前 12 个月平均工资	非全日制每月支付最低工资
生活护理费　　用	完全不能自　　理	上年度统筹地区在岗职工月平均工资的 50%，按月支付	无变化	工伤保险基金支付
	大部分不能自理	上年度统筹地区在岗职工月平均工资的 40%按月支付		
	完全不能自　　理	上年度统筹地区在岗职工月平均工资的 50%，按月支付		
劳动能力鉴定费	首次及再次鉴定变更的由基金支付		无变化	工伤保险基金支付

表 4-5-5

单位：万元

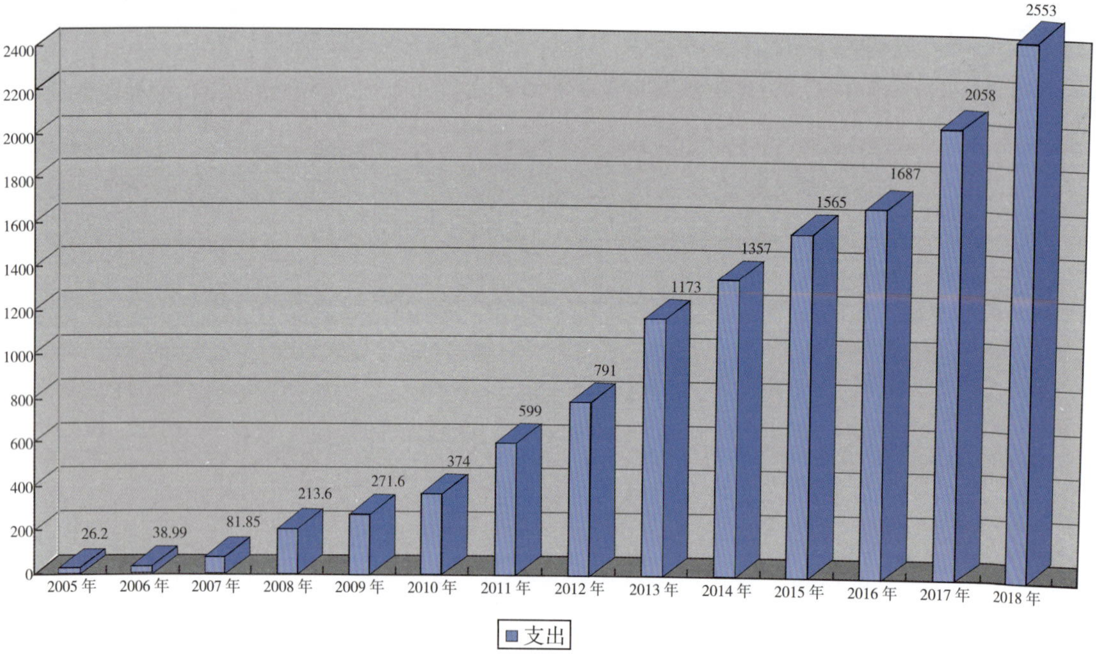

2005—2018 年工伤保险基金支付示意图

二、用人单位支付的待遇

停工留薪期内的工资待遇不变 职工因工伤遭受事故伤害或患职业病需要暂停工作接受工伤医疗的，在停工留薪期内，原工资福利待遇不变，由所在单位按月支付。停工留薪期一般不超过12个月（受伤之日起到医院诊断全休期满止），若伤情严重或者情况特殊，经市劳动能力鉴定委员会确认，可以适当延长，但延长不得超过12个月。

伤残津贴 五至六级伤残职工，保留与用人单位的劳动关系，本应由用人单位安排适当工作，但难以安排的，由用人单位按月分别发放本人工资的70%、60%。

一次性伤残就业补助金 一次性伤残就业补助金是指因工致残被鉴定为七至十级的工伤职工在劳动合同期满或者职工本人提出解除劳动合同的，用人单位为帮助工伤职工再次就业一次性发给的补助金，以弥补工伤职工在今后的求职就业中与非工伤人员相比存在一定困难而给本人造成的损失。给付标准根据伤残等级，五至十级分别给予36~6个月本人工资。

陪护费 工伤职工住院以及全休期间生活不能自理，需要护理的，由所在单位负责。

表 4-5-6　　单位：人

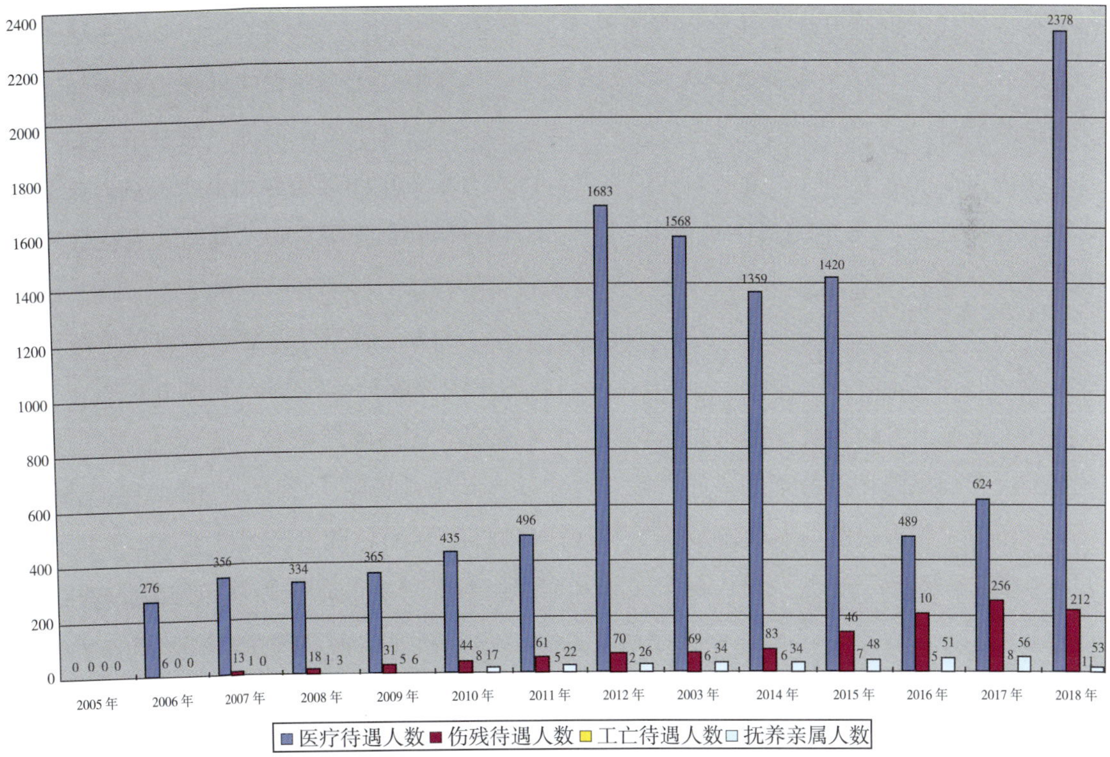

2005—2018年全区工伤待遇享受人数图

第四节 “老工伤”人员管理

2000 年，鼎城区国有、集体企业实行产权转换，大多数企业进入破产清算阶段，职工与企业相继解除劳动关系，工伤残人员与退休人员一道转入企业所在地的社区管理，他们脱离了原企业，被排除在工伤保险之外。

2008 年，为维护老工伤人员的合法权益，区工伤保险处开展老工伤人员信息调查，全区转换产权的国有、集体企业中共有 1228 名老工伤人员（其中工伤人数 822 人、职业病 16 人、因工染血吸虫 365 人）。11 月，区政府召开第十二次常务会议专题研究老工伤人员有关待遇问题的解决办法并形成会议纪要。区劳动和社会保障局、区财政局联合印发《常德市鼎城区关于老工伤人员旧伤复发医疗待遇的实施细则》（常鼎劳社发〔2008〕52 号）。《实施细则》规定，老工伤人员旧伤复发医疗标准：慢性血吸虫病 800 元 / 两年、晚期血吸虫病 2500 元 / 年；老工伤门诊 150 元 / 月、住院 3000 元 / 年。当年，区财政局拨专款 30 万元用于解决老工伤人员有关待遇。此后，纳入每年财政预算。

2010 年，全区事业单位和民间组织参加工伤保险，但原国有、集体企业 7~10 级老工伤人员未纳入管理，当年一并纳入老工伤人员管理。全区老工伤人员增加到 2376 人（其中伤残 312 人、血吸虫病 2020 人、职业病 44 人）。当年，区工伤保险处获全市老工伤管理先进单位。

2011 年，5 月 1 日前，全区国有企业老工伤人员和工亡职工供养亲属全部纳入工伤保险统筹管理。11 月，全区集体企业老工伤人员和工亡职工供养亲属全部纳入工伤保险统筹管理。

2012 年 3 月，区人民政府印发《关于将国有企业老工伤人员等纳入工伤保险统筹管理的通知》（常鼎政发〔2012〕5 号），对辖区内未改制破产的国有、集体企业的老工伤人员纳入工伤保险统筹管理作出明确规定，区人社局、区财政局联合下发《关于老工伤人员等纳入工伤保险统筹管理的实施办法》（常鼎人社发〔2012〕12 号）。对参保企业的缴费标准、老工伤人员待遇和统筹管理等问题作出规定。5 月，随着全区机关事业单位工作人员参加工伤保险，这些单位中的老工伤和因工染血吸虫病人员一并纳入工伤保险统筹。对血吸虫病治疗标准作出调整：慢性血吸虫病由原来的 800 元 / 两年提高到 1500 元 / 两年、晚期血吸虫病由原来的 2500 元 / 年提高到 4000 元 / 年。

2013—2015 年，重点加强老工伤人员的医疗管理，重新规范门诊医疗流程，明确老工伤医疗待遇，控制住院费用和住院天数。区财政每年的配套资金达到 57 万元并纳入预算。2015 年年底止，全区纳入工伤保险统筹管理的老工伤人员达到 4258 人（其中工伤残人员 434 人、晚期血吸虫病 147 人、慢性血吸虫病 3677 人）。

2018 年，促进老工伤人员统筹管理，收集整理和完善老工伤人员的基本信息，建立老工伤人员待遇资格年审制度，完成鼎城农机公司等 8 家国有企业工伤保险费趸缴工作，重视和及时处理好老工伤人员来信来访。按照新标准及时调整和支付老工伤待遇，截至年底，全区共支付老工伤人员医疗待遇 394.44 万元。

第六章　城乡居民基本养老保险

鼎城区城乡居民养老保险历经三个发展阶段：（1）农村社会养老保险。1986年开始试点，由民政部门负责经办，主要做法是以个人缴费为主，集体补助为辅，国家给予政策扶持。开始，以村级干部为主参保。由于没有集体经济和政府财政投入，参保对象得不到补贴，且保障水平低，因此参保的积极性不高。1999年，鼎城区按国务院要求对农保进行清理整顿，停止接受新业务。（2）新型农村社会养老保险。2008年10月，中共十七届三中全会，第一次提出建立个人缴费、集体补助、政府补贴相结合的新型农村养老保险制度。2009年6月，国务院印发《关于开展新型农村社会养老保险试点的指导意见》。2010年9月，鼎城区新型农村社会养老保险试点工作正式启动。2011年9月，在抓好新型农村社会养老保险工作的同时，全区城镇居民养老保险开始实施。（3）统一的城乡居民基本养老保险。2014年2月，国务院印发《关于建立统一的城乡居民基本养老保险制度的意见》。12月，按照国务院、人社部、财政部和省政府及省人社厅、财政厅相关文件精神，鼎城区政府印发《常德市鼎城区实施城乡居民基本养老保险暂行办法》，部署和全面启动统一的城乡居民基本养老保险工作。

第一节　新型农村社会养老保险

2010年3月，鼎城区委、区政府在充分调研、多方认证、周密测算的基础上，制订了申报新型农村社会养老保险（以下简称“新农保”）试点实施方案。6月，为确保新农保工作顺利推进，区编委发文，为各乡镇劳保站增加事业编1名，用于配备乡镇新农保专职人员。9月，人力资源和社会保障部《关于批复湖南省2010年新型农村社会养老保险试点县名单的通知》（人社部发〔2010〕72号），批准鼎城区为第二批新农保试点。10月，区编委下发《关于设立区新型农村社会养老保险管理中心的批复》（常鼎编〔2010〕8号），核定区新农保中心全额拨款事业编制10名，其主要职能：（1）负责全区新农保业务发展规划，制定全区农村社会养老保险政策、业务管理规程和业务流程。（2）负责全区新农保业务开展、基金征缴和管理。（3）负责新农保待遇的计发。（4）承办区委、区政府以及区人社局、区社保处交办的其他事项。11月中旬，全区区、乡、村、组四级联动开展新农保宣传活动，各种媒体利用多种形式进行报道。11月22日，区政府印发《常德市鼎城区新型农村社会养老保险暂行办法》，规定新农保的基本原则：即“保基本、广覆盖、有弹性、可持续”。参保范围：凡年满16周岁以上（不含在校学生）未参加基本养老保险具有鼎城区户籍的农村居民；基金筹集：由个人缴费、集体补助、政府补贴构成；还明确了个人账户管理以及养老待遇等内容。11月24日，区政府成立由区委常委、副区长杨君任组长，区委组织部、区政府办、区人社局、区财政局、区审计局、区监察局、区编委办、区信访局、区公安局、区民政局、区残联、区统计局、区信用社等13个单位的相关领导为成员的鼎城区新型农村社会养老保险工作领导小组，并明确了各单位及各乡镇的工作职责。11月25日，区人社局印发《常德市鼎城区新型农村养老保险实施细则》，进一步明确参保范围、基金征缴、个人账户管理、待遇支付以及业务经办流程。12月1日，区委办、区政府办发文，明确各乡镇（场）开展新型农村社会养老保险工作的职责和考核办法。12月9日，召开全区新农保试点动员大会，区长董岚、副区长杨君以及区人大、区政协领导出席会议。各乡镇（场）长及相关职能部门的主要负责人参加大会。会后各乡镇（场）长向区政府递交了《工作责任状》。12月23日、29日，区长董岚、副区长杨君先后出席了新农保中心在灌溪镇兴发垸村和蒿子港镇举行的新型农村社会养老保险养老金首发仪式。

试点动员大会会场

2011年，区委、区政府将新农保试点工作列入全区经济社会发展规划的主要内容，列入全区重大惠民工程和政府绩效评估的重要指标，建立健全了区、乡、村工作网络，工作经费列入财政预算。印刷30万份政策解读资料下发到每个农户，35个乡镇（场）常年开辟宣传专栏，农保中心设立咨询热线，建立QQ群。150多名乡村业务经办人员分4期参加业务培训。9月7日，召开全区城镇居民养老保险试点启动大会。鼎城区城镇总人口为109202人，其中符合参保条件的对象为12334人，首批符合待遇领取条件的城镇居民为4568人，12月兑现了养老保险金的发放。年末，全区新农保续保缴费人数为30.82万人，征缴基金3560万元，续保缴费率为93%；符合待遇领取条件的有12.7万人，共发放养老金 10194.84 万元，发放率 100%。城镇居民参保人数为 4459 人，征缴基金 73 万元，符合领取待遇的对象有 4657 名，共发放养老金 177 万元。两项试点工作都完成了省人社厅下达的任务，鼎城区农保中心获得全省第二批试点区、县、市新农保经办管理服务工作先进单位称号。

2012 年 3 月，召开全区新农保、城镇居民养老保险续保工作动员大会，区长董岚参加会议并讲话，对前两年的工作进行总结表彰。会后，各地进行广泛宣传。在基金征缴上采取村级代收代缴，批量缴费入库的方式开展续保缴费工作。区人社局领导班子成员分片包干，督导各乡镇工作开展。为确保基金安全，在实行收支两条线的基础上，对新增领取对象及时办理手续，老对象实行生存认证制度。为杜绝重复参保和多领冒领行为，区农保中心自主研发并启用“多险种养老金对比系统”发现重复参保、待遇重发等错误信息 2004 人（次），挽回经济损失 225 万元。全年新农保续保缴费共 297000 人，基金征缴 3351.51 万元，续保率 89.8%，领取待遇人员 131209 人，共发放养老金 8642.42 万元，发放率 100%。城镇居民续保缴费 5167 人，基金征缴 77.41 万元，领取待遇人员 3579 人，发放养老金 345.6 万元，发放率 100%。9 月，鼎城区被国务院授予“全国新型农村和城镇居民社会养老保险工作先进单位”称号。

2013 年，鼎城区在认真总结前 3 年新农保和城镇居民养老保险工作经验的基础上，重点采取参保对象求实：即所有参保人员姓名、身份证号码、缴费年度、金额以及养老关系转移、错误信息的修改，由各乡镇、银行、农保中心层层把关公示，确保信息真实准确；领取待遇对象求严：重点是对重复参保对象进行清查，共审核出 1555 人，办理退款 130 多万元。取消已发放而又长期无人领取的养老金存折本（卡）共 1200 份，收回养老金 75.1 万元；征缴扩面求广：在稳定续保面的同时，对新增的适龄参保人员，采取上门宣传、服务包干、以心换心等形式及时跟进做好工作，全年新增 6500 人，做到了新增缴费人数与新增领取人员基本持平；缴费模式求活：除了坚持村级代缴，批量缴费入库，银行代收并存的制度外，5 月，在农保中心安装 POS 机，在乡镇安装 25 台 ATM 自动存取款机，方便参保人员主动缴费。年末，全区新农保和城镇居民参保缴费人员共 285800 人，参保缴费率 95%，征缴基金 3133 万元，领取待遇人员 134000 人，支付养老金 8930 万元，发放率达 100%。2010—2013 年，区农保中心连续 4 年被评为全省先进单位。

第二节　统一的城乡居民基本养老保险

2014 年开始，农村、城镇居民养老保险两项制度先后实施，覆盖范围和对象有所不同，相关标准不尽统一，有些政策、措施需要进一步完善、优化。业务管理和信息系统建设也需要进一步规范、提升。2014 年 2 月 21 日，人社部和财政部印发《关于建立统一的城乡居民基本养老保险制度的意见》。省政府、省人社厅和省财政厅相继印发《实施意见》和《实施方案》。10 月，鼎城区政府印发《实施办法》，除在制度模式、筹资渠道、待遇支付结构等方面与各级文件精神保持一致外，区政府的《实施办法》还在以下 10 个方面进行改革创新和优化完善：（1）明确近期目标和长远目标。（2）进一步明确参保范围。（3）统一规定并适当提高缴费档次。（4）进一步完善了缴费激励机制。（5）扩充了政府代缴的范围。（6）进一步明确了领取条件。（7）调整个人账户计息政策。（8）调整个人账户余额继承政策。（9）提出探索建立丧葬补助金制度的设想。（10）完善了制度内跨地区转移接续办法。农保中心还加大对城乡居民经办服务的投入，提升服务质量。先后出台《鼎城区城乡居民社会养老保险暂行办法》《鼎城区城乡居民社会养老保险经办流程》《鼎城区城乡居民社会养老保险待遇领取人员资格生存认证管理办法》和《鼎城区城乡居民社会养老保险档案管理办法》。实行首问负责制和限时办结制，确保业务经办有序运行。各乡镇、农林场、街道办事处、社区都配备专干，开通专用网络、建立了 QQ 群、短信平台和微信平台，做到机构、人员、经费、场地、工作、制度“六到位”。全区选择港二口镇、灌溪镇、红云街道办事处、郭家铺街道办事处等单位为经办服务示范点，通过示范点的建设推动全区工作质量的普遍提升。当年，鼎城区被省人社厅授予“全省首批城乡居民社会养老保险经办管理服务示范县”称号。管理中心筹措 15 万元，完善档案硬件设施建设，整理历年各类档案 500 多册，经市级验收获得优秀等级。区农保中心与区信用联社合作，在各乡镇信用社网点安排专人负责城乡居民养老保险缴费，增设 15 台 CRS 自动存取款一体机，在村级人口集中的生活超市和生产资料销售网店安装 POS 机 600 多台，在人社局服务大厅安装自动存取款机，方便参保对象自主缴费。是年，全区城乡居民续保缴费达到 28.1 万人，征缴基金 3093 万元，续保缴费率为 97.06%。

市社保处到鼎城调研新农保工作。左起：钱家坪乡党委书记余梅、区农保中心主任裴浪涛、市社保处副主任周建军

为全区13.5万名符合待遇领取的对象发放养老金8730万元，社会化发放率达100%。从7月1日起，对13万多名符合领取待遇的对象完成调整待遇工作，基础养老金由每人每月55元提高到60元，每月增发待遇203.67万元。区农保中心连续5年被评为全省“城乡居民养老保险经办管理服务先进单位”。

2015年，城乡居民社会养老保险工作在制度建设上实现新农保与城乡居民保险制度的统一；在对象上完善企业职工养老保险与城乡居民保险的关系转移接续；在待遇标准上由60元提高到75元的调整及发放；在缴费方式由代收缴到自主持卡缴费的平稳过渡。到8月底，发放社会保障卡406668张，参保对象持卡率达到98.67%；在基础上强化业务培训，全年共培训100多人次，集中学习相关政策和业务规程。出台《社会保障卡信息修改操作流程》，强化个人账户信息管理，对社保卡的信息错误、遗失补办等情况的处理做了进一步规范。加强政策宣传，全区共发放明白纸、宣传图册5000多份。还分别利用电台、电视台、乡镇广播、手机短信、微信等发布政策信息；在基金管理上，严格待遇审批、严格生存认证、严格稽查稽核、严格内控管理。年底，城乡居民养老保险缴费人数26.93万人，占任务的95%，征缴基金3086.68万元，占任务的108%，为13.86万人发放养老金1.3亿元，社会化发放率达100%。

2016年，区城乡居民养老保险管理中心为使业务经办进一步向基层下沉，从3月开始，投资20多万元，为全区18个乡镇更换电脑设备，购置传真打印机，实现城乡居保业务网络与乡镇内网的融合。开辟银行持卡缴费绿色通道，使城乡居保业务办理、查询更加便捷高效。7月，针对全区参保缴费存在的问题，开展“接地气、访民生”专题调研活动，在全区选取8个具有代表性的乡镇，采取召开村组干部和部分群众座谈会，现场发放调查问卷，面对面沟通情况，收集建议和意见。经过疏理，拟定整改方案，推广蔡家岗乡的工作经验。8月，重点对村、镇干部加强政策宣传和业务专干的培训，通过村镇干部的微信群、QQ群等公共平台，反复发送业务知识，强化村镇干部对城乡居保政策的理解，动员他们利于开展工作的机会，走村入户宣传政策。同时，对业务专干量身定制乡镇网络平台操作培训方案，采取跟班学习，网络直播教学等形式主动将政策培训下移至基层，确保专干能学会用。9月，全市城乡居保示范点现场会在该区黄土店镇召开。各市、区、县社保处主任、城乡居保中心主任共70余人现场观摩示范点建设成果，对鼎城区城乡居保办事透明化、工作规范化、管理制度化、监督公开化、服务人性化的经办服务体系给予高度评价。10月开展待遇提标，从2016年1月1日起，基础养老金最低标准由每月75元提高到80元，全区共有13.63万人参加调待，共增发待遇607万元。同时，强化数据核查，全区共清理出重复参保领取的待遇共1103人次，追回重领基金21.8万元。发放社保卡2万余张（累计发放达42.46万张）。年底，全区参保缴费人数共26.6万人，完成任务95.7%，征缴基金3175.24万元，超任务14%。实现政府代缴4491人。共为163177人发放养老金13634.67万元，社会化足额率均达100%。此外，还为独生子女家庭、乡村民办教师、乡村医生、乡村电影放映员等特殊人员5624人共发放奖励和生活困难补助费共365.03万元。

2017年，城乡居保管理中心脚踏实地，多措并举，有序推进了各项工作向前发展。年初，他们组织工作人员先后赴邵阳市新邵县、株洲市株洲县学习考察后，确定“扩面、提档”的工作目标，采取“压压担，追着跑”的方式，将缴费档次在200元以上的缴费人数和金额纳入当年考核目标，并将任务层层细化，分解到人，签订《目标责任书》。从4月份开始，不仅督导全区各乡镇的工作开展，而且还采取分片包干，每天调度，每周结账，形成比学赶超，奋力争先的局面。到6月底止共征缴基金2664万元。在全省率先完成省中心下达的全年任务，省城乡居民社会养老保险管理中心转发《常德市鼎城区全力推进城乡居民养老保险基金征缴工作的通知》（湘居民社险函〔2017〕16号），充分肯定了鼎城的经验并在全省推广。其次是在工作方式上不断创新。7月，他们以“智慧人社”为平台，积极申办银联手机缴费和手机APP缴费，9月，开通手机缴费模式，成为全省首批手机缴费试点单位，迈开了互联网+的新步伐。同时，为进一步方便群众缴费，加载了村级金融服务，在全区乡镇网点增加ATM和CRS柜员机58台，助农缴费终端26台，村村通POS机300余台，工作人员可携带POS机入户办理缴费业务。三是落实了居保精准扶贫政策，按照省中心关于贫困人员要建档立卡的要求，出台《鼎城区建档立卡贫困人员参加城乡居民养老保险工作方案》，并要求各乡镇对区扶贫办提供的贫困人员数据信息进行了严格核对，区城乡居保中心积极争取财政资金，到10月底，全区共为4840名政府代缴养老保险对象缴纳每年100元的养老保险费。其中，特困一级、低保对象建档立卡的贫困人员共4143名。四是强化风险防控。资格认证常抓不懈。采取现场认证、上门认证、异地认证、协助认证等方式，全区2017年领取待遇对象共13.65万名全部进行认证，同时出台《鼎城区城乡居民养老保险稽核退款工作方案》到12月底止，共查出重复领取待遇487人次，追回基金18.25万元，死亡冒领1096人次，追回基金32.24万元。年底，全区参保人数达25.3万人，征缴基金4187万元，超任务的57.2%。共为13.82万人发放待遇1.36亿元。为13.7万人的最低养老金标准每月80元提高到85元，增发待遇164.4万元。为四类特殊对象共2819人发放生活困难补助费或奖励资金共413.08万元。

2018年，区城乡居保中心以“扩面、提档”为工作重点，并针对部分群众对缴费提高档次标准存在的种种疑虑，加大宣传力度。采取利用节日集中宣传、深入村组重点宣传、借助媒体广泛宣传、党员志愿者下乡面对面宣传等措施，全方位、多层次解答疑虑，宣传政策、统一认识。其次是多管齐下，方便群众缴费。设置村级金融服务平台，群众缴费足不出户。金融部门设立专柜专人，确保缴费绿色通道畅通。业务经办人员不断强化培训，力争缴费出现的问题解决不过夜。同时，重点推广手机缴费，真正迈入互联网 + 时代。强化基金监控，确保待遇落实。重点对待遇领取过程中出现的多领、冒领、错领等现象进行清理，采取集中到乡、分组进村、核实到人的方式开展稽核。全年稽核 3658 人次，退还金额 50.6 万元。按月公示当月到龄应领取待遇人员中欠费或不欠费人员名单，督促乡镇及时补缴，确保待遇按时发放。对死亡不报、冒领待遇设立举报奖励制度。推广手机认证，全区 13.73 万名待遇领取人员中，手机认证有 11.91 万人，占 88.9%。助力精准脱贫。5 月，对区扶贫办提供的 12939 名未脱贫人员进行建档立卡，并两次安排专人下乡镇认真核实后录入系统，其中应缴费人员 5879 人，应领取待遇人员 3820 人。对 2017 年全区残一级、残二级、“五保户”等由政府代缴的人员进行核实，对当年新增的类似人员进行严格审核，录入系统 5035 人并按最低缴费档次予以代缴，代缴金额 112.09 万元。对 2256 名建档立卡的重残贫困人员进行清理，剔除死亡人员、未成年人员或已参加其他养老保险的对象后，为 697 名应领取待遇人员调整待遇，为 1488 人代缴最低档次养老保险费。为 27 名百岁老人建档立卡，完善跟踪管理，节日慰问制度。慰问金由原来 800 元 / 人提高 1000 元 / 人。12 月 5 日，在全省城乡居保经办业务培训班上，区城乡居保中心代表常德市作经验介绍。12 月 19 日，人社部在北京召开全国城乡居保业务经办流程研讨会，区城乡居保中心负责人曾桢作为全省两名代表之一参加会议。由于多措并举，缴费提档工作取得明显成效。2018 年，全区城乡居民参加养老保险人数 24.22 万人，征缴保费 7522.80 万元，实现政府代缴 112.09 万元，合计征收 7634.89 万元，超省市下达年任务的 2.6 倍。人均缴费 315.23 元，比上年提高 143.82 元，领取待遇人数 13.8 万元，发放养老金 1.58 亿元，月人均养老金 105.72 元，达到全省平均水平。同时还为四类特殊对象代发生活补助费或奖励资金 443.72 万元，获全市 2018 年业务工作评比第一名。

第三节 被征地农民社会保障

为加快推进城市化进程和城乡经济统筹协调发展及城市规划区扩大的需要，部分农民的土地被政府征收，他们的就业和社会保障问题日益突出。为妥善解决这一人群的基本生活和长远生计，维护其合法权益，保持社会稳定，促进城镇化健康发展，国务院和各级地方政府及相关部门先后出台一系列关于做好被征地农民社会保障工作的政策。2011 年，鼎城区组织相关职能部门对被征地农民的社会保障工作开展调查，并组织劳动部门到嘉禾县学习考察被　征地农民社会保障工作的做法。多次召开协调会、座谈会，讨论和修改被征地农民社会保障工作的试行办法。12 月，正式启动鼎城区被征地农民社会保障工作政策宣传和人员摸底。

2012 年 6 月，区政府印发《鼎城区城市规划区被征地农民就业培训和社会保障工作暂行办法》，对被征地农民的社会保障工作作出明确规定，包括纳入社保范围的对象、参加基本养老保险的缴费办法、补贴标准以及具体操作流程、资金来源与管理等。到年末，全区有武陵镇西站村、郭家铺村，斗姆湖镇新建村、红星村，灌溪镇兴发垸等 5 个村的被征地农民参加了养老保险，共办理参保手续 579 人，征收养老保险费 4123.6 万元。其中，财政补贴 2446 万元，个人缴费 1677 万元。当年办理退休手续的有 445 人，人均月养老金 1004.3 元。

2013 年，区政府成立被征地农民养老保险工作领导小组。针对鼎城区城市规划区主要涉及武陵、灌溪、斗姆湖 3 个镇的特点，工作人员深入镇村，面对面的宣传政策，解答疑问，提高被征地农民参保积极性。年末，3 个乡镇共参保 1330 人，征缴基金 10608 万元。其中，财政补贴 6598 万元，个人缴费 4010 万元，办理退休手续 1022 人，人均月养老金 1158.4 元。

2015 年，鼎城区出台经过修订的《常德市鼎城区被征地农民社会保障工作暂行办法》，进一步明确管理范围及对象、机关职能部门的工作职责、参保的“险种”选择及缴费补贴标准及被征地农民社会保障资金来源、管理和监督。在新的《暂行办法》的指导下，全区被征地农民社会保障工作顺利推进。同时，区社保处在推进工作的过程中，发现有部分参保对象在年龄、户籍、土地面积等问题上存在疑问。因此，要求有关乡镇（街道）在参保资格问题上进行自清自查，社保处也组织力量从 10 月开始对斗姆湖、红云、郭家铺 3 个街道进行专项调查，共清查出不符合参保资格的人员 517 人，其中已参保的有 129 人，追回参保财政补贴 361 万元，养老金 30.2 万元。年底，全区共有被征地农民 27176 人，其中符合参保补贴资格的有 24792 人，累计参保的有 6510 人，参保率为 26.2%。办理退休手续 4445 人，月人均养老金 1271 元。被征地农民累计缴纳养老保险费 52736 万元，其中财政补贴 28027 万元。

2016 年，全区启动“大堤压浸”“阳明南路”“东星家具城”“岗市安置小区”“竹根潭路”“钢材市场”“沅澧干线”“大湖南路”“武陵监狱迁建”等十余个项目被征地农民的参保工作。区社保处根据鼎城区实际、结合外地的先进经验，重新设计了相关表册，修改完善了工作流程。多次深入村组宣传政策，上门入户审核参保对象身份证、户口本等资料，并将参保对象信息制成公示，张贴到村组，接受监督。同时，加强财政补贴资金的核查，清退了102名不符合资格的参保人员，追回财政补贴321万元。到年底，全区累计上报被征地农民27950人，符合参保条件有25424人，累计参保8456人（当年新增3559人），征缴资金2.467亿元，其中财政补贴9500万元。

2017年，为强化相关单位对被征地农民社会保障工作的责任，理顺和健全工作机制，经区社保处建议，区政府研究决定建立鼎城区被征地农民社会保障工作联席会议制度。联席会议由区委常委、常务副区长牵头，三名副区长具体负责，区人社局、区财政局、区国土局、区公安局、区经管局为成员单位。7月12日，区政府下发《关于建立鼎城区被征地农民社会保障工作联席会议制度的通知》（常鼎政函〔2017〕54号），通知就联席会议的组织机构，主要职责、议事规则以及各成员单位的工作职责作了明确规定。到12月底止，区委常委、常务副区长李卫民共主持召开5次联席会议，两次下发联席会议纪要，就新老政策的衔接、参保对象资格的审查、财政补贴的标准、基金的归集与追缴，成员单位工作联动流程以及个别特殊问题的处理都及时作出研究和规定。2017年，全区新启动“湘澳医药物流园”“国际商贸物流中心”“永晟玻璃制品厂”“污水处理厂”等14个征地项目，由于联动工作机制顺畅，各自责任明确，促进了被征地农民参保工作的开展。年底，全区符合参保资格的被征地农民共25260人，当年新增参保3370人，累计参保对象共11826人，共征缴基金18484万元，其中财政补贴8506万元。

2018年，全区启动“江南大道”“粤港光电”“红云南路”“燕子湖”等11个项目的被征地农民参保，每启动一个项目，被征地农民养老保险中心均按照参保前调查、参保资格公示、参保资格集中审核、领导审批等程序认真开展工作，对每名参保对象的基本信息（户口、身份证等）都进行认真审核，对个别

被征地农民保险中心到斗姆湖新农社区开展被征地农民参保资格集中审核

疑点还进行实地调查，杜绝不符合条件的对象参保。加强社会保障资金的清欠工作，累计发放资金催缴通知单36份，开展缴费补贴追缴工作，对斗姆湖、郭家铺、灌溪3名不符合参保资格人员追回财政缴费补贴11163元。截至12月止，全区被征地农民符合参保资格30659人，参保15407人，其中当年新增参保3894人，征缴养老保险费19218万元，其中财政补贴8941万元。

第七章 城乡居民基本医疗保险

第一节 新型农村合作医疗机构与制度建设

2005年8月，经省政府批准，鼎城区被纳入全省第二批新型农村合作医疗试点单位。10月16日，区长车德斌主持召开区长办公会议，对实施新型农村合作医疗制度的组织机构、工作班子、启动经费、配套基金作出决议（区长办公会议纪要〔2005〕12号）。11月10日，区委、区政府印发《关于建立新型农村合作医疗制度的决定》（常鼎发〔2005〕13号），对全区建立和实施新型农村合作医疗制度的目标任务、组织机构、筹资机制、基金管理与支付、运行机制、审计监督、强化领导等内容作出明确规定。11月20日，成立由区长任主任，常务副区长、分管副区长任副主任，相关职能部门负责人为成员的区新型农村合作医疗管理委员会（以下简称合管委）和由区人大、区政协、区纪委、区监察局、区审计局等单位负责人以及人大代表、政协委员、参合农民代表组成的区新型农村合作医疗监督委员会（以下简称合监委）。同时，各乡镇（场）、村也成立相应的领导机构与监督组织。

2006年4月，区编委印发《关于成立常德市鼎城区新型农村合作医疗管理委员会办公室的通知》（以下简称农合办）为区卫生局管理的全额拨款股级事业单位（2007年6月经市编委核定为副科级事业单位），核定编制12名，内设综合股、财务管理股、稽查股、审核股、信息管理股共5个股室，其职责为：负责全区新型农村合作医疗制度与相关工作措施的拟定与实施；负责全区参合资金的筹集与管理；负责参合对象的住院费用与大病医疗费用的审核补偿；负责定点医疗机构医疗服务行为的指导与监管以及上级交办的其他工作。农合办成立后，以区委、区政府出台的《加强新型农村合作

农合办召开工作会议

医疗制度建设的决议》和《常德市鼎城区新型农村合作医疗实施办法》等政策性文件为依据，相继制订《住院补偿办法》《单病种费用限额》《住院费用控制》《门诊特殊慢病补偿办法》及《意外伤害管理及补偿办法》等一系列规范性文件。建立和完善补偿审批、基金管理、信息管理、稽查、违规处罚及定点医疗机构服务行为监管等规章制度。区政府将新型农村合作医疗工作列入各乡镇（场）政府年度目标考核。区农合办与各定点医疗机构签订了《新农合定点医疗机构服务与管理协议书》，对医疗机构的管理、服务的职责及义务作了明确规定。至此，全区实施新型农村合作医疗的领导、管理、协调、工作机构与相关政策及制度基本建立，业务工作全面推进，并不断完善和规范。

鼎城区农合办历任领导名录表

表 4–7–1

姓　名	性别	职　务	任职起止时间	备　注
张同桥	男	主　任	2006.1–2007.10	
皮健夫	男	主　任	2007.11—2016.10	
杨碧勇	男	书　记	2010.8–	
古佩慈	女	副主任	2006.12–2007.7	
李和平	女	副主任	2006.3–	
傅　芳	女	副主任	2014.6–2017.1	
杨里程	男	工会主席	2013.1–	

第二节　基金筹集与管理

推进农村新型合作医疗工作的开展，重在基金筹集，难在提高农民的认识。区农合办围绕“筹资有源，管理有方，使用有效”这个目标，从 2006 年 1 月启动新农合工作以来就一直紧紧抓住这一工作重点，加大政策宣传，引导农民自愿参合。2007 年，区政府为全区农户印发 20.5 万册《鼎城区新型农村合作医疗须知》，20 万张合作医疗政策宣传年画。并制作 10 余张新农合知识宣传光碟，由区文化局组织在各乡镇专场放映，区电视台开设了新农合宣传专栏及时对新农合推进情况进行报道。区农合办印刷了 30 万份宣传资料发放给农户。各乡镇利用宣传车、标语、墙报、广播等形式大力宣传新农合的政策、意义及操作办法，逐步使新农合政策家喻户晓，深入人心。8 月 10 日，中共常德市委书记武吉海到鼎城区石门桥镇和许家桥乡视察新农合运作情况，并对取得成绩给予充分肯定。11 月 8 日，省新型农村合作医疗协调领导小组对全区新农合工作进行全面督查后给予了高度评价。

2008 年，区农合办针对工作实践中存在的农民的思想认识问题，筹资的方式和手段问题，医疗机构服务质量等问题，与市电视台联合制作《解析鼎城新农合》专题片，引导农民从“要我参合”转变为“我要参合”。3 月 27 日，省财政厅社保系统现场会在区农合办召开，省财政厅领导及与会代表充分肯定鼎城区新农合工作取得的成绩。10 月 17 日，区委、区政府召开全区新农合工作会议，总结前几年的工作经验和成绩，安排 2009 年筹资任务，全区各乡镇（场）党委书记、乡镇（场）长、合管专干、定点医疗机构负责人、区合管委成员单位主要负责人参加会议。

省财政厅社保处处长杨海霞（右前二）检查鼎城区农合办信息管理情况，右三为常务副区长向美华

2010 年，区农合办在全市率先开展协议筹资工作，不仅降低了筹资工作的行政成本，而且为广大农民群众参合提供了便捷，巩固了参合率。6 月，常德市政协文教卫体委主任刑祁和市政协副秘书长郭学怀带领部分市政协委员在市合管办主任龙一全陪同下，视察和调研鼎城新农合工作，并给予充分肯定。是年，区农合办被评为全市新型农村合作医疗经办机构先进单位。

2012 年，为了不断提高农民参合的积极性，区农合办从鼎城实际出发，实施三项惠民措施：一是对农村孕产妇在区乡两级定点医疗机构住院分娩费用全免；二是农村五保户在区乡两级定点医疗机构住院费用全免；三是参合农民在乡镇定点医疗机构住院费用的起付线外全部报销。同时实行门诊统筹。

2014 年 1 月，启动实施新农合大病医疗保险大病补偿和意外伤害补偿服务试点，推行商业保险机构参与新农合意外伤害和大病保险补偿服务。大病保险年度补偿封顶线为 30 万元。同时，开展 65 岁以上农村老人免费健康体检工作，建立一般诊疗费补助制度和对农村特殊群体和特殊疾病给予政策倾斜，维护全区参合群众的利益。

2016年，区农合办与城镇居民医保中心整合，成立鼎城区城乡居民医疗保险管理服务中心，职能整合后的区城乡居民医保中心工作不乱、服务不降、群众利益不受损，建立健全了首问负责制、限时办结制、责任追究制、一次告知制和政务公开、民主评议等制度。实行“四个一”“五不让”“七个办”的服务行为规范。（“四个一”即认真接听每一个电话，热情、细致、主动、周到接待每一位来访群众，妥善处理每一项业务，耐心解释每一条政策。“五不让”即不让上级部署的工作在自己手中延误，不让正在办理的事情在自己手中积压，不让违法违纪的事情在自己身上发生，不让群众在自己面前受冷落，不让单位形象因个人行为受影响。“七个办”即当天的事情当天办，限时的事情按时办，分内的事情主动办，分外的事情协助办，困难的事情想法办，复杂的事情梳理办，所有的事依政策办。）为了让政策更加深入人心，通过区政府门户网、卫计局和人社局网站设立“新农合专栏”“医保专栏”及时上传相关政策、制度、办事流程和工作动态。坚持补偿信息“三级公示”制度，定期做客“阳光政务”，现场宣传补偿政策和解答群众咨询，出台了《鼎城区新型农村合作医疗补偿工作实施方案》，启动实施了新农合“总额预付”补偿模式试点，使城乡居民医疗保险管理服务工作真正做到为民、利民、便民。

2017年，城乡居民医保整合之后，职能相应调整，人员变动较大，信息系统面临更新，医疗协议机构对新的运行机制还不适应，加之基层医疗机构起付线提高，筹资标准上调等，参保群众反映较大。为此，区城乡居民医保中心以抓“党建”凝心聚力，通过多层次的谈话交流、“三会一课”“两学一做”活动的落实，党建与各项具体工作结合起来，党员的作用得到充分发挥。是年，该中心党支部被评为优秀党支部。面对新的政策规定和运行机制，为提高基层经办人员的政策水平，保障参保群众的知情权，他们编写了《鼎城区城乡居民医疗保险政策宣传二十七问》《城乡居民医疗保险主要政策汇编》。同时，对内设机构、管理制度、业务流程、基金支付都进一步规范和完善。抓监管力控违规。针对整合期间医疗监管相对松懈，医疗机构违规呈高发态势的情况，采取病历普查（一级医疗机构达到100%，二级以上医疗机构达30%）、节假日稽查、夜间突查、举报必查等手段，以区政府的名义赋予乡镇劳保站对基层医疗机构执行协议的监督权力。是年，全区共稽查住院病人11000余人次，审核病历9000余份，查处违规案例500余例，促进医疗服务逐步规范。为此，新华网、中国医疗保险网对鼎城区的医疗监督工作予以报道和推介。抓突破“翻仓洗牌”，作法：打破特殊病种“终身制”。多年来，享受特殊病种待遇人员只进不出，基金支付一路攀升，严重影响基金收支平衡。为此，区城乡居民医保中心新成立了特殊病种审核工作领导小组，抽调了16名医疗专家调整和充实了特殊病种鉴定委员会，出台《常德市鼎城区城乡居民基本医疗保险特殊病种门诊医疗管理试行办法》，对新申请和已取得特殊病种资格的人员全面“翻仓洗牌”，严格按照申报、初审、鉴定、公示、审批等规定程序运作，4—8月，全区共有10611人参与鉴定，合格6814人，清退3797人。建立协议医疗机构“淘汰制”。鉴于全区协议医疗机构过多，医疗服务水平和质量参差不齐，违规行为屡查不改的现状，区城乡居民医保中心出台《协议医疗机构评估办法》《协议医疗机构评估方案》，并从8月开始到10月结束，对所有协议医疗机构采取重新申报、资料初审、现场评估、评估审定、张榜公示，对不合格全部依规退出，经过近三个月的评估审定，全区88家协议医疗机构，合格签约66家，依规退出22家，淘汰率25%。全区55418名建档立卡贫困人员全部参保，做到确保待遇落实，确保信息匹配准确。按照“保基本、强基层、建机制”的总体要求，全区公立一级医疗机构作为普通门诊定点医疗机构，负责参保群众普通门诊与费用报销（单次报销达50%，单次费用150元封顶，年度最高支付限额400元）。2017年，全区享受普通门诊统筹待遇237568人次，统筹支付1145万元。截至12月底，全区参保人数714283人，参保率100%，基金收入43006.6万元，基金支出37449.35万元。

2018年，区城乡居民医保中心组成年度考评小组，依据双方鉴定的协议，采取现场考核与平时稽核记录相结合的方式，对全区66家协议医疗机构2017年医疗服务质量进行全面客观公正的考核，并召开全区医保工作讲评会，表彰先进，指出问题，协议双方形成了四个“加强”（加强协议双方沟通与交流，加强医疗机构内部监管，加强政策与协议的学习、执行，加强基层安全意识）新的共识。在医疗监管上强化日常查房、病历审核力度，每家协议医疗机构季度查房一次以上，一级医院病历审核100%，二级医院病历审核30%以上。加强对弄虚作假、冒名顶替、套取基金和不合理检查、不合理用药等过度医疗行为的查处。到年底，全区稽核住院病人2000余人次，处理违规案例和过度医疗行为240起。出台利民举措。一是改革特殊病种结算方式，不需患者跑腿、垫资和提供任何资料，只凭身份证和社会保障卡，可在全区78家定点医疗机构的任何一家刷卡看病购药。当场结算，当场报销，全年有20881人次享受这种便捷服务。二是意外伤害住院经审核符合报销政策的实行即付即补，全年受理意外伤害案件5787件，符合赔付的有4526件，赔付金额1545万元。三是跨省异地联网结算实行“一分钟”快捷服务。参保居民到省外联网医院住院，只需向区城乡居民医保中心信息股打一个电话报备，出院时凭社保卡即可在接诊医院当场结算，省出全额垫资和回家报销的诸多麻烦。全年登记备案跨省异地结算70人次，实际发生跨省异地结算20人次。四是推行普通门诊标准化服务。为解决群众小病小痛就近门诊治疗的问题，对各乡镇（街道、场）卫生院提出“服务热情、用药规范、手续完备、票据合规、档案整洁”的门诊服务标准。全年有331079人次实行就近门诊治

2006—2018年全区新农合基金筹集统计表

表4-7-2

单位：万元

年份	参合人数	基金筹集总额	其中						
			个人缴纳	区财政配套	市财政配套	省财政配套	中央财政配套	部门资助	利息收入
2006	537511	2425.32	519.78	215	215	645.10	806.27	17.73	643
2007	657393	3350.68	650.61	266.60	263	788.87	1343.78	6.78	31.04
2008	684781	5618.69	677.72	416.37	406.13	1232.61	2869.27	7.06	9.53
2009	652199	6642.77	1290.38	521.76	521.76	1565.28	2718.42	14.01	11.15
2010	679554	9529.56	1344.55	888.87	1329.45	1859.00	4077.33	14.558	15.81
2011	680052	15858.63	2018.13	704.14	2527.98	3024.40	7345	22.029	216.95
2012	643031	18892.09	3180.94	717.01	2956.78	3271	8488.01	34.22	45.03
2013	642610	22067.18	3813.72	768.20	3519.78	3680.39	10024.22	41.94	218.43
2014	643504	24677.40	3818.22	820.23	4092.16	4096.70	11583.10	42.80	224.19
2015	650611	30741.71	5534.98	903.28	5005.69	4761.10	14053.20	320.50	162.94
2016	660744	35590.58	7484.43	964.45	5678.55	5250.40	15664	444.47	104.25
2017	714283	43006.60	10544.43	2035.08	6252.26	5426.89	18428.50	169.82	149.62
2018	703035	47316.06	12535.96	2166.64	6676.73	5777.7	19822.80	123.52	212.71

疗。五是确保健康扶贫优惠政策落实。是年区城乡居民医保中心提请区人民政府出台三个文件，对贫困人口参保资助标准、资助方式，待遇享受标准、享受方式等相关问题进行全方位明确。对45372名贫困户建档立卡并录入信息，实现了100%的参保及资助。8月1日起，健康扶贫“一站式”结算全面启动，建档立卡的贫困人员全部纳入“一站式”结算平台，至11月18日止，进入“一站式”结算有13076人次，住院费用总额4430.22万元，报销4039.04万元，实际报销比例91.17%。对1—7月贫困人口住院进行全面清理，并按“一站式”结算政策全面追补。共落实追补3115人次，住院费用2690.03万元，报销2444.43万元，实际报销比例90.87%。此外，建档立卡的贫困人口全年共发生住院14512人次，均享受基本医疗保险报销提高10%的待遇。截至12月底，全区参保人数701035人，基金总收入47288万元，总支出44939万元。

对基金的监管，做到“三个坚持、三个严格”。在基金运行上，坚持管用分开的原则，严格执行财务管理制度，以《湖南省新型农村合作医疗基金财务管理办法》为依据，制订《鼎城区新型农村合作医疗基金运行监管制度》《鼎城区新型农村合作医疗基金拨付制度》，严格实施基金“收支两条线”管理模式，按照基金专户储存、专款专用、收支分离、管用分开的要求，实行“二户二印”制度（“二户”即设立财政新农合基金收入和支出二个专户；“二印”即农合办与财政双印签审批），让基金在封闭的账户中运行。2011年7月，全区推行新农合补偿资金在银行“打卡补偿”试点，9月在全区乡镇级定点医疗机构实施，便捷参合群众，杜绝基金管理漏洞。2015年10月，全区启动实施新农合“一卡通”。在医疗费用审批上，坚持公开、公平、公正的原则，严格实行四级审批制度。对发生的医疗费用，遵循“公开、公平、公正”的原则，在审核中严格按照湖南省《药品目录》《病种目录》《单病种住院费用限额》《湖南省医疗服务价格使用手册》《除外责任》以及本区制订的《实施办法》，严格实行“医疗机构初审、农合办网络审核员复审，审核股长主审，分管副主任终审”的四级审核制度，取消零补偿，真正做到“即付即补”。为了提高定点医疗机构的服务质量和管理水平，区农合办按照协议条约，常年坚持以“六查六防”为主要内容的“综合督查”和“专项督查”（即：查住院病人与“医疗证”是否相符，防止借证住院，查住院报账费用与实际支付费用是否相符，防止医疗机构虚开虚报住院发票；查账面报销金额与实际报销金额是否相符，防止医疗机构截留，损害群众利益；查医疗机构所报住院天数与患者实际住院天数是否相符，防止医疗机构虚报住院时间套取基金；查住院病种与补偿病种是否相符，防止医疗机构改写诊断；查用药与病情是否相符，防止医疗机构将保外药改为保内药进行报销。）在方式上运用“网络监管与现场稽查，定期与不定期稽查，突击与告知稽查”相结合的办法，2006—2018年，全区共查处冒名顶替，串换病种，串换药品，虚开发票等违规行为共1008人次，挽回基金损失近1000万元。

第三节　基金补偿标准与支付

鼎城区自2006年启动实施新农合制度以来，在加大宣传力度、提高农民认识的基础上，根据国家有关政策规定和鼎城区经济发展水平，农民收入状况、医疗消费需求，以及新农合基金运行等情况，不断完善筹资动态调整机制。加大各级政府的投入力度，合理划分政府与个人的筹资责任。2017年，各级政府对新农合投入由2006年每人每年40元提高到每人每年450元，增长11.2倍。设立贫困人口“一站式”服务窗口，确保健康扶贫政策落实。随着各级政府对新农合投入力度的加大，区农合办从实际出发，不断完善补偿标准动态调整机制，2017年，全区实际平均住院补偿率为63.26%，统筹区域内平均住院补偿率为79.68%。其中乡镇定点医疗机构补偿率由2006年的47%提高到90%，区级定点医疗机构补偿率由36%提高到70%，市二级定点医疗机构补偿率由21%提高到70%，市三级和省级定点医疗机构补偿率由21%提高到60%，市外非营利医院补偿率由26%提高到55%，市外营利医院补偿率由21%提高到45%。同时，参合群众住院补偿的年度封顶线也从2006年的1万元逐年增加到2017年的42万元，特殊门诊的年度封顶线由2006年的100元逐年增加到2016年的4.5万元，农村五保户在区乡两级定点医疗机构住院基本医疗费全免。大病保险年度补偿封顶线提高到30万元。

鼎城区于2018年8月正式成立“健康扶贫一站式结算中心”，图为“一站式”结算工作启动仪式会场

各级政府对新农合的投入逐年增加，参合群众的住院补偿率也随之提高；如何确保参合群众应享受的待遇真正落实，基金支付就是关键所在。为此，区农合办在长期的实践工作中不断总结经验教训，探索新的管理办法，形成了“四级审核、三级公示、二户运行和

2006—2018年全区新农合基金补偿标准表

表4-7-3

年份	个人缴费	住院费用补偿标准													
		乡镇定点医院		区级定点医院		市二级定点医院		市三级定点医院		省级定点医院		市外非营利医院		营利性医疗机构	
		起付线（元）	补偿比例（%）	起付线（元）	补偿比例（%）	起付线（元）	补偿比例（%）	起付线（元）	补偿比例（%）	起付线（元）	补偿比例（%）	起付线（元）	补偿比例（%）	起付线（元）	补偿比例（%）
2006	10元/人/年	100	47	300	36	900	21	900	21	900	21	300	26	900	21
2007	10元/人/年	50	65	150	50	600	26	900	21	700	40	800	35	800	35
2008	10元/人/年	100	70	300	60	300	60	600	35	700	40	800	35	800	35
2009	20元/人/年	100	80	300	65	300	65	600	40	700	40	800	35	900	11
2010	20元/人/年	100	80	300	65	300	65	600	40	600	50	500	45	500	45
2011	30元/人/年	100	85	300	75	300	75	500	55	600	60	600	60	600	35
2012	50元/人/年	100	90	300	80	300	80	500	60	600	60	700	55	700	40
2013	60元/人/年	150	100	300	80	300	80	500	60	600	60	700	55	700	40
2014	60元/人/年	100	90	300	75	300	75	1000	60	1000	60	700	55	700	40
2015	90元/人/年	100	90	500	80	600	75	1000	60	1500-2300	60	700	55	700	40
2016	120元/人/年	100	90	500	80	600	75	1000	60	1500-2300	60	700	55	700	40
2017	150元/人/年	200	90	500	70	500	70	1000	60	1500-2300	55	1000	45	1000	45
2018	180元/人/年	200	90	500	70	500	70	1000	60	1500-2300	55	1000	45	1000	45

一卡通”的基金支付管理的新模式。“四级审核”就是对发生的医疗费用通过不同的关口和层面，对每个数据，每个项目按照国家规定进行把关（具体程序已在本节的基金监管进行了记述）；“三级公示”即：区农合办、定点医疗机构和村民委员会都在醒目位置设公示栏，定期公示新农合的主要政策，就诊（转诊）流程，医疗费用报销情况和监督举报电话等内容。“二户运行”即新农合基金收、支只有财政和区农合办设置的收支专户封闭运行，不与医疗机构发生现金往来。“一卡通”即区农合办在农商银行为每个参合群众都专门设立了支金补偿账户，当医疗期终结后，区农合办都会及时将补偿金及时打入账户，即便捷了群众，又保证了待遇的落实。鼎城区自2006年实施新农合制度以来，累计补偿1200多万人次，未发生错补、漏补、多补、少补的现象，也未出现挤占、挪用基金的违法违纪行为。

2017—2018年，区城乡居民医保中心从实际出发，加大基层支付的改革力度，全面推行按病种付费为主的多元化复合型医保支付方式。大力推进单病种结算管理，并有8家协议医疗机构签订单病种包干协议；实施特殊病种费用结算方式改革，79家特殊病种门诊定点医药机构遍布全区城乡，参保居民只需凭身份证或社保卡到任意一家定点医药机构即可实现刷卡就医，即付即补，实现参保居民特殊病种门诊购药由过去的“多次跑”到“跑一次就好”转变；严格实行总额预算管理，坚持以年度为单位合理制定协议指标，并实行事业监控，对出现均次费用，费用总额超报的协议医疗机构及时进行预警，促进医疗机构及时改进。

2006年—2018年基金补偿明细表

表4-7-4　　　　单位：人次、万元

补偿项目/年份	住院补偿	补偿金额	分娩补偿	补偿金额	动物致伤	补偿金额	结核病化疗	补偿金额	血吸虫白内障	补偿金额
2006	23006	1515.13	1993	47.14	3519	21.79	61	0.98	366	5.63
2007	41353	2837.46	2757	87.58	7319	76.36	295	6.31		—
2008	39837	3443.17	3548	108.60	7233	77.12	239	5.34	1288	28.82
2009	57400	5582.28	2398	124.22	7213	83.73	195	4.17	1981	59.07
2010	66634	7339.52	4395	354.06	6605	82.36	638	9.08	1540	76.62
2011	74676	9918.97	4919	376.54	7391	95.98	158	6.04	403	41.29
2012	100898	14902	5656	458.79	6862	91.90	200	11.23	5272	190.80
2013	93528	26234	4592	510.64	5995	80.90	136	9.18	9621	345.69
2014	102188	18353	5238	569.91	7237	98.06	154	10.84	10201	361.83
2015	110530	22166	5498	605.69	7547	106.66	151	10.05	9852	354.43
2016	100779	19626	6004	709.28	7563	119.01	175	12.47	9202	326.04
2017	110792	30034.73	4565	693.27	6182	88.80	—	—	6311	416.99
2018	113217	33211.3	4671	721.30	3071	85.30	—	—	8023	423.98

续表4-7-4

补偿项目 年份	五保户住院	补偿金额	意外伤害	补偿金额	特殊病种补偿	补偿金额	健康体检	补偿金额
2006	—	—	—	—	504	12.14	—	—
2007	309	8.78	—	—	1240	25.36	—	—
2008	605	20.41	2563	208.27	1004	64.47	—	—
2009	758	29.34	4519	517.15	2267	171.73	—	—
2010	878	27.96	3976	527.74	1643	194.20	—	—
2011	1111	35.17	5208	818.22	7580	866.08	—	—
2012	1233	45.16	5251	878.98	8017	1012	392857	519.92
2013	2424	415.50	5594	1062.54	7823	8979	75653	619.4
2014	3367	564.50	3805	796.85	13075	1197	116435	1102
2015	3463	580.44	4177	781.31	10234	1490	54501	662
2016	1123	132.14	175860	1218.28	31701	2434	470502	1795
2017	3462	728.60	5307	1333.03	5426	1761	701189	36951
2018	3715	788.2	5701	1703.10	7515	2302	—	—

人物

一、人物传略

收录曾任鼎城区（常德县）人力资源和社会保障部门已故党组书记、局长者3名。

汪涛浦

汪涛浦（1944.4—2004.12） 汉族，常德市鼎城区官桥坪人，高中文化，中共党员，2004年12月因病去世。

汪涛浦1964年8月参加工作，1973年4月起先后任常德县官桥坪公社、石公桥公社党委委员；1979年4月任谢家铺公社党委副书记、1980年4月兼任该公社管委会副主任；1984年2月调县委组织部任副科级秘书、1986年1月起任该部副部长，1990年3月起兼任区人事局局长、局党组副书记；1993年5月任区人事局党组书记、局长（免区委组织部副部长）；1995年1月，调区科学技术管理局任党组书记、局长。

汪涛浦工作期间，多次受到表彰与奖励。

贾景栋

贾景栋（1927.1—2010.2） 汉族，河北省宁晋县艾新庄人，初中文化，中共党员。1948年8月在宁晋县参加工作，1949年7月南下分配到常德县工作，先后任中共常德县委会干部、县公安局股长；1954年5月—1957年5月调常德地区机要交通局工作；1957年5月起，在常德县先后任县检察院副检察长、县交通局局长、县检察院检察长、县邮电局局长；1979年1月至1981年11月任县计划委员会副主任兼县劳动局局长；1981年12月起先后任县计划委员会副主任、专职委员；1990年2月离休；2010年2月病故，享年83岁。

贾景栋曾于1959年被中共常德地委组织部授予乙等劳动模范称号。

刘本仲

刘本仲（1934.3—2018.1） 汉族，常德市鼎城区人，初中文化，中共党员，1952年10月参加工作。1952年10月—1961年8月，先后在常德县草坪、丁家港、金刚、斗姆湖等供销合作社分别任业务员、统计员、主任（1960年12月—1961年8月）；1961年9月起，在县副食品公司任

党支部书记、办公室主任；1963 年 8 月，在县财贸部任干事；1969 年 10 月，任石公桥公社党委书记；1979 年 4 月，任石公桥区委副书记；1980 年 1 月，任县人事局局长；1984 年 1 月，任县劳动人事局局长；1985 年 12 月—1993 年 2 月，任县（区）劳动人事局党组书记；1993 年 3 月任区人事局党组副书记至 1994 年 10 月，直至退休。2018 年 10 月病故，享年 85 岁。

刘本仲工作期间，多次受到区（县）委、区（县）政府的奖励、表彰。

二、人物简介

收录曾任及现任鼎城区（常德县）人力资源和社会保障部门党组书记、局长 18 名。以出生年月为序。

贾菊初

贾菊初 汉族，1938 年 12 月出生于湖南省常德县（现常德市鼎城区周家店），中师文化，中共党员。1958 年 5 月起在石公桥区冲天湖完小任教师；1958 年 3 月应征入伍，在铁道兵二师七团一营先后任文书、班长；1963 年 4 月在石公桥公社任秘书；1963 年 12 月—1978 年 12 月在常德县税务局工作；1979 年 1 月—1983 年 12 月在县劳动局工作；1984 年 1 月—1985 年 9 月任县劳动人事局副局长，1985 年 10 月起任该局局长、党组副书记；1989 年 3 月起任区劳动局党组书记、局长；1991 年 3 月调区计划委员会任党委委员、副书记。

贾菊初工作期间多次获得区（县）委、区（县）政府奖励与表彰，其中 1989 年 1 月、1994 年 2 月受区政府记功奖励各一次。

马培全

马培全 回族，1939 年 7 月生，常德市鼎城区草坪镇人，大学文化，中共党员。1960 年 9 月参加工作，1984 年 2 月任县农业委员会秘书；1984 年 8 月—1993 年 3 月，先后任县科学技术委员会（简称县科委）副主任、主任，县科协主席，县科委党组副书记，县科协党组书记（其间曾兼任政协常德县委员会常务委员）；1993 年 3 月任区劳动局党组书记，1995 年 1 月任区劳动局主任科员，1999 年 7 月退休。

马培全工作期间多次受到区（县）政府表彰奖励；1995 年 2 月受到市政府记二等功奖励。

陈孝定

陈孝定 汉族，1943年3月生，常德市鼎城区人，高中文化，中共党员，1965年9月参加工作，任社教工作队队长；1966年9月任县氮肥厂政工干事；1971年3月起先后任县委组织部干事、秘书；1985年4月任县民政局党组书记、局长；1989年3月任区人事局党组书记、局长；1991年8月调区审计局任党组书记、局长。

陈孝定工作期间多次受到区（县）政府表彰与奖励。1993年2月被评为全省审计系统双文明建设先进工作者，1994年受市政府记大功奖励，并晋升一级工资，1996年3月受市政府记二等功奖励。

郑圣祥

郑圣祥 汉族，1947年3月出生，常德市鼎城区韩公渡镇人，中专文化，中共党员，1964年8月参加工作。1986年5月起先后任中共常德县委办公室调研员（副科级）、秘书（其间，曾任区人大常委会常务委员）；1990年3月任区政府办公室副主任兼政府经济研究室主任（曾任政协鼎城区委员会常务委员）；1993年3月—2001年10月任区劳动局局长、党组副书记（1995年1月—1998年8月任党组书记）；2001年10月任区劳动和社会保障局主任科员；2007年12月退休。

郑圣祥工作期间多次受到区（县）委、区（县）政府表彰和记功奖励。1990年1月经市政府批准，获工资浮动升级奖励，1992年3月由浮动转为固定升级。

孙启林

孙启林 汉族，1950年2月出生于湖南省常德市芦荻山乡（现常德市武陵区芦山乡），大专文化，中共党员，1975年5月参加工作。

孙启林1975年5月—1990年12月先后任牛鼻滩、大龙站、冲柳等水电站副站长、站长；1990年12月起任鼎城区水电局水政股长；1992年7月任双桥坪乡党委副书记；1993年4月任肖伍铺乡党委副书记、乡长；1995年1月任双桥坪乡党委书记，1997年6月任区委候补委员；1998年1月任区林业局党组书记、副局长；1999年1月任区环保局党组书记、局长；2001 年 10 月任区人事局局长、党组副书记，2002 年 6 月任区委候补委员；2002 年 12 月任区政府办副主任、党组成员兼港二口办事处工委书记；2005 年 8 月任鼎城区人民政府助理调研员。

孙启林工作期间多次受到区委、区政府表彰，并先后 3 次受到常德市政府记二等功、2 次记三等功及一次嘉奖等奖励。

张国芳

张国芳 汉族，1950 年 10 月生，常德市鼎城区灌溪镇人，大专文化，中共党员。1968 年 3 月应征入伍，在工程兵建筑第 116 团 3 营 10 连服役，历任战士、班长、排长、副连长、政治指导员、连长等职；1983 年 1 月转业到常德县劳动人事局工作，1986 年 1 月起任该局副局长，11 月兼工会主席；1989 年 6 月任区人事局副局长；1990 年 3 月任区劳动局局长、党组副书记；1993 年 2 月调区环保局任职。

张国芳工作期间先后 8 次受到区（县）政府记功、记三等功奖励；1994 年 2 月和 1996 年 2 月，分别被市政府记大功和记二等功各一次。

张世界

张世界 汉族，1952年 11 月出生于湖南省常德县南坪岗（今常德市武陵区），大专文化，中共党员。1969 年 1 月应征入伍，在解放军衡阳 0606 部队任报务员；1973 年 12 月参加枝柳铁路建设；1974 年 9 月起入常德县师范专科学校学习；1976 年 7 月起先后在常德县第六、第四、第五中学及农民中专任教师；1983 年 12 月调县委组织部工作，1995 年 9 月起，历任县委党校副校长兼组织部副科级组织员，秘书，组织部副科级档案员，1994 年 2 月任正科级组织员；1995 年 1 月任区人事局局长、党组书记；1997 年 8 月调任区工商行政管理局局长、党组副书记。

张世界工作期间多次受到区（县）政府记功奖励；1991 年 1 月获市人事局记大功一次，1992 年 2 月受市政府浮动升级奖励（1993 年 2 月转为固定升级）。

杨仕准

杨仕准 汉族，1953 年 11 月出生于湖南省常德县黄土店（现常德市鼎城区），大专文化，中共党员。1980 年 1 月参加工作，1983 年 2 月任黄土店公社管委会副主任；1986

年2月任县信访办副主任；1989年12月任唐家铺乡党委书记；1995年1月任鼎城区委办公室副主任；2001年6月任区劳动局党组书记兼社会劳动保险事业管理局局长；2002年12月调区农办任工委书记、副主任。

杨仕准曾于1994年1月被市综合治理委员会评为先进个人。多次获区（县）委、区（县）政府表彰，其中1994年2月，受区政府记功奖励；1984年，被常德专区行政公署评为全地区劳动模范，1994年1月被评为全市综治工作先进个人。

唐生贵

唐生贵 汉族，1954年11月出生，常德市鼎城区黑山嘴乡人，大专文化，中共党员。1972年12月应征入伍，在中国人民解放军陆军第8师22团某炮连服役。1975年5月任该部100炮连排长，1979年9月起先后任该团司令部炮兵股参谋（此前在某步兵学校学习一年）、团政治处组织股干事；1981年10月任该团3营7连政治指导员；1983年7月任该团政治处干部股股长；1983年7月—1986年7月先后在长沙、石家庄的部队院校学习；1986年7月回团政治处工作；1988年1月转业。1988年2月进入县劳动人事局工作，1993年3月起历任县人事局副局长、党组书记兼副局长等职；1994年2月调区广播电视局任局长兼党组副书记。

唐生贵工作期间多次受到区委、区政府奖励与表彰；1994年2月，市政府将其浮动升级转为固定升级奖励，2000年2月、2003年2月和2005年3月先后3次受到市政府记二等功奖励。

黄柏华

黄柏华 汉族，1954年11月出生于湖南省常德县（现常德市鼎城区）黄土店，大专文化，中共党员。1971年2月起在黄土店镇农具厂、企业办、常德县家具厂等单位工作；1984年5月—1988年3月在常德县广播电台工作，其间，考北京广播学院新闻采编专业读书，1988年7月毕业，获大专文凭；1988年4月调区劳动人事局工作，1989年4月任区劳动局办公室主任，1995年1月任区劳动局副局长；2002年12月起任区劳动和社会保障局党组书记；2007年2—11月任

区劳动和社会保障局党组副书记（排第一）、副局长；2007 年 11 月任区劳动和社会保障局主任科员；2014 年 12 月退休。

黄柏华工作期间多次被区（县）委、区（县）政府评为优秀共产党员、先进工作者，并受到记功奖励。曾被市政府授予“常德市‘十佳’劳动工作者”称号。

卜梅生

卜梅生 汉族，1955 年 1 月生，常德市鼎城区十美堂镇人，中共党员，中专文化。1981 年 11 月任黄珠洲公社党委组织委员；1984 年 5 月—1995 年 6 月，先后任黑山嘴乡副乡长、洞庭乡党委副书记、蒿子港办事处组织委员、蒿子港镇党委副书记和镇长、韩公渡乡党委书记、牛鼻滩办事处主任和副书记；1995 年 6 月任区氮肥厂厂长兼党委书记；1997 年 2 月任区乡镇企业局党组书记、局长；2001 年 10 月任区劳动和社会保障局局长、党组副书记（其中 2007 年 2 月—10 月任党组书记）；2007 年 11 月任区劳动和社会保障局主任科员；2015 年 3 月退休。

卜梅生 1983 年 1 月由常德专员公署记大功一次，1994 年 2 月被市政记大功一次，1995 年 2 月、2002 年 3 月、2005 年 3 月被市政府分别记二等功一次。多次受到区政府记功奖励。

龙国安

龙国安 汉族，1956 年3 月生，湖南省常德县（现常德市鼎城区）钱家坪乡人，本科文化，中共党员。1974 年 2 月进入常德县农业银行工作；1976 年 2 月应征入伍，在中国人民解放军空军航空兵第 25 师 74 团司令部先后任文书、保密员、参谋，1985 年 5 月调师司令部任作训参谋（其中 1985 年 1 月至 1987 年 3 月在空军雷达学院工程计算机班脱产学习，获大专文凭）；1987 年 12 月转业到常德县乡镇企业局工作；1989 年 8 月调区委组织部先后任副科级组织员、干部组秘书（其中 1994 年 8 月—1996 年 12 月在中央党校函授班学习，获大学本科文凭）；1998 年 1 月调区人事局任党组书记、副局长；2007 年 2 月任区人事局党组副书记（排第一）、副局长；2009 年 11 月任区人事局主任科员；2016 年 4 月退休（享受副处级待遇）。

龙国安在部队曾多次获得嘉奖，并 2 次被记三等功。转业地方工作后，多次受到区委、区政府记功表彰与奖励。

黎建华

黎建华 汉族，1958年10月出生于湖南省常德县（现常德市鼎城区）石板滩，大专文化，中共党员。1976年12月应征入伍，在41军122师365团先后任战士、班长、排长；1981年10月转业到常德县外贸局工作；1984年6月调县老干局工作；1986年6月—1994年3月在县（区）委组织部先后任干事、秘书；1994年4月—1997年7月，在桥南市场任工委书记、管委会主任；1997年7月，调区人事局任党组书记、局长，1998年1月起任区人事局局长、党组副书记；2001年10月，调区乡镇企业局任党组书记、局长。

黎建华多次受到区委、区政府表彰，其中1999年1月被区政府记三等功一次；1996年3月、1997年3月、2006年3月分别受到市政府记二等功奖励。

涂国祥

涂国祥 汉族，常德市鼎城区双桥坪乡人，1962年7月出生，中共党员，本科文化，1982年8月参加工作，现任鼎城区政协副主席。

涂国祥，1982年—1992年7月先后在常德县双桥坪乡农科站、常德县植保站、鼎城区粮油站工作，其中1989年3月—1990年3月赴美国学习农业技术；1992年7月起先后任鼎城区韩公渡镇（乡）副镇（乡）长、韩公渡镇党委副书记，1995年9月—1997年7月在中共湖南省委党校对外经济贸易专业学习，获本科文凭；1998年1月任韩公渡镇党委副书记、镇长；1999年1月起先后任韩公渡镇党委书记、大龙站镇党委书记、周家店镇党委书记；2006年12月调鼎城区劳动和社会保障局任副局长（兼任兴隆劳务有限公司总经理）；2007年12月起任区劳动和社会保障局局长、党组书记；2010年10月任区人社局局长、党组副书记；2012年11月任鼎城区政协副主席。

涂国祥多次受到区委、区政府和市委、市政府的表彰与奖励。其中，1998年10月被市政府记三等功，2009—2012年，连续4年受到市政府分别记二等功奖励。

廖爱民

廖爱民 汉族，常德市鼎城区石板滩镇人，1962年10月生，大专文化，中共党员。

廖爱民1982年8月起在常德县农业局工作；1989年9月调中共鼎城区委组织部工

作，1992年10月任副科级组织员、秘书；1995年4月任区委组织部副部长、正科级组织员，赴西藏隆子县工作，任该县县委组织部副部长兼人事局局长；1998年8月，任常德市鼎城区劳动局党组书记、副局长；2001年5月任中共鼎城区委委员、常委，受派援藏，任西藏隆子县委常委、县委办公室主任；2004年10月任澧县人民政府副县长；2007年11月任常德市房产局副局长。

廖爱民多次受到区委、区政府和市委、市政府的表彰与奖励。

邬吉湘

邬吉湘 汉族，1963年5月出生，常德市鼎城区长岭岗人，本科文化，中共党员。1983年2月进入常德县枉水管理所水利管理站工作，1987年12月—1992年3月先后任县水利管理站副站长、区农业委员会监察员（期间1985年9月—1990年9月河海大学陆地水文专业函授本科学习毕业）；1992年3月起先后在逆江坪乡、丹州乡任副乡长（党委委员）、副乡长；1995年1月起先后在双桥坪乡（镇）任党委副书记、乡（镇）长，党委书记；1999年1月起在石门桥镇任党委书记，正科级干部；2003年3月起调区人事局先后任局长、党组副书记、党组书记至2010年10月；2006年9月起兼任区委组织部副部长至2011年3月；2011年3月起任区枉水灌区管理局副局长、党委副书记（主持全面工作）；2011年6月任区枉水灌区管理局局长（副处级）。

邬吉湘曾于2002年6月和2006年6月分别当选为中共鼎城区委第九、十届委员会候补委员，2007年7月增补为中共鼎城区委委员。

邬吉湘多次受到区（县）委、区（县）政府表彰；先后于2003年—2010年连续8次受到市委、市政府每年一次记二等功奖励。

刘志平

刘志平 汉族，1964年5月出生，常德市鼎城区人，本科文化，中共党员。1981年11月参加工作，先后在常德县黑山咀乡小学、中学，洞庭乡联校、常德县一中任教师；1990年8月调区老干部管理局工作；1991年5月调区委组织部工作；1992年7月起先后任石门桥乡党委副书记、康家吉乡党委副书记；1994年7月调桥南市场管委会任交易管理站站长；1995年7月起先后任尧天坪乡党委副书记、乡

长，草坪镇党委副书记、镇长；1999 年 7 月任许家桥回维乡党委书记；2001 年 1 月起先后任石公桥镇镇长兼党委副书记，党委书记；2004 年 4 月任区移民局局长、党支部副书记；2009 年 11 月任区林业局党委书记、局长；2010 年 4 月起兼任区森林公安分局政委；2012 年 12 月任区人社局局长、党组副书记；2013 年 6 月任该局党组书记、局长；2015 年 12 月起兼任区委组织部副部长。

刘志平曾多次受到区委、区政府表彰与奖励。1998 年 10 月，被市政府记三等功，2003 年、2011 年、2012 年受到市政府记二等功奖励。

袁利民

袁利民 汉族，1967 年 10 月出生，常德市鼎城区港二口人，本科文化，中共党员。1991 年 7 月参加工作，在广东省中山市中山线厂任干部；1995 年 12 月，调常德市纺织机械厂任干部；1996 年 3 月调鼎城区机关事业单位社会保险局工作，1998 年 6 月任该局副局长；2002 年 2 月任区社会劳动保险处主任；2007 年 11 月任区劳动和社会保障局副局长、党组副书记；2010 年 10 月任区人社局党组书记、副局长兼社会劳动保险处主任；2013 年 6 月任区人社局副局长、党组副书记（排第一）、社会劳动保险处主任（兼）；2016 年 2 月任区人社局党组副书记（排第一）、副局长。

袁利民于 2005—2015 年，先后 6 次受到区政府记三等功奖励；分别于 2006 年、2007 年、2008 年、2013 年受到市政府记二等功奖励。

三、人物表

因各局党组书记、局长已有人物简介，此人物表中一律不再收录；凡已调出鼎城劳动人事部门的人员亦不在此表中收录，请谅察。

（一）受全国表彰者

本节收录受到全国性表彰者共2名。

获奖年份	获奖人姓名	性别	荣 誉 称 号	授予机关
1995	明善成	男	全国爱老敬老模范	劳动部社保局 全总保障部 中国老年报社
2006	李友成	男	服务农村青年转移就业先进个人	劳动部等七部委

（二）受全省表彰者

本节收录受到全省性表彰者共10名。

获奖年份	获奖人姓名	性别	荣 誉 称 号	授予机关
1987	卜东升	男	全省社会劳动保险工作先进工作者	省劳人厅
1990	卜东升	男	全省社会保险工作先进者	省劳动厅
1990	范开铭	男	全省工资工作先进个人	省劳动厅
1992	易振华	男	人事宣传工作先进个人	省人事厅
1993	陈贤志	男	全省劳动就业工作先进工作者	省劳动厅
1998	尹汉军	男	职业安全卫生监察工作先进个人	省劳动和社会保障厅
2006	杨丽娅	女	全省建筑行业劳保基金统筹管理工作先进个人	省劳动和社会保障厅
2010	徐厚彩	男	全省医疗保险工作先进个人	省人社厅
2012	杨双清	男	一等功	省政府
2018	黄　牧	男	全省人社系统“我看十九大”主题征文活动三等奖	省人社厅

（三）受全市表彰者

本节收录受到全市性表彰者共32名。

获奖年份	获奖人姓名	性别	荣誉称号	授予机关
1987	卜东升	男	先进会计工作者	市政府
1991	邹光胜	男	企业劳动力管理先进个人	市劳动局
	朱仙娥	女	退伍安置工作先进个人	市政府
	肖昌盛	男	优秀共产党员	市委
1992	龚跃武	男	记大功	市政府
	肖昌盛	男	全市人事工作先进工作者	市人事局
	王文杰	男	市级劳动模范	市政府
	陈贤志	男	市级劳动模范	市政府
1997	尹汉军	男	全市安全生产先进工作者	市政府
1998	尹汉军	男	三等功	市政府
	毛美媛	女	三等功	市政府
	张全新	男	三等功	市政府
2000	邹光胜	男	职业技能鉴定工作先进个人	市劳动和社会保障局
	尹汉军	男	安全生产先进工作者	市政府
	尹汉军	男	全市社会治安综合治理先进个人	市委、市政府
1996–2000	张全新	男	普法依法治理工作先进个人	市委、市政府
2001	邹光胜	男	职业技能鉴定工作先进个人	市劳动和社会保障局
	尹汉军	男	安全生产先进工作者	市政府
2003	唐建国	男	先进个人	市劳动和社会保障局
	华安甫	男	先进个人	市劳动和社会保障局
	李晓清	男	先进个人	市劳动和社会保障局
2004	李晓清	男	二等功	市政府
	胡晓芳	女	全市技能鉴定先进个人	市劳动保障局

续表

获奖年份	获奖人姓名	性别	荣 誉 称 号	授予机关
2005	华安甫	男	全市劳动保障系统十佳学习型家庭	市劳动和社会保障局
	熊柏松	男	全市劳动保障系统政府业务知识考试第一名	市劳动和社会保障局
	李海宗	女	全市劳动保障系统行风建设主题教育活动先进个人	市劳动和社会保障局
	贺进新	男	全市工伤保险经办工作先进个人	市劳动和社会保障局
	赵伯平	男	全市机关事业单位养老保险综合信息评比先进个人	市劳动和社会保障局
2008	丁恩臻	男	三等功	市政府
	李海宗	女	全市安全生产工作先进个人	市政府
	高兴国	男	人事统计工作先进个人	市人事局
2012	杨双清	男	二等功	市政府

（四）受区委、区政府表彰者

本节收录受到区委、区政府表彰者共387名。

获奖年份	获奖人姓名	性别	荣 誉 称 号	授予机关
1983	朱仙娥	女	先进工作者	常德县委、县政府
1984	朱仙娥	女	先进工作者	县委、县政府
	姚桂云	女	记 功	县政府
1985	朱仙娥	女	先进工作者	县委、县政府
	姚桂云	女	先进工作者	县委、县政府
	易振华	男	先进工作者	县委、县政府
	尹汉军	男	先进工作者	县委、县政府
1986	尹汉军	男	安全工作先进个人	区政府

续表

获奖年份	获奖人姓名	性别	荣誉称号	授予机关
1987	邹光胜	男	优秀共产党员	县委
	尹汉军	男	安全工作先进个人	县政府
	余东彩	男	记功	县政府
	肖昌盛	男	优秀共产党员	县委
1988	卜东升	男	退管工作先进个人	区政府
	范开铭	男	优秀共产党员	区委
	范开铭	男	记功	区政府
1989	卜东升	男	记功	区政府
	卜东升	男	先进会计工作者	区政府
1990	尹汉军	男	安全工作先进个人	区政府
	毛美媛	女	第四次全国人口普查先进个人	区政府
	姚桂云	女	记功	区政府
1991	朱锦云	男	优秀党务工作者	区委
	肖昌盛	男	优秀共产党员	区委
	易振华	男	先进工作者	区政府
	肖昌盛	男	先进工作者	区政府
1992	蒋春诚	男	优秀共产党员	区委
	易振华	男	先进工作者	区政府
	易振华	男	优秀共产党员	区委
1996	尹汉军	男	先进个人	区政府
	尹汉军	男	优秀共产党员	区委
1997	尹汉军	男	消防工作先进个人	区政府
	尹汉军	男	社会治安综合治理先进个人	区委、区政府
	肖昌盛	男	社会治安综合治理先进个人	区委、区政府
1998	邹光胜	男	三等功	区政府
	朱锦云	男	抗洪抢险先进个人	区政府
	丁恩臻	男	抗洪抢险三等功	区政府

续表

获奖年份	获奖人姓名	性别	荣誉称号	授予机关
2000	龚跃武	男	三等功	区政府
2001	尹汉军	男	安全生产工作先进工作者	区政府
	丁维萍	女	先进个人	市人事局
	华安甫	男	先进个人	市人事局
2002	李晓清	男	优秀共产党员	区委
2003	赵伯平	男	三等功	区政府
	裴浪涛	男	三等功	区政府
	唐少华	女	嘉奖	区政府
	黄弟华	男	嘉奖	区政府
	肖　敏	女	嘉奖	区政府
	袁保春	男	嘉奖	区政府
	周　文	男	嘉奖	区政府
	刘　奕	男	嘉奖	区政府
	蒋仿民	女	嘉奖	区政府
	胡丽玲	女	嘉奖	区政府
	李晓清	男	嘉奖	区政府
	杨双清	男	嘉奖	区政府
	梁宋云	男	嘉奖	区政府
	唐建国	男	嘉奖	区政府
	吕翠娥	女	嘉奖	区政府
	邹春仙	女	嘉奖	区政府
	尹征艳	女	嘉奖	区政府
2004	唐建国	男	三等功	区政府
	华安甫	男	三等功	区政府
	黄弟华	男	三等功	区政府
	李　俊	男	三等功	区政府
	樊友成	男	嘉奖	区政府

续表

获奖年份	获奖人姓名	性别	荣誉称号	授予机关
2004	邬　群	男	嘉奖	区政府
	肖　敏	女	嘉奖	区政府
	袁保春	男	嘉奖	区政府
	杨双清	男	嘉奖	区政府
	刘　洋	男	嘉奖	区政府
	彭　广	男	嘉奖	区政府
	尹剑峰	男	嘉奖	区政府
	赵伯平	男	嘉奖	区政府
	周伟武	男	嘉奖	区政府
	闵译蓝	女	嘉奖	区政府
	游益坪	男	嘉奖	区政府
	丁南贵	男	嘉奖	区政府
	陈　波	男	嘉奖	区政府
	杨丽华	女	嘉奖	区政府
2005	吴弟友	男	三等功	区政府
	贺进新	男	嘉奖	区政府
	邬　群	男	嘉奖	区政府
	屈梅珍	女	嘉奖	区政府
	唐少华	女	嘉奖	区政府
	肖　敏	女	嘉奖	区政府
	谢秀波	女	嘉奖	区政府
	李　俊	男	嘉奖	区政府
	罗平舫	男	嘉奖	区政府
	彭　广	男	嘉奖	区政府
	杨远枝	女	嘉奖	区政府
	尹征艳	女	嘉奖	区政府
	周伟武	男	嘉奖	区政府

续表

获奖年份	获奖人姓名	性别	荣誉称号	授予机关
2005	杨尚东	男	嘉奖	区政府
	游益平	男	嘉奖	区政府
2006	杨双清	男	三等功	区政府
	赵伯平	男	三等功	区政府
	樊友成	男	嘉奖	区政府
	罗龙阳	男	嘉奖	区政府
	刘　奕	男	嘉奖	区政府
	白　煜	男	嘉奖	区政府
	李晓清	男	嘉奖	区政府
	唐　芳	女	嘉奖	区政府
	邬　群	男	嘉奖	区政府
	丁南贵	男	嘉奖	区政府
	彭　华	女	嘉奖	区政府
	尹剑峰	男	嘉奖	区政府
	彭　广	男	嘉奖	区政府
	潘柯百	男	嘉奖	区政府
	周伟武	男	嘉奖	区政府
	尹征艳	女	嘉奖	区政府
	刘冰清	女	嘉奖	区政府
	游益平	男	嘉奖	区政府
	肖　敏	女	嘉奖	区政府
	黄弟华	男	社会治安综合治理先进个人	区委、区政府
	陈　萍	女	社会治安综合治理先进个人	区委、区政府
2007	尹剑峰	男	三等功	区政府
	彭　华	女	三等功	区政府
	黄弟华	男	嘉奖	区政府
	徐厚彩	男	嘉奖	区政府

续表

获奖年份	获奖人姓名	性别	荣誉称号	授予机关
2007	罗龙阳	男	嘉奖	区政府
	鲁光贵	男	嘉奖	区政府
	谢秀波	女	嘉奖	区政府
	肖　敏	女	嘉奖	区政府
	周　文	男	嘉奖	区政府
	杨双清	男	嘉奖	区政府
	罗平舫	男	嘉奖	区政府
	李　俊	男	嘉奖	区政府
	周向华	男	嘉奖	区政府
	李　丽	女	嘉奖	区政府
	杨远枝	女	嘉奖	区政府
	向焕华	女	嘉奖	区政府
	赵伯平	男	嘉奖	区政府
	尹征艳	女	嘉奖	区政府
	吕翠娥	女	嘉奖	区政府
	游益平	男	嘉奖	区政府
	丁南贵	男	嘉奖	区政府
	白　煜	男	嘉奖	区政府
	喻楠萍	女	优秀共产党员	区委
	谢秀波	女	优秀党务工作者	区委
	罗龙阳	男	基层组织建设点村工作先进个人	区委
	熊伯顺	男	社会治安综合治理先进个人	区委、区政府
	黄用高	男	优秀共产党员	区委
2008	徐厚彩	男	三等功	区政府
	杨双清	男	三等功	区政府
	胡晓芳	女	嘉奖	区政府
	鲁光贵	男	嘉奖	区政府

续表

获奖年份	获奖人姓名	性别	荣 誉 称 号	授予机关
2008	谢秀波	女	嘉奖	区政府
	肖　敏	女	嘉奖	区政府
	李　俊	男	嘉奖	区政府
	周向华	男	嘉奖	区政府
	李友成	男	嘉奖	区政府
	吕佳娥	女	嘉奖	区政府
	任子昂	男	嘉奖	区政府
	向建萍	女	嘉奖	区政府
	彭　华	女	嘉奖	区政府
	彭　广	男	嘉奖	区政府
	杨远枝	女	嘉奖	区政府
	向焕华	女	嘉奖	区政府
	易　敏	女	嘉奖	区政府
	王江霞	女	嘉奖	区政府
	邓爱莉	女	嘉奖	区政府
	周　文	男	嘉奖	区政府
	罗龙阳	男	创建全国文明城市工作先进个人	区委、区政府
	鲁光贵	男	创建全国文明城市工作先进个人	区委、区政府
	梁　斌	男	创建全国文明城市工作先进个人	区委、区政府
2009	任子昂	男	三等功	区委、区政府
	吴弟友	女	三等功	区委、区政府
	熊明星	男	三等功	区委、区政府
	谢秀波	女	三等功	区委、区政府
	肖　敏	女	三等功	区委、区政府
2010	高友才	男	三等功	区政府
	胡晓芳	女	三等功	区政府
	罗龙阳	男	三等功	区政府

续表

获奖年份	获奖人姓名	性别	荣誉称号	授予机关
2010	喻楠萍	女	三等功	区政府
	贺　琴	女	三等功	区政府
	陈　华	男	三等功	区政府
	欧阳章俊	男	三等功	区政府
	毛跃莉	女	嘉奖	区政府
	徐厚彩	男	嘉奖	区政府
	吴弟友	男	嘉奖	区政府
	黄用高	男	嘉奖	区政府
	鲁光贵	男	嘉奖	区政府
	杨双清	男	嘉奖	区政府
	谢秀波	女	嘉奖	区政府
	白　煜	男	嘉奖	区政府
	彭　华	女	嘉奖	区政府
	肖　敏	女	嘉奖	区政府
	李友成	男	嘉奖	区政府
	梁宋云	男	嘉奖	区政府
	裴浪涛	男	嘉奖	区政府
	刘　洋	男	嘉奖	区政府
	龚宏伟	女	嘉奖	区政府
	向焕华	女	嘉奖	区政府
	尹征艳	女	嘉奖	区政府
	周伟武	男	嘉奖	区政府
	徐　英	女	嘉奖	区政府
	贺进新	男	嘉奖	区政府
	任子昂	男	嘉奖	区政府
	熊绍军	女	嘉奖	区政府
	邓爱莉	女	嘉奖	区政府

续表

获奖年份	获奖人姓名	性别	荣 誉 称 号	授予机关
2010	欧阳章俊	男	优秀共产党员	区委
	刘荣萍	女	优秀共产党员	区委
	梁　斌	男	全区综治维稳先进个人	区委
	毛跃莉	女	全区综治维稳先进个人	区委
	鲁光贵	男	全区创全国文明城市标兵	区委区政府
2011	罗龙阳	男	三等功	区政府
	裴浪涛	男	三等功	区政府
	吴弟友	男	三等功	区政府
	彭　华	女	三等功	区政府
	鲁光贵	男	创建全国文明城市十大功臣	区政府
	李友成	男	创建全国文明城市先进个人	区政府
	欧阳章俊	男	优秀共产党员	区委
	龚宏伟	女	优秀共产党员	区委
2012	毛跃莉	女	三等功	区政府
	徐厚彩	男	三等功	区政府
	喻楠萍	女	三等功	区政府
	谢秀波	女	三等功	区政府
	裴浪涛	男	三等功	区政府
	欧阳章俊	男	三等功	区政府
	梁宋云	男	三等功	区政府
	贺进新	男	三等功	区政府
	熊绍军	男	三等功	区政府
	尹征艳	女	三等功	区政府
	邓爱莉	女	三等功	区政府
	高友才	男	嘉奖	区政府
	李海宗	女	嘉奖	区政府
	杨家军	男	嘉奖	区政府

续表

获奖年份	获奖人姓名	性别	荣誉称号	授予机关
2012	罗龙阳	男	嘉奖	区政府
	张绪敏	女	嘉奖	区政府
	熊文捷	男	嘉奖	区政府
	李友成	男	嘉奖	区政府
	王伟榆	女	嘉奖	区政府
	尹剑峰	男	嘉奖	区政府
	李　莉	女	嘉奖	区政府
	向焕华	女	嘉奖	区政府
	古国彩	男	嘉奖	区政府
	周伟武	男	嘉奖	区政府
	刘　菁	女	嘉奖	区政府
	周　文	男	嘉奖	区政府
	曾　桢	女	嘉奖	区政府
2013	杨家军	男	三等功	区政府
	罗龙阳	男	三等功	区政府
	张绪敏	女	三等功	区政府
	裴浪涛	男	三等功	区政府
	毛跃莉	女	嘉奖	区政府
	李海宗	女	嘉奖	区政府
	熊文捷	男	嘉奖	区政府
	谭国华	男	嘉奖	区政府
	喻楠萍	女	嘉奖	区政府
	肖　敏	女	嘉奖	区政府
	周　文	男	嘉奖	区政府
	易　敏	女	嘉奖	区政府
	刘　勇	男	嘉奖	区政府
	高兴国	男	嘉奖	区政府

续表

获奖年份	获奖人姓名	性别	荣 誉 称 号	授予机关
2013	郭长春	男	嘉奖	区政府
	刘　奕	男	嘉奖	区政府
	李友成	男	嘉奖	区政府
	周志波	男	嘉奖	区政府
	王伟榆	男	嘉奖	区政府
	刘　洋	男	嘉奖	区政府
	李　莉	女	嘉奖	区政府
	向焕华	女	嘉奖	区政府
	古国彩	男	嘉奖	区政府
	周伟武	男	嘉奖	区政府
	尹征艳	女	嘉奖	区政府
	贺进新	男	嘉奖	区政府
	郭四佬	男	嘉奖	区政府
	张　利	男	嘉奖	区政府
	高　峰	男	嘉奖	区政府
	屈幺元	女	嘉奖	区政府
2014	杨家军	男	三等功	区政府
	李向远	男	三等功	区政府
	罗龙阳	男	三等功	区政府
	熊文捷	男	三等功	区政府
	肖　敏	女	三等功	区政府
	李友成	男	三等功	区政府
	周伟武	男	三等功	区政府
	尹剑峰	男	三等功	区政府
	古国彩	男	三等功	区政府
	高友才	男	嘉奖	区政府
	徐厚彩	男	嘉奖	区政府

续表

获奖年份	获奖人姓名	性别	荣誉称号	授予机关
2014	何咏岚	女	嘉奖	区政府
	谭国华	男	嘉奖	区政府
	易　敏	女	嘉奖	区政府
	张绪敏	女	嘉奖	区政府
	喻楠萍	女	嘉奖	区政府
	欧阳章俊	男	嘉奖	区政府
	郭长春	男	嘉奖	区政府
	高兴国	男	嘉奖	区政府
	梁宋云	男	嘉奖	区政府
	唐慧静	女	嘉奖	区政府
	贺进新	男	嘉奖	区政府
	高　峰	男	嘉奖	区政府
	卜秦蓉	女	嘉奖	区政府
	郑碧湘	男	嘉奖	区政府
	刘　洋	男	嘉奖	区政府
	刘　华	男	嘉奖	区政府
	廖　平	男	嘉奖	区政府
	熊何飞	男	嘉奖	区政府
	徐　瑛	女	嘉奖	区政府
	邓爱莉	女	嘉奖	区政府
	熊　飞	男	嘉奖	区政府
2015	熊文捷	男	三等功	区政府
	谭国华	男	三等功	区政府
	郭长春	男	三等功	区政府
	贺进新	男	三等功	区政府
	刘　洋	男	三等功	区政府
	裴浪涛	男	三等功	区政府

续表

获奖年份	获奖人姓名	性别	荣 誉 称 号	授予机关
2015	喻楠萍	女	三等功	区政府
	高兴国	男	三等功	区政府
	高友才	男	嘉奖	区政府
	杨家军	男	嘉奖	区政府
	何咏岚	女	嘉奖	区政府
	罗龙阳	男	嘉奖	区政府
	黄用高	男	嘉奖	区政府
	欧阳章俊	男	嘉奖	区政府
	梁 斌	男	嘉奖	区政府
	刘 勇	男	嘉奖	区政府
	陈 萍	女	嘉奖	区政府
	闵译漫	女	嘉奖	区政府
	谢秀波	女	嘉奖	区政府
	唐慧静	女	嘉奖	区政府
	胡翠红	女	嘉奖	区政府
	卜秦蓉	女	嘉奖	区政府
	黄 牧	男	嘉奖	区政府
	李 莉	女	嘉奖	区政府
	曾 桢	女	嘉奖	区政府
	王江霞	女	嘉奖	区政府
	尹征艳	女	嘉奖	区政府
	刘冰清	女	嘉奖	区政府
2016	杨家军	男	三等奖	区政府
	何咏岚	女	三等奖	区政府
	熊文捷	男	三等奖	区政府
	欧阳章俊	男	三等奖	区政府
	卜秦蓉	女	三等奖	区政府

续表

获奖年份	获奖人姓名	性别	荣誉称号	授予机关
2016	吴弟友	男	嘉奖	区政府
	谭国华	男	嘉奖	区政府
	陈　萍	女	嘉奖	区政府
	闵译漫	女	嘉奖	区政府
	喻楠萍	女	嘉奖	区政府
	陈　华	男	嘉奖	区政府
	高兴国	男	嘉奖	区政府
	肖　敏	女	嘉奖	区政府
	唐　成	男	嘉奖	区政府
	周志波	男	嘉奖	区政府
	曾凡耘	女	嘉奖	区政府
	高　姗	女	嘉奖	区政府
	贺进新	男	嘉奖	区政府
	杨尚东	男	嘉奖	区政府
	刘　洋	男	嘉奖	区政府
	李　莉	女	嘉奖	区政府
	钟志峰	男	嘉奖	区政府
	古国彩	男	嘉奖	区政府
	周伟武	男	嘉奖	区政府
	尹征艳	女	嘉奖	区政府
	刘　丹	女	嘉奖	区政府
	徐　艳	女	嘉奖	区政府
	李和平	女	嘉奖	区政府
	张　玲	女	嘉奖	区政府
2017	何永岚	女	三等功	区政府
	熊柏松	男	三等功	区政府
	闵译漫	女	三等功	区政府

续表

获奖年份	获奖人姓名	性别	荣 誉 称 号	授予机关
2017	李 莉	女	三等功	区政府
	屈么元	女	三等功	区政府
	焦海波	男	记功	区政府
	曾 桢	女	记功	区政府
	高友才	男	优秀	区政府
	吴弟友	男	优秀	区政府
	杨家军	男	优秀	区政府
	张绪敏	女	优秀	区政府
	周 文	男	优秀	区政府
	熊文捷	男	优秀	区政府
	谭国华	男	优秀	区政府
	喻楠萍	女	优秀	区政府
	樊红丽	女	优秀	区政府
	刘永强	男	优秀	区政府
	李友成	男	优秀	区政府
	曾凡耘	女	优秀	区政府
	唐慧静	女	优秀	区政府
	皮建夫	男	优秀	区政府
	卜秦蓉	女	优秀	区政府
	任子昂	男	优秀	区政府
	刘 洋	男	优秀	区政府
	古国彩	男	优秀	区政府
	刘志强	男	优秀	区政府
	周伟武	男	优秀	区政府
	李爱琼	女	优秀	区政府
	杨碧勇	男	优秀	区政府
	袁伟杰	男	优秀	区政府
	黄 牧	男	优秀	区政府

附 录

一、重要文件

中共鼎城区委　鼎城区人民政府关于加强对拔尖人才管理的试行办法

常鼎发〔1990〕34号

为了做好拔尖人才的管理工作，鼓励广大知识分子奋发向上，快出成果，多出成果，出大成果，特制定本办法。

第一条　被评为区级拔尖人才者，由区委、区政府颁发《拔尖人才证书》。凡在作为拔尖人才期间，一次性奖励三百五十元（因其突出贡献已由市以上单位奖励者，不再重复奖励）。拔尖人才的一次性奖励，由拔尖人才所属单位上报，经区知识分子工作领导小组审批，分别由区委组织部、区人事局、区劳动局执行。

第二条　被评选为拔尖人才，具有中级和初级专业技术职务的，经相应的专业技术职务评审委员会评审，可优先晋升专业技术职务；没有专业技术职务的，经相应的专业技术职务评审委员会评审，可优先评定、晋升专业技术职务；不是专业技术干部的，优先录用为专业技术干部。

第三条　被评选为拔尖人才，本人、配偶和未成年子女是农村户口的，优先解决城镇户口。在同等条件下，优先解决夫妻两地分居和子女就业问题。

第四条　拔尖人才的工作单位和工作岗位一般不要变动。如遇特殊情况需要变动的，要先征求本人意见，并由所在单位报区委组织部备案；其所在单位要尽可能地减少他们的事务性工作，积极为他们从事科研、设计、教学、创作等工作创造条件；有关单位在安排外出考察、业务进修，要尽可能选派拔尖人才参加。

第五条　拔尖人才取得的科技专利实施后，其实施单位当年新增税利超过100万元的，由实施单位将新增税利数的5%作为奖金一次性发给该项专利所有者。

第六条　拔尖人才的医疗保健，由区委老干局发给医疗证，优先就诊；其医疗费用全额报销（个人所负担的部分由所在单位和公费医疗办各按50%负责报销）。他们生活中的具体困难，其所在单位要从优帮助解决。

第七条 拔尖人才的管理方式为“滚动式”。区级拔尖人才的管理期限为三年，期满后进行审核调整。对其中继续做出突出贡献的，延长管理时间。因本人负责给国家造成重大损失或犯有错误的，取消其拔尖人才资格。

一九九〇年五月十二月

中共常德市鼎城区委
常德市鼎城区人民政府
关于下达一九九二年各办事处（镇）区直机关“双文明”建设目标管理责任指标及考核办法的通知

常鼎发〔1992〕11号

各办事处、乡（镇）党委，乡（镇）人民政府，区直机关：

各单位：

一九九二年各办事处（镇）、区直机关“双文明”建设目标管理责任指标及考核办法已经区委、区政府研究确定，现予下发。

这套目标管理责任指标及考核办法，在往年考核评比的基础上，围绕突出以经济建设为中心，促进区委提出的“兴工促农、强区富民”经济和社会发展战略进行了部分调整，年终将由区委、区政府按此办法考核到办事处（镇）区直机关战线。再由各办事处、区直战线参照此办法考核到乡（镇）、科局，评出岗位等次。望你们根据此办法，进一步制定和完善本单位的岗位责任制。

《各办事处（镇）精神文明建设责任指标》《各办事处（镇）经济责任指标》《区直机关精神文明建设责任指标》《考核奖惩办法》略。

一九九二年八月四日

常德市鼎城区人民政府
关于印发《常德市鼎城区改革企业职工基本养老金计发办法的意见》（试行）的通知

常鼎政发〔1992〕51号

各办事处，乡镇人民政府，区直有关单位，区属企业，驻区单位：

现将《常德市鼎城区改革企业职工基本养老金计发办法的意见》（试行）印发给你们，请遵照执行。

企业职工基本养老金计发办法的改革，是社会保险制度改革的重要内容。认真搞好这项工作，使退休职工“老有所养”，不仅体现党和政府对退休职工的关怀，而且对于促进劳动力更新，适应经济体制的改革和企业经营机制转换需要，加快经济发展都具有重要的作用。对此，各级、各地、各单位务必引起高度重视，加强组织领导，按照有关要求，认真组织实施。

常德市鼎城区人民政府

1992年12月31日

常德市鼎城区改革企业职工基本养老金计划办法的意见

（试 行）

第一条 为了保障企业职工退休后的生活，促进企业经营机制的转换，与劳动、工资制度改革相配套，适应社会主义市场经济体系建立和发展的需要，结合我区情况，特制定本意见（以下简称《意见》）。

第二条 改革后的基本养老保险金由两部分组成。第一部分以职工退休时全省上年职工月平均工资为基数计发；第二部分以本人月平均缴费工资为基数计发。具体计算方法附后。

第三条 企业职工符合国家规定退休条件，单位和职工缴纳基本养老保险费满5年及其以上的，从职工办理退休手续下月起，按月发给基本养老金，直至去世为止。其具体养老保险待遇如下：

（一）单位和职工缴纳基本养老保险费满15年及其以上的，基本养老金的第一部分按照职工退休时全省上年度职工月平均工资的25%计发；第二部分按照缴费每满1年，发给职工本人月平均缴费工资的1.5%；

（二）单位和职工缴纳基本养老保险费满10年不满15年的，基本养老金的第一部分按照全省上年度职工月平均工资的20%计发；第二部分按照缴费每1年，发给职工本人月平均缴费工资的1.3%。

（三）单位和职工缴纳基本养老保险费满5年不满10年的，基本养老金的第一部分按照全省上年度职工月平均工资的15%计发；第二部分按照缴费每满1年，发给职工本人月平均缴费工资的1.1%。

（四）单位和职工缴纳基本养老保险费5年以上的，基本养老金每月不足70元的按70元发给，并随国家对退休费最低保证数标准的调整而相应调整。

第四条 国家和本省规定的各项生活补贴照发。

第五条 单位和职工缴纳基本养老保险费满1年不满5年的，按照在职期间缴费每满1年，一次性发给本人月平均缴费工资2个月的生活费。

第六条 因公致残完全丧失劳动能力的职工，其养老保险按照国家有关工伤保险的规定办理。

第七条 职工退休后领取的基本养老金（含本《意见》实施前已退休人员的退休费和相应补贴），每年7月1日按照本省上年职工月平均工资增长率的50%调整1次，负增长时不作调整。

第八条 为尽量避免把社会分配不公带入养老保险，对职工本人缴费工资超过本省月平均工资2倍以上部分，不缴纳基本养老保险费，也不列入计发基本养老金第二部分的基数。对超过部分，可办企业补充养老保险或职工个人储蓄性养老保险。

第九条 本《意见》实施后退休的职工，其基本养老金按本《意见》规定计发后低于按照原规定计发的差额部分给予补齐，并入基本养老金，如基本养老金比原规定计发养老金增加过多，其增加幅度最高不超过10%。

第十条 本《意见》实施前按照国家规定计算的连续工龄或工作年限，可视同单位和职工缴纳保险费的年限，合并计发基本养老金。

第十一条 本《意见》是对企业职工基本养老金计发基数和计发办法的改革，其职工退休条件和退休后的其他待遇，暂不作变动。

第十二条 本《意见》实施范围适应于本区境内各种所有制单位。鉴于目前各种所有制单位的经济状况，本《意见》先在全民所有制单位和外资企业的中方职工中试行，取得经验后，再逐步扩大到其他所有制单位职工。

第十三条 本《意见》实施后所增加的费用，参加退休费用社会统筹的，从统筹基金中开支，未参加统筹的从原渠道开支。

第十四条 本《意见》由区劳动局负责解释和组织实施。

第十五条 本《意见》从1993年1月1日起试行。今后国家有新的规定，按国家规定执行。

附：基本养老金的计算方法

基本养老金的第一部分按照缴费年限用本省上年社会月平均工资分别乘以25%、20%、15%计算；第二部分用个人指数化月平均工资乘以缴费年限，再分别乘以1.5%、1.3%、1.1%计算。

个人指数化月平均缴费工资的计算方法：用职工每年的缴费工资，除以本省当年社会平均工资，为当年指数，然后，将历年指数相加，除以缴费年限，得出平均指数，再将平均指数乘以职工退休时上年度全省社会平均工资，得出个人指数化月平均工资。

各项补贴指国家和本省规定的各种补贴，即国家补贴26元，本省补贴16.20元（人平）。

新办法基本养老金＝本省社会月平均工资×25%（或20%、15%）＋个人指数化月平均工资×缴费年限×1.5%（或1.3%、1.1%）＋各项补贴。

常德市鼎城区人民政府
关于印发《鼎城区劳动力市场管理暂行办法》《鼎城区各类临时工管理暂行规定》和《鼎城区劳务输出管理规定》的通知

常鼎政通〔1994〕5号

各办事处、乡镇人民政府、区直各单位：

《鼎城区劳动力市场管理暂行办法》《鼎城区各类临时工管理暂行规定》和《鼎城区劳务输出管理规定》已经区政府同意，现印发给你们，请认真贯彻执行。

1994年4月27日

附：《鼎城区劳动力市场管理暂行办法》《鼎城区各类临时工管理暂行规定》《鼎城区劳务输出管理规定》（略）

鼎城区劳动力市场管理暂行办法

第一条 为适应社会主义市场经济发展需要，加强对我区劳动力市场管理，促进社会劳动力的合理流动，根据湘政发〔1988〕36号文件精神，结合我区实际情况，制订本办法。

第二条 区劳动局主管全区的劳动力市场管理工作，其所属的职业介绍机构负责具体管理工作。

第三条 区劳动局设立职业介绍所，按行政区域开办有领导的综合性或专业性劳动力市场。机关、团体、企事业单位的劳动服务公司在区劳动局及所属职业介绍机构指导下，可开办调节本单位、本系统富余劳动力和社会劳动力为主的专业性劳动力市场。

各办事处、乡镇劳动服务站也可以开办以调剂、输出本行政区域内农村富余劳动力为主的劳动力市场。

第四条 开办劳动力市场必须坚持改革开放，为企业、为劳动者、为经济建设和为社会服务的原则。

第五条 劳动力市场的服务项目：

（一）为用人单位和待业人员进行登记建卡。介绍供需双方直接洽谈，组织签订合同和监督实施；

（二）为供职单位提供劳动力资源信息，推荐劳动者就业；

（三）为求职人员提供用工信息，进行就业前政策咨询；

（四）为农村富余劳动力进行求职登记和就业指导，推荐就业单位；

（五）为劳动力交流、调剂劳动力余缺牵线搭桥，组织企业富余人员进行技术协作和技术服务；

（六）承办劳务输入、输出业务；

（七）为全民企事业单位，机关、团体、学校、部队等介绍临时性用工，为城乡劳动力交流服务；

（八）为居民家庭、城乡个体户和私营企业介绍保姆、服务员、家庭教师、帮工等；

（九）为谋求职业的离退休人员提供信息，推荐单位；

（十）组织协调有关单位按照用工需要开展各种形式的职业技术培训。

第六条 凡年满16周岁，具有一定劳动能力的下列人员，凭有关证明可作为供方进

入劳动力市场:

(一) 城镇待业人员和社会闲散劳动力;

(二) 企业终止或解除劳动合同，辞退的职工和企业破产后的待业职工;

(三) 企业允许进入劳动力市场的职工;

(四) 离、退休人员;

(五) 利用假期或学余时间勤工俭学的在校学生;

(六) 不包分配的各类大学、中专、技工学校、职业中学的毕业生、肄业生和经职业技术培训班培训结业的学生;

(七) 农村能工巧匠和其他富余劳动力;

(八) 以劳动行政主管部门确认可进入劳动市场的其他人员。

第七条　下列单位和个人可作为需方进入劳动力市场;

(一) 经劳动部门同意招工、用工的全民、集体企事业单位、机关、团体、学校、部队;

(二) 持有营业执照的私营企业、个体工商户、个人合伙组织;

(三) 中外合资企业、合作经营企业和外商独资企业;

(四) 城乡居民家庭。

第八条　凡全民、集体企事业单位和机关、团体、学校、部队招收季节工、临时工，必须经区职业介绍机构介绍。

第九条　进入劳动力市场的单位和个人，都必须遵守有关劳动管理法规和政策，坚持平等协商，自愿互利的原则。双方通过相互选择达成协议后，应按规定办理招收、调动、录用手续，签订劳动或劳务合同。合同一式三份，由签订合同双方和职业介绍机构各留存一份。

第十条　劳动或劳务合同应具备以下条款:

(一) 劳动内容、数量和质量;

(二) 劳动报酬和劳动条件;

(三) 劳动纪律;

(四) 福利保险和劳动保护;

(五) 履行的期限、地点和方式;

(六) 违约责任;

(七) 双方认为需要规定的其他事项。

第十一条　当事人一方要求变更、解除劳动合同的，应在30天以前通知对方。违反合同使另一方遭受损失的，除法律、法规另有规定外，应负责赔偿。

第十二条 因履行劳动或劳务合同发生的劳务争议，区劳动部门应按照有关法律、法规进行调解，当事人对调解不服的，可能依法提起诉讼。

第十三条 劳动力市场开展的各项业务实行有偿服务，具体收费标准由区劳动、物价部门共同制定，报区政府批准后执行。区劳动力市场管理机构应主动接受区物价、财政、审计等部门的监督。

第十四条 以前区政府颁发的有关规定办法与本办法相抵触的，以本办法为准，上级有新规定时，按新规定执行。

第十五条 本办法自发布之日起施行。

常德市鼎城区国家公务员过渡实施办法

常鼎人〔1995〕12号

根据《湖南省国家行政机关工作人员向国家公务员过渡实施办法》和《常德市国家公务员制度实施意见》结合我区实际情况，制定本办法。

一、过渡的原则

现有国家行政机关工作人员过渡为国家公务员，必须在机构改革已经完成，“三定”方案正式确定，职能分解，职位设置已结束，经检查验收合格后，按照职位所需的资格条件，采取考试与考核相结合，以考核为主的方法进行。

二、过渡的对象

(一) 区直国家行政机关和其他行使国家行政职能，从事行政管理活动列入实施国家公务员制度范围的单位中，除工勤人员以外的工作人员。

(二) 在1995年3月1日之前进入国家行政机关，现在干部岗位上的具有国家干部身份的人员，经考试、考核合格，符合职位任职条件的，参与公务员过渡；经地、市以上政府人事部门审批同意的乡（镇）聘用制干部，可参与国家公务员过渡。

(三) 下列人员不列入过渡对象

1. 受过刑事处罚的；
2. 按照《国家公务员暂行条例》第十四章的规定应予辞退的；
3. 截止本单位实施国家公务员制度时已到达离退休年龄的；
4. 在年度考核中被确定为不称职的；
5. 过渡培训考试不合格的；
6. 本人自愿要求不过渡为国家公务员的。

(四) 下列人员暂缓过渡

1. 已由县级以上检察、纪检、监察机关立案审查，尚未结论的人员；
2. 因健康原因，连续一年或两年内累计一年未上班的人员；
3. 非公派离职学习或因私出国一年以上未归的。

上述不列入过渡和暂缓过渡对象及因其他特殊情况不能或暂缓过渡的，由本单位提出意见，按干部管理权限报批。

在机关干部岗位上工作的工人，参加全省统一考试，考试考核合格，单位有职位空缺，且符合职位任职条件的，可择优录用为国家公务员；考试考核合格，但单位无职位空缺的，可择优录用为国家干部后分流出机关；对其他人员，除按“三定”方案核定的工勤事业编制数额保留工勤人员外，一律分流出机关，不允许搞新的“以工代公（干）”。

三、过渡的程序和办法

（一）职位设置

职位设置必须在政府批准的职能范围内，在职能分解的基础上进行，具体按《鼎城区国家公务员职位设置办法》的规定执行。

（二）考试考核

1.培训考试。实行国家公务员制度的单位都要对工作人员进行过渡培训，培训结束后要组织考试，考试成绩作为过渡的条件之一。第一次考试不及格的，允许补考一次。补考不及格的不能参与过渡。专业性强的业务部门，必须进行业务知识考试。

2.过渡考核。按照国家人事部关于《国家公务员考核暂行规定》（人核发）〔1994〕4号）文件的要求，对工作人员近两年来德、能、勤、绩进行全面考核，重点考核工作实绩。

凡考核称职以上，考试成绩及格者，具有过渡资格；考核不称职或考试成绩不及格者，不具备过渡资格。

（三）择优上岗

在具备过渡资格的人员中，根据各职位的职责任务和任职资格条件，在充分发扬民主的基础上，按照职务层次先高后低的顺序选择配备各职位人员。

领导职务的配备，根据“三定”确定的领导职数和任职资格条件，按管理权限办理。

非领导职务的配备，在同级政府或政府人事部门核定的非领导职务职数限额内按照管理权限报批。

有条件的单位，也可实行公平竞争，双向选择的过渡办法。

（四）确定职务、级别

各职位人员到位后，按各职位人员管理权限任命国家公务员职务，并颁发由省人民政府统一印制的《国家公务员任命书》。在国家公务员过渡中，职务层次发生变化的，按照所在职务重新确定级别；在国家公务员过渡中，职务层次没有发生变化的，原则上与工资制度改革中确定的级别相一致。在机构改革中，确因机构撤并、职数限额和工作需要而作低职安排的，可按原任职务确定级别。确定国家公务员的级别，应按管理权限办理审批手续。

（五）审批办法

工作人员向国家公务员过渡时，原具有国家干部身份的人员，由所在单位填写省人事厅统一印制的《湖南省国家公务员过渡审批登记表》、《湖南省国家公务员过渡报批人员花名册》一式三份，连同个人的考核材料及人事档案材料一并报送有关单位审批，审核合格后加盖“鼎城区国家公务员过渡审批专用章”。经审批后，《湖南省国家公务员过渡审批登记表》存入本人档案，《湖南省国家公务员过渡报批人员花名册》分别存审批机关备查。区属单位的由区人事局审核后，报市人事局审批。

附则：

1.区直各部门在过渡审批时，要按照管理权限，严格审批程序。政府人事部门有权随时检查同级和下级各单位部门的审批情况，一经查出有不符合规定审批的情况，除取消过渡人员的国家公务员资格外，对分管和经办人员按情节轻重，给予严肃处理。

2.本办法由区人事局负责解释。

3.本办法自发布之日起实行。

1995 年 12 月 6 日

常德市鼎城区人民政府
关于全面实行机关、事业单位社会养老保险制度改革的通知

常鼎政发〔1998〕6号

各乡镇人民政府，区直机关、事业单位：

我区机关事业单位社会养老保险制度改革工作已从1996年1月1日开始在全区机关及全额拨款事业单位的全民合同制工人、自收自支、差额拨款事业单位的全部工作人员中实施，取得了显著的成效，积累了经验。为全面落实湖南省人民政府湘政发〔1996〕3号关于《湖南省机关事业单位养老保险制度改革办法（试行）》和区人民政府常鼎政通〔1996〕20号关于《常德市鼎城区机关事业单位社会养老保险制度改革暂行办法》精神，决定从1998年1月1日起在全区尚未开展养老保险的机关公务员、干部、固定职工和全额拨款事业单位的全部人员中全面实行社会养老保险。现将有关问题通知如下：

一、养老保险金的缴纳标准及缴纳办法：机关、全额拨款事业单位养老保险金的缴纳标准按在职人员上年度工资总额的27%计算。其中，单位负担24%，进入财政综合预算，每月10日前，属财政拨款的，由财政直接划拨到社会保险基金财政专户，属单位缴纳的，由单位直接缴存社会保险基金财政专户；个人缴纳3%的部分，每月由所在单位在个人工资中扣除后缴存社会保险基金财政专户。

二、退休条件。按国务院国发〔1978〕104号文件和湘政发〔1996〕3号文件规定执行。

三、退休待遇：

1.退休时缴纳养老保险费满十年者（含视同缴费年限，即指在1996年1月1日未开展机关、全额事业单位养老保险前参加工作的工作人员实际工作年限），其退休费按湘人险〔1995〕92号文件和湘政发〔1996〕3号文件计发，直至死亡为止。

2.已离退休（职）人员的基本养老金和省市保留津补贴53.8元、妇女卫生费以及教师提高10%部分、教龄津贴和政法战法人员的警衔津贴，由机关事业单位社会保险机构在每月5—15日支付。

3.原已享受的未纳入工资基数的误餐补助、地区性生活补贴、交通费、护理费、血防

补助、离休人员的健康疗养基金、奖金及丧葬费、安家费、抚恤费等非生产性的福利费用仍按原渠道开支；医疗费在社会机构未实施医疗保险之前，仍按原渠道开支。离退休人员与原单位的隶属关系不变。

4.退休时工作年限不满十年的，每满一年按离岗时上年度本省工作人员社会平均工资二个月的标准，一次性发给养老生活补助金。

四、在本《通知》实施之前获全国劳动模范（先进工作者）、省级劳动模范（先进工作者）称号，以及按国家和省有关规定退休时享受优异待遇的高级专家、中小学教师、计划生育专干等人员，在退休时仍保持其荣誉者，保留国家和省里原规定的优异待遇；本《通知》实施后获得上述称号的享受优异待遇的人员，应由授予单位给予一次性奖励，或由本单位办理补充养老保险，退休时不再另行提高基本养老金的计发比例。

五、改制人员和从集体单位招聘到机关事业单位的工作人员，按常鼎政通〔1996〕20号文件第七条第四款连本得息一次性补缴基本养老金。按规定属于个人缴纳的部分，进入个人账户，属于单位缴纳部分，一部分进入个人账户，一部分进入社会统筹基金。

六、机关事业单位工作人员个人需认定工龄的，须根据工资福利机构所核工作年限和工资额，由本人按27%的比例，连本带息一次性向社保机构补缴养老保险金。

七、因工致残完全丧失劳动能力的工作人员需退休的，其待遇按国家和省有关规定办理，由社保机构支付退休金。对未达到有关文件规定的伤残程度和退休年龄退休的，其退休金由单位支付，待达到规定的退休年龄后，再从社保机构支付退休金。

八、工作人员调动工作岗位，应及时到机关事业社保机构办理转移手续，军队移交离退休人员费用暂按原渠道开支，民政代管对象的退休金由社保机构支付。

1998年3月12日

常德市鼎城区人民政府关于常德市鼎城区城镇职工基本医疗保险试行办法

常鼎政发〔2000〕20号

第一章 总 则

第一条 为保障职工的基本医疗需求，完善社会保障制度，合理利用卫生资源，根据《国务院关于建立城镇职工基本医疗保险制度的规定》（国发〔1998〕44号）和《常德市城镇职工基本医疗保险试行办法》（常政发〔1999〕21号）文件精神，结合我区实际，特制定本办法。

第二条 建立社会统筹医疗基金（以下简称统筹基本金）与个人医疗账户（以下简称个人账户）相结合的基本医疗保险制度并使之逐步覆盖城镇全体劳动者。

第三条 建立城镇职工基本医疗保险制度的基本原则：

（一）基本医疗保障的水平和方式与本区社会生产力发展水平及财政、企业、事业单位和职工个人的随能力相适应；

（二）城镇职工基本医疗保险实行区级统筹，属地管理；

（三）基本医疗保险费由用人单位和职工双方共同负担；

（四）基本医疗保险基金实行社会统筹和个人账户相结合。

第四条 本区范围内的城镇所有用人单位（不含铁路系统），包括企业（国有企业、集体企业、外商投资企业、私营企业）、机关、事业单位、社会团体、民办非企业单位及其职工和退休人员都要参加基本医疗保险。对乡镇企业及其职工、城镇个体经济组织业主及其从业人员，先进行试点，在试点基础上逐步将其纳入基本医疗保险范围。

离休人员、二等乙级以上革命伤残军人不参加基本医疗保险，其医疗待遇不变，管理机构不变，医疗费用按原资金渠道解决，支付确有困难的，由区人民政府帮助解决，具体管理办法另行制定。

职工供养的直系亲属不参加基本医疗保险，其医疗费用仍按有关规定执行。

第五条 城镇职工基本医疗保险实行区级统筹，区劳动保障行政部门主管全区城镇职工基本医疗保险工作。区医疗保险基金管理服务中心是区城镇职工基本医疗保险经办机构，负责全区基本医疗保险基金的筹集、管理、支付等具体工作。

第二章 基本医疗保险费的征缴

第六条 基本医疗保险费由用人单位和职工个人按月按规定向区医疗保险经办机构共同缴纳。其标准是：

（一）用人单位按上年度本单位职工工资总额的6%缴费，用人单位职工年平均工资总额高于本区职工年平均工资总额300%以上部分不作为缴费基数，低于60%的，以60%为基数缴纳。

1.全额拨款的区直机关、社会团体的单位缴费由区财政负担；

2.乡镇人民政府、财政所的单位缴费由区财政与乡镇财政所负担年工资总额的3%；

3.教育战线的单位缴费由区财政预算安排；

4.其他全额拨款事业单位缴费由区财政与单位负担总额的3%；

5.差额拨款事业单位原未纳入公费医疗管理的人员（含上述单位的编外人员）和其他用人单位，按用人单位年工资总额的6%由用人单位缴纳。

（二）职工个人按上年度本人工资总额的2%缴费。

（三）国有企业下岗职工的基本医疗保险费，包括单位缴费和个人缴费，都由企业再就业服务中心按照本区上年度职工年平均工资的60%为基数缴纳。

（四）私营企业、民办非企业单位的职工和外商投资企业中的中方职工，以本区上年度职工年平均工资为基数，由用人单位和职工个人双方分别按一条第一款和第二款规定比例缴纳基本医疗保险费。

前款所称缴费工资总额指按照国家统计局规定列入工资总额统计的项目。用人单位不得以职工缴纳基本医疗保险费为由而降低其工资总额标准。

按照规定由社会养老保险机构按月支付退休费的退休人员个人不缴纳基本医疗保险费。

第七条 用人单位和职工个人的基本医疗保险缴费率，根据省人民政府的规定适时调整。

第八条 基本医疗保险费实行预缴制。用人单位应在每月25日前预缴下月的基本医疗保险费。职工个人应缴部分，由用人单位从其工资中代为扣缴。

基本医疗保险费以货币全额缴纳，由用人单位应在每月25日前预缴下月的基本医疗保险费。职工个人应缴部分，由用人单位从其工资中代为扣缴。

基本医疗保险费以货币全额缴纳，由用人单位依照《社会保险费征缴暂行条例》（国务院第259号令）的规定，委托开户银行代扣，或直接向区医疗保险经办机构缴纳。基本医疗保险费不得减免。

第九条 用人单位缴费来源：机关、社会团体、全额拨款的事业单位从预算资金或从单位提取的医疗基金中列支；差额拨款和自收自支的事业单位从单位提取的医疗基金列支；企业从职工福利费中列支。

个人缴纳的基本医疗保险费不计征个人所得税。

第十条 用人单位和职工个人参加基本医疗保险时，应由用人单位到区医疗保险经办机构办理基本医疗保险登记和有关手续，领取《城镇职工医疗保险手册》（以下简称手册）。《城镇职工医疗保险手册》及其相关资料不得伪造、变造。

第十一条 用人单位发生合并、分立、转让时，应在30日内向医疗保险经办机构申报办理职工基本医疗保险的变更手续。

用人单位发生破产、撤销、终止、解散以及其他情形时，应留足在职职工当年和清偿退休人员10年的基本医疗保险费，并及时缴纳到医疗保险经办机构，退休人员的基本医疗保险费计缴以本区上年度同类人员平均医疗费用为标准。在职职工只能享受当年医疗保险待遇，退休人员以后一直享受基本医疗保险待遇。

第十二条 新成立的单位，应在获准成立后的30日内向区医疗保险经办机构申报办理基本医疗保险登记。

用人单位新录用人员，应在录用后的30日内向医疗保险经办机构补录用人员申报办理基本医疗保险手续。

第十三条 用人单位在银行的账号发生变化时，应及时通知医疗保险经办机构。职工如有增减，应及时到区医疗保险经办机构办理有关手续。新增职工若有欠款、漏缴医疗保险费的，由原用人单位补缴。否则，区医疗保险经办机构将不予办理参保和个人账户的转移手续。

第十四条 参保人员工作调动、劳动合同解除或终止、辞职、辞退、除名、劳教、劳改、自动离职、参军、死亡等原因与用人单位终止劳动关系时，应由用人单位缴清其单位和个人应该缴纳的基本医疗保险费，并在5日内收回《城镇职工医疗保险手册》，交区医疗保险经办机构办理转移、保管、注销等手续。如不及时收回，所发生的医疗费用，全部由用人单位承担。

第十五条 参保单位必须在每年3月31日前，向区医疗保险经办机构申报缴纳基本医疗保险费数额。经医疗保险经办机构核定后，确定当年的缴费数额。缴费单位不按规定申报应缴纳的基本医疗保险数额，由区医疗保险经办机构暂按该单位上年平均缴纳数额的110%确定应缴数。

第十六条 经劳动和组织人事部门批准退休并由社会养老保险机构发放退休费的人员，从批准的下月起不再缴纳基本医疗保险费，并按规定享受退休人员基本医疗保险待遇。

第十七条 医疗保险经办机构有权对参保单位的职工人数、年龄、工资总额、缴费数额等情况进行核查，调阅职工名册、有关账表和资料。必要时，审计部门应予配合。

本《办法》实施以前，各单位所欠职工的医疗费均由原单位负责。

第三章 基本医疗保险个人账户的建立与支付范围

第十九条 职工基本医疗保险实行社会统筹与个人医疗账户相结合的社会保险制度。凡参加基本医疗保险的职工，均应设立个人账户。个人账户和医疗统筹基金分开运行、分别核算，不得互相挤占。区医疗保险账户的支付情况，区医疗保险经办机构每年年终与参保单位结算并核对一次。

第二十条 个人账户由职工个人缴纳的全部基本医疗保险费和按一定比例从用人单位缴纳的基本医疗保险费中划入职工个人账户的部分构成。用人单位缴纳的基本医疗保险费按下列比例划入职工个人账户：

45 岁以下的按本人年度工资总额的 0.6%划入；46 岁以上退休前，按本人上年度工资总额的 1.1%划入；退休人员按缴费单位上年度职工年平均工资的 3.2%划入，但本人退休费高于缴费单位上年度职工平均工资的，按本人上年度退休费的 3.2%划入。

在职职工年龄以当年 1 月 1 日的实满周岁年龄确定，并以此作为个人账户划入比例的年龄段。

第二十一条 个人账户资金由区医疗保险经办机构统一管理，实行专户储存，专款专用。

第二十二条 个人医疗账户原则实行计算机管理。年初，区医疗保险经办机构为参保人员逐人立户并发放《手册》和 IC 卡。并将每个参保职工的工资总额，按规定划入个人医疗账户的数额输入计算机。职工个人工资总额和年龄发生变化年度内中途不变更，待下年一次性调整。

第二十三条 个人医疗账户资金用于符合规定的门诊医疗费用开支，原则上不准提取现金，包干使用，超支不补，个人账户的本金和利息归个人所用，可以结转使用和继承。

第二十四条 参保人员凭《手册》和IC卡在定点医疗单位或定点药店就诊和购药，不得委托或转借他人使用。

第二十五条 参保单位未按规定为职工缴纳医疗保险费的，个人医疗账户和统筹医疗基金停止记账，由本人用现金就诊，在此期间所发生的医疗费用全部由单位或本人负责。

第二十六条 参保人员个人医疗账户不足支付门诊医疗费用的，由本人现金支付。个人医疗账户的具体管理办法由区劳动和社会保障局根据有关规定制定。

第四章 基本医疗保险统筹基金的设立与支付范围

第二十七条 用人单位缴纳的基本医疗保险费划入个人账户后剩余部分为基本医疗保险统筹基金（以下简称统筹基金），统筹基金存入银行产生的利息收入及其他增值收入和接受社会各界捐款赠的医疗保险费也全部进入统筹基金。统筹基金由区医疗保险经办机构集中管理使用。

第二十八条 统筹基金用于支付各类需住院治疗疾病的医药费，经批准同意的特殊检查和特殊治疗费。

第二十九条 参保人员当年住院费的起付标准为统筹地区上年度职工平均工资的10%，最高支付限额为统筹地区上年度职工年平均工资的3.6倍。起付标准以下的医疗费用由个人自负。最高支付限额以上的住院医疗费用通过大病医疗互助保险等途径解决。

第三十条 当年起付标准以上，最高支付限额以下的医疗费用，由统筹基金和职工个人按“分段计算，累加支付”的办法支付。具体比例：起付标准以上至3000元以下部分，统筹基金支付80%，个人负担20%；3000元以上至10000元以下部分，统筹基金支付85%，个人负担15%；10000元以上至最高限额部分，统筹基金支付90%，个人负担10%。退休人员按上述自负比例的75%负担。

第三十一条 参保人员因病情需要，经就诊医院诊断、审核，医疗保险经办机构批准可以进行特殊检查或特殊治疗，其特检、特治费用，在职职工统筹基金支付50%，个人负担50%，退休人员由统筹基金支付70%，个人负担30%。未经批准同意的一律全额自负。

第三十二条 特殊检、特殊治疗项目按上级劳动和社会保障部门的规定执行。

第三十三条 下列情形发生的职工医疗费用按有关规定办理，统筹基金不予支付

（一）工伤、职业病、血吸虫病、生育；

（二）参保人员与用人单位终止劳动关系失业后，从失业登记之日起发生的；

（三）交通事故、医疗事故；

（四）国家认定的特殊病种和国家基本医疗保险药品目录、诊疗项目以外的。

（五）违法犯罪、吸毒、酗酒、自残、自杀。

第三十四条 参保人员出国或者赴香港、澳门、台湾地区期间发生的住院医疗费用，超过本区同类病种平均医疗费用的部分，统筹基金不予支付。

第三十五条 医疗保险费开支范围按上级劳动和社会保障部门的规定执行。

第三十六条 禁止在基本医疗保险费用中列支的各种自费药品费、非疾病诊疗费、医疗与生活服务项目及服务设施费、部分诊疗设备与医用材料费用等自费项目按上级劳动和社会保障部门的规定执行。

第五章 医疗管理

第三十七条 参保人员门诊就医，挂号后直接到定点医院门诊部看病，所需检查和治疗费凭《手册》和IC卡到定点医院审核台（处）办理有关手续后方可取药和治疗。

第三十八条 参保人员因病情需要住院，凭定点医院门诊医生填写的医疗保险住院治疗申请审批表，经定点医院医疗保险管理科主任同意签字，单位证明，到区医疗保险经办机构审批后方可住院治疗（急诊病人或节假日先住院后，72小时内办妥有关审批手续）。

第三十九条 严格控制转诊转院，实行逐级转诊制度，因病确需转上级医院治疗须经本级定点医院就诊，医保办签署意见报本级医疗保险经办机构批准，方可转诊、转院。凡转往本区定点医院以外住院治疗所发生的医疗费用由个人垫付，报销时可报部分先自付20%（包括特殊享受人员），然后再按本办法有关规定自负。

第四十条 因工作需要驻外地工作一年以上的在职职工（含成建制驻外办事机构）和异地安置、长期区外或市外居住并由社会养老保险机构按月发放退休费的退休人员其医疗和由用人单位年度定额包干管理。门诊医疗费用定额包干标准为本人年度个人账户资金；住院医疗费用定额包干标准以上年度同类参保人员人均住院医疗费用（剔除个人自付费用部分）为计算基数。上述人员的定额包干费用由医疗保险经办机构每年7月预付一次，年底结算。年度内医疗费用超额包干标准的不补，结余归己。

第四十一条 为了增加住院费用开支透明度，建立住院费用开支逐日登记并交病人（或陪人）签名制度，否则区医疗保险经办机构不予付款。

第六章 费用结算

第四十二条 门诊医疗费用结算办法：

（一）在个人账户内，定点医院，定点药店凭参保人员的《手册》和IC卡结账，个人账户不够支付时，不够部分由参保人员现金结算。

（二）定点医、药店按月将所发生的门诊费用及有关资料到区医疗保险经办机构结账一次，次月按结账金额的90%付款，其余10%与定点医院、定点药店的服务质量考核结果挂钩，每半年考核兑现一次。

第四十三条 住院医药费结算办法：

经审核批准在定点医院住院治疗的，凭区医疗保险经办机构的住院治疗审批通知单和参保人员医疗手册在住院登记处办理入院手续，个人预交30%现金。超出审批金额以外的部分个人现金结账，否则，后果由定点医院负责。

定点医院备齐住院费用票据及相关资料，原则上一月一次到区医疗保险经办机构结账一次，次月，区医疗保险经办机构付应付款的90%，其余10%与定点医院、定点药点的服务质量考核结果挂钩，每半年考核兑现一次。

定点医院以外的住院治疗个人现金结账，由用个单位统一到区医疗保险经办机构按有关规定核报，原则上每季度核报一次。

第四十四条 凡发现以下情况拒绝付款或扣款；

（一）违反医疗保险有关规定，开不属于医疗保险支付范围的药品和大处方、重复处方；

（二）违反医疗保险制度有关规定，该审批而未经审批的药品和检查；

（三）门诊超过个人账户以外的余款；

（四）弄虚作假，大病小治等不良行为，一律不予付款。

第四十五条 基本医疗保险应于当年十二月三十一日前结账，逾期，区医疗保险经办机构概不负责；

参保人员就诊和医疗费用结算由区劳动和社会保障局根据有关规定制定具体的管理办法。

第七章　基本医疗保险基金的监督管理

第四十六条 基本医疗保险基金纳入单独的社会保障基金财政专户，实行收支两条线管理，专款专用，不得挤占挪用。

第四十七条 医疗保险经办机构要建立预决算制度、财务会计制度和内部审计制度。医疗保险经办机构的事业经费不得从基金中提取，由区财政预算解决。

第四十八条 基本医疗保险基金银行计息办法：当年筹集的部分按活期存款利率计算；上半年结转的基金本息，按3个月整存整取银行存款利率计算；存入财政专户的沉淀资金，比照3年期零存整取储蓄存款利息计算，并不低于该 档次利率水平。

第四十九条 区劳动社会保障部门和财政部门要加强医疗保险基金的监督管理。区审计部门要定期对医疗保险经办机构的基金收支、管理情况进行审计。设立由有关单位代表和专家组成的区医疗保险基金监督委员会，对医疗保险基金进行社会监督。

第五十条 深化卫生体制改革，建立医药分开核算、分别管理制度，积极发展社区服务，将社区服务中基本医疗服务项目纳入基本医疗范围。

第五十一条 职工医疗保险实行定点医疗机构和定点药店管理制度。区劳动和社会保障行政部门应做好定点医疗机构和定点药店的资格审定和年检年审工作，并会同区卫生、药品监督管理、财政、物价等部门对定点医疗机构和药店的服务管理实施监督检查。

医疗保险经办机构负责在获得定点资格的范围内确定定点医疗机构和定点药店，并与之签订医疗保险服务合同。凡没有签订合同的医疗机构和药店，不得从事医疗保险的业务服务。

定点医疗机构应成立基本医疗保险管理办公室（简称医保办）配备专管人员，定点药店应明确专人负责医疗保险业务，积极主动地做好医疗保险服务管理工作。

第五十二条 对定点医疗机构和定点药店引进竞争机制，参保人员可选择定点医疗机构就医、购药，也可以定点药店购药。

第八章 奖励与处罚

第五十三条 医疗保险是一项涉及面广、政策性强的公益事业，医疗保险机构、定点医疗单位，参保单位和个人都必须严格遵守医疗保险的有关规定，共同维护医疗保险事业的整 体利益。

第五十四条 区劳动保障行政部门会同有关部门建立对参保单位、定点医疗机构、定点药店的医疗保险工作考核评议制度，对取得显著成绩的先进单位按年度给予表彰奖励。

第五十五条 参保单位未按规定办理医疗保险登记、变更登记或者注销登记，或者未按规定申报应缴纳的医疗保险费数额的，由劳动保障行政部门根据《社会保险费征缴暂行条例》（国务院第259号令）第二十三条之规定责令限期改正；情节严重的，对直接负责的主管人员和其他直接责任人员可以处5000元以上2000以下的罚款。

第五十六条 参保单位伪造、变造、故意毁灭有关账册、材料或者设账册，致使医疗保险费缴费基数无法确定的，依照有关法律、行政法规的规定给予行政处罚、纪律处分、刑事处罚；迟延缴纳医疗保险费的，由劳动保障行政部门根据《社会保险费征缴暂行条例》（国务院第 259 号令）的规定除限期补缴欠缴数额外，从欠缴之日起，按日加收 2‰ 的滞纳金，并对直接负责的主管人员和其他直接责任人员处 5000 元以上 20000 元以下的罚款。

第五十七条 参保人员违反本办法及有关规定，以弄虚作假等各种非法手段获取医疗保险统筹基金或者造成基金损失的，除由劳动保障行政部门依法追回、并暂停其医疗保险待遇外，由主管部门给予行政处分；构成犯罪的，依法追究刑事责任。

第五十八条 定点医疗机构和定点药店有下列行为之一者，由劳动保障行政部门视情节轻重予以通报批评、责令限期整改、取消定点资格，并由医疗保险经办机构扣除不应由医疗保险基金支付的费用； 对限期整改无效的，终止其定点医疗机构或药店医疗保险服务合同。

（一）诊治、记账时不认真查验患者《城镇职工医疗保险手册》，将非医疗保险对象的诊疗费用记入医疗保险账内；

（二）不严格执行基本医疗保险诊疗项目、药品目录、服务设施标准和物价部门统一规定的药品批零差价的零售价格的；

（三）自费药品、特殊检查、特殊治疗、超基本医疗保险范围的诊疗服务项目未征得患者本人或其家属同意签名而发生的医疗费用，或者自费药品和应自负的医疗费用不单独划价收费而记入医疗保险账内的；

（四）急诊抢救不掌握标准，扩大病种范围，将不属于急诊抢救病人的费用记人急诊抢救项目；

（五）不执行诊疗常规，不坚持出入院标准，或采用病人挂名住院，做假病历，或不按规定将病人收入超标准病房；

（六）非法获得统筹基金和违反有关规定的其他情形。

第五十九条 劳动保障行政部门、医疗保险经办机构的工作人员滥用职权、徇私舞弊、玩忽职守，擅自减免或者增加用人单位和个人应当缴纳的医疗保险费，未按规定将医疗费分别转入统筹基金和个人账户，擅自更改职工医疗保险待遇，无故克扣、拖欠职工医药费用的，由劳动保障行政部门责令改正；情节严重的，对主管人员和有关责任人给予行政处分；构成犯罪的，依法追究刑事责任。

第六十条 任何单位和个人贪、挪用医疗保险基金（含用人单位为职工代扣缴的基本医疗保险费），或者违反医疗保险基金保值增值规定将基金用于风险性投资，致使医疗保险基金流失的，由劳动保障厅行政部门责令追回经济损失；由主管部门对主管人员和直接责任人给予行政处罚；构成犯罪的，依法追究刑事责任。

第九章　附　　则

第六十一条　对所有参保人员建立大病医疗互助保险制度，具体办法另行制定，并与本办法同步实施。

第六十二条　本办法由区劳动和社会保障局负责解释。

第六十三条　过去有关规定与本办法相抵触的以本办法为准，上级有新规定时按上级规定执行。

第六十四条　本办法从2000年元月一日起实施，原有公费医疗、劳保医疗的有关规定即行终止。

2002年2月21日

中共常德市鼎城区委员会 常德市鼎城区人民政府关于印发《国有企业转换职业身份实施办法》的通知

常鼎通〔2000〕25号

第一章　总　则

第一条　为深化企业改革，切实保障转换职工身份工作的顺利进行，确保社会大局稳定，根据国务院国发〔1997〕10号号、省政府湘政发〔1997〕21号、常政发〔2000〕9号文件精神，借鉴外地经验，结合我区实际，制定本办法。

第二条　转换职工身份是指国有企业将职工现有的全民固定职工、全民合同制工人等法定身份，通过一定的经济补偿或其他方式的安置形式，转换为社会居民，切断职工与企业的法律关系。转换职工身份含企业干部、集体职工、大中专毕业生、转业退伍军人等。

第三条　转换职工身份的方式是买断工龄。在实施之前，企业应召开职代会通过转换职工身份的方案，并报主管部门和劳动社保等部门备案。

第二章　买断形式

第四条　企业职工身份的买断要因企制宜、一厂一策、一厂多策，既要充分考虑政府的财务和企业实际负债状况、资产变现的能力，又要兼顾企业的长远利益，坚持有利于推动人员的合理流动和企业重组，有利于提高资产运营质量，有利于促进工业经济发展的原则，防止把活企业买成死企业。

第五条　企业职工买断的形式可以多种多样，有付现买断、资产量化买断、改制买断、进中心保障买断、解团补贴买断、转移支付买断、破产关门买断、引资买断等，选用哪种改革形式，应视企业实际情况而定。

第六条　对企业职工，条件成熟的企业可整体买断身份，整体买断条件尚不成熟的可分批买断，先解除合同到期的全民合同工、农协工和已下岗的职工身份，做好减员增效工。

第七条 买断后实施重组的企业，原企业职工对买断安置费可以采取“认钱、认股、认债”和重组企业形式三种契约关系。认钱则由重组企业一次性付款并解除关系，如一次性付清确有困难的，可在三年之内分期付清。认股则成重组企业股东，认债则成为重组企业债权人。对于股份制企业职工的股金亦可采用认钱、认股、认债三种形式处置。

第八条 凡属“两个买断”政策出台前已按厂纪厂规解除劳动合同的人员不能参与此次身份买断。如有不服的可申请劳动仲裁部门裁决或由人民法院依法调解判决，临时工、挂靠工一律清退，不给予经济补偿。

第三章 职工安置

第九条 职工转换身份，解除与企业的法定关系，企业或政府需按有关规定支付职工一定的补偿费或量化相同价值的企业资产或采用其他适合企业实际的买断方式。

1. 对全民固定工（含干部）按其实际工作年限（即累计工龄）给予一次性补偿，其标准为参加工作年限在：10 年以内的（含 10 年）每年 400 元；10 年以上部分每年按 600 元，但最多不超过 1.8 万元，职工在领取一次性补偿费后，办理相应的手续，解除国有企业职工身份，不再享受失业经济待遇。

2. 对 1984 年以来招收的全民合同制工人，根据《中华人民共和国劳动法》和劳动部《企业经济性裁减人员规定》解除劳动合同，按每年工龄补偿 400 元标准进行补偿。

3. 农协工在企业实施买断时，一律解除劳动合同。企业应按其在该企业工作年限，每满一年发给 400 元补偿费，但最高不超过 4800 元。

4. 因工致残、患职业病的职工，发给一次伤残医疗补偿费，即 5 至 10 级分别按 4800 元、4000 元、3200 元、2400 元、1600 元、800 元支付一次性补偿费。

5. 对患有绝症或重症且丧失劳动能力的职工，经过劳动部门鉴定确认，按劳动部〔1994〕481 号文件规定，多发给一次性医疗补偿费，其补偿标准为：绝症、精神病人每人 4800 元、重症人员每人 3600 元。

6. 现已怀孕和正在休产假的女职工，根据《女职工劳动保护条例》，按本人月标准工资一次性发给产假工资和哺育期生活费，但补偿期累计不超过一年，并一次性发给分娩住院费 1200 元

7. 对因工死亡职工遗属，按有关规定，一次性给予补偿，父母补偿到 75 周岁，或子女补偿到 16 周岁，但最长补偿期不超过 10 年。

8. 对获市以上劳模称号的，除享受国家规定的有关优惠外，此次买断给予一次性补偿。其中国家级劳模补偿5年工龄，省级劳模补偿3年工龄，市级劳模补偿1年工龄，同时获得多次或多级劳模称号的，就高不就低，不重复累加补偿。

9. 获得高级职称的人员，按实际任职年限每满一年补偿0.4年工龄。

第十条 企业职工在领取一次性补偿后，原已缴纳的养老保险个人账户继续有效，并同时由区社保局发给职工个人养老保险卡。以后个人可以继续缴纳养老保险费，直至达到法定退休年龄由劳动部门办理正式退休手续，社保部门按规定发放养老保险金。

第十一条 实施“两个买断”的企业和依法破产重组的企业，原离退休人员，直接由区社保局按政策和标准发放其养老金，并进入医疗保险中心，其费用由企业在量化买断之前，从有效资产中优先清缴离退休人员10年的养老保险金和医疗保险金。对企业历年拖欠的养老保险金，应在有效资产中优先清偿缴纳。企业清缴确有困难的，由区人民政府研究确定清缴额度，属个人缴纳部分，由个人缴纳。

第十二条 企业职工转换身份后，居住自由，已形成的企业居住群体，原则上应成立居民委员会，成立相应的党和群团组织，隶属当地乡、镇及街道办事处的管理。

第十三条 企业职工转换身份后，可进入劳动力市场选择或原有企业重组的新企业工作，按市场机制实施再就业。

第十四条 企业职工（干部）转换身份后，其职工档案交有关部门管理，企业干部转换身份其政治经济待遇与职工同等。

第十五条 已实施破产的企业必须按本办法规定对职工进行一次性补偿，从而转换职工身份。今后再实施破产的企业，按破产法的有关规定实施安置。

破产的工业企业对距法定退休年龄5年以内且体弱多病，实行再就业困难的职工，经本人申请，劳动部门认定，可以提前办理退休手续，但必须在企业破产资产清算时，从破产资产中首先向社会保险机构交足职工提前退休年份应缴纳的养老保险费和社会保险机构提前支付基本养老金年份的所需费用，或将其补偿费用移交社保机构，足额补缴和预缴养老保险费，达到法定退休年龄后方可由社保机构支付基本养老金。

第十六条 对转换身份55岁以上的男性职工，45岁以上的女性职工，分别距退休年龄还有近5年的时间，经职工本人自愿，其间应缴的养老保险费，在一次性补偿本人的费用中扣除到国家法定退休年龄止，不足部分由政府财政补交，待达到退休年龄时，凭养老保险个人账户卡到社保机构正式办理退休手续，领取退休养老金。

第十七条 经委直属工业企业职工身份转换中的一次性补偿费用及拖欠职工的集资款、工资、养老保险费等，应由企业筹措，对确有困难的，经改革领导小组研究，报请区委、区政府决定，由区财政先垫付一部分，然后由国资局从企业资产处置收益和租赁费中收回。

第四章 资产管理

第十八条 国有企业买断职工身份后，企业资产由政府委托区国资局或区经委管理，通过拍卖、出租等形式形成收益，用于偿还企业原有债务、买断工龄补偿费、补偿养老保险基金、建立工业发展基金。

第十九条 职工原有的住房、水、电设施应有偿转让给企业职工并办理合法手续，职工居住房占用的土地使用权属区国资局享有。

第二十条 资产管理及处置细则由区国资局另行制定，报区人民政府审定后执行。

第五章 企业重组

第二十一条 企业职工转换身份后，区国资局、区经委通过产权转换等形式，可以按全新的经营机制重新组建企业，启用原有生产设备、设施进行生产经营，通过政策引导，优先使用原有企业职工。

第二十二条 重组企业属民营经济性质，年销售收入在500万元以上的企业，由区经委对其进行政策服务与宏观调度。

第六章 附 则

第二十三条 本办法适用于区属国有工业企业。

第二十四条 本办法由区体制改革领导小组办公室负责解释。

第二十五条 本办法从发布之日起执行。

中共常德市鼎城区委员会
常德市鼎城区人民政府
鼎城区区直工交企业两个置换有关问题的补充意见

常鼎通〔2001〕25号

一、关于企业职工补偿标准问题

企业职工（含干部）按其实际工作年限给予一次性补偿。其标准为参加工作年限10年以内（含10年）以该企业上年档案月平均工资每年补偿1个月，10年以上每年补偿1.5个月。该企业上年档案月平均工资不足400元者按400元标准予以补偿，具体计算公式为：职工补偿金＝职工工龄×本企业上年月平均档案工资＋（职工工龄－10）×本企业上年月平均档案工资÷2。

二、关于距法定退休年龄5年内人员的管理

1.对象与条件：凡男职工年龄55周岁，女职工年满45周岁（含企业干部），且养老保险缴费年限（含视同缴费年限）满15年以上者均为法定退休年龄5年以内人员。

2.凡符合以上条件者，其置换身份补偿金不发给本人，采取缴足距法定退休年龄期间的养老保险费和按月发放150元生活费的办法进行管理。

3.以上人员养老保险费、医疗保险金由企业承担并上缴区社保局，生活费发放暂由社保局负责，待达到法定退休年龄正式办理手续后，由社保局按月支付养老金，未达到退休年龄死亡者其余下生活费可由定继承人领至法定退休年龄止。

三、关于改制企业离退休人员的医疗保险问题

1.改制（指规定改制、下同）企业的离休人员、老红军、二等乙级以上革命伤残军人的医疗保险费用，由所在企业按每人15000元的标准一次性为其清偿区医保中心，不足部分由财政逐年予以补助。

2.改制企业的退休人员的基本医疗保险费，由所在企业按每人6000元的标准一次性为其清偿，大病医疗互助费按每人420元的标准为其清偿。

3.凡已进入医保的退休人员，本人须在企业改制后按每月3.5元的标准缴纳大病医疗互助费。

4、改制企业离退休人员医疗保险手续的办理程序：企业改制时应分类填写《改制企业离退休人员花名册》，并连同退休审批手续报区医保中心审定、核算、缴足基本医疗保险费，再领取医疗保险手册、病历和个人账户 IC 卡。

5、已置换身份的职工重新就业后依法参加基本医疗保险和大病医疗互助的，可按规定享受医疗保险待遇。

四、关于特殊工种的认定及补偿

企业置换职工身份时，特殊工种职工由企业改制领导小组申报，劳动部门可按国家规定，置换时未达到退休年龄的折算工龄单独予以补偿，但折算工龄不得超过 5 年，达到退休年龄的可以办理退休手续。

五、关于工残、职业病的认定及待遇

企业在改制过程中，持有劳动部门发放的“工伤证”的伤残职工和持有国家指定的职业病诊断机构发放的“职业病诊断证明书”的职业病患者，需重新鉴定伤残等级的，由企业改制领导小组申报，区劳动局组织，报市劳动鉴定委员会鉴定、审批，达到一至四级可按规定办理退休手续，五至十级的按区委、区政府常鼎通〔2000〕25 号文件第三章第九条第四款的规定予以一次性补偿，招工前即为伤残，后未因工伤残不予补偿。

六、关于职工档案管理问题

1.改制企业要将各类档案资料及时清理归档，不得丢失损毁，其中企业离退休人员档案要移交区社保局管理，企业干部档案要移交区人事局管理，企业职工档案要移交区劳动力市场管理，企业文书档案、科技档案、财务档案要移交区档案局管理。

2.各单位移交档案时，企业一次性向档案接收单位缴纳档案管理费，档案管理费标准为每册、每人收费 10 元。

七、关于失业保险及待遇

1.改制企业职工置换身份后已享受一次性安置补偿，不再享受失业保险待遇。

2.置换身份的职工重新就业后继续缴纳失业保险费的；可依法享受失业保险待遇，但置换身份前的工龄不能作为计算失业保险费的缴纳年限。

八、关于置换身份职工再就业问题

1.置换身份的职工，自解除劳动关系之日起，原身份自行消失，在辖区范围内，企业、企业主管部门、劳动保障部门不得为其办理调配手续。

2.因特殊情况，需按身份跨区调动的，其置换身份前的各项补偿金以本人原月标准工资为基数，减除置换身份后至调动前期间的生活费用，剩余部分上交区财政局，方可办理调配手续。

3.置换身份的职工第一次兴办企业，各部门应予大力支持，从快办理有关手续，在办理过程中，免收除工本费以外的各种费用。

九、参军服义务兵役的职工

按本人入伍前标准工资的70%清偿到本人退伍期满为止。

十、已判刑的职工

无论服刑期间还是服刑期满，一律不予补偿，判缓刑且劳动关系仍在单位的职工，每年工龄补偿1个月工资，最多不超过12个月。

十一、职工置换身份的工龄和正常退休及距法定退休年龄五年内工龄认定

截止区体改办行文批准企业改制方案基准日止。

十二、置换身份和离退休人员及家属的户口、党、团组织关系处理

1.置换身份及离退休人员韵户口不在本区的，由组织、公安、民政等部门按有关政策，落实到本人户口所在地。

2.户口在本区的凭企业提供的区体改办批文和相关资料到区公安局户政股和迁入乡镇（场）申报，然后组织转移人员到派出所、居委会（村）办理落户手续，免收除工本费以外的其他规费，相关单位不许以任何理由拒收。落户人员及家属落户后，必须服从当地村委会、居委会统一管理，从登记入户的第二年度元月1日开始按居民标准按时缴纳有关规费，是党员的，从转入之日起，参加组织生活。

十三、关于破产企业退休人员如何一次性清偿养老金的问题

1.破产企业如果关门走人，企业应在破产清算时按企业退休人员每人3万元的标准一次性清偿离退休人员的养老金。

2.破产企业如实施重组，企业应在破产时一次性清偿企业破产前所欠养老保险金后，离退休养老金由社保局实施直发。社保机构应加大对重组企业养老金的征收为度。

十四、关于改制企业水电分户管理的问题

1.企业改制过程中，企业、电力、供水等部门要密切配合，对已解除劳动合回领取经济补偿的人员及时做好水电分户工作。

2.供水供电部门对改制企业进行水电分户，对能使用的设施设备，要尽可能利用，对已取消的收费项目，不得以任何名义变相收取，水电过户只涉及产权变更，而没有加大用电用水容量，只收工本表，不得收取增容费。物价、审计部门要加强检查监督，发现问题，从严重处。

十五、本补充意见由鼎城区人民政府经济体制改革办公室负责解释。

常德市鼎城区人民政府
关于印发《常德市鼎城区实施城乡居民基本养老保险暂行办法》的通知

常鼎政法〔2014〕12号

各乡镇人民政府、街道办事处、区属农林场，区直有关单位：

现将《常德市鼎城区实施城乡居民基本养老保险暂行办法》印发给你们，请认真组织实施。

常德市鼎城区人民政府

2014年12月9日

常德市鼎城区实施城乡居民基本养老保险暂行办法

为贯彻落实党的十八大和十八届三中全会关于整合城乡居民基本养老保险制度的要求，根据《国务院关于建立统一的城乡居民基本养老保险制度的意见》（国发〔2014〕8号）和《湖南省人民政府关于建立统一的城乡居民基本养老保险制度的实施意见》（湘政发〔2014〕24号）的有关精神，在总结我区新型农村社会养老保险（以下简称新农保）和城镇居民社会养老保险（以下简称城居保）工作经验的基础上，鼎城区人民政府决定，将新农保和城居保两项制度合并实施，建立统一的城乡居民基本养老保险（以下简称城乡居民养老保险）制度。现提出如下实施办法：

第一章　总　　则

第一条　城乡居民养老保险的基本原则是“保基本、广覆盖、有弹性、可持续”。

（一）从城乡实际出发，低水平起步，筹资标准和待遇标准与经济发展及各方面承受能力相适应；

（二）个人、集体、政府合理分担责任，权利与义务相对应；

（三）政府主导和城乡居民自愿相结合，引导城乡居民普遍参保；

（四）中央和省确定基本原则和主要政策，我区制定具体办法，对参保城乡居民实行属地管理。

第二章 目标任务

第二条 坚持和完善社会统筹与个人账户相结合的制度模式，巩固和拓宽个人缴费、集体补助、政府补贴相结合的资金筹集渠道，完善基础养老金和个人账户养老金相结合的待遇支付政策，强化长缴多得、多缴多得的激励机制，建立基础养老金正常调整机制，健全服务网络，提高管理水平，为参保居民提供方便快捷的服务。“十二五”末，在全区基本实现新农保和城居保制度合并实施，并与职工基本养老保险制度相衔接，与家庭养老、社会救助、社会福利等其他社会保障政策相配套，更好地保障参保城乡居民的老年基本生活。

第三章 参保范围

第三条 年满16周岁（不含在校学生），具有本区户籍，非国家机关和事业单位工作人员及不属于职工基本养老保险制度覆盖范围的城乡居民，在户籍地参加城乡居民养老保险。

第四章 基金筹集

第四条 城乡居民养老保险基金由个人缴费、集体补助、政府补贴构成。

（一）个人缴费。参加城乡居民养老保险的人员（以下简称参保人）应当按规定逐年缴纳养老保险费。缴费标准目前设为每年100元、200元、300元、400元、500元、600元、700元、800元、900元、1000元、1500元、2000元、2500元、3000元14个档次。参保人自主选择缴费档次，多缴多得。按照国家统一规定，依据经济发展和城乡居民收入增长等情况适时调整缴费档次标准。

（二）集体补助。有条件的村集体经济组织应当对参保人缴费给予补助，补助标准由村民委员会召开村民会议民主确定，鼓励有条件的社区将集体补助纳入社区公益事业资金筹资范围。鼓励其他社会经济组织、公益慈善组织、个人为参保人缴费提供资助。

集体补助是对个人缴费的补助，不能代替个人缴费。参保人必须在个人缴费后才能享受集体补助，集体补助的标准最高不超过我省最高缴费档次标准。

（三）政府补贴。

1.各级政府对参保人缴费给予补贴。参保人选择年缴纳 100 元、200 元档次的，补贴标准不低于每人每年 30 元，其中省补贴 21 元，区补贴 9 元；选择年缴纳 300 元、400 元档次的，补贴标准不低于每人每年 40 元，其中省补贴 28 元，区补贴 12 元；选择年缴纳 500 元及以上档次的，补贴标准不低于每人每年 60 元，其中省补贴 42 元，区补贴 18 元。

2.对特别困难群体参保给予补助。对完全丧失劳动能力、没有收入来源等缴费困难群体，区政府为其代缴每年最低缴费档次 100 元的养老保险费；对一、二级重度残疾人，区政府凭“残疾人证”为其代缴全部每年最低缴费档次 100 元的养老保险费。

第五章　个人账户管理

第五条　鼎城区新型农村社会养老保险管理中心（以下简称区新农保中心）为每个城乡居民参保人建立终身记录的养老保险个人账户及养老保险档案资料，并纳入全省统一的城乡居民养老保险信息管理系统。

第六条　参保人员养老保险个人账户由个人缴费、集体补助、政府补贴三部分组成。个人缴费、集体补助及其他经济组织、社会公益组织、个人对参保人缴费的资助，各级政府对参保人的缴费补贴，全部计入个人账户。

第七条　个人账户储存额目前每年按照中国人民银行公布的金融机构人民币一年期存款利率计息。

第八条　参保人不得退保或提前支取个人账户储存额。参保人中断缴费的，其个人账户由区新农保中心予以保留，并不间断计息。

第六章　养老保险待遇及调整

第九条　城乡居民养老保险待遇由基础养老金与个人账户养老金两部分组成，支付终身。

（一）基础养老金。在中央确定的基础养老金最低标准基础上，我省从 2014 年 7 月 1 日起，基础养老金最低标准由原来 55 元提高到 60 元，所需资金由省、区财政负担。

（二）个人账户养老金。个人账户养老金月计发标准为个人账户全部储存额除以 139（与现行职工基本养老保险个人账户养老金计发系数相同）。参保人死亡后，其个人账户中的资金余额可以依法继承。

第十条 鼓励城乡居民长期缴费，参保人缴费年限累计超过15年的，每增加1年缴费年限，其基础养老金每月增加1元（不含补缴年限），所需资金由区财政负担。

第十一条 城乡居保养老金实行社会化发放，领取人凭社会保障卡（或养老金银行存折）到指定的金融机构领取。

第十二条 养老金待遇领取条件：

参保人年满60周岁、累计缴费满15年，且未领取国家规定的基本养老保障待遇的，可以从符合领取条件的次月起按月领取城乡居民养老保险待遇。

新农保或城居保制度实施时已年满60周岁，在本办法印发之日前未领取国家规定的基本养老保障待遇的，不用缴费，自本办法实施之月起，可以按月领取城乡居民养老保险基础养老金；距规定领取年龄不足15年的，应逐年缴费，也允许补缴，累计缴费不超过15年；距规定领取年龄超过15年的，应按年缴费累计缴费不少于15年。因各种原因中断缴费或隔年补缴的，中断期间及补缴年限不享受政府的缴费补贴。

城乡居民养老保险待遇按月实行社会化发放，待遇领取人员自死亡次月起停止发放养老金，其直系亲属应当在其死亡后的1个月内，到当地乡镇（场）、街道劳动保障服务站办理待遇停发手续，未及时办理待遇停发手续而多领取的养老保险待遇要及时退回。

区新农保中心应当按时足额支付养老保险待遇，每年对待遇领取人员进行核对；村（居）民委员会或社区服务中心要协助社会保险经办机构开展工作，在行政村（社区）范围内对参保人待遇领取资格进行公示。区新农保中心在开展资格认证中，应将城乡居民养老保险待遇领取人员与职工基本养老保险待遇等领取记录进行比对，确保不重、不漏、不错；对于重复领取、骗取、冒领养老保险待遇的应及时追回。

第十三条 城乡居民养老保险待遇享受人员每年应到户籍所在乡镇（场）、街道劳动保障服务站进行养老金领取资格认证，未在规定的时间内进行资格认证的，区新农保中心从次月起停发养老金，待进行资格认证后再予补发。

第十四条 按照国家统一部署，落实省人民政府制定的调整基础养老金的政策。

第七章　转移接续与制度衔接

第十五条 参加城乡居民养老保险的人员在缴费期间因户籍迁移，需在省内转移城乡居民养老保险关系的，在迁入地申请转移养老保险关系，不转个人账户资金，按迁入地规定继续参保缴费，缴费年限累计计算，个人账户储存额由省在年内统一进行结算；需跨省转移的，在迁入地申请转移养老保险关系，一次性转移个人账户全部储存额，并按迁入地规定继续参保缴费，缴费年限累计计算。已经按规定领取城乡居民养老保险待遇的，无论户籍是否迁移，其养老保险关系不转移。

城乡居民养老保险制度与职工基本养老保险、优抚安置、城乡居民最低生活保障、农村“五保”供养等保障制度以及农村部分计划生育家庭奖励扶助制度的衔接，按国家有关规定执行。

第八章 基金管理和运营

第十六条 将新农保基金和城居保基金合并为城乡居民养老保险基金，完善城乡居民养老保险基金财务会计制度和各项业务管理制度。城乡居民养老保险基金纳入社会保障基金财政专户，实行“收支两条线”管理，单独记账、独立核算，基础养老金与个人账户基金分账管理，个人账户基金不得用于发放基础养老金。进一步建立和完善个人账户基金省级集中管理制度，当年筹集的个人账户基金收入支付当年个人账户支出后，不得用于其他支出或与其他资金混账管理，要按规定的期限结算上解。个人账户基金上解前，应对基金的安全和保值增值负责。上解的个人账户基金纳入省级财政专户管理，任何地区、部门、单位和个人均不得 挤占挪用、虚报冒领。

区级财政补助资金要采取“当年先行预拨，次年据实结算，差额多退少补”的办法，按年进行结算。

城乡居民养老保险基金按照国家统一规定投资运营，实现保值增值。区新农保中心应当定期向社会公布城乡居民参加养老保险情况以及基金的收入、支出、结余和收益情况。

第九章 基金监督

第十七条 区人力资源和社会保障局要会同有关部门认真履行监管职责，建立健全内控制度和基金稽核监督制度。对基金的筹集、上解、划拨、发放、存储、管理等进行监控和检查，并按规定披露信息，接受社会监督。财政部门、审计部门按各自职责，对基金的收支、管理和投资运营情况实施监督。对虚报冒领、挤占挪用、贪污浪费等违纪违法行为，由有关部门按国家法律法规 严肃处理。要建立有村民代表、社区代表参加的社会监督制度，通过对基金管理过程加强监督，做到基金管理公开透明。

第十八条 区财政局和区新农保中心在全省统一确定的金融机构设立城乡居民养老保

险基金收入户、支出户和财政专户。参保人缴纳的养老保险费、集体补助进入区城乡居民养老保险基金收入户，区财政局和区新农保中心在规定的时间内将城乡居民养老保险基金收入户中的资金和政府缴费补贴划转至区财政专户。原新农保和城居保相关账户全部取消。

第十九条 城乡居民养老保险养老金由区人力资源和社会保障局会同区财政局编制预算，逐级上报，经省人力资源和社会保障厅、省财政厅审定后，由省财政厅将个人账户养老金所需资金从省财政专户在规定的时间划转至区财政专户。区财政局按月将基础养老金和个人账户养老金从财政专户划转至基金支出户。

第二十条 区人力资源和社会保障局要切实履行城乡居民养老保险基金的监管职责，制定完善城乡居民养老保险各项业务管理规章制度，规范业务程序，建立健全内控制度和基金稽核制度，对基金的筹集、上解、预算、划拨、发放进行实时监控和定期检查，并定期披露城乡居民养老保险基金筹集和支付信息，做到公开透明，加强社会监督。区财政、区监察、区审计部门按各自职责实施监督，严禁挤占挪用，确保基金安全。各村民委员会、社区要对本村、本社区参保人参保缴费和待遇领取资格进行公示，接受群众监督。

第十章　经办管理服务与信息化建设

第二十一条 要切实加强城乡居民养老保险经办能力建设，科学整合现有公共服务资源和社会保险经办管理资源，充实加强基层经办力量，为城乡居民养老保险经办工作提供必要的场地、设施设备、经费保障。

区财政将城乡居民养老保险工作经费纳入财政预算。区新农保中心工作经费由区财政按城乡居民养老保险工作完成情况进行考核后拨付。

第二十二条 区新农保中心要按内部控制要求，配齐配足各岗位所需工作人员，主要负责参保登记管理、缴费申报、基金征缴、个人账户建账与管理、待遇核定与发放、保险关系转移接续、档案管理、统计分析等工作，并对乡镇（场）、街道劳动保障服务站的业务经办情况进行指导和监督考核。

区新农保中心要认真记录参保人缴费和领取待遇情况，建立参保档案，长期妥善保存。要按照省级管理模式，建设全省统一的城乡居民养老保险信息管理系统，并纳入全省养老保险信息管理系统，充分利用现代信息技术和金融网络为城乡居民养老保险工作提供高效便捷的服务。针对城乡居民居住分散的特点，以方便参保人持卡缴费、领取待遇和查询本人参保信息为目标开展城乡居民养老保险服务工作。

第二十三条 乡镇（场）、街道劳动保障服务站负责城乡居民养老保险政策宣传。动员城乡居民参保缴费、对参保人缴费和待遇领取资格公示、待遇领取资格确认、城乡居民养老保险业务所需资料的收集与上报、城乡居民基本信息采集、情况公示等工作。

乡镇（场）、街道在现有人员编制中明确1名以上工作人员负责城乡居民养老保险经办工作，并保证完成工作任务所必需的工作经费。乡镇（场）、街道经办工作人员主要负责参保人员的参保资格、基本信息、缴费信息、待遇领取资格及关系转移接续等初审，组织本乡镇（场）、街道待遇领取资格人员资格认证工作，采集、录入、核对、上报有关信息和情况，对村民委员会、社区协办员进行业务培训。

第二十四条 村民委员会、社区要明确1名人员协助乡镇（场）、街道经办人员办理业务。要建立工作经费与服务人群、工作质量挂钩的“以奖代补”机制，纳入村级、社区组织运转保障机制考核。村民委员会、社区协办人员具体负责城乡居民养老保险参保登记、待遇申领、关系转移接续等各业务环节所需材料的收集与上报，开展政策宣传和适龄人员参保动员，提醒参保人员按时缴费，进行死亡申报、待遇领取资格认证、有关情况摸底调查等信息采集、公示工作。

第二十五条 按照统一规划、统一开发和全省数据大集中的原则，建立健全城乡居民养老保险信息管理系统，并将其纳入“金保工程”建设，与其他公民信息管理系统实现信息资源共享。要将信息网络向基层延伸，实现省、市、县、乡镇（场）、街道、社区实时联网，有条件的地区可延伸到行政村。

大力推行全国统一的社会保障卡，方便参保人持卡缴费、领取待遇和查询本人参保信息。

第十一章 金融服务

第二十六条 合作金融服务机构按照就地、就近、就便满足参保人缴费和领取养老金的原则，采取招投标或竞争性谈判方式选择确定，只能选择一家合作金融服务机构。省、区人力资源社会保障部门设立城乡居民养老保险基金收入户、支出户。区财政要在财政部规定的社保专户开户数范围之内，设专账核算。

确定合作金融服务机构后，根据金融服务基本标准以及服务协议中金融机构作出的服务承诺，建立对合作金融机构服务城乡居民养老保险工作的考核评价制度及退出机制，定期对合作金融机构的服务进行评估，及时反馈参保群众对金融服务的意见。

第十二章　组织领导和宣传发动

第二十七条　按照国务院及省人力资源和社会保障厅的统一部署和要求，成立鼎城区城乡居民养老保险工作领导小组。领导小组的主要职责是研究制定城乡居民养老保险政策制度、实施方案，协调城乡居民养老保险工作中出现的问题，总结评估城乡居民养老保险工作的成效，向省城乡居民养老保险工作领导小组报告工作情况。

各乡镇（场）、街道负责本行政区域内城乡居民养老保险工作的宣传动员和组织参保，制定城乡居民养老保险工作实施方案，建立城乡居民养老保险工作班子，并将城乡居民养老保险工作列为年度经济工作计划，实行目标考核。

第二十八条　坚持正确的舆论导向，运用通俗易懂的方式，加强对城乡居民养老保险工作重要意义、基本原则和各项政策的宣传，引导符合条件的适龄对象积极参保。

区人力资源和社会保障局负责制定整体宣传方案，印制相关宣传资料，采取多种宣传形式，通过电视、广播等多种媒体营造良好的宣传氛围，并指导各乡镇（场）、街道开展城乡居民养老保险宣传工作。

第十三章　法律责任

第二十九条　从事城乡居民养老保险工作的人员，违反本办法有关规定的，按照干部管理权限，由纪检监察部门对主要负责人或直接责任人给予纪律处分；构成犯罪的，依法追究刑事责任。

第三十条　通过伪造有关证件或其他手段参保，多领、冒领养老保险待遇的人员，由区人力资源和社会保障局取消参保资格，追回多领、冒领的养老保险待遇；构成犯罪的，依法追究刑事责任。

第十四章　附　　则

第三十一条　本办法自公布之日起实施，已有规定与本办法不一致的，按本办法执行。

第三十二条　本办法由区人力资源和社会保障局负责解释。

2014 年 12 月 9 日印发

二、文章选录

谈谈乡镇企业中的劳动保护问题

■ 邓继明　尹汉军

近几年来，常德县乡镇企业发展迅速，一九八四年全县有乡镇企业208家，到一九八七年底，已发展到575家，工业总产值由一九八四年的2500万增加到19272万元，占全县工农业总产值的55.2%（按不变价比），乡镇工业已在国民经济中占了重要地位。

但是，在乡镇企业的发展过程中，不注意劳动者的安全与健康，只重生产，忽视劳动保护体系在乡镇工业发展中的保障作用，忽视安全的矛盾十分突出，其主要表现在：

（一）

1.不安全因素随企业发展而增多。从我们调查常德县的情况表明，乡镇企业多一个门路，新增一个项目，从劳动保护学的角度来考虑，就会增加一种物的不安全因素，据有关部门统计，全县现有乡镇企业中，劳动保护、安全生产工作比较好的占46.7%，而差的占53.3%。

2.尘毒危害日趋严重。重点反映在乡镇企业的化工厂家，在生产过程中，毒物浓度超标，环境污染严重，如有家化工厂在生产工业太古油的过程中，其主要原料是含量为98%的硫酸，年用量高达20多吨，有上百的工人与这种强腐蚀剂打交道，既没有保障措施，也没有防护设备。此外，还有一些纺织厂、采石场、石煤场、石灰场等作业场所，有60%左右的人员经受着不同程度的职业危害，职业病患者明显上升，据卫生检测部门统计，棉尘、煤尘、粉尘作业点超过国家标准100倍以上的达30多个厂家。

3.伤亡事故有增无减。据统计，一九八四年全县乡镇企业死伤20人，经济损失三万多元；一九八五年死伤17人，经济损失三万多元；一九八六年死伤21人，经济损失四万多元；一九八七年死伤29人，经济损失六万多元。可见如何抓好乡镇工业的劳动保护体系已成为目前亟待解决的问题。

(二)

乡镇工业生产过程中的不安全因素如此严重，主要原因在哪里呢？从调查的情况分析，我们认为有以下几种：

1.领导者的小农经济思想。近几年来，随着农村经济体制改革的不断深化，常德县的乡镇企业管理，大多都实行了不同形式的经营承包责任制，一方面它有利于企业生产发展，但是，另一方面，由于企业承包期短（一般以一年为限），企业领导人只注重短期行为。据我们调查，全县575个乡镇企业中，有80%的企业领导缺乏安全生产的长远规划和打算，不愿添置劳动保护设施和提取改善作业场所的费用，怕肥水落进他人田，更不注意劳动保护、安全生产意识的培养和安全技术素质的提高。因此，各项安全制度不健全，只讲赚钱，不讲安全。如全县乡镇建筑行业有近五千人的工人队伍，没有一名安全技术管理的专业人员。一九八七年，由于领导缺乏劳动保护和安全生产意识所造成的各类事故所占全年事故总数的54.6%。

2.企业工人的农民意识。乡镇工业的从业人员中绝大部分是农民直接转工的，不仅业务技术水平相当低，而且还保留了中国农民的落后、保守、自私等传统意识，缺乏现代企业和现代工人的素质，不懂得进行必要的智力投资，不愿意参加上岗前的业务培训，安全生产的常识贫乏，有的几乎等于零。如南坪岗乡580人的企业工人队伍，通过培训上岗的仅10人，只占工人总数的0.12%。一家化工厂，80%的从业人员是35—50岁的文盲和半文盲的家庭妇女，他们从思想上根本没有把自己视为企业的主人，而是为了弄钱上班。

3.生产设备不适应安全生产的需要。乡镇工业一般是土法上马，因陋就简发展起来的，常德县的乡镇工业中94%的机械设备是从大中型企业廉价购买的淘汰产品，性能差，不配套。如石公桥化工厂是由株洲某化工厂扶持的，主要生产氯化钾，由于安装调试长达两年之久，加之各种设备老化，本身就存在着不安全、不卫生的因素，产品刚出小批样品，市场就滞消，被迫转产，产品不稳定，更不利于企业改善劳动条件，增设安全设施，给生产带来不利因素。露天采矿业机械短缺，从22家石煤场的调查中看，仅有一台提升绞车，75%以上的工人都是一根钢钎一把锤，一条扁担一副筐，劳动强度大，生产效益低，为了提高作业量而多挣钱，生产工人就自找窍门——挖倒窰，违反作业规程。

4.有法不依，执法不严，管理水平低劣。近段时期，各级为加快乡镇工业稳步发展，保护从业人员安全生产，制定了一系列法规、条令和条例。但由于乡镇企业为了冒富，有法不依，执法不严的现象时有发生，如编炮生产，县有关部门曾多次明文规定，不具备生产条件的，不办证的不准生产，但目前全县编炮生产厂家（包括乡、村、组、个体户）有近千家，而真正办证准许生产的只有32家。同时，由于管理水平低，工人不遵守操作规程，事故时有发生。

（三）

实践证明，乡镇企业的形成和发展，已成为中国农村经济基础的重要支柱，并取得了令人瞩目的成绩。但是，如何加强乡镇企业的劳动保护也到了令人担忧的程度，为此，劳动保护体系如何在乡镇企业中渗透，依笔者之见，还必须从基础工作抓起，重点应解决以下几个问题：

1.要加强乡镇企业领导的劳动保护和安全生产意识，提高从业人员的安全技术素质。党的十三大报告中指出："从根本上说，科技的发展，经济振兴，乃至整个社会的进步，都取决于劳动者素质的提高和大量合格人才的培养"。要想造就一批新型的乡镇企业工人，首先是乡镇企业领导应该转变观念，摒弃小农经济思想，树立起适应现代社会需要的新观念。同时，要认真学习和熟悉安全法规，摆正安全生产与经济效益的关系。要把安全生产管理内容列入企业和领导岗位责任制，做到奖罚严明。其次是要建立一支以乡镇、企业为主的劳动保护监督队伍，进行严格的培训，并委以实权，当生产与安全发生矛盾的时候，监督人员可以令其停止生产，达到加强劳动保护和实行安全生产的目的。三是要多渠道的提高从业人员的安全生产技术素质。乡镇企业从业人员技术水平低，是妨碍乡镇企业劳动保护工作开展的重要原因。但乡镇企业不同于国营和大集体企业，强调长时间的脱产学习，培训是不切合实际的，要提高他们的技术素质，可以采取定岗、定责以师带徒的办法解决，也可以采取短时间轮训普遍提高的办法解决。提高技术素质要有一定的耐心，它不像生产投资那样，立刻产生物质财富，但是，一旦获得效果，将会极大地促进企业取得明显的经济效益和社会效益，出现一大批新型文明生产的乡镇企业。

2.重新起跑，加强劳动保护基础建设，建立健全各种规章制度。实践证明，没有健全的劳动保护基础工作，法治监督是很难进行的，特别是乡镇工业处在兴起和发展阶段。因此，对于新上马的项目，厂家一定要建立健全各项安全制度，严格实行"三同时"审查，杜绝不安全因素随企业发展而增加。否则，盲目投产将后患无穷。对已投产的乡镇工业，要充分发挥工人的聪明才智，开展技术革新，对陈旧设备进行认真改造，尽可能消除不安全因素。没有改造价值的陈旧设备，应提倡集资更新的办法予以淘汰，努力提高安全系数。

3.加强检测手段，实行科学管理。“不改变设计落后、装备陈旧、工艺粗糙、管理松懈的状况，工业和其他部门的发展也难以为继”。乡镇工业的崛起，已经引起各方关注，劳动安全监察部门对乡镇企业也应开展安全监察，县级安全监察部门应成立相应的劳动卫生检测机构，以适应乡镇工业劳动保护监督的需要、关心和支持乡镇工业的发展。经济工作部门和乡镇企业主管部门应开展相应的劳动保护，工业卫生咨询服务，为乡镇工业实行科学管理提供可靠的理论依据和先进的管理信息。

4.加强监督检查，完善各种补贴标准。乡镇企业多属白手起家，找米下锅，在这样的经营条件下，要求乡镇企业自觉地有先见之明地解决重大不安全、不卫生的问题是很困难的。因此，必要的监督检查是搞好乡镇工业劳动保护的重要途径。但是，光靠监督部门行使检查监督权也不够，还必须依靠乡镇工业本身的定期检查来完善，使之逐步实现制度化，把不安全的因素消灭在萌芽状态，做到防患于未然，这样将会大大减少乡镇工业劳力损失，增强企业活力。同时，在处理乡镇工业工伤事故中，还应制定出合理的工伤、残、亡待遇标准，避免加深企业与从业者及其家庭之间的矛盾，使乡镇企业在党的方针政策指引下健康地向前发展。

（原载《常德劳动学会会刊》1989 年第 1 期）

试论企业劳动制度改革的发展方向

■ 贾菊初 黄柏华

我国现行的劳动制度是建国以后逐步建立和发展起来的，它的主要特点是，国家对城镇劳动力的就业实行“统配统包”，用行政办法把劳动者统一分配到企业，以固定工的形式使劳动者和企业保持终身固定的劳动关系。这种在一定历史条件下形成的劳动制度，对保证劳动就业和经济建设起过积极的作用。但是，这种劳动制度在相当长的时期内没有随着情况的变化而进行相应的改变，以致弊端日益明显。党的十一届三中全会以后，根据党中央、国务院的决定，对劳动制度着手进行改革，主要是结合发展多种所有制形式，实行在国家统筹规划和指导下，劳动部门介绍就业、自愿组织起来就业和自谋职业相结合的方针，改变了单纯靠全民所有制单位就业的局面。与此同时，用工制度也开始改革并有了明显进展，即改革了固定工制度，对新招工人实行了劳动合同制；改革了招工办法，实行了面向社会公开招收，同时建立了职工待业保险和养老保险制度等等。但是，由于国营企业对原有固定工统得过死，包得过多，能进不能去，以及一次分配定终身的状况依然没有根本性突破，在某种程度上淡化了正在进行的劳动制度改革的效应。因此，根据“治理整顿”的要求，为了把企业劳动制度改革与“治理整顿”结合起来，1989 年国家劳动部在全国劳动厅局长会议上，针对企业劳动制度改革的现状提出了企业劳动制度改革总的任务即改革国家统包统配的固定工制度和旧体制。消除“铁饭碗”的严重弊端，建立适应社会主义商品经济发展需要的、有利于劳动力资源开发和科学使用的用工制度，形成在国家宏观控制和政策指导下，企业择优用人，个人竞争就业，市场调节供求，劳动力合理流向的新格局，最终实现全员劳动合同制。这一总的任务不仅为我们开展劳动制度改革指明了方向，而且可以理解为企业劳动制度改革的目标或模式，它包含 了以下三个内容：一是对统包统配的用工制度必须进行改革；二是用工形式必须多样化；三是逐步过渡到全员合同化管理。因此，围绕这一目标或模式，当前和今后一时期企业劳动制度改革，首先要从改革原有固定工入手，依笔者之见至少可从以下四个方面展开。

第一，要改变职工的固定身份。过去我国统包统配的就业制度使劳动者一旦进入国营企业就与国家建立了终身不变的劳动关系，这与我国长期以来实行的产品经济是相适应的。现在我国全面实行了有计划的商品经济，商品经济的客观规律即价值规律、供求规律、竞争规律等等。都有一个共同的特点，就是要求灵活多变，而不是固定不动，如价值规律要求市场机制随着供求关系状况变化，竞争规律要求竞争者优胜劣汰，如此等等。可见“灵活多变”是发展商品经济的生命力所在。所以，根据马克思主义关于劳动制度必须与经济制度相适应的原理，以终身不变的固定工为主的企业用工制度，根本就不适应生机勃勃的社会主义商品经济迅猛发展的客观要求。改变职工的固定身份，变“终身制”为“合同制”，是企业劳动制度改革的突破口。现在虽然新招工人实行了合同制，但所占比例甚小，而且也潜在着被固定工同化的因素，就是在今后一个时期内也难以改变这种状况。因此，必须对原有固定工制度进行改革。只有实行合同制，才能改变职工与国家终身不变的劳动关系，使国家从“统包统配”的沉重负担中解脱出来，才能从根本上解决“铁饭碗”“大锅饭”的弊端，使职工既有外在压力，又有内在动力，从而积极进取，努力工作，也才能消除现行两种用工制度之间的矛盾和摩擦，促进新旧体制的转换。当然，变固定工的“终身制”为“合同制”，是一项涉及面广、难度较大的改革，不可能一步到位，但也不能畏难不前。同时，对国家计划内新安排的人员，如大中专毕业生和复退军人，也要和企业其他职工一样，实行合同制，以免固定工继续增长，产生新的矛盾。

第二，要改变固定工的工作单位。劳动力流动是社会化大生产的客观要求。马克思在十九世纪就曾科学论断：“大工业的本性决定了劳动的变换、职能的更动和工人的全面流动。”（《资本论》第一卷534页）。然而现行的企业用工制度使劳动者对职业不能自由选择，职工只能进不能出，只固定不流动，与我国的商品经济发展很不相适应。要改变这种状况，必须打破劳动力部门、单位所有的管理体制，真正引入和建立竞争机制，因为只有竞争才能流动，反过来流动又促进竞争。流动是竞争的必要条件，又是竞争的必然结果。一方面，有了流动，竞争机制才能完善，如果流动受阻，人就会丧失竞争意识，阻碍积极性、创造性的最大发挥；另一方面，通过竞争，允许合理流动，使劳动者最终找到适合自身特点的最佳工作场所，使企业根据生产经营的需要自主选择劳动者，实现职业和劳动者的双向选择。因此不仅要允许用非所学、用非所长的专业人员及技术工人合理流动，而且还要允许一般工人合理流动，通过流动，最终实现劳动者与生产资料的最佳结合，达到劳动力资源的优化配置。从而，最大限度地调动劳动者积极性，促进生产力发展。

第三，要改变固定工的劳动岗位。职工进入企业后，由企业用行政硬性指派的方法安排在劳动岗位，以后被长期固定在这个岗位上一贯从事某项工作，这种劳动岗位的一贯制，使劳动者无权选择劳动岗位，造成人才浪费，缺乏竞争机制。因此，劳动力流动不仅要在外部进行，而且还要在企业内部进行，外部流动可通过逐步开放的劳务市场，内部流动则可推行劳动组合，变工作岗位的一贯制为组合制，这样可以废除干部职务的终身制和工人岗位的固定制，有利于实现人尽其才，解决由于“硬性搭配”而造成的人才浪费，也有利于择优劣汰，奖勤罚懒，达到调动劳动者积极性目的。

第四，要改变固定工的工资待遇。过去由于我国企业劳动制度是以固定静态为核心的，因此，与此相适的企业工资制度也存在一个重大缺陷，即一次定型多年无变化，干得好也要等机遇才能上一级，干得差上去了也下不来，刚性有余，弹性不足，保障有余，激励不足，致使企业的广大职工的积极性受到挫伤。如何改变这种状况，变企业工资制度的“保障型”为“激励型”，首先是要打破单一的固定的等级工资制，建立和推行符合企业自身特点和生产经营状况的多种形式的分配制度，真正体现劳动强弱、技术高低、难易程度、贡献大小的差异，切实做到按劳分配；其次是对脏、苦、累、险、毒等行业实行高薪优酬，从物资利益上引导劳动力合理流动，克服有人没事干、有事没人干的不正常现象。三是根据企业的自身特点，逐步过渡到由企业自主分配，并承担内部分配的全部责任。同时，照顾大多数职工心理承受能力和遵循新旧制度稳妥演变规律，使新的工资制度建立在劳动者共担风险的基点上，建立在企业效益增长变化的基础上，并随这种风险和变化条件改变而改变，真正发挥工资的导向激励功能。

（原载《常德经济研究》1990 年 1–2 期）

深化社会保险制度改革　增强职工自我保障意识

■ 蒋春诚　卜东升

鼎城区对参加退休费用社会统筹的全民企事业单位的职工实行个人缴纳部分退休养老保险费制度。实践明，职工个人缴纳部分退休养老保险费，对于增强职工个人自我保障意识，扩大社会劳动保险资金来源渠道，深化劳动保险制度改革都具有十分重要的意义，是一项利国利民利改革的积极措施。

一、统一认识，制定方案

鼎城区目前参加退休费用社会统筹的全民企事业单位有 59 家，共有职工 5073 人，退休职工 1102 人。今年来，由于客观环境的影响，给社会统筹工作带来了很多新的困难，一是由于劳动合同制的实行，全民企事业单位的固定职工逐年减少，今年与开始实行社会统筹的 1987 年相比，全区全民固定职工由 5405 人减少到 5073 人，负增长 6.2%；二是统筹项目逐年增多，为了保障退休职工的基本生活费和提高养老保险的社会化程度，统筹项目由过去的四项增加到八项，月人平退休费由 73 元增加到 103 元，上升 41%；三是退休职工逐年增多，1987 年全区为 822 人，1990 年为 1102 人，增长 34%。加上有些企业处于停产、半停产状况，不仅缴不起统筹基金，而且还要保险部门支付退休职工生活费，致使统筹基金的收缴与支付出现不同步。如何改变这一局面，使社会统筹工作走出困境，区劳动保险部门根据本地实际情况，经过深入调查，提出了三个方案：一是提高统筹单位缴纳保险费的比例；二是改变结算办法；三是根据社会保险费用由国家、企业和职工个人三方面负担的原则，实行个人缴纳制度，增加养老金来源渠道。针对三个方案，区统筹委员会决定：一是走出去参观学习，借鉴兄弟县、市的管理方法和先进经验；二是组织力量，对三种方案进行反复测算，互相比较，然后再结合外地经验和本地实际情况，筛选最佳方案。三月中旬，区政府、区统筹委员会集体听取了汇报，并对三个方案进行讨论，最后一致认为，如果实行第一方案，缴费比例提高到 20%，全区 59 家统筹单位增支的要由现在的 36 家增加到 48 家，增长 33.3%；受益的由现在的 23 家减少为 11 家，下降 48%，企业反应较大。如果实行第二方案，改变结算办法，就会出现增支单位多出，受益单位少进的现象，企业也不满意。而实行第三方案，即个人缴费数额每人每月 1 元，则利多弊少：一是国家有政策规定；二是兄弟县、市已有经验；三是标准不高，职工个人承受得了；四是职工每月一元是小钱，全区集中起来就能办大事，同时，更重要的是进一步推动了社会保障制度改革深化。因此，经报请区政府同意，决定从今年4月份起，按单位参加统筹的在职职工每人每月一元的标准计提社会保险费，并入统筹基金，按期向社会劳动保险部门缴纳。

二、宣传发动，抓好教育

新的统筹方案的制订，保障了退休职工的利益，有利于稳定社会。同时，实行个人缴费制度，增加了在职职工负担，弄不好会带来新的不安定因素，所以又关系社会的稳定。为了尽量减少社会震动，使广大职工在心理上、经济上都能承受得了。鼎城区在实施新的方案前全区做了宣传发动工作。首先，区劳动局和社会保险部门组织专门力量，重点深入15家企事业单位，采取召开座谈会的形式，把新的统筹方案向群众进行宣传，直接听取广大职工的意见。同时，采取问卷调查的方法，印发了一千张调查卷，就个人缴费问题进行了民意测验。通过采取这两种措施，基本澄清了全区职工对个人缴费的看法，赞成的占50%，认为方法不妥，需要完善的30%；不赞成的占20%。不赞成的理由主要有以下三种认识，一是认为个人缴纳养老保险金，体现不了社会主义的优越性；二是认为“改革改革，保险金个人给，不如不改革”；三是认为“钱不多，出得起，何必多此一举搞形式”。针对这三种认识，区劳动局保险部门认为，不争取全体职工的理解和支持，新的统筹方案就无法顺利实施，而要争取职工的理解和支持，就必须把有关政策讲清，把现实困难讲明，把个人缴费的道理讲通。因此，三月份以来，他们与各企业主管部门紧密配合，联系本单位的实际，组织全体职工开展“三个”教育，提高“三个”认识，一是开展社会主义教育，提高职工对社会主义优越性的认识，各单位组织老工人结合切身经历讲新旧社会的区别，请有关人士谈资本主义与社会主义的优劣，使大家从比较中认识到退休费用实行社会统筹，解决了企业之间退休费负担畸轻畸重的矛盾，实行个人缴费使这一制度更加完善，使老工人退休后都能获得物质帮助，这正是社会主义优越性的具体体现；二是开展改革形势的教育，提高职工对改革的正确认识。向大家讲清退休费用社会统筹是配套劳动制度改革的一项改革措施，它平衡企业之间退休费负担，减轻了企业压力，这正是改革带来的成果。同时，统筹还只是向社会保险迈进的过渡措施，个人缴费正是保险制度改革进一步完善和深化的积极措施；三是开展主人翁地位的教育，提高职工对自我保障的正确认识，使大家懂得，在社会主义社会，工人是国家的主人，为国家分忧也就是为自己解愁，完全依靠国家，大河水少了小河水就干了。个人缴纳养老金不是搞形式，而能够减轻国家的压力，更主要的是树立了职工的自我保障意识，克服了依赖思想，体现了职工主人翁的地位。通过宣传教育，统一了大家的思想，取得了职工的理解和支持，为顺利实施新的统筹方案奠定了好的思想基础。

三、建立制度，强化管理

在做好宣传发动，取得广大职工支持和理解的基础上，区劳动局、财政局，税务局三家联合向区政府提出了《关于调整全民企事业单位退休费用社会统筹方案的报告》，区政府以文件形式批转全区执行。使个人缴纳保险费的工作在全区顺利的开展起来。同时，为使这项工作逐步走向制度化、规范化，他们又重点抓了以下三项工作。

一是完善个人缴费制度，建立三个台账。凡实行退休费用社会统筹的单位与区劳动保险部门分别建立《职工个人缴费台账》《单位职工个人缴费汇总台账》和《职工个人缴费增减变动台账》。起缴时，单位分别记入台账，并报区劳动保险部门审查备案，作为收费记账的依据；停缴时要凭辞退、除名，死亡、判刑等材料办理停缴手续；续缴时要凭单位证明办理续缴手续，并填表上报，一并记入增减台账。

二是建立征收管理制度，做到三个一致。各统筹单位的职工个人缴费的征收采取扣款划账的办法，即增支单位由区劳动保险部门通过银行划账；受益单位由区劳动保险部门在下拨受益款中扣减，个人缴费均由单位在发放工资时扣除，在扣款划账以后，企业单位和劳动保险部门必须为职工记入台账，按季逐户进行核对，并做到职工人数一致、收缴金额一致、收缴期限一致。

三是建立财务审计制度，做到三个不准。鉴于固定职工退休费实行了社会统筹，他们在委托银行征收退休费统筹金的凭证中增设了个人收缴项目，统筹金和个人缴纳的费用一齐托收，存入银行开设的“退休养老金”专户，设固定职工个人缴费明细账。为了加强审计监督，区劳动保险部门内部选派了一名统筹基金兼职审计员，按月进行审计。同时，区财政部门、审计部门按季进行检查和审计，监督基金的管理和使用，真正做到了不准挪用，不准挤用，不准贪污。

四、巩固成果，完善制度

退休养老保险实行个人缴费制度以来，鼎城区加强领导，积极宣传，严格管理，不仅使这一工作在全区顺利开展，而且取得了明显的效果，具体表现为“三增三减”。

一是增加了养老保险基金的来源，减轻了国家和企业的负担。1989年，全区退休费用社会统筹基金收缴和拨付已出现负亏，全年共亏二万元。如果要坚持收付平衡，必须提高统筹基金比例，但实行个人缴费制度后，全区每年可增加统筹基金60876元，不仅消除了负亏现象，而且还略有结余，符合国家规定的原则，减轻了国家和企业的负担，有利于促进企业的发展。

二是增强了职工自我保障意识，减少了固定工与合同制工人之间的矛盾。自1984年实行劳动合同制以来，合同制工人每月每人要缴纳2元养老金，使合同制工人与固定职工之间出现矛盾，人为地造成了一种不平等的错觉。固定职工实行个人缴费以后，消除了这种错觉，减少了矛盾，同时，也使他们开始树立了自我保障意识，克服了退休养老完全依靠国家、依靠企业的依赖思想，有利于打破国家包得过多过死的局面和社会保险制度的深化。

三是增强了各单位和职工对劳动保险制度的关心，减少了职工个人因政策不清而出现的矛盾。过去，各单位在办理退休费用社会统筹的有关手续时，都是由企业的劳资和财务人员办理，因此，企业职工对社会保险的性质、政策、意义、目的都很模糊，致使社会保险的知名度很低。实行个人缴费以后，涉及了每个职工的切身利益，必然引起了广大职工的关注。所以，各单位在执行这一制度前，都采取会议、墙报、印发宣传资料等形式，大张旗鼓地进行宣传，使广大职工都清楚实行这一制度的目的意义和政策规定，取得了他们的理解和支持。近一年来，虽然每月都要扣除职工个人的工资，但没有因此而发生一起矛盾和纠纷。有的职工还反映说，每月缴纳一元钱，只不过是一次早餐钱，支援了国家和企业，我们心甘情愿。

退休保险实行个人缴费制度后，虽然取得了一些进展和成效，但是由于这项工作的开展仓促，有关政策规定还不明确，管理制度也不完善，舆论环境也还不够宽松等多种因素影响，还存在许多具体问题需要研究解决。为此，就如何使这一制度更加完善规范，现提出几点建议。

一是要尽快发布政策规定。目前鼎城区实行个人缴费制度的依据还只是劳动部今年在一次会议提出来的，各级政府都还未作出明确的政策规定。因此，他们在开展这项工作时，都有一种政策依据不足的感觉，特别是在《行政诉讼法》实施以后，更觉得各级政府应尽快作出明确规定，使之能依法行事，也便于向广大职工进行宣传解释。

二是应明确缴费标准。现在劳动合同制工人每月缴纳投保费的标准是按工资3 %。我省为了计算方便，规定的是每人每月2元，固定职工每月缴纳多少，从鼎城区的实践来看是一刀切，不论是工资高的，还是工资低的，不管是青年职工，还是老年职工每人每月一元，这种作法是否完全合理有待研究。

三是要明确这笔基金的使用范围。鼎城区目前的办法是并入统筹基金，分户设账，专款专用。那么究竟要如何专用，是弥补统筹基金的不足，让职工作贡献，还是作为职工个人今后退休后的退休费补充，如果可以作为补充，职工可不可以多交或少交等，这些都应作出明确规定，以免今后出现矛盾。

四是要创造一个宽松的舆论环境。各级政府及新闻单位对此应理直气壮的进行宣传。鼎城区的经验之一就是要向群众宣传透彻，但毕竟只是一个区的“小环境”造成的只是“小气候”。如果国家要推行这一政策，事先必须大张旗鼓地进行宣传，使广大职工有这种心理准备，同时，也是对“小环境”“小气候”的支持和保护。

（原载《湖南劳动》1991 年第 1 期，被分别收入 1992 年编印的《全省社会保险工作经验汇编》及《社会养老保险改革新路子》两书）

提高企业职工队伍素质是当前一项十分紧迫的任务

——对全区工业企业职工队伍素质的调查

■ 张国芳 邹光胜

江泽民同志在科协第四次全国代表大会的讲话中指出:“坚持科学技术是第一生产力,把经济建设真正转移到依靠科学进步和提高劳动者素质的轨道上来。”要推动我区经济发展,在强化各级党政领导的科技意识,促进科学技术进步的同时,提高职工队伍素质将是一项十分紧迫的任务。最近,我们采用全面和重点调查相结合的方法,对全区 41 家工业企业的职工队伍状况进行了一次调查,结果表明,目前我区企业职工队伍素质与社会经济的发展,与科学技术进步的要求很不适应,提高职工队伍素质已经成为我区经济建设中的一个迫切问题。

一、现状

目前,我区共有工业企业 41 家,其中全民企业 10 家,集体企业(区以上大集体)31 家,共有职工 6671 人,其中全民职工 3227 人,其年龄、文化、技术等级结构详见附表。归结起来,我区职工队伍素质呈现如下现象。

——文化水平高,思想素质下降。与五十年代工人比较,职工队伍的文化水平提高了几个层次,过去高初中文化的工人几乎没有,现在已占 80%以上,其中大专文化以上的占到 3%,但同时,思想素质滑坡也十分明显。主要表现在三个淡化,即理想追求淡化、奉献精神淡化、组织纪律淡化。有家企业的负责人打算培养一名职工入党,但这名职工则表示“没有想过这回事”,还振振有词地说:“孔子曰,君子朋而不党,结党必而营私”。有家企业反映:“理想理想,有利就想,前途前途,有钱就图”。

——工资等级提高,技术素质下降。随着社会的发展,工人的技术级别明显提高,全区 4 级以上职工占 66%以上,其工资收入大幅度上升,年人均收入在 1900 元左右,多的达到 2500 元左右,剔除物价上涨因素,同工种、同工龄的工人,现在职工的工资收入要比 50 年代高 20%左右。职工的技术等级高了,工人的业务技术素质也应相应的提高。但事实却与此相反,厂长们反映,工人的技术水平一代不如一代,已不是某家企业的问题,而是整个企业的通病。如有家企业的负责人说,七十年代他们厂自己设计和试制了一种产品，后转让给另外一家企业生产，现在这家企来打算反过来要他们厂生产一个零部件却因技术问题不能接收。厂长感慨地说，过去的五级工能按设计绘图纸操作加工，现在的五级只能十年不变的车螺丝。学徒情况更让人担心，该厂5月中旬对9个工种的60名已满三年工作时间的学徒，以低于部颁标准组织出师考试，结果15%的不及格，其中有两名具有高中文化的车工仅考15分。有些连自己已经使用了三年的车床型号、规格以及一般操作规程都不知道。仅此还不足以使人担忧，而真正让人担忧的是这些职工存在及时行乐、得过且过的消极态度。正如有位老工人所说："过去一天完不成任务一个月丑，一年没有完成任务连年丑，三年不出师不敢抬头，技术比不上别人一辈子丑。但是现在的青年工人不学技术不丑，不出师不丑，不完成任务不丑，人不怕丑还有何求"。老师傅的话一语破的，使人震栗。

——福利待遇提高，主人翁意识下降。现在的企业领导人在任职期间，都在有限的经济条件下，尽力为企业，为工人办几件好事，谋几项福利。我区除停产企业外，职业的福利待遇都有不同程度的改善和提高。但是，工人在企业管理、经营、发展等方面发挥主人翁的作用则不够。具体表现在：忧患意识差，如有家停产企业，主管部门为他们从兄弟厂拿一点产品以维持生产，但他们还挑三拣四不愿干，调剂一些劳动力到其他企业工作，但个个以全民职工自居不愿屈驾集体企业。进取意识差，职工没有企业精神，没有自己的先进典型，过去那种"老黄牛""实干家""革新迷""铁算盘"等先进典型所产生的示范效应出现弱化，相反，谁最舒服向谁看齐，谁不干事向谁比较。

二、原因

职工队伍素质下降的主要原因有以下几个方面。

一是退休顶班制度的实行，使一大批技术和思想好的工人离岗，企业职工队伍出现难以平稳交替的现象。如有家集体小企业，近三年来退顶49人，近占全厂职工总数的50%，使企业难以正常生产。同时又因为顶班的保险系数大，在职工的家庭子女中谁的素质差就去顶班已是众所周知的事实，且这批人没有经过文化考试，没有经过正规的业务培训，又带有浓厚的自由散漫，无拘无束的生活气息使职工队伍素质出现大幅度下降。

二是工人的工资等级与技术等级脱钩。区办工业无论全民还是集体，对工人实行技术等级考核都是一个十分薄弱的环节。工人的技术等级完全以工资等级作为标准，而工资等级晋升完全靠国家政策，尤其是近年的两次调资都以工龄为基础普调。即使是挂钩企业在效益工资升级时，考试考核也流于形式。这样，工资连年增长，技术连年老像，五级工干二级工的活已非个别现象。有技术能力的人企业也无权定级升级，因此，学与不学一个样，干与不干照样拿，严重束缚了工人素质的提高。

三是用人政策上的弊端。第一是用非所学，如学化工的搞电子，学自控的搞财会，学包装的搞机械等等，不仅浪费了国家教育的投资，而且严重影响了其本人特长的发挥和广大职工学业务学技术的积极性。第二是任人唯亲。由于“顶班”“内招”等因素的影响，职工队伍近亲繁殖的现象很突出。有的企业不是因事设人，而是因人设事。不是从工作需要出发，而是为了安排而安排，个别企业甚至发展成“家人班”。职工怒而不言，用消极的态度对待工作，扼杀积极性。第三是照顾安排，企业为了照顾方方面面的业务关系，要安排一些不想安排的人，而这些人往往不努力学习和工作。岗位一换再换，工种越调越好，但职工意见越来越大。

四是企业的激励机制不健全。思想政治工作淡化，精神奖励方法很少启用。而动不动就是物质奖励，在一定程度上诱发了职工一切向钱看的思想，培养了职工的物欲观念。而这种刺激往往不能持久，导致职工思想素质下降。

五是企业内部分配不公，等级工资没有打破。真正按照劳动数量和质量计发报酬不能实现，大锅饭培养了职工的惰性，缺乏应有的主人翁意识。

六是短期行为严重，不愿在任职期内花费精力、物力和财力搞科学技术成果引进，对职工业务技术培训，只求平稳和眼前利益，缺乏长期打算。

七是企业职工严重超编超员。据统计，按“双定”标准，各企业至少减少20%–30%的职工，三个人的事五个人干，使职工养成了懒散自由的工作作风。

三、建议

迅速改变职工队伍素质低下的问题，已到了紧迫的时候。要改变这种状况，主要须从五个方面着手。

一是要强化各级领导的科技意识。当前无论是国内还是国际的竞争，关键是科学技术的竞争，因为科学技术不仅直接体现在劳动者、劳动工具、劳动对象之内，而且渗遍全社会。经济社会越发展，科学技术的主导作用越大。因此，只有强化我们的各级党政领导，包括企业领导的科技意识，增强紧迫感、危机感，才能自觉地把经济建设的重点转移到依靠科学进步和提高劳动者素质的轨道上来。

二是加强职工的思想建设。企业的管理首先是以人为对象的管理，管人首先在管思想。要提高劳动者的业务素质必须首先提高思想素质。要针对职工队伍中种种不良的思想状况下大力抓思想建设。形成企业文化和造就企业精神。

三是要系统制订和严格执行工人技术等级考核升级制度，确定解决工人技术等级与工资等级脱钩的问题，使技术等级与工资等级有机结合起来，鼓励工人岗位成才，调动工人学科学、学技术的积极性。

四是要增加科技投入比重，注意运用高科技和先进技术对传统的生产工艺和现有的企业进行技术比重，注意运用高科技和先进技术对传统的生产工艺和现有的企业进行技术改造，调整产品结构，提高产品质量、档次，增加新的品种，增强竞争能力，以此促进职工队伍素质的提高。

五是要系统地开展职工业务培训，并作为一项重要企业目标管理内容考核企业领导人。采取灵活多样的形式，开展工人岗位练兵和技术比武等活动，使企业职工形成一种勤学苦练的氛围。

（曾分别载于1991年7月区政府内参1991年8月市政府内参。获区委、区政府优秀调研论文一等奖）

社会保险制度改革的新举措

——鼎城区改革基本养老金计发办法出台

■ 黄柏华 郑圣祥

一九九一年底，我区被劳动部确定为全国三家企业职工基本养老金计发办法改革试点县（区）之一。经过近一年来的努力工作，制定了《常德市鼎城区改革企业职工基本养老金计发办法的意见》（试行），并从今年1月1日起正式实施。现将我们的主要做法介绍如下：

一、以发展社会主义市场经济为契机确定改革的指导思想

党的十四大确定了我国经济体制改革的目标是社会主义市场经济。这就必然迫使企业进入市场，使之真正成为依法自主经营、自负盈亏、自我发展、自我约束的商品生产和经营单位。同时，激烈的市场竞争，不仅极大的促进社会生产力的发展和社会效益的提高，企业也将不可避免地出现有盈有亏的局面，从而导致社会分配不公。为确保退休职工的利益不受企业效益的影响，势必要建立起独立于企业之外、不受企业效益影响并能切实提供基本生活保障的社会保险制度，使社会保险真正由企业行为转变为社会行为，避免企业负担畸轻畸重，为企业参与市场竞争创造平等、宽松环境，从而适应社会主义市场经济客观要求。因此，我们以社会主义市场经济为契机，确定了职工基本养老金计发办法改革的指导思想是：从我区生产力水平低、人口老龄化趋势快、人民生活水平不高的区情出发。与我区经济发展水平相适应，兼顾国家、集体、个人三者利益。既要考虑经济体制改革和社会主义市场经济发展的要求，又要考虑现行退休制度历经40年的历史；既要保障职工退休后的基本生活，又要有利于经济发展和社会安定。通过改革，强化社会保险的作用，克服退休待遇与社会经济发展脱钩的弊端，实行适用各类企业、各类工资制度和各种用工形式的基本养老金计发办法，逐步建立起养老待遇与职工本人整个在职工作期间缴费工资挂钩和与社会发展相联系的制度。

二、以《条例》精神为指针确定改革的基本原则

《全民所有制工业企业转换经营机制条例》的发布和执行，扩大了企业自主权，即为提高企业生产效率和经济效益提供了较为宽松的环境，也为企业向社会主义市场经济体制过渡创造了条件。同时，企业要强化自我发展机制，必须依靠工人群众以主人翁的姿态参与管理，投身改革。尤其是在社会保险制度改革上，职工既要享受权利，也要体现义务；既要与在职期间的贡献挂钩，也要享受社会发展的成果；既要克服老办法的弊端，又要使退休职工待遇不受损失。因此，在制订改革方案时，我们确定和遵循了以下三个基本原则：一是职工个人缴费原则。退休费用由国家、企业、个人三方负担，是国家制定的社会保险制度的总体思路。我区从1989年开始就实行了职工个人缴纳基本养老保险费的制度，但缴费比例和基数尚未达到国家规定的按标准工资3%缴费的要求，为了使企业缴费和个人缴费形成相互制约，相互监督的机制，我们将职工个人缴纳基本养老保险费标准规定为职工个人工资总额的2%，并随经济的发展和职工工资的调整逐步提高。二是贡献与待遇挂钩的原则。按照改革后的新办法规定，职工第二部　分的养老金以其在职期间本人指数化月平均缴费工资为基数计发，这样，把职工的劳动贡献与缴费年限和享受的待遇相挂钩，使权利和义务相统一，调动职工工作期间的积极性。三是按改革后的新办法计发。新待遇水平要略高于原待遇水平的原则。据我们对今年将要退休的338名职工养老金逐人测算的情况看，其结果与原办法比较，增加待遇的占84.98%、按10%封顶后人均增加养老金12.04元。对15.02%　的职工低于原待遇的可按规定补齐，这样，总体水平控制在7.1%，如个人缴费按工资总额的2%缴纳，将不会增加国家和企业的负担，社保机构也能承受。

三、以按劳分配为基准确定基本养老金计发办法的改革方案

基本养老金计发办法改革是一项新的尝试，既没有参考的办法，也无可借鉴的经验。我们在设计新的改革方案时，按照劳动部的改革思路，将职工养老金定为结构式，即由两个部分组成：第一部分以上年度全省职工月平均工资为依据，按缴费年限分为三个档次，缴费满15年以上的按25%计发，满10年不满15年的按20%计发，满5年以上不满10年按15%计发。再加上各种补贴，大体可满足职工的基本生活，这一部分体现了公平的原则；第二部分是与单位和职工个人缴费工资挂钩的养老金。单位和职工个人缴费比例是以职工工资总额为依据，计算出指数化月平均缴费工资，再按缴费年限分为三个档次，满15年以上按1.5%计发，满10年以上不满15年按1.3%计发，满5年以上不满10年按1.1%计发。

这样，体现了企业与企业之间经济效益的差异，职工个人之间劳动贡献大小的差异，较好地体现了按劳分配的原则。

四、以保障退休职工利益为目的确定合理的调整机制

新办法与老办法比较，具有特色的是建立了每年一次的调整机制。由于原办法没有调整机制，使退休职工的养老金一经审核，就不能再作变动，与社会工资的增长、物价的上涨不相适应，不能分享社会发展的成果，造成退休职工待遇下降，国家不得不增发各类补贴，且各地标准不一，随意性较大。为了切实保障退休职工基本生活，促进社会进步与安定，我们规定职工基本养老金按照全省社会月平均工资增长率的50%增加，每年7月1日调整一次，负增长时不作调整。这一机制的建立，把按劳分配延伸到退休以后，使退休职工能分享社会经济发展成果。体现了社会保险和社会主义制度的优越性。同时，我们还在改革方案中规定了一个最低保证数，既缴费5年以上，基本养老金每月不足70元的按70元发给，主要是考虑到稳定职工情绪，增强改革方案执行的可行性，但实际上据我们测算一般不会出现这种情况。

（原载《湖南劳动》1993年第4期）（1994年全省劳动工作会议经验交流材料）

对完善专业技术人员考核工作的几点思考

■ 丁恩臻

专技人员的考核，是指在一定期限内（通常是一年），按照一定标准考核专技人员岗位责任制的执行情况，以此鉴别他们德才功过而决定其升降奖惩的一种措施。专技人员的考核通过近几年的实践，一些地方、一些单位取得了一定的经验，但也出现了一些不容忽视的问题，如考核中“让优岗、轮优岗、争优岗”的现象比较突出，有的单位甚至还出现了“霸优岗、改优岗、超优岗”及考核等级由几个人圈定，考核结果不公开等问题，严重地影响了专技人员考核工作的严肃性，挫伤了广大专技人员的工作积极性。如何完善专技人员的考核工作呢？下面笔者就此作些粗浅的探讨。

一、从实际出发，合理确定考核标准是搞好专业技术人员考核的基础

确定合理的考核标准，是调整工作导向和调动专技人员积极性的杠杆，是搞好考核的基础和前提。在制定专技人员岗位责任制实施方案时，要坚持从各单位的实际情况出发，科学设置岗数，认真研究确定切实具体的考核标准。要实行分级分类考核的办法，鱼龙混杂，没有区别，就显示不出考核标准的客观性。

其一，考核体系要合理。要按不同层次、不同职级、不同类型、不同岗位等方面的专技人员，分别制定考核标准进行考核，而且制定的标准必须经过严谨的审批程序，由群众讨论通过，应具有法律效应，任何个人不能随心所欲，胡编乱造。在制定考核标准时，要注意两点：一是不同层次的专技人员，其考核的标准和条件是不同的，如主治医师与医师。因为高职称的专技人员比低职称的专技人员有更大的活动范围，有更大的权利和责任，承担着更重的任务。因此，高职称的专技人员考核标准一般比低职称的专技人员的考核标准要高一些、严一些。二是不同系列的专技人员，其考核的内容和衡量的标准也是不同的。如教育系列的老师与卫生系列的医生。就是同一个系列的专技人员，由于工作性质和后果不同，其考核标准的侧重点也不一样。如：从事基础研究的专技人员与从事应用研究和发展研究的专技人员，前者考核标准主要看论文，后者考核标准主要看他的研究对解决社会实际问题的贡献如何。近年来，鼎城区对不同系列、不同层次、不同岗位的专技人员建立了一套比较完善的考核标准，这种考核标准简单明了，操作性强，效果比较好。

其二，考核内容要规范。一是尽可能使考核内容全面系统，把能够纳入岗位责任的都纳入岗位责任制实施方案。对有些不能预先列入考核范围的临时性、阶段性工作，如防汛抢险、扶贫救灾等，则在总分中留出适当机动分，以便随时实施考核。二是尽可能使各项考核内容量化、指标化，能用数据表示的尽可能用数据表示。对那些难以量化的工作项目则分别按照任务目标、成果目标、规范目标的要求作出时效和质量的规定，使软任务变成硬指标。三是力求使各项考核内容具体化，能设子项的尽量分设子项，用百分制的计分办法，对每个子项都规定具体的计分标准。四是对那些难度较大和指令性的工作，应该制定适当的办法计量考核。在考核内容规范化方面，鼎城区一些单位是做得比较好的。如区肿瘤医院对专技人员统一制定了考德、考能、考勤、考廉、考绩的百分制计分标准，五个方面的要求分成两个部分，分别确定分数，第一部分是共同职责。这部分在百分制考核中占30分。第二部分是岗位职责，这部分在百分制考核中占70分。同时还规定了奖罚分的范围、条件、标准。在具体考核过程中，达到岗位责任制要求标准的计满分，没有达到标准的酌情扣分。工作有突出贡献的奖分。各项每月合计得分在100分以上的为优岗，在80—99分的为称职岗。

二、坚持实事求是的考核原则是搞好专业技术人员考核的关键

对专技人员的考核，必须把实事求是作为基本原则。只有坚持实事求是的原则来考核专技人员，才能排除各种干扰，摒弃个人的好恶恩怨，保证考核结果的真实性。坚持实事求是的原则，就是要以实事为依据，以生产力标准为准绳，全面、客观、准确、公正地进行考核。所谓全面，就是考核指标对考核对象应当做到相对的充分，一个指标也不能少。注重考核工作政绩，既要看平对的工作政绩，又要看临时性、阶段性的工作政绩，既要看在岗时间的政绩，又要看业余时间的政绩。同时必须对与政绩有关的德、能、勤、廉等方面进行全面考核。所谓客观，就是根据不同系列、不同层次、不同岗位的实际情况，如实地反映考核对象的全貌，任意夸大或缩小专技人员的政绩都是违反科学的，都是一种不负责任的表现。所谓准确，就是要做到恰如其分，好的就是好的，差就是差的，力戒“模糊评价”。同时要做到既不搞“一俊遮百丑”，也不搞“一票否决”。所谓公正，就是要公道正派，“一碗水端平”，不开“小灶”，不掺杂考核者个人的感情色彩，摆正考核“天平”，公正地对待每一个被考核者。鼎城区职改办十分重视专技人员的考核工作，每年组织年度考核时，除用开会、发文等形式讲清考核的内容、原则、方法和程序外，还深入各单位采取开座谈会、个别走访等方法，了解和掌握考核情况，对在考核中有徇私舞弊、弄虚作假等行为的单位或个人，一经查出，就予以严肃处理，保证了年度考核工作的严肃性和考核结果的真实性。

三、实施严格有效的考核方法是搞好专业技术人员考核的前提

从某种意义上讲，考核方法与考核标准、考核原则同样重要。标准、原则对头，方法又好，就能得出正确的考核结论，反之，考核结果就可能与客观实际不相符合。近几年来，鼎城区各单位积极探索专技人员年度考核的新途径、新方法，收到了比较明显的效果。一是打破了过去封闭式、神秘化的考核方式，实行了全方位、多角度的“三向”考核，即顺向——上级考核下级，逆向——下级评议上级，横向——同级交叉考核，增强了透明度；二是实行了“五公开”，即考核的内容公开，考核的方法和程序公开，计分划等的标准和原则公开，考核的结果公开，奖惩兑现的内容和形式公开，加强了民主监督，提高了考核评比的准确度；三是克服了考核与奖惩脱节的现象，坚持了考核与奖罚挂钩的原则，树立了年度考核的权威。如常德市第四人民医院参照公务员考核办法，在考核程序规范上下功夫，具体将年终考核程序规范为三步：第一步，考核动员。用半天时间，召开全体专技人员大会，由院长作年度考核动员，院考核领导小组负责人宣布考核内容、方法、程序及各类人员的考核标准，会后分股室进行讨论。通过大会动员，小组讨论，使参加考核人员明确年度考核的意义，掌握考核的内容、原则、方法和程序。第二步，个人述职与民主评议。用一天时间。述职前，统一明确个人述职的内容为四个方面。即：(1) 本人主要职责是什么？(2) 自己对职责的履行和全年目标任务的完成情况（包括德、能、勤、廉、绩，其中重点突出绩的内容）。(3) 政治思想表现、职业道德、廉洁情况。(4) 本年度工作中有哪些失误和问题。要求被考核人用一天时间从以上四个方面的内容进行自我总结，书写述职报告。由被考核人将初稿交分管院领导审阅，同意后，被考核人方可将述职报告填入“年度考核情况登记表”。个人述职与民主评议以股室为单位，在分管本股室工作的院领导主持下进行。在听取个人述职报告后，各股室逐个进行面对面的评议。根据同类可比的原理，实行分级分类考评的办法，对不同层次的人员使用不同的考核内容和考核标准。在进行民主评议后，进行民意测验。在民意测验卡上，设计“优、称职、不称职”三个等级和被考核人姓名。由参加考核的人员，采取无记名投票方式，分别给每一个被考核者划一个等级，以供评定等级时参考。第三步，综合评议，考核反馈，用两至三天时间。首先由分管院领导与股（室）长一起根据考核标准、平时考核记录、本人述职报告、群众评议意见，对被考核人进行综合评价，签署评议意见，初定等级。然后，召开院考核领导小组会议，对所有被考核人员分级分类进行综合评比，审定等级。总的原则是把评优岗的人数按要求控制在参评总人数的15%以内。接着用一天时间，由院考核领导小组和各股室负责人向被考核人员进行考核情况反馈，并做好考核人员的政治思想工作，特别是做好被评为不称职岗人员的思想工作，实事求是地指出问题。最后，向区职改办报送考

核材料，并把“年度考核情况登记表”存入本人档案，作为专业技术职务升降和奖罚兑现的依据。

四、建立一支高素质的考核队伍是搞好专业技术人员考核的保证

专技人员人数多，分布广，再加上考核工作是人评定人的工作，因此，建立一支高素质和网络化的考核队伍就显得非常重要。毛泽东同志曾经告诉我们，人是世界上最积极、最活跃的因素。起决定作用的是人，而不是物。实践也证明，考核人员素质的高与低，直接决定着考核效果的好与坏。考核人员必须具备思想品质好、公道正派、文化知识高、组织能力及分析能力强、能理解人、在群众中有一定的可信度等条件。为了加强对专技人员的考核工作，鼎城区从上至下建立健全了一支思想品德好、以身作则、工作有权威、群众基础好和网络化的考核队伍，而且考核人员不是“终身制”，每年根据实际情况适当调整。如鼎城区一中建立了由校长任组长的七人考核领导小组，成员基本上由单位的领导成员兼任，每个股室和基层单位还设有一名秉公办事的考评员，考评员负责对本单位每个专技人员的平时表现进行考核和组织季度考评。校考评领导小组负责对各股室和基层单位专技人员的全面检查考核，组织年终总结评比，对考核人员每年根据需要适当调整，从而保证了考核工作的落实。

（原载《市人才学会会刊》1997 年 1 月）

大胆实践，扎实工作
积极稳妥地推进个体工商户养老保险工作

■ 黄柏华

为顺应社会保险制度改革不断深化的内在要求，以我区最大的商贸中心桥南市场为重点，用积极的态度，辩证的观点，拼搏的精神，采取“认识上站位要高、运行上起点要低、工作上地位要争、操作上形式要活”的措施，积极稳妥地推进个体工商户养老保险工作。截至今年 11 月底止，全区共有 320 多名个体工商户参加了养老保险，已收缴基金近 30 万元。

一、协调关系，统一认识。个体工商户经营随意性大，保险意识不强，劳动社保部门对其又缺乏约束。要搞好个体工商户的社会养老保险工作，还必须要有税务、工商、财政及市场管理、个协等部门的配合。为此，区政府出面，并委派专人充当协调员的角色，主要是做好各部门之间的协调工作。今年来三次召开有工商、税务、个协及桥南市场管理委员会等部门主要负责人参加的联系会，组织大家学习讨论，帮助宣传发动，并从三个方面着手，把各职能部门对个体工商户养老保险工作的认识统一到是“关乎国运，惠及子孙”的思想高度上，提高大家对个体工商户参加养老保险工作的认识。

1.从目前国有企业和个体经济的发展状况比较着手，让大家懂得开展个体养老保险工作是事关我区经济发展、政治稳定和社会安定的大事。近几年来，我区国有企业亏损的多，盈利的少，步入低谷。而个体经济却发展迅猛，在武陵镇范围内形成的有一定规模的专业市场就有五家。仅就桥南市场而言，从人员上看，目前个体从业人员已达 1.2 万人，接近我区企业在职职工总数。从经济发展上看，1996 年桥南市场成交额达 15 亿元，上缴利税 2 千万元，是我区一大经济支柱。因此，从就业人员结构上看，个体经济形成了一定阶层；从经济结构上来看，在我区国民经济发展中占有重要比例。如果这一块不稳定，会给社会带来不安定。开展个体工商户养老保险工作，解除个体工商户后顾之忧是维护个体劳动者的稳定和个体经济的繁荣、促进我区社会安定和经济发展的重要举措。

2.从当前企业制度改革发展趋势分析着手，让大家懂得开展个体养老保险有利于企业富余、下岗人员，是企业制度改革的需要。国家当前对企业采取的政策是“抓大放小”，

那么，作为县一级企业实行股份制改造是重要的出路之一。可以肯定，今后一段时间内，将有一批企业职工下岗而成为个体工商户或帮工。这部分人员在原单位参加了养老保险，下岗进入个体经营后，继续参加个体养老保险，能使他们的养老保险缴费年限不致中断，有利于退休后待遇的计发，为深化企业制度改革奠定一个好的基础。

3.从分析个体经济经营的特点着手，让大家懂得开展个体养老保险也是广大个体经营户的需要。个体经营，和其他经济形式一样，仍然逃避不了市场经济规律的制约。他们既有经营的风险，也有倒闭、破产的可能。因此，个体经营者更需要养老保险，以保障年老丧失劳动能力后的基本生活。只有这样，才能解除个体工商户的后顾之忧，才能让他们在改革浪潮中，大胆开拓，锐意进取。

通过分析、讨论，统一了各职能部门对个体养老保险工作的认识，这些部门对开展个体工商户养老保险工作都表示积极支持，紧密配合，共同抓好。

二、联系实际，制定方案。在我们抓个体工商户养老保险工作时，省市都没有具体政策规定。为了制定出一套切实可行的方案，我们联系本区实际，慎重分析，全盘考虑，主要作了两个方面的工作。

第一、充分了解个体工商户的特点，是制订政策的重要依据。经过认真调查、座谈访问，我们认识到，在养老保险上个体工商户与企业职工比较，存在三个明显不同。一是基金来源渠道不同。企业职工是单位缴纳大头，个人只缴小头，而个体经营者是全部自己缴纳。二是组织管理不同。企业职工有单位管理，收缴养老金时不管单位职工多少，社保部门面对的只有企业法人代表、劳资干部等几个人。而个体工商户组织管理松散，除需要到工商部门和税务部门办理手续外，无任何约束，收缴个体工商户养老金要面对每一个个体工商户，一个个做工作，一个个收基金，社保机构工作难度大。三是认识水平不同。目前企业对养老保险都已有了正确认识，而个体工商户大多为农民进城，心中装的是养儿防老，社会保险意识不强，政府为他们做好事，他们还以为是乱摊派，在一段时间内对社会养老保险政策还不能正确理解。因此，制订政策时必须要针对这些特点，从实际出发，才有利工作开展。

第二、精心测算，出台方案。为制订出确实可行的办法，社保部门做了大量工作。他们深入市场，了解情况，收集数据，按照不同的收缴比例和不同的待遇计发比例，精心测算了6套方案。区政府与劳动社保及工商等部门集体讨论，反复筛选，并进行模拟运转，最后确定了一套方案，批准行文。该方案的出台与企业职工养老保险办法相比，有三个明显特点。一是缴费基数以全省社会月平均工资为标准。因为这个标准透明度高，准确性强，权威性大，同时，计发待遇时第一部分也是省月平均工资，与之相匹配；二是养老金收缴比例定得较低，为上年本省职工月平均工资的18%，比企业降低了9.5个百分点；三是计入个人账户的比例高，按18%收缴的基金中有16%计入个人账户，占基金总数的89%（从1998年开始与国务院26号文件接轨，个人账户为11%）。这样，个体户对养老保险有信心，我们的宣传工作也好做。

三、因地制宜，灵活操作。政策制定了，办法出台了，我们选准以桥南市场为突破口，着手工作。但是，工作中，我们发现，完全按我们制定的办法来开展个体养老保险工作，过分强调统一，搞一刀切，一个模式，有些行不通。个体户的思想认识比我们预料的还要复杂得多。归纳起来，有五种认识。一是不相信。说我们是做生意，套笼子，吹泡泡，到时候发退休金是假话；二是不必要。认为自己现在发达了，银行有存款，家里有房产，养老不用管；三是无所谓。绝大部分年轻人和中年人认为养老，那还是很遥远的事，现在不急；四是随大流，采取观望态度，大家参加，我参加；五是讲人情。市场的领导出面了，碍面子，讲关系。面对这如此种种认识，我们经过冷静的反复思考，提出了一切为了“有利于工作开展、有利于个体工商户利益、有利于社会稳定、有利于桥南市场长足发展”的工作原则，制定了“一切为了起步，突破原有规定，政策上灵活操作”的工作措施，并及时修订了原方案。在工作中，我们主要在五个方面进行了灵活处理。

第一是在宣传方式上灵活。由于个体户对养老保险认识水平不一，在向个体工商户宣传养老保险政策和知识时，不能千篇一律，要针对不同的群体采取不同的宣传方式，不同的对象作不同的工作。比如，对存在的普遍性问题采取广播、市场报、黑板报等形式宣传；对待特殊对象，采取单独宣传。同时还召开党员、模范经营户和骨干会议，进行鼓动性宣传。这样从不同层次进行发动，促进政策深入人心。

第二是在收缴比例上灵活。原定收缴比例为上年本省职工月平均工资的18%。按照新的思路，我们规定缴费比例在不低于11%的基础上，可以分步到位。同时规定，不论缴多少，只要先参加保险都行。这一灵活处理，得到了广大个体工商户及桥南市场管理委员会的赞同。

第三是在计发待遇上灵活。因为个体养老金缴费比例改变了，养老享受待遇也要变化。我们认为个体户按什么规定缴费，就按什么办法养老。按国家政策缴费的，按国家规定政策计发退休费；不是按规定要求缴纳的，可视为储蓄性养老保险，按月领取或一次件发给都行，由个体户自己选择。

第四是在缴款时间上灵活。我们暂时不强调缴费年限，不把缴费起止年月固定，一月、一季度、一年、几年都可以往前补缴，一年、两年、十年，也可以往后预缴，一年、十年甚至二十年都行。我们认为，只要参加，怎样缴都行。

第五是在收缴手段上灵活。收缴个体养老金，与收缴企业职工养老金不同，企业是好收无钱，个体户是有钱难收。因此我们采取了与企业不同的手段来收缴个体工商户养老金。对个体户中通过做工作后愿意缴纳养老金的，我们跟随小站负责人上摊位收缴，扩大影响。对持不理睬态度而经济条件又好、资产上十万元以上的经营大户，请求桥南市场管理委员会主要负责人出面，对其进行说服，帮助收缴。

总之，我们认为只要有利于工作起步，有利于工作开展，就及时纠正规定办法，灵活采取对策，这是开展个体工商户养老保险工作中至关重要的一环。

四、典型引路，促进发展。为更好地促进我区个体工商户养老保险工作，我们采取“典型引路，以点带面，逐步推开”的措施。为此，我们树立了三种典型：

一是能够立竿见影的典型。个体工商户最讲实惠，参加养老保险划不划算，只有让他们看到参加养老保险的好处，得到实惠，个体经营户参加养老保险、缴纳养老金才积极。为此，我们有意识的说服动员了几个50多岁的个体老板当典型，通过做工作，让他们补缴了养老金。如54岁的郑圣武一次性就向社保局补缴了10年养老金6000多元，再过6年，他就可以按政策规定领取养老金了。不仅如此，后来他还把他老伴的养老金也一齐补缴了。

二是亲戚、朋友、熟人方面的典型。个体工商户中，不乏我们的亲戚、朋友、熟人。我们便利用这种关系，做这批人的工作，要求他们带头投保，积极缴纳保险金。如区社保局局长，就动员其爱人的姐姐一家中干个体的全部成员参加了养老保险，连补缴一次收缴养老金近1万元，这样扩大了社会保险的影响，增强了说服力，促进其他。

三是思想比较开明的典型。个体工商户中有些个体老板文化层次比较高，对国家的政策理解能力还是比较强的。我们就选取了几个易于接受新鲜事物的开明人士作为对象，开展工作，带动其他。

五、正视矛盾，强化责任。经过将近一年的辛勤工作，我区的个体工商户养老保险工作取得了一些成效，但更为重要的是在开展这项工作的过程中，我们发现了一些矛盾和问题，并且意识到这些矛盾和问题是严重影响、制约个体工商户养老保险工作的关键所在。归纳起来，必须要解决以下三个矛盾：

1.在工作运行中，要解决“小环境”与“大气候”的矛盾。在实践中，我们感受到，推行个体工商户养老保险工作，仅在某一地区小范围开展而没有一个大的气候环境是不行的。由于个体经营户人员结构复杂，思想难统一，且流动性大，短期化行为严重并难以制约。同时，个体工商户社会养老保险意识较差，他们把缴纳养老保险金视为地方政府摊派费用，还常以“你要收保费，不在此经营”为借口要挟，而实事上也出现过类似情况。因此，要推行个体工商户养老保险，必须上下左右整体联动，同步运行，各地都要从本地实际出发，营造“小环境”而形成“大气候”。这样，使个体工商户在经营的过程中对养老保险无选择的余地，从而促进这项工作的开展。

2.在基础金收缴上，要解决“硬指标”与“软手段”的矛盾。参保人数和收缴的养老基金数是衡量个体工商户养老保险工作优劣的两个硬指标。在过去的一年里，由于个体经营的特殊性及现阶段个体工商户养老保险意识较差，劳动行政部门对个体工商户又缺乏约束，基金收缴手段十分软弱。尽管市场管理委员会和其他部门给予了配合和支持，但是这两个硬指标还是很不理想。我们认识到，要提高这两个指标值，必须强化基金收缴于段。对个体工商户参保和缴纳保险金，国家必须立法或出台地方性法规，并且操作性要强，刚性要高，处罚要严，法律责任要明，要使他们有一种国家强制的感受；或者增设养老保险税种，纳入税法，由税务部门代征。如果没有这些强制性手段，此项工作难以收到实效。

3.在管理方式上，要解决“有要求”与“无责任”的矛盾。社会保险工作，事关改革发展，事关社会稳定，正如朱镕基副总理所说是“关乎国运，惠及子孙”的大业，既然如此，劳动部门一家难担此重任。其原因是个体经营户的“杂、活、差”的特性所决定的。因此，要做好这一工作，必须从政府到劳动、工商、税务、财政等各有关职能部门的具体责任要在法律或法规中具体体现。如果没有明确而又具体的责任，仅凭一般性的文件，一般性的要求，一般性的号召，一般性说教，齐抓共管的局面不会形成，工作也不会推进。

（分别在1997年12月全省劳动保障工作会议、1998年4月全省社保系统扩面现场会上发言，省劳动保障厅等1998年3月收入《统一养老保险制度实施方案宣传手册》一书，原载《常德通讯》1998年第二期）

实行“五个结合” 搞好人员分流

——常德市鼎城区精兵简政的一些作法

■ 黎建华 丁恩臻 熊伯顺

我们湖南省常德市鼎城区辖33个乡镇，4个区直农林场，629个机关事业单位。机关事业单位工作人员18772人，离退休干部职工5647人。近几年来，由于种种原因，机关事业单位机构臃肿、人员膨胀，导致财政紧张，农民负担加重，严重地制约了经济和各项事业的发展，影响了党群、干群关系。针对这一实际，从去年年初开始，区委、区政府在中央、省、市还没有颁布机构改革具体实施方案的情况下，变被动为主动，及早部署、及早行动，相继出台了鼎城区科级干部、机关事业单位一般工作人员和村级干部管理办法，不仅明确了指导思想、管理范围、原则、程序等内容，而且就机关事业单位人员分流问题提出了具体要求，并通过多种形式广泛宣传，形成了精简机构、分流人员的共识，营造了一个减员增效的舆论环境，使机构改革、人员分流进展顺利。到目前止，全区裁减合并机构69个，通过各种方式分流人员1748人，减轻财政负担1048万元，为农民人均减负13.6元。机关事业单位人员分流不是简简单单地甩掉人员“包袱”的问题，而是一项复杂的系统工程。怎样才能做到既能精减人员，又能充分发挥被分流人员的作用，让他们下到“海”里能捕到“鱼”呢？我们实行了“五个结合”：

人员分流与充实农村领导班子、搞活乡镇企业相结合，增强基层组织的战斗力和企业活力。根据目前机关事业单位人员超编而农村基层组织和乡镇企业骨干力量薄弱的现实，我们把这次机构改革人员分流作为加强农村党支部建设和搞活乡镇企业的难得机遇紧抓不放，制定了一套完整的激励措施，鼓励机关事业单位优秀工作人员到农村任职、领办乡镇企业和本单位经济实体。全区利用这种形式共分流294人，其中任农村支部书记43人，在本单位经济实体和乡镇企业任厂长（经理）的131人，任乡镇企业和经济实体骨干的有120人。石门桥镇从国土站选派一名政治素质高，又热爱农村工作的干部到后进村伍家嘴村任党支部书记，上任一年不仅搞活了村办企业，偿还了17万元债务，完成了8年以来上交提留的老账，而且带活了一班人，使后进村变成先进村。沙河口电排站分流29人，充实到本单位所办的芦苇场、修配厂、锯木厂、渔场、液化气站和招待所等6个站办企业，为单位减负20余万元，创年产值300万元，实现利润20多万元。石门桥镇干部熊跃品分流后领办镇农用机械厂，生产的“筑厦”牌小型制砖机，获得了国家专利，并远销湖北、江西、贵州等省市，年收入在5万元以上，上缴税收5000多元，解决了近30人的就业。

人员分流与发展民营经济战略相结合，促进民营经济突破性发展。我区是一个农业商贸大区，有享誉全国的大桥南市场，有水陆空交通优势，发展民营经济前景十分广阔。我们抓住机构改革的历史机遇，大力发展民营经济。全区分流人员中从事民营经济的1434人，创产值和税收分别占全区个体私营经济总产值和税收的17.2%和13.2%。一是依托大桥南优势，充实商贸业。全区分流人员中在以“大桥南”为主体的大市场中经商的有861人，年获利润近2100万元。区环保局干部陈刚分流后到桥南市场和江北城区租用2个门面经营五金交电等器材，年获利润10万元。二是依托产业化优势，搞活种养业。全区分流人员中有213人“上山下水”从事种养业，年获利润400万元。逆江坪农科站干部罗名宪投资15万元办起了食用菌基地，当年就收回成本并获利3万余元。三是依托资源优势，大办加工业，获利润1300万元。枉水管理所杨信成原是一名电力运行工，自愿离职下海从事木器加工业，年收入达20万元，闯出门路后，又动员妻子下了岗。四是依托郊区和交通优势，完善餐饮、运输、信息、科技等服务业。全区分流人员中从事服务业的183人，年获利润在1600万元以上。周家店镇原副镇长杨善海97年初下海在市区承包金龙餐馆，已创利税32万元，获纯利28.6万元。周家店镇干部梁亚分流后在云南西双版纳从事工程设计和教学，年收入在10万元以上。灌溪镇农科站、斗姆湖农科站则采取对农民进行技术承包、机械化作业承包等形式实行分流。畜牧水产局办科技服务咨询站，为农业产业化服务，“分流”“支农”“获利”一箭三雕。据统计，分流后从事民营经济的人员中，年收入在20万元以上的有16人；10万元以上的有148人；5万元以上的有359人；2万元以上的有876人。

人员分流与遏制人员膨胀相结合，缓解财政压力。长期以来，机关事业单位进人有很大的随意性，很大程度上看“面子”，看“条子”，看“路子”。近两年以来，我们严格控制了机关事业单位的人员增长。除政策性安置人员外，采取了三条措施严把“入口关”。一是对于公务员缺额补员，一律面向社会实行公开招考，由用人单位和组织人事部门共同确定录用条件，采取自愿报名、公开考试、全面考核的办法，按照德才兼备的标准择优录用，受到了社会的普遍好评。二是对非公务员的择业，坚持在单位编制、人事计划内进行的原则，采取单位推荐，组织人事部门组织考试、考察等办法择优聘用上岗。如审计局乡镇审计站，核编6人，单位推荐对象18人，其中半数以上有领导写条子、打招呼。最后我们按照严格考试、考核的办法择优聘用5人，另外，1人要求经过培训达到要求以后再上岗。在鼓励大中专毕业生、待业“五大生”、复退军人及随军家属到自收自支事业单位和企业就业的同时，引导他们走入人才市场，实行自主择业。去年以来，上述对象到自收自支事业单位、企业就业的人数达 321 人，通过人才市场交流到外地就业 86 人。这样，避免了机关事业单位进人的随意性和盲目性。1997 年和 1996 年相比少进 165 人，1998 年与 1997 年同期相比少进 43 人。

人员分流与优化人员结构相结合，提高在岗、分流人员素质。这次机构改革国务院提出了缩减机关编制 50%的目标。我们结合区情，提出了原则上保留编内三分之二的人员岗位，实行择优上岗，在方法上采取由主管部门组织有关负责人、专家和群众代表组成评委，在纪检监察部门的监督下进行上岗竞争。区公安局、粮食局、水电局、广播局、石门桥镇、石板滩镇等近 100 个机关事业单位实行竞争上岗，面貌焕然一新。其余单位也正在落实方案并组织实施。有的单位采取控制经费的办法促分流。比如，韩公渡镇政府对于所属机构实行经费包干的形式进行分流。对于那些专业性、技术性不强的岗位，实行轮流上岗制度。每年安排三分之一的人员轮流离开现有岗位，自谋职业，每一轮轮岗时间为三年，被安排下岗的干部职工由单位每月发给 150—200 元的生活费，并实行按参加工作年限的长短，给予一次性的经济补贴政策，鼓励分流人员与单位脱钩。据统计，通过竞争上岗分流人员 241 人；通过轮流上岗分流人员 784 人。

人员分流与跟踪管理相结合，解决分流人员的后顾之忧。在实施分流的过程中，我们看到了它的艰巨性。一是这次分流的人数多，任务重；二是我们的机关事业单位的工作人员坐惯了“铁交椅”，吃惯了“保险饭”，若不制定一套完整的分流配套措施，势必影响整个机构改革的顺利进行，造成人心不稳、社会不安的负面影响。因此，对于那些自愿下海、竞争落岗、轮流下岗和内退的分流人员分别在政治待遇、经济待遇上制定了优惠政策，激励他们分流。对分流人员，不是一分了事，撒手不管，而是“扶上马、送一程”搞好跟踪管理服务，为分流人员解除后顾之忧。如在工作上帮助筹资金、引项目、排纠纷，工商、税务部门给予适当的优惠等；在政治上更是关心体贴，对他们的学习、入党、提拔都与在岗人员一视同仁；另外，对于下基层工作和自愿分流的人员还给予一定优惠。

由于我们在分流的过程中注意了“五个结合”，人员分流初见成效，目前人心稳定，机构改革工作正在实现统一精简高效的良性循环。

（原载《中国公务员》1998 年第 12 期）

当前干部录用考核中的问题及对策

■ 丁恩臻　吴弟友　熊伯顺

近几年来，开展了党政机关和事业单位招聘录用工作人员的工作。其中有个录用考核的过程。录用考核，是组织人事工作中严把入口关的非常重要的环节，在挖掘人才、培养人才、合理使用人才等方面起着举足轻重的作用。但是，录用考核工作还存在许多不尽人意的地方，需要认真研究和切实解决。

（一）

当前录用考核工作存在以下五种问题：

第一，思想认识上的片面性。目前不少同志，包括有的领导同志，对录用考核工作有偏见。有的认为录用对象都是由各单位层层推荐上来的，再考核没有必要。有的认为录用不录用是领导决定的，“说你行，不行也行；说你不行，行也不行”等等。

第二，考核标准上的抽象性。现在录用考核标准没有统一的要求，对录用对象具备什么条件都很抽象，不论是录用国家公务员，还是录用国家干部，或者是民办教师的转录，以及其他人员的录用，其考核标准都不具体，而且，量化和细化不强，操作性不强，给人们的错觉是：所有被录用人员，不论岗位和职位对人员素质的要求如何，其考核标准都是一样的，尤其是对技能等方面没有特别要求，只要没有违法乱纪就可以了，常常出现各方面表现不突出的对象被录用了。

第三，考核方法上的随意性。应该肯定近年来录用考核方法越来越趋向合理化、科学化，被录用的对象比较准确。但是由于种种原因，在录用考核方法上仍然存在许多弊端：一是投票式。以无记名投票方式推选（考核）录用对象，以得票多少论优劣、论取舍。这种方式产生的对象带有较浓的人缘关系成分。二是座谈式。以召开座谈会的形式来进行考核。这种方式往往出现第一个人发言就定了调，后面的同志按葫芦画瓢，大同小异。三是“背靠背”式。即采取同对被考核对象比较了解的同志个别接触的方式进行考核。这种方式有时出现被谈话者由于思想品德、文化素质、了解程度等原因而对考核对象作出不公正、不客观的反映。

第四，考核对象上的照顾性。录用考核工作涉及人的切身利益，因此，十分敏感，尤其是录干考核、录用国家公务员考核。在确定名单前，写条子、打招呼的应接不暇；在考核中，尤其对表现一般、特别是有问题的对象，写条子、打招呼的也络绎不绝，这些“请求照顾”的干扰有来自同事的、同学的、同乡的、战友的，还有上级的、下级的等等，由于**各方面的干扰，阻碍了考核工作的正常进行，影响了考核结果的真实性。**

第五，考核评价上的差异性。由于考核是人评定人的工作，本身带有很强的主观色彩，再加上考核者的思想觉悟、认识水平、政策水平、参照标准的不同，必然影响到考核结果的真实性。其表现如下：一是有的考核者对被考核对象的个性和特征较为注重，容易产生以点概面、以偏概全的现象。如某人的性格属“外向型”，对事物在注意场合的情况下，喜欢讲话，表明自己的观点，这本来不属于什么缺点，但考核者就判定此人不可靠，不稳重。二是有的考核者将首次感知被考核对象的行为或间接途径获得被考核对象的首次行为，不作调查研究，以此作为评估的依据。如某人一次事未办好，就认为此人办事能力差。反之，某人一次事办好了，就认为此人办事能力强。三是有的考核者对被考核对象近期的情况较为注重，而缺乏全面、历史的分析，忽视一贯表现。如某人以前表现一般，但听说在录用干部时却表现十分积极，这时，考核者就判定此人一贯好。四是有的考核者以对被考核对象的情感好恶来评估。如某人打过招呼，或是同学、同乡、朋友等因素，情感好，评价的“含金量”就高，是缺点说成优点，是庸才说成是人才。反之，如考核对象曾得罪过自己等因素，则颠倒是非曲直，违背客观事实真相。五是有的考核者在考核中听到被考核对象的流言蜚语后，如那些有争议的人和事，心理上就产生疑虑，久拖不决，使被考核对象处于“挂”起来的境地。

(二)

如何解决录用考核工作中存在的问题，使之科学化、系统化？笔者认为要做到以下五个方面：

第一，增强录用考核的透明度，是搞好录用考核工作的前提。要加大宣传力度，宣传录用考核工作的重要意义和必要性，提高广大干部群众对录用考核工作的认识。录用的指标、政策、程序、结果等方面全部公开，对徇私舞弊、弄虚作假者，严肃查处，以实际行动彻底消除社会上一些人对录用考核工作的偏见。

第二，确定科学的考核标准，是搞好录用考核工作的基础。确定科学的考核标准，一要合理，就是按照不同层次、不同职级、不同类型、不同岗位等方面录用人员的要求，分类制定考核标准进行考核。二是规范，就是对考核要素，能量化的尽量量化，能细化的尽量细化，如考核某人的“德”，就大致可分解成五个要素，即政治态度、思想品德、纪律性、社会公德、职业道德。这五个要求，还可以进一步“细化”和“量化”。如思想品德，可分解为作风是否正派、是非是否分明、办事是否公正、工作是否深入等。又如考核某人的“能”，其潜在形态，可分为学识水平、工作技能、体力和精力等；其流行形态，可分为纪律性、积极性、协调性、责任感等。对上述每一项，还可逐项分解，如工作技能，可分解为综合分析能力、自学能力、口头表达能力、文字表述能力、创新能力、决策能力等等，这样，要素越分解，考核就越客观、越公正、越合理。

第三，坚持实事求是的考核原则，是搞好录用考核工作的关键。对录用考核，只有坚持实事求是的原则，才能排除各种干扰，摒弃个人的好恶恩怨，保证考核结果的真实性。坚持实事求是的原则，就是要贯彻“八个字”，即全面、客观、准确、公正。所谓全面，就是考核指标对考核对象应当做到相对的充分，一个指标也不能少。德、能、勤、绩等方面要全面考核。所谓客观，就是采取正确的方法，如实地反映考核对象的全貌。所谓准确，就是要做到恰如其分，好的就是好的，差的就是差的，力戒“模糊评价”。所谓公平，就是要公道正派，“一碗水端平”，不为“干扰因素”所左右，不掺杂考核者个人的感情色彩，摆正考核“天平”，公正地对待每一个被考核者。

第四，实施严格有效的考核方法，是搞好录用考核工作的窍门。考核标准，原则对头，方法又好，就能得出正确的考核结论，反之，就可能得出与客观实际不相符合的考核结果。首先要实行“五个公开”，即录用指标（必须是差额指标）、考核条件、考核原则与方法、考核对象、考核结果一齐公开。二是在考核方法上除了“背靠背”个别考察和召开座谈会考察外，还要采取在被考核者本人回避的情况下，进行民主评议或民意测验，还要进行明察暗访，到纪检监察部门了解情况，看有没有“挂号”的，还要查看被考核人的有关档案材料、进行面试和体检等，通过上述程序后，再采取定量分析原理对被考核者的德、能、勤、绩等方面的若干要素进行测评，按百分制计分，然后确定等次。计分 90 分以上的为优秀，75~89 分为良好，60~74 分为一般，59 分以下为差等。在此基础上，根据录用指标，择优确定录用对象。

第五，建立一支高素质的考核队伍，是搞好录用考核工作的保证。人是世界上最积极、最活跃的因素，起决定作用的是人，而不是物。因此，严格挑选具有较高素质的考核人员，包括思想品德好、宽容大量、文化知识高、修养性和组织能力及分析能力强、能理解人、在群众中有一定的可信度等条件，就显得尤为重要。在考核之前，还必须对考核者进行培训，明确任务和要求。实践证明，考核人员的素质高不高，就决定着考核结果的好不好。同时，要尽快建立录用考核的法规，对考核中有徇私舞弊、弄虚作假等行为的，一经查出，就要予以严肃处理，以维护录用考核的客观性和严肃性。

（原载《常德社会科学》1998 年第 4 期）

依法行政必须提高公务员的法律素质

■ 龙国安

江泽民总书记在十五大报告中，把依法治国，建设社会主义法治国家，作为党领导人民治理国家的基本方略郑重提了出来。而依法行政又是贯彻依法治国基本方略的重要内容，是依法治国的主体。朱镕基总理在全国依法行政工作会议上强调指出：“全面推进依法行政，必须下大力气建设一支高素质的干部队伍。”建设高素质的干部队伍，首先要建设高素质、专业化的公务员队伍。公务员法律素质的高低直接影响着依法行政目标能否实现。这是一个无论从施法角度还是从公务员管理的角度来讲，都应该引起高度重视的问题。

从公务员的现状看，提高法律素质显得非常紧迫。国家公务员是“人民的公仆”，是社会生活的组织者和领导者，也应当是懂法依法办事的先行者。但是，毋庸讳言，一些公务员素质偏低，特别是法律素质偏低，在行政中以权代法、以言代法的现象仍相当严重；有法不依、执法犯法的现象也绝非偶然；意气用事、感情用事，特别是一些基层公务员，直接与群众打交道，因为在行政中不能依法办事的情况时有发生。所以说，不提高公务员的法律素质，依法行政就永远只能是一个口号，无法得到落实。

从公务员的地位来看，提高法律素质显得非常必要。公务员既是政府各项政策的制定者和决策者，又是各级政府机关行政职能的具体执行者。要保证决策正确不出现失误，关键在决策者的素质，这其中法律素质的高低又是决定公务员决策水准高低的一个重要因素。要保证依法行使行政职能也必须以较高法律素质为前提。我们有些地方所出现的贪赃枉法、无视法纪，政出多门、部门利益、推诿扯皮等现象，除了机构重叠、职能交叉等原因外，公务员本身的法律素质低不能不说是一个重要的原因。

从公务员为人民服务的宗旨来看，提高法律素质是人民群众的众望所向。随着我国社会主义法律制度的建立和完善，人民群众的法律意识不断增强，依法办事的观念深入人心。人们希望通过法律的手段来维护自己的权力和利益。这就要求我们的公务员要有较高的法律水准。特别是基层公务员，每天都和群众打交道，如何在新的形势下，更好地为人民服务，如何处理群众与政府、群众与领导、群众与群众之间发生的问题，如何化解矛盾，促进社会的稳定与繁荣都必须拿起法律这个武器来武装自己的头脑，否则就会与人民群众的根本利益相冲突。为什么现在乱摊派、乱收费、乱集资、乱罚款的行为如此猖獗，如此严重损害人民群众利益？还是一个缺乏群众观念、法律素质不高的问题。农民负担过重的问题、中小学乱收费的问题同样是一个法律观念淡薄的问题。因此，要真正做到为人民大众谋利益，我们的公务员在分析问题、解决问题时都必须学法、用法。

那么如何提高广大公务员特别是担任领导职务公务员的法律素质？笔者以为应该从如下几个方面着手：

一是加大培训力度。首先，要把公务员业务知识的培训、电脑知识的培训与法律知识的培训结合起来，使公务员通过培训能够尽快掌握现代管理知识、高新科技知识和相应的法律政策，更好地依法行政。其次，完善和规范公务员法律知识培训内容。由于公务员担负的工作相对来说比较重要，因此，公务员法律知识培训的内容既要顾及全面，也要突出重点，方法上要注意长短结合，集中强化培训和自学相结合，使公务员通过培训能较全面地掌握法律知识，在行使行政职能时能够知法守法、依法执法，制定的政策性文件，作出的决策不与国家有关法律相悖。再次，建立考核、激励机制。围绕公务员法律知识培训，制定相应的激励、制约办法，强化对培训结果的考核。还可以结合机构改革的大趋势，把具备必要的法律知识作为竞争上岗的条件之一。加大奖惩力度，增强公务员学习法律知识作为竞争上岗的条件之一。加大奖惩力度，增强公务员学习法律知识的主动性和自觉性，促进公务员法律素质的全面提高。

二是加大考核监督力度。首先要把依法行政纳入公务员考核内容，把它列为目标管理岗位责任制量化考核的范畴，制定出具体的考核细则。把遵纪守法，依法行政作为一个重要项目加以量化、细化、便于操作。同时，要把考核结果作为公务员升降去留的依据之一。其次，建立必要的奖惩机制，围绕公务员遵纪守法，依法行政的情况，制定出奖惩细则，严格实施奖惩，规范公务员依法行政。第三，坚持公开办事制度，增强行政的透明度，主动接受社会各界和人民群众的监督。同时，建立健全各种工作制度，如定期报告制度、督查制度、挂牌上岗制度等。强化各方面的监督作用，确保公务员的行政行为都能处在有效地监控之下，依法运作。

三是强化公务员队伍的管理。为了提高公务员的法律素质，同样要把好“进、管、出”三关。从“进口”上讲，考录公务员应该把法律知识作为一门公共考核科目纳入考试范围。考试人员中法律考试不合格以及曾有严重违法违纪行为或在平时大法不犯、小错不断的人，应考虑制定必要的限制措施，不能把法盲录用为公务员，要把法律素质好的人员补充到公务员队伍中来，保持公务员队伍法律素质有较高的起点。从管理角度讲，重点在教育和考核上下功夫，对公务员进行经常的、持续不断的、多种形式的教育，充分发挥公务员在社会主义物质文明和精神文明建设中的巨大作用。从“出口”上讲，对符合辞退条件的，要坚持辞退，保持公务员队伍的生机活力，为依法行政提供较高素质的人才保障。

（原载 1999 年 11 月 16 日《中国人事报》，2004 年第 4 期省人事厅《人事与人才》、2000 年 2 月 21 日《常德日报》，获市政法委、市法学会调研论文三等奖）

内地民营经济发展急需人才支撑

■ 邬吉湘

近年来，内地民营经济得到了较快发展，其经济总量强劲增长，占整个国民经济的比例不断扩大，经济效益明显优于其他经济成分。但是，由于地处内地、起步较晚、经济规模不大等原因，内地民营经济在与外资企业，沿海发达地区企业的市场竞争中，越来越受到人才瓶颈的制约，若要做到持续高速增长，实现经济质的提高，则必须突破这一瓶颈，获得人才支撑。

内地民营经济的人才现状

从总体上看，内地民营经济的经营者重视技术、尊重人才，其产品和服务的技术含量在不断增长，但与其经济总量的增长速度相比，尤其是与激烈的国内外市场竞争的要求相比，其人才使用状况有诸多的不适应。

数量不足，层次不高。内地民营经济在蓬勃发展中，对劳动者就业的吸纳能力不断增强，已成为吸纳社会劳动力就业的主渠道。但是，在这支庞大的从业大军中，各类专业技术人员所占的比例却很低，不仅大大低于沿海发达地区的同类企业，先进的国有大中型企业，甚至明显低于本地区的中小型国有企业。笔者在常德市鼎城区进行了一个调查：鼎城区是一个民营经济大区，民营企业所创造的经济产值、向国家提供的税费和创造的就业机会分别占相应总额的比例达 62%、51%和 73%。仅以桥南大市场为中心的经济圈，拥有各类民营企业 415 家，从业人员达 34000 人，其中高中以上文化程度的仅占 9.5%，大专文化的只有 105 人，初中文化程度 29%，小学文化的占 61.5%。各类专业技术人员所占的比例仅 4.7%，其中具有初级职称的不足三分之一，具有中级职称的仅 6 人。近年来，由于沿海发达地区产业升级，服装、鞋类，塑料、五金等加工业纷纷内移。这些工业以民营企业为主体，它们在生产上不断追赶沿海技术，但人才却没受到应有的重视。在很多内地的制衣厂，一大批的农村女工在那里紧张生产却很少有技术人员现场指导，很多颇有规模的服装厂，连电动缝纫的维修技工也没有一个，产品质量和正常生产受到直接影响。

知识陈旧，观念落后。现在受聘在民营企业的各类专业技术人员，主要来自本地区国有企业下岗、跳槽的技术人员和从乡土人才中成长起来的技术人员。他们的加盟，为民营企业提供了重要的技术支持。但跟当代先进技术，尤其是进入我国的国际先进技术相比，这些技术人员知识明显陈旧，知识结构单调，知识内容很大程度上业已过时，思维方式和观念落后。如：有的国有企业的下岗专业技术人员，由于企业困难，相当长一段时间没有机会接受专业培训，更新专业知识和技能，他们本人也多在社会上为基本生活而奔波，因此，其知识和技能水准仍然停留在80年代，甚至70年代。乡土人才则多停留在经验型基础上，没有跟上现代科技的节拍。有的民营维修企业中的技师，比较娴熟的技术仍是维修"解放牌"汽车和"东方红"拖拉机等老行当，对现代新式汽车的结构及性能感到茫然。有的酒店的业务骨干，根本不懂现代营销理念，不懂主动开拓市场。

造成这一状况的原因

经营者对人才认识存在误区。尽管民营企业的经营者深知技术的重要性，也重视技术开发和人才的使用，但他们在人才的使用上存在以下几个方面的误区。

一是重眼前轻长远。他们审视人才的需求，大多立足于满足眼前的生产水平和生产方式，很少立足长远，以战略眼光来审视企业发展对人才的需求。如有些颇有规模的服装加工企业，企业生产红火，但除了普通流水线的工人和很急需的一两个机械维修技工外，根本就没想到聘请产品设计师、营销人才和品牌设计人员，致使企业长期停留在翻板仿制模式上，企业的收益主要来自廉价劳动力，抗市场风险能力很弱。技术开发，品牌树立等工作长期无人问津，企业无法做大做强。

二是重资金设备投入，轻技术投入。跟国有大中型企业和外资企业相比，内地民营企业起步晚，资金势力单薄，因此，企业经营者往往将主要精力和财力投入设备的采购和厂房等的建设上，很少主动顾及技术开发及准备。有的甚至斥巨资建豪华的门庭，采购技术水平和功能过剩的洋设备，也不愿或根本没想到主动投入资金聘用高技术人才，从事技术研发，有的认为花钱搞技术开发风险太大，不如抓现成的，认识不到高风险和高回报的辩证关系。

三是重用轻培。民营企业经营者在人才的开发利用上，普遍倾向于使用现成的技术人员，为招聘到急需的专业技术人员，经营者不惜重金，四处寻找。但他们很少想到，从企业的长远发展出发，制定一个系统的人才开发计划，有组织，有步骤地发现、培养人才，更没有勇气，没有眼光储备人才和智力，支撑企业的长远发展。

四是重技能轻理论知识。民营企业经营者在企业人才的使用上，往往较多重视专业技能，较少要求掌握一定的基础理论知识，重视现成技术拿来为我所用，解决生产中的一些实际问题；忽视技术开发，致使企业在发展上后劲不足。有的经营者甚至认为基础理论知识太多，这些人才容易好高骛远，不容易“驾驭”，不如聘请一些离退休技师合算。

内地的人才市场发育不完善，对民营企业人才服务不到位。内地的人才市场和民营企业都处在发展之中，因此，包括人才的管理和使用机制尚待完善。到民营企业工作的各类专业技术人员存在以下几个方面的困难和顾虑。

一是跟国有企业相比，内地民营企业在人才使用机制上，尚存在诸多的不完善，尤其是政府的人事管理和人才服务尚未很好地延伸到民营企业，如职称评定、社会保障、培训提高等等。民营企业本身对人才的管理使用不规范，因此，在民营企业工作无法享受到在国有企业工作规范化的管理和服务。尤其值得提出的是，多数民营企业的经营者对接受政府人事部门的人事管理和人才服务欠缺热情，他们担心让政府“插手”他们内部的人事管理，他们的用人自主权会受到影响，往往认为“多一个婆婆多一份麻烦”，他们很少从战略上认识到，建立规范的人才使用机制的必要性和重要性，其用人理念基本上仍停留在封建家长制的管理模式上。

二是人才合法权益缺乏保障。在内地民营企业工作的各类专业技术人员，在工资福利待遇上，往往是建立在与经营者的口头协议上，稳定性能小，不确定性很大。企业经营效益的好坏，经营者个人的好恶等等因素均有可能变更这些协议。至于专业培训、失业保障、养老保险、知识产权，户口、住房，子女入托就学等合理要求和实际困难就更无人问津了。

三是社会观念仍有待进一步更新。人才在内地民营企业工作，有时不仅合法权益没有保障，得不到政府有关部门的维护，而且，由于部分经营者认识上的偏颇和素质上的差异，主、雇之间，往往人格上难以平等。于是，这些被聘用的专业技术人员，便有尊严上的被侵犯和人格上的萎缩感。社会上也有偏见，认为为私人打工，跟在国有企业工作相比，有地位低下之嫌。非不得已多数专业技术人才不愿择此而栖，即使暂留了下来，这些人才也难以身在心在，更不可能树立主人翁意识，为企业的生存和发展主动发挥聪明才智。

政府主动提供管理和服务，经营者自觉更新用人观念，同突破民营企业发展的人才瓶颈

政府应及时延伸人事管理和人才服务范围。我们党和国家已将民营经济视为国民经济的一个重要组成部分，社会主义公有制经济应该有“多种实现形式”，因此，政府的相关管理和服务不应忽视民营经济这一新的领域。在为企业提供人事管理和人才服务工作上，政府人事部门应将民营企业列入自己的管理和服务范围，像国有企业一样，为民营企业提供人事、人才服务，包括制定宏观的人事、人才规划时，应将民营企业的人才需求纳入范围之内予以考虑。为在民营企业工作的各类专业技术人才提供工资、福利、职称评定、社会保障、人事代理及人才交流等服务。对民营企业发生的人事争议、协议合同等提供仲裁和鉴证服务。当前，尤其应重点做好两方面的工作。一方面大力培育人才市场，为民营企业经营者招聘急需的各类专业技术人才提供服务。另一方面，要大力宣传人事人才政策、法规，维护民营企业主、雇双方的权益，逐步规范民营企业的人才雇用程序和游戏规则，确保这一用人阵地的健康、有序发展，为民营经济和整个国民经济发展作出更大贡献。

积极引导经营者更新用人观念。政府及有关部门要切实重视、支持民营经济的发展，必须采取措施，努力引导民营企业经营者更新人才的使用观念。首先，要让他们认识知识经济的特点，从战略的高度树立以人为本，以现代技术求生存和发展的思想认识。如组织他们走出去，到发达地区参观高科技的民营企业，靠技术和管理赢得可观效益的企业、先进的企业。其次，要努力帮助民营企业经营者更新用人理念，使他们认识到受聘为自己企业工作的专业技术人员，是企业的中坚力量，是企业最宝贵的财富，是企业未来的希望。人格上与企业经营者是平等的，不仅要在物质待遇厚待他们，而且更应充分尊重他们，信任他们。在物质待遇上，可以改变传统的现金支付方式，尝试采用股权制等，让专业技术人员知识入股，更好地激发他们的创造性。

各类专业技术人才应更新就业观念。各类专业技术人员应在认识上走出对民营企业的误区，应认识到：民营企业是国民经济的重要组成部分，也是各类技术人才的用武之地，在民营企业工作，同样光荣，同样可以实现人生价值，同样可以为国家和民族作出贡献。对企业价值应产生认同感，对企业经营者，应视为共同利益的代表者，工作上的合作者，应彻底摒弃封建观念影响下的主顾之间尊卑差别和人身依附关系的认识。因此，在工作上

应像在国有企业甚至自办企业一样，树立主人翁意识，充分发挥主观能动性，对企业的生产、经营、管理提出自己的意见和建议。在思想上，多与经营者沟通，建立互信。此外，也要依照国家有关法律法规，大担维护自己的合法权益。

切实加强民营企业人才的培养，提高人才档次。政府及有关部门要站在国民经济发展的战略高度，重视民营经济的可持续发展，为其提供人才智力支持。民营企业经营者应立足长远，自觉重视人才和智力的开发、培养、引进工作。要根据双方的共同努力，针对民营企业的不同性质、特点，采取短期培训、现场示范、重点指导、联合培训、委托培养等多种形式，为民营企业培养造就一支宏大的能够支撑民营企业可持续高速发展的经营管理人才、生产技术人才、营销人才等各方面的人才队伍，实现内地民营企业质的飞跃。

（原载省人事厅公务员处编印的《十年探索铸辉煌》一书，获 2005 年全省人事理论研讨会论文三等奖）

对建筑行业贯彻实施《劳动合同法》的调查与建议

■ 唐少华

2008年1月1日起实施的《中华人民共和国劳动合同法》（以下简称《劳动合同法》）对更好地保护劳动者合法权益、构建和发展和谐稳定的劳动关系，具有十分重要的意义。为了解我市贯彻实施《劳动合同法》情况，民盟常德市委组织部分盟内政协委员深入我市建筑企业和相关职能部门，对《劳动合同法》贯彻实施情况进行了专题调研。通过调查，我们认为，尽管我市宣传贯彻《劳动合同法》取得了一定成效，但建筑行业在贯彻《劳动合同法》过程中存在的问题，直接影响了劳动关系的和谐和我市改革发展稳定的大局，必须引起高度关注。

存在的主要问题

思想认识不到位。一方面，部分建筑企业经营者的法律意识不强，片面认为贯彻实施《劳动合同法》增加了企业生产经营成本，影响企业的用工灵活性，加重了企业的法律责任。尤其对订立无固定期限劳动合同相关条款更有抵触。因而在用工时不与劳动者签订劳动合同，从而引发劳动者劳动争议。

另一方面，部分建筑业劳动者特别是农民工因为维权意识不强，有的明明知道劳动合同是维护自身利益的重要凭证，但认为找老板签合同弄不好会丢掉好不容易找到的这份工作，忍气吞声算了；有的认为签了合同自己还要负担社会保险的个人部分费用，少得不如多得，迟得不如现得，不签劳动合同更好；有的认为只要能赚到钱就行，劳动合同也看不懂，要是有人用合同骗他们怎么办?还不如不签；还有的认为没有合同，想不干就可以走人，签了反倒不自由，说不准还得交违约金呢!劳动者拒签劳动合同较为多见。

劳动合同签订率低。据调查，我市建筑企业除企业管理层和技术骨干，普遍签订了劳动合同外，其他占建筑业从业人员绝大多数的由各级“包工头”带到工地的劳动者或建筑企业直接使用的零散用工，基本都没有签订劳动合同。

劳动合同文本不规范。建筑行业劳动合同虽有统一范本，但多数建筑企业没有执行。合同条款、内容往往不与劳动者协商，劳动者只能在合同文本上签上自己的姓名和日期，没有协商、修改的余地。有少数企业合同条款、内容简单，涉及劳动者切身利益的劳动时间、加班工资、社会保险、休息休假、福利待遇等避而不谈，甚至有些合同内容不合法，严重侵害劳动者的合法权益。

绝大部分一线建筑工人未能依法办理社会保险。社会保险是劳动合同的必备条款，不签订劳动合同，就谈不上社会保险的保障问题。调查中，我们还了解到，在我市工程发包方不按规定缴纳劳保基金的现象时有发生，个别区、县（市）政府和相关职能部门随意减缓和降低征收标准的现象比较突出，造成了劳保基金的严重流失，损害了建筑企业及其职工的合法权益。

另外，由于社会保险关系无法转移接续，致使建筑企业和劳动者本人都缺乏参保意识。按规定，目前我市社会统筹账户不能跨省、跨市甚至跨区、县转移，建筑行业劳动者流动性大，在劳动者跨地区换工作时，有关用人单位缴纳的社会统筹部分既不能转走，也不能提取，劳动者在流动时，个人所缴的部分也不能全部带走，只能提取个人账户的保险费。因此，造成建筑企业和劳动者的参保积极性都不高。有些劳动者甚至主动要求用人单位不办理社会保险，而将应缴的社会保险费直接发放给自己。

此外，建筑业劳动者还普遍存在工作时间超长、不支付加班加点工资、不能享受带薪休假政策、劳动环境恶劣以及对《劳动合同法》贯彻监管力度不够等问题。

对策及建议

加大对《劳动合同法》的宣传力度，增强法制意识。坚持以舆论宣传为先导，大力宣传和普及《劳动合同法》，使依法签订和履行《劳动合同法》的观念深入人心。要通过培训、讲座、发放资料等多种手段，开展《劳动合同法》宣传咨询活动，营造全社会都关注建筑业劳动者的舆论氛围。要加强对用人单位劳动用工的指导和管理，增强建筑企业依法用工的自觉性，转变劳动用工观念。

实行规范化管理，不断提高劳动合同签订率。有关职能部门要结合《劳动合同法》的实施，在建筑行业全面推行劳动合同示范文本，强制实行劳动合同备案制度。指导用人单位建立健全劳动合同基础台账，督促企业建立健全工资分配与支付制度、工作时间与休息休假制度、劳动保护制度，以及职工奖惩制度等支撑劳动合同制度运行的规章制度，促进劳动合同的依法履行和规范运行。

强化制度保障和监督检查，切实保障劳动者权益。要加强劳动保障监察队伍建设，不断提高执法效率和执法水平。不断加大《劳动合同法》的执法检查力度，坚决查处侵害劳动者合法权益的行为。全面贯彻湖南省《关于建立建筑行业农民工工资支付保障金制度的通知》，劳动保障和建设、人民银行及银行业监管部门等要实行部门联动，建筑企业在办理施工许可证之前必须和专户银行、劳动保障部门签订“三方协议”，并按工程造价的15%作为首付保障金预先存入指定银行，开立农民工工资支付专户，预防拖欠和克扣劳动者工资。同时，因为签订“三方协议”属于政府相关部门文件，非法律条款，导致各级法院在经济案件处理中将存入建筑企业农民工工资专户的保障金作为基本账户的资金随意冻结、划转或执行，从而导致保障金不安全、无保障，引发不稳定因素，建议执法单位将农民工工资保障金列为保护资金。要规范建安劳保基金的征收管理，对于我市境内的所有建设工程项目由劳保基金管理机构统一按建安工程总造价的3.5%，在签订施工合同后，办理开工报建手续之前，向建设单位收取劳保基金，努力做到应收尽收，不得以任何理由减免建筑企业劳动保险基金，对于劳保基金征收不到位的建设工程，建设行政主管部门不得发放施工许可证，为保障劳动者权益提供制度保障。

（在政协常德市五届一次全会上代表明盟常德市委参政议政发言）

统筹城乡医疗保险提升医疗保障水平

■ 徐厚彩　胡晓平

借助“新医改”的东风，改革城乡二元医疗保障制度，将新型农村合作医疗（以下简称新农合）与城镇居民基本医疗保险（以下简称城镇居民医保）并轨运行，有助于提高我区医疗保障统筹水平。建立健全覆盖城乡居民的基本医疗卫生制度，为群众提供安全、有效、方便、价廉的医疗卫生服务，从根本上解决群众“看病难、看病贵”的问题。本文对新农合和城镇居民医保并轨运行的必要性、可行性，进行了讨论，提出了粗浅的建议。

一、我区城乡医疗保障制度二元结构运行现状

目前，我区城乡医疗保障制度实行二元结构，对城镇居民实行城镇居民医保，对农村农民实行新农合。两种制度分开独立运行，城镇居民医保属劳动保障部门管理，于 2007 年启动；新农合属卫生部门管理，于 2006 年启动。2011 年二者的基本运行情况为：城镇居民医保参保人数 85401 人，参保率约 85%，享受待遇 10418 人次，人均报销医疗费 1500 元，人均报销比例为 63.7%，受益率为 12.2%；新农合参保人数 680052 人，参保率 98.7%，享受待遇 181369 人次，人均报销医疗费 1328 元，人均报销比例为 58.36%，受益率为 26.67%。近二年二者基金运行状况为：城镇居民医保：2010 年，基金收入 1464 万元、支出 1389 万元；2011 年，基金收入 2846 万元、支出 1960 万元。新农合：2010 年，基金收入 9529.56 万元、支出 9133.63 万元；2011 年，基金收入 15858.63 万元、支出 13881.25 万元。从运行情况来看，二者对比体现出以下几个特点：

1.从缴费标准看，新农合比城镇居民医保缴费标准低。

新农合每人每年缴 50 元，财政补助每人每年 240 元；城镇居民医保一般成年人每人每年缴 120 元，财政补助每人每年 240 元。财政补助相同，个人缴费部分，城镇居民医保是新农合的 2.4 倍。

2.从待遇水平看，城镇居民医保比新农合高。

以 2011 年的情况为例：城镇居民医保人均报销医疗费比新农合高 172 元，人均报销比例高 5.34%。政策规定的报销额也明显高于新农合：城镇居民医保：一级医院报销 85%，二级医院报销 70%，三级医院报销 60%。全年累计报销限额为 12 万元；新农合：一级医院报销 85%（减起付线 100 元），二级医院报 75%（减起付线 300 元），三级医院报 60%（减起付线 600 元），药品目录以外的不报销。全年累计报销限额为 12 万元。表面上看，新农合二级医院报销比例高 5 个百分点。但城镇居民医保取消起伏线和药品目录，实际报销额度比新农合要高不少。

3.从管理体制看，新农合与城镇居民医保分属两个管理部门，各成体系，互不统属。

城镇居民医保由人力资源和社会保障部门负责管理；新农合由卫生部门负责管理，工作班子、业务开展、基金收支、医疗管理各成体系。新农合实行定点医疗机构管理制度，城镇居民医保实行首诊医疗机构管理制度。

二、统筹城乡医疗保障制度的必要性

1.新农合与城镇居民医保分开运行，导致重复参保，重复享受待遇的情况严重。

根据 2012 年 3 月全国社保资金审计的情况，我区城镇居民医保与新农合重复参保 6184 人，多取得财政补贴 103.89 万元，重复报销待遇数额巨大。其原因有三：一是从工作机制的层面来看，二者条块分割，互不沟通，各自为政，各负其责，各行其是，缺乏合作与协调；二是从信息技术的层面来看，由于新农合与城镇居民医保分开独立运行，分属不同管理部门，未建立信息系统比对机制和办法，导致人员参保、待遇享受等信息未能进行横向比对，无法控制重复参保；三是从利益驱动的层面来看，二者为完成上级下达的参保扩面任务，更多的获取上级财政补助资金，都希望吸纳更多的参保人员，在实际运作过程中，二者对参保对象进行模糊处理，导致一些居民或农民既参加新农合又参加城镇居民医疗保险，生病住院后，两边报销医疗费，有的参保人员重复报销医疗费后还能赚钱，比职工医保待遇还高。这种各险种之间重复参保，重复享受待遇的情况，导致国家财政资金流失，并一定程度上造成社会不公平，是国家政策不允许的。今年 3 月，实施了全国社保资金审计，之后通过中央电视台向全国通报了审计结果，显示全国范围的三大医疗保险（职工医保、城镇居民医保、新农合）之间重复参保、重复享受待遇的人数和金额巨大。此事已引起国家有关部门的高度重视。为从根本上解决这一问题，最好的办法就是二者并轨运行，从体制、机制上堵塞漏洞。

2.新农合目前运行机制存在难以克服的弊端。

卫生部门作为新农合和医疗机构的双重管理机构，既当筹资方又当服务方，既当运动员又当裁判员，导致监督难以到位，不符合医药卫生体制改革的精神和潮流。新中国成立以来，先后进行了三次医药卫生体制改革，第一次改革是引入市场机制，形成“自主”的医疗服务；第二次改革是引入购买方，设立社会保障部门，与服务提供方卫生部门相分离，即实行筹资方和服务方相分离；第三次改革，也就是我们所说的“新医改”，主要是强调社会公平，要求政府加大投入，同时区分政府与市场的作用，解决群众看病难、看病费的问题。现在，卫生部门作为新农合和医疗机构的双重管理机构，既是基金的筹资方（即医疗服务的购买方），又是医疗服务的提供方。所以对医疗服务质量好坏的监督，缺乏驱动力和积极性。这样，会导致监督缺失，参保农民的医疗服务质量得不到有效保障，引发矛盾和问题，同时，基金支付上的管理也难以到位，存在机制上的漏洞。只有二者合并，由人力资源和社会保障部门统一管理，才可以从根本上解决这一问题。

3.城镇居民医保从目前运行情况来看也存在难以克服的弊端。

城镇居民医保实行首诊制度，医保基金按人头按年度拨到首诊医疗机构，参保患者发生医疗费须到首诊医疗机构报销，基金支付由首诊医疗机构掌握。这种基金管理和待遇支付制度虽有利于发挥首诊医疗机构能动性，节约基金开支，但直接导致三个问题：一是容易导致首诊医疗机构陷入利益泥潭，重利益而轻医疗服务质量，想方设法创造经济效益而不顾参保患者利益，参保患者在与首诊医疗机构的利益博弈中处于弱势地位；二是限制参保患者就医自由。根据首诊制度，参保患者就诊首先须到首诊医疗机构，如需转诊到更高一级医疗机构，必须得到首诊医疗机构同意，办理有关转诊手续，有的首诊医疗机构为节约基金，不愿办理转诊，这就有时导致比较激烈的矛盾和冲突；三是增加参保患者就医成本。新农合实行定点制，乡镇医院均为其定点医疗机构。居民医保实行首诊制，由于部分乡镇城镇居民较少，乡镇医院选择人数少，所拨基金少，风险大，不愿作为居民医保首诊医院，造成该乡镇参保居民小病也要到县城或其他乡镇医院就医，往返要花费一定的时间和金钱（交通费、食宿费），既不划算，又增加了参保居民的经济负担。综上，首诊制度在一定程度上把医疗机构利益置于参保患者利益之上，有违新医改的初衷，如转而实行定点制，又苦于参保人数有限，基金规模有限，可能导致基金难以支撑。这也是机制性问题。

4.新农合与城镇居民医保分属不同行政性管理部门，造成多头管理，机构重叠，人财物社会资源浪费。

新农合由卫生局下设的农合办经办，城镇居民医保由人力资源和社会保障局下设的医疗保险处经办，两套机构、两套人马、两套系统，造成资源浪费。我们可以算三笔账：一是人员帐：二者重复设置，导致人员包袱增加，行政运行成本增加，效率降低；二是金钱帐：重复设置办公设施、网络信息系统、印发宣传资料、开展广告宣传等每年多耗费的工作经费至少上百万元；三是社会效益账，如二者合并，整体上人均报销比例将达到70%以上，使惠民政策发挥更大的社会效益，从而造福于民。而二者分开运行，则不能产生这样的社会效益。

5.新农合与城镇居民医保分开运行，不利于整合基金资源，降低缴费标准，提高待遇水平。

新农合参保人数多，缴费低，但待遇也低，城镇居民医保参保人数少，缴费高，但待遇也高。之所以造成这种缴费标准相对高，待遇水平相对低的现状，不能达到缴费低、待遇高的良性运行状态，归根结底是因为医疗保险基金支撑能力不足，而基金支撑能力不足是因为两种医疗保障制度分开运行，难以发挥大数法则作用。如二者合并，则可增强基金支撑能力，调节、均衡二者的缴费和待遇，使之达到一种理想水平。

6.统筹城乡医疗保险是从社会保障的角度应对当前全球经济疲软，促进社会稳定的一项切实、有效的举措。

受全球经济疲软，国内房地产相对走低、外向型工业受国际市场打压、微小企业生存发展难度加大等多种因素影响，我区返乡农民工增多，达15000多人，据了解，大部分都中断了社会保障关系，加上本地工业企业压缩产能，再就业形势严峻，民生问题突出。在这种情况下，只有进一步强化社会保障能力，才能解除老百姓的后顾之忧。而合并新农合与居民医保，居民可以降低缴费，农民可以提高待遇，从而增加老百姓的安全感，增强保障能力，提高保障水平，促进社会稳定，不失为一件广受老百姓欢迎的实事、好事。

三、统筹城乡医疗保障制度的可行性

1.政策上的可行性。

统筹城乡医疗保障制度符合国家政策导向，没有政策上的障碍。“新医改”方案，即中共中央、国务院《关于深化医药卫生体制改革的意见》（中发〔2009〕6号文件）明确指出：随着经济社会发展，逐步提高筹资水平和统筹层次，缩小保障水平差距，最终实现制度框架的基本统一。人力资源和社会保障部、财政部联合下发《关于全面开展城镇居民基本医疗保险工作的通知》（人社部发〔2009〕35号文件）要求：有条件的地方应积极探索推进统筹城乡医疗保险的不同方式和路径。湖南省“新医改”实施方案也提出，要开展新农合和城镇居民医疗保险并轨运行的试点工作。在“新医改”实施三年之后，国务院办公厅出台《关于印发深化医药卫生体制改革2012年主要工作安排的通知》（国办发〔2012〕20号），明确提出：探索整合职工医保、城镇居民医保和新农合制度管理职能和经办资源，完善基本医保管理和经办运行机制，有条件的地区探索建立城乡统筹的居民基本医疗保险制度。只要我们对国家有关政策进行全面深入解读，就不难发现，统筹城乡医疗保险，让出会成员均等享受国家经济社会发展成果，实现平等国民待遇，是我国社会保障事业发展的大势所趋。鉴于此，市里动议，在全市范围内选择一至二个区县，作为新农合和城镇居民医疗保险并轨运行的试点，待试点运行成功后，在全市推广。目前，津市已启动新农合和居民医保的并轨运行工作。可见，从政策的角度，新农合和城镇居民医疗保险实行并轨运行是可行的，从中央到省、市也是支持的。

2.基金上的可行性。

对我区两项制度并轨后的基金运行情况及待遇变化情况进行了测算。并轨后，预计参保人数可达 77 万人以上，如果均按新农合标准每人每年 290 元筹资（其中个人缴 50 元，财政补助 240 元），全区可筹资 2.23 亿元。如当年基金结余 10%（上级要求 5%），当年约可支出基金 2 亿元，而 2011 年新农合与城镇居民医保二者基金支出之和为 1.58 亿元，完全可确保基金收支平衡，且有一定余量。如按照全区 10%左右的住院率，年度支出基金 2 亿元，整体人均报销医疗费可达 2500 元左右，对比并轨前无论是新农合还是城镇居民医保可提高 1000 元左右，整体人均报销比例可提高到 70%以上。这对于参保人员来说，绝对是利好消息。从测算可知，新农合与城镇居民医保并轨运行既可解决城镇居民医保缴费标准较高的问题，又可解决新农合医疗待遇较低的问题，从整体上降低缴费标准，提高参保人员的医疗待遇，是一举两得的好事。这就是社会保险“大数法则”的作用体现。

3.管理上的可行性。

人力资源和社会保障部门对包括医疗保险在内的各项社会保险的管理具有成熟的模式、成熟的经验、成熟的队伍、成熟的网络，且相关软硬件过关，不存在任何管理上的困难。近几年，我区人力资源和社会保障部门已建立起全面覆盖城区、乡镇、村三级社会保障组织网络，乡镇设劳动保障站、社区设劳动保障服务中心、村设劳动保障联络员，拥有相关工作人员 200 多名，进行了集中学习轮训，开展了业务知识、电脑操作技能培训、职业道德教育，建立健全了一系列管理规章制度，配备了电脑登录系统 50 多套，确保每个网点能快捷、熟练办理相关业务。如将新农合合并到人力资源和社会保障部门，只需将业务整体平移即可，不存在管理上、人员上、软硬件上的障碍。

4.民意上的可行性。

如合并新农合和居民医保，将降低居民的缴费，提高农民的待遇，实现居民与农民的双赢，对双方有益无害。据随机调查，社会支持率达 90%以上。所以，合并两种医疗保障制度，实施城乡医疗保险统筹，不仅不会引起社会的震动和不稳定因素，而且必将受到社会广泛的支持和拥护，是一项顺民心、惠民利的德政工程。

5.实践上的可行性。

目前广东大部分市县、成都、重庆、天津、本省的长沙市、永州市的两个区都实施了新农合与居民医保并轨运行。常德市的县级市津市市 2012 年也启动了新农合与居民医保的并轨运行，目前正在积极开展各项筹备工作。这说明新农合与居民医保的并轨运行已有先行者，且据反映，运行效果良好。

综上所述，新农合与居民医保分与合的利弊关系显而易见：分，则无法克服各自机制上固有的弊端；合，则能消除二者弊端，好处有三：一是能发挥“大数法则”作用，增强基金支撑能力，实现“一降一升”，降低缴费标准，提升参保人员待遇，增强基金抗风险能力，获得1+1>2的效果；二是新农合并入社会保障部门后，可实现医疗服务的购买方与提供方相分离，消除本身机制上的弊端；三是城镇居民医保与新农合并轨后，可全面实行定点医疗制度，并进一步扩大定点范围，首诊医疗制度的各种弊端即可消除，参保人员的就医自由度和医疗服务质量将进入全新的境界。总而言之，新农合与居民医保并轨运行既有政策理论上的依据，又有实际运作上的先行者，更有民意上的诉求和因之带来的现实利益，二者并轨将形成医疗保险、医疗机构、参保人员三方共赢局面，确实是潮流所向，大势所趋，是一件顺民心、惠民利的好事。

四、统筹城乡医疗保障制度的实施办法

工作目标：实行六个统一：统一制度政策、统一缴费标准、统一待遇水平、统一基金管理、统一基金结算、统一业务规程。实施原则：政府主导、部门配合、统一思想、平衡利益、稳步实施、建立筹资方和服务方分离的、符合国家医改政策精神的、具有地域特色、适合我区区情的城乡医疗“一元化”保障制度。

1.坚持政府主导。

由区政府牵头，成立统筹城乡医疗保障工作领导班子，专门负责组织领导新农合和城镇居民医保的合并工作。

2.消除部门隔阂。

做好卫生部门的政治思想工作，统一干部职工思想，要把新农合与城镇居民医保的并轨工作作为一项政治任务看待，不折不扣的贯彻执行。

3.组织基金清理。

组织纪委、财政、审计等部门对新农合和居民医保基金收支情况，进行全面清理。

4.统一政策制度。

制定一套新的涵盖城镇居民和农民的医疗保障制度，重新明确参保对象、缴费标准、待遇享受、医疗服务等内容。

5.实施四个合并。

实施机构合并、网络合并、系统合并、业务合并。机构合并就是将农合办职能并入人力资源和社会保障局；网络合并就是基层代办机构、网点合并；系统合并就是将新农合的信息系统与城镇居民医保的信息系统合并；业务合并就是两种保险业务合为一种，明确统一的业务受理流程。

6.开展人员培训。

对乡镇、社区劳保专干、医疗机构医保办人员等业务经办人员进行事先培训，熟悉掌握新的业务流程，做到业务合并后快速办理、不出错误。

7.落实政策宣传。

要在全区范围内广泛开展宣传发动，让广大城镇居民和农民了解新政策、新举措，理解支持新农合和城镇居民医保的合并工作。

（2012 年获全市人社系统调研论文二等奖，2013 年 3 月入选市人社协会编印的《民生与人才》一书）

在创新中让基层人才职称评审更“接地气”

■ 刘志平

党的十八大以来，习近平总书记多次强调，要聚天下英才而用之，人才政策方面手脚还要放开一些，使各方面人才各得其所、各展其才。对于县以下基层人才特别是非公有制经济和社会组织中的人才来讲，可谓是一语中的。

县以下经济社会发展需要人才政策特别是职称评审政策放开一些

发展县域经济，非公有制经济是主体，体制外人才是生力军。改革开放之初，一大批敢闯敢干的农村居民，挽起裤脚，擦干泥巴，用自己的聪明才智，为县域经济发展注入了活力。随着社会主义市场经济的成熟，国家法律体系的完善，县以下非公有制经济发展也越来越规范，对从业人员的要求也越来越高。《中华人民共和国招标投标法》明确规定：大型基础设施、公用事业等关系社会公共利益，公众安全的项目建设必须进行招标。投标人只能是依照这一规定提出有关项目，也就是说，要想参与大型项目建设，“草台班子”肯定不行。要成立公司，对人才的职称就有硬性的规定。如 2009 年修订的《城市园林绿化企业资质标准》明确规定，成立三级园林绿化企业，具有中级以上职称的人员不少于 10 人。如果没有职称，就成立不了公司，自然也就参与不了建设。我们湖南常德市是全国文明城市、全国优秀旅游城市、国际花园城市和国家森林城市，可以说是绿树成荫、美不胜收。园林绿化方面的大手笔比比皆是。但仔细观察，没有一家承包企业是该市的。可活跃在施工现场的，没有一人是外地的。问其原因，因为没有职称成立不了公司，没有资质参与不了招投标，只能打着别人的旗号，借用外地的公司。“有职称的吃肉，无职称的喝汤”，十分不利于地方经济发展。据统计，我市有近 3 万人从事园林绿化，年创税收 2 亿元以上，因无论文、过不了英语和计算机考试关，无一人取得高级工程师职称。一些因从事园林绿化而身价千万甚至亿万的人感叹地说我们通过自己的技术带得了上百人的队伍，拿得下上千万的项目，就是得不到国家的那个“本本”。

经济建设如此，文化建设更是如此。建设美丽乡村，留住乡愁，农村文化繁荣很重要。繁荣农村文化，农村文化人才是核心，民间剧团是主力军。如果说以前民间剧团演职员农忙务农、农闲从艺，算不上职业演员的话，随着市场竞争的激励，他们已成为常年从艺的职业演员。鼎城区草坪镇 2012 年、2014 年连续两年被文化部评为中国民间文化艺术之乡，全镇 37 个民间歌舞剧团、600 多个演职员，年演出近 8000 场次，年收入近 3000 万元。他们上得了厅堂，曾受到中央政治局常委刘云山的亲切接见，曾应邀参加湖南省第十次党代会文艺晚会演出；下得了厨房，足迹遍布湖南、江西和湖北多地，广获好评，但无一人取得初级以上职称。

县以下人才政策特别是职称评审政策放开一些要从解放思想，转变观念入手

从领导层讲，对人才工作重视不够，对人才事业缺乏长远战略考虑。说起来重要，干起来次要，忙起来不要，有的地方几年甚至十几年不专题研究人才工作。对人才工没有有统一的规划和清晰的制度设计，实际操作中“泥巴萝卜，吃一截揩一截”，还美其名曰“一事一议”、随意性大，不规范；重招商引资轻招人聚才，重高薪在外引才轻本土人才培养，特别是体制外本土人才的培养，以致因条件制约外面的人才引不进，本土的人才培养不了，出现人才短缺，形成人才短板。

就基层职改部门而言，不少人本着多一事不如少一事，少一事不如没有事的原则，对职称政策一是宣传不够，二是解释不够，以致职称政策“走不出办公室”，不少非公有制企业的人才至今不知道“穿草鞋”的也能评职称、体制外的也能拿“本本”。更有甚者，极个别基层职改部门的同志选择性地宣传政策，不给好处不办事，给你好处乱办事，对一些企业老板高看一眼，对一线技术骨干故意刁难，以致不少体制外的人才认为“职称是花钱的”，损害了职改部门的公信力，也伤了一些人才的心。

不仅如此，一些体制内的专家固守“土老百姓一不懂英语二不会写论文，只会赚几个钱、有什么资格评职称”的老观念，瞧不起那些有着十几年、几十年实践经验的“土专家”。即使职改部门反复强调对应用型人才要重业绩、重能力，也被视为“放水”，得不到理解，在职称评审时，淘汰的大多是体制外的人才，不是厚爱一层，而是更严一寸。

国家中长期人才发展规划纲要（2010−2020 年）明确指出，人才是指具有一定的专业知识或专门技能，进行创造性劳动并对社会作出贡献的人，是人力资源中能力和素质较高的劳动者。只要我们坚持技术面前人人平等，“土专家”就是专家：只要我们用公正的眼光看待每一个人才。人人都是人才，人人都可成才。

县以下基层人才职称评审要“接地气”可从三个方面放开一些

时代是发展的，不同的时代对人才的要求必然有所不同。人是可变的，人才的评价标准和评价方式理应根据经济和社会发展而不断调整。职称工作要与经济社会发展相适应、相协调，必须不断创新，符合经济社会发展需求；必须“接地气”，符合专业技术人才实际。

在评价范围上放开手脚。职称评审，评的是专家．审的是能力，比的是贡献。体制内和体制外要一视同仁，也应一视同仁。对那些在生产一线摸爬滚打一辈子的能工巧匠，民间高手，还要高看一等，厚爱一层。

在评价标准上放开手脚。岗位不同，对能力的要求必然不同。要坚持以用为本，按照人才特点，分类评价标准。简而言之，研究型的和应用型的要有所侧重；县以下的和县以上的要有所差异，不能一刀切。论文、职称外语和计算机应用能力考试不能作为评价应用型人才的限制性条件。要注重业内认可，依托各类协会发现人才、评价人才。更为重要的是，对那些在体质外创业就业的高校毕业生，只要业内认可、社会公认，确有潜力，该破格的要破格，在全社会形成体制内的人才是人才、体制外的人才也是人才的良好氛围，激励高校毕业生合理分流，在不同的领域各尽其能．在不同的舞台各展其才，这是市场经济的要求，也是产业发展的必然。

在评价手段上要放开手脚。既要在会议室查资料集中评审，更要到现场实地查看。教师要看师德、看课上得好不好；医生要看医德、看病治得好不好。应用型的就要现场比实践操作水平、比贡献。总之一句话，是骡子是马，要拿出来遛一遛，现场比一比。

只要我们围绕经济社会发展需求，着眼人才队伍实际，因地制宜大胆开展差别化改革探索，有所为有所不为，就一定能够最大限度地激发和释放人才创新创造创业活力，让人才价值得到充分尊重和实现。

（原载人社部 2016 年第 7 期《人事政策法规专刊》总第 277 期）

五名患者因病致贫的原因分析和对策建议

——以常德市大病保险为例

■ 徐厚彩　丁南贵　胡晓平　黄牧

【摘要】 2015 年，常德市有 5 名超过大病保险封顶线的城镇居民参保患者因医疗费用过高，在基本医保和大病保险报销后，其个人负担仍过重，导致家庭因病致贫。本文以常德市人社部门医保中心数据库提供的相关数据为参考依据，在访问 5 名重特大疾病患者的基础上，通过研究分析这些患者的医疗费用补偿状况、生存和家庭经济状况以及城乡居民大病保险筹资机制和支撑能力等，力图提出制度和运行机制创新思路。建立重特大疾病保障制度，发挥多层次的整体功能，精准施策，才是化解因病致贫风险的可靠之路。

2015 年，湖南省常德市享受大病保险待遇的城镇居民患者共有 2165 人次，人均支付医疗费用 6996 元，有效减轻了这些患者的医疗费用负担，但仍有 5 名城镇居民重特大疾病患者因医疗费用远远超过大病保险封顶线导致家庭陷入贫困。笔者对常德市城乡居民基本医疗保险和大病保险运行情况进行了调查分析，并且走访了 5 名患者及其家属，深感现行的大病保险在减轻参保居民医疗费用负担方面发挥了积极作用，但却难以化解因病致贫、因病返贫风险。建立和完善城乡居民重特大疾病保障和救助制度，是健全全民医保制度亟待解决的问题。本文以常德市大病保险为例，对建立和完善重特大疾病保障制度的必要性进行实证分析，并提出政策建议。

（一）大病保险主要政策

常德市是湖南省城乡居民大病保险（以下简称大病保险）试点城市。2013 年 12 月，市人民政府发出关于转发市发改委等部门《关于开展城乡居民大病保险试点工作实施方案》的通知，决定于 2014 年起开始实施城乡居民大病保险。

1.1 筹资机制

常德市城乡居民大病保险实行市级统筹。结合该市经济社会发展水平、医疗保险筹资能力、患大病发生高额医疗费用情况、基本医疗保险补偿水平以及大病保险保障水平等因素，2014 年和 2015 年，城镇居民医保和新农合大病保险人均筹资标准均定为 20 元，从基金结余或年度财政新增补助中划拨。

1.2 保障内容

大病保险保障对象为本市城镇居民医保、新农合参合人员。文件规定了起付标准、补偿标准、合规费用界定三方面内容。

1.2.1 起付标准。2014 年和 2015 年，大病保险起付标准为：一个年度内，个人负担的合规医疗费用累计超过 8000 元以上的部分，可享受大病保险补偿政策。2016 年将起付标准调整为 1 万元。

1.2.2 补偿标准。超过大病保险起付标准的个人自付费用，分段按比例累进补偿。具体规定：自付起付标准 ~2 万元的部分补偿 50%；自付 2 万元（不含）~5 万元的部分补偿 55%；自付 5 万元（不含）~10 万元的部分补偿 60%；自付 10 万元（不含）~20 万元的部分补偿 65%；自付 20 万元（不含）以上部分按 70%予以补偿。年度最高补偿金额不超过 30 万元。

1.2.3 合规费用界定。常德市将“三个目录”范围内的个人支付费用纳入合规费用；将恶性肿瘤、尿毒症、肾移植、脑瘫、系统性红斑狼疮、重症肌无力、儿童先天性心脏病、运动性神经元等重特大疾病患者在指定医院发生的门诊费用纳入合规费用；成立了大病保险专家咨询委员会，如果医疗费用不符合上述两个条件，但经三级医院 3 名副主任医师以上医疗专家提议，并经专家委员会确认的其他医疗费用，也纳入合规费用范围。

1.3 承办方式

市政府通过招标选定中国人保常德市分公司和中国人寿常德市分公司承办大病保险。由市医疗保险处每年与两家机构分别签署保险合同，对双方的权利义务予以明确。规定大病保险实际赔付率不低于 95%，并对城乡居民做到应保尽保。若因大病发病率降低等因素造成实际赔付率低于 95%，则低于的部分结余的资金在年度结算时扣除。因政策因素导致保险公司亏损，亏损额度在 5%以内的，由商业保险公司自行承担，亏损额度超过 5%的部分，由商业保险公司和城镇居民医保基金或新农合基金各承担 50%。

（二）大病保险遇到的问题

常德市辖区内共有 11 个县（区市），总人口 612 万人。2015 年，全市新农合和城镇居民医保参保总人数是 556 万元，其中新农合 480 万元、城镇居民医保 76 万元。大病保险在城镇居民基本医保和新农合基础上展开。现对城镇居民大病保险运行情况进行分析研究，相关数据来源于市人社部门医保中心数据库。

2.1 大病保险资金可持续问题

由表 1、表 2 可以看出，2014 年、2015 年，常德市居民大病保险参保人数略有增加，大病保险资金收入基本平衡，但资金支出由 2014 年的 859.4 万元增加到 2015 年 1514.6 万元，增加 655 万元，增长 76.2%，显示支出增长幅度较大，说明大病保险资金支出压力在加大。支出人次方面，2015 年比 2014 年增加了 601 人次，增长 38.4%，显示发病率攀升和补偿人次的增加。笔者对部分医务人员和患者调研发现，高额医疗费用与越来越多的高收费医疗技术、高值耗材应用于临床，且大部分是自费项目，必然导致病人自付费用越来越高，负担越来越重，大病保险资金面临可持续问题，同时提出一个值得深思的问题：大病保险能化解重特大疾病风险、防范因病致贫吗?

2.2 五名患者的医疗费用及个人负担实况

2015 年，常德市 5 名医疗费用超过大病保险封顶线的患者，均患血液病，均已施行骨髓移植术。他们除了需要承担基本医保及大病保险报销后的自付医疗费用之外，还要负担因就医产生的异地交通费、食宿费、陪护费等。

从表 3、表 4 可见，5 名患者有几个共同点：一是医疗费用总额均过高，最低的为 163.85 万元，最高的为 211.82 万元。二是基本医保与大病保险报销的医疗费用均较高，两项相加，人均报销 72 万元，说明基本医保发挥了较高的保障功效。三是自付费用均过高，最少的为 104.03 万元，最高的为 127.5 万元。四是 5 人家庭均负债过高，调研发现，负债最少的是桃源县城镇居民医保患者程某轩，男，16 岁，学生，其家庭先是变卖了家产治病，后因无钱续费耽误治疗而病故，家庭负债 15 万元；负债最高的为澧县城镇居民医保患者唐某春，男，36 岁，现已负债 71 万元，全家 6 口人无一人就业，靠借钱度日。表中的李某刚、唐某敏、丁某琳的家庭分别负债 24 万元、23 万元、20 万元。根据统计部门公布的数据，2015 年常德市城镇居民人均可支配收入 24513 元，5 名患者负债的数额达到人均可支配收入的 6 倍—29 倍。由上分析可见，人家庭均陷入因病致贫困境。

城镇居民大病保险资金收支情况

年度项目	参保人数	大病资金收入（万元）	大病资金支出（万元）	资金支付率（%）
2014	744577	1509.2	859.4	56.9
2015	762128	1524.3	1514.6	99.4

城镇居民大病保险保障水平情况

年度项目	支付总额（万元）	支付人次	人均支付（元）
2014	859.4	1564	5495
2015	1514.6	2165	6996

2014—2016 年重特大疾病患者费用支付情况

（单位：万元）

重特大疾病患者姓名	所患疾病	医疗费用总额				
		合计	住院医疗费	门诊医疗费	患者与陪护交通费	陪护人员住宿费
李某刚	白血病	190.1	139.24	45.36	2.6	2.9
程某轩	白血病	163.85	127.75	29.45	2.7	3.95
唐某春	白血病	211.82	165.2	37.91	4.51	4.2
唐某敏	白血病	206.5	161.81	36.89	3.5	4.3
丁某琳	重型再障	185.85	129.05	49.2	3.4	4.2

（三）思考与建议

3.1 建立化解因病致贫风险的重特大疾病保障制度

5 名患者的家庭因病致贫，对于 76 万城镇居民参保人员来说仅占 15 万分之一，但却说明一个问题，即现行的大病保险没能化解高额医疗费用导致的因病致贫风险。如果按现行单一的大病保险筹资政策提高筹资标准，有可能影响基本医保的保障功能。因为常德市现行的大病保险筹资标准是“结合该市经济社会发展水平，医疗保险筹资能力、患大病发生高额医疗费用情况、基本医疗保险补偿水平以及大病保险保障水平等因素”确定的。之所以没有化解重特大疾病风险，是因为现行大病保险筹资机制不具备这样的功能。为此，建议按照党的十八大和十八届三中全会关于全面深化改革的要求，建立重特大疾病医疗保险制度，并建立由财政补助和个人缴费、社会捐助等相结合的筹资来源多渠道的筹资机制。个人缴费尤其重要，既可以发挥众人参保、众人缴费的保险的大数法则效应，壮大基金规模和抵御风险的能力，又可体现责任分担、增强节约意识。大病保险个人不缴费，被一些人视为优越性，实际上给制度造成先天性筹资不足，不仅不具有优越性，而且还会有损害性，极易滋生“公费医疗”或“免费医疗”的弊端。

3.2 切实发挥多层次的整体保障功能

我国医疗保险的基本方针是全覆盖、保基本、多层次、可持续。在利益诉求多样化的背景下，仅靠基本医疗保险（大病保险也属于基本医保，实际上是基本医保的二次报销）难以应对。建立多层次的保障体系才是应对多元化利益诉求的良方。而在目前，尚未形成多层次整体发力的格局。究其原因，一是商业健康保险保费规模过小，保障能力过弱，呈现出“一小两低”的现状。小，即我国商业健康保险总保费规模过小，与保险业自身相比，总保赞占比为 8%，而美国的这一比例为 40%。两低，即我国商业健康保险人均保费低，仅为 116 元，而美国 2013 年已达到 16800 元、德国达到 3071 元；在卫生总费用中的占比很低，我国商业健康保险赔付的医疗费用在医疗卫生总费用中的占比为 1.3%，而德国、法国、加拿大平均达到 10%以上，美国高达 37%。二是多层次之间各行其是，未形成衔接机制，实际上还是靠基本医保“打天下”，基本医保承担的过多过重的责任难以减轻。发挥多层次的整体保障功能，应从战略高度充分认识发展商业健康保险等补充保险的重要性。这个战略高度就是实现全民医保的更加公平更可持续的高度，就是实现习近平总书记提出的为建成全面小康奠定坚实健康基础的高度，就是推进“健康中国 2030”规划纲要目标全面实现的高度。那种轻视商业健康保险或将社保与商保混淆、错位、对立起来的做法都是有害的。将商业健康保险、民政医疗救助、社会慈善捐助和工会系统开展的职工医疗互助等，与基本医保加强统筹管理和衔接，形成工作互联和功能互补的格局，才是我们应有的选择。

3.3 在精准施策上用足功夫

重特大疾病医疗保障的精准施策，其前提应是发生灾难性医疗风险的患者，界定标准应坚持患者的家庭收入在扣除生活必需品开支后，其医疗费用负担达到家庭剩余收入的 40%；在此基础上，还应坚持个人申报、家庭调查、专家评审、社会公示等程序，以确保把有限的重特大疾病保障基金用在化解因病致贫风险上。虽然这么做会增加工作量，但这是精准施策必须要下的功夫，是将现行的大病保险“普惠式”二次报销这种简单化、粗放式管理方式，转变为精准治理因病致贫的“特惠式”保障的必然要求。精准施策考验的就是功夫是否到家，包括界定保障对象、保障范围、起付标准、报销比例的功夫。

“医疗费用越高报销比例越高”的要求是对的，但它是个粗放式的管理要求。重特大疾病患者的医疗费用差别很大，有的 50 万元，有的 100 万元甚至更高。目前大病保险的普遍做法是不分医疗费用高低，一律从自付合规费用 1 万元开始补偿，且有封顶线。这样，医疗费用较低的无疑会得到较多的补偿，医疗费用过高的得到的补偿必然会少，因为过高的医疗费用被封顶线封住了，得不到补偿有失公平，更起不到防范因病致贫的作用。在家庭收入大体相同的情况下，如果将 100 万元、50 万元医疗费用的报销比例分别确定为 90%和 80%，二者报销后各负担 10 万元，是否更公平，且可在很大程度上防范因病致贫?笔者假设这个例子，意在启发思考，促进精准施策。因为现行的大病保险从超过起付标准的自付合规费用 1 万元就给予报销，并随着费用的增加而报销比例“齐步走”，且设定封顶线的做法，与精准施策是背道而驰的。

（执笔：黄牧　原载《中国医疗保险》2016 年第 11 期，并被评为优秀论文）

城乡居民医保改革，我们在路上

■黄　牧

中国共产党第十九次全国代表大会（以下简称“党的十九大”），是在我国进入社会主义新时代的关键时刻，召开的一次具有伟大历史意义的重要会议。党的十九大，为决胜全面建成小康社会、夺取新时代中国特色社会主义伟大胜利，作出了规划、绘就了蓝图、指明了方向、明确了战略、作出了部署、确定了目标，是引领全党全国各族人民众志成城开创未来、实现中华民族伟大复兴中国梦的总纲领、总路线、总方略。认真学习贯彻党的十九大精神，最根本最重要的就是要认真学习贯彻落实十九大报告，这是当前和今后整个“历史交汇期”的头等大事和中心任务，我们要真正学懂弄通，尤其是作为一名社会保障工作者，对十九大报告中关于民生与社会保障的相关论述更要做到真学、真懂、真信、真用。

党的十九大报告提出：“按照兜底线、织密网、建机制的要求，全面建成覆盖全民、城乡统筹、权责清晰、保障适度、可持续的多层次社会保障体系。”作为一名人社人，一名医保工作者，一名城乡居民医保改革的参与者，十九大报告为我们指明了方向，提出了要求，就是要坚持以人民健康为中心，以完善统一的城乡居民基本医疗保险制度和大病保险制度为着力点，始终把让人民享有公平可持续的医疗保障作为我们工作的主要任务。

2016年初，国务院发布文件提出要推进新农合和城镇居民医保制度整合，2016年10月，为贯彻上级政策，我区城乡居民医保改革正式启动，将新农合与城镇居民医保整合为城乡居民基本医疗保险，统一划归到区人社局主管。我有幸成为城乡居民医保整合后的一名普通工作人员，在这一年里，我区城乡居民医保改革稳步推进，部分工作得到了全区参保群众的肯定。医疗监管开全国先河，将基层劳保站纳入医疗稽核工作序列，坚定实施“五查一公开”，对不合理用药、不合理检查、不合理收费等违规医疗行为进行严厉查处，医疗监管“鼎城模式”得到认同；普通门诊统筹在改革中完善，30余万人次享受门诊报销待遇，城乡居民小病小疼就近治疗初步实现，门诊就医更加便捷；特殊病种实施“史上最严审核”，通过专家对病历重新鉴定，4280名不合格者取消特殊病种待遇，赢得群众点赞；协议医疗机构实行动态管理，22家医疗机构依规退出，办成了过去多年想办而没有办成的事。

党的十九大报告提出：我国社会主要矛盾已经转化为人民日益增长的美好生活需要和

不平衡不充分的发展之间的矛盾。结合医保工作实际，人民对身心健康的追求、对更高标准医疗保障的渴望，对更加便捷更加周到的医保服务的期盼，就是人民日益增长的美好生活需要的重要内容。而城乡居民医保工作中“不平衡不充分发展的矛盾”，正是我们需要在新时代着力解决的主要矛盾。

改革路上从来不会一帆风顺，正如党的十九大报告所指出的那样，发展起来以后的问题不比没有发展的少。随着参保群众对医疗保障的需求日益增强，我们面对的新情况、新矛盾、新诉求层出不穷，我区城乡居民医保工作中也不可避免地存在“不平衡不充分发展的矛盾”：部分群众反映个人缴费为何年年增加，但住院报销待遇却降低了；“医保三个目录”内的药品还有自负部分，群众不理解；门诊统筹待遇实施了，但部分参保群众却还在问个人账户为何没有打钱了等。

党的十九大报告提出：“全党同志要不忘初心、牢记使命，高举中国特色社会主义伟大旗帜，决胜全面建成小康社会，夺取新时代中国特色社会主义伟大胜利，为实现中华民族伟大复兴的中国梦不懈奋斗。”这既是共产党人的初心，更是时代赋予的使命，人民寄予的期望。时代赋予使命，使命需要担当。面对矛盾，面对困难，我们没有选择坐等上级政策，而是以共产党人的担当直面问题，解决问题。

关于缴费问题，我们多次向市人社局反映，并文字书面报告2018年切莫提高筹资标准。2017年3月，省人社厅医保局领导来我区调研，我们和市医保处的领导一道，当面又进行了汇报。今年8月底我们收到省人社厅、省财政厅、省民政厅、省教育厅《关于做好2018年度城乡居民基本医疗保险参保缴费工作的通知》（湘人社发〔2017〕54号），规定2018年个人筹资标准为180元/人，我们迅速联系本市其他区县医保经办机构，联合向市人社部门反映筹资标准高，筹资难度大的问题，但市级医保部门于9月书面回复，确定全市统一标准为180元/人。虽然我们的初衷没有实现，但我们努力争取过。

关于待遇问题，我们主动作为，通过多方协调，根据市级部门授权，提请区政府发文，2018年起，我区建档立卡贫困人口、特困人员在各级协议医院住院报销比例提高10%；农村五保户的待遇进一步提高，其在区内公立一、二级医疗机构因疾病住院报销不设起付线；城乡居民医保大病保险的合规费用扩大，报销政策更加惠民。

关于医保目录问题，“三个目录”是由省级部门制定，全省各级经办机构必须严格遵照执行。可喜的是，通过市、区医保经办机构层层反映，医保目录今年进行了调整，根据湘人社发〔2017〕56号、湘人社发〔2017〕57号文件精神，从2017年9月1日起，湖南省“三个目录”增补了519种药品，并将36种大病保险支付特殊药品收入目录，同时对部分药品的个人先支付比例进行了调整，力求极大满足参保患者医疗需求，减轻患者医疗费用负担。

关于政策宣传问题，今年十月，我们印制了七十万份宣传单发放至各基层劳保站，利用筹资的时间窗口，大力宣传城乡居民医保的待遇政策；十一月，我们向区级领导、人大代表、政协委员、乡镇负责人、劳保站长、协议医院院长寄了一封长信：《"城乡居民医保之花"，请求您呵护》，将我们 2017 年所做的工作与不足进行了汇报，并请求他们的理解与支持。通过各界人士的宣传，我们相信参保群众的政策知晓率会越来越高，"城乡居民医保之花"得到的呵护会越来越好。

党的十九大报告提出："保障和改善民生要抓住人民最关心最直接最现实的利益问题，既尽力而为，又量力而行，一件事情接着一件事情办，一年接着一年干。"

新时代的城乡居民医保工作要有新作为，我们已经取得的成绩只是序章，更加光荣而艰巨的任务还有待我们去完成。我们要"咬定青山不放松"，以敢于担当的精神，更加扎实的工作去迎接新的挑战，为建设新时代特色社会主义城乡居民医保制度贡献自己的力量。

城乡居民医保改革，我们在路上，不忘初心，方得始终。

（获 2018 年 5 月湖南省人力资源和社会保障厅"'我看十九大'主题征文活动"三等奖。）

三、集体荣誉表

国家级：

获奖年份	获奖单位	荣誉称号	授予单位
2006	区劳动就业服务管理处	全国农村青年转移就业先进单位	团中央、劳动保障部等7部委
2012	区新农保管理服务中心	全国新型农村和城镇居民养老保险先进单位	国务院

省级：

获奖年份	获奖单位	荣誉称号	授予单位
2005	区职业技能鉴定所	全省职业技能鉴定工作先进单位	省劳动和社会保障厅
	区社会劳动保险处	依法办事示范窗口	省依法治省领导小组 省劳动和社会保障厅
		全省社会保障经办机构三优文明窗口	省劳动和社会保障厅
2006	区社会劳动保险处	全省社会劳动保险系统优质文明窗口	省劳动和社会保障厅
2007	区劳动和社会保障局	全省档案工作规范化管理省二级	省档案局
2010—2011	区新农保中心	2010—2011年度新农保经办管理服务工作先进单位	省人社厅
2013	区新农保中心	全省新农保经办管理服务工作优秀单位	省人社厅
		全省城乡居民财务管理工作优秀单位	省人社厅
2014	区新农保中心	全省城乡居民养老保险经办管理服务工作优秀单位	省人社厅

续表

获奖年份	获奖单位	荣 誉 称 号	授予单位
2014	区新农保中心	全省首批城乡居民养老保险经办管理服务示范县	省人社厅
	区新农保中心	全省城乡居民养老保险基金财务管理工作优秀单位	省城乡居民养老保险受理服务中心
2015	区城乡居民养老保险管理服务中心	全省城乡居民养老保险经办受理服务工作优秀单位	省城乡居民养老保险受理服务中心
2016	区城乡居民基本养老保险处	城乡居保经办管理服务工作优秀单位	省城乡居保中心
	区城乡居民基本养老保险处	县级城乡居保财务管理工作优秀单位	省城乡居保中心
2017	区人社局	“人社政策惠三湘”网络知识竞赛优秀组织单位奖	省人社厅
	区城乡居民基本养老保险处	城乡居保管理服务工作优秀单位	省城乡居保中心
	区城乡居民基本养老保险处	县级城乡居保信息宣传工作优秀单位	省城乡居保中心

市级:

获奖年份	获奖单位	荣 誉 称 号	授予单位
2001	区人事局	全市人事工作统计先进单位	市人事局
2003	区社会劳动保险处	全市企业劳动保险先进单位	市劳动和社会保障局
	区劳动就业服务管理处	全市劳动就业服务管理工作先进单位	市劳动和社会保障局
	区劳动和社会保障局	全市劳动和社会保障工作先进单位	市劳动和社会保障局
	区医保局	全市医疗保险管理和服务工作先进单位	市劳动和社会保障局
	区人事局	引进国外智力工作先进单位	市人事局

续表

获奖年份	获奖单位	荣誉称号	授予单位
2004	区劳动就业服务管理处	全市就业服务管理工作先进单位	市劳动和社会保障局
	区社会劳动保险处	全市企业社会保障工作先进单位	市劳动和社会保障局
	区劳动和社会保障局	全市劳动和社会保障工作红旗单位	市劳动和社会保障局
	区医疗保险处	全市医疗保险工作先进单位	市劳动和社会保障局
	区机关社保局	全市机关事业单位养老保险先进单位	市劳动和社会保障局
	区劳动和社会保障局	全市再就业、两个确保工作先进单位	市委、市政府
	区劳动就业服务管理处	全市再就业工作先进单位	市政府
2003-2005	区劳动和社会保障局	全市为民办实事先进集体	市委、市政府
2005	区劳动和社会保障局	平安单位奖	市委、市政府
	区劳动和社会保障局	全市就业和社会保险工作先进单位	市委、市政府
	区劳动和社会保障局	全市劳动和社会保障工作先进单位	市劳动和社会保障局
	区机关保险处	全市机关事业单位养老保险工作先进单位	市劳动和社会保障局
	区医保处	全市医疗和生育保险工作先进单位	市劳动和社会保障局
	区人事局	全市人事综合规划管理工作先进单位	市人事局
	区劳动和社会保障局	全市劳动保障工作红旗单位	市劳动和社会保障局
	区就业服务管理处	全市劳动就业服务管理工作先进单位	市劳动和社会保障局
	区社会劳动保险处	全市企业养老保险工作先进单位	市劳动和社会保障局

续表

获奖年份	获奖单位	荣誉称号	授予单位
2005	区医疗保险处	全市医疗和生病保险工作先进单位	市劳动和社会保障局
	区工伤保险处	全市工伤保险工作先进单位	市劳动和社会保障局
	区机关社保处	全市机关事业单位养老保险工作先进单位	市劳动和社会保障局
	区劳动和社会保障局	全市为民办实事先进单位	市政府
2006	区劳动和社会保障局	全市劳动就业社会保障工作先进单位	市委、市政府
	区人事局	全市人才培训工作先进单位	市人事局
	区社会劳动保险处	全市企业职工基本养老保险工作先进单位	市劳动和社会保障局
	区医保处	全市医疗生育保险工作先进单位	市劳动和社会保障局
	区劳动和社会保障局	全市劳动和社会保障工作红旗单位	市劳动和社会保障局
	区工伤保险处	全市工伤保险经办工作先进单位	市劳动和社会保障局
2007	区劳动和社会保障局	全市劳动和社会保险工作红旗单位	市劳动和社会保障局
	区社会保险处	全市企业职工基本养老保险工作先进单位	市劳动和社会保障局
	区劳动就业服务管理处	全市劳动保险系统优质服务窗口	市劳动和社会保障局
	区人事局	全市人事专项工作先进单位	市人事局
	区劳动和社会保障局	全市就业和社会保障工作先进单位	市委、市政府
	区人事局	全市保密系统先进单位（2003–2007 年）	市人事局、市保密局

续表

获奖年份	获奖单位	荣誉称号	授予单位
2008	区劳动和社会保障局	全市劳动和社会保障工作红旗单位	市劳动和社会保障局
	区劳动和社会保障局	全市技能鉴定工作红旗单位	市劳动和社会保障局
	区劳动和社会保障局	全市文明服务窗口	市劳动和社会保障局
	区劳动就业服务管理处	全市劳动就业服务工作先进单位	市劳动和社会保障局
	区社会劳动保险处	全市企业养老保险先进单位	市劳动和社会保障局
	区医疗保险处	全市医疗生育保险工作先进单位	市劳动和社会保障局
	区机关社保处	全市机关事业单位养老保险工作先进单位	市劳动和社会保障局
	区劳动保障监察大队	全市劳动保障监察工作先进单位	市劳动和社会保障局
	区人事局	全市人事专项工作先进单位	市人事局
2009	区劳动和社会保障局	全市劳动和社会保障工作红旗单位	市劳动和社会保障局
	区劳动和社会保障局	全市劳动就业服务工作先进单位	市劳动和社会保障局
	区劳动和社会保障局	全市机关事业单位养老保险工作先进单位	市劳动和社会保障局
	区劳动和社会保障局	全市工伤保险工作先进单位	市劳动和社会保障局
	区劳动和社会保障局	全市劳动争议仲裁工作先进单位	市劳动和社会保障局
	区劳动和社会保障局	全市企业养老保险工作先进单位	市劳动和社会保障局
	区劳动和社会保障局	全市医疗生育保险工作先进单位	市劳动和社会保障局
	区劳动和社会保障局	全市文明窗口	市精神文明指导委员会
	区人事局	全市人事工作先进单位	市人事局

续表

获奖年份	获奖单位	荣 誉 称 号	授予单位
2010	区劳动社会保障局	实践科学发展观教育先进单位	中共常德市委
	区劳动社会保障局	全市基金专项工作先进单位	市劳动和社会保障局
	区劳动社会保障局	全市劳动监察工作先进单位	市劳动和社会保障局
	区劳动社会保障局	全市就业和社会保障工作先进单位	市劳动和社会保障局
	区人事局	全市人事人才工作先进单位	市人事局
	区就业服务管理处	全市劳动就业服务工作先进单位	市人社局
	区社保处	全市企业养老保险工作先进单位	市人社局
	区医保处	全市医疗生育保险工作先进单位	市人社局
	区机关保险处	全市机关事业单位养老保险工作先进单位	市人社局
	区劳动保障监察大队	全市劳动保障监察工作先进单位	市人社局
	区工伤保险处	全市工伤保险工作先进单位	市人社局
	区人才开发服务中心	2008—2010 全市人社系统优质服务窗口	市人社局
	区人社局	全市智能人才选送工作先进单位	市人社局
2011	区人社局	全市社会保障工作先进单位	市人社局
	区人社局	全市企业养老保险工作先进单位	市人社局
	区人社局	全市城乡居民养老保险工作先进单位	市人社局
	区人社局	全市建安劳保工作先进单位	市人社局

续表

获奖年份	获奖单位	荣 誉 称 号	授予单位
2011	区人社局	全市医疗生育保险工作先进单位	市人社局
	区人社局	全市老工伤保险工作先进单位	市人社局
	区人社局	全市劳动争议仲裁工作先进单位	市人社局
	区劳动就业管理处	全市促进小额担保贷款工作先进单位	市人社局
	区劳动保障监察大队	全市农民工工资支付专项检查先进单位	市人社局
2012	区人社局	全市人力资源和社会保障工作先进单位	市委、市政府
	区人社局	全市基层平台建设达标检查一等奖	市就业工作领导小组办公室
	区人社局	全市促进就业小额担保贷款工作先进单位	市小额担保贷款协助领导小组
2013	区人社局	全市人社工作目标管理红旗单位	市人社局
2014	区人社局	全市抗洪抢险先进单位	市人社局
2015	区人社局	全市人社工作目标管理红旗单位	市人社局
2016	区人社局	全市“六五”普法依法治理先进集体	市委
	区人社局	全市绩效评估优秀单位	市委
2017	区机关事业单位社保处	全市机关社保制度改革经办业务知识竞赛团体二等奖	市人社局
	区劳动就业管理处	全市创新就业大赛优秀组织奖	市人社局

区级：

获奖年份	获奖单位	荣誉称号	授予单位
1990	区人事局	全区目标管理先进单位	区委、区政府
1991	区人事局	全区目标管理先进单位	区委、区政府
1992	区人事局	全区目标管理先进单位	区委、区政府
1993	区人事局	全区目标管理先进单位	区委、区政府
1994	区人事局	全区目标管理先进单位	区委、区政府
1995	区人事局	全区目标管理先进单位	区委、区政府
1996	区人事局	全区目标管理先进单位	区委、区政府
1997	区人事局	全区目标管理先进单位	区委、区政府
1998	区人事局	全区目标管理先进单位	区委、区政府
1999	区人事局	全区目标管理先进单位	区委、区政府
2001	区人事局	全区目标管理先进单位	区委、区政府
2002	区人事局	全区目标管理先进单位	区委、区政府
	区劳动和社会保障局	先进基层党组织	中共鼎城区委
2003	区人事局	全区目标管理先进单位	区委、区政府
	区机关养老保险局	先进基层党组织	区委
2004	区人事局	全区目标管理先进单位	区委、区政府
	区劳动和社会保障局	全区目标管理工作先进单位	区委、区政府
		全区社会治安工作红旗单位	区委、区政府
		全区纪检工作先进单位	区委、区政府
		全区农村基层组织建设工作先进单位	区委
		全区先进基层党组织	区委
2005	区劳动和社会保障局	全区目标管理先进单位	区委、区政府
		全区社会治安综合治理先进单位	区委、区政府

续表

获奖年份	获奖单位	荣誉称号	授予单位
2005	区劳动和社会保障局	全区为人民办实事先进单位	区委、区政府
		全区纪检工作先进单位	区委、区政府
		创建学习型城市学习型机关	区委、区政府
		全区人口和计划生育管理综合治理先进单位	区委、区政府
		全区基层组先进单位	区委
	区人事局	全区先进基层党组织	区委
		全区目标管理先进单位	区委、区政府
	区医保处党支部	全区先进基层党组织	区委、区政府
2006	区人事局	全区目标管理红旗单位	区委、区政府
	区劳动和社会保障局	全区目标管理先进单位	区委、区政府
	区劳动和社会保障局	全区纪检监察工作先进单位	区委、区政府
	区劳动和社会保障局	全区农村基层组织建设点村工作先进单位	区委、区政府
2007	区人事局	全区目标管理红旗单位	区委、区政府
	区人事局	全区社会治安综合治理工作先进单位	区委、区政府
	区劳动和社会保障局	全区先进基层党组织	区委
	区劳动和社会保障局	全区优化经济环境工作先进单位	区委、区政府
2008	区劳动和社会保障局	全区目标管理红旗单位	区委、区政府
	区人事局	全区目标管理红旗单位	区委、区政府
	区人事局	全区维护社会治安综合治理工作先进单位	区委、区政府
	区劳动和社会保障局	全区维护稳定工作先进单位	区委、区政府
	区劳动和社会保障局	创建全国文明城市工作先进单位	区委、区政府

续表

获奖年份	获奖单位	荣誉称号	授予单位
2008	区劳动和社会保障局	全区推行执法责任制先进单位	区委、区人大
	区劳动保障局党组	全区先进基层党组织	区委
2009	区人事局	全区目标管理红旗单位	区委、区政府
	区劳动和社会保障局	全区政务服务工作红旗单位	区政府
	区劳动和社会保障局	区人大代表建议政协委员提案办理工作先进单位	区政府
	区劳动和社会保障局	创建文明城市先进单位	区委、区政府
	区劳动和社会保障局	全区社会治安综合治理先进单位	区委、区政府
	区劳动和社会保障局	全区办公室工作先进单位	区委、区政府
	区劳动和社会保障局	全区计划生育综合治理工作红旗单位	区委、区政府
	区劳动和社会保障局	全区目标管理红旗单位	区委、区政府
	区劳动和社会保障局	全区“十佳”领导班子	区委
2010	区人社局机关党支部	全区“百强”党支部	区委
	区人社局	全区社会治安综合治理先进单位	区委、区政府
	区人社局	全区文明城市建设工作先进单位	区委、区政府
	区人社局	全区人口和计划生育综合治理工作先进单位	区委、区政府
	区人社局	全区社会保障进步奖	区委、区政府
	区人社局	全区建设人民满意政府工作先进单位	区委、区政府
	区人社局	全区政务服务工作红旗单位	区委、区政府

续表

获奖年份	获奖单位	荣誉称号	授予单位
2011	区人社局	全区综合绩效评估红旗单位	区委、区政府
	区人社局	全区“五大”安全工作先进单位	区委、区政府
	区人社局	全区社会治安综合治理红旗单位	区委、区政府
	区人社局	全区信访工作先进单位	区委、区政府
	区人社局	全区人口和计划生育综合治理先进单位	区委、区政府
	区人社局	“五·五”普法依法治理工作先进系统	区委、区政府
	区新农保中心	新农保试点工作先进单位	区政府
2012	区人社局	全区绩效评估先进单位	区委、区政府
	区人社局	全区社会治安综合治理工作先进单位	区委、区政府
	区人社局	维护社会稳定工作先进单位	区委、区政府
	区人社局	人大代表建议提案办理工作先进单位	区政府
	区人社局	全区“十佳”满意机关	区政府
	区人社局	全区政务公开工作先进单位	区政府
2013	区人社局	全区信访工作红旗单位	区委、区政府
	区人社局	全区社会治安综合治理红旗单位	区委、区政府
	区人社局	全区绩效评估红旗单位	区委、区政府
	区人社局	全区点村工作红旗单位	区委、区政
	区人社局	全区维护社会稳定工作先进单位	区委、区政
	区人社局	全区计生综合治理先进单位	区委、区政
	区人社局	全区为民办实事先进单位	区政府

续表

获奖年份	获奖单位	荣誉称号	授予单位
2014	区人社局	全区绩效评估红旗单位	区委、区政府
	区人社局	全区计生综合治理先进单位	区委、区政府
	区人社局	全区维护社会稳定先进单位	区委、区政府
	区人社局	全区信访工作红旗单位	区委、区政府
	区人社局	全区“五大”安全工作先进单位	区委、区政府
	区人社局	全区党风廉政建设红旗单位	区委、区政府
	区人社局	建设全国文明城市工作先进单位	区委、区政府
	区人社局	全区美丽乡村建设工作先进后盾单位	区委、区政府
	区人社局	全区建立扶贫工作先进单位	区委、区政府
2015	区人社局	全区绩效评估红旗单位	区委、区政府
	区人社局	全区党风廉政建设先进单位	区委、区政府
	区人社局	全区文明服务先进单位	区委、区政府
	区人社局	全区计生综治工作先进单位	区委、区政府
	区人社局	全区综合治理红旗单位	区委、区政府
	区人社局	全区维护社会稳定工作先进单位	区委、区政府
	区人社局	全区信访工作红旗单位	区委、区政府
	区人社局	全区优化经济发展环境工作先进单位	区委、区政府
	区人社局	全区驻村扶贫工作红旗单位	区委、区政府
2016	区人社局	绩效评估红旗单位	区委、区政府
	区人社局	党风廉政建设红旗单位	区委、区政府
	区人社局	计划生育综合治理工作先进单位	区委、区政府

续表

获奖年份	获奖单位	荣誉称号	授予单位
2016	区人社局	社会管理综合治理红旗单位	区委、区政府
	区人社局	安全生产工作先进单位	区委、区政府
	区人社局	脱贫攻坚工作先进单位	区委、区政府
	区人社局	信访工作红旗单位	区委、区政府
2017	区人社局	绩效评估红旗单位	区委、区政府
	区人社局	社会治安综合治理工作红旗单位	区委、区政府
	区人社局	安全生产工作考核评估先进单位	区委、区政府
	区人社局	计划生育综合治理优秀单位	区委、区政府
	区人社局	信访工作考核评估红旗单位	区委、区政府
	区人社局	工业发展目标管理先进单位	区委、区政府
	区人社局	党风廉政建设先进单位	区委
	区人社局党组	基层党建工作先进单位	区委
	区人社局	脱贫攻坚工作先进单位	区委

后　记

2014年，鼎城区人力资源和社会保障局党组书记、局长刘志平提出编修《常德市鼎城区人力资源和社会保障志》的设想，并统一党组成员认识，开始筹划各项准备工作。刘志平认为，此事不做将愧对后人。区人社局先后由党组成员、副局长吴弟友、何咏岚分管志书编纂工作；局办公室主任熊文捷、财务股股长谭国华全力保证修志办工作及生活等需求；各处、股、室及全体退休人员积极配合，热情提供所需资料。局党组和各相关部门及全体人员的重视、关心与支持，对提高志书质量、加快修志进度起到很大的促进作用。2015年，刘志平将编修志书的任务交由区人社协会常务副会长、区劳动和社会保障局原党组书记黄柏华负责，区人事局原党组书记龙国安与其共同对修志工作进行管理与协调。

2015年6月，确定修志办公场所，购置全套办公设备，聘请、抽调编纂人员。聘请区党史方志办退休人员余昭绪担任总纂，抽调本单位在职人员丁恩臻、返聘本单位退休人员卢文爱担任编辑。2016年6月，卢文爱申请退出编纂工作，随即返聘本单位退休人员邹光胜参加编纂工作。7月，区人社局印发《编修〈常德市鼎城区人力资源和社会保障志〉工作方案》。

编纂人员到位后，随即开始资料征集工作。至2017年年底，编辑人员在区档案局，先后查阅了鼎城区（包括常德县）区委、区政府、区劳动局、区人事局、区计委、区教育局、区编委等单位的相关档案资料2500多卷，除手抄资料外，还复印资料12000多页；此外，在编写过程中，又先后到区纪委、区委组织部、区委宣传部、区教育局、区老干局、区民政局、区工信局、区卫生局、区体育局及市委组织部、市人社局、市档案局等单位补充征集资料。

该志书篇目自2015年7月初定后，又经10多次修改、调整。如原定正文三篇，2016年冬，经反复研究，将“社会保障”单独设篇，以彰显社会的进步，体现党和国家的民生民利宗旨。

本志书全部内容由6人分工合作完成：丁恩臻撰写第二篇人事与人才；邹光胜撰写第

三篇劳动管理、第四篇社会保障的第二章“失业保险”；黄伯华撰写第四篇的第一章“城镇企业职工基本养老保险”、第五章“工伤保险”、第六章“城乡居民基本养老保险”和第七章“城乡居民基本医疗保险”，并与龙国安共同负责个人、集体荣誉统计及照片收集等各项工作；卢文爱写成了第三篇第一章“劳动计划”的初稿；余昭绪撰写第一篇机构与职能、第四篇第三章“机关事业单位养老保险”、第四章“基本医疗保险和生育保险”，撰写概述、人物简介；大事记由各相关内容执笔者分别整理而成。

余昭绪负责全书统稿。

在经过资料收集与整理、编写资料长篇与初稿几个阶段之后，2017 年 5 月至 11 月，对志稿按各章节业务对口的原则，邀请在职与退休的相关人员对志稿分别进行 23 场次内审，2017 年 12 月 11 日，由 10 名曾任区人事局、区劳动局局长的人员对志稿进行审查，2018 年 3 月 13 日，区史志办主任曾世平、副主任官姿伶及评审叶荣开、邓声斌与区人社局班子成员一道对志稿进行审查。

2018 年 3 月下旬，根据 3 月 13 日评审人员提议，经局领导同意，将志书内容上溯下延，上限起于清朝晚期，下限止于 2018 年 6 月，2019 年 9 月出版。但为适应区人社局机构改革的需要，局领导要求该志书 2019 年 3 月出版发行。全体编纂人员随即到区档案局查阅上溯时段的资料，并在 2018 年 6 月底收齐区人社局各处、股（室）上半年工作总结及其他相关资料，抓紧补充各项内容，全面完善志稿。9 月，《常德市鼎城区人力资源和社会保障志（1949—2018)》初稿（仅至 2018 年上半年），送方志出版社审阅。为保证内容的完整性，编纂人员又主动将下限延至 2018 年年底。2018 年 12 月底前征集各项补充资料。2019 年 1 月上旬，方志出版社的审阅稿返回后随即进行修改，并补充内容至 2018 年年底。2019 年 2~3 月，区人社局对志书印刷按政府采购要求实行招标，使出版时间有所推迟。

《常德市鼎城区人力资源和社会保障志（1949—2018)》虽然是鼎城区第一部按正规程序（包括层层内审和专家评审）运作，并经方志出版社审查、公开出版发行的部门志书，但由于年代久远，资料缺乏，时间较紧，尽管编纂人员竭诚努力，仍恐未臻精准，疏漏和不足之处在所难免，恳请读者谅解。

总纂　余昭绪

2019 年 3 月